教育部人文社会科学重点研究基地 学术丛书
黑龙江大学俄罗斯语言文学与文化研究中心

FRONTIERS
IN
RUSSIAN
STUDIES

俄罗斯研究
前 沿

（语言学卷）

叶其松　总编

惠秀梅　主编

社会科学文献出版社
SOCIAL SCIENCES ACADEMIC PRESS (CHINA)

总编简介

　　叶其松　文学博士，博士生导师，教授，教育部人文社会科学重点研究基地黑龙江大学俄罗斯语言文学与文化研究中心主任。全国科学技术名词审定委员会与黑龙江大学共建"术语学基础理论研究基地"主任，中俄国际术语学研究中心中方负责人，西班牙庞培法布拉大学应用语言学研究所兼职博士生导师（术语学方向），中国辞书学会学术委员会委员，中国辞书学会常务理事，全国语言与术语标准技术委员会术语学理论与应用分技术委员会副秘书长，教育部基地电子期刊《俄罗斯语言文学与文化研究》主编，《中国科技术语》编委。主要研究领域为俄罗斯语言学、术语学、词典学。主持在研国家社科基金项目1项，国家社科基金重大项目子课题1项；主持完成省部级课题5项。出版著作《术语编纂论》（合著）、《术语研究关键词》等，学术译著1部，编著5部。发表论文40余篇。论文《术语学核心术语研究》获得2013年全国百篇优秀博士学位论文提名。

主编简介

惠秀梅　文学博士，黑龙江大学俄罗斯语言文学与文化研究中心理论语言学研究所副研究员。主要研究领域为俄语语言学、语言哲学。主持或参与省部级以上课题 7 项。出版专著 1 部，参编 2 部。发表学术论文近 30 篇。

总　序

黑龙江大学俄语语言文学研究中心于 2000 年 9 月成立，是教育部第二批人文社会科学重点研究基地；2012 年，主动服务国家战略需要，在语言、文学研究基础上，积极整合和开拓研究领域，并更名为"俄罗斯语言文学与文化研究中心"（以下简称"俄研中心"）。2016 年，黑龙江大学整合全校对俄研究资源，将俄研中心与另一研究机构俄罗斯研究院进行一体化建设，逐步形成语言学、文学与文化、俄罗斯学"三足鼎立"的研究格局。时至 2020 年，在俄研中心成立 20 周年之际，俄研中心开始筹划一部纪念性文集。这既是对俄研中心 20 周年的祝贺，也是向翌年 80 周年校庆献礼。惠秀梅、刘锟、靳会新三位老师不辞辛劳，各领一卷，从俄研中心主编的两本刊物——《俄罗斯语言文学与文化研究》（前身为《俄语言文学研究》）、《俄罗斯学刊》中选取稿件并进行编辑、审校。受疫情的影响，在几经周折之后，三卷本《俄罗斯研究前沿》（以下简称《前沿》）现在终于和读者见面了，这算是一份"迟到的礼物"。

名正则言顺。"俄语语言文学"是历史上形成的学科名称，其研究范围与 philology，филология 大体相当。英国语言学家戴维·克里斯特尔编写的《现代语言学词典》对"语文学"的解释是："指语言历史研究的传统术语，如 18 世纪后期以来'比较语文学家'所做的研究。这种研究包括作为文化、政治研究一部分的文化考证，有时还包括文学作品的研究（但英国除外）。"① 可见，语文学跟语言、文学和文化研究有着密不可分的联系。不过，语文学已成历史，现在很少再有人进行专门的研究，只是保留在诸如"语文系"之类的名称之中。与"俄语语言文学"相关的另一个学科是"俄罗斯学"。学术界对后者的理解

---

① 〔英〕戴维·克思斯特尔《现代语言学词典》，沈家宣译，商务印书馆，2000，第 264 页。

也不一致。一些学者认为，俄罗斯学是包含俄语语言文学在内的综合学科，俄语语言研究、文学研究都是俄罗斯学的一部分，俄罗斯历史、政治、经济等都可纳入俄罗斯学的范围之中；一些学者认为，俄罗斯学与俄语语言文学基本等同。俄罗斯学与 руссистика 相对应，后者表示研究俄语、俄罗斯文学与文化的综合性学科，实则与俄语语言文学的学科内容基本一致，国内俄语语言文学研究者通常自称为 руссист，也是基于此种原因。还有一些学者认为，俄语语言文学与俄罗斯学分属不同的学科，前者是研究俄语和以俄语为载体的文学与文化现象为主的人文性学科；后者侧重于俄罗斯国别研究，其研究包含政治学、经济学等多个学科的内容，带有社会科学的性质。因此，给这套书定名时，并未使用"俄语语言文学""俄罗斯学"这些看似熟知，但内涵并不确定的名称，转而使用"俄罗斯研究"这个更具概括性的名称，细心的读者大致能够体会编者对此的良苦用心。

中国和俄罗斯是毗邻而居的两个文化大国，彼此之间的文化交往源远流长。据考证，唐玄宗曾与莫斯科大公亚历山大一世签订过"交流使节制度"之类的协议，两国当时曾互译诗歌等文学作品。1708 年，清朝康熙皇帝建立中国第一所俄文学校——俄罗斯文馆；1715 年，清政府在北京设立俄罗斯馆，供来华俄罗斯使团居住，两国文化交往日趋频繁。新中国成立后，很多学科借用苏联模式进行初创工作，俄罗斯研究一度成为显学。后来虽然经历过一些曲折，但积累了蔚为可观的研究成果。

21 世纪以来，随着国际学术研究范式和我国研究理念的转变，我国俄罗斯研究的对象、方法、视角等也发生了重要变化，研究范围不断拓宽，开辟了一系列新领域、新方向。《前沿》力求全面总结和反映最近 20 年我国俄罗斯研究的最新成果。

《语言学卷》涵盖语义学、语用学、术语学与词典学、认知语言学、语言文化学、语言哲学、篇章语言学、心理语言学、计算机语言学、对比语言学、语言类型学、符号学、翻译学、俄语教学等诸多语言学研究领域，既有对新思想、新范式和新方法的整体性描写，也有对重要语言学概念的梳辨，还有对一组甚至某个具体语言现象的微观分析和比较，全方面展示俄罗斯当代语言学研究的独特风貌，体现出了我国俄语语言学研究者"它山之石，可以攻玉"的不变初心和学术理想。

《文学卷》坚持把握正确的学术导向和追踪新的研究范式，选取国内近年具有特色和代表性的研究成果，内容涵盖对古代俄罗斯文学与文化研究、中俄文化比较研究、19—20世纪俄罗斯文学经典的重新阐释，实现经典与前沿的有机融合，注重运用新理论、新方法和新视野阐释与重释俄罗斯文学中的作家、作品、文学批评及相关理论，体现出俄罗斯文学研究"中国学派"的整体风貌，并在此基础上与国际学术界进行对话，促进中外文学与文化的相互理解、交流与对话。

《俄罗斯学卷》收录中国俄罗斯研究界众多专家对俄罗斯政治、经济、外交、历史、文化、法律等问题的研究成果，涉及中俄关系全局性及区域性合作等问题，反映了中国俄罗斯研究界的研究进程，具有历史意义和现实价值并重的特征。俄罗斯对中国的国家安全、经济发展、制度建设乃至民族文化有着至关重要的影响。中俄建立了新时代全面战略协作伙伴关系，加强两国交流、增进双方互信是必要之举，学术界对两国相关问题的研究是双方非常重要的交流内容。

《前沿》所收录成果的作者年龄跨度大，既有蜚声学界、备受推崇的学术名家，也有各执牛耳、思想活跃的领军人物，更有崭露头角、锐意十足的学术新秀，老中青三代学人的研究成果汇聚于此，既是致敬学术先贤们孜孜以求、笃行不怠的治学精神，也是激励后来的俄罗斯研究者赓续前行、踔厉奋发，向学术界展示俄罗斯研究薪火相传的传统和欣欣向荣的景象。由于受诸多主客观原因的限制，还有一些篇目未能收录其中，期望《前沿》的续编能弥补缺失的遗憾。

"独木不成林，一花难成春"。黑龙江大学俄罗斯语言文学与文化研究中心的成长与发展离不开国内外学者的长期支持和精心呵护，大家都把俄研中心作为我国俄罗斯研究者共同的精神家园。《前沿》得到了国内外同人的全力支持，感谢学术同行将自己的原创性成果贡献出来，切磋交流。有了这份信任、鼓励和支持，俄研中心的未来一定会更加美好。

由于编者水平有限，书稿难免存在各种疏漏和错误。恳请各位专家学者批评指正。

是为序。

编者

2023年12月5日

目　录
Contents

3

关于"语义三角"之我见

李锡胤 *

摘　要： 本文认为 C. K. Ogden 和 I. A. Richards 在 *The Meaning of Meaning* 中所画的"语义三角"把"符号—概念—所指物"三者放在一个平面上，容易引起误解。"形、义、物"三者的关系不是处于同一平面上，而是涉及两个层面：一个是符号系统，另一个是某可能世界。"形"之于"义"是一物（符号）的正、反面，而符号与所指物的关系是映射。文中引 A. Church，A. Tarski，H. Kamp 等人的论述作为佐证。最后提出三种指物关系：明指、暗指和喻指。

关键词： 语义三角　表义关系　映射　指物关系　明指　暗指　喻指

语义学中经常提到"语义三角"。它涉及语言符号的"形/音—义—物"三者的关系，是个老问题。本文提出一管之见，与学友商榷。

一　"语义三角"中的"形、义、物"

从古就有人提出"名"与"实"的关系。如我国荀况在《正名》篇说过："名无固实，约之以命，约定俗成谓之实名"（这是语义问题）；又说："名闻而实喻，名之用也"（这是语用问题）。西方也早有"唯名"与"唯实"之争，一

---

* 李锡胤，黑龙江大学俄语学院/俄罗斯语言文学与文化研究中心教授、博士生导师。

直延伸到中世纪。

世上万事万物，即使同一种类的东西也会呈现为不同的个体；何况各人所遇到的个体又千差万别。所以必须进行抽象化或概念化，才能形成共识，即所谓"约定俗成"。

古希腊斯多葛学派提出 lekton 这个名称，指的是约定俗成地反映在人们头脑里的关于物的概念。"形/音"和"物"都是物理实体，而 lekton 则是非物理实体，也就是"义"。

G. Frege 于 1892 年发表的《意义与所指》（*on sense and reference*）一文，明确区别了词所表达的"义"和词所指称的"物"。他非常成功地举出两个例子：

（1）"启明星"的意义是"早上出现（于东边天空）的星"，"长庚星"的意义是"黄昏出现（于西边天空）的星"。而两者实际所指的都是太阳系中最明亮的一颗行星——金星（Venus，天文符号♀）。

（2）三角形中三条中线相交于一点（见图 1）：

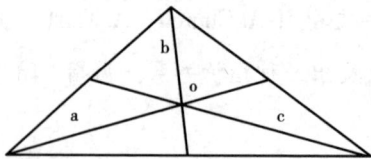

图 1

因而"线 a 与线 b 的交点"、"线 b 与线 c 的交点"和"线 a 与线 c 的交点"三句表述虽然意义各异，却都指称重心（点 o）。

G. Frege 同时指出，自然语言中"一个物可以与几个义相联系，一个义可以用几个形来表达"。

G. Frege 关于"义"与"物"的区别不限于名词，而且推广到句子。他认为，在句子层级上，呈现在人们面前的"形"是一个陈述句，它所表达的"义"是一个判断（或命题），它所指称的"物"是真值（wahcheitswert）。

G. Frege 的论文发表之后 24 年，F. Saussure 的《普通语言学教程》（*Cours de linguistique Générale*）问世。

又过了 7 年，出版了 C. K. Ogden 和 I. A. Richards 的著作《意义之意义》（*The Meaning of Meaning*，1923），其中包含"语义三角"图（见图 2）：

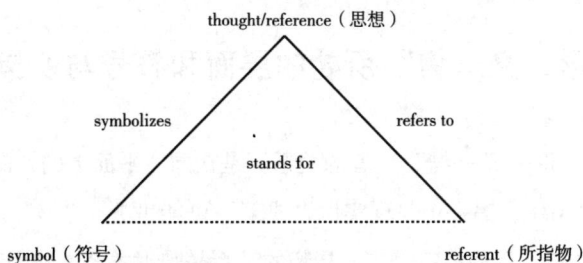

图 2

C. K. Ogden 和 I. A. Richards 与 G. Frege 一样,明确区别"义"和"物",而且强调 symbol(照我理解,这里指的是符号的"能指",也就是"形")与 referent(物)之间的约定性关系。可惜的是他们似乎没有理会 F. Saussure 关于符号的"能指"(signifiant)与"所指"(signifié)的理论,而把"形—义—物"看作平面上的三只角,无意中使"形"和"义"互相分离了。而且图上所标的 stands for,symbolizes 和 refers to 都是模糊概念,可意会而难以定义。

C. K. Ogden 和 I. A. Richards 两人开始以后,别人跟着从平面上着眼。有的把内部形式穿插进去,绘成梯形(见图 3):

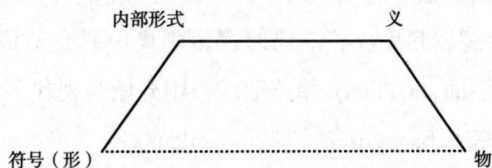

图 3

S. Löbner 在所著的《语义学津梁》(*Understanding Semantics*,2002)中则绘成类似的三角形(见图 4):

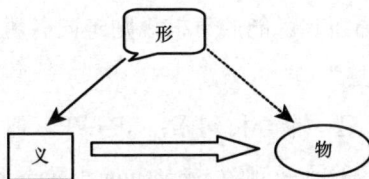

图 4

3

二 "形、义、物"所处的层面和符号与所指的关系

我们以为，"形—义—物"三者的关系不是在同一平面上的，而是涉及两个层面：一个是符号系统，另一个是现实世界或某一可能世界。"形"之于"义"，犹一物（符号）之正、反面；符号与所指物的关系是映射关系。略似图5：

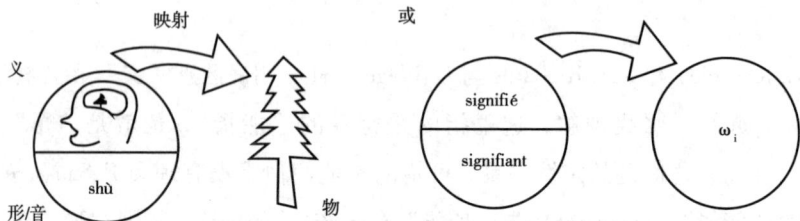

图 5

符号内部能指（"形/音"）和所指（"义"）之间的关系靠约定俗成，符号与"物"之间的关系也是约定俗成的。只不过前者是"社会契约"锁定的"明媒正娶"，后者是言语环境促成的"私订终身"。

G. Frege 主要从逻辑角度立论。当时逻辑学集中研究形成规则、推理规则、公理化等"句法"层面，G. Frege 筚路蓝缕，刚开始为现代语义学奠基，他所说的 sinn 实际上是后来 F. Saussure 的"值"（valeur）。

A. Church 在《数理逻辑引论》（*Introduction to Mathematical Logic*，1956）中关于语义问题写道："想象有些人使用书面语言写下合格公式（wff），并写出它的后承公式或推论。再试想象有一位旁观者不懂该语言，也不知道这些公式具有内容。……对于这位旁观者来说，语言符号的意义只是游戏规则所给予的那种意义，正如同棋子儿的不同花色一样。对他而言，公式正如棋盘上的布局，其意义只不过是眼下的局面有可能照下棋规则走向各种后续局面而已……他懂得的是语言理论上的句法。"

"雪是黑的"句法上是一个合格句子：NP＋VP。但从逻辑上看，"雪（x）∧黑色（x）"是一个命题函项（propositional function）。要使它变成命题（proposition），还必须加上量词："所有的雪是黑色的"或"某些地方（如煤矿

附近)的雪是黑色的",命题才有真值,而命题的真值取决于它映射于哪些可能世界之中。刚才所举的全称命题取假值,而存在命题取真值。

A. Tarski 的真值语义学公式是:

$$v(\text{"p"}) = 1 \quad \text{iff} \quad P$$
$$v(\text{"p"}) = 0 \quad \text{iff} \quad \neg P$$

用语言实例说明:

"It is raining"为真,当且仅当天正在下雨,其中英文是对象语言,中文是工具语言(元语言)。"It is raining."这句话用在下雨的场合是真的,用在晴天或阴天则是假的。

可见从语言学角度来看,句子的"形"是字符串,"义"是判断或描述,"物"(或 G. Frege 所说的"真值")是某一可能世界中的事件或事态。

H. Kamp 在《一个真值理论与语义表征》(*A Theory of Truth and Semantic Representation*,1981)中给句子(话语)的真值下的定义是:"以 m 为表征的句子 S(或话语 D)在模型 M 中为真,当且仅当 M 兼容 m,亦即 M 正包孕(proper embed)m,或者说,m 域映射于 M 之中而保持其诸元素所具有之属性与关系。"为了解释"Pedro owns Chiquita. He beats her."这一话语,他画出一个"话语表征图"(discours representation)图 m:

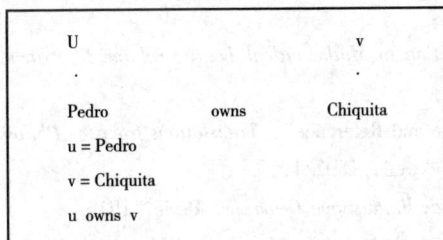

```
┌─────────────────────────────────────────────┐
│  U                               v           │
│  .                               .           │
│                                              │
│  Pedro          owns          Chiquita       │
│  u = Pedro                                   │
│  v = Chiquita                                │
│  u  owns  v                                  │
└─────────────────────────────────────────────┘
```

图 m

照他的意思,在与这 m 相兼容的模型 M 中,该话语为真。

不难看到,H. Kamp 的理论正好佐证了本文的论述:m 表征符号内部能指与所指之间的关系,而 m $\overset{\text{nap in}}{\rightsquigarrow}$ M 表征符号与现实/可能世界之间的关系。

根据 Ch. S. Peirce 的理论,符号的能指与所指间的"表义"关系(我们暂统称为 signification）有三种：

（1）"实似"关系（indice），如"乌云"之于"下雨"。

（2）"象似"关系（icône），如象形字"⊙"，拟声词 cuckou。

（3）"信似"关系（symbole），如 man 或 человек 之于🏃。

三　"指物"关系的种类

我们把符号与世界之间的映射统称为"指物"关系（denotation），也试分为下列三种：

（1）"明指"关系（désignation），如"It is raining"之于"天降雨"。

（2）"暗指"关系（suggestion），语用意义往往通过暗指关系表示出来。例如：（甲）"雨下得不小"——（乙）"给你伞"。

（3）"喻指"关系（métaphore 或 allégorie），如"大海捞针"。

参考文献

Чёрч А., *Введение в метаматематическую логику*, Москва：Издательство иностранной литературы，1960.

Church A., *Introduction to Mathematical Logic*, *volume I*, Princeton：Princeton University Press，1956.

Frege G., "On Sense and Reference", *Translations from the Philosophical Wintings of Gottlob Frege*, Oxford：Basil Blackwell，1892/1980.

Saussure F., *Cours de linguistique Générale*, Paris，1916.

Ogden C. K., Richards I. A., *The Meaning of Meaning*, New York：Harcourt, Brace & World，1923.

Löbner S., *Understanding Semantics*, London：Arnold Publishers，2002.

Kamp H., "A Theory of Truth and Semantic Representation", *Formal Methods in the Study of Language*, Amsterdam，1981.

原文发表于《俄语语言文学研究》2003 年第 1 期

隐性范畴的探索

华　劭[*]

摘　要： 本文探讨隐性范畴的特点，并以俄语动词中动作时间上定位/不定位、名词中事物与其主体可分离/不可分离两范畴作为实例，进行分析。

关键词： 隐性范畴　长语义要素　时间上定位/不定位范畴　不可分离/可分离属性范畴

一　引言

在研究概括语义方面，值得注意的是所谓隐性范畴（скрытые категории）。根据《语言百科词典》的解释，它是指"词和词组的语义和句法特征，这些特征没有明显（外在）的形态表示，但对构筑与理解话语却很重要，特别是因为它们影响该词与句中其他词的搭配"（Т. В. Булыгина，С. А. Крылов，1990：457—458）。纯形态语法范畴的概括意义通过系统对应的外部特征表示，引人注目，便于探索。因此，这方面的研究已很深入。但这些范畴不能揭示所有的概括意义，后者远非都通过形态变化显示。另外，一种语言中有形态标志的概括意义，在另外一种语言中却找不到相应的外在表示手段。从某种意义上讲，"词法是为句法服务的"（«Русская грамматика»，Т. Ⅱ，1980：5，以下简称《80 年语法》"）。当一个词形的形态特征所表示的语法意义不能完全解

---

　* 华劭，黑龙江大学俄语学院/俄罗斯语言文学与文化研究中心教授、博士生导师。

释它的句法性能时，人们自然把目光转向那些重要的、"影响该词与其他词搭配"的隐性范畴。

事实上，不同的学者都提出过类似的观点，只不过用了不同术语。如B. L. Whorf 把这类现象叫作"隐蔽类"（криптотип），С. Д. Кацнельсон 称之为"隐蔽语法"（скрытая грамматика），Ю. С. Степанов 提出一个很新颖的术语，叫作"长语义要素"（длинный семантический компонент）。Ю. С. Степанов 认为由一个以上的词组成的句子，其不可或缺的特征就是词间的语义协调与顺应，"而内容互相顺应的部分应该有一名称，它就是跨单位的长语义成分"（Ю. С. Степанов, 1981: 259）。以目前的研究成果来看，隐性范畴主要通过一类词语组合方面的共同特征体现出来：这既指它们与实词的搭配性能，也指与虚词的结合可能；所指出的组合特点既有正面的，也有负面的，即不能与某类词语结合。目前研究的趋势是把聚合关系引入句法，而把组合关系引入语义。后一点也就是通常说的"通过句法来描写语义"。此外，还广泛地把无形态标记的代替、转换也看作确定隐性范畴的手段。

Ю. С. Степанов 一开始就把此类研究的对象放在"句中名项与谓词的某些对应上，与孤立的词汇单位相比，它们可能揭示出更为概括的本质"（Ю. С. Степанов, 1981: 250）。在接下来的描述中，他指出有两种研究方式。

一种是分析性的方式（аналитический подход），即通过分析、分解句子来描写这类语义对应，如在描写某一类词的词义时，指出其依赖于另一词的某种补充特征。Ю. С. Степанов 举了一个中世纪教科书中就有的例子，如描写发出音响的词时，只需把它描写为"声音"，并补充指出发出此声音的主体（或载体）就可以了。Ю. С. Степанов 用俄语来解释该教科书中的拉丁语例子。为了方便，我们把俄语作为对象语，用它来表示此类例句，以汉语作为工具语对其做出解释。如 крякать = "звук" + "утка"（这里，утка 是一种表示性能的符号，即"鸭子所能发出的"）。可以列出表示这种语义对应的清单：

Ворона каркает.　　　乌鸦呀呀啼叫（声）。

Утка крякает.　　　　鸭子嘎嘎叫（声）。

Гусь гогочет.　　　　大雁（鹅）咯咯叫（声）。

Ягнеок блеет.　　　　羊咩咩叫（声）。

Мышь пищит.　　　　老鼠吱吱尖叫（声）。

Волк воет. 　　　　　狼嗥。

Собака лает. 　　　　犬吠。

Медведь ревет. 　　　熊吼。

上面这种分析方式与 И. А. Мельчук 等人语义参数的思想不谋而合。以 L（X）= Y 表示上述语义对应。当 X 作为自变项表示发出的声音，则 Y 表示发出该声音的主体（或载体），若 X_1、X_2、X_3、X_4… 分别表示 блеять，выть，лаять，реветь… 则 Y_1、Y_2、Y_3、Y_4… 作为其因变数分别是"羊、狼、犬、熊……"等。这种语义对应关系能体现出语言的民族特点。Ю. С. Степанов 用 Дитя плачет 和 Ветер дует 来翻译拉丁文 Infans ejulat 与 Ventus flat 时，曾加上脚注，说是找不到更为确切的词来翻译。前例表示婴儿在不会说话和发笑以前的哭，因而它不与"说"或"笑"构成对立；与其说是哭，不如说是啼叫（крик）。但"啼叫"却表示更为概括的类概念，用它作译文也不合适。汉语中也只能译成"新生婴儿的啼哭"。后一个拉丁文例子中 flat 表示风发出轻声细语，它的载体应是"弱风、徐风"，因此无法译成与强风对应的动词 воет（吼叫），若用 дуть（吹）又没有"发声"这一义子。这就可以看出语言的民族特点，像汉语中"狮吼、虎啸、狼嗥"一类限制性搭配，外国人也很难弄清楚。依此类推，按照 И. А. Мельчук 等人提出的各种参数，逐一列出作为其函数的对应词语，这对学习外语的人来说很有实用价值，国内许多人（包括本文作者）已多次在不同场合提到这一点。

另一种对语义对应的研究，采用综合性的方式（синтетический подход），其核心思想是：造句之前，某些名词与动词的分类就有某些相似或平行之处，因此分别属于相应类别的名词和动词趋向于彼此结合构成组合单位。Ю. С. Степанов 指出，古代希腊语法中有动词"性"的类别（genera verbi，роды глаголов），把主动态、被动态和中动态动词分别划为阳性、阴性、中性，并和名词语义类别，如表示"人、动物、植物、工具、地点"相对应，但没有细说。也许现代俄语中下面的这些例子与此接近。大家知道，俄语中表量意义具体名词二格（родительный количественный）和物理动词表数量者（глаголы квантитативного значения），因为语义相近而倾向于彼此结合，构成数量句型。《80 年语法》中用 N_2 Vf_{3s} 来表示这类句型。例如：

（1）Воды прибывает.

（2）Баб-то，баб-то в ауле что высыпало！（Л. Толстой）

（3）Что-то，граждане，воров，нынче развелось．（М. Зощенко）

其中某些动词还有表量的构词前缀 на-。例如：

（4）Сорняков наっ росло.

（5）Накопилось денег.

（6）Шишек навалило на землю！

下面举的另一类例子和逻辑有关。当谓语是表示事件的抽象名词，其主语也应该是表事件的抽象名词。例如：

（7）Поездка на юг — большие расходы．（去南方旅行——花销很大。）

（8）При ряде заболеваний терпение и спокойствие — это выздоровленье．（患某些病时，忍耐和冷静就会恢复健康。）

若主语位置上出现具体名词，也要理解为发生的事件或事实。例如：

（9）Разбитая чашка — твоя работа = То, что чашка разбита — твоя работа．（碗摔碎了是你干的事。）

最后一个例子牵涉到一些认识论和逻辑方面的问题。如语言中二阶谓词的表示法，各类表非事物性的事件（событие）、事实（факт）、评价（оценка）的词语在意义上有什么特点，可以和哪些词语结合，等等。至于 Воды прибыло 一类例子，由于造句前就有已知的、可互相结合的名词和动词语义类别（有些还有构词标志）引人注目，已经研究得很充分。因此，对隐性范畴研究一般都从分析具体语句出发，按照 Ю. С. Степанов 的说法，确立词语间语义的途径是一种穿梭式的过程（челночная процедура），"从句法出发转向词汇，然后再反过来研究，继而如此反复，直到相当明确地呈现出共同范畴的范围"（Ю. С. Степанов，1981：250）。

像一切范畴一样，隐性语义范畴也体现为互相对立的两方面。现在经常提到的隐性范畴有定指/不定指范畴，及与之相近的逻辑指称范畴：类指/有指/特指；不可分离/可分离性的领属范畴；动作/状态范畴，是否和具体时间对应的现实性/惯常性范畴，即时间上定位/非定位范畴，以及与之相近的恒常/非恒常性特征范畴；受控/不受控范畴，等等。有些隐性范畴，如定指/不定指、受控/不受控范畴已被广泛研究。下面，只就动作中时间上的定位与非定位隐性范畴、事物的不可分离/可分离属性范畴，笔者根据看到的材料，做一些探索。隐性范畴毕竟是个较新的领域，对本文提出的，包括转引的观点、方法、材料，不敢妄言完全正确，探索毕竟是探索。

二 动作时间上的定位性/非定位性隐性范畴

Т. В. Булыгина 等人提出一个叫作"时间上定位性/非定位性"（временная локализованность/нелокализованность во времени）隐性范畴。它还有一些其他的名称，诸如"时间上是否受限制""一时性或恒常性"。她在为科学院《语言百科词典》撰写的"隐性范畴"词条中又改称为"现实性/惯常性"（актуальность/узуальность），并指出两者的区别在于动作能否具体地与时间对应（конкретная/неконкретная временная отнесенность），即能否把动作定位于某一具体时间。她把这一范畴作为划分谓词（предикаты）类别的手段之一。Т. В. Булыгина 把某些不能和具体时间对应的动词，如 любить，содержать，обладать 等，都划在所谓表"现象"（явление）的范围之外，而和表"性质、能力、职业"的谓词，如（Снег）бел，（Он）пьяница 都归入"非现象"类。这引起了一些争论。

一般语法书未提及这一无形态标记的隐性范畴，虽然在研究动词体与时的部分，也涉及过这方面的问题。下面，笔者根据（Т. В. Булыгина，О. Н. Селиверстова，1982）等人的意见，加上自己的理解和观察，分析时间上定位/非定位范畴。

（一）一般动词

先看下面的一组例子：

（10）Вот он там в курительной курит.

（11）Каждый раз, когда мать заходила к нему, он курит.

（12）Он курит, пьет, нигде не работает.

现作如下说明：

第一，例（10）表示动作定位于特定时间，在这个例子里，就是说话的时刻，有所谓现实性。例（11）就有些不同，它表示一个反复发生的动作，但是和一个不确定时间相对应，有人认为它有不确定的时间定位性（неопределенная локализованность во времени）。例（12）则不和特定时间相联系，有所谓不具

11

体性，或时间上的非定位性，在这一点上它和例（10）、例（11）对立，尽管它和例（11）之间的界限容易混淆。

第二，从外延意义上来看，当谓词用 курить，есть，пить，открывать 一类所谓表物理性动作（физическое действие）的动词表示时，例（10）表示具体的现象，例（10）中动作的过程在特定时间内是可以感知的；例（11）中的 курит 表示反复出现的过程，它的对应所指是在不确定时间内发生的各个动作；例（12）中的 курит 是一种抽象动作，不和时间轴线上某一时间点对应，它可以概括地表示一段时间内发生的任何抽烟动作，但又不以任何特定具体时间的动作为所指，而且不排斥在某一时刻，譬如说话时，此人并未抽烟。当我们谈及一个嗜烟如命的人，说 Он курит，尽管在说话时或某一特定时间他未抽烟，该句子却是对的，有真值的。从功能上看，例（10）和例（11）是对主体外在行为的描述，而例（12）则转而对主体习惯、能力等内在素质进行描述，由例（11）中的对动作进行量的叙述转而表示对其作某种性质的鉴别，并进而产生 Нож режет. Рыбы дышат жабрами. 一类被看作描述性能的句子。

第三，以上几种和时间对应的关系都通过未完成体动词现在时 курит 表示，怎么才能区别它们的范畴属性呢？由于时间上定位/非定位性是所谓隐性范畴，因而没有形态标志，这就要靠情景、上下文、与其组合上发生关系的词语来判别，也可以说，应研究纳入上述范畴的词语在组合上有什么特点，这些"长语义要素"是跨过哪些词语得以体现的。《80 年语法》在讲动词"体"的用法时，曾区分：（1）一次（非重复）具体动作的情景；（2）重复的动作情景；（3）恒常事实情景；（4）概括事实情景。但那里讲的情景是从体现"体"的意义着眼，与这里讲的隐性范畴有一定联系，但不是一回事。

下面，从词语组合搭配角度谈谈如何体现该范畴的两种对立意义。当动作有定位于某一具体时间的意义，它自身也是具体的、往往可用感官直接把握的，因此常与其连用的词语有：指示性语气词 вот，вон；强调动作实现程度的语气词 так и，如 Снег так и брызжет из-под копыт у коней（Пушкин）；还有：На столе ещё дышит миска с щами；表示感觉的动词，如 видеть，смотреть，слышать，ощупать 等，还有各种表示固定时点的状语或状语从句。此时与该动词连用的表示主体或客体的名词应为特指单称，而不宜表类指。例如：Смотри，врач там лечит（какого-то）больного。这里的 врач，больной 都只是某个个体，而不是指一切医生和病人。相反，表示时间非定位意义却不能和上述语气词、感觉动词及表时点的副词连用。与其连用的副词只有 вообще, раньше 等少数几个词。例如：Вообще-то я не курю; Это я просто так, балуюсь（解闷儿）；Раньше я курил, а теперь бросил。能否用 вообще 是检测时间定位/非定位性的手段。而 раньше, в наш век 一类表某一时段的副词，虽然不和上述时间不定位意义抵触，却缩小了泛指的时间范围，即仅指对主体过去的习惯作描写。раньше 有时甚至还可与其他非时点的状语连用，如 Раньше я курил только после занятий。但该句中动作并不因此定位于某一具体时刻。

另外，由于动作时间上的非定位性，是在大量具体动作的基础上概括形成的，因而与其搭配的、表示主体或客体的名词，往往有一个不是指称特定实体事物，而是指某类或一类中的某些事物。表时间上不定位意义的句子，像 Он ест мясо; Он играет на скрипке, 句中的 мясо 与 на скрипке 的所指应是作为类概念的"肉"和"提琴"，而不是具体的某份肉、特定的某把琴。像 Он курит 这样不用补语的例子，就是因为客体表示泛指一切的烟，容易作为不言而喻的现象而被省去。而 Рыбы дышат жабрами（鱼用鳃呼吸）；Птица летает（鸟会飞）；Нож режет（刀可以切）则由于主体是类指，这类句子更是描述特定某类别动物或事物的性质或功能，而不像 Он курит; Она не ест мясо 只表示个人的习惯或特性。在后一种情况下，它与表不确定时间定位的多次重复动作的区别不易判定。像 Он курит «Беломор»（他抽"白海运河"牌香烟）；Они едят маслины на завтрак（他们早餐时吃马林果），由于前一例子中表客体的是类指名词«Беломор»，即"'白海运河'牌香烟"，而不是 беломорина, 即"一支'白海运河'牌香烟"；后一例子中的 малины 表示各类马林果，因而两个例句的谓词都不表示有时间定位性的一次具体动作，但 Т. В. Булыгина 却认为，它们也不表示时间上非定位的概括动作。她提出的检验办法是，上述例子可加上某一表频率次数的 обычно, постоянно, всегда 而意思依然不变，即上述两个例子分别等于 Он обычно курит «Беломор»; Они всегда едят малины на завтрак。即只表示有不确定时间定位性的多次动作。而 Он курит ≈ Он курящий; Она ест мясо ≈ Она не вегетарианка（她不是素食者），句中的 курит, ест 这些用来描述人内在素质的谓词，不宜和表频率次数的副词连用，因为上述副词主要用来描写可见的外显动作。无上述副词时，可由对主体具体动作的量化描写，转化为对其抽象习惯、能力品性的性质评定。但这往往要取决于语境。应该承认，一方面 Он курит «Беломор» 似乎比一般的多次反复动作更为概括。试比较：Когда он приступает к работе，（всегда）курит одну беломорику。而另一方面，Он курит 与 Он курящий 好像也有一定的差别，前者毕竟是对具体动作概括形成的，因而还保留原来动词的搭配能力，可以说 Много лет он курит；Она танцует грациозно，却不说 Он много лет курящий；Она грациозная танцовщица。但对这里讨论的动词隐性范畴而言，重要的是动作有无时间上的定位，并由此产生意义和用法上的对立。

（二）定态/不定态动词

下面再看这一隐性范畴在定态/不定态动词中是如何体现的。

（13）a. Вот идёт к нам тёмная фигура.

b. Вот инженер ходит туда и сюда в мастерской.

（14）a. Трамвай по этой линии идёт через каждые четверть часа.

b. Автобус часто ходит по этому шоссе.

（15）a. Все кварцевые часы идут точно.

b. У нас все дети, достигшие 7 лет, ходят в школу.

例（13）中的 a、b 都表示具体的、可感知的动作定位于说话时刻。其区别是，b 项 "不定态动词表示的动作发生于非同一个方向，非一举完成，非同一瞬间"（«Грамматика русского языка» 1953：460）。因此，说话人所描述的是在某一时间内发生的若干不同方向的空间移位动作的集合，而例（13）a 的定态动词只表示单一的，因而也只能有一个方向的具体动作。打个比方来说，在例（13）b 中，人们看见的是若干树木集合而成的森林，在例（13）a 中看到的是一株孑然孤立的树木。然而两者所指的都是定位于说话时间的、可感知的动作，都可和 вот、ещё、смотри 等词连用。由于不定态动词的上述特点，常用于表示反复进行的动作，如 Он（постоянно）ходит в музеи и картинные галлереи（他总去博物馆与画廊）。但在口语和文学作品中也有定态动词表示多次反复的动作，因此例（14）a、b 所指的动作都有不确定的时间定位性，其区别缩小。但前者有比较具体、比较形象的特点，例（14）a 被看作每隔同一段时间发生的同一方向动作的代表或形象；例（14）b 则由于所代表的各项具体动作有方向上的差别，因而意义的发展有另外的走向。T. B. Булыгина 举了以下两个例子：

（16）a. Она вставала в 6 часов утра, убирала в квартире, шла в магазин, варила обед и вела сына в детский сад.

b. Она вставала в 6 часов, убирала в квартире, ходила в магазин, варила обед, водила сына в детский сад.

她认为，前者反映有先后顺序的、有规律复现的事件，后者反映的是女主人的职责。不定态动词词组 ходила в магазин（去商店购物）、водила сына в детский сад（送儿子上幼儿园）并不指特定的事件，也谈不上和其余的动作形成严格的有先后顺序的动作链，只不过列举每天早晨作为句中主体的女人要干的活。例（15）a、b 中的 идти 和 ходить 都用于各自的转义，并皆表时间上非定位的动作。前者表示对所有石英钟的性质评价，后者对所有年满七岁儿童做出"均上学"的行为概括描述。由于语义不同，彼此不能代替。但就用于"空间移位"的本义而言，当表示不和任何时间对应的动作时，应用不定态动词。例如：Человек ходит ногами；Птицы летают；Рыбы плавают；Змеи ползают。可见在定态/不定态动词中所体现的时间上定位/非定位这一隐性范畴，有其自身的某些特点。

（三）只表示时间定位动作的动词

并非所有表示具体动作的动词都可以具有时间上非定位、不具体的性质。请看下面这组例子：

（17）a. Белеет парус одинокий в тумане моря голубом.（М. Лермонтов）

b. По ночам желтели огоньки далеких дач.（С. Сергеев-Ценский）

（18）a. ［…］ей захотелось послушать, о чем так горячо философствует Георгий.（В. А. Кочетов）

b. Он часто философствует на какую-то отвлеченную тему.

（19）a. Глеб ленился, не прибирал комнаты.（В. Саянов）

b. Каждый день после обеденного перерыва студенты ленились, как-то не хотели пойти на лекцию.

在上述例子中，a 项都表具体一次动作，b 项都表多次动作，它们确定地或不定地定位于某一时间，但不可能概括表示时间上非定位的意义。例（17）中的动词是以颜色为词根，e(ть) 为后缀，表示"呈现出某种颜色"。像 Трава зеленеет；Снег белеет；Васильки （矢车菊）синеют 一类句子，都指在"特定时间呈现出可见的颜色"，是其意义的核心部分，不能转而概括地表示某事物的性质特征。上述例句中的主语"草"和"雪"的词义已经包含了作为其预设部分的义子"绿色"和"白色"。这样，用作谓语的动词 зеленеет 和 белеет，其表颜色的义子已不能给主语增添新的信息，它所表示的只是定位于特定时间内的"泛出"和"呈现"已知的绿色与白色。因此，从实际切分看，这类句子通常是主、谓语倒置的不可切分句，Зеленеет трава 中两个词共为述位，且不论词序如何，语调重音都宜在名词上。当作主语的名词没有上述预设时，如 Глаза зеленеют；Лицо белеет；Губы синеют 则成为可切分句。但依然因为表示一时呈现出的特征，而无法获得概括的、时间非定位的意义。此外，在使用这类句子时，往往有个看到呈现这些颜色的观察者，而他很可能就是说话人。这种与观察者共同出现的意义，也妨碍 белеть（ся）一类动词用于时间上非定位的概括一般情景之中。在此类情景中只能用意义相近的形容词句，如 Трава зеленая。

例（18）、（19）中所包括的动词 философствовать （发议论）、лениться （发懒）也表示一时的、偶发的动作，事实上，很难把对一个人的性质描述或鉴别，建立在对这类偶发动作的概括上，像 разглагольствовать （夸夸其谈）、актерствовать （装腔作势）这些用于特定情景中的口语词，其生动性、形象性也与不固定某时间动作的概括性、抽象性相抵触。在谈到 лениться 一词时，А. М. Пешковский 说："这意味着，他'做得不好'，'表现很差'，总的说'干了某种不太好、不应该的事'（尽管这里所谓的'干'实质上可归结为'什么都没干'）。"（А. М. Пешковский，1956：76）相反，在 ленив（懒）一词中没有任何动作，因为它只指天性，某人可能天性懒惰，但受意志控制或在不得不为之的压力下，可像牛一样工作。对这样的人，我们说"他懒"，但他在特定时刻（в данное время）并没发懒。相反，天性勤勉的人也可能懒得干什么，那时我们说"他不懒"，但可能此时"他正发懒"。因此，总和具体时间（即 А. М. Пешковский 所说的 данное время）相关的"发懒"（лениться），不论是一次或多次、短时或长久，都不能上升为对一个人的性质评定。在这一点上它不同于 ленив，而 Он философствует （夸夸其谈）；Он актерствует （装腔作势）

这两个句子和 Он философ（哲学家）；Он актер（演员，虚情假意的人）相比，不仅有动作描述和性质评定之分，而且意义上也不尽相同。

这样，有些动词没有时间非定位的概括意义。有时，能用同根的形容词（如 зеленый，ленив）或名词（如 лентяй）表示相近的意义，但有时不能，如前面谈到的 философ，актер。

（四）只表示时间上不定位动作的动词

另外一类动词正好相反，它们的内涵复杂，不可能在特定的时间内完全呈现其内容。

这里指的是像 руководить，управлять，править，директорствовать，царствоввать 一类表示统治、领导、管理意义的动词，以及像 воспитывать，преподавать 一类表示社会行为的动词。事实上，什么叫领导？这可能体现为：做出决定，发布命令，主持会议，动员员工，任免下属……它是这些异质行为的总和，但又不同于其中一项动作或行为。单独其中任一项行为又不得称之为领导。因此，这类动词没有表示定位于某一时间并呈现具体特征的用法。不说：Он сейчас руководит своим аспирантом в кабинете。人们看到的只能是：Он дает консультацию（答疑），рекомендует литературу（推荐参考书目），проверяет его работу（检查工作）。不仅如此，因为它是一个异质复合的动作，所以不可能作为一个环节，出现于具体的动作链条中。例如：В 6 часов он вставал，ездил на завод，руководил работой，только в 9 часов принимался за завтрак。即使出现于类似场合，也和不定态动词一样，只表示职责范围内应做的事情，而不表示反复多次先后发生的事件。看 Т. В. Булыгина 的例子：Она вставала ночью к ребёнку，следила за чистотой в квартире，воспитывала детей，водила сына в школу，руководила его образованием，ходила в магазин。"夜里起来照顾婴儿""保持住宅卫生""教育孩子""送儿子上学""指导儿子的文化学习"与"到商店采购"都是作为主妇的她（она）应该做的事情，它们不固定于某一时间。руководила，воспитывала 和不定态动词 водила，ходила 的功能都是如此，不过前两个词表示不同性质动作的集合，后两个动词表示不同方向动作的集合，都容易顺理成章地成为表概括性的动作。

表示异质性集合动作的动词究竟还有哪些，还有待进一步深入研究，但绝不限于上述那些词。像 помыкать кем（对别人颐指气使）、питаться чем（以……为食）、ухаживать за кем（伺候某人）一类词，都有相似的特点。А. Пушкин 的长诗《Евгений Онегин》的第一段，讲述主人公厌倦伺候有病的叔叔：Но，боже мой，какая скука/С больным сидеть и день и ночь，/Н отходя ни шагу прочь！/Какое низкое коварство/Полуживого забавлять，/Ему подушки поправлять，/Печально подносить лекарство，/вздыхать и думать про себя：/Когда же чорт возьмет тебя。除第一句和倒数第一、二句外，其余的句子"昼夜陪伴病人""让垂危病人开心""给病人垫枕头端药"都可看成"伺候"病人动作的组成部分，但就每个单独动作而言，都远远不等于 ухаживать。

汉语中的"肆扰、抵制、胡作非为、风流倜傥"等词都表示异质行为的集合，因而也会产生某些搭配上的特点，如不宜和"着、正在、今天"等词连用，这也反映出它们不是固定于某一时间的动作。

（五）表示感情态度的动词

与上述表异质行为集合的动词相近的，还有表示感情态度的动词。

любить，обожать，ненавидеть，презирать 表示感情态度，只不过表示的是复杂的、非单一构成的情感。这些情感动词是在许多单一的感觉、情绪、感情基础上的概括，也是一种集合类。"爱"（любить）可能表现为：亲近的愿望、关切的情谊、爱慕的情绪、眷恋的情愫，甚至是炽烈的情欲，等等。单就上述某一种表现而言，却不能说它等于"爱"。这种情感的体现与"领导"一类动词的异质组成部分——各类具体动作——相比，难为感官觉察，更不表示定位于某一时刻的过程。对 Что ты сейчас делаешь？这类问题，若回答 Я сейчас люблю，这显然是背离规范或是故意取笑。它们一般不能和表"时点"的状语如 в семь часов，сегодня 连用。偶尔也遇到连用的情况，如 Мне двух любить нельзя，теперь люблю тебя。В эту минуту я почти ненавижу его。这里的动词也不表示呈现于某一时点的具体情感，而是以它作为很易扩散、不固着于一时的复杂情感——"爱"和"恨"的象征，作为一段时间内感觉、情绪集合的代表。因此，可以说：Вообще-то я люблю её，но сейчас я её просто ненавижу。这类动词也和 весь год，три года，целый год，много лет 等状语连用。例如：

Весь год она завидовала（/любила/презрила）ему（его）。但这并不表示此人不间断地在一年内表现出某种情感，用术语来说，这种情感态度不固定于全年的每一时刻，而是从总体上说此人整年有过这种情绪，这并不排斥在某些时间、某些场合，诸如忌妒、爱慕的对象不在场时，主体并未表示任何情感。这就像"Много лет Ваня курил, а потом бросил"一样，表示一种泛指的、时间上的非定位意义。当说"万尼亚多年抽烟"时，并非说他多年来每时每刻都在抽烟，这只是一种概括。由于 любить 一类动词的特点，它们也不能用于多次重复的情景，不能说：Он только и делает, что любит...；也不能在此类情景中和其他动词一起表示先后递次发生的动作。不能说 Она вставала в 6 часов, шла на прогулку, любила сына и вела его в школу。也不能和 редко，часто，иногда，обычно，всегда，постоянно 一类表频率的状语连用。不能说 Мальчик часто любит бабушку；Школьники редко ненавидят учителей。

至于情感、态度动词的题元的指称，它们可能是类指，例如：Китайцы любят чай；Я люблю птиц, цветы；Все дети любят мать。但也可能是固定的特指，例如 Я люблю свою бабушку。虽然 любить 表示不同时间呈现出来的情感的集合，但每次呈现的情感可能都针对一个人。在这一点上，表示异质动作集合的 руководить，表示不同方向动作的集合的 водить 都与其相同。例如 Он руководит этим заводом，Она водит сына в школу（详见本文"只表示时间上不定位动作的动词"一节及"定态/不定态动词"一节）。而表时间不定位的物理性动作的动词，用作其题元的名词，一般说来，都至少有一个应是类指（见本文"一般动词"一节）。值得注意的是，当表感情态度动词的主体或客体不是固定特指某一事物时，若有上述表频率的状语，则它们由字面上对动作次数的描述，转而变成对题元量化的表示。例如 Дети всегда любят мороженое＝Все дети любят мороженое；Женщины часто не любят говорить о возрасте＝Многие женщины не любят говорить о возрасте。上述句中的副词并非强调感情呈现的频率，即不是强调"喜欢"的高频率和经常性。它们转而表示"所有的孩子、大多数妇女"，即用作约束主体的逻辑全称量词和存在量词。

在表频率的副词中，вечно，всегда 有两个意义。其中一个不表频率次数，而表"持续、永远"，用以强调过程延续的时间。用于这种意义的副词与 любить 一类动词连用，如 Я буду вечно любить тебя。这时的 вечно，всегда 与

весь год, много лет 相同，都表持续的时间，只不过时间更长而已，此时 любить 表示的意义，可理解为：把一段时间内不定位于其中某一特定时刻的感情态度，作概括的表述。其另一个意义表示"总是、老是"，即表高频率，故不宜与 любить 一类的词连用。但在 Неужели она будет вечно любить стариков? （难道她将来也总是喜欢老头子吗？）句中，вечно 也从表"次数"转而表对"老头"（старики）这一名项的量化，即表示不定所指，相当于 любить каких-нибудь стариков（总是爱上某个老头）。无论 вечно，всегда 用于哪种意义，любить 由于词义的限制，所表示的动作都不能定位于某一时刻（包括反复出现于某一时刻），而只能是概括的。这也是不能用 Я люблю твою сегодняшного прическу 的理由，因为句中具体客体呈现的一时性、当下性，与 любить 非具体过程的语义互相排斥。此时只能用 Мне нравится твоя сегодняшняя прическа。

（六）各类表"关系"的动词

下面涉及的各类表"关系"的动词，如 содержать（包含）、равняться（等于）、противоречить（与……矛盾）、соответствовать（与……相对应）、балансировать（与……平衡）都不能表示定位于某一时刻、具体呈现的现象，也不用于反复出现的具体情景。它们与表频率的状语连用时，也转而表示相关题元的量化。例如：Фрукты обычно содержат витамины ＝ Большинство фруктов содержит витамины；Его слова иногда противоречат действиям ＝ Некоторые его слова противоречат действиям。几乎在所有方面表"关系"的动词都和表"感情态度"的动词相近。但前者表示稳定、恒常的现象，像 Этот немой мальчик обладает абсолютным музыкальным слухом；Недра земли принадлежат государству 都具有严格的泛时意义，超越一切具体时间，不与任何时点相联系。它们不是同质或异质关系现象的集合，并排斥在某一时刻"哑童没有音乐听力""地下矿藏不属于国家"的可能。在这些方面它们不同于所有上述表示概括的、时间上不定位的动词。这样，它们就最接近对主体性质、性能的纯描述。也许 Птицы летают，Мальчик уже ходит，Этот нож ещё режет 可以并入此类。

至于前面讲的 Он курит（他抽烟），Мальчик ходит в школу（小孩上学了），Премьер-министр правит государством（总理控制国家），Девушка любит свою бабушку（少女爱自己的祖母）等，也表示现象的概括的集合，但似乎只能说它们不定位于某一具体时间，虽然它们和本部分所描述的动词都划入时间上非定位范畴，但在概括的性质上、程度上依然有些不同。

时间上定位/非定位这一范畴涉及动词的意义、所指、搭配、分类以及在不同语境下所形成的转义，显然有其理论和实践价值，但由于没有形态的或其他明显的语法标记，长期被人忽视，或者只停留在字面上的理解，实有继续深入研究的必要。

三　事物的不可分离/可分离属性范畴

在这一部分，尝试分析另一个经常被提到的、有关名词的隐性范畴——不可分离/可分离的领属性。

Ю. С. Степанов 指出："大洋洲美拉尼亚诸语言提供了大量不可分离领属性的例句，这一范畴主要包括人、动物、植物身体部分的名称，并把这些部分和上述生物类别其他关系——可分离领属关系——对立起来。"（Ю. С. Степанов，1981：267）这一范畴的特征主要体现在某些名词与表示其主体的词语相互关系之中。下面，我们主要以人体器官，如头、眼、耳、手等为例，看看表示这一类不可分离属性的名词有哪些特点，这些特点恰是有可分离属性名词所不具备的。

上述的躯体部分与器官对人来说，有部分与整体的关系，是共现同在的，前者是后者不可分离的所有物。进一步讲，后者必然具备前者，并以其作自己必不可少的属性特征。对人来说，具有作为其标记的这些器官是不言而喻的、众所周知的，报道它是冗余的。俄语中并没有什么形态手段来体现这一范畴的特征，它们往往通过组合关系，至少是通过表人和表器官名称的词语间的关系，呈现出来。

（一）　表示不可分离/可分离属性器官的名词

Н. Д. Арутюнова 曾打了一个有趣的比方，把人体器官看作人体的"配套组件部分"，而 усы，родинка，прыщик，шрам，веснушки 等叫作人体"可变换的、非配套的部件"（Н. Д. Арутюнова，1976：253-254）。显然，人体器官才

21

是人"不可分离的财富"（неотчуждаемая собственность），因为这些"部件"是人不可或缺的，具备它，对人而言是天生的，因此一般情况下，没有必要说下述无信息性的句子：Я имею сердце；У меня глаза；У него есть руки。但下述例句却没有错误。

（20）Не имей сердце, он оставил бы нас без помощи.

（21）Дмитрий Романович — певец. У него голос. В горле у него бас, понятно？（Л. Леонов）

这两个句子中的 сердце 和 голос 词义已经缩小，有所谓"指好"的转义，分别表示 доброе сердце 和 хороший голос，从而使句子有新的信息。

而在下述句子中，人体器官转而表示该器官所实施的功能：

（22）У тебя же есть руки, почему ты не сделаешь этого сам？

（23）У меня есть уши, не кричи.

这两个句子传递的信息是："你有手而自己能做，为什么不做？""我有耳朵听得见，别喊！"

除上述情况外，若特别强调人体器官的有无，也可能出现类似的句子。此时，逻辑重音应在存在动词 есть（否定形式为 нет）上，它是交际的焦点。如 Н. В. Гоголь 在小说《Нос》的结尾写道：Проходя через приемную, он（Кавалев）взглянул в зеркало：éсть нос。这里描述的是主人公一度怀疑自己鼻子没有了，照镜子之后，强调"鼻子还在"。强调"不存在""没有"上述"必备部件"的例子却常见，因为它们具有信息性。如 У этого инвалида нет пальцев на одной руке（这个残疾人一只手上没有手指）。至于 У него есть сердце（нет сердца），则是用于转义，表有无好心。

相反，在具有所谓可分离属性的、可变换的、"非配套的部件"时，则没有上述限制，可说：Он имел усы（他蓄胡须）；На щеке у Ивана Ивановича Солнцева имеется родинка（伊万·伊万诺维奇·宋采夫面颊上有一个痣）；У маленькой девочки на щеках ямочки（小姑娘两颊有酒窝）；А знаете ли, что у алжирского дея под семым носом шишка（你知道吗，这位阿尔及利亚先生就在鼻子下面长一个疙瘩）。由于这类"部件"是可有可无的，说明某人有、无"胡须、痣、酒窝、疙瘩"都传递一定信息，因而上述句子都成立的。"可换部件"的这种"可有可无"的性质，也体现在下述对比结构中：如 У женщины на лице не оспины, а веснушки; У дяди на щеке не родинка, а прыщик от комариного укуса. 而在这类结构中，很少用不可分离的器官，偶尔碰见的也是用于夸张比喻的意义。如 У тебя не нога, а лошадиное копыто（М. Шолохов）; У него на плечах не голова, а капуста。

另外，应补充指出，俄语中很少用 X имеет Y 这种结构表示人的身体 "零件"，像 Я имею шрам 之类说法极少见。На щеке имеется родинка 多见于公文用语中。至于表不可分离性的器官的名词，如果前面没有修饰语，根本不用。但少数成语用法除外：如 Он имеет голову на плечах（他有头脑）; Он везде имеет руку（他到处有靠山）。至于带修饰语的用法，将在下一部分探讨。

此外，还要注意一点，不管是不可分离的身体部分，还是可变的 "非配套的零件"，表示它们的名词 Y，都不用于开篇性的引进句 Есть у（X）Y。所谓引进句，就是引入一个不定所指的、用名词表示的话题，如 Есть у меня один приятель（конь, кукол）。下面接着展开对引进话题的叙述或描写。一般引进的话题常常是人，也可能是动物，表事物的则较少，如 Есть на севере у меня одна дача。表人体组成部分的固有器官，显然和不定所指的要求矛盾。而像борода, шрам 等所谓 "可换部件"，也不易成为引进的话题，因为对它的描写很难展开。很少说：У него была борода, она была черной, окладистой。在这种情况下，应把两句缩合为一句，只需说：У него была черная, окладистая борода（他有又宽又密的黑胡子）。

这些所谓 "非配套部件"，由于它们是可有可无、可变化、可消失的，因此在用法上与那些 "配套并不可少的部件" 有上述区别。但是一个人若有了胡须、酒窝、雀斑、痣、粉刺、伤疤等，这些通常作为人整体的一部分，两者往往共现同在，在这一点上它们又与具有不可分离属性的器官属性范畴相同，而与一个人所拥有的朋友、玩偶、别墅等属性范畴不大相同。

（二）表不可分离属性器官的名词在 "存在、存有结构" 中的使用特点

表不可分离属性器官的名词在 "存在、存有结构" 中，由于不具有新的信息而不能单独使用，若其前面出现修饰性定语，则成为普遍常见的现象。例如：

（24）Лицо она имела круглое и моложавое, глаза голубые.

（25）У него было цыганское удалое лицо.

在这类句子里，信息的焦点应在形容词上，而且它可以置于名词之后，以示强调，因为 она，у него 以及 лицо，глаза 一类词均表示已知现象。当名词的信息性很弱时，形容词后置是很普遍的现象，如 Школьник — народ несидячий；Он говорит голосом мягким и приятным。据 Н. Д. Арутюнова 的考察，"在表述不可分离属性时，иметь 这个动词很少用，只出现在标准语和文牍中，通常采取倒装词序。19 世纪受法语影响的俄罗斯文学中，这种用法较为常见"（Н. Д. Арутюнова，1983：181）。我们下面只分析体现在存在句中的用法。

在有表可分离属性事物名词的句子中，也经常在名词前出现修饰性定语，但交际焦点却不一定非在定语上，而且往往是整个词组做述位，句重音在词末的名词上。例如：

（26）Нет ничего страшного；У тебя на щеке просто небольшой прыщик.

（27）У подростка над губой едва заметный, светлый пух.

当然，交际焦点与重音也可落在形容词上，特别是在强调这种特征或做对比时。如在下述对话中：

（28）— Какая у этого старика борода? — У него черная, окладистая борода.

表示人体"非配套的部件"，像上述句中的 пух，прыщик，борода 在句子的实际切分上有前述特点，并以此和表不可分离属性的名词相区别。其他表可分离属性的事物也是如此。如 У них здоровые дети；У нас за городом небольшая дача。这类句子的述位可能是整个名词词组，但也可能只是形容词，后者通常只出现在特定语境之中。

Н. Д. Арутюнова 指出，存在句中"当交际重心移到名词充当的、各类表数量或性质的定语时，动词性的组成要素 есть 都不用，如 У меня много знакомых；В доме у них уйма всякого хлама；…У него чистая совесть；На ней коричневое платье；В комнате старинная мебель。在这种情况下，在相应范围内事物本身的存在被认为是已知的"（Н. Д. Арутюнова，1983：87）。这就是说，不用 есть 是因为在该范围内某物是已有的，其存在是已知的，这一点已包含在句子的预设中。当语句含有表示不可分离属性事物的名词时，其已知性是其词义（更确切地说，是其所指）决定的。如例（24）中的人有脸是不言而喻的，而对表有可分离属性事物的名词而言，则已知性来自语境，即上下文或/情景。如例（28）中答话中 борода 的已知性来自问题。

Н. Д. Арутюнова 等人进一步指出"定语具有的分离出一部分的功能（выделительная функция）决定使用动词 есть，而它描写整体的功能（тотальная функция）则取消这一用法"（Н. Д. Арутюнова，1983：89）。作者比较了两组例子：

（29）У Петра Ивановича есть седые волосы（интересные книги, глубокие мысли, тонкие наблюдения, преданные друзья）.

（30）У Петра Ивановича седые волосы（интересные книги, глубокие мысли, тонкие наблюдения, преданные друзья）.

例（29）这组句子的特点是，首先，对后面的名词而言，形容词有分离出其所指中不确定的一部分或一个亚类的作用，即"有白发"或"有些白发"，除了白发外，还可能有别的头发。其次，由于有了 есть，它和后面名词词组一起构成具有存在—描述双重性质的述位。再次，这种语句可解释为 Среди волос есть（встречаются, попадают）серые。它来源于存在句（用作引进句）和分类句（描述句的一种）的缩合。例如：У нас здесь есть звери（дичь, озера）+ Среди них（зверей, дичи, этих озер）есть крупные → У нас здесь есть крупные звери。此时，名词应是复数或集合名词（如 дичь），它们表示类概念，而其前面的定语则起限制、指出亚类的作用，而不是（或主要不是）起修饰作用。相反，在有 есть 的句子中，当定语只起修饰作用，如 Есть у неё большая, комфортабельная дача，即有描述具体事物的功能，这类语句是典型的引进句及对引进具体客体作描写句子的缩合，其功能为引进一个有某种特征的人物，作为话题。最后，由于述位是具复合性质的 есть серые волосы，所以一般没有逻辑重音，只有在特殊语境下，如在对话中，它可落在存在动词 есть 上，如—— У мамы есть седые волосы? —— Да, седые волосы у мамы ѐсть。此时，седые 已经没有区分功能，它和名词 волосы 一起表示复合称名（составная наминация）。如果逻辑重音落在 седые 上，则应去掉 есть，从而转入将要与之对比的下一类句子。

例（30）这组句子有着与上述句子完全对立的特征：（1）如果名词是复数，其定语没有分离出亚类的作用，它针对所有名词表示的事物，如 У него седые волосы 即他满头白发，形容词起着整体描述功能。（2）句中没有存在动词，从而处于存在句向描述句过渡的阶段。（3）这种句子进一步发展，名词放

在 у кого 之前，和它一起作为主位，而形容词变成述位，如 Волосы у него седые。这样，它就由存在句转化为描述句。表示不可分离属性器官的名词，由于其已知性质，往往提前作主语。（4）形容词可有重音（在表人体器官名词前一般都如此），而带重音的形容词又是它由修饰语转变为谓语的动力。Н. Д. Арутюнова 在分析 У неё были/будут/были бы седые волосы 时，认为这样的句子既可能来自 У неё есть седые волосы，也可能来自 У неё седые волосы。两者有着深刻的结构语义上的区别。她指出，"第一句有一个表示某集合中不确定一部分的名词，其动词 есть 表示存在意义。在第二种情况下名词受 у меня，у неё 等形式限定，表示作为整体的一类事物。动词 быть 隐藏着系词功能，而整个句子表示述谓关系"（Н. Д. Арутюнова，1976：280）。волосы 之所以可用于第一类句子，不是或主要不是因为它具可分离的属性，而是它表示的仅是头发的集合。

表示人体器官的名词，由于其具有不可分离的属性并由此产生的已知性，当其前面出现定语时，只能用于第二类句式中，即无存在动词现在时的句子中，如 У него умная голова（длинный нос，обветренное лицо，золотые руки，короткие ноги）。当这些句子用于过去时或将来时，如 У него было обветренное лицо，其 было 也不和 есть 构成变位的聚合体，该句子的现在时应是零位系词形式。上述存在句中，指人体器官的名词不能表示同类事物的集合，这也是它们不用于第一类句子的理由。有意思的是，通常说 У неё есть золотые зубы。指"她（镶）有金牙"。而很少有场合说 У неё золотые зубы。后者表示"她满口金牙"。前一句 золотые 也起"限制"性分类作用。把"镶金的牙"作为整类的不确定一部分（没指出具有几颗金牙），并从整体集合中分离出来。

概括起来可以说，表不可分离属性器官名词的另一特点是，它用于表示存有的句子中，若有定语，重音常落在起修饰作用的定语上，并进一步转化为有述谓关系的描述句。例如：Лицо она имела круглое и открытое；У детей веселые лица → Лица у детей веселые。前一种存有句式现代俄语中已较少用，后一种存在句用于现在时，不得出现 есть，因为这类名词既不表示同类器官的集合，又没有必要作为新的话题出现在有引进功能的存在句中。

而表可分离属性的事物，在加上定语后，则广泛用于上述两类句子中，如前述两类句中的 интересные книги，преданные друзья。

（三）从部分与整体的关系看表不可分离属性器官名词的特点

具有不可分离属性事物的特点之一，就是它与其拥有者构成部分与整体的关系，眼、耳、口、鼻等器官是人的所不可分割、不可剥夺的财富（неотъемлемая/неотторжимая собственность），这一性质决定两者必须同在，表示它们的实词应共现在同一语句中，并通过这个"长语义要素"体现该范畴的特性。前面两部分讲的主要是，人和器官作为所有者与所有物的关系。现在把两者作为整体与部分，考察表现它们的词语在句中的一些特点。请看下面几组例子：

（31）Нет у него в сердце признательности；У него в голове каша；Родинок у него на спине было много...

在上述存在句（或脱胎于它的句子）中，同时出现的表人及其器官名词，都用于表某事物的存在的范围，是所谓定位词语（локализатор）。两者表示的范围有大小，但共同形成双重定位词（двойной локализатор），它们通常保留在同一语句之内，但没有一般被确切成分与确切成分的语法特点，词序可以互换，如也可说：Нет в сердце у него признательности；На лице у него — глухое отчаяние；На лбу у него множество морщины。但两者依然有潜在的领属关系，如可改说为：Нет в её сердце признательности；На лице этого человека — глухое отчаяние。但它们变成这种单一的定位词后，也就没有体现不可分离范畴的"长语义要素"了。在有些情况下，使用单一或双重定位要受一定限制，如名词表罪过、凶杀时，只说 На его совести（а не：У него на совести）грех。另外，在某些情况下，又只用 У него на уме（а не：На его уме）новый план。

（32）Седоку в лицо лепит грязью из-за конът；Тебе в спину дует；Охотнику/У охотника плечо ободрало，руку ранило；У больного/Больному парализовало ноги.

在上述一组无人称句中，表人体器官的名词都作为动作的客体，в лицо，в спину 兼表方向。位于句首用 кому，у кого 形式表示的限定语（детерминаты），是句子的语义主体，后者和客体有整体与部分的关系。两者在语法上有不同的成分功能。句首的主体是整个后续动词—补语结构的描述对象，如果把前者换成物主代词或表领属的第二格名词，则改变了句子的语义结构，作为整体的人不再成为（或不清楚地表现为）主体。在这一点上，例（32）类句子不同于例

（31）类句子。

（33）Пуля пробила ему плечо；Врач вырвал ему зубы；Он пожал гостю руку；Не попадайся ты ему на глаза；Девушка наступала ему на ногу.

上述例（33）组例子中，以第三格代词或名词形式出现的人，在句中似乎表示间接客体，它和表人体器官的名词之间既有领属关系，又有整体与部分共现的关系。用第三格名词就是强调这种共现关系，指明当事人在场。在强调其在场时，有些表可分离属性事物的名词，也可用于这种句式，如 Парикмахер сбрил мне бороду；Пуля пострелила ему фуражку；Маша вбежала к нему в комнату。胡子（борода）、帽子（фуражка）、屋子（комната）显然也都属于人，却是"可分割的事物"。прострелить кому фуражку 和 прострелить его фражку 的同异，放在后面再讲。

（34）Внук поцеловал дедушку в лоб；Собака кусала его в ногу；Седок ударил лошадь по голове；Он похлопал приятеля по плечу；Он тряс друга за руку；Он драл мальчика за уши.

例（34）类句子和前面几类句子的不同之处是，作为主体的人（或动物）是动作直接的、主要的客体，与其有不可分离属性的人体器官，却是动作着力的部位；表示两者的词语在句中相邻出现，有着整体与部分间的各种细微关系，两者间的前置词表明这种细微不同的关系：如 целовать в лоб 兼指方向，похлопать приятеля по плечу 则兼表沿着器官的表面，драть мальчика за уши 则表多次揪打的着力之处，在上面相应三个句子中不宜互换前置词；在某些情况下，如在表示"打击"意义类动词之后，в 与 по 可以互换，例如 Он долбил себя кулаком по колену/в колену。此时，不同前置词的意义界限也因而变得比较模糊。有意思的是，一般事物与其不可分离的组成部分，也可用于"及物动词 + что（作为整体的事物）+ за что（前者的不可分离部分）"，如 открывать дверь за ручку（握着门把开门），принести письмо за уголок（拿着信的一角送来）。在这类场合下，за что 已接近表行为方式。试看下面例句：

（35）За кончик его（指 гвоздя），правда，не вытянешь，шляпка не пропустит. Но если уцепить（гвоздь）за шляпку，можно свободно вынуть.（Б. Житов）（拽着钉子尖，不错，是拔不出来，钉帽过不来，如果拽钉帽，很

轻松地就拔出来了。）

（36）Боб… выбежал из дома и в зубах за рубашку нес девочку. Мать бросила к дочери.（Л. Толстой）（叫鲍勃的狗用牙叼着小女孩的衣裳，刚从房子里跑出来，母亲就扑向女儿。）

后一个句子中，за 后面的 рубашку 虽有"可分离属性"，但在救女孩时，它是与这一整体共现的未分离的组成部分。

Ю. Д. Апресян 曾提出配裂价理论，认为 гладить кому голову，чесать кому шею 一类句法构造中，"只有两个语义价——主体和客体：第四格名词表示客体直接承受的部分，而第三格名词并非一般的接收人，而是以整体出现的客体，后者的名称在深层的初始结构中从属于名词 голова，而不从属于动词 гладить"（Ю. Д. Апресян，1995a：153）。他在该书不同的地方把与本文讨论的下述相关现象均看作价的分裂：У него трясутся колени；Кровь бьется у него в висках；Старик гладит девушку по волосам。他认为上面各句中的表整体部分的名词 у него，девушку 都可以改用物主代词 его 或名词领属二格，如 гладить по волосам девушки。这样，表层结构体现为两价的名词还原为一价，即"某人身体的某器官"（Ю. Д. Апресян，1995a：154，259）。但如前所述，此时整体与部分共现关系都消失了。Ю. Д. Апресян 指出："并列从属结构（прострелить кому-л. руку）与递次从属结构（прострелить руку кого-л.）中可能产生意思的分化，当动作客体不与主体联结在一起、不是后者有机组成部分时，这种意思分化比较明显。试比较：прострелить кому-л. фуражку — прострелить чью-л. фуражку。用并列从属结构的前提更多是：客体与拥有它的主人共在一起，而更倾向于把递次从属结构理解成客体与其主人分开。"（Ю. Д. Апресян，1995a：159-260）Н. Д. Арутюнова 也举了一组生动的例子说明这一语义区别：Волосы у неё рассыпались по плечам 及 Волосы её（Её волосы）рассыпались по полу（指的是剪下的头发）（Н. Д. Арутюнова，1983：164）。只有剪下的头发才能散落在地上，而披散在肩头上的头发，自然和人在一起。

上述 Ю. Д. Апресян 的两个例子表明，前者表示"射穿某人头上戴的帽子"，而后者表示"射穿了某人的帽子"，此时，受射击者当时可能不在场。由于人体器官对人所具有的不可分离的属性，除在极特殊的情况下（如剁掉的手足），上述语义区别表现得并不够明显，这也可算作表不可分离属性范畴名词的一个特点。

前面讲到存在句时曾指出，当强调名词前表性质特征的定语时，则句子由表存在关系转为表述谓关系，相应地也引起结构性的变化，名词提到句首表示主体，原来定位词语如 у меня 等依附于它，相当于物主代词，但前者并未被 мой 一类词完全替代。关于这一点，Н. Д. Арутюнова 指出："俄语中说 Ноги у неё стройные（她有一双美丽的脚）比说 Её ноги стройные（她的脚美丽）更自然，让限定名词的词语保持原来（指存在句——引者）的表示领域的形式，这一特色很重要，有赖于此，这类句子才没有和存在句型完全割裂"，"存在句所特有的表领域的限定词语在俄语中也广泛用于其他类型的句子。当句中的主体是'不可分离财富'时，尤为常用。如 Ноги у неё шли сами собой；Руки у него тянулись к чужому добру；Локти у него работали быстро и энергично；Голова у него склонилась на грудь。"（Н. Д. Арутюнова，1976：224–225）

综上所述，表不可分离属性事物与其主体有部分与整体之间的关系，为了强调两者有共现关系或暗示与存在句的联系，常用名词代替物主代词，以表示在所描述情景中有领属主体在场。这一用法也扩展到某些其他词语，只要它们表示的事物有整体与部分关系并共存同现，不限于表示人及其器官。

（四）从领有主体看表不可分离属性器官名词的特点

有不可分离属性的事物对拥有它的主体而言，是唯一的、不可替代的。反映在俄语中的这种认识，使表示这一范畴的词语具备某些特点。我们先看例句：

У Пети пропала книга.

这里，源自存在句表定位场所的 у Пети，好像用粉笔画了一个属于彼佳生活范围的圈。Н. Д. Арутюнова 说："这种似乎围绕人用'粉笔圈'（меловой круг）划出小世界的方法，大大减轻了对进入表述范围内名词指称的表达和理解。在'粉笔圈'内不需要使话语变得累赘的指示代词和物主代词。受话人清楚，涉及的是这个小世界的组成部分，通过其与小世界中心的关系，就可以具体确定：У майора Ковалева пропал нос；У Акакия Акакиевча украли шинель；У Собакевича фрак был совершенно медвежьего цвета。"（Н. Д. Арутюнова，1983：142）这就是说，不借助任何具体化的词语手段，就可确定"鼻子、大衣、燕尾服"分别属于位于各句句首的、用专有名词所指的人，因为他们是小世界的中心。只有涉及不属于小世界中心人物的东西，其主人才应加以指明。试比较 У Пети пропала книга 及 У Пети пропала моя книга。前一个例子中，彼佳丢了自己的书，这是不言而喻的；当丢了别人的书，如后例，就必须用各种办法表明。但由于人体器官是中心人物不可替代的所有物，因此不可能出现后例描述的那种情况。可以说 У Пети пропали мои деньги （"彼佳丢了我的钱"或"在彼佳那里，我的钱丢了"），但不能说 * У Пети болит моя голова。

其实，这种情况不仅出现在上述句式中。根据语用学的相关原则，Мать провожала сына в школу 中的补语表示的只能是母亲自己的儿子；如果送别人的儿子上学，则应注明，如 сына соседки。值得注意，俄语有一些动词只要求以自己身体的一部分作为动作的工具或对象，如 Он косит глаза, кривит рот, хмурит брови, опускает голову 等；或如 Он мигает глазами, качает головой, жует губами 等。可划入后一类动词的还有某些表示动物身势动作者，如 Голуби трепещут крыльями；Собака виляет хвостом 等。"人不能皱别人的眉头""狗不能摇别的狗尾巴"，这一特点决定含有这类动词的语句和前面提到的存在句的语句可以转换。

下面，从 Ю. Д. Апресян （1995b：548）一书中，选引了一些转换的例子。例如：Он моргает глазами — У него моргают глаза；Больной скрепит зубами — У больного скрепят зубы；Собака виляет хвостом — У собаки виляет хвост。在实行上述转换时，某些动词应改用带-ся 的形式。例如：Кукла вращает глазами — У куклы вращаются глаза；Он болтает ногами — У него болтают ноги。某些要求四格的动词，转换时也采取后一种形式：Он хмурит брови — У него хмурятся брови；Он склонил усталую голову — У него склонилась усталая голова。

在上述可互相转换的两类语句中，主体及其不可分离、不可替换部分间的互相关系完全一样。破折号左侧的语句的动词大多数情况下都表示无意识的、不受控制的动作，但有时也可以表示受主体意识控制的动作，例如：Он многозначительно моргнул мне левым глазом；На поклон девушки он неохотно склонил перед ней голову （М. Горький）。但破折号右侧的句式则只能表示无意识动作。试比较：Он протянул руку за яблоком 与 Рука у него сама собой потянулась за яблоком（像 Брови её презрительно хмурились; Пальцы рук его крепко сжались в кулак。似乎都不宜用 у кого 代替 её，его，虽然句子的主体是人体器官，它却起代喻作用，指人实施有意识的动作）。像 Голова у него склонилась на грудь; Ноги у неё шли сами собой; Руки у неё отпустились 中的动词都表示无意识、无意向目的的动作。

要求第五格作补语的动词中，还有一些表示发出声响的动作，而使之发出声响的客体，则是主体随身穿着或佩戴的衣物，两者也有共现的整体与部分的关系。在实施动作时，这些衣物和主体可以说有"一时不可分离性"的关系。对这种句子中可实施类似转换。例如：

Рыцарь гремит саблей — На рыцаре гремит сабля; Она шумела платьем — На ней（у неё）шумело платье; Кони звенят уздечками — На конях звенят уздечки。由于衣物穿戴"在身上"，所以常用 на чём，它比 у него 能更具体地对衣物所在处定位。破折号左侧句中的动作可能是无意或有意的，而破折号右侧句子的动词则只能表示与人意识无关的动作。

简单总结一下表示有、无可分离属性事物的范畴的特点。

第一，表不可分离属性事物（如人体器官）的名称，不能没有修饰语直接地用于表示存有结构。一般不说：У меня есть глаза，Она имеет голову。因为说拥有这些不言而喻的事物，只传递冗余信息，除非句子具有转义、夸张或比喻、词义缩小一类情况。而有可分离属性的事物（包括像胡须、头发、雀斑、疱疹一类非每人永久必有的事物），则广泛独自用于这类存有结构，并能赋予句子一定信息。

第二，表不可分离属性事物的名词，经常和性质描述性的定语一起出现在上述存有结构中，逻辑重音一般落在有新信息的形容词上。此时，存在句不用 есть，如 У него длинный нос。并可能进一步演化为系词性描述句，如 Нос у него длинный。句中的现在时为零位系词。即使和形容词一起，它基本不用于有引进话题功能的存在句，也不用形容词来区分、限制主导名词所表示事物的某一部分，即形容词和名词共表示一个亚类或集合中的子集；而表可分离属性事物的名词，则可用于上述有各种功能的语句：（1）有引进功能者，如 Есть у него одна странаная книга。应该指出，作为引进话题，通常是与某人有关的活物，如 Есть у меня один чудаковатый приятель/кот。（2）有限定区分功能者，如 Есть у профессора интересные книги。即教授有些有意思的书，但并非全部都如此。（3）有修饰整类事物功能者，如 У профессора интересные книги。并进一步可转化为 Книги у профессора интересные，指教授所有的书都很有意思。

第三，由于不可分离事物与其主体有部分与整体同在共现的关系，作为领属者、所有者的主体常用实词 у него，кому，к кому，кого 等形式表示，而不仅仅用指示代词、物主代词（含名词领属二格），主体与其所属客体可表现为两价（分裂价）或一价（合并价），两种表示方式有一定细微区别。而可分离事物与其主体却无必然的共现关系。试比较：Он пожал мне руку 与 Он подарил мне книгу。前句中的 мне 是手的主体，握手时在场；后句中的 мне 只是动作的接受者，与 книгу 同是动作的客体。其他表示这种同在共现关系的整体与部分的事物，如前面举的例子"门"与"门把手"，以及哪怕是一时性这种关系，如"人"与"头上戴的帽子"，均可用所谓分裂价方式表示；用物主代词表示时，则意在突出所领属事物的可分离性。

第四，在脱胎于存在句的句子中，如在 У девушки склонилась голова на грудь 中，голова 的主体只可能是 девушка，而不能是别的人。而俄语有一类要求第五格或第四格的动词，如 Он качает головой；Он хмурит брови。动词词组具有成语的性质，作为动作客体的只能是人身体特定的部分、特定器官，而且后者唯一的主体只能是作为主语的人，而不能是别人。这两类句式的上述共同之处，成为它们互相转换的根据，尽管两者意义上可能有一定区别。此外，一些可分离性的事物，如果和主体构成一时性的共现关系，如穿戴或佩戴在人身上的衣物，也可以用于这两种可互换的句式。

具有与主体不可分离属性的事物，远远不止人体器官，如人的性格、气质、感情、体形……事物的形状、内容、特性、细节等，对作为整体的人或物来说，都有类似的性质，因此，它们也在不同方面、不同程度上具有上面列举的特点。例如：У неё красивая фигура；У него трудный характер；У Пети пылкий темперамент。这一类语句中重音一般应在形容词上，名词也可以提到句首，如 Фигура у неё красивая и стройная。甚至可以见到这样的句子。例如：Характера он был больше молчаливого, чем разговорчивого。（Гоголь）由于这些名词不赋予句子新的信息（一般把它们作为描述的参数），故不能无定语而单独用于上

33

述结构，除非它产生语义变化。例如：У вас обоих — характеры. Коса нашла камень（Овечкин）（你们两人都性格倔强，镰刀碰石头）；Для экрана в первую очередь нужна фигура，фотогеничность（Адвеев）（演电影首要条件是，有好身段、能上镜头）。像 Он человек с темпераментом；Он имеет характер；Мальчик обладает волей 一类句子中，характер 等词都表一种特定的（通常是坏的或好的）性格、脾气、体形，其语义缩小变窄了。

另外，下述例句中作为整体的人（或物）与其属性特征，也应看作分裂价现象，它们也可合为一价：подражать артисту в походке（≈ подражать походке артиста 模仿演员的步态），потакать мальчику шалостям（≈ потакать шалостям мальчика 纵容孩子淘气），уважать его за принципиальность（≈ уважать его принципиальность 尊重他的原则性），ругать её за легкомыслие（≈ ругать её легкомыслие 骂她轻浮），Мать беспокоила сына своей болезнью（≈ болезнь матери беспокоила сына 母亲的病 让儿子不安），критиковать книгу за вялость языка（≈ критиковать вялый язык книги 批判书的语言无力），изменить покрой платья в деталях（≈ изменить детали покроя платья 对衣服式样的细节地方做了改动）。又如，下面破折号左右两侧句中主语与补语的关系都是事物与由其派生或本来含有的产物、性质、特征，因而也可作相应地转换：

（37）Рана сочит кровь/Сочится кровью — Из раны сочится кровь.

（38）Письмо содержит намек — В письме содержится намек.

（39）Дом сияет чистотой — В доме сияет чистота.

（40）Кождое его слово брызжет иронией — В каждом его слове брызжет ирония.

由此可见，不可与可分离属性范畴所涵盖的面是相当宽的，可在词语结合中体现不可分离性的这一"长语义要素"。

参考文献

АН СССР, *Русская грамматика. Т. II*，Москва：Наука，1980.

АН СССР, *Грамматика русского языка*, *Т. I*, Москва: Издательство Академии наук СССР, 1953.

Апресян Ю. Д. , *Лексическая семантика. Синонимичные средства языка*, Москва: Языки русской культуры, 1995a.

Апресян Ю. Д. , *Интегральное описание языка и системная лексикография*, Москва: Языки русской культуры, 1995b.

Арутюнова Н. Д. , *Предложение и его смысл*, Москва: Наука, 1976.

Арутюнова Н. Д. , Ширяев Е. Н. , *Русское предложение. Бытийный тип*, Москва: Русский язык, 1983.

Селиверстова О. Н. (ред.) *Семантические типы предикатов*, Москва: Наука, 1982.

Булыгина Т. В. , Крылов С. А. , "Скрытые категории" // Гл. ред. Ярцева В. Н. , *Лингвистический энциклопедический словарь*, Москва: Советская энцилопедия, 1990.

Пешковский А. М. , *Русский синтаксис в научном освещении*, Москва: Государственное учебно-педагогическое издательство министерства просвещения РСФСР, 1956.

Степанов Ю. С. , *Имена. Предикаты. Предложение*, Москва: Наука, 1981.

原文发表于《俄语语言文学研究》2003 年第 1 期

动词的体貌词汇语义分类问题

张家骅*

摘　要： Маслов-Vendler 及继后数十年蓬勃展开的动词体貌词汇语义分类研究，被 Ю. Д. Апресян 称之为谓词基础语义分类研究。谓词单位体貌词汇语义的类别归属不仅决定着其体貌属性，且决定着其释义模式、语义配价、配位结构、情景参项、名称范畴类别等方面。在综述前人成果及拙作《俄汉动词语义类别对比述要》基础上，本文将俄语对偶体动词区分为一般持续结果、努力尝试、结果状态、单纯结果和整体活动等五种体貌语义类别，语义类属不同的对偶体动词两体之间的体貌语义对立关系明显地相互区别。与俄语体貌语义类别参差对应的汉语动词也体现出一系列规律性的语法特征。因而，《俄汉平行对照语义关系词典》①应在动词语义句法描写中顾及这方面的问题。

关键词： 动词体貌　词汇语义分类　结果状态　整体活动　持续结果　单纯结果　努力尝试

一　语言哲学的动词体貌词汇语义分类

后期维特根斯坦从建构理想语言转向研究日常自然语言的意义和用法，提

---

*　张家骅，黑龙江大学俄罗斯语言文学与文化研究中心教授、博士生导师。
①　参见笔者主持的国家社科基金一般项目"《俄汉平行对照语义关系词典》的理论与实践"（项目批准号：09BYY066）的相关成果。

出"语言游戏"概念，认为语言单位的意义就是在彼此相互作用之下的诸多用法，以此奠定了语言哲学的基础。牛津学派将语言哲学研究推向深入，其对语言学研究的一个重大贡献是 Z. Vendler（1967：97-121）提出的英语动词的逻辑语义分类学说，该学说对世界诸语的体貌研究产生了深远的影响。

Z. Vendler（1967）从行为（动作、状态、关系等）自身的内部时间跨度，即行为自身在时间中的延伸特征或分布特征着眼，按照语法形式上有无进行时态，语义上能否与持续时段、结果时点语词搭配，将英语动词划分为状态（states）、活动（activities）、持续结果（accomplishments）、单纯结果（achievements）四种类型。状态动词、单纯结果动词与活动动词、持续结果动词的区别是前两种没有进行时态，如 I am loving or reaching the top；后两种却有 I am boiling or writing a letter。状态动词与单纯结果动词的区别是前者可与持续时段语词搭配，如 For how long did you love her? 后者却不能，如 I found it for two hours。活动动词与持续结果动词的区别是前者不可与结果时点语词搭配，如 I walked in two hours；后者却可以，如 I wrote a letter in two hours。有些动词具有兼类性质，如许多活动动词都具有派生的状态意义，用以表示事物恒常属性；有的状态动词兼有单纯结果意义，表示状态开始呈现等。状态动词等四种基本类别之下可细分出一些准类，如从状态动词中区分出专类状态动词（to smoke）和通类状态动词（to rule）。前者既可表示恒常属性状态，又可表示具体行为过程；后者只用于表示恒常属性状态，不能用以表示具体行为过程。

Z. Vendler 对英语动词用法的很多细腻观察，对于体貌学研究有启发意义，如指出状态和一些单纯结果的非自主性质、对例句 He found it in five minutes（他用五分钟找到了那个东西）的分析等。作为单纯结果动词，to find 只能用来表达寻找的结果，不能用来表达寻找的过程。但是，找到的结果之前总要有一个寻找的过程，该例句中这个过程持续的时间恰好就是"五分钟"。这表明：单纯结果动词不局限于"爆炸、跳"之类的瞬间行为动词，这种动词产生的原因可能来自语言外部，也可能来自语言内部，试比较：найти/находить（找到/找到）разыскать/разыскивать（找到/寻找）两个体对应词偶，前者属单纯结果动词，完成体和未完成体都表示结果；后者属持续结果动词，完成体表示结果，未完成体表示过程。

二 俄罗斯语言学的动词体貌词汇语义分类

（一）Ю. С. Маслов 的动词体貌词汇语义分类

俄罗斯著名语言学家 Ю. С. Маслов（1948：303-316）针对俄语动词进行词汇语义分类，意在揭示动词词汇意义对体范畴形式构成及其语法意义对立关系的制约作用。他将俄语动词按体范畴的形式特征分为未完成体单体动词、完成体单体动词和构成体对应词偶的动词三类，指出决定三类动词体范畴属性的动词词汇意义特点，即（1）属于未完成体单体动词的都是无界限动词，如表示存在、关系、属性的动词，表示职业、活动的动词，身心状态动词，包括非单向运动动词在内的无界限活动动词等；（2）有些未完成体界限动词用于无界限义项表示属性时，常常成为未完成体单体动词，与原来的完成体动词失去体的对应词偶关系；（3）属于完成体单体动词的是没有客观或主观具体过程意涵的表示瞬间突发事件的动词，具有开始、终结、有限持续等外在时间界限的行为方式动词；（4）俄语中的绝大多数动词都构成体的对应词偶，对应的完成体动词和未完成体动词词汇意义相同，语法意义不同，因而属于体的对应词偶的都是界限动词。Ю. С. Маслов 把这类动词划分为三种：持续结果动词、连续结果动词和单纯结果动词①。持续结果动词表达有内在极限点的、延伸的行为，行为在达到这个极限点时穷尽自己，停止下来。其中一部分对应词偶（努力尝试动词）的未完成体表示达到目的之前的积极努力，完成体表示持续努力终止时预期结果以飞跃的方式出现；另一些动词（一般持续结果动词）的未完成体表示达到结果之前部分结果逐渐积累的过程。连续结果动词表达的行为具有延伸、同质的特点，其中的任意片段都包含相同的结果，即 М. Я. Гловинская（1982）曾加以分析的 видеть/увидеть 类动词：完成体表示状态的出现，未完成体表示状态的持续。本文将此类动词称作结果状态动词。第三种单纯结果动词表达的行为不是持续的，而是点状的，完成体和未完成体都表示结果，区别只在于一次或

---

① 持续结果动词、结果状态动词、单纯结果动词及下文的努力尝试动词均为笔者在本人相关著作中使用的动词类别术语，Ю. С. Маслов 原著没有给予相应动词类别以特定称谓。

重复、具体事实或概括事实而已。

不难看出，Z. Vendler 与 Ю. С. Маслов 的分类相似之处很多，确有异曲同工之妙，但两者的分类对象语毕竟不同，所以有一些地方呈交错的关系。将俄语动词纳入 Z. Vendler 类别之中的第一个问题是：要不要把体的对应词偶分开处理？俄语持续结果动词问题不大，可以把对应词偶作为同一个词纳入 Z. Vendler 的持续结果类别，因为这类动词既可表示过程，又可表示结果，但连续结果动词（结果状态动词）对应词偶就必须拆开来分别对待，未完成体动词应纳入状态动词中，而对应的完成体则只得纳入单纯结果动词之列。俄语单纯结果动词对应词偶的未完成体成员也不好处理，Z. Vendler 的类别体系中没有"重复"与"一次"的词汇语义对立关系，находить，случаться 等未完成体动词将无所适从。此外，Z. Vendler 的分类中没有努力尝试动词。

（二）Е. В. Падучева 的动词体貌词汇语义分类

Е. В. Падучева 把动词的体貌词汇语义类别称作动词分类范畴（таксономические категории）。动词分类范畴不仅以不同的词汇搭配性能（如与各种时间语词的搭配性能）彼此相互区分，而且通过其不同的词典释义模式体现出来。俄语动词分类范畴区分为基本和派生两类。纳入基本动词分类范畴的仅限于初始体貌语义动词，包括单体动词和体对应词偶中的体貌语义生产词①（大多数情况下是完成体动词）；属于派生动词分类范畴的是：（1）体对应词偶中的体貌语义派生动词（大多数情况下是未完成体动词），如表示具体过程的异质动作动词（действия в развитии）открывать（开）；（2）有构词标记的行为方式动词，如有限持续动词（делимитативы）погулять（散散步）；（3）体貌变体意义残缺的动词，如残缺具体过程的重复动词（итеративы）находить（找到）。Е. В. Падучева 把 Z. Vendler 的动词分类范畴体系作了局部调整，按照自主与非自主特征把活动、持续结果、单纯结果三类动词各一分为二，由此得出俄语动词七种基本分类范畴（Е. В. Падучева，1996：103-151）。

1. 状态动词

恒常属性和恒常关系动词（весить 重，граничить 接壤），大都是单体未完

---

① 俄语对应体词偶中的完成体动词和未完成体动词，始终有一个成员是体貌语义生产词，另一个是体貌语义派生词。

成体动词，只有恒常持续意义，表达超越时间度量的恒常事物属性以及静止事物或事实之间的空间、领属、包容、等同、类似等恒常关系。

常时状态动词，如（любить 爱）和当下状态动词（присутствовать 出席），也大都是单体未完成体动词。其中的常时状态动词只有恒常持续意义，当下状态动词可以表达具体过程意义和无限次数意义。

2. 自主活动动词

当下自主活动动词，如（беседовать 交谈）与常时自主活动动词，如（руководить 领导），表达的活动一方面有自主主体，活动是有目的的，其中的当下自主活动动词可构成有限行为方式动词，如（побеседовать 交谈交谈）；另一方面，主体的这类活动目的不是极限点，不以界限的形式体现出来，因而仍为无界限动词，没有完成体动词与之对应。

3. 非自主活动动词

非自主活动动词，如 кипеть（沸腾），与活动动词一方面相同，都是无界限动词，因而没有对应的完成体动词形式；另一方面不同，其主体多为非活物，无目的可言。无界限过程动词的主体常常是动态过程的原因，有时过程的原因不与主体重合，通过状语说明成分表达。

4. 自主持续结果动词

自主一般持续结果动词（действия обычные），如 построить（修建）与努力尝试动词（конативы），如 поймать（捕），表达有极限点的活动，是俄语可构成体对应词偶的主要界限动词，包含主体有目的活动和达到目的（极限点）两个意义成分。在未完成体的语义结构中，前者是陈说成分（ассерция），后者是蕴含成分（импликация），体现为典型的具体过程意义；在自主一般持续结果动词完成体的语义结构中，前者和后者都是陈说成分；但在努力尝试动词完成体的语义结构中，前者是预设（пресуппозиция），后者为陈说。

5. 非自主持续结果动词

非自主持续结果动词，如 растаять（融化），一方面与自主持续结果动词相同，表达有极限点的过程，因而组成体的对应词偶；另一方面与非自主活动动词相同，无目的可言，主体常常是动态过程的原因，而不是施事。

6. 自主单纯结果动词

自主单纯结果动词，如 прийти（来到），是特殊的界限动词，只表示界限本身，其语义结构中不包含主体有目的活动的意义成分，对偶的未完成体动词因而没有具体过程意义，只表示重复、结果状态或拟定行为，应分别归属于相应的次分类范畴。

7. 非自主单纯结果动词

非自主单纯结果动词，如 простудиться（感冒），其释义中可能包含活动主体，因造成无意损失而承担责任的成分，在否定结构里往往包含非自主行为可能发生的预设，其未完成体动词也不表示具体过程意义。

俄语动词的派生分类范畴主要有体貌变体意义残缺的未完成体单体动词以及以完成体的非自主一般持续结果动词、自主单纯结果动词、非自主单纯结果动词为体貌语义生产词的完成体对应词偶。体貌变体意义残缺的未完成体单体动词有从事动词（занятия），如 питаться（就餐）、кочевать（游牧）和行为动词（поведения），如 важничать（摆架子）、упорствовать（固执），这两类动词属于活动类常时自主活动动词，不用于具体过程意义，试比较 питаться（就餐）只用于常时活动意义和 есть（吃饭）可用于具体过程意义。行为动词的语义结构中包含评价主体成分，评价主体不与活动施事重合，对于活动的评价几乎都是负面的。

以完成体的非自主一般持续结果动词、自主单纯结果动词、非自主单纯结果动词为体貌语义生产词的未完成体对应词偶区分为四种派生分类范畴，即趋势动词（тенденции），如 опаздывать（要迟到）、догадываться（估计）；预期动词（предстояния），如 отправляться（出发）、назначать（任命）；完成时状态动词（перфектные состояния），如 оставаться（留在）、отказываться（拒绝）；潜在属性动词（диспозиции），如 бодаться（顶）、настораживать（使警觉）。

动词的体貌分类范畴连同其概念语义类别、配位结构和情景参项的范畴类别，是左右动词词义有规律派生的四种重要参数。彼此相互区分的体貌分类范畴，一方面决定着动词能否组成体的对应词偶、哪种语义类型的对应词偶，包含体的哪些变体语法意义，决定着动词能否与时间语词搭配及与什么样的时间语词搭配，如恒常属性和恒常关系动词跨越时间度量的意义性质，决定它们通常不与各种类型的时间状语连用，常时状态动词没有具体时间定位的意义特点，因而只与抽象时间状语连用，活动动词与持续结果动词虽然都有当下时间定位意义，因而可以与具体时间状语连用，但是状语的意义类型和表达方式却往往有区别（написал за два часа，用两个小时写好；спал два часа，睡了两个小时）等；另一方面，分类范畴特征的变化还可能导致动词的概念语义类别、配位结构或情景参项范畴类别的变化，从而直接或间接地导致新义的派生。

E. B. Падучева 调整了 Z. Vendler 的动词分类范畴体系，弥补了后者的明显缺陷。Z. Vendler 没有明确指出 accomplishment 与 achievement 类包含非自主行为动词，加之术语本身的词义原因①，以致这部分动词没有归宿。

三 俄汉语动词体貌词汇语义类别对比

Маслов-Vendler 及其后数十年蓬勃展开的动词体貌词汇语义分类研究，被Ю. Д. Апресян（2010：289）称为谓词基础语义分类研究，谓词单位体貌词汇语义的类别归属不仅决定着其体貌方面的属性，而且决定着其释义模式、语义配价、配位结构、词义派生模式等各个方面。现以俄语体学的动词传统语义分类，即 Ю. С. Маслов 的分类为基础，参考 Z. Vendler 的英语动词四分法、Е. В. Падучева 和 М. Я. Гловинская 的相关研究，构建俄汉语动词体貌词汇语义的分类对比框架。对比俄汉语动词体貌词汇语义分类的目的之一，在于用具体语言材料说明不同语言的动词体貌词汇语义在参与表达体范畴意义方面的共性与个性。因此，语法意义不应被当作俄汉语动词体貌词汇语义分类的依据。

因汉语的语法体范畴是词变范畴，完成体（读了）、持续体（读着）、概括事实体（读过）、短时体（读了读）等用同一动词的不同语法形式表示，分类时去掉体标志即可，因而这也同样可以应用到汉语中。俄语的语法体范畴属于构词范畴，对应的完成体与未完成体不是同一动词的两种语法形式，而是构词上相互区别的两个动词，无法像汉语那样将体的形式标志剥离而得到赤裸动词。因此，对俄语动词进行词汇意义分类的首要问题是：如何处理体的对应词偶。将它们作为整体单位纳入共同的类别中，还是分别把完成体和未完成体纳入不同的类别？本文不采用以体的语法意义为二级标准来划分动词派生分类范畴类别的方法，如将 найти 划入瞬息结果动词类，находить 划入重复动词类。既然

---

① 邓守信分别把这两个术语译作"完结、达成"，陈平译作"结束、成就"。参见邓守信《汉语动词的时间结构》，《第一届国际汉语教学讨论会论文集》，北京语言学院出版社 1986 年版；陈平：《论现代汉语时间系统的三元结构》，《中国语文》1988 年第 6 期，第 401~421 页。

对偶体动词被一致认为是词汇意义相同、语法意义不同的动词，那么在以词汇意义为标准分类时，就不应将两者分割开来。以俄语动词体对应词偶和具有持续体、完成体两种形式的汉语动词作为分类对象单位，这不仅考虑到对中国学生的俄语教学，而且是构建《俄汉平行对照语义关系词典》理论与实践的现实需要。

（一）一般持续结果动词

俄语动词完成体表达的行为受界限限制的意义，包括行为达到内在的质的界限意义和行为受外在的量的时间界限限制意义两个方面。所谓内在界限，指行为内在的终端界限，即某个终端极限点，行为在达到这个极限点后穷尽自己，停止下来。显然，这里的极限点指的就是行为结果。俄语完成体一般持续结果动词表达行为达到终端极限点，它们都有未完成体动词与之构成体的对应词偶。对偶的未完成体动词表示达到结果之前的动态活动过程。

俄语对偶体一般持续结果动词（длительно-результативные видовые пары）的词汇语义结构中包含动态、持续、有内在界限等体貌语义因素，表达的活动在达到结果之前，包含逐渐积累起来的部分结果因素，行为客体大多经历与主体共时的运动过程，持续活动的不同时间片断具有异质的特征，如俄语动词 переписать/переписывать（誊写），проверять/проверить（检查），строить/построить（建），писать/написать（写）等。汉语一般持续结果动词"关、开、吃、脱、写、读、建、摘、贴、挂"等既可加"了"构成完成体动词形式，加"上、下、起来、下去；完、成、好、掉"等构成动趋式、动结式行为方式短语动词，表示行为达到终端极限点，又可加"着"构成持续体或与"在、呢"搭配等方式表达动态活动过程：吃着饭、在脱衣服。

这类动词在否定句中充当谓语时，如无特殊的上下文，被否定的不是活动结果，而是活动本身，试比较：Я уже написал письмо в редакцию（我已经给编辑部写了信了），Ничего он здесь не написал. Здесь он дневал и ночевал в казино（他在这儿什么都没写，白天夜晚泡在赌场里）；你的书我读了，你的书我没有读。

俄语未完成体一般持续结果动词用于概括事实意义时，所指行为客观上通常是曾经达到结果的，例如：Окно я открывал（这扇窗户我打开过）。汉语一般持续结果动词也相应地通过加"过"构成概括事实体：这篇文章我看过。"看"在这里也是客观上曾经达到结果的行为。

汉语一般持续结果动词的数量少于俄语，因为很多汉语动词达到结果的意义不通过加"了"构成完成体表示，而要通过构成动趋式、动结式行为方式短语动词的方式表示，如"捡起来、拔出来、爬进去、跳过去、坐下来、解释明白"等。可以用来构成这种短语动词的补足语素如此之多，仅其中的趋向语素就有20多组（吕叔湘，2007：16），以致很难把它们和"了"等同起来，看作完成体的语法标志。我们倾向于把这些语素看作专门结果行为方式动词的构词标志。

（二）努力尝试动词

俄语对偶体努力尝试动词（конативные видовые пары）虽然和对偶体一般持续结果动词一样，都包含动态、持续、有内在界限等体貌语义因素，但与后者有重要区别。

（1）未完成体与完成体的语义中分别包含"努力尝试"（попытка）／"如愿以偿"（удача）的情态色彩（ловил 捕 = пытался поймать 努力尝试捕到／поймал 捕获 = удалось поймать 捕获成功）。对偶体一般持续结果动词的未完成体与完成体通常不包含这种情态色彩［писал 写 ≠ пытался писать 努力尝试写（完）／написал 写（完）≠ удалось написать 写成功］。

（2）"如愿以偿"的语义因素在否定结构中通常仍然保留（не поймал 没捕到 = не удалось поймать 没捕成功），是完成体努力尝试动词语义中的预设成分。完成体一般持续结果动词通常不含有"如愿以偿"的预设成分［не написал 没写（完）≠ не удалось написать 没写成功］。

（3）完成体一方面重复未完成体的意义：主体以某种方式活动，目的是使情景 P 因此而开始存在；另一方面表示情景 P 因此而开始存在（Ю. Д. Апресян，1980 & 1995：59-60；М. Я. Гловинская，1982：89-91）。对于原型完成体努力尝试动词而言，释文的两个部分交际功能不同：重复未完成体意义的部分属预设，"情景 P 因此而开始存在"则是陈说。не поймал（没捕到）仍包含 ловил（捕了）的意义成分，否定的只是"情景 P 因此而开始存在"（М. Я. Гловинская，2001：10）。完成体一般持续结果动词的语义成分与完成体努力尝试动词相似，也由

两个部分组成，一方面，重复未完成体的意义成分（活动），另一方面，包括
"主体在 P 开始全部呈现时终止活动"（结果）。但二者不同的是，在通常情况下，两部分都是陈说，не написал（没写）不包含 писал（写了）的预设成分。

　　（4）未完成体表示主体以某种方式活动，目的是使情景 P 因此而开始出现；情景 P 的出现采取飞跃的方式，没有结果因素逐渐积累的过程，行为受事不经历与主体共时的运动过程，持续活动的不同时间片断没有明显的异质特征；其过去时形式因而不用于结果概括事实意义［Ты уговаривал（≠ уговорил）его？你劝说过（≠ 说服过）他吗？］。而未完成体一般持续结果动词则表示主体开始以某种方式活动，以致在随后的每个时段都出现比以前较多的情景 P 的部分；情景 P 的出现采取渐进的方式，行为的每个时段都有不同程度的结果因素（М. Я. Гловинская，1982：89-91）；其过去时形式因而可用于结果概括事实意义，如 Нет，я сиротинушка горькая。Я же писал（≈ написал）（不，我不是可怜的孤儿，我写过的呀）。

　　汉语里有与俄语在语法特点上对应的一般持续结果动词，但不存在与俄语在语法特点上对应的努力尝试动词，可以说"安装、关、脱、吃"等动词是通过语法助词"了₁、着"构成同一词的完成体、连续体语法形式来显示活动/结果对立意义的，但是不能说表示努力活动的"唤、劝说、迫使"等与表示达到目的的"唤醒、说服、使得"等也是同一词的不同语法形式。俄语对偶体努力尝试动词的未完成体与完成体形式分别包含"努力尝试"与"获得成功"的语义因素，译成汉语一般不能用同一持续结果动词的两种不同语法形式表示，而要分别用不同词义的动词表示。与未完成体对应的是活动动词（activities），和完成体对应的则是单纯结果动词（achievements）。恐怕正是由于上述原因，俄汉双语词典中的俄语一般持续结果动词常常可以效仿通常俄语详解词典，只用汉语对应词语解释（翻译）对偶体的构体理据词，而对构体派生词则略去解释，只标注"见~"，例如 установить₁［完］设置，安装 | устанавливать₁［未］见 установить₁；但对偶体努力尝试动词的释义也照搬俄语详解词典的"参见"办法，则常常可能误导，例如 будить［未］叫醒，唤醒 | разбудить［完］见 будить；уговорить［未］说服，劝服 | уговаривать［未］见 уговорить；заставить［完］迫使 | заставлять［未］见 заставить。不应认为"唤/唤醒、劝

说/说服、迫使/使得"等词汇语义上有"积极活动/达到目的"对立关系的不同汉语动词和俄语一样，也是语法对偶体动词，因而可以一并纳入努力尝试动词类，因为即便是俄语两体动词，仅仅在意义上具有"努力活动/达到目的"关系，还不足以构成对偶体动词。判断对偶体俄语动词的标准是：（1）未完成体历史现在时与完成体一般过去时构成同义关系，如（Он пишет записку и выходит на улицу ＝ Он написал записку и вышел на улицу）；（2）前缀构成法对偶体动词可以用后缀构成法对偶体释义，如（благодарить/поблагодарить：выражать/выразить благодарность）。汉语的"唤/唤醒、劝说/说服、迫使/使得"等动词对没有俄语的这些类型学特征，"努力活动/达到目的"意义只是它们各自的词汇意义，体貌词汇语义分类时应分别对待，将前者纳入整体活动类，后者划归单纯结果类。

汉语中当然也有一些动词具有与俄语对偶体努力尝试动词类似的语法特点，常常不必通过构成述补式短语动词的方式，直接加"了₁"构成完成体，表示经过努力尝试而获得成功的终端极限点意义：找了 ≈ 找到。"找"的词典释义是"为了要见到或得到所需求的人或事物而努力"［中国社会科学院语言研究所词典编辑室，2016：1665］，但句子"我找了一个人，他能帮助你"中"找了"的意思不仅仅是"为了要见到或得到所需求的人或事物而做了努力"，还包括"所需求的人或事物见到或得到了"。试与汉语动词"调查"比较，"调查"的词典释义结构与"找"相同："为了了解情况进行考察"［中国社会科学院语言研究所词典编辑室，2016：1897］，但"调查了"的意思却仅仅是"为了了解情况进行了考察"，不包括"情况了解了"。

（三）单纯结果动词

俄语对偶体单纯结果动词的词汇语义结构中包含动态、非持续、达到内在界限等特征，完成体和未完成体动词都表示行为的点状结果，区别主要在于前者的具体一次性质和后者的重复性质，其所指的语言外行为本体包括：（1）非自主行为，这类行为不是线状的，而是点状的，达到行为结果前不存在主体有目的活动的线状持续过程；（2）自主行为，结果达到之前客观上存在主体有目的活动的线状持续过程，如 найти 之前的 искать，прийти 之前的 идти，但这种过程意义被排除在单纯结果动词的语义结构之外，要用另外的动词符号表达。与此相应，单纯结果动词区分为：（1）非自主单纯结果动词，如俄语动词 разбить/

разбивать（случайно）（偶然打破）、получить/получать（收到）от кого、встретить/встречать（遇上）на улце，汉语动词"牺牲、爆炸、醒、丢、跌跤"；（2）自主结果动词，俄语动词如прийти/приходить（来）、найти/находить（找到），汉语动词如"完成、抛弃、实现、穿上、捕获、猜中、说服"等。因而，俄汉语单纯结果动词表达的都不是达到内在界限的行为，而是点状结果行为。非自主单纯结果动词的形成原因来自语言外部，因而这类汉语动词与俄语动词在数量与概念内容上大体相应，区别只表现在个别词的类别归属上，如汉语的"死"不加"着"构成持续体"死着"，属于单纯结果动词；俄语的умереть 却有对应未完成体умирать，表示消极过程，不属于单纯结果动词。自主单纯结果动词的情况则不同，形成原因来自语言内部，汉俄语在这方面的差别很大。汉语自主单纯结果动词的数量远远超过俄语，原因在于：汉语体的语法形式"动词+了"的功能与俄语完成体动词的功能不尽相同，虽然也可用来表示行为达到结果，但覆盖面较小。很多俄语完成体动词表达的行为结果意义，不能用汉语"动词+了"的语法形式表达，而要借助动趋式、动结式短语动词的词汇手段，这些短语动词都具有单纯结果动词的性质。如上文所述，几乎全部俄语努力尝试动词对偶体的语义对立关系都不是汉语"动词+着"（"在+动词"）/"动词+了"的对立关系。俄语一般持续结果动词对偶体之间的语法关系，尽管总体而言类似汉语"动词+着"（"在+动词"）/"动词+了"的对立关系，例如закрывал/закрыл（在关/关了）、снимал/снял（脱着/脱了），但其中很多完成体的语法意义在汉语里也要使用述补式短语动词的词汇手段表示，例如поднять（举起来）、лечь（躺下）、выйти（走出去），或者除了"动词+了"的语法表达手段外，还有同义的述补式短语动词的词汇表达手段，如приготовил（做了或做好）、написан（写了或写完）、запер（锁了或锁上）。"捕获、猜中、取得、说服"等动结式汉语自主单纯结果动词，不同于"站起来、躺下、走出去、穿上"等动趋式单纯结果动词，前者和俄语完成体努力尝试动词的语义结构相同，包含生产词表达的"主体有目的努力活动"和构词标志表达的"达到目的"两个部分。前者是预设，从属的交际成分；后者是陈说，主要的交际成分。词重音落在充当构词标志的补足语素上。"捕获/没有捕获"都包含"捕"的意义因素。后者的语义结构类似俄语完成体一般持续结果动词，"没站起来"在通常的上下文中不表示"站了，但是没有起来"。

（四）结果状态动词

行为的"外在界限"指动词完成体表达的，对无内在界限的持续行为在时间量上加以限制的界限。俄语表达行为受外在起点界限限制，不局限于完成体单体行为方式动词，如 заговорить（说起话来）。有些对偶完成体动词也具有行为的起点界限意义，表示状态出现，其对应未完成体表示状态持续，如 увидеть = начать видеть。完成体表达的情景不像持续结果动词那样出现在未完成体情景之后，而是之前。通常，将这类动词称为完成时对偶体动词（перфектные видовые пары）（参见 Е. В. Падучева，1996：154）。常用的俄语结果状态动词有体态动词、感知动词、情感动词、认知动词等，如 протянуть/протягивать（伸）、увидеть/видеть（看见）、удивиться/удивляться（惊讶）、понять/понимать（懂）等。许多施为动词也属于结果状态动词，其未完成体现在时第三人称形式可用来构成类施为句（квази-перформатив），在受话人不知道言语内容的情况下，言语主体用以代替言语行为主体向受话人转致谢意、邀请、建议等。用于这种情景的未完成体现在时，动词常常可用完成体过去时取代，试比较：Директор просит/попросил вас срочно оформить документы（经理请你立刻办理好文件）。

汉语结果状态动词包括心理结果状态动词、主体空间结果状态动词、客体空间结果状态动词和主客体空间结果状态动词。

心理结果状态动词，如"高兴、惊讶、生气、害怕、满意、失望、放心、不安"。这些动词可以加"了₁"，但由于词汇语义不包含内部界限的因素，表示的不是行为达到结果，而是状态开始出现，与相应的俄语结果状态动词类似，试比较：Она возмущается（她在生气）与 Она возмутилась（她生气了）。这些汉语动词通常不加"着"构成持续体，但可用在"动词+了+时段短语"的完成体结构中描述有限状态持续意义，例如：高兴了半天。

主体空间结果状态动词，如"坐、站、躺、蹲、跪、靠、支、扶"，对应的俄语动词多是单体未完成体状态动词，这些动词可以加"着"或用在"动词+了+时段短语"的完成体结构中表示无限与有限状态持续，例如：站着/站了整整一个小时。

客体空间结果状态动词，如"关、开、停、挂、钉、插、盖、堆"，对应的

俄语动词是对偶体一般持续结果动词，这些动词常加"着"构成持续体作谓语，主语用受事名词充当，表示的是由行为造成的结果状态，试比较：门关着/关了门，相当于俄语短尾被动形动词谓语句：门关着 | Дверь（была）закрыта。用在"动词＋了＋时段短语"中体现状态有限持续。如图书馆开了三天（Библиотека три дня была открыта）。"图书馆开了三天了"与"图书馆开了三天"不同，既可理解为"开馆的状态已经持续三天了"（Библиотека открыта уже три дня），又可理解为"开馆一事发生在三天之前"（Уже три дня как библиотеку открыли）。存在句"墙上挂着一幅画"与"墙上挂了一幅画"意义基本相同，因为句中的持续体"挂着"和完成体"挂了"都用于结果存在意义。

主客体空间结果状态动词，如"关、开、举、拿、伸、仰、围、指、低、弯"，通常都要与"着"共现，表示的也是由动态行为造成的静止结果状态，试比较：关上门/关着门、举起手/举着手、低下头/低着头。用在"动词＋了＋时段短语"的完成体结构中，可有两种解释：有限状态持续或有限活动持续，试比较：他关了半天门，不知在房间里做什么 | 他关了半天门，就是关不上。歧义产生的原因是，谓语动词"关"兼属结果状态动词与一般持续结果动词两类。汉语主客体空间结果状态动词的类别特点，与兼属一般持续结果动词的俄语对偶体结果状态动词相似：山岩堵着峡谷的入口 | Скала закрывает вход в долину。区别在于主体的表达方法，汉语多用动物名词，俄语则非动物名词较常见。

俄语的状态动词中，有一类表达静止事物的恒常空间态势，因态势的呈现既是恒常的，又是说话时可以具体感知的，因而可以用在具体语境中附带表达地点方位的语词，例如：Вдали поднимается высокая гора（远方高耸一座大山）。俄语恒常空间状态动词有很多是对偶体动词，完成体表示状态出现，未完成体表示状态持续：Через десять дней вы услышите, что здесь пройдет железная дорога. | По хребту проходит граница с польской Силезией。我们将这类对偶体动词称之为结果状态动词。词典中作为单体状态动词处理的未完成体动词，很多事实上有用于状态出现意义的完成体对应，并与之构成"状态出现/状态持续"对立的体的对应词偶（подняться/подниматься，спуститься/спускаться，уйти/уходитъ）（张家骅，1991：8-11）。有些一般持续结果动词，在以非动物名词作主语时，可用完成体表达恒常空间态势出现，未完成体表达

恒常空间态势持续。试比较：Вход в пещеру завалили камни. | Вход в пещеру заваливали камни。这些动词兼属结果状态动词。

结果状态动词的完成体，除用于具体事实意义，表示状态出现外，还可用于结果存在意义，表示由过去行为结果造成的现实状态。这种结果存在意义涉及恒常空间状态时，实际上是比喻义：给予非生命体以虚拟的行为，把主体的空间形态描写成这一行为造成的结果，从而给表述着上一层形象、生动的修辞色彩。两体都主要用以表示静止事物恒常空间态势的结果状态动词，已经词汇语义化的不仅是未完成体的恒常持续意义，还包括完成体的结果存在意义。后者不仅在一些词典中被列为独立的义项，还将其与未完成体的意义等同，例如：Залечь — быть расположенным；то же что залегать | Пройти — то же что проходить：Туннель прошел（проходит，идет）черсз главный хребст（Д. Н. Ушаков，1935-1939）。

表示静止事物恒常空间态势的汉语动词，如"耸立、分布、延伸、埋藏、绵延、悬垂、环绕"，区别于其他恒常属性和恒常关系词的语法特征是：能够加"着"构成持续体形式，例如：天安门广场上，耸立着一座人民英雄纪念碑。值得注意的是，在汉语的文学语体中，有些本来表示达到内部界限的动态单纯结果动词（大多为述补式），如"穿过、插入、露出、垂下、堵死"等，常常被用来形象地描写静止事物的恒常空间状态，以赋予非生命体假想的动作，例如：国境线穿过村庄 | 山峰插入云霄 | 别墅从绿树丛中露出 | 峡谷被一堆乱石堵死 | 一枝红杏出墙来，其语义特征和修辞效果，酷似俄语结果状态动词用结果存在意义表达恒常空间状态。试比较：迎面垂下一座悬崖 | Перед нами нависла скала。这些动词的语法特征也类似俄语完成体结果状态动词，虽然用来表示恒常静止状态，却仍然保留着汉语单纯结果动词的语法特征：不能加"着"构成持续体表示行为过程，但可以加"了"构成完成体表达行为结果。与静止事物名词搭配时，"穿过"等动词与俄语完成体结果状态动词一样，不仅可用来表达非生命体的空间态势，还可表示运动着的人对静态客观事物的动态感受（Чжан Цзяхуа，1986：69-73），试比较：Впереди вдруг поднялись зубчатые стены замка | 远处突然耸起一座城堡的垛口起伏的高墙。

俄语中有一类数量不多的对偶体结果活动动词，如 заниматься/заняться，двигаться/двинуться，увлекаться/увлечься，возглавлять/возглавить，прислушиваться/прислушаться 等，其未完成体与完成体的语法意义关系，与对偶体结果状态动词相近，是活动出现与活动持续的关系。汉语的自主当下活动动词加"了"表预料行为兑现了，预料行为指说话人希望发生、事前知道应该发生或者能发生的行为，如我跑步了。非自主当下活动动词和职业活动动词加"了"表示活动开始，如哭了；当兵了。这些动词用在"动词+了+时段短语"的结构中，都表示活动有限持续（聊天聊了一小时；哭了半天；流浪了十年）或重复（聊天聊了一学期；哭了一辈子）。当下活动动词可加"着"构成持续体；常时活动动词与常时状态动词一样，一般不与"着"同现。自主活动动词，尤其是当下自主活动动词，可通过重叠方式构成短时体，表达受时间界限限制的有意图的活动，如学习学习、散散步、等一等。

（五）整体活动动词

关于俄语动词完成体的常体意义，语言学界长期有界限说和整体说两种不同的观点，后来趋向一致，把两者合并起来，认为完成体动词表示受界限限制的整体行为（«АН СССР»，1980：583）。俄语中有一类对偶体动词，主要是言语动词，其完成体语义结构中不存在终端极限点成分，两体的体范畴语义只限于持续活动与整体活动的对立。试比较意向言语行为对偶体动词 просить/попросить 与取效言语行为对偶体动词 упрашивать/упросить 的释义：① X просит Y с целью Р："X 对 Y 说话，目的是使 Y 同意做 Р 或做 Р"/X попросил Y с целью Р："X 对 Y 开始说话，说了一段时间话，然后停止说话，目的是使 Y 同意做 Р 或做 Р"；② X упрашивает Y с целью Р："X 对 Y 说话，目的是使 Y 同意做 Р 或做 Р"/X упросил Y с целью Р："X 对 Y 开始说话，说了一段时间话，然后停止说话，目的是使 Y 同意做 Р 或做 Р；Y 同意了做 Р 或做了 Р"。显然，两对动词的未完成体语义完全相同，都属意向言语行为动词；语义差别体现在完成体上：попросить 表示的仅是将请求行为的开始、中间、结尾各阶段压缩在一起的不可分割的行为整体，而不是行为达到终端极限点（行为目的），仍属意向言语行为动词；упросить 则不仅表示行为整体，而且表示达到终端极限点目的，已属取效言语行为动词。

俄语中的很多对偶体言语动词都属于整体活动动词，如 говорить/сказать（说）、спрашивать/спросить（问）、отвечать/ответить（答）、обсуждать/

объсудить（讨论）、хвалить/похвалить（夸奖）、здороваться/поздороваться（打招呼）等。类似 упрашивать/упросить 的很多取效言语行为动词，其完成体用于导出引语时，也体现行为整体意义，而不是达到目的的取效意义：Неправда，папаша，поживешь еще，— успокоил Гаврилов.（М. Соколов）（"不，大叔，你还能继续活下去。"加夫里洛夫安慰他说。）在这种情况下，两体可以互换，已属整体活动动词。

　　与俄语对偶体言语动词一样，汉语言语动词"说、问、答、讨论、夸奖、批评"等也是整体活动动词，"夸奖着（他）"与"夸奖了（他）"的对立关系不是持续活动与活动结果的对立关系，而是持续活动与整体活动的对立关系。许多汉语积极活动动词，如"劝说、调查、争取、打听、了解"等加"了₁"〔劝说了₁（他）〕构成的完成体形式，只将意向活动的开始、中间、结尾各时间阶段合并在一起，作为不可分割的浑然整体表示，不涉及意向活动的结果；而相应俄语体对应词偶的完成体动词，则表示意向活动达到目的，试比较："请求了/请求着、调查了/调查着"与"упросил（求得了）/упрашивает（在请求）| выяснил（调查清楚了）/выясняет（在调查）"。汉语的两体语义是活动与整体的对立关系，属整体活动动词；而俄语的两体语义是努力活动与达到目的的对立关系，属努力尝试动词（张家骅，2004：106）。

　　汉语整体活动动词的语义特点还表现在与一般持续结果动词的区别上。"建、写、读、安装"等一般持续结果动词，虽然也都有行为整体性的特征，但行为的内在极限点比较明显。"建了一座桥"表达的意思是"开始建桥，建了若干时间的桥，在桥出现的时候结束了建桥"，与"在建（着）一座桥"描写的客观事态有质的区别。而"讨论、称赞、夸奖"等动词的行为内在极限点则不明显，"讨论了、称赞了、夸奖了"主要表示行为整体。"讨论了有关生态的问题"表达的意思是"开始讨论有关生态的问题，讨论了若干时间有关生态的问题，停止了讨论有关生态的问题"。"讨论了有关生态的问题"与"在讨论（着）有关生态的问题"描述的客观事实没有质的区别。

四　结语

　　俄语、汉语动词的体貌词汇语义分类不尽相同。汉语中没有既可构成持续体，又可构成完成体语法形式的努力尝试动词，词汇语义上有"努力活动/如愿以偿"关系的汉语动词"唤/唤醒、劝说/说服、迫使/使得"分属整体活动类［唤（醒）、劝说、迫使］、单纯结果类（唤醒、说服、使得）动词；主客体空间结果状态动词，如"关、开、停、挂、钉、插、盖、堆"，一方面，可以加"了₁"/"着"构成完成体和持续体，表示状态出现/状态持续的对立关系，属结果状态动词；另一方面，又可以加"着"构成持续体/用在"动词+了₁+时段短语"的完成体结构中，表示无限状态持续/有限状态持续的语义对立关系，属比较特殊的状态持续动词。

俄语、汉语动词体貌词汇语义共同类别的涵盖范围不同。汉语一般持续结果动词的数量少于俄语，但自主单纯结果动词和整体活动动词的数量远远超过俄语。首先，很多汉语动词达到结果的意义不通过加"了₁"构成完成表示，而要通过构成动趋式、动结式行为方式短语动词表示，后者属于自主单纯结果动词；其次，汉语动词加"了₁"构成的完成体形式，由于具有比俄语完成体动词更加显著的整体性特征，广泛地用于与时段短语搭配，表示有限持续意义——整体活动意义的一种变体，而不是一般持续结果意义。因而，汉语整体活动动词的数量超过俄语。

俄语动词体貌词汇语义类别的两体对立关系，超出语法层面体对应词偶的范围，如"сел 坐下/сидит 坐着｜лег 躺下/лежит 躺着｜заснул 入睡/спит 睡觉｜заболел 得病/болеет 病"虽非体对应词偶，但完全有资格与"занял 占据了/занимает 占据着｜признал 承认了/признает 承认｜отстал 落后了/отстает 落后｜протянул 伸出/протягивает 伸着"等共同列入结果状态动词的对立行列中；"пришел сюда 来到/идет сюда 走在来的路上｜нашел （грибы） 找到（蘑菇）/ищет （грибы） 寻找（蘑菇）смотрел 看/увидел 看见｜слушал 听/услышал 听见"等虽不构成体对应词偶，但它们的体貌语义对立关系与"строили （дом） 在建（一座房子）/построили （дом） 建了（一座房子）｜писал 在写/написал 写了"等对偶体一般持续结果动词的两体语法对立关系也是一致的。

属于同一体貌词汇语义类别、准类别的动词往往在语义配价、配位结构等方面有共同的特点，试比较客体空间结果状态动词"挂、放"等，以"了₁"为标记的完成体（实现体）形式和以"着"为标记的持续体形式有共同的语义配价［X（处所）— Y（受事）］和配位结构［X（处所）/主语 — Y（受事）/

宾语],例如:墙上挂了一幅画;桌子上放了几本书丨墙上挂着一幅画;桌子上放着几本书等。主客体空间结果状态动词"关、穿"等的完成体(实现体)形式有共同的语义配价 [X(施事)— Y(受事)] 和配位结构 [X(施事)/主语 — Y(受事)/宾语],例如:她关了门丨他穿了件皮夹克;其持续体形式的共同语义配价则是"X(感事)— Y(属事)""X(感事)/主语 — Y(属事)/宾语"。例如:她关着门;他穿着件皮夹克。

填充汉语主客体空间结果状态动词持续体形式感事语义配价(情景参项)的名称短语范畴类别(таксономические классы имени)[①]多是"人",而俄语对应未完成体结果状态动词的感事语义配价则通常以"物体"范畴类的名词短语填充,例如:他关着门,不知在房间里做什么丨Скала закрывает вход в долину(山岩堵着峡谷的入口)。

参考文献

АН СССР, *Русская грамматика. Т. I*, Москва:Наука, 1980.

Апресян Ю. Д., *Типы информации для поверхностно-семантического компонента модели «Смысл⇔Текст»*, Wiener Slawistischer Almanach, Sdb. 1, Wien, 1980.

Апресян Ю. Д., *Избранные труды. Т. II. Интегральное описание языка и системная лексикология*, Москва:Языки русской культуры, 1995.

Апресян Ю. Д., *Проспект активного словаря русского языка*, Москва:Славянских культур, 2010.

Гловинская М. Я., *Семантические типы видовых противопоставлений русского глагола*, Москва:Наука, 1982.

Гловинская М. Я., *Многозначность и синонимия в видо-временной системе русского глагола*, Москва:Русские словари, Азбуковник, 2001.

Маслов Ю. С., "*Вид и лексическое значение глаголов в совремснном русском литературном языке*", Изв. АН СССР, Отделсние лит. и яз., 1948, Т. 7, вып. 4.

Падучева Е. В., *Семантические исследования. Семантика времени и вида в русском языке. Семантика нарратива*, Москва:Школа «Языки русской культуры», 1996.

---

① 关于语义配价(情景参项)的名称短语范畴类别(таксономические классы имен),参见(Е. В. Падучева, 2004:43, 588—589)和《"意思⇔文本"语言学的相关概念阐释》中之"语义配价"一节(张家骅,2013)。

Падучева Е. В., *Динамические модели в семантике лексики*, Москва：Языки славянской культуры，2004.

Ушаков Д. Н., *Толковый словарь русского языка*，*в 4 Т.*，Москва：Советская энциклопедия，1935—1939.

Чжан Цзяхуа，"Об одной трудности употребления видов русских глаголов"，Русский язык за рубежом，1986（5）. — С. 69—73.

Vendler Z. , *Linguistics in Philosophy*，New York：Cornell University Press，1967.

陈平：《论现代汉语时间系统的三元结构》，《中国语文》1988 年第 6 期。

邓守信：《汉语动词的时间结构》，载《第一届国际汉语教学讨论会论文集》，北京语言学院出版社，1986。

吕叔湘：《现代汉语八百词（增订本）》，商务印书馆，2007。

张家骅：《词汇意义还是语法意义》，《外语研究》1991 年第 1 期。

张家骅：《俄汉动词语义类别对比述要》，《外语学刊》2000 年第 2 期。

张家骅：《透过汉俄对比看"了₁"的常体意义》，《当代语言学》2004 年第 2 期。

张家骅：《"意思⇔文本"语言学的相关概念阐释》，《俄罗斯语言文学与文化研究》2013 年第 2 期。

中国社会科学院语言研究所词典编辑室：《现代汉语词典（第 7 版）》，商务印书馆，2016。

原文发表于《语言文化研究辑刊》2015 年第 1 期

模糊词义漫谈

郭聿楷[*]

摘　要： 本文探讨与模糊词义有关的几个理论问题。着重论述模糊词义的实质，特别强调模糊性是语言的属性，而不是客观事物的属性；从原型范畴的角度对模糊词义进行分析，认为原型范畴理论可为研究模糊词义问题提供认知层面的理论依据；简要介绍扎德提出的模糊语义定量分析方法。

关键词： 模糊性　原型范畴　定量分析

近年来发表的有关模糊词义的著述十分丰富，学者们对模糊词义的基本理论已进行了全面、深入的研究。笔者对模糊词义问题的了解相当粗浅，自不能对这一复杂现象做系统论述。阅读有关文献时，对模糊词义理论中的几个具体问题产生兴趣，同时也存在某些疑惑，于是决定进行一些探讨，希望在学习和求索中有所受益。

一　对模糊词义的认识和界定

对于模糊词义，学者们有各种不同的认识和概念界定。扎德（L. A. Zadeh）的模糊集理论对"模糊"概念的定义中有一点是：概念外延是不确定的、非一刀切的（转引自伍铁平，1999：121）。我们认为，这应是研究模糊词义问题的

　＊　郭聿楷，北京外国语大学俄语学院教授、博士生导师。

出发点。模糊词义指词义表示的概念的外延边界不确定，也就是说，与词义相应的事物类边界不确定，类中包括哪些成员，难以划定明确界限，或者，词表示的对象与邻近对象划不清界限。例如，"青年人"这一词语意义是模糊的，它表示的概念的外延是各种"青年人"，但"青年人"这个类边界是不确定的，类包括几岁到几岁的人，难以划定明确界限。"秃顶"的词义也是模糊的，词义表示的概念的外延包括头发稀少到何种程度的头顶，难以划定明确界限。"傍晚"的词义也是模糊的，它表示的对象与邻近的"下午"和"晚上"难以划定明确界限。"绿色"的词义也是模糊的，它表示的对象与光谱中邻近的"蓝色"和"黄色"难以划定明确界限。词义模糊是因为人用词语为客观事物划界或归类时，未明确界限。所以，模糊是语言的属性。

某些学者认为，"有很多客观事物本身就是模糊的"（转引自张乔，1998：48）；"客体的模糊造成了语义的模糊"（石安石，1994c：94）；"客观事物……具有本体模糊性，这些界限不清的客观事物反映在人脑中，必然形成认识的模糊性。"（刘佐艳，2002：34）"客观世界本身存在许多界限不清的现象。"（伍铁平，1999：108）有的学者区分出"本体模糊性"和"认识上的模糊性"，本体模糊性指"客观现实存在的模糊性"（伍铁平，1999：141）。这类观点认为，客观世界中的事物或者事物的类，有很多本身就是模糊的，其边界不确定，反映在词义中，就造成词义的模糊。这种对模糊词义的认识值得商榷。

人习惯于用语言这面镜子去比照、认识客观事物，用语言的结构模式去"塑造"世界，会误认为客观世界有跟语言相同的结构形式和构成元素，因而将客观世界中的事物、现象与语言中的词语一一对应。如果词语的意义是模糊的，那么就会推断出"合乎逻辑"的结果：与词相对应的客观事物类也应该是模糊的。如果客观世界中"青年人"这个类边界不清，那么表示此对象的词语的意义自然也就模糊不清，这不是十分合理的逻辑吗？其实，这是一种错觉。

客观世界中的事物、现象一般是以整体或连续的形式存在的。而人类的语言有离散性特点。人要用语言表现世界，就必须把整体或连续的客观事物、现象分割成小块，用语言中的词语将客观事物、现象归类，强行纳入语言的结构机制。因此，客观世界中事物、现象的类，完全是人用自己设定的标准，借助词语分割世界、划分类别的结果，并非事物、现象的类先于语言而客观地存在，语言只是被动地像镜子和照片一样反映客观世界中本来就存在的类。

认知语言学一般区分出两种模糊性。一种是将连续的、渐变的统一体分割为段落时，分界不明确。如将统一连续的渐变光谱区分为各种颜色，将统一连续的完整人生区分为不同年龄段，将统一连续的一年时间区分为不同季节等。我们姑且把这种模糊性称为"分界模糊"。另一种是将独立个体归类时，类的边界不明确，如"青年人、高个子、秃顶、好学生、害虫、文具"。这些类中包括哪些个体不明确，边界难以划清楚。我们姑且把这种模糊性称为"边界模糊"。下面，我们分别分析这两种模糊性是不是客观事物本身的特性。

先看分界模糊。这种模糊性的对象是连续的统一整体，现代科学称之为"连续统"，它的特性是渐渐变化的，本身没有明确的段落分割。需要强调的是，渐变的特性并不等于模糊性，因为语言的模糊性是一个特定概念，上文中对此已做了说明。人要用语言对连续统这种对象进行微观分析，于是就用词语把整体分割成几个段落。例如，人的一生自出生到去世是一个连续统，生理变化是渐渐体现的。生命不同时期虽然有不同特点，但生命的延续中并没有明确的段落界限划分。是人用思维和语言把生命连续统分割成了"童年、少年、青年、中年、老年"。不同语言对生命段落的划分也有差别。例如，"中年"在汉语中大约是指 40~50 岁，俄语中大约是指 40~60 岁，法语中大约是指 30~50 岁（张乔，1998：141）。如果认为事物类先于语言而客观地存在，那么客观世界中存在的是一个什么样的"中年"类呢？一天是一个连续统，虽然一天中有各种变化，但变化是逐渐的、连续的，其间并没有几条明确的界限，是人用词语把一天分成了几个段落："早上、上午、中午、下午、晚上、夜晚"。不同民族的语言对一天中时间段落的划分也有明显差别。光谱似乎更能说明问题。太阳光经折射后形成的光谱是一个色彩逐渐变化的连续统，中间并没有明确的段落分割界限。为了区分颜色，汉民族用"红、橙、黄、绿、青、蓝、紫"将连续渐变的光谱分割成几段。这些不同的色彩是客观存在的，而用 7 个词将光谱分成 7 段，把颜色如此归类，则是语言本身的事，反映的是汉民族的思维特点和汉语的语言机制。并非客观世界中恰好就存在这 7 种独立的颜色，因为不同民族的语言中颜色词语义场差别极大，有的语言中只用两个词区分颜色。那么，客观世界中存在几个颜色类呢？客观世界中存在的是逐渐变化的光谱连续统一体，并不存在脱离语言、边界清晰而独立的"红、黄、蓝、绿"等。色彩的分割、界限的划定，完全是人用思维和语言完成的结果，是一种人为的分类。人用词语分割连续统时，词语的意义本身常常是不明确的。我们不妨看几个词的词典释义：

青年：人十五六岁到三十岁左右的阶段（中国社会科学院语言研究所词典编辑室，2016：1061）；

молодой：юный, небольшой по возрасту（С. И. Ожегов 词典）；

早上：从天亮到八九点钟的一段时间（中国社会科学院语言研究所词典编辑室，2016：1634）；

утро：начало дня（С. И. Ожегов）。

用这样含糊、不明确的词义去划类，类的界限自然不可能是明确的。用这样的词语将连续统分割而得到的类，并不是客观世界中脱离语言而独立存在的，更不可能有明确的边界。既然客观世界中不存在独立于语言、边界明确的"青年、老年、上午、下午、红、绿"等，那么无边界的客观事物也就谈不上边界不明确，也就无所谓模糊了。所以，模糊并不是客观事物本身的特性。

主张客观事物具有模糊性的人认为，颜色词的模糊性反映了客观世界中颜色本身就构成一个连续统，各颜色之间不存在泾渭分明的界限（伍铁平，1999：141）。的确，客观世界中的许多事物是以渐变连续统的形式存在的，其中没有明确的界限，如光谱中的颜色、人生中的年龄段。认为这类现象就是客观世界本身界限不清，就是客观存在的模糊性，其衡量标准是人创造的用以归类、划界的"红、橙、黄、绿、青年、中年、老年、上午、下午"等这些词语。认为渐变连续统客观上存在界限不清的学者，实际上思想里已经有词语所划定的人为界限存在，然后以词语所划的界限为标准去衡量、理解客观世界，因此会误认为客观世界中的连续统本身界限不明确。连续统是一个整体，本身没有划分什么段落，段落是人用词语划定的。是因为词语的意义不能将连续统的段落分割清楚，所以才有了模糊问题。连续统的渐变性质并不等于界限不清或模糊，只有在划界、区分段落时才出现界限不清和模糊问题。性质上的渐变本身既无界限问题，也无所谓界限不清。人用一些词义界限不清的词语（如"青年、上午"）将连续统分段，才产生了词义模糊问题。其实，渐变连续统并非划不出明确界限，问题在于用来划界的词语意义是否模糊。人的一生用"童年、少年、青年、中年、老年"划不清界限，但用"周岁"就可划清界限。一年时间用"春、夏、秋、冬"分割，界限不清，但用"一月、二月、三月"等分割，界限则是明确的。气温如果用"寒冷、凉爽、温暖、炎热"分割，界限不清，但用摄氏、华氏度数分割，界限则是明确的。光谱中的不同色彩也可用科学方法测定波长，用数字技术进行定量分析，这样可把光谱中的颜色区分出明确界限。所以，界限不清和模糊是用以划界的词语的意义的问题，不是客观事物本身的特性。总之，不应因为用来分割连续统的词语意义模糊，而认为连续统本身也就是模糊的。

再看边界模糊。客观世界中存在各种各样的独立个体，这些个体并非按照人的意愿和需要分成一个一个的类。人为了认识事物，用词语将大千世界中形形色色的对象进行区分，于是有了"类"："山、河、动物、人、树、花、房子、食物、感觉、思想"……类中的个体是客观存在；不同个体有某些共同特征，个体之间有差别，也都是客观存在。但是将个体归类，则是人用思维和语言完成的。分类标准是人制定的，标准体现在表示类的词语意义中。词义中包含的分类标准如不明确，类的边界自然也就会不明确。例如，"秃顶：脱落了全部或大部分头发的头顶"（中国社会科学院语言研究所词典编辑室，2016：1323）。"大部分"是不明确的数量，所以"秃顶"词义模糊，它划定的类也就边界不明确。不应反向解释为：因为客观上存在一个脱离语言的边界不明确的"秃顶"类，所以表示这个类的词语"秃顶"的意义就模糊不清。再如，"碗"与"盘子"的区别是深度不同，两者词义中没有规定出明确的深度和口径比例，所以"碗"和"盘子"的意义都是模糊的，两词表示的类边界也就是模糊的。холм是 небольшая отлогая горка，холм 与 гора 意义界限模糊，它们表示的两个类也就没有明确的界限。人用词语对这类事物划类，只能是大致的区分，不可能定出明确的量化标准，因此也就划不清事物的类的界限。

我们再来看看生物的分类。生物在客观世界中是一个大的整体，把它看作是各种不同类型生物的渐变连续统也未尝不可。人为了研究生物，提出了复杂、详尽的动植物层级分类方法。各种各样的动植物是客观存在的，而用门、纲、目、科、属、种进行层级划分和归类，则是人通过科学的思维和语言完成的。再科学的分类方法也不可能把浩如烟海的生命物种区分得一清二楚，往往存在界于不同类别之间的物种。而且生物分类本来就有不同的标准、不同的分类方法，由此，区分出的生物类自然就有差别。例如，"鲸"按遗传特征分类（进化枝分类），应归入"哺乳动物"；而按外形体态特征分类（表现型分类），鲸也可归入"鱼"类。所以有的生物学家明确认为，"独立于人的标准的生物类并不存在"（张敏，1998：38）。可见，生物的物种并不是先于语言客观存在的边界明确的类，而是人用科学思维和语言划分的结果。

类的边界不清，是因为分类用的术语的意义不能把类的界限划清楚，即术语表示的概念的外延边界不明确。对于第二种模糊性来说，同样没有脱离语言而独立存在的事物类，所以也就不存在客观事物本身的模糊。

总之，模糊词义的实质，应是词语的意义不能把它表示的对象的界限划明确，也就是词义表示的概念的外延边界不清楚，而不是客观事物、现象本身边界不明确。脱离词语的意义，客观事物本身无所谓模糊。

罗素认为，不存在客观的模糊性。他说，在那些认识到词具有模糊性的人当中有一种倾向，认为事物也是模糊的……模糊性和准确性一样，只能是表达方面的特点，语言属于表达手段（转引自伍铁平，1999：141）。我们认为，这是关于模糊问题的真知灼见。伍铁平先生在介绍罗素这段话时认为，这种说法没有为后人采纳（伍铁平，1999：141），其实不然。后人中坚持这种观点的大有人在。例如，苏珊·哈克认为，模糊主要是一种语言现象（词可能是模糊的，但不是词所指的事物是模糊的），而且主要表现在语义上，而不是语用的现象（转引自伍铁平，1999：287）。英国逻辑学家威廉森也不同意认为客观世界本身存在模糊的观点（张乔，1998：98）。我国研究模糊语言颇有成绩的张乔博士也认为，模糊不是客观世界本身的属性（张乔，1998：99）。

二　模糊词义的认知理论依据

亚里士多德的传统范畴理论认为，概念反映的事物类来源于客观世界中既定的范畴（这里的"范畴"可粗略理解为"类"），范畴的划分和归类是由事物类的本质属性决定的，与进行范畴化的主体（人）无关；与概念相关的自然类是绝对客观存在的，每个类都是由类中成员共有的基本特性定义出来的，类有明确的边界，某事物是否属于某个类，是客观存在的。所以，类和范畴与人的心智活动无关。

传统范畴理论反映的是认知上的"客观主义"。这种观念认为，世界是由各种实体构成的，实体有固定特性，特性之间存在固定的关系。这一切均独立于人的思想之外而客观地存在。世界上的事物、现象自然地归入被称作"自然类"

的各种类别中。莱考夫将这种客观主义的范畴观戏称为"容器隐喻"：范畴如同一个盛东西的容器，具备某特征的个体就被放进去，不具备的就被放在外面（张敏，1998：53）。

范畴可区分为两大类："人工类"和"自然类"。人工类是人为设定的标准绝对地界定出来的类别，如自然科学中的许多术语表示的类，像"等边三角形、整数、平行线"等即属人工类。对人工类来说，传统范畴理论还能适用。如"等边三角形"这个类特性明确、边界清楚，成员归类非此即彼。而对自然类（如"动物、鸟、树、山、河、房子、椅子、青年人、秃顶"等）来说，传统范畴理论则缺乏解释力。

认知语言学认为，自然类的边界往往是模糊的，相邻类之间通常没有严格的界限，类的边缘性成员往往混入邻近的类中。自然类中的成员地位不是平等的，成员的特性不完全一致，而是以"家族相似性"（维特根斯坦的比喻）联系在一起。类中有较典型的成员，即类中的"原型"（прототип），也叫原型性成员；也有较不典型的成员，即非原型性成员。以原型为中心的事物类，即"原型范畴"。例如，"鸟"就是一个原型范畴。其中，有原型性成员，如"燕子、海鸥、鹰、乌鸦、麻雀、鸽子、喜鹊、布谷鸟"等；也有非原型性成员，如"鸵鸟、企鹅"等。原型范畴中往往包括一些似是而非、介于两范畴之间的成员，渐渐混入邻近范畴。例如，"鸭嘴兽"一般被归入"哺乳动物"，但它的哺乳方式奇特，与其他哺乳动物不同，可算作"哺乳动物"的非原型性成员；同时，它长着跟鸟一样的喙，而且跟鸟一样是卵生，因此也可算作"鸟"中的非原型性成员。"鲸鱼"也被归入"哺乳动物"，显然是"哺乳动物"中的非原型性成员；同时，它的体形、生活习性与鱼极为相似，所以也可算作"鱼"的非原型性成员，许多民族就把它称作"鱼"。"青年人"中年龄较大的（如38～39岁）可算作非原型性成员，渐渐混入"中年人"中，又可算作"中年人"的非原型性成员。"碗"中较浅的渐渐混入"盘子"中，可算作"碗"和"盘子"的非原型性成员。ручей 中较大的渐渐混入 река 中，可算作是 ручей 和 река 的非原型性成员。холм 中较大的渐渐混入 гора 中，可算作是 холм 和 гора 的非原型性成员。所以，原型范畴的边界一般是不明确的，而范畴、类又是人用词语划定的，因此，表示原型范畴的词语的意义一般也就是模糊的。认知语言学中有一种观点认为，所有范畴都是模糊范畴。这一结论或许过分绝对，但与自然类相应的原型范畴边界一般不明确，表示这类范畴的词语的意义有模糊性特点，这大概是站得住脚的。

从以上分析可以看出，模糊词义与原型范畴关系密切，原型范畴理论可为研究模糊词义问题提供一种认知层面的理论依据。

三　模糊词义的定量分析

模糊词义向传统逻辑学中的命题真值理论提出了挑战。传统逻辑理论坚持命题二值逻辑：一个命题为真或者为假，不允许有不真不假、似是而非的情况。然而，包含词义模糊的词语的命题有可能出现既不完全真也不完全假的情形。例如，"张三20岁"这一命题，非真即假。而"张三是青年人"这一命题，因为包含词义模糊的词语"青年人"，所以有可能既不完全真，也不完全假。如果张三20岁，此命题为真；而如果张三38~39岁呢？这时此命题可说不完全真。如果张三60岁，此命题为假；而张三41~42岁呢？这时此命题可说不完全假。

模糊词义给某些与语言应用有关的科学技术，如计算机信息处理、模式识别、电脑手写体文字输入、机器翻译的意义识别等，带来很大麻烦。模糊词义的形式化问题被提上了日程。解决模糊词义形式化的一个重要方法，即模糊词义的定量分析。

1965年美国控制论专家扎德提出了"模糊集合论"（也叫"模糊数学"），这一理论被语言学界成功地运用到模糊词义的定量分析中，为深入研究模糊词义提供了一种新的理论依据。

"集合"是具有某种属性的事物的全体，也就是事物类（这里的"集合、事物类"都应理解为是通过词语划定的，并非独立于语言而客观存在的）。

普通集合（即非模糊集合）边界明确，一个成分或者属于某集合（取隶属度值1），或者不属于此集合（取隶属度值0）。例如，1/2属于"分数"集合（隶属为1），1不属于"分数"集合（隶属度为0）。父亲的弟弟属于"叔叔"集合（隶属度为1），父亲的哥哥不属于"叔叔"集合（隶属度为0）。对普通集合来说，成分与集合的隶属关系非此即彼，隶属度只有1和0两个值。

模糊集合则边界不明确，一个成分与某集合的隶属关系除"属于"（隶属度为1）和"不属于"（隶属度为0）外，还可能有处于1和0之间的隶属度值。那些不能用绝对的"属于"和"不属于"表示的成分，可在1和0之间取值，如0.1，0.2，0.3…0.9，表示某成分在某种程度上隶属于某集合。这些数字所表示的成分与集合的隶属关系程度即"隶属度"。举几个具体例子：

"大"和"小"都是模糊集合。为确定数字1～10对于"大"和"小"的隶属度，学者们进行了测试和统计，得到以下数据：（张乔，1998：4）

"大"（见表1）：

表1

10	9	8	7	6	5
1	0.8	0.6	0.4	0.2	0.1

"小"（见表2）：

表2

1	2	3	4	5	6
1	0.8	0.6	0.4	0.2	0.1

表格中上栏为成分，即1～10各数字；下栏即每个数字隶属于"大"和"小"的隶属度。

对"少年"和"青年"这两个模糊集合中各种年龄的隶属度，学者提供了如下数据（石安石，1994a：82）：

"少年"（见表3）：

表3

7	8	9	10	11	12	13	14	15	16	17	18	19	20
0.2	0.3	0.3	0.7	0.7	0.7	0.8	1	0.8	0.7	0.5	0.1	0.1	0

"青年"（见表4）：

表4

15	16	17	18	19	20	21	22	23	24	25	26	27
0.2	0.3	0.5	0.9	0.9	1	1	1	1	1	1	1	1
28	29	30	31	32	33	34	35	36	37	38	39	40
1	1	0.7	0.7	0.7	0.7	0.7	0.2	0.2	0.1	0.1	0.1	0

表格中上栏为成分，即各种年龄；下栏为各种年龄对"少年"和"青年"的隶属度。

模糊集合的隶属度是如何确定的呢？这主要是经过实验、测试而统计出来的。例如，要确定数字1~10对"大"和"小"的隶属度，可找100个人（也可以是其他数量的人，如1000个、10000个）作为对象，进行问卷测试。如果100个人都认为10属于"大"，那么10对"大"的隶属度为100/100，即1。如果100个人中80个人认为9属于"大"，那么9对"大"的隶属度为80/100，即0.8。如果100个人中10个人认为5属于"大"，那么5对"大"的隶属度为10/100，即0.1。

可以看出，隶属度的确定带有一定的随机性和个人特点，不同的人对隶属度的认识可能表现出差别。不同社会群体、不同民族、不同时代的人对隶属度的看法都会有所不同。例如，对"高个子"的隶属度进行测试，100个中国人中可能有70个人认为1.75米属"高个子"，隶属度为0.7；而100个北欧人中可能只有30个人认为1.75米属"高个子"，隶属度为0.3。对于气温，不同地区的人的看法肯定会有差别。比如，对0度对于"冷"的隶属度，赤道地区的民族和生活在北极圈里的爱斯基摩人肯定会有不同认识。所以，文献中提供的隶属度数据并不是绝对的，在某种程度上说，只是象征性的。但是这些数据体现的模糊词义的结构特性、变化规律以及这一理论的实用价值，是应该肯定的。

隶属度反映的也正是原型范畴的特点和结构，可以说是对原型范畴的量化分析。在一个类中，原型性成员具有较多类的本质特征，隶属于类的程度自然会高；而非原型性成员具有较少类的本质特性，隶属于类的程度自然会低。例如，"鸟"中的燕子、海鸥、鹰、喜鹊、乌鸦、麻雀、布谷鸟等，都具有鸟的全部本质属性，对"鸟"的隶属度应为1；而企鹅、鸵鸟已丧失鸟的某些本质属性（如会飞），对"鸟"的隶属度可能为0.6或0.7。

四　结语

纯客观主义的认识论正受到语言学界越来越多的批评。对语言意义以及模糊词义的认识，不应仅仅局限于意义与客观世界两者的对应关系。意义不是客观事物自身的原本属性，意义也不是客观事物的直接描摹或镜像；语言的意义离不开与人的思维和认知的互动关系。"人们对物质世界的理解和把握，都必须通过意义世界来实现。人们总是在自己创造的意义世界中看待物质世界的一草一木，一山一石的。"（秦光涛，1998：27）对于模糊词义这种现象，以及它与客观世界的关系，也只有在人所建构的思维和意义世界中进行把握，才能把它的实质认识清楚。

参考文献

刘佐艳：《试论语义的模糊性与民族文化研究的理论依据》，《外语学刊》2002年第4期。

秦光涛：《意义世界》，吉林教育出版社，1998。

石安石：《模糊语义及其模糊度》，载《语义研究》，语文出版社，1994a。

石安石：《语义的概括性和模糊性》，载《语义研究》，语文出版社，1994b。

石安石：《模糊语义再议》，载《语义研究》，语文出版社，1994c。

伍铁平：《模糊语言学》，上海外语教育出版社，1999。

张乔：《模糊语义学》，中国社会科学出版社，1998。

张敏：《认知语言学与汉语名词短语》，中国社会科学出版社，1998。

赵艳芳：《认知语言学概论》，上海外语教育出版社，2001。

中国社会科学院语言研究所词典编辑室：《现代汉语词典（第7版）》，商务印书馆，2016。

原文发表于《俄语语言文学研究》2003年第2期

俄语句法中词的词汇-语义变体

王仰正*

摘　要： 词汇在语言意识中是对客观现实的反映，有了词才可以组成语句，组成语言的句法结构。句法结构依赖于词和词的组合而成立。词在言语中不是作为词位，而是词的具体的词汇语义变体在发挥作用。词在句子中占据着一定的位置，扮演着一定的句子成分角色。在语句中并非语境阐明词义，而是词在选择自己合适的语境和语境伙伴。词同语境的联系使得词的本身意义更加精确。把词放在句法、语句中来研究具有一定的现实意义和实践意义。

关键词： 句法　词　词汇语义变体　角色　语境

词是一种多维的语言现象，它具有语音、语法、构词和词汇—语义等多方面的特征，也就是说，它具有物质形式和思想内容两个方面。词汇是语言的物质基础，是语言表达中的一个有内容意义的成分。作为语言词汇的基本单位，词是形式和内容的统一体。词的形式表达一定的内容、意义，即"为语言使用者一致理解的，并由社会固定于该词的意义"（М. И. Фомина，1983：9）。词汇在语言意识中是对客观现实的反映，词在上下文中完成一定的功能，体现自己的意义，与周围的词按一定的规则和一定的顺序排列，形成一定的语义关系，从而表达一定的意思、传递一定的信息。也正是有了词

---

* 王仰正，浙江大学外国语学院教授。

才可以组成语句，组成语言的句法结构。可以说，句法结构是依赖于词和词的组合而成立的。词组、句子要依靠一定的句法形式才能表达预定的意思。词法的形式和句法结构实质上是以具体的词在言语中发挥其职能作用而出现的。词汇是不能脱离语法而单独进行交际的。在具体的语句中词汇-语义变体（лексико-семантический вариант，ЛСВ）起着作用。词汇-语义变体是А. И. Смирницкий 首先提出的。根据他的观点，词汇-语义变体是同一词汇的不同变体，它们只是词汇意义有区别，而语音外壳并没有区别。把词放在句法中、语句中来研究，对学好外语、研究外语具有一定的现实意义和实践意义。根据 М. В. Всеволодова 的理论，我们对词在句法中的作用做如下阐述。

一　语句中词的句法表现

第一，词在言语中不是作为词位，而是作为词的具体词汇-语义变体在发挥作用。М. В. Всеволодова 有两个例句可以充分说明这一问题：（1）Дети выходят в сад；（2）Окна выходят в сад。句子中的两个谓语是一个词素的两个词汇—语义变体，每一个变体都有着独有的意义和各自的形态聚合体。例如，例（1）可以有变体：Я выхожу в сад；Дети вышли в сад；而例（2）却没有变体，只能用同义结构替换。如：Окна смотрят в сад；Дом смотрит / выходит окнами в сад。在不同的语言中，词汇-语义变体有着不同的对应词。在中文中выходят 是"朝着"。在俄语中，这两个句子表达着完全不同的关系：例（1）是表示积极的物理关系，例（2）是表示空间关系。同一词位（лексема）可有完全不同的词汇-语义变体，在句子中占有完全不同的位置。例如，холодно 和жарко 这两个词，在具有物理状态和生理状态意义的时候，可以占据谓语的位置，组成述体对（предикативная пара）。如：Мне холодно；На улице жарко；В комнате холодно；На юге жарко。当词汇-语义变体具有知觉与感情或者评判意义时，它们可以放在动词前。如：Холодно ответили；Тепло встретили；Горячо приветствовали。

除此之外，同一词位的不同词汇-语义变体还可以以各种方式在词组中重读。例如，当 настоящий 一词在词汇-语义变体中同名词搭配表示"真正的，真的"（истинный，подлинный）这一意义时，它同名词一起连读或者带有重音，如：Леонов был *настоящий артист*；Только *настоящий* артист способен на такой поступок。但是当 настоящий 一词在词汇-语义变体中同名词搭配表示"相似，像"（похожий，подобный）意义时，词重音就应该落在名词上：Наш кот — настоящий *артист*（Крейдлин）。

第二，我们在分析句子的内容时不能不考虑到词的所指属性，也就是词背后所表示的由该词称名的现实片段。在 Самолет *летел* на высоте 10000 метров 和 *Полёт* самолета проходил на высоте 10000 метров 这两个句子中，летел 和 полёт 实际上表现的是同一个现实现象，和上面例句中的动词 выходить 一样，表示各种不同的情景。

第三，句法中有许多派生词（动名词、名词化形容词）是相对的，但在构词平面上并非是对应的。例如，ездить 的动名词既可是 езда，例如：Он *ездит* на велосипеде с удовольствием → *Езда* на велосипеде доставляет ему удовольствие，又可以是 поездка，如：Он *ездил* в Пекин → У него была *поездка* в Пекин。然而，动名词 поездка 也可以和 ехать 对应，如：Мы должны *ехать* в Пекин → Нам предстаит *поездка* в Пекин。诸如此类的还有 ход 既可和 ходить 也可以和 идти 相对应。这种句法派生现象在俄语中描述得不多，还有待我们去研究。

第四，词在句子中可以以零位形式出现，句子中的意义是由其他词形的固定位置决定的。例如：Хасбулатов — о демократии；Ребятам — об экзаменах；Детям — о школах。在这些句子中出现零位形式的，是言语思维类动词。例如 На курорт — на поезде；На дистанцию — всей семьей；За границу одному или с семьей? На Запад — с радостью；Нынче — в школу；Завтра — в контору；Вот он，в просторы — лбом，Города крайний дом（Цветаева）。在这些句子中出现零位形式的，是运动类动词，除了表示空间移动的意义外，还可以表示各种主客体关系，事物、信息的转达等意义。还有，像 На столе — книга；Книга — на столе 这类句子，这种零位形式位置上空缺的是存在类动词（Н. Д. Арутюнова，Е. Н. Ширяев，1983）。

第五，词在句子中发挥作用，占据着一定的位置，扮演着一定的句子成分角色。在这些角色中，起作用的不是词，而是词的形式（форма слова），即便该类词是不变化词，也是以占有一定的位置而出现。此时，近义词常常会以独自的方法表现出来。词在句子中是以一定的形态（除不变化词外）形式出现。词的形式可以不同的形态和词形与所表达的内容相联系。词的形式可以具有不依赖于上下文而独立的语义意义。如：Для пассажиров с детьми и инвалидов；К поездам；Толкать；От себя 等。独立语义的词的形式在一定的句子结构中可获得不同的意义。如 книга — книг 一词，本身并不表达什么意思，但是在 Книг — сотня 之类的句子中，它便获得了数量特征意义，因为这是这一句型所要求的形式。词的形式的这种意义只是针对这一类词而言。在本文中我们仅举几例加以说明。

1) 同一词位的词汇-语义变体的词在句子的交际情景中占据着各种不同的位置，充当着各种不同的交际角色。М. В. Всеволодова（2000）的研究证明，目前至少有三种词类可能在句子中占有的位置是没有限制的，它们是副词、形容词和语气词。词序有两个特征，其一是在线形的链式中句子成分的相互配置，这里首要的是主语和谓语的互相配置。主语在前，即正常词序。例如：Отец работает；Маша красивая。谓语在主语之前是倒装词序。例如：Столицей России является Москва；У него началась температура。其二是在线形的链式中具体的句子成分对一定的位置的固定程度。如副词 вчера，завтра，сегодня 在句子中充当的交际角色没有限制，可以占据以下位置：

（1）主题（тема）：↗*Вчера* он был у меня；

（2）述题：Он был у меня ↘*вчера*；

（3）模态述题（модальная рема）（常用在问答句中）：— Когда он был у меня？—↘*вчера*；还可以处于中间非重读的位置：↗Он был *вчера* ↘у меня。

有些副词不可能占据所有位置，它们的交际角色要受到限制（Ф. И. Панков，1991：94—96）。副词 вечно 只有两种词汇—语义变体：（1）当表示"长久"（бесконечно долго）的意义时，вечно 只能处于述题位，语调用 1 调（ИК-1）：Я буду любить тебя ↘*вечно*；Мы ↘*вечно* будем помнить о ней；（2）当表示"永远，经常"（всегда，постоянно）的意义时，可以处于主题位，语调用 7 调，表示一定的主观情态意思：↗*Вечно* он опаздывает Петрушка，↗*вечно* ты с разорванным ↘локтем（Грибоедов）；或者不带重音，此时它只和表示忙碌的、积极的行为或状态意义的词连用：Дядюшка у меня ... человек весьма прозаический, *вечно* ↘в делах, ↘в расчетах（Гончаров）；Он *вечно* куда-то↘ спешит, *вечно* чем-то ↘занят。

副词 часто 则可以占据所有位置：↗*Часто* в последнее время идут ↘ дожди；↗Дожди у нас на Юге идут ↘*часто*；↗Дожди у нас *часто* идут ↘по 2~3 дня。不同的副词可以程度不同地占据述题位的位置。例如：Экзамен уже *скоро*；Экзамен уже *близко*；— Когда экзамен? — *Скоро*（不是 Близко）。

2）同义词和一个词的不同形式搭配。表示时间的副词 скоро 和 близко 在零系词的时候是同义的。例句：Зима уже *скоро*；Зима уже *близко*。在简单句中，可以用系词 быть 的不同时间形式进行各种不同的搭配，此时意思不会发生变化。скоро 可用将来时形式。例句：Зима будет уже *скоро*（＊Зима будет уже *близко*）；而 близко 可用过去时形式。例句：Зима была уже *близко*（＊Зима была уже *скоро*）。对 скоро 来说，用过去时形式表达这一意思只有在有情态成分时才成立：Зачет *должен был быть* уже скоро。但在从属句中，时常用的只是 близко：Он начнет заниматься, когда зачет *будет* уже *близко*；Он начал заниматься, когда зачет *был* уже *близко*。试比较：Он начнет готовиться к зачету, когда зачет будет уже *скоро*。事实上，它们在简单句和复合句的不同句法时间内各自不同地表现着自我（见表1）。

表1　副词 **скоро** 和 **близко** 在简单句和复合句的不同句法时间内的应用

副词	简单句时间			复合句时间		
	现在时	将来时	过去时	现在时	将来时	过去时
скоро	1）Сессия уже скоро. 2）Сессия должна быть уже скоро.	Сессия будет уже скоро.	1）— 2）Сессия должна была быть уже скоро.	Он начал заниматься, так как сессия уже скоро.	—	—
близко	Сессия — уже близко.		Сессия была уже близко.	Он начал заниматься, так как сессия уже близко.	Он начнет заниматься, когда сессия будет уже близко.	Он начал заниматься, когда сессия была уже близко.

二 词汇中的表象反映

在每种语言的世界图景框架内,语言携带者对外部世界的认识和对其价值等级的反应是不同的。在语言的词汇中这种表象反映有三种情况。

第一,词对世界起着各种分解作用。在俄语中除了副词 далеко, недалеко, близко 这三个词表示空间距离外,副词 вдали, вдалеке, невдалеке, вблизи 同样表示空间距离。然而,后一组副词表示的距离对说话者来讲是他可以看到的平面空间。因此,从这一点上来说,这些副词指出了距离遥远的绝对程度(абсолютная степень удаленности)。例如: Вдали чернел лес; Невдалеке копошились в песке ребята。不能讲: * Где-то здесь невдалеке есть метро。但可以说: Метро здесь недалеко, метров 800。— С моим грузом это очень даже далеко。

第二,词汇反映着本族人民特有的价值体系,组成了该语言的概念圈(концептосфера)(Д. С. Лихачев, 1993)。影响词义的重要因素之一,是词与语言使用者的关系。在语言的使用过程中,人们的心理状态、内心的感情会随着思想的表达而得以表露。这样一来,词的词汇意义中除了词固有的事物—概念意义外,还有可能包含着主体赋予的心理情感等因素。根据这一观点,在语言中除了词汇意义外,词还具有补充的、理性的意义(концептуальное значение),也就是具有理性意义的词,或者称为概念词(концептуальные слова)。根据 Е. С. Яковлева(1994)的观点,俄语中的概念词是那些称谓短暂时间段(краткий отрезок времени)的词,如 момент, минута, мгновение, миг 等。除了它们本身的词汇意思以外,对俄罗斯人来说,它们还有补充意思。момент 一词所指的时间,对说话者来说是外部事件的时间: В этот момент зазвонил телефон; Мы переживаем важный исторический момент。而 минута 一词所表示的时间,是对说话者来讲重要的内部时间,但是属于在地面发生的时间: В эту минуту моя голова была другим занята; в эту страшную минуту; в минуту встречи。而 мгновение 则表示宇宙时间。这些概念意义制约着这些词的搭配: момент 只能是 подходящий, важный; минута 是 счастливая, трудная; 而 мгновение 可以是 чудное, прекрасное。例句: [Остановись, мгновенье, ты прекрасно! (Гёте); Я помню чудное мгновение... (Пушкин)]。Е. С. Яковлева(1994)还认为,

俄语中 час，день，пора 是概念词，而 месяц，неделя，время 不是概念词。

第三，语言中词反映着说话人的主观评价意义。这种意义可以在词的词汇意义中具有，但只有在句子中表现出来。如动词 прийти 和 припереться，句子 *Пришел* Иван Петрович 只是指 Иван Петрович 来的事实；而句子 Иван Петрович *приперся*! 则是表达者对 Иван Петрович 这位不速之客不欢迎的否定态度。除此之外，句子的语调也是反映说话者对事件的主观评价的手段之一。在俄语中 всегда 和 вечно₂（词的第二个意义）是同义的。вечно 这一词本身没有任何否定的义素。但是，当 вечно₂ 处于主题位置时，用 ИК-7 读出的话，那么 вечно₂ 就只有对说话人所说事件的否定评价。我们从 Ф. И. Панков（1996）的几个例句对比中可以看出这一事实：↑*Вечно* он опаздывает！和 Он↗*всегда* приходит вовремя，↑*Вечно* она какая-то лохматая 和 Она↗*всегда* хорошо↘ причесана。甚至，在个别正面的事实评价中 вечно₂ 仍然传达的是说话者的否定的主观评价情态：↑*Вечно* он приходит вовремя！Вот и сейчас уже здесь（在那些不大遵守纪律的人口中可以听到）。而 всегда 在这一方面是中性的，但要是它处于主题位置上，同样也用 ИК-7 读出，那么它也带有不满的主观情态评价意义。试比较：（1）对客观事实的肯定：Он *всегда* опазывает，потому что у него элекричка так ходит；Он *всегда* приходит вовремя，и сейчас，конечно，уже у себя на месте。（2）在句中处于主题位置上，用 ИК-7 读出：Он↑*всегда*↘ опазывает；Он еще *никогда* не пришел вовремя；↑*Всегда-то* он приходит↘ вовремя，ну хоть бы↘сегодня опоздал！

三 词义与语境的联系

通过以上分析可以看出，并非语境阐明词的意思，而是词在选择自己合适的语境和语境伙伴，以便表达说话者所要表达的意思。或者说，词的搭配确定了词的词汇-语义变体、词的理性意值、词的词类所属以及具有这样或那样的主观意思。而对于那些具有限制性交际角色的词来说，它在句子的交际情景中的位置是固定的。

词同自己所处的语境的联系可以使词本身的意义更加精确，揭示词在该语言中的概念。М. В. Всеволодова 通过对人们平常认为是同义词的 *свойство*， качество，признак 的分析，以及对这些词所在的特定的上下文的分析，发现这些词远非同义。В. В. Глазкова 在她的论文中较为详细地分析了这些词的用法，找出了运用它们的典型上下文语境。

第一，对 свойство（同义词为 способность）一词来说，典型的是如下语境：

（1）与动词连用，当一个客体和另外的客体相互作用时，该特征才得以表现。例句：Он утерял присущее ему *свойство отмечать* собственные мысли и поступки и *расценивать* их со стороны（Фадеев）；У него есть странное *свойство* во всем *искать* оригинального（Л. Толстой）；Продукт труда обладает *свойством существовать* в виде потребительской стоимости（Маркс）。

（2）与动词相关的名词和形容词连用。例句：Ткань обладает *свойством несмиаемости*；Наибольшее практическое значение имеют *водные свойства* почвы：*влагоемкость，водопроводимость，водоподъемная сила，испаряющая способность，гитроскопичность* и *тепловые свойства*：*теплоемкость* и *теплопроводность*（Кравков）。

（3）与指出特征表现范围的形容词连用。例句：Нужны сверхпрочные，обладающие заданными *электрическими，магнитными，оптическими свойствами* материалы。

第二，对 признак 一词来说，典型的上下文语境是那些有允许证实客体为同一的、从感觉和理智上能够领悟接受的特征：

（1）上下文中有视觉方面的特征：Маленькие черные усы，*губы очень яркие* и *пухлые* Физиономисты говорят，что такие губы — *признак* повышенной чувственности（Горький）。

（2）上下文中有听觉的和运动方面的特征：Отдельные *толчки* и *гул* служили *признаками* первых усилий ветра（Короленко）；Калломийцев просто не мог утерпеть на месте：*двигался* взад и вперед，слегка *чмокал，кряхтел*，являл все *признаки* нетерпения（Тургенев）Когда вороны громко *кричат* — *верный признак* плохой погоды。

（3）上下文中有触觉方面的特征：Высокая *температура* — *признак* болезни；*Влажные* руки — *признак* волнения。

（4）上下文中有社会性方面的特征：В возрастающей *безнравственности* видел он *признак* неудержимого разложения。

（5）上下文中有智力方面的特征：*Умение* обобщать практику — *признак* зрелости руководителя。

（6）上下文中有生理和生物方面的特征：Первые *признаки* отравления — *головная боль*，*головокружение*，*шум в ушах и мелькание в глазах*。

第三，качество 一词是客体的语用特征（包括 свойство 和 признак 的总和）名词，它完全可以用在其他上下文中：*Качество* всяких товаров определяется степенью максимальной *полезности*，которую можно извлечь из данного товара（«Товароведение»）；Ни одно из *качеств* мужика не было пропущено：об одном было сказано：«*хороший столяр*»，другому приписано «*дело смыслит и хмельного не берет*»（Гоголь）；Каждый эстетик согласится со мной，что *искренность* есть необходимейшее *качество* поэта（Писарев）。从这些例句中我们可以看出，качество 一词还可以有评价"好"和"坏"的意思：Машины оказались *дурного качества*（Тургенев）；В характере Соллогуба была хорошая черта — он никогда *не передавал никаких сплетен*，тогда как многие литераторы лишены были этого *хорошего качества*（Панаева）。

对词来讲，它们的句法特征对词归属哪一个词类也是非常重要的。传统的分类方法是建立在词形变化和构形潜力的基础上，正如 М. В. Панов 指出的，"重要的是语法，而不是词汇指数"（М. В. Панов，1999：118）。

当前，对词类的划分至今仍然意见不一，但是语言学家们已经注意到了语义特征。根据 М. В. Всеволодова（2000）的观点，词汇原则上应该分为两个大的类别：（1）形态分类，即按照词的语法特征，在形态特征的基础上将词归为某一词类（М. В. Панов，1999）；（2）语义分类，即按照词的语义特征，在语义特征的基础上，包括除词以外的词的形式（формы слов）、句素（синтаксемы）、词组、句子模式来划分词类。

除了词形变化或者构形潜力和功能特征外，功能学派的学者们还将词分为：（1）形义对称词和形义非对称词（изосемические слова и неизосемические слова），形义对称词是指词类本身固有的意义，如名词表示事物、行为由动词、行为特征由副词、事物特征由形容词称名；由形义对称词构成的结构称为形义对称结构（изосемическая конструкция）。（2）意义关系指示词（показатели смысловых отношений），这些词是称名关系或者是关系语义词，是指出人、事物、现象之间的关系特征。目前这种词大体上有三类：①由动词或名词组成，称名情景参与者之间的关系：Дожди *привели к наводнению*；Дожди — *причина наводнения*。②由动词、形容词或名词组成，称名主体和其特征之间的关系：Мальчик рисует — Мальчик *занимается* рисованием；Маша скромная — Маше *свойственна* скромность；Шаль синяя — Шаль-синего *цвета*。③由名词组成，称名现象：ощущуть голод / *чувство* голода；быть в ярости / *в состоянии* ярости；относиться к рыбам / *к классу* рыб。

四　结语

从以上分析可以看出，词是任何语言的基本变体单位。每一个词在一定的上下文语境中，由于所处的位置不同，其扮演的角色也不同，词的词汇-语义变体在发挥着各自应有的作用。

参考文献

Арутюнова Н. Д. , Ширяев Е. Н. , *Русское предложение. Бытийный тип*, Москва：Русский язык，1983.

Ван Янчжэн, *Роль подлежащего в структурно-семантической организации русского предложения*, Дис. док. филол. наук, Москва，1991.

Всеволодова М. В. , *Теория функционально — коммуникативного синтаксиса. Фрагмент прикладной（педагогической）модели языка*, Москва：УРСС, 2000.

Глазкова В. В. , *Слова «признак», «свойство», и «качество» как метаслова и их функционирование в языке.* Дипломная работа, Москва：МГУ, филологический факультет，1992.

Кубрякова Е. С. , *Части речи с когнитивной точки зрения*, Москва：Ин-т яз-ния РАН，1997.

Лихачев Д. С. , "*О концептосфере русского языка*", Вопросы языкознания, 1993（1）.

Николаева Т. М. , *Семантика акцентного выделения*, Москва：Наука，1982.

Панов М. В. , *Позиционная морфология русского языка*, Москва：Языки русской культуры，1999.

Панков Ф. И. ，"*Система значений и особенности функционирования наречий времени в русском языке*"，Вестник Ленинградского университета，сер. 2，1996（4）.

Смирницкий А. И. ，*Труды института языкознания АН СССР. Т. 4*，Москва：Изд-во Академии наук СССР，1954.

Фомина М. И. ，*Современный русский язык. Лексикология*，Москва：Высшая школа，1983.

Ширяев Е. Н. ，*Нулевые глаголы как члены парадигматических и синтагматических отношений*，Дис. канд. филол. наук，Москва，1967.

Щерба Л. В. ，"*О частях речи в русском языке*" // *Избранные работы по русскому языку*，Москва：Учпедгиз，1957.

Яковлева Е. С. ，*Фрагменты русской языковой картины мира*，Москва：Языки славянской культуры，1994.

倪波、顾柏林：《俄语语义学》，上海外语教育出版社，1995。

原文发表于《俄语语言文学研究》2006年第1期

非真值意义的语言学价值

彭玉海[*]

摘　要： 本文对具有不同认知理据和基本特性的非真值意义进行系统化的分析和研究，它们是句法层次的非真值意义、熟语性语义构造的非真值意义以及语用层次的非真值意义，借此具体展示非真值意义重要而独特的语言学地位和价值，建立起非真值意义的结构层次体系。

关键词： 非真值意义　认知理据和特性　结构层次体系　语言学价值

一　引论

自 19 世纪下半叶开始，真值意义或真值条件语义学的研究盛行，它认为真值条件是语言理解的中心，自然语言意义在于与客观世界中有关的事实结构同形，即句子所表达内容是外在的实际情况，语句之所以为真，在于它在客观现实中有真或假的对应情态关系。通过陈述一个语句为真的条件，可以达到理解其意义的目的。维特根斯坦说道："知道一个句子的意义就是知道如果它是真的，情况是怎么样的。"（维特根斯坦，1996：87）"如果我们谈到使这一个命题成为命题的东西，那么我们所指的就是真理的功能。"（维特根斯坦，2003：113）

然而，用唯实论的真值条件来定义句子意义有明显的局限性，因为并不是

---

* 彭玉海，四川大学外国语学院教授、博士生导师。

所有有意义的语句都可以用真值性来判断和分析，不少语句都有专门的意义，却并不存在真与假的问题。语言哲学、心智哲学、认知语言学等研究的实践还表明，很多句子无法表现或者没有必要去表现语义内容及其同客观存在的同形对应关系，但都有自己的交际功能和独特的语言意义。重视整体的语义功能和交际者的主观因素的认知语义学提出了反对客观真值条件语义观的口号，主张突出交际者对自己直观感受到的外延世界的观念上的反省，紧紧抓住语言的动态特征和语言行为的社会特征、心理特征、文化价值等，打破这种形式语义学的束缚①。

另外，尽管"真值意义与非真值意义都是要把语句和外部世界联系起来"（格雷马斯，1999：59），但联系的方式、目的、效用等却大不相同。在英语中有这样一个名句：We're the world（We're the children）。要从逻辑判断的真假值上去分析它，似乎找不出这一句子有什么交际价值，可这句话被 20 世纪 80 年代初的有名作者写进援助非洲难民的歌里面，传唱全球。这种效用靠的不是句子表达的客观对象或客观事实，而是这一句子的字面真值意义所隐藏的一种思想或主观认知意义。L. T. F. Gamut 在 *Logic，Language，and Meaning*（1991）一书中就表示，"自然语言的意义除了对外界事物有所指称以外，还有信念、态度等心理因素，即自然语言的意义还包括非真值条件的方面"（邹崇理，1995：28）。

而这种特殊的意义比或真或假的句子语义多出来的，同时也是特别重要的便是由隐（或）现的交际互动因素制约着的心智潜能或言语潜能（parole potential）。例如："他妻子对他很体贴。""她对他很体贴，但她不是他妻子。"这后面的答话所包含的话中话就是这样的言语潜能。M. A. K. Halliday 曾经说过，"语言使人们的'行为潜能'编码成'意义潜能'，再通过语法和词汇编码成'话语'"（顾曰国，1999：6）。这都反映了非真值意义跟人的行为、意志和语句之间存在的内在关联。

而从符号学的角度看，使用非真值意义语句的本质跟语言中的转喻十分相似，因为"言语中运用转喻的本质在于：从在现场的、实际使用的符号向不在场的、未使用符号的语义转移。"（华劭，1996：10）此外，转喻有一个很大的

---

① 当然，不能不看到这两种意义之间的联系，抛开约定俗成等非语言语义因素，真值意义是界定言语行为性质、推知非真值意义的理据。例如，想让某人把门关上，可以说"有穿堂风"，但不能讲毫无关联的"沙拉中有只蜗牛！"

特点，就是"矛盾性"及"不合理性"，这一点反映在非真值意义的理解中就是它跟字面真值意义之间的或近或远的一段距离，而交际行为中通过各种方法消除这一距离是交际能力的重要体现。

因而，从动态的语言运用观来看，确实有必要把这种非真值意义划分出来，展开专门、系统的分析和研究，而这恰恰是俄语语言学界尚未进行过专门、认真的梳理的内容。这样的整体研究有一个明显特点，就是减少语言研究中过于抽象、过于理想化的弊端，更接近于研究使用中的语言的实际情况。

本文主要探讨的非真值意义有三类：句法上的非现实式及相关句子类所包含的非真值意义；熟语性质语义构造所包含的非真值意义；交际-语用层次的非真值意义。本文的研究是想表明：第一，无须用真与假的参数来衡量的非真值意义可以把跟"说话人"或"交际者"因素有关的一系列句子意义统一起来，而且可以使这些意义系统化、层级化；第二，不同的非真值意义类型有不同的认知理据；第三，不同的非真值意义类型有不同的特性。最终，本文将建立起具有不同认知理据和基本特性的非真值意义的结构层次体系。

二　句法因素制约的非真值意义及其语言学价值

这一层次的非真值意义的认知理据是"说话人对现实的判断方式"，即说话人及其言语思维对句子内容跟现实的对应关系加以确定。正如 K. Donnellan 指出，"非真值意义是说话人的指称（speaker's reference）"（林书武，1994：24），它向我们展示非真值意义同样也包含在句法因素中，换言之，说话人因素也在向句法单位渗透，这一观点在郝斌（2002）《俄语简单句的语义研究》中有突出的反映。

俄语中的句法式表示句子内容在时间上跟现实的对应关系，构成语法上的客观情态性，其中的非现实式表达的就是客观上还没有得到落实的行为，因而反映在句子中就构成了言语中的非真值意义。不难发现，其实这种非真值意义从本质上讲，并没有超越传统的真值条件的判断或检验，就是说，这是基于"事实上没有"而产生的本原性的非真值意义，因而它在整个非真值意义体系中是较特别的，但由于其中（潜在的）说话人因素参与形成的种种语义功能远远超越了真值条件本身，必须要把它跟真值意义分开并对立起来，否则无法跳出传统的窠臼，也就无法从实质上触及这些语义内容。这样的非现实式共有五种：条件式、愿望式、祈使式、应该式和假定式（参见«АН СССР»，1980，以下简称《80 年语法》）。下面，对这五种非现实式各自表现的非真值意义功能做一分析。

（1）愿望式的语义表现的是说话人希望实现某一事情，表示对某种现象的抽象的向往，愿它变成现实。这种"愿望"分两大类，一是可实现的愿望。它又细分为：①纯愿望［愿某事实现（Конец бы войне；Решил бы он эту задачу）、愿某事尽早实现（Скорей бы была зима）、不愿某事实现（Дождик бы не пошёл）］；②表示所希望实现的现象是必需的、经过选择的和唯一的［只单纯表示唯一必需的愿望（Лишь бы он застал отца в живых）、表示如果实现这一愿望（Нам бы хлебушка кусок）］；③表示希望对方做某事（Сходил бы ты к врачу；Не будил бы ты его）等。

二是不可能实现的愿望或强调所向往的事眼下不存在。它细分为：①所希望的事过去未曾发生和实现［指应有（应做）而未有（未做）的事，含失望、谴责等主观情态意义（Хоть бы узнал сперва），本是合理、有利的事却没有实现（Мне бы смерть, а ты бы жил да жил），指没出现所希望的事，造成一定后果（Если бы не война）］；②表示眼下未实现的愿望［鼓励对方去做没有实现的事（Вы, мужчины, хоть бы анекдот рассказали）、认为做那件未实现的事好于另一件事（Поехали бы как-н. отдельно）、认为未成的事是对另一件事的补偿（И не учится, и не работает；Хоть бы дома помогал）］。

（2）祈使式的基本意义是表达意志、以实现某一事情。下分三大类，一是表纯祈使意义，体现为要求、请求、建议、劝告等；二是兼有祈使和应该的意义；三是兼表祈使与意愿（孙淑芳，2001）。

（3）应该式表示实行某事是应该、被迫、不得不的。在特定上下文中，还可有不满、不情愿、责备等主观态度：Опять я сиди дома и возись с малышом；Солдат он и будь солдат。应该式意义可分为两大类，一是具体情景中的应该意义［Вы не платите, а я за вас отвечай（А. Чехов）；Живи не как хочешь（вынужден жить и не как хочешь）］。二是习俗情理中的应该意义，表"理应"、"本该"和一些主观情态意义（Я ученик, я и ходи；Солдат он и будь солдат）。

（4）假定式表示在某一不确定的时间行为有可能实现：Уехали бы они! Ни крику бы，ни спора。

（5）条件式意义表示时间上不确定的诱因，即制约、诱发另一现象的原因：Будь бы друзья рядом，они бы помогли；Мороз бы，так лёд бы окреп；Учился бы сын，мать бы не огорчилась。

总体上讲，非真值意义是这些句法式对应的句子实现自身交际价值的前提条件，这为认识和挖掘客观情态性、句法式提供了新的视角和手段，对这一意义的分析具有方法论的价值。

句法划分中基于交际目的的疑问句表示一种疑问的语气（mood），即对现实中是否存在句子内容传达的那一事件没有把握，发话人把自己问的事情看成尚未实现的，实质上就是一种非真值意义。"疑问句由于不直接表达命题也就无所谓真假。"（周绍珩，1984：54）如 Она принесла какие-н. бумаги? Мне Звонили? 都表示说话人对句子表示的行为在实际中的存在持怀疑、没有把握态度。更为重要的是，疑问句可以出现在没有提问意图的情况下，此时疑问所产生的非真值意义可以表现其他的一些语义功能——说话人对事态可能性所持的态度和认识，即（主观）情态性（modality）。例如，疑问句 Вы не можете передать мне соль? 就是通过疑问语气表现了主观意态上的"祈使"这一非真值意义和会话含义上的"请求"这一交际意图（有关会话含义详见后文）。这样，从人们的交际需要和意图方面去理解语法，可以将句法结构和意义更紧密地结合起来。这也表现了句法跟间接言语行为之间的相互作用。S. C. Levinson 和 Ю. Д. Апресян 等人都认为，句子的句法派生过程必须参照语用制约。S. C. Levinson 还提议，正像生成语义学认为应该有"语义句法"（semantax）一样，应该建立一般的"语用句法"（pragmantax）（S. C. Levinson，1983）。

这里，我们集中讨论一些固定的疑问模式句，即 Е. В. Падучева 所称的"疑问词用于成语性非规范意义的句子"，分析它们的非真值意义所传达的交际-语用功能。这样的疑问句结构类型有：（1）Почему бы не уехать? А почему бы ей не верить? Женщина всегда порядочнее вас. （А. Софронов）该类疑问句子的表情意义是"对可能性发问"，并兼有建议或肯定的意思，或表示愤懑、反驳等感情反应。（2）Как с этим не согласиться? Как не пойти мне? 该类疑问句子对动作的可能性、合理性表示充分、有力的肯定。（3）Неужели Саша не учится?

Неужели вы *не* понимаете? 该类疑问句子表示怀疑、不相信、惊奇等"意志情态关系"（В. В. Мартынов，1982：187）。（4）*Ему ли не понять этого? С этой ли силой не победим?* 该类疑问句子表示带表情评价的肯定或否定。（5）*Что（к чему，чего）унывать? Что мне врать? Что сейчас гадать?* 该类疑问句否定动作的必要性、合理性，可兼含不赞同和惊奇的意味。（6）*Что за концерт? Что за шум? Что за позже сделать?* 该疑问句子对有关事物的性质提问，但往往有"语用–评价意义关系"（В. В. Мартынов，1982：187）。（7）*Что из этого? Хотя бы и дома был — что с того?* 该类疑问句的非真值意义是就事情后果发问，表示后果无关紧要可以不予考虑①。

再看祈使句。祈使句不直接表达命题，也无所谓真假值。"当我们发出一个命令时，可能看起来似乎命令所希望的最后的东西一定还没有表达出来，好像在命令及其执行之间始终存在一个鸿沟。"（维特根斯坦，2003：124）在此，不妨从另一角度来看这一点：针对"奥斯汀是位出色的分析哲学家"这一真值判断的命题，我们不能讲："命令奥斯汀是位出色的分析哲学家！"原因就在于它祈使的是已经存在的事件，换言之，能够被祈使的只能是尚未发生的行为。至于感叹句这样的句子类不表达独立的命题，只能传达非真值意义，抒发交际者的情感、情绪或表达其态度、意愿，这些句子内容在现实中有还是没有、真或假即便可以感觉出来，也已不再是主要的，说话人并不真正在意这点。试比较 *Только каких фруктов у нас нет! Кого я вижу! Сколько воды утекло; Знай наших! Вот так клюква! Слава богу!* 等。还有，俄语句法中的单部泛指人称句也无法对其做出真与假的断言，它表达的也是非真值意义。因为它没有专一的

① 对于句法上的一般疑问句突破询问信息的原初功能，在特定交际条件下表达专门的言语意向，也可以采用"从语义到形式"的方法进行分析：（1）否定：— *Что смешного?* — Спросил наконец Шеров.（Д. Вересов）*Кто в силах удержать любовь?*（А. Пушкин）（2）肯定：（*Я ли её не любила? Я ли её не берегла?*（М. Горькой）（3）担心：*А что если сами заключенные толкова ли про это?*（А. Ким）（4）不满、责备：*Зачем вы тут с тоите? Как ты можешь так говорить со старшим? Отчего же вы не возмущаетесь，не негодуете?*（А. Чехов）（5）情感–评价：*Отдай велосипед! Кому я сказал? И кто же мне мог звонить?*（6）疑惑、惊讶：*Неужели рассчитывали украдкой выкопать все и продать?*（А. Бушков）（7）劝告、建议、祈使：*Так не угодно ли вам будет самим с ним поговорить?*（Л. Толстой）*А впрочем，что же мы стоим?*（И. Тургенев）（8）邀请：*А не выпить ли нам водочки?*（А. Бушков）*И ты пойдёшь с нами?*（Ю. Трифонов）等。

直接受话对象，行为实现与否无从落实，而一旦要用它来言内意外，客观上的真不真实则将退居次要。例如：Не плюй в колодец: пригодится воды напиться; Если хочешь быть красивым, поступи в гусары.（К. Прутков）

推而广知，逻辑-句法上的证同句同样是借用句子的非真值意义来传达不同的主观态度、认识、情态等，实现交际意向。证同句表达两个东西相对于一个东西的同一，反映人对客观事物的认识。同一是跨思维和语言层次的关系，这是指在思维和语言的某一个层次上是分开的或不同的东西，在思维和语言的另一个层次里又合并在一起，成为同一个东西，因而，可以说是观念-逻辑上的等同。例如："托尔斯泰是进行道德说教的婴孩"；"亚里士多德是古代世界的黑格尔"（不同于"亚里士多德是《形而上学》一书的作者"）。而最典型的例子莫过于弗雷格的"暮星是晨星"。暮星和晨星在各自的思维和语言对象层里各不相同，但相对于金星来讲，它们是同一的，因而归根结底，证同在本质上反映的是说话人的主观观念这一非真值的意义。

应该看到，这一大类非真值意义，不管是各种句法式意义，还是据交际目的或逻辑-句法功能划分出来的句子的意义，一方面传达"非现实性"的纯非真值意义，即客观实际中不存在的行为意义，另一方面更多传达的是跟交际者感受、态度、认识、评价等认知因素有关的主观层次的意义。如前所述，这也为句法学向交际句法（Г. А. Золотова 等人所主张的）转变提供了事实根据，也为语法学提供了研究问题的新视角。

不妨结合特定参数对非真值意义的特性加以归纳和分析。该层次非真值意义的基本特征有以下方面：（1）不可以取消。就是说，Он пришёл? Пусть он придёт 等句子的非现实意义成分不会因为增加某些条件就被消除。（2）不可以分离。即这种非真值意义附属于句子的语义内容，不属于语言形式，即使句子在表层形式上发生变化，也不能使该意义脱离这些句子。（3）可推导性。尚未实现的行为意义易于推断。（4）规约性。由于句子的这种意义跟式范畴设定的基本意义吻合，因而是规约性质的。但以上提到的证同句和感叹句不适合这一特征。（5）确定性。在句法范围内，非真值意义的句子在不同的场合所包含的语义原则上都是确定的，这使它跟纯粹语用范畴的意义有一定不同。

三　各种熟语性质语义构造的非真值意义及其语言学价值

在俄语中有大量的习用语、成语模式构造，它们不表示外在的客观实际的事理-逻辑意义，不是为了做出真或假的陈述，因而拥有的是非真值意义，专门用来表达说话人的主观情态-评价意义和一些意味特征、附加意义、语气等，而这一切用其他结构形式的语言手段很难表达。

该类非真值意义的认知理据是"转喻-联想"机制，即要分析和判断相关句子的这一非事理—逻辑意义，需要根据相关性和相关原则发掘隐藏于句子表面意义之外的含义。

首先，我们分析"同语反复"语义构造所包含的字面外的非真值意义。这种习用化的句子所传达的非真值意义是一种语用功能，即借助交际语境、上下文和交际对象的特点等表达其他意义。这在交际上看起来是通过违反"量"的原则来达到交际目的。以下是具体分析：（1）Закон есть закон；Женщина есть женщина；Семья есть семья. 该类同语反复句子的非真值意义是强调、突出事物的特性，表明说话人对这一事物的极端重视。（2）Дружба дружбой，служба службой；Сосулька сосулькой；Выборы выборами. 该类同语反复句子的非真值意义是表示让步的评价，或对事物特征进行强调、突出，使特征完全显现。（3）Пенсионер и пенсионер；Умница и умница. 该类同语反复句子的非真值意义是"不值得惊奇""如此而已"这样的主观评价。（4）Люди как люди；Обед как обед；Снаружи люди как люди，а внутри загадка. 这类同语反复句子的评价意义为"事物属一般、正常或普通"。汉语中也不乏这类意义的用法："你爱的那个女人是女人"；"青年人总是青年人"（吴为章，1999：269）。A. Wierzbicka（1991）从人类交际语义学这一角度，对这种同语反复结构的特殊语言意义做过分析。她指出，即使是 Boys are boys 这种表示"自明之理"的结构，也含有各种语言文化特有的非真值条件的交际语义。例如，汉语中有些同语反复结构在英语中没有。像"女人是女人""亲友是亲友"这类让步同语反复，在汉语中往往以让步状语从句的形式出现在一个主句之前，构成"女人倒是女人，就是没有女人味""亲友倒是亲友，就是不够亲密"等复合句。这种句式虽然承认一些共同的特征，但强调的却是个体的不同。而英语中的 Boys are boys 和 War is war 这样的同语反复句，虽然承认个体成员的一些不同，但强调的却是事物本质特征的一致性。

其次，分析各种成语性模式句子的非真值意义功能。成语性模式句子的功能特征总体上只反映说话人的意志情态及对事物的品评、态度：(1) Ехать так ехать；Пить так пить, нечего стесняться. 这类成语性模式句子的非真值语义是"同意进行某一动作行为或采纳某一 (行为) 建议"或表示"无可奈何、不得不"的评价意义。(2) Вот голос так голос；Вот был мастер так мастер. 这类成语性模式句子的非真值意义是"对事物典型特征的高程度的评价"。(3) Нет чтобы (Не бы) помолчать；Где ты был? Нет бы летом появиться — хоть бы плавать научил. (В. Шугаев) 该类成语性模式句子的非真值意义是"(对该做而未做某事) 表示不满、不赞同"。(4) Праздник не в праздник；В последнее время сон ему не в сон. 这一类成语性模式句子的非真值意义是"事物丧失了通常的长处或特性"。(5) Ай да наш приятель；Ай да плясун (молодец). 这一成语性模式句子的非真值意义是"表肯定、赞许的评价"。(6) Всем пирогам пирог；Селёдочка, матушка, всем закускам закуска (А. Чехов)；Вот это новость так новость! Всем новостям новость. (В. Шукшин) 该类成语性模式句子的非真值意义是"事物是同类中最好的"这一评价。(7) Кому как не им идти；С кем как не с ним мне посоветоваться；Куда же вам обращаться как не к директору. 该类成语性模式句子的非真值意义是"强调做某事情的合理性、必要性"。(8) Что за характер；Что у тебя за вид. 该类成语性模式句子的非真值意义是"对事物正面或负面的评价"或"对事物的性质特征表示惊奇"。(9) Чем она не невеста；Чем он не доктор. 该类成语性模式句子的非真值意义是"事物近乎完美"的评价，即"完全够得上是……"(10) Напарится не напарится. 该类成语性模式句子的非真值意义是表示行为进行得不充分，让人不惬意，因而暗含有一种否定甚至嘲讽的主观情态意义。(11) Радость не радость. 该成语性模式句子的非真值意义是表示不确定、没有把握，说不清是喜还是忧的一种主观感受。Д. Н. Шмелев (1961) 曾经指出，"这种具有表情色彩的句子在语义上接近于情态陈述式句子"。而这些主观情态意义一旦在言语语义结构中成为主导的意义成分而固定下来，实际上已经发挥了较稳定的语言功能。《80 年语法》在处理类似句子时，就引入了聚合体、正规体现等操作。

最后，俄语的熟语、谚语也大量反映语言中的非真值意义，这是俄罗斯民族的语言、历史、文化的积淀，在语言中已经规约化。在熟语中，溶合性熟语无真值意义可言，不能用真和假的标准去分析和判断，在使用过程中保留下来的只是字面外意义，而剔除的是其字面真值意义，而且这两种意义之间没有事理-逻辑上的关联，这类熟语的组成词在意义上完全作为一个整体记录出现在词汇里，构成特殊的非真值意义。例如，съел собаку в чём，бить баклуши，перемывать косточки，лить пули，подложать свинью，валять дурака，точить балясы 等。而接合性熟语的语义不是各组成词的意义总和，而是字面意义的引申，用的也正是这类熟语的非真值意义。例如，идти ко дну，сидеть на мели，ловить рыбу в мутной воде，плясать под чужую дудку，держать камень за пазухой，держать нос по ветру，уйти в свою скорлупу。这类熟语在语义上有一定形象性，是通过转喻联想方法得出其语义的。可见，非真值意义在俄语熟语语义结构和运用中发挥着独特作用。此外，俄语中的谚语在言语交际中实际上也无法进行语义上的真值性的判断和分析，表达的是说话人的认识、评价、意志等。而且理解这些谚语的含义往往需要进行类推（转喻的结果）和联想。例如：Пролитую воду не соберёшь；Одной рукой в ладоши не хлопнешь；Что посеешь，то и пожнешь，Куй железо，пока горячо；Что имеем，не храним потерявши，плачем；Люби кататься，люби и саночки возить；Нечего пенять на зеркало，коли рожа крива；Шила в мешке не утаишь；Поздние гости гложут кости；После драки кулаками не машут；В Тулу со своим самоваром не ездят；Спустя лето по малину в лес не ходят 等。

上面的分析显示，该类非真值意义有以下一些基本特征：（1）不可消除性。附着于相关熟语性句子的这一非真值意义不会因一些言语条件的改变就被消除。（2）不可分离性。这一非真值意义附属于句子的语义内容，不属于语言形式，因而即便可以用同义词替换，也不会使该意义脱离原句子。（3）可推导性。可以通过功能、特征相似及事理上的相关性等联想推导出字面意义之外的说话人所表达的含义，但溶合性熟语例外。（4）非规约性。这类非真值意义的推导跟语境、意图等言语因素有密切关系，因而是非规约的。但熟语例外。（5）不确定性。这类非真值意义的词语在不同的场合可能有不同的含义，而且在一些场合下，这种含义有可能难以把握。如 Женщина есть женщина 是表达同情、怜悯、鄙视、欣赏，还是不满、愤懑，可能都不好断言，对说话人个人因素的依赖性特别强。但熟语的非真值语义原则上是确定的。

四　语用层次的非真值意义及其语言学价值

语用型非真值意义的理论基础是日常生活中的"以言行事"这一语言事实。它在总体上是一种具有特殊的社会、心理效应的交际意义，主要有两种：一是言语意向行为施为句的意义；二是句子原本的真值意义或字面意义在特定交际语用条件下所产生的语用功能，如间接语言行为意义、各种会话含义或隐含等。这两种意义都是"一定的语境、认知-交际目的可能'窒息'这种述谓性"（郝斌，2002：59）的结果。因而从语用角度讲，非真值意义是把句子字面内容跟现实世界中的语境、意图、背景知识、思想观念等"变量"联系起来的一种意义。

总体上，该类非真值意义的认知理据是"言语意图和交际策略"以及"语用推理"。就是说，要通过对说话人的意向和对交际原则、策略的运用来分析相关语句的言语意义。

首先，施为命题句子只能用在社会-人际关系的语境里，"说话人通过具有行事能力的语句来实现自己的交际意图"（何自然，1998：82），即言中有行。反过来讲，就是一些社会行为非得通过言语行为才能得以完成。J. Austin 强调，行为是没有真假值的，这对那些沉溺于在每句话中寻求真值的人，无疑是一副"清醒剂"（涂纪亮，1988：204）。施为句子的这种非真值意义有一个很重要的心理表现方式：施事行为本身跟施事者的"信念、愿望、意图、情感和情绪"等心理状态密切相关。Дж. Р. Серль 言语行为理论的中心原则是：言语行为是广义的意义的一个方面，不能简约为真与假的问题，就是说，言语行为构成意义是不能用真值条件语义学来说明的那一部分。言语行为应该用合适条件来描写，它们确定地属于行为（action）的部分，适合于它们的分析方法也应来自行为理论，而不是来自按真值条件理解的狭义的语义理论。对这种非真值意义而言，重要的是实施言语行为的合适条件（要适当、得体）、真诚条件，而不是事情的真实性。关于这一点，L. T. F. Gamut 有过这样的认识：自然语言意义的非真值条件方面即是其正确使用的条件（邹崇理，1995：28）。像 Стол накрыт. Прошу всех к столу，这类话只有由主人来讲，才是得体、有效的。行为句 Наименую корабль именем Ленина 只有出自特定官员之口时，才能恰当并生效。也只有具有相应身份、地位的人在特定场合讲出语句 Объявляю ярмарку открытой，才会被接受和认同。当一个检察官宣判 Осуждаю преступника к смерти 时，是不会生效的，因为"施为者"不具有完成相应行为的法官的地位或权力，或是施为的对象不适于被施加相应的行为。施为句的这种特殊含义表明话语行为和（施为）命题行为本身跟（施为）语用行为之间的关系不是手段和目的之间的关系，而是类似在选票上画圈跟投票选举之间的关系。例如：Благодарю вас，вы доставили нам настоящее наслаждение。说出这句话即成就了"致谢"，在特定场合下，说话行为和话语要表达的"感谢"行为正好吻合。这种施为语用功能十分丰富，可以有任命或授权、宣布（宣告）、允诺、警告、要求（命令）、禁止、命名、责罚等。相关的言语行为在话语中的地位一般是主动的，不断开启（引导）新的话语行为链（如命令、请求、授权），或者引入新的言语事实（如命名、宣告），或者社会事实（如责罚、判罪），表明该施为言语行为代表的非真值意义在话语结构中所发挥的重要作用。A. Wierzbicka（1991）提出过"施为语法"（illocutionary grammar）的想法。她认为每种语言都有一套表达本语言所特有的具体施为手段，这套施为手段就是施为语法，而且这种施为语法跟语言文化方式直接相关，就是说施为意义这一非真值意义在语言中有很深的渗透和积淀，而且具有普遍的语言学价值。

其次，各种间接言语行为意义、会话含义表现的言外意义也超越了对真与假的断言，这种非真值意义实际上在哲学语法中可以找到充分的根据，休谟、孔德、维特根斯坦、卡尔纳普等哲人都认为，不具备明晰性、确定性的语言所指都表示非真值意义。而间接言语行为意义、会话含义恰恰不具有明晰、确定的特性。跟施为语句非真值意义不同在于，它不是句子形式所固有的，跟句子形式或句子的真值意义没有直接的简单的联系。受话人无法通过句子表面意义直接判定交际意向，而要通过相关语用条件推导出这一间接用意，表明该非真值意义是"通过实施另一种言语行为从而间接地实施某一施事行为"（Дж. Р. Серль，1986：196）。例如，当父子俩一同进屋后，父亲为了让儿子关门，可以通过一些句子的非真值意义来表达：Okay, Johnny, what am I going to say next? Now, Johnny, what do big people do when they come in? How about a bit less breeze？（何自然，1988：77）这里，作为受话一方的儿子必须凭借自己的背景知识、语境等间接地推导出父亲的言语意向。当主人想让不受欢迎的客人离开时，他可以用一系列并不表示祈使意图的真值意义语句：Дождь пойдёт；Мне надо докончить письмо сыну；Соседи просят меня на ужин/к телефону；На днях меня мучит бессоница, мне надо к врачу；Экзамен на носу, приходится готовить урок 等。很多时候受话一方须根据质、量、方式、关系交际准则才能够猜出说话者的间接言语用意。正如孙淑芳在研究间接言语行为时所谈的那样："只有超越语句表层形式（指语句结构形式对应的字面意义——引者），才能领会暗含的'言外之意'。"（孙淑芳，2001：177）孙淑芳还对祈使言语行为意义的间接表达方式——陈述式、疑问式及愿望式做了系统深入的分析。像违反"质"的准则的讽刺或反语（"别佳真够朋友！"）等说话人意图和句子意义有重大变异的其他语言现象都属于间接言语行为，其意义都具有非真值的语言性质。

非规约的会话含义或隐含在语用意义分析中的独特价值在于，它把语句意思的核心以较极端化的方式集中到了交际参与者的特点、说话人意图、言语环境等语用变量身上。例如，在一定的语境中，用"此人无事不登三宝殿"来回答"他来干什么？"这句话时，其真值意义本身并不是主要的，而是字面外的非真值意义：暗示某人准是遇到了难事来找自己，表明说话人对来人的特点、意图等十分清楚。我们想强调的是：体现会话含义的话语（对话）之间的联系实质上是命题意向之间的联系，就是说，语句的非真值意义所针对的是交际者的交际意图，而不是句子字面意义。下面，通过一些会话实例来看隐含的交际（非真值）意义：（1）— Can watch TV now, Mommy? — How is your homework getting along, Tom?（隐含为"不许开电视"）（2）— Do you want some coffee? — Coffee keeps me awake.（隐含为"不想喝咖啡"）（3）— How do you like cake? — I could eat the whole cake.（间接含义为"馅饼十分可口"）（4）— The hostess looks terrible in that dress, don't you think? — Huh, the food tonight is very nice.（会话含义为"你说的话不妥"或"我拒绝对此表态"）（例句转引自张春隆，1995：115；何自然，1988：80）（5）— Девушка красивая? — Да, юбка на ней красивая.（暗示"姑娘不漂亮"）（6）—Джон отлично учится? — Говорят, что он отлично танцует.（暗示"约翰学习成绩不佳"）

（7）—Бейрут находится в Перу，так ли？— Тогда Рома в Румыни，я думаю.
（包含的非规约隐含意义为"你说得太离谱"）这里的（1）句和（2）句包含的非真值意义属一般会话隐含，答语言简意赅，而且还间接地解释了事情的原因。后面几例则属"特殊的会话隐含"（这类隐含多含负面评价意义），需要凭借语境等因素作较为复杂的推导。可以认为这是一种特殊的以言行事——以一种言外示力间接地实施另一种言外示力行为，说话人有意破坏交际合作原则，让对方通过旁敲侧击的话语来明白其会话隐含。因为直接回答不合时宜，不得不退而选择礼貌原则，实际上这是在更深层次上遵行"合作原则"。Т. В. Булыгина 认为这是"用无声传达出来的用意"［дать（адресату）понять без слов］（Т. В. Булыгина，1981：335）。由此看来，会话隐含中的"答非所问"往往潜含说话人的实际意图，隐藏着许多正面回答所无法传达的补充信息和细微含义，后者一般是只宜意会不便言传的东西。这在本质上是答话人用非真值意义的句子去回答问话人的真值意义的句子，即用命题意向的句子针对命题内容的句子，这是利用交际意向的反拔作用对真值条件内容进行操作，表明对话统一体内部的意向联系或非真值意义联系在交际中的重要作用和价值，反映了会话隐含这一言外用意所凝聚的信息力及其对话语的强大解释力。正如 Е. В. Падучева 所讲，"会话隐含的确能减轻句子和话语语义描写的负荷，消除交际共知意义成分"（Е. В. Падучева，1985：43）。

总之，各种间接行为意义、会话含义、隐含属于自然语言意义的非真值条件方面，它跟语言的使用有关，只有结合语言的使用者及使用环境来研究自然语言的意义，才能描述自然语言意义的非真值条件方面，即正确使用的条件。因而，就表现自然语言多方面的意义而言，非真值意义的系统研究是对纯语义研究的补充。致力于语言语句的使用环境方面的会话含义分析，在研究自然语言意义中的非真值条件方面大有作为。值得注意的是，如果能够找出形式和用意之间的一般性对应，使预测的用意符合实际，反映非真值意义的言语行为理论似可以在语言使用的整体理论中发挥作用，这也是"形式语用学"要达到的目的。

总的说来，语用层的非真值意义具有如下特征：（1）施为意义的不可取消性与间接言语行为意义的可取消性。施为句中说出这一句话本身就代表做这件事情，因而意义不可取消，而隐含、会话含义等言语意义在附加上某些前提条件后就可能使一个推理消除，因而该推理（意义）就可以被取消。（2）不可分离性。施为意义与间接言语行为意义都附属于语句的语义内容，不属于语言形式，因而用同义词替换不会使这些意义脱离开说出来的话。（3）可推导性。施为意义包含在说话本身当中，自然可以推导。而对于每一个假定的隐含等间接意思，我们可以构建相应推导过程，可以依据语句的字面意思和交际的合作原则与各项准则等推导出这一言外之意。（4）施为意义的规约性和隐含等的非规约性。受话人可以通过合适条件从施为句中得出说话人的言语意图，因而施为意义是规约性的。而隐含等间接言语意思必须在知道句子的字面意义之后，借助交际环境等因素，经过较为复杂的推理才能得到，显然有非规约化的东西。当我们发现一句话的含义虽然是假的，但根据"质、量、关系"等交际准则，这句话仍然有交际价值，仍然可以是真的。这也同样显示了这种非真值意义的不规约性。（5）施为意义的确定性和隐含等间接言语意思的不确定性。施为句在合适条件下产生的言语意义总是单一的。而各种间接言语行为语句在不同的场合可以产生不同的会话隐含，有时可能不宜做唯一的断言，至少在一些情况下具有某种不确定性，跟各种语义理论通常假设的确定不变的意思不相同。（6）与交际者的特点有关。施为意义和隐含意义的判定与理解各自都跟交际双方的特性有关联。如说话人的身份、职务、受话人的知识、信仰，双方的共同背景、双方的关系等。

五　结语

真值意义命题句子向非真值意义、向间接语境或内涵语境的转化是言语表达和交际策略的需要，也是一种重要的语言方式。

非真值意义及其语句表现的是内涵语境或间接语境中的东西，而真值意义及其句子表现的是外延语境或直观语境中的东西，但语言哲学研究中一些学者认为，即便是有真值意义的句子也只是意识的结构、思维的图像，也就是说所谓的真值意义包含"人"的主观认识，因而实际上它是要让说话人承认语言符号的意义或其所表达的观念（是以语言为媒介的我们的观念），而不是所指或指称。果真如此的话，语句的非真值意义至少在功能上将与真值意义等同起来（A. Wierzbicka 也曾提出类似看法），二者在"所指"上的矛盾对立将得到化解。

但与此同时，我们需要在两者，尤其在非真值语句的意义功能上或者在其所表达的观念（语用意念、情态意念）的分析、理解上下功夫，从而为非真值意义理论寻找在语言学中进一步发展的空间，使其成为分析句子语义关系和句子与句子之间的语义关系的一种方法论。本文以上分析表明，可以用非真值意义这根主线把复杂的、与说话人的主观因素有关的语义成分串联起来，去探索这些语义层次之间的内在联系，进一步认识语言语义整体机制。这样，通过分析可以发现语言其实不是我们所想象的封闭自足的系统，它是人的内在和外在多种因素相互作用和影响的结果，这一发现可以为我们从多层级、多角度观察和认识、分析语言意义提供理论依据和理论线索，也为当代语言学的一些边缘性探索（如模糊语义学、说话人语言理论等）找到一种理论支持。

参考文献

Апресян Ю. Д. , *Избранные труды. Том II. Интегральное описание языка и системная лексикография*, Москва: Школа《Языки русской культуры》, 1995.

Булыгина Т. В. , "*О границах и содержании прагматики*", АН СССР СЛЯ, 1981 (4). — С. 335.

Золотова Г. А. , *Коммуникативные аспекты русского синтаксиса*, Москва: Наука, 1982.

Мартынов В. В. , *Категория языка*, Москва: Наука, 1982.

Падучева Е. В. , *Высказывание и его соот несенность с действительностью*, Москва: Наука, 1985.

АН СССР, *Русская грамматика. Т. II* , Москва: Наука, 1980.

Серль Дж. Р. , "*Косвенные речевые акты*", Новое в зарубежной лингвистике. Выпуск XII. Москва: Прогресс, 1986.

Шмелев Д. Н. , "*Внеимперативное употребление формы повелительного наклонения в современном русском языке*", Русский язык в школе, 1961 (5). — С. 50—55.

Gamut L. T. F. , *Logic, Language, and Meaning*, Chicago: University of Chicago Press, 1991.

Levinson S. C. , *Pragmatics*, New York: Cambridge university press, 1983.

Wierzbicka A. , *Cross Cultural Pragmatics: The Semantics Human Interaction*,

Berlin，New York：Mouton de Gruyter，1991.

〔法〕A. J. 格雷马斯：《结构语义学：方法研究》，吴泓缈译，生活·读书·新知三联书店，1999。

顾曰国：《使用者话语的语言学地位综述》，《当代语言学》1999 年第 3 期。

郝斌：《俄语简单句的语义研究》，黑龙江人民出版社，2002。

何自然：《语用学概论》，湖南教育出版社，1988。

何自然：《语用学与英语学习》，上海外语教学出版社，1998。

华劭：《从符号学角度看转喻》，《外语学刊》1996 年第 4 期。

林书武：《〈语用学读本〉介绍》，《国外语言学》1994 年第 3 期。

孙淑芳：《俄语祈使言语行为研究》，黑龙江人民出版社，2001。

涂纪亮：《语言哲学名著选辑·英美部分》，生活·读书·新知三联书店，1988。

〔奥〕维特根斯坦：《逻辑哲学论》，贺绍甲译，商务印书馆，1996。

〔奥〕维特根斯坦：《维特根斯坦全集（第四卷）·哲学语言》，程志民译，河北教育出版社，2003。

吴为章：《普通语言学教程新编》，北京广播学院出版社，1999。

张春隆：《论语用学》，四川人民出版社，1995。

周绍珩：《说话含义以及语义学和逻辑》，《国外语言学》1984 年第 4 期。

邹崇理：《〈逻辑，语言和意义〉述评》，《国外语言学》1995 年第 2 期。

原文发表于《俄语语言文学研究》2003 年第 2 期

俄语语义问题的研究

——俄罗斯当代语义学研究述评

于 鑫*

摘 要: 俄罗斯当代语义学研究领域广泛, 理论体系完备, 在当今世界语言学研究领域中占有重要的地位。本文介绍俄罗斯当代语义学有关句子语义、篇章语义的研究内容, 分析其主要研究方法, 并总结俄罗斯当代语义学的特点。

关键词: 俄罗斯语义学 句子语义 篇章语义 研究方法 研究特点

一 句子语义学

传统语义学在词义的分析和描写方面取得了丰硕的成果, 但是却不研究句子的语义, 更不过问言语中的意义问题。但随着研究的深入, 语义学家们看到, 仅仅研究词义是远远不够的。句子语义的研究比词汇语义的研究具有更为重要的意义, 因为语言的思维功能和交际功能都通过句子来实现。离开句子, 词汇就失去了现实的"生命"。所以, 语义学的研究范围由词汇逐渐扩展到了句子, 出现了相对于"词汇语义学"的"句子语义学"。句子语义学与词汇语义学、句法学、逻辑学都有着密切的联系, 其理论基础是配价和题元理论、句子生成理论、逻辑语言学理论、言语行为理论、含义理论、功能语法理论和认知语言学理论等。

当代俄罗斯句子语义学的主要研究内容有:

---

* 于鑫, 北京外国语大学俄语学院教授、博士生导师。

（一）句子意义的组成

与词汇语义相同的是，句子的意义也呈现出多层次性，有语言内意义，也有语言外意义；有恒常、稳定的意义，也有随语境变化的意义。句子的意义层次可以切分为命题意义、模式意义、实义切分意义、情态意义、指称意义和交际意义，等等。俄罗斯许多语义学家都看到了句子意义的多层次性，他们对句子的语义进行了彼此不同的层次分析，比如 Ю. Д. Апресян 将句子语义分为陈说、预设、情态框架、观察框架和意图等层次。不同语言学家的句子意义研究可能定位于不同的层面，比 Ю. Д. Апресян 主要研究句子的命题意义，而 Е. В. Падучева 则对言语交际中的语用意义给予了特别的关注。

（二）句子的语义结构

在逻辑学中，命题被分析为谓词和题元的组合，这一方法被借鉴到了语言学中，用以分析句子的语义结构。当代俄罗斯语义学中对句子语义结构的主要研究方法是归纳谓词、题元和自由说明语（或称副题元）的语义类型及其组合模式。

谓词和题元的语义分类是句子语义结构描写的基础。比如，Б. А. Плотников 把俄语谓词分为 10 个语义类别：存在、数量、性质、关系、处所、时间、事态、状态、行为、承受。Ю. Д. Апресян 列举了谓词的 25 种语义配价类型：主体、对方、公众、客体、内容、信息受体、事件受体、中介、来源、处所、起点、终点、路线、手段、工具、方式、条件、理据、原因、结果、目的、方面、数量、期限、时间。В. В. Богданов 把题元分为 10 个语义类别：行为发出人、行为承受人、感受人、行为发出物、行为承受物、方式、工具、名称、方位、性质所有者。М. В. Всеволодова 把谓词分为存在谓词、行动谓词、状态谓词、关联谓词和性质谓词，把题元分为主体、客体、对象、工具和情景元，把自由说明语分为空间说明语、时间说明语、情景说明语、原因说明语和性质说明语，还把每一种题元进一步划分语义类型，比如"主体"分为如下小类：存在者、施事、共同施事、言语行为者、传递者、发送者、命名者、功能态主体、自然力、诱因主体。

在对谓词、题元和自由说明语进行语义分类的基础上，可以总结出句子的语义结构模型。比如"主体+状态谓词+空间说明语"这个语义结构模型可以生成 Иван сидит в аудитории 等一系列具体句子。总结句子语义结构模型的主要用途有两个：一是用于外语教学；二是用于自然语言的机器处理。

由于谓词和题元的划分具有标准难以统一的问题，所以不同学者对于谓词和题元的分类差别很大，他们总结的句子语义结构模型也有很大不同。但这实际上并不影响其研究价值，因为从不同的视角、以不同的粗细程度对语义进行切分必然会导致不同的结果。只要与其研究目的相适应，并不存在孰是孰非的问题。

（三）句子中的词语搭配关系

句子中的词语搭配关系既是语法学研究的问题，也是语义学研究的问题。同时，词语搭配问题既涉及词汇语义，也涉及句子语义，因为词语搭配是在句子层面实现的。在传统俄语语法中，一般把词组中的主从联系分为一致联系、支配联系和依附联系三类。结构语义学通过"语义一致律"来解释句子中的词语搭配，认为可以搭配的两个词语中必须有共同的义素。20 世纪末兴起的认知语义学通过"激活扩展关系"来解释这个问题，认为可以搭配的两个词语在人脑中对应的概念之间必须存在认知联想关系。"莫斯科语义学派"提出的"词汇函数"理论也是为了解决句子中的词语搭配问题。"词汇函数"可以从形式上对词汇语义变化和词汇搭配做出刻画，使语义替代和组合成为一种可形式化的"运算"。

（四）句子的情态性

句子的情态性体现了说话人话语的主观性，是句子意义中的一个重要组成部分，也是话语产生的基本条件之一。句子的情态范畴与话语行为相关，它通过说话人的主观态度（确认、愿望、请求、意志等）体现出来。对句子的情态性以及直接体现情态意义的情态动词的研究一直受到俄语语法学家和语义学家的共同关注。比如，Н. Д. Арутюнова（1976）提出了句子的语义因素和情态因素的区别以及它们在句子中的作用。Ю. Д. Апресян 把句子的情态意义看作是句子命题意义的一个附加层面，即"情态框架"。Г. А. Золотова（1973）把具有情态意义的句子看作是句子模型（即抽象的、最低限度的句子结构组织）的一种变体。

M. B. Всеволодова 则把"情态"分为外部情态和内部情态，并将外部情态进一步分为客观情态和主观情态，客观情态进一步分为现实情态和非现实情态。

（五）句子的同义转换

句子的同义转换是句子语义研究中的一个重要课题，历来受到俄罗斯语法学家和语义学家的高度重视，这方面的研究成果非常丰富。Г. А. Золотова （1998）总结了 5 种俄语简单句的基本模型：动词句模型、状态词句模型、形容词句模型、数词句模型和名词句模型。在交际中这 5 种模型可以产生许多变体，比如阶段变体、情态变体、主体变体、非意愿变体、被动变体等。一个句子模型与它产生的众多交际变体构成一个"句法场"（синтаксическое поле）。"句法场"内的句子都是同义句。M. B. Всеволодова 从认知的角度划分了句子成分的交际级别（即在交际中的显著程度）。她认为，在语句中，主语具有最高的交际级别，其次是名词性谓语，再次是补语，再次是动词性、形容词性和副词性谓语，再次是状语，再次是限定语，交际级别最低的是系词、引导词等。同义转换的目的是提升或降低某个句法成分的交际级别。提升交际级别的目的是使某个句法成分接近交际的焦点；降低交际级别的目的是使其远离交际的焦点。

句子同义转换也是"莫斯科语义学派"主要关注的问题之一，是其核心理论"意思⇔文本"模型中的一个重要环节。该理论认为，同一深层句法结构借助一系列同义转换模型，转换为若干个同义深层句法结构，以实现"一人多出"。同时还要通过各种过滤装置剔除不合乎自然语言规则的结构，筛选出合格的结构。

（六）句子的指称和逻辑语义类型

对于句子的指称有两种观点，以逻辑语义学为基础的研究中通常认为句子（命题）的指称是其真值，句子（命题）的意义在于其真值条件。而在语言语义学中，通常认为句子的指称就是句子代表的语言外事实，俄罗斯的语义学家（如 Н. Д. Арутюнова，И. Б. Шатуновский）多持这种观点。句子的指称问题又与句子中词语的指称问题交织在一起，成为语义学和语言哲学与逻辑学共同关注的问题。

（七）句子的逻辑语义类型

Н. Д. Арутюнова 从逻辑角度分析句子，把句子分为四种逻辑语义类型：存在句（表示事物的存在性）、命名句（表示事物与其名称之间的关系）、证同句（表示两事物之间的一致关系）和描述句（表示事物与其行为或特征之间的关系），她还揭示了不同类型的句子衬托出来的词汇语义性质（Н. Д. Арутюнова，1976）。И. Б. Шатуновский 在《句子语义及无实指的词》一书中继承了其导师结合句子的逻辑句法性质来揭示词汇的功能-语义特点的做法，并对动词语义的具体类型进行了深入、细密的研究（И. Б. Шатуновский，1996）。

（八）句子的预设与蕴涵

在句子语义研究中，来自逻辑学的"预设"和"蕴涵"一直是一个持续的热点问题。俄罗斯学者对"预设"和"蕴涵"的实质、分类和描写方法进行了较为深入的剖析，还对预设的否定（即元语否定）、语用预设、篇章预设等问题进行了研究。近年来，预设逐渐成为语义学家、语用学家和篇章语言学家都非常感兴趣的一个话题。

（九）句子的实义切分

实义切分理论可溯源到布拉格学派的创始人、捷克语言学家 V. Mathesius，其基本方法就是将句子所传递的信息分为已知和未知两个部分，并以相应的形式手段来表现，使得信息的传递和接收符合从已知到未知这样一个普遍规律。已知部分是句子的主题（тема），新知部分是句子的述题（рема）。句子的实义切分理论在俄罗斯有着广泛、深远的影响，许多俄罗斯语义学家都在研究句子的交际语义结构中对这一理论进行了应用。

（十）句子的语用意义

句子的语用意义就是与语境相关联的句子（话语）的交际意义，比如言外之意。语用意义本也是语义学的研究课题，但目前已属于独立的语用学的研究领域。由于语义和语用很难截然分开，所以俄罗斯许多语义学家都涉足这一领域，研究句子在交际中的语用意义。

二　篇章语义学

除了词汇语义学和句子语义学之外，20 世纪 70 年代以后，俄罗斯的篇章语义学也获得了较大的发展。篇章语义学研究比句子更大的语言单位——篇章——的意义问题。语言学的研究由词语和句子层面走向篇章是一种必然趋势。正如 Г. А. Золотова 所言："篇章被确认为语言学的极为重要的范畴之一，其原因是语言系统在交际过程中不是以孤立的句子，而是以不同类型的、不同功能的篇章来实现的。"（Г. А. Золотова，1998：3）

在俄罗斯当代语言学中，对篇章语义的研究是多角度的，比如 А. В. Бондарко 从"功能语义场"角度，Т. В. Булыгина 从语言的概念化的角度，Е. В. Падучева 从语用和情态角度，Г. А. Золотова 从篇章的修辞策略的角度分别对篇章语义问题进行了研究。下面，我们介绍俄罗斯篇章语义学中的几个主要研究领域。

（一）篇章的语义特征

从 20 世纪中叶起，苏联语法学界开始研究大于句子的句法结构——超句统一体。超句统一体借助一定的语法或词汇手段，由两个或两个以上语义和句法上互相紧密联系的句子（包括复合句）构成，是具有结构上完整性和意义上独立性的一段话语，它表达比单个句子更为完整的思想。语法学家认为，超句统一体的一个显著特点就是具有意义上的向心性，它表现为超句统一体中的每一个句子都围绕着一个意义中心而展开。意义上的向心性使超句统一体具有意义上的独立性和完整性，能够表达一个相对完整的思想。

在篇章语义学中，继承了超句统一体的研究成果。语义学家认为，篇章是复杂的语义结构。篇章最为本质的特征是结构和语义方面的完整性与连贯性。在俄语中，篇章的完整性是借助下列手段来实现的：人称、时、式、句型与句式、句法一致、词序、中心词的正常的重复、照应的同一性、情节上的连接等。篇章的连贯性是借助下列手段来实现的：句子之间时体的协调，代词、同义词、反义词、同根词、连接词和关联词等的运用。

（二）篇章中的照应问题

篇章的连贯性决定了篇章中存在照应（或称回指）现象。在篇章中，一个事物往往被多次提到，针对第一次来说，后面的提及叫作照应。前面最早出现的词叫先行词（антецедент），后面各句中与先行词指称相同事物的词叫照应词（анафора）。照应主要分为三类：名词照应、代词照应和零形照应。其中的名词照应又分为词语重复、同义词照应、上下义词照应和比喻照应。这些手段在不同语言中有不同的特点，出现的概率和语境都有所不同。俄罗斯语言学界研究照应问题的代表人物有 Солганик 和 Лосева。

（三）篇章的语义结构

篇章的语义结构是篇章语义学研究的中心问题之一。但目前在俄罗斯的篇章语义学界，对如何分析描写篇章的语义结构并没有达成统一。一些学者认为，篇章的语义结构是可进行实义切分的层层推进的主题和述题；一些学者认为，篇章的语义结构是通过篇章表达作者意图时的一级述谓、二级述谓等交际程序层；另一些学者认为，篇章的语义结构是受语言内部和外部因素制约的，包括语境、直义、隐义以及审美意境等。持第一种观点的学者为数最多，代表人物有 Л. А. Новиков 和 Г. А. Золотова。他们认为句子的实义切分理论可以在篇章语义学中得到自然的延伸，用来分析篇章中的意义结构。主题和述题在篇章中的交替是存在一定的规律的。对语篇中的句子进行实义切分，可以发现两种基本类型：平行型和链条型。所谓"平行型"，是指一段篇章中的若干句子的实义切分结构呈平行分布，即主题相同而述题不同，或者主题和述题各不相同。所谓"链条型"，是指一段篇章中的若干句子实义切分结构呈链状，即上一个句子的述题变为下一个句子的主题，新旧信息呈滚动式发展。在具体的篇章中，平行型和链条型往往会交错使用，使篇章呈现出复杂的语义结构。

（四）篇章的理解

所谓篇章的理解，就是篇章意义的组织和再现，这是一个复杂的心理认知过程。在篇章理解中，语境起着重要的作用。所谓语境，既包括狭义的上下文，也包括广义的交际双方（或作者与读者）的背景知识。语言学家们提出了两种篇章理解的模式：解码模式和推理模式。解码模式把篇章的理解看作一个被动的行为。而推理模式把篇章的理解看作主动的认知行为，由于其解释力更强，所以得到了许多语言学家的支持。近年来，许多俄罗斯语言学家开始借助认知语言的理论和方法来研究篇章的语义理解问题，认知语言学家认为，意义是在考虑交际双方以往的经验，在对篇章的认识时刻产生的知识，是在篇章中实现作者的意图。

误解也是篇章理解领域的一个重要问题。误解与语境关系密切。可以将语境看作言语交际中被注意和选择的一组动态的知识（即认知语境）。交际双方的认知语境由交际双方各自选择，这样一来，它们总是存在或大或小的差异。所以，交际双方认知语境的差异是误解产生的原因。

（五）篇章的语义修辞功能

俄罗斯的篇章语义学在采取语义学传统研究方法的同时，还继承了 В. В. Виноградов 的"作者形象"、М. М. Бахтин 的"多声部"等俄罗斯传统文艺理论，这使得俄罗斯的篇章语义学既是语义学的自然延伸，又与文学修辞学以及美学有着千丝万缕的联系。

Г. А. Золотова 在篇章语义学研究中提出了"交际类型句"（коммуникативные регистры）的概念。交际类型句是从交际功能角度对句子的类型划分。Г. А. Золотова 认为存在五种基本的交际类型句：再现句、信息句、抽象句、意愿句和反应句。不同的交际类型句用不同的方式反映客观现实，并在具体的语篇片段中通过一定的句法手段得以实现。在篇章中不同的交际类型句相互作用，能够产生各种篇章修辞效果，从而达到说话人的不同交际目的。比如莱蒙托夫的著名诗作《帆》（«Парус»），每一个诗节的前两行都属于再现句，描绘了大海、孤帆、清流、阳光构成的美景；后两行则属于信息句，传达作者的信息和情感，表达了作者的彷徨、困惑、呐喊和希望。全诗由景入情，由外视角到内视角，由叙事功能到情感功能，在三节之间不断转换，因而具有很强的艺术感染力。

总之，随着语义学研究的深入，越来越多的语义学家开始关注篇章中的语义问题。俄罗斯的篇章语义学是一个方兴未艾、大有发展潜力的领域。

三　俄罗斯当代语义学的研究方法

语义学研究方法的发展是语义学发展的一个至关重要的方面。近半个世纪以来，俄罗斯语义学的研究方法发生了很大的改变。传统的语义学研究方法有义素分析法、分布法、转换法等，而现在参数分析法、函数法、模型法、实验法、认知分析法等研究手段都被广泛采用。对于同一研究对象，往往也采取多种研究方法，使研究更全面、更可靠、更接近语言现象的本质。

当代俄罗斯语义学研究中最有代表性的研究方法如下。

（一）模型化

从 20 世纪 60 年代末开始，俄语句法学界出现了一种用句子模型（即造句所必需的最低限度的抽象样板）描写句子形式组织的新方法，这种方法被广泛应用于句法研究，并且被最有权威的科学院语法采纳。句子模型理论本质上是一种语言描写的方法。模型的归纳是从具体到抽象的过程，模型的套用则是从抽象到具体的过程。

В. А. Белошапкова 和 Н. Ю. Шведова 倡导的句子模型理论在俄罗斯的句法和语义学界有着非常深远的影响。她们主张同时分析句子的形式结构和语义结构。在她们的影响下，М. В. Всеволодова，М. А. Шелякин 等功能语法学家注重对句子模型进行语义分析，描写同一句法模型下的不同语义类型，以提升对外俄语教学的效果。还有一些语言学家力图借助抽象的模型生成实际的句子。因为句子是无限的，但句子模型是有限的。任何一种语言如果能确立一套科学的句子模型目录，就能够生成数量无限的现实的句子。И. А. Мельчук 构建的"意思↔文本"模型也是以此为目的。

（二）"场"的描写

"场"是对聚合关系的描写，是语义学中的一种重要研究方法。"语义场"理论是德国学者 J. Trier 最先提出的，他用语义场表示具有相同义素的词语的集合，比如"植物场""动物场""亲属场"等。俄罗斯语言学家在研究传统语义场理论时取得了重大突破。

А. В. Бондарко 的功能语法中最核心的概念是"功能语义场"（функционально-семантическое поле），即某一语义范畴在一种语言中各种体现方式的聚合体。功能语义场研究的不是静态的词语，而是动态的话语行为；功能语义场的成员不是以词语中共同的义素来判定的，而是以具有同一功能的语义范畴来判定的；进入同一功能语义场的是表达该语义功能的所有语言表达手段，包括词、词组、句子乃至篇章。比如，时间性（темпоральность）是一个语义范畴，在俄语中，时间性的各种表达方式就构成了时间场（поле темпоральности）。这个场包括动词的时态形式、表示时间意义的简单句和复合句的句法结构、时间状语、时间指示语、时间关联词以及表示时间的语境手段等。А. В. Бондарко 划分了 30 多个功能语义场（如体相场、时间场、情态场、时序场、性质场、数量场、方位场、主体场、客体场等），并对它们的组成、内部结构规律以及相互关系逐一进行了研究。

Г. А. Золотова 提出了"句法场"的概念。她指出："句子的句法场是围绕着句子的原始结构，由结构的语法变体、结构-语义的变体和同义现象的变换组成的体系。"（Г. А. Золотова，1973：201）句法场理论将某一种类型意义和它的原始体现周围的所有结构-语义变体、同义结构及不完全的情景体现都"集中"在同一个句法描述中。这一理论使句法研究和语义研究更为紧密地统一为一个整体。位于句法场中心位置的是语义和交际上完整的句子模型；位于中心边缘的是句子模型的各种语法变体，这些语法变体首先使用动词形态上的变化（如 Я гуляю；Ты гуляешь；Он гуляет...）；再外围一些的是通过述体（情态、阶段）和主体（确定、不确定和泛指）的变化而形成的结构-语义模型的变体；再外围一些的是受语篇限制的情感、交际变体；再外围一些的是单述谓的同义结构，位于最外围的是建立在该模型句基础上的多述谓结构。

（三）认知语义研究

20 世纪 90 年代以后，具有强大解释力的认知理论日益与语义研究相结合，认知语义学成为语义学家族中最具活力的一个成员。认知语义学的基本观点是：言语的生成和理解都是主动的意义建构或信息加工过程；意义是一种认知心理现象，它与人脑中的概念网络相关，理解一个语言形式的意义必须激发相关认知领域中的其他认知结构，对语言的描写必须参照人的一般的认知规律；意义的形成和理解要借助人大脑中的认知图式；在人的认知活动中，隐喻是一种普遍现象；等等。近年来，俄罗斯学者借助认知语义理论对俄语的前置词、情态词、词语搭配、句式选择、句法相似性、篇章组织等问题进行了卓有成效的研究。Е. С. Кубрякова 被认为是俄语认知语言学流派的创始人和该研究方向的代表人物。她所从事研究的宗旨和任务是从人的认知功能的角度研究语言的生成、语言的理解以及人的语言能力的发展等问题。这一流派的形成为语义学研究开辟了一个新的研究领域，提供了新的研究方法，并为解释诸多复杂的语言现象提供了理论依据和方法论。

四　俄罗斯当代语义学的特点

综上所述，我们认为，俄罗斯当代语义学有如下几个特点。

（一）语义学的研究范围不断扩大

俄罗斯当代语义学的研究范围已经由词语扩展到句子，并进一步扩展到了篇章。与此同时，还把语义学研究单位的"两极"有机地结合了起来：一方面在具体的句子、篇章中研究词义本身，另一方面又在词义研究中考虑词的语义搭配以及构句谋篇功能。目前，语义学越来越呈现跨层次整合的态势，纯粹的单一层面的语义研究已经不多见了。

（二）语义学的研究方法由单纯的描写转向解释

如果说传统语义学是以描写为主，当代语义学则突出了解释性的因素。语义学家认为，语言学不但要说明语言"是什么样的"，而且要解释语言"为什么是这样的"。比如，近年来语言的概念化和范畴化理论特别引人注目。概念化和范畴化是人类认知客观世界的重要思维过程和手段，是人类通过语言表达思维结果的一种重要机制。通过概念化和范畴化理论可以使许多语言现象得到合理的解释。

（三）语义研究朝交叉化方向发展

近年来，俄罗斯的语义研究不断向跨层次、跨学科的交叉化方面发展，出现了一系列边缘和交叉学科，比如构词语义学、句法语义学、语音语义学、计算词义学、词典语义学、文化语义学、认知语义学等。这一趋势也奠定了语义学在语言学各学科中的中心地位，使语义成为各学科共同关注的对象。比如当代的俄语语法学，很难想象能够脱离开语义进行纯形式的研究。

（四）语义元语言研究备受关注

在词语和句子语义研究中，建立通用的语义元语言对于词汇描写、词典编纂和自然语言处理具有重要意义，这也一直是俄罗斯当代语义学家追求的目标。受波兰学者 A. 维日比茨卡娅 的影响，一大批俄罗斯语义学家（如 Ю. Д. Апресян，И. А. Мельчук）对这一问题进行了深入的研究，并取得了丰硕的成果，成为俄罗斯语义学中的一个亮点。

（五）语义学研究与词典编纂和机器翻译实践相结合

当代俄罗斯的语义学研究并不只是象牙塔里的理论探讨，而是有着很强的实践性。俄罗斯的许多词汇语义学理论直接服务于词典编纂。莫斯科语义学派的词汇和语法整合描写的研究成果最终以词汇和系统性词典的形式概括总结出来。俄罗斯的许多句子语义理论是直接为机器翻译实践服务，可以为机器翻译提供语义分析的原则和方法。

参考文献

Арутюнова Н. Д. ，*Предложение и его смысл*，Москва：Наука，1976.

Апресян Ю. Д. ，*Новый объяснительный словарь синонимов русского языка*，Москва-Вена：Языки русской культуры，2004.

Всеволодова М. В. ，*Теория функционально-коммуникативного синтаксиса：Фрагмент фундаментальной прикладной（педагогической）модели языка*，Москва：МГУ，2000.

Золотова Г. А. ，*Очерк функционального синтаксиса*，Москва：Наука，1973.

Золотова Г. А. ，Онипенко Н. К. ，Сидорова М. Ю. ，*Коммуникативная грамматика русского языка*，Москва：Наука，1998.

Плотников Б. А. ，*Основы семасиологии*，Минск：Наука，1984.

Падучева Е. В. ，*Динамические модели в семантике лексики*，Москва：Языки русской культуры，2004.

Шатуновский И. Б. , *Семантика предложения и нереферентные слова*, Москва：Школа «Языки русской культуры», 1996.

Богданов В. В. , *Семантико-синтаксическая организация предложения*, Ленинград：Издательство Ленинградского университета, 1977.

Булыгина Т. В. , Шмелев А. Д. , *Языковая концептуализация мира（На материале русской грамматики）*, Москва：Школа《Мастера русской культуры》, 1997.

原文发表于《俄语语言文学研究》2008 年第 3 期

莫斯科语义学派思想管论

徐　涛[*]

摘　要： 本文对莫斯科语义学派的主要思想进行了系统的总结，以图表的形式对该学派的主要理论之间的关系进行阐释，并对该学派的发展阶段进行划分，以此为基础对莫斯科语义学派的未来发展进行预测。

关键词： 莫斯科语义学派　主要理论　发展阶段

一　莫斯科语义学派思想概述

莫斯科语义学派（Московская семантическая шлока，简称 МСШ）是当代俄罗斯语言学界的一个重要学派，其历史可以追溯到 20 世纪 60 年代在莫斯科国立师范学院机器翻译实验室进行的具有开创性的语义研究工作和И. А. Мельчук 的"意思⇔文本"转换模式理论。

该学派以语言的集成化描写（интегральное описание языка）和系统性词典学（системная лексикография）为语言学研究的宗旨（Ю. Д. Апресян，2005：3-30）。

莫斯科语义学派集成化描写指的是：在描写特定自然语言时，将其语法与词汇两个不同平面的意义使用相同的形式化语言统一起来，形式化的词汇意义描写与语法意义描写构成集成化描写的两个不可分割的部分；使词汇的释义内

---

* 徐涛，哈尔滨师范大学斯拉夫语学院副教授、硕士生导师。

容、语义特征与语法的规则系统有机地协调起来，融为一体。这样，词汇语义的描写囊括了与词汇单位语义相互制约的诸如词法、句法、搭配、交际结构角色乃至语用、修辞、认知等在内的全部语义、形式特征以及相关的同义词、反义词、转换词、派生词、语义衍生词等内容。

而集成化描写原则要求每一种语言的语法和词典相配合描写。而所谓系统性词典学描写是与一个词位完整的语义体现（полное семантическое представление лексемы）的概念紧密相连的。一个词位完整的语义体现包括对词位的分析性释义，词位特有意义相互作用的词典学规则，特殊的语义特征，附加信息和语用信息，词位完整的语义体现就是词位系统性词典学概念的主要部分，除这一主要部分外，系统性词典学还包括词位的语法聚合体信息、句法特性信息、配价性能信息、交际-语调信息、重音等超音质特点等信息。系统描写的最终任务是揭示整个语言词汇的系统性。

可以说，集成化描写和系统词典学二者的研究宗旨是统一的，它们两者之间的关系可以概括为：集成化描写为系统性词典学的研究提供方法论指导，而系统性词典学将这种方法论的研究成果固定在新型的词典之中，后者正是前者的具体体现。

可见，莫斯科语义学派系统性语言学描写的思想与当代语言学的"小语法，大词库"发展方向是一致的，它是语言学发展的一个大趋势。

莫斯科语义学派的两位代表人物 Ю. Д. Апресян 和 И. А. Мельчук 当前进行的研究正是沿着上述发展的轨迹进行的：系统性词典学思想集中反映在前者的《新型俄语同义词解释词典》（«Новый объяснительный словарь синонимов русского языка»），现已出版三卷（1997，2004，2007）；同时，该思想反映在后者的《现代俄语详解组合词典》（1984）和《法语详解组合词典》（1984~1999年，已出版四卷）。

以上便是 Ю. Д. Апресян 提出的"集成化描写原则"及其同系统性词典学之间的关系。

而要对一个词汇语义单位的词义进行释义，就要利用一种形式化的语言，即元语言。薛恩奎将莫斯科语义学派的元语言区分为以 Ю. Д. Апресян 为主的线性的"释义"元语言和以 И. А. Мельчук 为主的网状的"关系"元语言。前者的特点在于保留了自然语言的词汇和语法属性，是线性的；而后者则仅表示词汇之间的一种抽象的结构关系，在时间和空间上呈网状的非线性结构（薛恩奎，2006：78）。"关系"元语言即是指词汇函数。

莫斯科语义学派的元语言既区别于波兰学者 A. Вежбицка 提出的元语言（详见张家骅，2002a、2003a），同时也区别于传统的区别性特征的描写方法对词义的释义。后者仅仅能对一些表示亲缘关系等意义的具体名词进行释义，而莫斯科语义学派的元语言则可以对较为复杂的谓词进行元语言释义，这些谓词中也包括动词，以及带有配价关系的名词和形容词。

这样，在莫斯科语言学派的元语言释义中就会提供该动词所支配的题元的数量和性质，这就涉及了动词的配价和题元问题。莫斯科语义学派的配价和题元研究的目的主要体现在以下几个方面。

（1）服务于对动词的词典释义。传统的详解词典（如 Ожегов 词典）存在循环释义等缺陷，利用元语言对动词等词汇进行精确的语义描写，可以避免传统详解词典在释义方面产生的释义不清、循环释义等现象。

（2）服务于新型的词典编纂。首先，配价研究与莫斯科语言学派提出的词的支配模式（модель управления）的概念是分不开的。而词的支配模式是详解组合词典的一个重要的信息区。关于支配模式的概念在两位学者的专著中都有非常详细的论述（见 И. А. Мельчук，1999/1974：134；Ю. Д. Апресян，1995a/1974：125）。

其次，Ю. Д. Апресян 在其《新型俄语同义词解释词典》（1997）中，把题元的个数从其 1974 年提出的 25 个减少到 16 个，并对题元的性质做出了说明，以服务于其同义词释义区分的要求。

（3）服务于其语言的系统性描写。我们通过分析发现，语义题元的划分紧紧围绕着对人的特征进行的描写而展开，以这种描写为手段，目的是尽量将更多的词汇纳入不同的词典释义类别中，以求这种对俄语词汇进行的系统性描写具有更为广泛的适用性，可以涵盖更多的俄语词汇。

在莫斯科语义学派中，语言的世界图景是与语言的集成化描写（интегральное описание）概念密切相关的。"在莫斯科语义学派所有理论研究和词典学研究中，有两个主要的原则：整合性（即集成化）语言学描写原则和构拟世界语言图景的宗旨。"（Ю. Д. Апресян，2006：2）"系统性词典学"和"构拟世界图景"究竟哪一个才是莫斯科语义学派的宗旨？两者之间的关系如何？

Ю. Д. Апресян 曾提出过这样的认识："系统词典学的任务就是要反映包含在该语言中的世界的朴素图景，包括朴素的几何观、物理观、道德和心理观念。这些方面的朴素概念并不是混乱的，而是组成了一些固定的系统，应当对这些系统在词典中进行统一的描写。为此，首先要根据词汇和语法材料重建（реконструкция）世界的朴素图景的相应片段。并且，重建和（词典）描写是相辅相成和相互校正的（корректируют друг друга）。"（Ю. Д. Апресян，1995b：39）

二　莫斯科语义学派主要理论图解

综上所述，莫斯科语义学派的思想都紧紧围绕着"语言的集成化描写"这个根本的宗旨和原则扩展开来，该原则与其他相关的理论的关系可以由图 1 来表示：

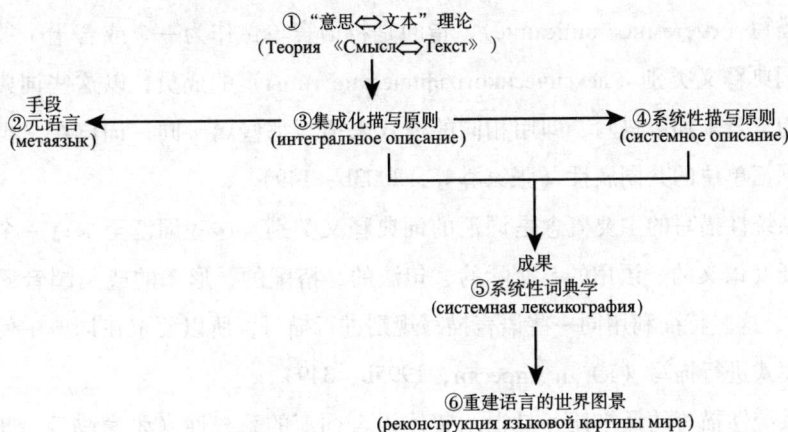

①"意思⇔文本"理论
（Теория 《Смысл⇔Текст》）

手段
②元语言　　　　　　　③集成化描写原则　　　　　　　④系统性描写原则
（метаязык）　　　　　（интегральное описание）　　　（системное описание）

成果
⑤系统性词典学
（системная лексикография）

⑥重建语言的世界图景
（реконструкция языковой картины мира）

图 1

可以说，莫斯科语义学派的指导性理论即"意思⇔文本"理论，不论是 Ю. Д. Апресян（1974，1995b）还是 И. А. Мельчук（1999/1974），两者都先后在其著作和文章中对该理论进行过详尽的论述。而该理论的核心就是要求对词汇和语法进行集成化描写，把语法寓于词汇之中，以元语言为描写手段，并把最后集成化的成果以词典的形式固定下来，最终达到重建语言的世界图景的目的。

（1）"意思⇔文本"理论。

（2）该理论中，作为集成化描写的手段的"元语言"又包括如下内容。

元语言在莫斯科语义学派的理论体系中占据着非常重要的地位。莫斯科语义学派的元语言主要分为以下两类：

释义元语言（толковый метаязык）：主要是 Ю. Д. Апресян 所提出的"词汇释义元语言"，莫斯科语义学派进行的配价、题元和"支配模式"等研究都与该元语言相关。

关系元语言（относительный метаязык）：主要指 И. А. Мельчук 所提出的"词汇函数理论"，因为它表示用来研究词库中词与词之间的关系以及同义句之间的转换关系，因而被称为"关系元语言"。这也是本文所要研究的对象——词汇函数理论在整个莫斯科语义学派的理论当中所处的地位。

（3）集成化描写原则（详见本文第一部分）。

（4）与集成化描写原则直接关联的是语言单位的系统性描写原则。所谓系统性描写（системное описание），指的是将语言单位作为一个或若干个彼此交错的词典释义类别（лексичесикографические типы）的成员，以这些词典释义类别为背景来加以描写，即用相同的模式来描写那些属于同一词典释义类别的若干词汇单位的共同属性（张家骅等，2003b：149）。

系统性描写的主要概念是词汇的词典释义类别。这些词汇至少有一个共同的特征（语义的、语用的、交际的、句法的、搭配的、形态的或是超音质的特征等），这些特征利用同一些语言描写规则进行描写，所以要求在词典中使用统一的模式进行描写（Ю. Д. Апресян，1995b：349）。

系统性描写的最终任务是揭示整体语言词汇的系统性（张家骅等，2003b：149）。每种语言都可以区分出大小不等的词典释义类别。从理论上讲，这些不同的释义类别应该可以涵盖该语言的整个词汇系统，即每一个词汇语义单位都会在这一系统性描写中找到自身与其他词的区别和联系，进而实现自身的"价值"。但在实践工作当中这是一项非常繁重的工作。

Ю. Д. Апресян 指出："在不能建立一个把俄语词汇都包含在内的词典释义类别清单的情况下，我们决定从俄语词汇最主要的组成部分——毫无疑问，也就是描写人的词汇开始进行这一工作。"（Ю. Д. Апресян，1995b：349）

（5）而以下两部词典则对"系统性词典学"理论进行了直接的应用：

《新型俄语同义词解释词典》是 Ю. Д. Апресян 根据该学派提出的"集成化描写原则"编纂的一部新型的同义词解析词典。

词典中对同义词划分出不同的词典释义类别和个案的辨析采取了涉及词汇释义、词义配价、修辞语体等多层面、全方位的分析。

《现代俄语详解组合词典》（«Толково-комбинаторский словарь Современного русского языка»）是 И. А. Мельчук 根据"意思⇔文本"理论的直接要求，对词库中的词与词之间的关系通过词汇函数进行描写。它是系统性词典学和集成化描写原则的具体体现，也是研究词汇函数理论的重要参考文献。对此，本文将在后文做进一步论述。

（6）在历史上不同流派或理论都曾对语言的世界图景进行过论述，包括洪堡特和新洪堡特学派、美国民俗语言学、萨丕尔-沃尔夫语言相对论假说和语义场等理论。所谓世界的朴素图景（наивная картина мира），是与科学的图景相对的，其与科学图景的差别主要在于分析一些自然语言的词汇时是否采取术语释义的办法，比如对"星星、水、光、温暖"等词汇进行解释时，如采用日常用语，则这种日常用语中所反映出的该民族对世界的朴素的认识，即是一种朴素的世界图景（Е. В. Урысон，1998：3）。

Ю. Д. Апресян（1995с：38-39）对世界的朴素图景有如下几个方面的理解：

（1）每一种自然语言都反映出认识世界和对世界进行范畴化的方式。在该语言中表达的意义形成了一个系统的观念和独特的、作为强加给该语言所有使用者所必须接受的集体哲学。

（2）该语言具有的对客观世界进行的独特的范畴化方式有些是共性的，有些则是民族特有的。因此，各种语言的使用者可能透过自己民族语言的棱镜、用某些不同的方式来看待这个世界。

（3）朴素图景中的"朴素"在很多情况下用于与"科学的图景"中的"科学"相对立。但"朴素"并不代表原始，它在很多情况下同科学的图景一样复杂和有研究价值。

（4）在世界的朴素图景中可以划分出朴素的几何观、朴素的时空物理观等。

系统词典学的任务就是要反映包含在该语言中的世界的朴素图景，包括朴素的几何观、物理观、道德和心理观念。这些方面的朴素概念并不是混乱的，而是组成了一些固定的系统，应当对这些系统在词典中进行统一的描写。为此，首先要根据词汇和语法材料重建（реконструкция）世界的朴素图景的相应片段。并且，重建和（词典）描写是相辅相成和相互校正的。

如果把图 1 通过俄语术语的首字母缩写来表示，图 1 又可以简单地表示如下（见图 2）。

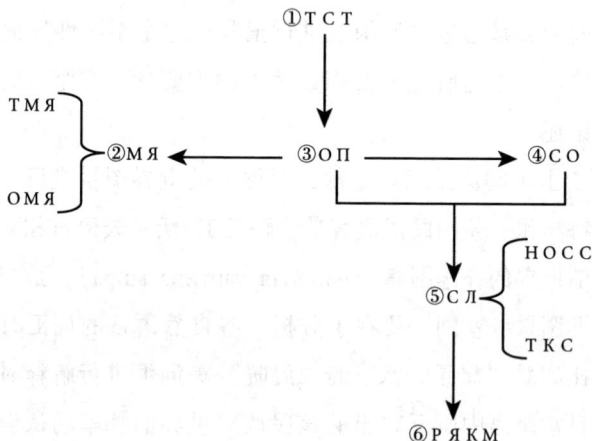

图 2

三 莫斯科语义学派学术思想发展展望

莫斯科语义学派自诞生之日起，已经经历了四十几个年头。虽然 20 世纪 70 年代中后期随着 И. А. Мельчук 前往加拿大蒙特利尔大学后，该学派的学术思想产生了境内和境外的分化，但该学派的中心思想和理论是统一的。并且，也正是由于这种分化，在境内外产生了相对独立的研究方法和别具一格的研究角度，对该理论核心内容的丰富和发展都起到了积极的作用。

尤其是自俄罗斯独立以来，随着俄罗斯国内政治气氛和学术环境的宽松，境内外的两个分支开始加强交流和合作，但两个分支的学术思想的根基都是在早期就已经形成的。如果按照时间和该学派思想发展的成熟度来划分，莫斯科语义学派的发展轨迹主要可以划分为以下五个阶段（见表 1）。

表 1

时期	时间	代表人物	学术著作
(1) 思想准备期	1956~1968 年	Ю. Д. Апресян	Экспериментальные исследования по семантике русского глагола (1967)
		И. А. Мельчук	Очерк общей морфологии (1964) (初稿完成, 未出版)
(2) 思想发展期	1968~1974 年	Ю. Д. Апресян	Лексическая семантика (1974)
		И. А. Мельчук	Опыт теории лингвистической модели «Смысл ⇔ Текст» (1974)
(3) 思想成熟期	1974~1995 年	Ю. Д. Апресян	1. Лексическая семантика (1974 修订版) (1995) 2. Интегральное описание языка и системная лексикография (1995)
		И. А. Мельчук	1. Толково-комбинаторский словарь современного русского языка (1984) 2. Русский язык в модели «Смысл ⇔ Текст» (1995)
(4) 总结整理期	1995~2005 年	Ю. Д. Апресян	1. Новый объяснительный синонимический словарь (1997, 2000, 2003) (分三卷分别出版) ; 2004 (单卷本, 第二版, 修订版) 2. О Московской семантической школе (2005) (文章)
		И. А. Мельчук	1. Очерк общей морфологии (Ⅰ, 1997; Ⅱ, 1998; Ⅲ, 2000) 2. Опыт теории лингвистической модели «Смысл ⇔ Текст» (1974 修订版) (1999)
(5) 新发展时期	2005 年至今	Ю. Д. Апресян	1. Новый объяснительный синонимический словарь русского языка (2007) (单卷本, 第三版, 修订版) 后续增加 2. Языковая картина мира и системная лексикография (2006)
		И. А. Мельчук	Очерк общей морфологии (Ⅰ, 1997; Ⅱ, 1998; Ⅲ, 2000) 后续增加

　　当然，这主要是以各时期的代表性著作为划分莫斯科语义学派思想发展的主要标志。如果加上两位学者在近些年的各种刊物上发表的文章的话，该学派思想的发展是一个连续的整体，各个时期之间的界限并不如表 1 那样泾渭分明。

从现有的资料看，1995 年①之后，Ю. Д. Апресян 的研究兴趣主要集中在以下几个方面。

（一）编纂《新型俄语同义词解释词典》。Ю. Д. Апресян 的主要研究兴趣在词汇语义学和词典学方面。而将前期的词汇语义学的研究成果以词典的形式固定下来，正是以上两个研究方面的完美结合。该词典最新的一版为 2007 年出版，此后还将在此基础上扩大同义词词典的收词量，推出后续的版本。

（二）在编纂的过程中，对词典编纂过程中出现的问题进行总结，并对相关的问题进行进一步深入的探讨（Ю. Д. Апресян 2006a）。例如，与同义词词典相关的释义（Ю. Д. Апресян 2001）、谓词分类和配价（Ю. Д. Апресян 2006a，2006b）、词汇函数（Ю. Д. Апресян 2004，2006a）等问题。

（三）重建语言的世界图景。每种自然语言都有自己独特的对世界的认识和范畴化的方式，这些方式通过词语固定在自然语言的词语当中，研究词汇语义学并以词典的形式将词汇语义学的研究成果固定下来，从而揭示出语言化后的客观世界的语言图景，这是莫斯科语义学派词汇语义学研究的特色之一，也是其研究的终极目标。但这个目标的达成并不是一蹴而就的，故从 1995 年起，Ю. Д. Апресян（1995c，2006a）及其同事 Е. В. Урысон（1996，1998）始终未间断对于"语言的世界图景"这一问题的探究。

而 И. А. Мельчук 近些年来的研究兴趣主要集中在以下几个方面。

1996 年，同 Wanner 合著论文《德语中表达情感义素的词汇函数和词汇资源》；

1999 年，同 Л. Иорданская，S. Mantha，A. Polguéle 继续编纂《法语详解组合词典》；

2004 年，撰写论文《语义和句法中的题元》。

可见，从 1995 年以后，Ю. Д. Апресян 始终未间断对于词汇函数的研究（1995b，2004，2008），尤其是对于虚义动词词汇函数之间的同义转换关系进行研究。而 И. А. Мельчук 是词汇函数的主要创始人，他从 1995 年起对词汇函数的数量、分类进行了进一步的调整，使其更具科学性。同时，他在加拿大蒙特利尔大学建立了"意思⇔文本"理论观察站，与德语和法语的语言学研究者共

---

① 杜桂枝曾介绍过 1995 年以前莫斯科语义学派发展的基本情况，目前该学派思想已经日臻完善和成熟，其后续发展主要是以这一时期的思想积淀为基础。

同致力于符合法语和德语特点的词汇函数研究。同时，针对西班牙语特点的词汇函数研究也已经展开。

这也从另一个方面说明，И. А. Мельчук 正在从单纯对词汇函数进行宏观上的分类，逐渐转向词汇函数所涉及的具体自然语言中的微观问题。可以说，词汇函数的研究正逐渐从宏观方面（回答词汇函数的数量和分类）向微观方面（利用词汇函数对具体自然语言中的具体问题进行深入研究）不断深入、扩展。

参考文献

Апресян Ю. Д. , "Интегральное описание языка и толковый словарь", *Вопросы языкознаиня*, 1986（2）. — С. 57—70.

Апресян Ю. Д. , *Лексическая сематика*, Москва：Наука, 1995а/1974.

Апресян Ю. Д. , *Интегральное описание языка и системная лексикография*, Москва：Языки русской культуры, 1995b.

Апресян Ю. Д. , "Образ человека по данным языка：попытка системного описания, *Вопросы языкознания*", 1995с（1）. — С. 38—39.

Апресян Ю. Д. , *Новый объяснительный словарь синонимов русского языка*, Выпуск I , Москва：Языки русской культуры, 1997.

Апресян Ю. Д. , "О семантической непустоте и мотивированности глагольных лексических функций", *Вопросы языкознания*, 2004（4）.

Апресян Ю. Д. , *О московской семантической школе*, Вопросы языкознания, 2005（1）. С. 3—30.

Апресян Ю. Д. , *Концепция активного словаря（АС）русского языка*, Москва：Наука, 2006а.

Апресян Ю. Д. , 杜桂枝译. 莫斯科语义学派,《中国俄语教学》2006b 年第 2 期。

Апресян Ю. Д. , "О семантической мотивированности лексических функций-коллокатов", *Вопросы языкознания*, 2008（5）. — С. 3—33.

Апресян Ю. Д. , Ботякова В. В. , Латышева Т. Э. , и др. , *Англо-русский синонимический словарь*, Изд. 6, стереотипное, Москва：Русский язык, 2001.

Мельчук И. А. , *Опыт теории лингвистических моделей «смысл ⇔ текст»*, Москва：Наука, 1999/1974.

Мельчук И. А. , *Русский язык в модели «Смысл⇔Текст»*, Москва：Наука, 1995.

Урысон Е. В. , *Синтаксическая деривация и 《 наивная 》 картина мира*, Вопросы языкознания, 2005（1）. С. 25—38.

Урысон Е. В. , "Языковая картина мира VS. Обиходные представления（модель восприятия в русскком языке）", *Вопросы языкознаиня*, 1998（2）. — С. 3.

Урысон Е. В. , "Синтаксическая деривация и 《наивная》 картина мира", *Вопросы языкознания*, 1996（4）. —С. 25—38.

季元龙：《俄语理论语义学的研究原则、对象及其方法——阿普列相观点评述》，《解放军外国语学院学报》2002 年第 3 期。

薛恩奎：《〈意思⇔文本〉语言学研究》，黑龙江人民出版社，2006。

张家骅：《Ю. Д. Апресян / A. WIEZBICKA 的语义元语言（一）》，《中国俄语教学》2002a 年第 4 期。

张家骅：《Ю. Д. Апресян / A. WIEZBICKA 的语义元语言（二）》，《中国俄语教学》2003a 年第 1 期。

张家骅：《"词汇函数"的理论和应用》，《外语学刊》2002b 年第 4 期。

张家骅等：《俄罗斯当代语义学》，商务印书馆，2003b。

原文发表于《俄语语言文学研究》2010 年第 1 期

И. А. Мельчук "意思⇔文本"模式主要特点刍议

党　晖[*]

摘　要： 本文介绍 И. А. Мельчук "意思⇔文本" 模式的基本原理，详细剖析 "意思⇔文本" 模式所具有的功能性、多层级、动态性、形式化以及采用整合性描写这五方面的特点，为进一步研究 "意思⇔文本" 模式、更深入了解 "意思⇔文本" 理论打下良好的基础。

关键词： TCT 理论　MCT 模式　整合性描写

一　引言

"意思⇔文本" 语言理论（Теория «смысл ⇔ текст»，以下简称 TCT 理论）是由俄裔加拿大籍语言学家 И. А. Мельчук（И. А. 梅里丘克）于 1974 年首次正式提出的一种主要服务于机器翻译研究的理论。作为莫斯科语义学派的理论基础，TCT 理论早在 20 世纪 60 年代便已经初具雏形，经过数十年的发展，TCT 理论已经成为目前语言学界语义研究方面的主流理论之一，受到各国学者的推崇。TCT 理论的核心部分就是 "意思⇔文本" 模式（以下简称 MCT 模式），下面我们就介绍一下 MCT 模式的基本原理。

＊ 党晖，东北大学外国语学院副教授、硕士生导师。

二　MCT 模式的基本原理

　　说得直白一点，MCT 模式就是对人类语言活动过程的模拟。人类的语言活动其实可以模式化为三个阶段：意思阶段，转换阶段，文本阶段。意思阶段指的是人类大脑中的思维，文本阶段指的是人类以文字或发音形式表达出来的言语，转换阶段就是大脑找到相互对应的意思和文本的过程。MCT 模式的主要功能就是利用计算机模拟人脑的转换过程，从而达到机器翻译的目的。通俗地说，就是用计算机模拟人脑将思维转化为自然语言，以及将自然语言转化为思维的双向过程。自然语言是人类相互传递信息的工具。外部世界各种现象反映在人的大脑中，通过大脑进行加工、处理，变成语言传达给他人；听到他人的语言，通过大脑进行加工、处理，然后理解。这个加工、处理的过程也就是利用语言规则对输出信息和输入信息进行编码和解码的过程。说、听的交际过程是交际者将要表达的内容"意思"通过语言规则转换成包含这一意思的相应的形式"文本"，或从相应的文本中获取确定的意思。И. А. Мельчук 把这个思想表述为："自然语言就是无限的意思集合和无限的文本集合之间的非一一对应关系。"（И. А. Мельчук，1997：44）这一双向对应关系可以表示为公式：

$$\{意思_i\} \leftarrow 语言 \rightarrow \{文本_j\} \mid 0 < i,j < \infty$$

　　И. А. Мельчук 的 MCT 模式将编码、解码过程分成了四个层面，分别是位于表层的语音层（文本）、位于底层的语义层（意思），以及处于中间的句法层和词法层。每个层面都包括形式和内容两个方面，形式属于表层，类似于"能指"的概念，内容属于深层，类似于"所指"的概念。这样整个过程就进一步被细分成了八个层级，由表及里依次分别是：表层语音层、深层语音层、表层词法层、深层词法层、表层句法层、深层句法层、表层语义层和深层语义层（意思）。在这里要特别强调一下，深层语义层只存在于人类思维中，独立于具体语言而存在。要表达深层语义需要用到专门的语义元语言，但即便是这样，经过表达的深层语义也已经转化为表层语义了。因此，И. А. Мельчук 认为深层语义层并不属于 MCT 模式的结构层次（И. А. Мельчук，1999：XI）。

　　MCT 模式中七个层级都有自己的语言表现形式，相邻层级间的语言表现形式可以通过相应的对应规则和筛选规则共同作用实现相互转换。但是，"MCT 模式不是一个生成或者转换系统。它的责任不是生成语言中所有正确句子的集合，或者将一种语言实质转化为另一种。MCT 模式是一个纯粹的对应系统"（И. А. Мельчук，1997：47）。这就是说，MCT 模式并不能根据输入信息生成结果，而是根据输入信息通过对应规则和筛选规则，最后输出与之对应的结果。我们可以选取表层语音层和深层语音层来观测这个过程，表层语音层（语音层）的语言表现形式是音素，而深层语音层（音位层）的语言表现形式则是音位，音素和音位的对应关系可以通过语音规则找到。这一点在我们汉语中体现得尤为明显，深层语音表现形式可以用汉语的音标系统——拼音来表示，而表层语音形式则可以表示为汉字。例如，深层语音表现形式 hǎo 就可以对应表层语音形式"好"，但这样的对应关系并不总是一对一的，同一个深层语音形式 hǎo 就可以对应"好、郝"等好几个表层语音形式，同样，一个表层语音形式"好"也可以对应 hǎo 和 hào 这两个深层语音形式，这时候我们再通过筛选规则进行筛选，保留需要的形式。通过这样层层转换，我们最后可以得到语言表层和底层的对应关系，也就是意思和文本的对应关系。转换分为合成文本方向（以下简称合成方向）的转换和分析文本方向（以下简称分析方向）的转换。合成方向上，转换的目的是通过给定的意思获得表达该意思的文本；分析方向上，转换的目的是通过给定的文本去除同形（音）异义现象，并得出句子的正确意义。这样，通过 MCT 模式便可以模拟人脑的编码解码功能，实现意思和文本间的双向转换了。

三 MCT 模式的主要特点

（一）MCT 模式是一个功能性模式

MCT 模式的功能性首先体现在其形成阶段。语言的意思和文本对于其使用者——人来说都是一目了然的，但是对于意思和文本的联系规则，我们则不太容易说得明白。因为即便借助最尖端的仪器，我们依然不能完全解析人类大脑语言处理过程。我们能够掌握的仅仅是位于两端的输入和输出，即一组组对应的意思和文本，至于人脑将它们配对的过程和规则，对我们来说还是完全观测不到的。所以在这种情况下，研究人脑语言过程最为合理的方法就是建立一套形式化的系统，尽可能详细地将观测到的对应关系模式化。MCT 模式就是由此诞生的系统。

MCT 模式的工作原理也明显表现出其功能性的特点。MCT 模式的主要功能就是利用集成的对应规则来模拟人类表达和理解的过程，得出与人脑处理结果大致相同的结果。由于大脑语言活动过程的未知性，我们无法让 MCT 模式的运行过程与大脑语言活动过程完全吻合。所以我们只能通过推导模拟出大脑思维的阶段性结果，并对其进行观测记录，而 MCT 模式就是根据这些累计数据形成的对应规则集合，它能大致阶段性地模拟大脑语言活动过程，得到近似结果，即找到对应的意思和文本。从这个意义上说，MCT 模式就像是数学中的函数，制订一套规则，为每一个输入项找到对应项，却完全不用反映大脑中实现意思和文本联系的内部机理。

MCT 模式的目的也强调了其功能性。它是服务于机器翻译的一种系统，机器翻译只要求机器译文和人工译文基本一致，不影响理解，并不要求计算机的处理过程和人脑思维过程达到完全一致。因此，MCT 模式只要具有对应意思和文本的功能即可。

综上所述，MCT 模式的出现、运行和结果都具有明显的功能性特征，因此我们确定这是一种模仿人类语言活动的功能性模式。

（二）MCT 模式是多层级模式

根据上文可知，MCT 模式的主要功能就是模拟人类言语活动，找到相互对应的意思与文本。但是大脑中的这个处理过程十分复杂，且难以观测，所以 MCT 模式很难像大脑一样直接找到这种对应关系。于是在 MCT 模式中，对应语言学中的四种子学科：语义学、句法学、形态学和语音学。通过自省式地推导，将人脑的语言转换过程细化为四个阶段，分别是语义阶段、句法阶段、形态阶段和语音阶段。每个阶段根据形式内容的区别，又可以分为表层和深层，其中深层语义层独立于语言而存在，因此不属于 MCT 模式的层级范畴。这样在 MCT 模式中就将意思和文本的对应关系细化成了七个层级的对应转换系统。每个层级都有较为具体的语言表现形式，相邻层级之间的语言表现形式可以通过相应的转换规则实现转换。MCT 模式就通过这样的层级转换模式实现了对大脑语言处理过程的模拟。我们可以将这一复杂过程用图 1 表示。

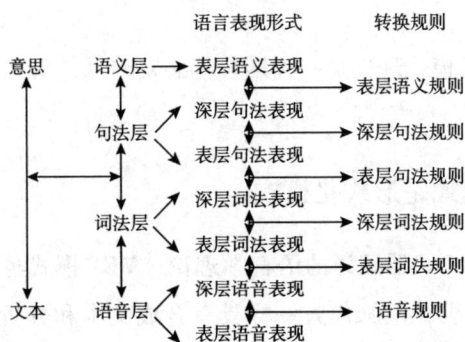

语言表现形式　　　转换规则

意思　　语义层　→　表层语义表现

↕　　　↕　　　　　　　　　　→　表层语义规则

　　　　　　　　深层句法表现　　→　深层句法规则

　　　　句法层　　表层句法表现

↕　　　　　　↕　　　　　　　　　→　表层句法规则

　　　　　　　　深层词法表现　　→　深层词法规则

　　　　词法层　　表层词法表现

↕　　　　　↕　　　　　　　　　　→　表层词法规则

　　　　　　　　深层语音表现　　→　语音规则

文本　　语音层　　表层语音表现

图 1

（三）MCT 模式是动态模式

MCT 模式作为功能性模式模拟的是人脑合成文本（意思→文本）和分析文本（文本→意思）的过程，人脑中的这个过程本身是动态的，因此 MCT 模式也理应具有相应的动态性。为了观测 MCT 模式的动态性，我们可以把这个多层级的模式分成两个子系统：

（1）一门语言中纯粹语言层面的静态对应系统，即对应系统；

（2）实现意思与文本对应过程的动态系统，即筛选系统。

显而易见，第一个子系统是静态性的，属于已知的语法系统，和人脑不同，这个系统的运作是机械地、按部就班地，完全按照对应规则逐级进行的；而第二个子系统则完全是动态的，基于第一个系统起作用。MCT 模式的动态性主要体现在筛选系统中。

还是用我们之前的例子，通过第一套对应系统我们可以得到这样的静态对应关系：

$$\{好\}⇔\{hǎo, hào\}\ ;\ \{hǎo\}⇔\{好, 郝\}$$

然后通过动态的筛选系统，我们才能确定在具体语境中表层语音形式"好"和深层语音形式 hǎo 的具体对应情况。该系统的动态性不仅体现在对对应结果的选择上，而且还体现在对语境范围的选择上。例如表层语音形式"好"组成词语"好人"和"好奇"时，在词语层面就可以找到唯一的对应形式；在组成词语"好吃"时，在词语层面就无法得到区分，必须将其置于更大的语言单位中，才能进行筛选。

综上所述，MCT 模式理论是一种结合静态对应系统和动态筛选系统的相对微观动态模式。

（四）MCT 模式是形式化模式

TCT 理论是服务于机器翻译的语言学理论，MCT 模式也是一种模拟人脑言语活动过程的系统。要让电脑像人一样具有合成文本和分析文本的能力，就需要在电脑中植入模拟人脑语言系统的处理系统。语言学知识可以帮助我们完善该系统的理论知识，但是如何将该系统植入电脑也是无法回避的重点问题。这也是所有人工智能技术的基础问题之一，如何实现人机对话？我们知道人机对话的工具是自然语言，电脑对话的工具是机器语言（二进制代码）。最便于计算机接收、识别的语言就是机器语言，其他任何语言都需要经过处理才能被电脑识别。在编制电脑程序的时候，如果使用人类的自然语言直接转换为机器语言，会造成信息量过大、编写过程复杂、费时费力等问题。于是为了解决这个矛盾，人们编写软件的时候，一般大量使用形式化的逻辑符号。与自然语言相比，这种形式化的逻辑语言更严密，也更容易被转化为机器语言，也就是说，更适合人机对话。

为了方便将自然语言转换为逻辑语言，对自然语言进行形式化描写就成了MCT 模式需要完成的任务之一。其实质也就是用某种规约性的形式符号表示自然语言的词和句法，通过这样的词和句法代替自然语言解释性的描写方式。形式化描写缩减了表述规模，也更有利于自然语言向逻辑语言的转化。在 MCT 模式中，自然语言的词位和某些人造词位（原形）、语法特性名称的缩写形式、数字、各种代表性的字母符号和图形符号（树形图）等都有自己的形式化表达方式，例如ДЕЛАТЬ（自然语言词位）、Magn（词汇函数符号，表示'程度强'）、A（情景参与者符号）、数字 1~4（深层句法关系代表符号）、сов.（完成体）等。

下面我们来分析两个语义结构表达式，可以让我们对 MCT 模式的形式性有更为直观的了解。

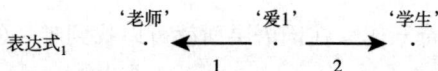

表达式$_1$ '老师' $\xleftarrow{\quad 1 \quad}$ '爱1' $\xrightarrow{\quad 2 \quad}$ '学生'

表达式₁中的下标 1，指的是在这个表达式中'爱'取其词典释义中第一义项，箭头下方的数字 1 表示'老师'是谓词的一号题元，即主体题元，数字 2 表示'学生'是二号题元，即客体题元。这个表达式表达的就是'老师爱学生'。

我们将表达式稍做改变：

$$\text{表达式}_2 \quad \underset{\cdot}{\text{'老师'}} \xleftarrow{\hspace{1cm}} \underset{2}{\text{'爱1'}} \xleftarrow{\hspace{1cm}} \underset{1}{\text{'学生'}}$$

这时，表达式₂表达的就是'学生爱老师'了。只是稍做改变，就能表达完全不同的意思，这完全体现了形式化表达手段的高度概括性与直观性。

在 MCT 模式中所有层级中的不同信息用不同的形式手段表达，相同信息要保持一致的表达形式。具有统一标准的形式化记录方式是以机器翻译为目的的 MCT 模式的必然要求，因为形式语言比自然语言更有利于转换为更便于计算机识别的逻辑语言。

（五）MCT 模式的整合性描写特色

MCT 模式的重要构件之一就是词典，TCT 理论的另一位奠基人 Ю. Д. Апресян 对词典做过如下描述："词典是对语言进行全方位理论描写时不可分割的一部分，在所有重要关系中都与语法同等重要。"（Ю. Д. Апресян，1995：10）MCT 模式第一次将词典提到了和语法同等重要的地位，打破了以语法为主、词典作为辅助工具的分配模式。这里所说的词典，指的就是整合性描写词典。词典之所以能与语法相互协作，主要原因就是基于 TCT 理论编写的整合性描写词典是一种全新的词典，和以往任何类型的词典都不一样。

整合性描写词典主要有两个显著特色：

其一是高度集成性。MCT 模式的主要目的就是模仿人类言语活动的语言模式。要实现这一理论设计就必须充分认识自然语言规律，并对自然语言进行详尽的描写，需要把自然语言各个层次从语义到句法的对应规则、筛选规则，通过整合性描写原则组织起来存储在 MCT 模式的词典中。所以整合性描写词典不只是简单地解释词语的词典，而是包含了词语搭配、使用、替换以及句型转换等规则的全方位的语言知识库。

其二是运用形式化的逻辑语言。在"MCT 模式是动态模式"一节中提到的高度形式化的逻辑语言，正是用来编写整合性描写词典的工具。整合性描写词典是 MCT 模式的主要构件，服务于机器翻译，所以只有运用逻辑语言才能更好地将规则系统化，便于计算机识别处理。但这也造成一个问题，不经过专门培训，普通人很难理解和使用整合性描写词典。

世界上第一部基于 TCT 理论编写的整合性描写词典于 1984 年在维也纳出版，这就是《现代俄语详解组合词典》（«Толково-комбинаторский словарь современного русского языка»，以下简称 ТКС）。这部词典总共只包含 282 个词条，但是有将近 1000 页。词典中每个词条所包含内容的丰富程度，由此可见一斑。详解组合词典的描写对象已经细化到了一个意义单位（词的一个义项），采用语义配价模式来表现意义单位的语义结构，用语言函数的方式来表示意义单位之间的组合和聚合关系，使用高度形式化的语言对意义单位进行全方位的描写。"ТКС 为使用者提供一个词汇语义单位全部可能的形式表达手段和选择一个适合的具体语境表达手段的规则；为语句表达手段提供正确的组合方法。"（薛恩奎，2007：326）

整合性描写词典既完美地体现了 TCT 理论的描写方法，同时又是 MCT 模式的重要构件之一。整合性描写词典围绕着每个义项集成了大量信息，构成 MCT 模式的语言知识库（薛恩奎，2006：222），同时又具有高度形式化的特征，方便计算机系统处理。不管是从内容上还是从形式上，整合性描写词典都是 MCT 模式顺利运行的必要保障，不但可以作为计算机的语言知识库，而且也是语言学家和机器翻译研究者必备的工具书。MCT 模式的发展很大程度上也依赖于对整合性描写词典的进一步研究，词典的每一点进步都会拓展 MCT 模式的适用范围，促进机器翻译的完善。

四　结语

MCT 模式就是这样一种以机器翻译为目的，基于高度形式化的整合性描写知识库，采用层级对应系统，模拟人脑语言处理动态过程的功能性模式。正因为拥有上述五方面的特点，MCT 模式成为诸多机器翻译软件的核心模式，TCT 理论也成为机器翻译的重要基础理论之一。经过 И. А. Мельчук 和世界范围内大量语言学家们数十年来的不懈研究，MCT 模式得到不断发展，在俄罗斯、加拿大、法国及德国等国也都建立了基于 MCT 模式的自动文字处理系统。在中国国内，MCT 模式理论也为我们的语义学研究提供了新的视角，引导了语言学研究的新方向。

参考文献

Апресян Ю. Д. , *Интегральное описание языка и системная лексикография* , Москва: Языки русской культуры，1995.

Мельчук И. А. , *Опыт теории лингвистических моделей «Смысл ⇔ Текст»* , Москва: Языки русской культуры，1999.

Мельчук И. А. , *Курс обшей морфологии. Т. I* , Москва-Вена: Языки русской культуры，1997.

薛恩奎：《"意思⇔文本"语言学研究》，黑龙江人民出版社，2006。

薛恩奎：《И. А. Мельчук "意思⇔文本" 学说》，《当代语言学》2007 年第 4 期。

原文发表于《俄罗斯语言文学与文化研究》2012 年第 3 期

Ю. Д. Апресян 的语义元语言

王 钢[*]

摘　要： 语义元语言是 Ю. Д. Апресян 进行理论语义学和系统词典学研究
的工具，它主要由语义基元词、过渡性词汇、语义夸克三部分
构成。Ю. Д. Апресян 语义元语言研究的目的是揭示词位的语
义，编纂新型词典；研究的重点是如何对词位（义项）进行注
释；研究的方法主要是定性研究。语义元语言是 Ю. Д. Апресян
语言学思想的基础，对 Ю. Д. Апресян 语义元语言的研究，有助
于透视 Ю. Д. Апресян 的整体语言学思想。

关键词： 元语言　语义基元词　过渡性词汇　语义夸克　注释

　　尽管"元语言"这一概念早在 20 世纪 40 年代就被引入语言学，但就自然
语言元语言研究而言，直到 20 世纪 70 年代，以 Ю. Д. Апресян 为代表的莫斯科
语义学派和以 A. Wierzbicka 为代表的波兰学派在理论语义学领域取得了举世瞩
目的成绩，元语言才在语言学尤其是在语义学研究领域奠定了自己应有的地位。
国内英语界对 A. Wierzbicka 的元语言理论有较为深入的研究，俄语界对莫斯科
语义学派的元语言理论也有介绍，但专门对 Ю. Д. Апресян 语义元语言进行研究
的尚不多见。

---

[*] 王钢，大连外国语大学俄语学院副院长、副教授、硕士生导师。

一　Ю. Д. Апресян 语义元语言的构成

Ю. Д. Апресян 的语义元语言是"缩略的、统一的自然语言，由相对简单的词、句法结构和词法形式构成，它们的数量比对象语的词汇总量少若干位数"（蒋本蓉，2008：50）。Ю. Д. Апресян 对语义元语言词汇的成分和结构进行了详细解释说明。他认为，语义元语言词汇包括以下三类。

（一）语义基元词

"某种语言范围内不能进一步语义分解的那些词叫作语义基元词，尽管它们的意义可能并不完全是简单的。因此，语义基元词取决于被描写的语言的词汇结构：如果在某种语言中不存在可以解释词位 L 的 L_1，$L_2 \cdots L_n$，那么 L 就可以认为是基元词。"（Ю. Д. Апресян，1994：37—38）可见，语义基元词表示最简单的意义，在某语言中不能被其他词进一步解读。表示这样意义的词有 делать（做）、воспринимать（领会）、хотеть（想）、мочь（能）、чувствовать（感觉）、знать（知道）、считать（认为）、говорить（说）、существовать（存在）、быть（是，在，有）、находиться（位于）、предшествовать（发生在……之前）、я（我）、отношение（关系）、объект（客体）、время（时间）、пространство（空间）、причина（原因）、условие（条件）、свойство（性质）、часть（部分）、число（数）、количество（数量）、норма（标准）、ситуация（情况）、один（一）、хороший（好的）、больше（更多）、не（不，没）等一系列词，它们可以用于注释所有类型的语言单位。

（二）过渡性词汇

过渡性词汇（промежуточные слова-смыслы）表示比语义基元词更复杂的意义，例如，готов（准备）、должен（应该）、намерен（打算）、перемещаться（位移）、начаться（开始）、прекратиться（停止）、продолжаться（继续）、цель（目的）、момент（时刻）等一系列词，它们借助于分析性注释，可以最终简化为语义基元词的某种结构。例如，可以将 продолжаться（继续）注释为：*продолжаться（в момент t）* ≈ "不 *прекратиться（в момент t）*"，P *прекратился* ≈ "начался не P", *начался P* ≈ "до момента t P не существовал, после t P существует" (Ю. Д. Апресян，2009：15)。即（在某一时刻 t）继续 ≈ "（在某一时刻 t）没停止"，P 停止了 ≈ "开始不 P"，P 开始了 ≈ "在某一时刻 t 之前不存在 P，而在 t 之后存在 P"。可见，复杂的意义 продолжаться（继续）几乎完全简化成了由语义基元词 существовать（存在）和 не（不，没）组成的结构。

有的过渡性词汇与语义基元词一样，可以参与构成语言的所有内容单位——词汇的、构词的、句法的、词法的，这样的词包括 начаться（开始）、прекратиться（停止）、продолжаться（继续）、цель（目的）等；而有的过渡性词汇与语义基元词不同，只能参与构成词汇意义。例如 требовать（要求）一词，可以参与注释 бастовать（罢工）、вызывать（传唤）、вымогать（勒索）、забастовка（罢工）、настаивать（坚持）、повестка（传票）等词位。

（三）语义夸克

语义夸克是比语义基元词意义更简单的单位，它可以分成两类：一类是语义基元词与其同义词之间意义的交叉（共同）部分，例如，同义词 считать（认为）与 думать（认为）之间，有共同的语义核（семантическое ядро）和某种语义特点；另一类是某些彼此之间不是同义词的语义基元词意义的交叉（共同）部分，例如，状态动词 знать（知道）、считать（认为）、хотеть（想）、чувствовать（感觉），它们的意义中包含某些共同之处，即它们都是表达人的各种内心状态。在上面两种情况中，词位意义的共同部分都无法用俄语中现实存在的某个词语命名，借鉴物理学对基本粒子以"夸克"命名的做法，Ю. Д. Апресян 将这些词位意义的交叉（共同）部分称为"语义夸克"。如果需要命名，一些语言学术语就成为某些语义夸克的名称。例如，上述贯穿状态动词意义的语义夸克便可用"状态性"来命名。换言之，"状态性"体现了所有状态动词的语义特点。

二 Ю. Д. Апресян 语义元语言研究的目的

Ю. Д. Апресян 语义元语言的研究目的主要是揭示词位的语义，编纂新型词典。Ю. Д. Апресян 使用语义元语言揭示词位的语义，并将研究成果词典化。正如张家骅所总结的，"对象语元语言不仅是理论语义学的研究工具，而且是新型词典的词义描写工具"（张家骅等，2003：185）。习惯上对词位意义的获取，都是参照详解词典的注释，而由于种种原因，详解词典的注释往往无法揭示该词位的真正意义。例如，常见的详解词典对 любить₂（爱好；喜欢）的意义注释如下。为了论述方便和简洁，仅列举 любить₂ 的搭配、释文和例证，该词的语法标识和其他义项省略。

ЛЮБИ́ТЬ. что и с неопр. Иметь склонность, пристрастие к чему-н. *любить музыку. любить читать.*（С. И. Ожегов，Н. Д. Шведова，2013：312）

ЛЮБИ́ТЬ. что, с инф. и с придат. дополнит. Чувствовать склонность, интерес, влечение, тяготение к чему. *любить читать стихи. любить театр. любить работать в огороде. любить свою профессию. любить книги.*（С. А. Кузнецов，2002：509）

С. И. Ожегов，Н. Д. Шведова 对 любить₂ 的释义较为简单，即"具有做某事的倾向和爱好"。С. А. Кузнецов 对该词的释义稍丰富一些，即"感到做某事的倾向、爱好、兴趣和向往"，但与前者的注释没有本质上的区别，都是用语义上有所虚化的动词加与"爱好"意义相近的动名词进行注释。这种注释方式，很难揭示该词位的语义。

Ю. Д. Апресян 对该词位的释义与上述详解词典完全不同，他将词位用元语言放在一定的题元框架中进行注释：X любит P = 'X имеет свойство хотеть P, потому что всякий раз, когда X делает P, использует P или находиться в контакте с P, он испытывает большое удовольствие'.（Ю. Д. Апресян，2009：247）也就是说，X 喜欢 P = 'X 有想做 P 的本性，因为每次当 X 做 P、使用 P 或者与 P 接触时，他都能感到极大的满足'。这样对 любить₂ 的注释，远比详解词典深刻得多。Ю. Д. Апресян 不满足于对详解词典注释的修正，而是尝试使用自己的语义元语言编纂新型词典。目前，《新型俄语同义词解释词典》（1997，2000，2003）已经出版了 3 卷，并于 2004 年出版了合集。该词典用上述语义元语言注释的方式，研究了 348 组俄语同义词。《新型俄语同义词解释词典》开辟了新型词典编纂的先河，它的问世在俄罗斯国内外的语言学界都产生了极大影响。

三 Ю. Д. Апресян 语义元语言研究的重点

Ю. Д. Апресян 语义元语言研究的重点在于，如何对词位（义项）进行注释。如前文所述，Ю. Д. Апресян 认为，语义元语言词汇包括语义基元词、过渡性词汇和语义夸克。在实际操作中，Ю. Д. Апресян 不仅使用语义基元词进行注释，而且还大量使用过渡性词汇。在他看来，对词汇单位的解读有时不能直达语义基元词，而是应该使用语义容量较大的过渡性词汇。以 обещать 为例，Ю. Д. Апресян 认为，对它的注释应该为：X обещает Y-у, что сделает P = 'X 知道或认为，Y 或某第三方对 P 感兴趣，X 对 Y 说，尽管可能会有困难，X 也要做成 P，X 这样说，是因为他想让人相信他，同时 X 也明白，如果他做不成 P，人们将不再相信他'（Ю. Д. Апресян，1994：30）。尽管存在某些过渡性词汇，但这样的注释易于理解。

如果将上述注释完全用语义基元词解读，就会变成：X обещает Y-у, что сделает P = 'X 知道或认为，Y 或某第三方认为 P 对其有好处，并希望 P 能够实现，X 对 Y 说，X 能做成 P，X 知道或认为，在正常条件下不可能发生 P，如果付出超出常规的努力，X 可以做成 P，X 这样说，是因为他想让 Y 相信，X 说的是真话，并认为 X 不可能对他（Y——引者）说假话；X 知道，如果他做不成 P，那么 Y 和其他人将不再认为 X 说的是真话，X 的这一认识源于对于当前情景对应的那一类情景标准特性的了解'（Ю. Д. Апресян，1994：32）。这样处理，尽管将语义化到了最简，但对 обещать 意义的理解反而由于注释的冗繁而变得模糊不清。Ю. Д. Апресян 的观点不仅适用于俄语语料，对汉语语料也同样适用。正如张家骅所指出的，尽管"丈夫、母亲"仍然可以进一步解读，但"婆婆"一词用'丈夫的母亲'解释远比用语义基元词的复杂结构解释明了得多（张家骅，2006：131）。可见，对词位的注释并非都要达到全部使用语义基元词的程度。

由于注释中过渡性词汇大量存在，因此在语义元语言研究中，Ю. Д. Апресян 非常重视如何对词位进行注释，特别是如何处理过渡性词汇。为此，他提出了语义元语言注释的四个要求：非同语重复性、充分必要性、等级性和明晰性（Ю. Д. Апресян，1994：30）。Ю. Д. Апресян 认为，前两个要求是纯逻辑上的，后两个是语言学上的。非同语重复性是指注释中不能含有错误的循环；充分必要性是指注释中元语言词汇的语义要与被注释的语言单位等值；等级性是指对词位注释时逐步将比较复杂的意义分解成比较简单的意义，直到最后达到基本意义。如前文所述，可以将 обещать 注释为：X обещает Y-у, что сделает P = 'X 知道或认为，Y 或某第三方对 P 感兴趣，X 对 Y 说，尽管可能会有困难，X 也要做成 P，X 这样说，是因为他想让人相信他，同时 X 也明白，如果他做不成 P，人们将不再相信他'。该注释中的'对……感兴趣'是过渡性词汇，可以继续对其注释：A 对 B 感兴趣 = 'A 认为，B 对其有好处，并希望 B 能够实现'。在这一步骤上，达到了语义基元词的层面。明晰性要求："注释中应直接含有该语句中其他词汇单位和语法单位的意义能与之相互作用的所有语义成分。例如，如果某一语义规则确定了词位 A 与语义成分 X 之间的互相作用，那么这一成分应该在注释中明确地区分出来。"（Ю. Д. Апресян，1994：34）为了确切说明这一点，Ю. Д. Апресян 以 хорошая рецензия（好的评语）为例，他认为这个词组是多义的，可以有两种不同的理解：

（1）Он написал хорошую рецензию, но эта книга заслуживает лучшей. 他写了个很好的评语，但这本书值得更好的（评语）。

（2）Он написал хорошую рецензию: теперь всем будет ясно, что эта книга никуда не годится. 他写了个很好的评语，现在所有人都明白了，这本书一无是处。

例（1）中表示给予被评论的作品以好的评价，而例（2）则表示对评论本身予以好的评价。因此需要仔细斟酌，注释如何才能揭示出这种多义性。Ю. Д. Апресян 将 рецензия 注释为：рецензия（Y-а на Z）= 'Y 做出了对科学或文学文本 Z 的书面分析，在分析中 Y 对 Z 做出了评价'（Ю. Д. Апресян，1994：34）。这样的注释就可以解释上述两个例句的差异："评语"中同时含有'评价'和'分析'义素，由于"好的"语义指向不同造成了整个词组意义的差异。张家骅指出，"线性语法结构中的一个句子成分与另一句子成分发生语义关系时，其语义指向，常常不是后者语义结构整体，而是这样结构中的某个义素或义素模块"（张家骅，2011：93）。就上述例句而言，例（1）中"好的"其语义指向的是"评语中"的'评价'义素，而例（2）中"好的"语义指向的是"评语中"的'分析'义素。

四 Ю. Д. Апресян 语义元语言研究的方法

在语义元语言研究中，Ю. Д. Апресян 未曾明确指出自己的研究方法，国内对 Ю. Д. Апресян 元语言的介绍和研究，也没有提及研究方法的问题。从 Ю. Д. Апресян 的实际操作来看，无疑是以定性的研究方法为主。语义元语言词汇中应避免同义词的使用，在众多同义词列中，选择哪个词参与注释，是必须解决的问题。Ю. Д. Апресян 认为，通常应该从同义词列中选择修辞和语义最中性的词进入元语言的词汇（Ю. Д. Апресян，1994：29）。至于如何确定"修辞和语义最中性的词"，Ю. Д. Апресян 并没有进行数据统计或分析，只是按照常规和经验来判断。在他看来，глаза（眼睛）、очи（眼睛）、буркалы（眼睛）、зенки（眼睛）都表示同一客体，在注释 зрачок（瞳孔）、радужная оболочка（虹膜）、белок（眼白）、брови（眼眉）、веки（眼睑）、ресницы（睫毛）等眼部及相关部位词语，或 трахома（沙眼）、конъюнктивит（结膜炎）、катаракта（白内障）、глаукома（青光眼）等眼部疾病词语时，只有 глаза 及其派生的 глазной 才能参与注释。

Ю. Д. Апресян 重点探讨了如何进行释义的问题，而没有提及对使用哪些词进行释义。在研究过程中，Ю. Д. Апресян 本人没有统计过自己释义用词的数量，只是泛泛地指出元语言用词的类别：（1）简单谓词的名称（自然语言中类似动词那样的词）；（2）简单事物的名称（自然语言中类似名词那样的词）；（3）逻辑系词（"且、或、非"）；（4）事物变项的名称（A、B、C）（Ю. Д. Апресян，1974：73）。我国学者陈秀利、李葆嘉统计了 Ю. Д. Апресян 的《新型俄语同义词解释词典》（《Новый объяснительный словарь синонимов русского языка》）中释义元语言用词的类别和数量，总计 9 种词类（不包括词组）、1132 个词语（陈秀利、李葆嘉，2011：125），详见表 1。

表 1

词类	名词	动词	形容词	副词	代词	数词	连接词	前置词	语气词	词组
数量	371	304	209	114	39	5	22	49	8	11
百分比	32.8	26.9	18.5	10.1	3.4	0.4	1.9	4.3	0.7	1

此外，陈秀利、李葆嘉还对《新型俄语同义词解释词典》中每种词类的具体用词进行了详细统计，例如，形容词中的性质形容词共用了 147 个，关系形容词共用了 62 个，等等。可见，陈秀利、李葆嘉的补充从方法上深化了Ю. Д. Апресян 的语义元语言研究。

五　结语

Ю. Д. Апресян 曾撰文分析了莫斯科语义学派的主要理论原则和概念，并指出这些原则和概念代表了该学派以语言集成描写（интегральное писание языка）和系统性词典学（системная лексикография）为特征的语言学研究。而语言集成描写和系统性词典学要得以实现，必须使用专门的、统一的元语言来进行描写，换言之，Ю. Д. Апресян 把元语言作为理论语义学研究和系统词典编纂的工具。因此，要全面、深入透视 Ю. Д. Апресян 的语言学思想，必须对其元语言理论有所了解。限于篇幅和能力，本文仅对 Ю. Д. Апресян 元语言的构成及其元语言研究的目的、重点和方法进行了简要介绍，希望能抛砖引玉，促进国内对 Ю. Д. Апресян 元语言理论的深入研究。

参考文献

Апресян Ю. Д. , *Лексическая семантика*, Москва：Наука，1974.

Апресян Ю. Д. , "*О языке толкований и семантичесеих примитивах*", Изв. РАН, Сер. лит. и яз. , 1994（4）. — С. 30.

Апресян Ю. Д. , *Новый объяснительный словарь синонимов русского языка*. Первый выпуск, Москва：Языки русской культуры，1997.

Апресян Ю. Д. , *Новый объяснительный словарь синонимов русского языка*. Второй выпуск, Москва：Языки русской культуры，2000.

Апресян Ю. Д. , *Новый объяснительный словарь синонимов русского языка*. Третий выпуск, Москва：Языки русской культуры，2003.

Апресян Ю. Д. , *Исследования по семантике и лексикографии. Т. Ⅰ：Парадигматика*, Москва：Языки славянских культур，2009.

Кузнецов С. А. , *Большой толковый словарь русского языка*, Санкт-Петербург：

НОРИНТ，2002.

Ожегов С. И. ，Шведова Н. Д. ，*Толковый словарь русского языка*，Москва：ООО «А ТЕМН»，2013.

陈秀利、李葆嘉：《莫斯科语义学派语义元语言在同义词词典中的应用》，《扬州大学学报（人文社会科学版）》2011 年第 3 期。

蒋本蓉：《莫斯科语义学派的释义元语言》，《外语研究》2008 年第 1 期。

张家骅等：《俄罗斯当代语义学》，商务印书馆，2003。

张家骅：《莫斯科语义学派的义素分析语言》，《当代语言学》2006 年第 2 期。

张家骅：《俄罗斯语义学——理论与研究》，中国社会科学出版社，2011。

原文发表于《俄罗斯语言文学与文化研究》2015 年第 1 期

"帮助"的词汇语义特征及其义项派生机制

王洪明[*]

摘　要： "帮助"的义项有三个，与之对应的句式为连谓-兼语句、连谓句和兼语句。这在汉语词典和语法书中都没有完全体现出来。总结"帮助"的词汇函数对于对外汉语教学、机器翻译的发展等大有好处。对"帮助"的词义派生机制的研究既可以作为词义派生机制理论的佐证材料，也可以发现理论中的缺陷，这对于理论的应用和发展有一定的帮助。

关键词： 元语言释义　词汇函数　义项派生

一　"帮助"的元语言释义

《现代汉语词典》给"帮助"的释义并没有充分揭示出该词的全部语义特征。这一方面取决于《现代汉语词典》的目的，另一方面则是因为传统的释义方法。显然，传统的释义方法无法满足词汇语义描写微观化对词典的要求。包括《现代汉语词典》在内的各类汉语词典均认为"帮助"只有一个义项，本文则认为"帮助"应当划分三个义项（帮助$_1$、帮助$_2$、帮助$_3$）。[①]它们体现在例（1）~（3）中：

---

[*]　王洪明，曲阜师范大学外国语学院副院长、教授、硕士生导师。

[①]　"帮助"和"帮"在语义内容上没有差别，《现代汉语词典》也是用"帮助"给"帮"释义，句法搭配上的差别不在本文考察范围之内。为行文方便，以下阐述问题时只使用"帮助"，不过例句中也涉及"帮"。本文例句取自北京大学汉语语言学研究中心"CCL语料库检索系统（网络版）"。

（1）共工曾用水帮助他的祖上炎帝作战。

（2）孙膑坐在一辆有篷帐的车子里，帮助（替）田忌出主意。

（3）止咳药有帮助吗？

（一）帮助₁

借鉴莫斯科语义学派的元语言释义方法（Ю. Д. Апресян，1974：101；张家骅，2006：129-143），可将帮助₁做如下释义：

A 以手段或工具 Y 帮助 B 做 X = 'B 做 X（预设）；A 以手段或工具 Y 做 X（陈说）；目的是使 B 受益（动因）'。（释文1）

其中，A、B、X、Y 是变元，"做、目的、是、使、受益"是语义单子和过渡语义单位。释文1不仅把"帮助₁"的显性语义内容（陈说）表述出来，而且把隐性语义内容（预设、动因）表述出来，形成了释义内容的多维结构，因而比传统的释义更精确。相应地，"帮助₁"的支配模式如下（见表1）。

表1　帮助₁

A 以手段或工具 Y 帮助₁ B 做 X ='B 做 X；A 以手段或工具 Y 做 X；目的是使 B 受益'。			
1⇔A（主体）	2⇔B（受体）	3⇔X（方面）	4⇔Y（手段或工具）
名词短语——主语	名词短语——宾语	1）动词短语——述谓补足语 2）介词短语——状语	介词短语——状语
		3）动词短语——述谓补足语	

注：表中上起第一行为元语言释文，然后依次是语义价与深层句法价、深层句法价与表层句法价的转换。

"帮助₁"在表层结构中可以只体现部分语义价。这跟说话人的交际信息、关注焦点有关，跟动词语义结构无关。例如：

（4）他们有缺点，要帮助他们，鼓励他们。

当 X 在表层句法结构中为"动词短语"，并且 A（主体）体现的是体力行为时，该"动词短语"体现两个语义价——X 和 Y。这种情况类似于"配价合并"（张家骅，2003：32）、"题元重合"（彭玉海，2008：17-18）。例如：

（5）早饭后，打扫猪、牛圈，农忙时还要到地里帮助丈夫一起干。

例（5）的"干"的语义主体既是 A，又是 B。但对于 A 来说，这一行为属

于"手段";对于 B 来说,则属于"方面"。如果体现的不是体力行为,X 则只体现一个语义价。例如:

(6) 我们怎能帮助她们提高在商界的地位。

对比例(5)、(6),不难发现两者的差别:尽管例(6)的"我们"广义上参与这一行为,但"提高"的主体只能是"她们",而不是"我们",即动词短语跟"帮助"的语义受体没有语义上的联系,因而例(6)只是"兼语句"(黄伯荣、廖序东,2008:126),例(5)的动词短语跟"帮助"的语义主体和语义受体都有联系,所以句式是"连谓—兼语句",但孟琮等、吕叔湘一概称为兼语句(孟琮等,2005:12,吕叔湘,2007:61)。

(二)帮助₂

除了"帮助₁","帮助"还可用作"帮助₂",如上文例(2),意思相当于"替、给",例(2)的 B(田忌)并没有做 X。"帮助₂"可做如下释义:

A 以手段或工具 Y 帮助₂B = 'A 做某事(做某事 = Y)(陈说),目的是使 B 受益(动因)'。(释文 2)

释文 2 与释文 1 的不同之处在于,前者缺少"B 做 X"这一预设成分,词义因而发生改变。"帮助₂"的这一用法并非少数。据我们对北京大学汉语语言学研究中心语料库的"帮"这一词项用例的不完全统计,用法为"帮助₂"的语句约占 16%。"帮助₂"与不少动词或动词短语搭配时具有该意义,如"扛、抱、提、挑、陪、缝、问、拎、起草、说话、理发、剔牙、按摩、松绑、出主意、想办法、织毛衣、打电话"等。

释文 2 因为缺少了"B 做 X"这一预设成分,所以"帮助₂"的语义配价中不再有 X。支配模式见表 2:

表 2 帮助₂

A 以手段或工具 Y 帮助₂ B = 'A 做某事(做某事 = Y),目的是使 B 受益'。		
1⇔A(主体)	2⇔B(受体)	3⇔Y(手段或工具)
名词短语——主语	名词短语——宾语	1)动词短语——述谓补足语 2)名词短语——宾语

Y 在表层结构中既可以体现为动词短语［例（7）］，也可以体现为名词短语［例（8）］。前者用作述谓补足语，"帮助$_2$"相当于"替"；后者用作直接宾语，"帮助$_2$"相当于"给"：

（7）他活儿干得不错，但要价也高，他开口跟我要一万二千元，你来帮（替）我结账吧！

（8）不知不觉的弄个罄净，却多是自家肉里钱，旁边的人不曾帮（给）了他一文。

"帮助$_2$"是连谓句，动词短语只跟"帮助$_2$"的语义主体有语义联系，短语的行为主体不是 B，而是 A。这与"帮助$_1$"不同。

释文 1、释文 2 与《现代汉语词典》对"帮助"的释文不完全一致。《现代汉语词典》的释文是"替人出力、出主意或给以物质上、精神上的支援"（中国社会科学院语言研究所词典编辑室，2008：41）。它没有明确给出"帮助"的第三个语义配价 X。该释义"或"之前的部分与"帮助$_2$"的释文相似，但不完全相同。"帮助$_2$"的手段不仅限于"出力、出主意"，而且包括"物质上"。"帮助$_2$"完全可以和表示"物质"手段的语词连用，如上文例（7）。

同样，在《现代汉语词典》"帮助"释义的后半部分，也存在类似的缺憾。"（给以物质上、精神上的）支援"首先是循环释义：帮助—支援—援助—帮助。（中国社会科学院语言研究所词典编辑室，2008：41，1744，1678）此外，"给以物质上、精神上的支援"的意思是：某人做某事，有人从物质上、精神上给他以帮助，即从物质上、精神上参与这件事。这和"帮助$_1$"的释文相近，但不相同："帮助$_1$"的"手段或工具"不仅包括"物质上、精神上"，还包括"体力上"。例如：

（9）售货员帮着将洗衣机抬上三轮车。

以上论述表明，"手段或工具 Y"不是划分"帮助$_1$""帮助$_2$"的标准。两者不同的根本原因在于"帮助$_2$"比"帮助$_1$"少一个语义配价 X。

（三）帮助$_3$

"帮助$_3$"与"帮助$_1$"、"帮助$_2$"的区别在于，语义配价 A 在句法结构中不出现，转而由"手段或工具"配价 Y 填充表层句法中的主语位，这种变化称为"配价兑位转换"（диатетический сдвиг）导致的词义派生（Е. В. Падучева，

2004：51—52）：增加了"B 受益"这一语义成分。在"帮助₁"和"帮助₂"的释义中，"目的是使 B 受益"是动因，但在"帮助₃"中，"B 受益"则居陈说位。对"帮助₁"和"帮助₂"进行否定时，否定的只是陈说"A 做 X""A 做某事"，而"帮助₃"不然，否定的直接指向是"B 受益"这一语义成分。"帮助₃"的释文及支配模式如下（见表3）。

（A）以手段或工具 Y 帮助 B 做 X = 'B 做 X（预设）；（A）以手段或工具 Y 做 X，目的是使 B 受益（预设）；B 受益（陈说）'。（释文3）

表3 帮助₃

(A)以手段或工具 Y 帮助₃ B 做 X = 'B 做 X;(A)以手段或工具 Y 做 X,目的是使 B 受益;B 受益'.		
1⇔Y(手段或工具)	2⇔B(受体)	3⇔X(方面)
名词短语——主语	名词短语——宾语	动词短语——述谓补足语

例（10）体现了"帮助₃"释文3的这一意义：

（10）友谊（没有）帮助她进一步树立了自信心。

例（10）否定的对象不是"A 做 X""A 做某事"，而是"B 受益"，动因"目的是使 B 受益"也作为预设在否定句里仍然保留。试比较例（10）和例（11）：

（11）我并没帮助他什么。

例（11）用于"帮助₁"，一方面否定"A 以手段或工具 Y 做 X"，另一方面否定"目的是使 B 受益"。"帮助₃"的句式为兼语句，意义相当于"有助于、有效"。各类汉语词典中皆无这一义项的释义内容。帮助₃应作为一个单独的义项对待。

二 "帮助"的词汇函数

"词汇函数"（И. А. Мельчук，1974：78）这一概念是莫斯科语义学派理论体系中的核心概念之一，"指一组词汇语义单位 X（X₁，X₂…Xₙ）与表达特定抽象语义类型 f 的另一组词汇语义单位 Y（Y₁，Y₂…Yₙ）之间的对应关系：Y＝f（X）"（张家骅等，2003：46-47）。它旨在描写词汇单位的各种聚合、组合关系：聚合体包括同义词、反义词、转换词等，组合体主要针对熟语性搭配。"词汇函数"在"意思⇔文本"模式理论中有着至关重要的地位，它直接保障了"意思⇔文本"双向转换的实现。"词汇函数"包括同义关系（Syn）、反义关系（Anti）、极限特征（Magn）、主体题元（S_1）、形容词派生（$Able_1$）、辅助动词函数（Oper）等。本文把"帮助"的三个义项的"词汇函数"总结如下，并各附一例。

（一）帮助$_1$

Syn：协助、辅助、辅佐、协同。例如：朱德协助毛泽东运筹于帷幄之中，决胜于千里之外，终于挥师渡江，解放了全中国。

Anti：妨碍、阻碍、延缓、延阻、阻挠。例如：我看你想妨碍我们工作。

S_1：助手、副手、助理。例如：另一种是副导，这类导演只是导演的助手，很多只是跑腿的，一般资格不会很老，没有太多的权力。

$Able_1$：有利的、有益的。例如：这对于加强君主专制自然是十分有利的。

$AntiAble_1$：不利的、无益的、有害的。例如：否则，便是生者与死者接触的延伸，对生者是不利的。

Magn：（中）很多（帮助）、许多（帮助）、极大（帮助）；（书）全力（相助）、鼎力（相助）、大力（相助）。例如：通过他们下情上达，对中央高层的决策会有很多帮助。

$Oper_1$：提供（帮助）、给予（帮助）。例如：各大学竭力为内地学生提供帮助。

$Oper_2$：得到（帮助）、获得（帮助）、求得（帮助）。例如：其余的同学也能得到帮助。

（二）帮助$_2$

Syn：代、代替、代为、替。例如：不如把多余的钱交给我，让我代你去买，我又好逛商场又能砍价！

（三）帮助$_3$

Syn：促进、促使、有效。例如：体育运动能促进青少年的成长。

Anti：妨碍、阻碍、促退、无效、妨害。例如：教师满口方言妨碍传授知识。

Magn：大有（帮助）、很有（帮助）、十分有（帮助）、非常有（帮助）。例如：课余干点零星活儿也大有帮助。

Able₁：有效的。例如：中国针对"非典"采取的预防、监控措施是有效的。

AntiAble₁：无效的。例如：日本任何旨在强化对钓鱼岛实际控制的企图都是非法和无效的。

Oper₁：有（帮助）。例如：这对研究银河中心部分的结构大有帮助。

值得注意的是，"帮助₂"的词汇函数（见"帮助₂"一节）不仅比"帮助₁"少许多，甚至比"帮助₃"也少许多。这一方面说明，"帮助₂"是一个派生语义单位；另一方面也表明，相较于"帮助₃"，"帮助₂"主语位由于没有发生参项分类类别的变化，使得"帮助₂"的语义表征并不明显。但这并不意味着，"帮助₂"不能作为一个独立的义项表征出来。因为，动词的每一个义项反映一个情景，而"帮助₂"与"帮助₁"的情景很明显有着本质的不同。只不过由于"帮助₂"缺少的语义成分占据的并非是陈说位，不是关注焦点，使得这种变化容易被忽略而已。

三 "帮助"各义项的派生机制

词汇语义的派生问题既可以从纯粹的语义层面分析各语义成分的变化导致的语义派生，也可以从语义-句法结合的层面分析动词分类范畴、参项主题类别等发生的变化导致的义项派生。莫斯科语义学派属于前者，Е. В. Падучева 的词汇语义动态模式属于后者。

（一）从莫斯科语义学派理论分析

研究义项派生的首要前提是确定初始义项。这一初始义项是其他各义项派生的基础。本文认为，"帮助₁"是初始义项。因为，相较于"帮助₂"和"帮助₃"，"帮助₁"可用于更广泛的语境。换言之，它受语境的制约最少。试比较：

（12）如果不是你帮（⁇替）我，我帮（⁇替）你，许多人可能都逃不出来。

（13）战友的衣服脏了，破了，他悄悄地帮助（替他们；给他们）洗净、补好。

例（12）是"帮助"的一般语境，多体现为"帮助₁"；而例（13）因为有体现特殊语境的语词（悄悄地），所以体现为"帮助₂"。这说明，即使"帮助₁、帮助₂"用分析释义放到一个义项中，也应是"帮助₁"在前，"帮助₂"在后。这意味着，《现代汉语词典》给"帮助"的释义"或"前后的部分应倒转过来。在这一点上，《中华现代汉语词典》的做法无疑是正确的：给别人物质上或精神上的支援（≈帮助₁），或替别人出主意、想办法（≈帮助₂）（《中华现代汉语词典》，2007：28）。

莫斯科语义学派认为，义项的派生是由于构成该词汇的义素发生了变化。"帮助₁"的"B 做 X"这一语义成分在"帮助₂"中消失，从而使得"帮助₁"发生了语义上的改变：派生出"帮助₂"。当"帮助₁"中的陈说及动因成分"A 以手段或工具 Y 做 X；目的是使 B 受益"转为隐性的预设成分，"B 受益"则作为一个增加的语义成分扮演陈说角色时，动词由"帮助₁"变为"帮助₃"。此时，由于包含 A 的语义成分只作为隐性的语义成分，使得表层句法位中的主语位往往由事物名词填充。

（二）从词汇语义动态模式理论分析

词汇语义动态模式是 E. B. Падучева 用以分析义项派生机制的一种模式。该模式包括分类范畴、主题类别、配价兑位（диатеза）和参项的分类类别这四个参数（E. B. Падучева，2004：28—29）。这四个范畴的变化会产生相应的隐喻引申和换喻引申。与传统的隐喻和换喻不同，E. B. Падучева 所说的隐喻引申指的是"发生了范畴上的变化"，而换喻引申则是"关注焦点"的变化。这实际上是把隐喻和换喻概念由指向客观世界变为指向语言本体。

从"帮助₁"派生出"帮助₂"是由于 Y 的语义角色与句法题元对应关系的变化以及 X 的消失相关。在"帮助₁"中，Y 在表层句法位中一般体现为介词短语，作状语。当 Y 为体力行为，并且在表层句法位中显示为动词短语时，Y 与 X 共有一个句法位，这时体现为配价的合并（但词义仍表现为"帮助₁"）。当 Y 完全占据了 X 的句法位，X 在表层句法中的位置消失时，"帮助₁"过渡到了"帮助₂"，从而实现了义项的派生。

"帮助₃"的产生是由于语义主体 A 以及语义手段（或工具）Y 配价兑位模式的转变。"帮助₁"的语义主体 A 在表层中占据主语位，而手段 Y 占据状语位。

但是，手段 Y 由于关注焦点发生的变化，从状语位上升至主语位，而主体 A 则隐到"话题之外"，成为隐性的语义成分。这时语义的重心不再是 A 有没有做某事，而是 A 做的这件事有没有效果。因此，"帮助₃"属于阐释动词类别。

应当指出，"帮助₁"派生"帮助₂"主要并非关注焦点发生了变化，而是语义角色 Y 完全占据 X 句法位的结果（这实际上与 Е. В. Падучева 的词汇语义动态模式不同，严格按照后者的方法并不能派生出"帮助₂"）。这体现了 Е. В. Падучева 词汇语义动态模式的局限性：它对语义成分消失或增生导致的义项语义派生缺乏足够的解释力。与此不同，"帮助₁"派生"帮助₃"纯粹是由于关注焦点发生了变化。并且这种变化导致了"帮助"分类范畴的迁移：行为动词→阐释动词。因而，这既属于换喻派生，又属于隐喻派生，是两者的结合。

四　结语

（1）"帮助"的义项应是三个，前两者大多在各类汉语词典中有所体现，但"帮助₃"则没有词典或语法书提及。

（2）"帮助"的"手段或工具 Y"不是划分义项的标准："帮助₁"不仅限于"物质上、精神上"，"帮助₂"也不仅限于"出力、出主意"。义项的标准与语义配价的数目、类型密切相关。

（3）《现代汉语词典》对"帮助"的释义中"或"前后的部分应倒转过来，后者是初始义项，前者是派生义项。笔者同意《中华现代汉语词典》将"帮助₁"列在前、"帮助₂"列在后的做法。

（4）"帮助"的句式基本与义项相对应，它包括连谓-兼语句、连谓句和兼语句。各类汉语词典中一般不对句式做标记，而语法书中大都统称为兼语句。

（5）词汇函数理论对于对外汉语教学、新型词典的编纂以及机器翻译的发展都大有裨益。

（6）本文的研究不仅可以作为义项派生理论（莫斯科语义学派的义素分析理论、Е. В. Падучева 的词汇语义动态模式）的佐证材料，而且可以指出词汇语义动态模式理论的局限性：它对语义成分消失或增生导致的义项派生缺乏足够的解释力。

参考文献

Апресян Ю. Д. , *Лексическая семантика*, Москва: Наука, 1974.

Мельчук И. А. , *Опыт теории лингвистических моделей «Смысл⇔текст»*, Москва: Наука, 1974.

Падучева Е. В. , *Динамические модели в семантике лексики*, Москва: Школа «Языки славянской культуры», 2004.

黄伯荣、廖序东:《现代汉语(下)》,高等教育出版社,2008。

吕叔湘:《现代汉语八百词》,商务印书馆,2007。

孟琮等:《汉语动词用法词典》,商务印书馆,2005。

彭玉海:《论题元重合》,《中国俄语教学》2008 年第 3 期。

张家骅等:《俄罗斯当代语义学》,商务印书馆,2003。

张家骅:《莫斯科语义学派的配价观》,《外语学刊》2003 年第 4 期。

张家骅:《莫斯科语义学派的义素分析语言》,《当代语言学》2006 年第 6 期。

中国社会科学院语言研究所词典编辑室:《现代汉语词典(第 5 版)》,商务印书馆,2008。

中国语言文字系列辞书编委会:《中华现代汉语词典》,中国大百科全书出版社,2007。

原文发表于《俄语语言文学研究》2011 年第 2 期

关于语句的意向功能与句子的情态意义

孙淑芳[*]

摘　要： 本文分析语句的意向功能与句子的各种情态意义之间的相互关系，前者属语用语言学概念，后者属功能语义和语法范畴概念。本文认为，意向功能与情态意义的相互关系是构成情态范畴分类的基础。

关键词： 语句　意向功能　句子　情态意义　交际类型

一　引言

语句（высказывание）的构成受不同语用因素的影响，这些语用因素包括交际情景、说话人关于世界的知识和概念、对受话人的了解、遣词造句的目的、受话人对语句目的的认知等。言语行为、逻辑哲学理论的形成和发展，使得语言学家们热衷于探讨在具体语境中说话人言语行为的真正目的。

俄罗斯语言学家对源于西方的言语行为理论有非常深入的研究。E. B. Падучева 认为，"在构造语句时，说话人同时实施两重行为：言说行为和意向行为，如表达肯定、许诺、请求、感谢、劝告、命令、提问——总之，实现说话人的交际目的"（E. B. Падучева，1996：226）。言语行为理论的主要研究对象是意向功能（иллокутивная функция），即语势（иллокутивная сила）或语句的意向类型（иллокутивный тип высказывания）（E. B. Падучева，1996：226；

---

* 孙淑芳，黑龙江大学俄语学院教授、博士生导师。

Н. Д. Арутюнова，1990：421）。Т. В. Булыгина，А. Д. Шмелев 将意向功能称之为
"意向情态意义"（иллокутивная модальность）（Т. В. Булыгина，А. Д. Шмелев，
1997：243）。Б. Ю. Городецкий 根据言语行为理论的研究对象，赋予该理论更加具
体的名称，他称之为"意向语义"（иллокутивная семантика）（Б. Ю. Городецкий
1986：5）。语势的核心概念就是说话人的交际目的（意图、意向）。在言语行为理
论中，意向功能起初被看作与日常语言中表示肯定（утверждать）、许诺
（обещать）、请求（просить）、询问（спрашивать）等意向动词（施为动词），
或由动词派生的相应名词形式 утверждение，просьба，совет，предложение，
предостережение，вопрос 等不可分开的范畴（详见 Дж. Л. Остин，1986：88）。
晚些时候，塞尔认为，意向功能有着非常复杂的语义结构。如果把言语行为作为
分析单位，就会有 5 种使用语言的一般方式，它们至少在 12 个方面是彼此不同的
（Дж. Р. Серль，1986：172–174）。意向功能是一个言语行为区别于另一个言语行
为的标志，言语行为目的是其分类的主要标准，即说话人说出语句的目的以及受
话人认知的目的。语句的意向功能与传统的句子交际类型之间关系是怎样的？

二　语句的意向功能与句子的交际类型

语句的意向功能与句子的交际类型（коммуникативный тип предложения）
或称句子的语法类型，其间有着某种内在联系。众所周知，传统语法把句子分
为陈述、疑问、祈使三种交际类型，但这种分法并不能完全表达语句的每个具
体交际目的，如命令、请求、劝告、警告等。语句 Рисуйте хорошо! 并不简单
表达祈使意义，在一定具体的言语情景中，它只能表达上述语势的一种。传统
语法无法解决的这类问题，可以借助言语行为理论的语势概念分析说话人的各
种交际意图。В. Б. Касевич 写道："根据意向功能对语句进行分类包括两部分内
容：一方面指语法分类（根据句子的交际目的）；另一方面，即与此平行的是语
用分类。语用分类除比语法分类更为详细外，它不严格局限于语法类型，而是
根据语境的实际交际功能进行的。"（В. Б. Касевич，1988：71）语势能够进一步
明确说话人的交际意图，即说话人的言语意向。与传统语法把句子分为陈述、
疑问、祈使相比，意向功能的分类可以包括像许诺、请求、感谢、威胁、发誓、
劝告等交际意图。

应该注意的是，意向功能是语句的语义特征，是言语单位；而语法交际类型是句子的形式特征，是语言单位。根据语句的目的，可以把句子语法类型的语义部分理解为"意向使命"（иллокутивное предназначение），即句子的意思成素，它可能表达这种或那种意向功能。Е. В. Падучева 是这样解释意向功能与意向使命这两个概念之间的关系的："语句的意向功能是构造语句的言语行为类型，一些句子因自身的结构可以用在各种言语行为类型中；而另一些句子则用在较单一的言语行为中。"（Е. В. Падучева，2001：31）换言之，意向使命进入句子的意思中，而意向功能只有语句才具备，它通常用在一定上下文中。对脱离于语境的句子而言，只涉及意向使命或意向潜能（иллокутивный потенциал）。因此，从言语行为理论角度看，句子分为陈述句、疑问句、祈使句和感叹句的语法分类指的是从"使命"角度对具有某种意向功能的言语行为进行的分类（Е. В. Падучева，2001：30）。

如前所述，语句的意向功能首先是根据言语行为的不同目的来区分的。命令、请求、劝告的目的是要受话人做某事；陈述的目的在于向受话人陈述事态；许诺、威胁、发誓的目的是说话人有责任做某事。为了表达更为准确、具体的言语行为目的，通常要选择专门用来区分句子类型的语法或语调手段。如用祈使式表达祈使意义；用专门的疑问结构或语调来区分疑问句类型，表达疑问意义；其他言语行为目的用陈述范畴表示，如俄语中的陈述式、假定式以及某种语调结构等。如果把愿望式（оптативное наклонение）看作动词特殊的式范畴，那么还可以分出一种句子的语法类型——愿望句，因为所有带动词的句子在愿望式中带有一定的感叹语调都可以构成表达说话人愿望的语句，只要该语句用在一定的上下文中。

综上所述，语句的意向功能与句子的语法（句法）类型不仅彼此之间联系密切，而且与动词的式范畴也密切相关。因此，根据句子在言语活动中的不同功能，应该把语言结构的不同层面和语言本身的不同层面联系起来（语言作为体系 vs 语言作为活动）考虑。"一方面，像陈述式、祈使式这类概念属式的语法范畴层面，和时间、体一起组成动词结构；另一方面，陈述句、疑问句和感叹句这样的概念表示句法类型，与句子相关；最后，像肯定、提问或者命令等意向功能属语义语用概念，与言语行为类型有关，属语句范畴。"（Э. Фава，1998：53）

动词的式范畴参与语句意向成素的编码，这一点表明语句的意向功能和句子的情态意义之间存在有规律的联系。对意向成素和情态成素之间的相互作用许多学者都有涉猎，但诠释的内容不尽相同。意向语义与情态语义相互作用的具体表现形式至今还没有明确。主要原因是，Ш. Балли 称之为句子灵魂的情态范畴不仅是个综合的、多层面的概念，而且还与语言的其他功能语义和语用范畴体系密切相关（Ш. Балли，2001：44）。

分析语句的意向意义不可能不涉及情态。在现代语言学中，情态概念得到了非常广泛的使用。Л. А. Бирюлин，Е. Е. Корди 认为，"现代语言学对情态概念的解释极为广泛，很难找到两个作者会对情态有相同的理解。"（А. В. Бондарко，1990：67）研究者们对情态意义的不同诠释表明，这一概念的内涵所涉及的语言现象以及研究者对其定义不同，导致情态意义的数量也有一定的差异。

迄今为止，对情态意义的定义、内容和分类依旧众说纷纭。除传统的二分法，即主观情态意义和客观情态意义（狭义情态意义）外，最具代表性的当属Л. А. Бирюлин，Е. Е. Корди 的六分法：（1）现实性/非现实性；（2）情景发生的可能、必然或仅限于对其实现的希望；（3）对话语可靠程度有多大把握；（4）语句的交际功能或意向；（5）肯定或否定意义；（6）用词汇、语调及感叹词表示的对语句内容的感情、性质评价（А. В. Бондарко，1990：67-68）。

三　语句的意向功能与交际情态意义

广义的情态意义包括交际情态意义（коммуникативная модальность），即用某种形式手段表达说话人的意向（целевая установка）。А. А. Реформатский 写道："情态范畴表明说话人的言语意向，如肯定、否定、命令、愿望、准许等。"（А. А. Реформатский，1955：255）华劭系统、科学地区分了情态概念，他把情态分为三类：M_1 客观情态，M_2 主观情态，M_3 交际（意向）情态或态式。它们都是由说话人确定的，从而只能在言语、语句中实现（华劭，1998：5-7）。M_3 也是一种主观的、说话者个人的对句子内容的评价，是主观情态评价。这样，语句的意向功能与句子的情态意义交叠起来，但两者毕竟不是一回事（孙淑芳，2001：63）。分析语句语用结构和语义结构的密切关系时，许多研究者都注意到情态内容对语句语用结构的影响。И. Сусов 认为，情态成分既与说话人对所述事实的可靠性、可能性、必然性或者希望的程度相关，还与一个可能的或不可能的客观世界有联系。他把语句结构中的意向、指称、预设看作情态成分（Г. Е. Щербань，1994：8）。

交际情态意义的表层结构指句子交际类型的语法形态范畴，即根据语句目的来区分句子类型，并通过目的与意向功能的关系加以讨论。正如Г. Е. Щербань 所言，因为语势是以语句根据目的的分类为基础的，从这一方面来说，语势概念与广义的语言情态意义之间有着内在的联系（Г. Е. Щербань，1994：7）。然而，意向语义与情态范畴之间的联系并不仅局限在交际意图上。语言学中的情态意义首先与现实性/非现实性、可能性/必然性、希望/不希望等意义发生联系。它们属于本文前述的狭义情态意义范畴——客观情态意义和主观情态意义，前者表示语句与现实的对应关系，后者表示说话人对语句内容的态度。

四 语句的意向功能与客观情态意义

在传统语法中，客观情态意义这一概念通常用于对句子的现实性与非现实性进行比较，从而阐释式的语法范畴。Е. В. Падучева 概括了四种客观情态意义，认为无论是独立的单句或者是述谓结构都表达这四种意义。这种观点是她对传统客观情态范畴的一个发展，分出以下客观情态意义：（1）肯定客观情态意义，由独立的肯定句表达；（2）预设客观情态意义（презумптивная модальность），把句子视作题元，表达句子的预设；（3）中性客观情态意义，把某些二阶谓词视作题元；（4）疑问客观情态意义，用说明从属句表达，通常被称为间接疑问（Е. В. Падучева，1974：197-199）。

需要注意的是，疑问情态意义中"疑问"的概念与疑问句中"疑问"的概念内涵不同。在第二种情况下，疑问句通常表明句子的意向使命——构成提问言语行为；而第一种情况指有疑问标志的说明从属句形式，它不表达句子的意向使命。如说明从属句 Он знает, кто это сделал（他知道，谁干的这件事）；Мать знает, чья это книга（母亲知道，这是谁的书）。它们不是用来提问"谁干的？""谁的书？"两句都没有提问功能。但是"间接疑问"在形式和语义上与真正的疑问具有相同的义素，这一义素具有客观情态性质：句中的疑问标志

（疑问代词或疑问语气词）说明在话语世界有两个或两者之间取其一的选择，哪一个是现实的无法确定。因此，疑问情态意义与意向语义和情态语义之间有交叉的情况。提问意向行为以语句与现实关系的特殊类型为前提，是句子客观情态意义的具体表现。同样，肯定情态意义中的"肯定"概念不表示肯定意向功能，而表示肯定句所具有的现实的情态意义。

意向语义与客观情态意义的交织不仅表现在提问意向行为上，而且也表现在其他言语行为类型上。Дж. P. Серль 根据"话语与客观世界适合方向不同"这一标准区分言语行为，认为它们表示以下语义：（1）话语从属于客观世界，是陈述言语行为；（2）客观世界从属于话语，是祈使和承诺言语行为；（3）没有话语与客观世界是否适合的问题，常见于道歉、祝贺及与表态有关的其他言语行为；（4）话语既从属于客观世界，客观世界又从属于话语，言语行为完成意味着创建一个新的客观世界，适合于宣告、任命等言语行为。尽管在塞尔的表述中没有使用语言学中的情态意义这一术语，但是他所提出的这一参数在内容上与语言学中的客观情态意义概念基本吻合，这一点是毋庸置疑的。如上述的第（1）点和第（4）点与现实的情态意义相吻合（+现实性、−非现实性）；第（2）点相当于非现实性（−非现实性、+现实性）；第（3）点相当于预设情态意义（Ф 表示情态意义为空集）。

需要指出的是，把句子现实的情态意义理解为与命题内容相吻合的事实，并把陈述式认定为现实情态意义的同义标准是不确切的。首先，在从属句结构中，语句与现实的某种关系可能与陈述式相吻合。例如：*Я думаю, что он уже приехал.*（我认为，他已经来了。）E. B. Падучева 把这类句子看作中性情态意义，它与肯定情态意义不同，既不是现实的，也不是非现实的。其次，即便是在独立的肯定句中，如果它们表示承诺及其他许诺类言语行为（*Я буду писать тебе каждый день.* 我每天都会给你写信），所描述的情景在现实中不存在，在这种情况下，句子具有非现实的情态意义。结果是，陈述式情态意义的判定受制于上下文。在从属句结构中，情态意义由主句的述谓语义来确定，确切地说，是由该谓词蕴涵的类型来确定的（A. A. Зализняк，1990）。在带动词将来时的独立句子中，情态意义由语句的意向功能来确定：在承诺言语行为中，动词将来时的陈述式形式表示非现实意义，而在陈述性语境中则表示现实的情态意义，如陈述计划中将要做的事。例如：

（1）В воскресенье мы поедем на дачу к нашим знакомым. （周日我们去别墅的朋友那儿。）

（2）В следующем месяце я поеду в Москву в командировку. （下个月我去莫斯科出差。）

如果我们回顾一下 Л. А. Бирюлин, Е. Е. Корди 关于情态意义的六分法，不难发现，传统语法中的客观情态意义这一概念通常属于六分法中的第一个范畴（现实性/非现实性）；至于包含可能、必须、应该等意义的第二个范畴，在许多语言中用专门的情态动词和谓词表示（мочь, должен, необходимо），毫无疑问，这一范畴被看作情态逻辑范畴。В. Руднев 把情态分为一般情态和逻辑情态（логическая модальность）（В. Руднев, 2003：249-250）。在语言学中，这一情态领域首先用于对相应谓词语义的研究中。在其结构中可分出各种意义，包括客观情态意义和主观情态意义。请看下例：

（1）Благодаря своему росту, Петя *может* (= *способен*) достать книгу с верхней полки, не вставая на стул. （因为个子高，别佳能够到最上面书架的书。）

（2）Если Петя не наденет резиновые сапоги, он *может* (= *возможно*, *простудится*) простудиться. （如果别佳不穿雨靴，他可能会感冒的。）

（3）a. Вам *надо срочно подготовить* проекты ответов, — сказал директор. （"你需要尽快准备好回复的草案，" 经理说道。）

b. Обязанности секретаря не так уж просты：ему *надо* не только *регистрировать* документы, но и *готовить* проекты ответов. （秘书的责任并不那么简单：他不仅需要登记文件，还应该准备回复的草案。）

例（1）中的 мочь 表达可能的客观情态意义；例（2）中的 мочь 则表达可能的主观情态意义。情态谓词就其本身而言，通常并不决定句子的意向使命。因此，带有应该意义的情态谓词在 "道义模态"① （деонтическая модальность）句中，能够用于两种意向变体：指令性的和描述性的。例（3）中的 a 句表达祈使意向功能；例（3）中的 b 句使用同一个谓词 надо 却表示描述责任功能。与此

---

① 道义模态，又称义务模态，是模态逻辑的分支，研究 "应该、可能" 等模态词。俄语表达道义模态的标志是句中使用 должен, обязан, мочь, можно 等模态词。

相反，情态动词的语义及其所要表达的句子的意向使命往往须借助上下文来确定。情态动词 мочь 用第二人称做主体时，谓语具有独立的特征，表达准许意义（是可控行为）。例如：Вы можете идти（你可以走了）。"具有道义意义的 мочь 现在时第二人称形式可以间接实施准许言语行为。"（Т. В. Булыгина，А. Д. Шмелев，1990：150；И. Б. Шатуновский，1996：223）同样的谓词如果是非可控行为，则表示主观情态意义（大概、可能），例如：Вы можете проговориться（你可能会说走嘴的）（详见 А. А. Зализняк，1990；Е. В. Падучева，1974）。

五　语句的意向功能与主观情态意义

主观情态意义反映说话人对语句内容态度的不同层面。与主观情态意义密切相关的是 Ш. Балли 提出的"模态"（модус）或称"态式"这一概念，他把句子区分为两个部分：模态和陈说。而在 А. Вежбицкая 看来，那些被称为命题态度或意向的义素也算作主观情态范畴，因为它们表达说话人对句子内容的态度。首先，这些态度或意向可分为心智的、表情的、意志的等。属于主观情态范畴的还应包括 Л. А. Бирюлин，Е. Е. Корди 六分法中的第二个范畴（情景发生的可能、必要或仅限于对其实现的希望）和第六个范畴（以词汇、语调及感叹词表示的对语句内容的感情、性质评价）。

主观情态意义由于其本质不同，在语言中使用各种不同的表达方式。传统语法把许多不同的语言现象看作主观情态意义的标志，如插入语、情态语气词和具有明显表现力的句法结构等，Какой он там профессор！（他算什么教授！）；Куда ему！（他算老几呀！）；Очень нужно мне слушать эти бредни（我真需要听这些狂言），意思是"我不需要听这些狂言"。在语言的逻辑分析系列研究中，还把命题态度谓词作为表达主观情态意义的手段，它们与第一人称主体连用，显性地表达说话人对命题内容的某种态度，该命题是由整个句子来做题元的，例如：Я сомневаюсь（надеюсь，уверен…），что он приедет［我怀疑（希望，相信……）他会来的］；Я хочу（мечтаю…），чтобы все люди стали братьями ①

---

① 用陈说形式（ассертивная форма）表达说话人的意图属广义的主观情态意义范畴，尽管它们还未被列入语法研究的领域（Е. В. Падучева，1996：300-301）。

［我想（期望……）大家都成为兄弟］。

主观情态意义和客观情态意义一样，同言语行为的各种变体有关。换言之，句子意思的主观情态义素通常影响到其意向潜力，即构成各种言语行为的能力。因此，句中具有某种信赖程度语义的插入语（大概、可能、显然等），同时还是判定该句子各种意向使命的标志。在言语中，它们没有报道、肯定功能，因为这些意向行为表达说话人对判断承担责任，它们通常只能用来表达说话人的意见、推测。

在本文所涉及的言语行为类型参数中，还有一个参数直接与主观情态范畴相关，这就是"内心世界"或"心理世界"参数。在完成言语行为时，如果说话人遵守真诚条件，如肯定确实有语境 P 时，说话人就应该相信 P；承诺 P 时，他确实想兑现 P；请求 P 时，他应该有相应的愿望；表达感谢时，能感觉到感谢的情感等。句中出现的主观情态意义标志不可避免地限制了该句的意向潜力，因为在这种言语行为中，说话人的内心世界与句子的主观情态意义标志不能相互矛盾。语句 Увы, Р（唉，Р）；Я в отчаянии, что Р（我很绝望，Р）不像祝贺或感谢那样表达句子的意向潜力，因为感叹词 увы 和命题意向 Я в отчаянии 表示的对句子命题内容的态度（遗憾和绝望）与说话人祝贺受话人 Р 或感谢受话人 Р 的内心世界不符。

六　结语

对语句的意向意义与句子的情态意义之间的相互关系加以分析，有助于区分三种基本的情态意义类型（即广义情态意义）。每一种情态类型都与言语行为的某个层面密切相关。俄语主要有三种情态意义：（1）交际情态意义，表达语句的意向；（2）客观情态意义，反映语句和客观现实之间的适应关系，用现实的、非现实的、中性的、预设的等概念表达；（3）主观情态意义表达说话人对命题内容态度的心理意向（психологическая установка）。对俄语情态意义的以上分类可以更为准确地把握它们的功能，揭示它们与言语行为结构的关系。

参考文献

Арутюнова Н. Д. , "Пропозиция. Речевой акт" // Гл. ред. Ярцева В. Н. , *Лингвистический энциклопедический словарь*, Москва: Большая Советская энциклопедия, 1990.

Балли Ш. , *Общая лингвистика и вопросы французского языка*, Москва: УРСС, 2001.

Бондарко А. В. (отв. ред.), *Теория функциональной грамматики. Темпоральность. Модальность*, Ленинград: Наука, 1990.

Булыгина Т. В. , Шмелев А. Д. , "Возможности естественного языка и модальная логика", *Вопросы кибернетики: Язык логики и логика языка*, Москва: [б. и.], 1990. —С. 243.

Булыгина Т. В. , Шмелев А. Д. , *Языковая концептуализация мира (на материале русской грамматики)*, Москва: Языки русской культуры, 1997.

Городецкий Б. Ю. , "От редактора" // *Новое в зарубежной лингвистике, Выпуск 17*, Москва: Прогресс, 1986.

Зализняк А. А. , О понятии《факт》в лингвистической семантике // *Логический анализ языка. Противоречивость и аномальность текста*, Москва: Наука, 1990. С. 21—33.

Касевич В. Б. , *Семантика. Синтаксис. Морфология*, Москва: Наука, 1988.

Кобозева И. М. , *Лингвистическая семантика*, Москва: Эдиториал УРСС, 2000.

Кобозева И. М. , "Теория речевых актов» как один из вариантов теории речевой деятельности" // *Новое в зарубежной лингвистике, Вып. 17, Теория речевых актов*, Москва: Прогресс, 1986.

Ляпон М. В. , "Модальность" // Гл. ред. Ярцева В. Н. , *Лингвистический энциклопедический словарь*, Москва: Большая Советская энциклопедия, 2002.

Остин Дж. Л. , "Слово как действие" // *Новое в зарубежной лингвистике, Вып. 17, Теория речевых актов*, Москва: Прогресс, 1986.

Падучева Е. В. , *Высказывание и его соотнесенность с действительностью*, Москва: УРСС, 2001.

Падучева Е. В. , *О семантике синтаксиса*, Москва: Наука, 1974.

Падучева Е. В. , К интонационной транскрипции для предложений произвольной синтаксической сложности // *Вопросы кибернетики. Семиотиче − ские исследования*, Москва: Издательство АН СССР. С. 18—29.

Падучева Е. В. , *Семантические исследования. Семантика времени и вида в русском языке. Семантика нарратива*, Москва: Языки русской культуры , 1996.

Реформатский А. А. , *Введение в языкознание*, Москва: Государственное учебно-педагогическое изд-во министерства просвещения РСФСР, 1955.

Руднев В. , *Энциклопедический словарь культуры XX века*, Москва: Аграф, 2003.

Серль Дж. Р. , " Классификация иллокутивных актов " // *Новое в зарубежной лингвистике*, *Вып. 17*, *Теория речевых актов*, Москва：Прогресс, 1986.

Фава Э. , " О «наклонениях» как различительных признаках иллокутивной силы в речевых актах", *Вестник МГУ*, *Серия 9*, *Филология*, 1998 (5). — С. 53.

Шатуновский И. Б. , *Семантика предложения и нереферентные слова значения. Коммуникативная перспектива. Прагматика*, Москва：Языки русской культуры, 1996.

Щербань Г. Е. , *Частица ну как актуализатор субъективно-модальных и иллокутивных значений в диалоге*, Дис. канд. филол. наук, Санкт-Петербург, 1994.

华劲:《关于语句意思的组成模块》,《外语学刊》1998 年第 4 期。

孙淑芳:《俄语祈使言语行为研究》,黑龙江人民出版社, 2001。

原文发表于《俄语语言文学研究》2005 年第 1 期

语言情态与词汇语义

——评 И. Б. Шатуновский 的语言情态观

薛恩奎*

摘　要： 情态性一直是语言学家和逻辑学家关注的问题。但语言情态与逻辑情态有很大的不同，语言中有很多不确定性。语言要表达社会生活的各个层面，不同的层面对语言有不同的规范和不同的制约条件。本文以俄罗斯语言学家 И. Б. Шатуновский 的《句子的语义与非指称词》中的语言情态观为分析对象，讨论语言情态的类型与情态词的语义关系和句法表达形式。

关键词： 语言情态　情态类型　行为类型

一　语言的情态和逻辑的情态

　　情态性概念在逻辑学中具有悠久的研究历史，取得了丰厚的研究成果。情态性也是语言学家广泛关注的问题。但是，自然语言中的情态性概念与逻辑学中的情态性概念不完全一样。首先是词汇的不同。逻辑词汇是二阶语言，二阶语言有严格的定义，具有单义性；自然语言词汇是一阶语言，没有严格的定义，具有多义性；逻辑语言通过自然语言定义，不存在语义和句法结构上的重叠；自然语言通过自身定义，在语义和句法上存在很多冗余现象；逻辑学追求理想化、结

---

* 薛恩奎，黑龙江大学俄语学院教授、博士生导师。

构化的概念，自然语言因自身的特点，存在多义性、模糊性。自然语言总是追求结构的经济化，表达手段的多样，追求有限手段的无限运用。自然语言中的"情态性"是一个"元概念"（метапонятие），要通过自然语言一系列词汇来体现。"这些词汇的意义是由静态动词'есть（в действительности）'派生的，从这个意义上说，它们也是情态系词"（И. Б. Шатуновский，2011：155）。自然语言中情态词汇群的意义与三个主要情态概念 возможность，невозможность，необходимость 相对应。情态性既涉及抽象层次的概念关系分析，又涉及具体层次的词汇常体意义和句法表达手段。"可能世界"语义学是描写一些互为关联的"可选世界"，描写其可能的选择状况。可能 P 被定义为：P 在某些（至少在一个）可能世界中为真；不可能 P 在所有可能世界中为假；必须 P 在所有可能世界中为真。因为，"真"是判断句的属性，而不是事物的直接状况（Г. В. Лейбниц，1983：13）。但是，在自然语言中则有不同的情况，"在自然语言中，说'P 可能、不可能'等指的不是判断性句子，而是事物状况本身。对自然语言而言，更为合适的不是 истинно 模式，而是 имеет место，есть 模式：如果 P 在某些（至少一个）可能世界中发生、存在，P 是可能的；如果 P 在所有可能世界中不存在（= 非 P），P 不可能；如果 P 在所有可能世界中都发生（= 没有选择项），P 是必须的"（И. Б. Шатуновский，2011：156）。抽象层次的情态概念具有量词的属性特征，但其量化的领域不是现实的客体，而是可能世界。自然语言是一个复杂的系统，跨越在可能世界和现实世界之间，说话主体"人"的思想总是在可能与现实之间摇摆。我们的知识和认识能力都有一定的局限性，判断总是存在无限的不确定性。客体的存在或不存在，我们并不十分清楚，其存在与否取决于现实状况：或存在，或不存在。如果我们有足够的知识和认识能力，我们就能确切知道，一个事件发生或不发生。一个事件或发生，或不发生，没有中间现象，而说话人的想象总带有某种主观可能性、选择性。概率的存在是因为我们本身对所了解的状况和所掌握的知识不确信。可能性、选择性是我们思想中的一种判断，与现实状况并不具有直接联系，现实中不会发生"可能"。"可能"是依据说话主体的知识积累和认识能力，对现实未来的一种判断。例如，语句 Он может приехать 一方面是客观的描述，但这种客观性是"发生"在相应语句的时刻，因为"客观可能性可以和世界在时间中的客观变化、运动一起出现、消失"（Т. В. Булыгина，А. Д. Шмелёв，1992：138）；另一方面，实体动

词 приехать 的时间是不确定的，随着时间的推移，可能与现实状况未必相符合。所以，语句仍然带有主观情态特征。而语句 Возможно, что он придёт 则不同，因为 возможно 是一级元概念情态词，在相应语句的时刻，已清楚表明说话人的主观情态，即使实体动词 приехать 获得确定的时间，仍不能排除 P 与非 P 的两种可能性：Возможно, что он пришёл; Возможно, что он не пришёл。

二 主观的情态与客观的情态

"可能性"的情态意义与"必须、希望"意义一样，是一种潜在的语义变体。"可能性"的语义说明在说话时刻（语句时刻）的现实情景的状况，但具有成为现实的先决条件（说话人的主观判断）。体现"可能性"情态意义的语句不是说明静态的事物状况，而是一个隐性的动态情景。只是主体与其特征之间在说话当下还缺乏直接的联系，但已具备实现这种联系的条件。例如，语句 Я могу учиться дальше，一方面，说话人的认知状况只是他对客观 P 本身所做决定的来源，如果他有足够的信息，确信 P 或非 P，他会直接说，P 或非 P。语句 Я могу учиться дальше 的必要客观条件是 Я сдал экзамен в вуз。这一事实从客观上为 учиться 提供了先决条件。另一方面，如果说话人没有足够的信息，不能确信 P 或非 P，他会说：Возможно, P；或 Возможно, не P，在两者之间徘徊。主观可能性与客观可能性在时间上有很大的不同。一般情况下，当情态动词 мочь 与实体动词组合时，无论情态动词的时间如何，实体动词描述的都是将来的行为。"在典型的客观可能性情景中，情态谓词所属时间先于 P 的时间（P 为相对或绝对将来时）；主观可能性 P 的时间与可能性谓词的时间随意组合：Возможно, (что) он приехал вчера / придёт завтра。"（И. Б. Шатуновский, 2011：159—160）但是，当 P 获得确定的时间，表示实现的行为时，P 不能处于交际焦点，不能被主观化。不能说：То, что он уже приехал, возможно; Невозможно, что он уже приехал。И. Б. Шатуновский 认为，可能世界在自然语言中被认为是现实世界"分裂"为可选世界（事件状况）的结果。就客观可能性的本质而言，它是一个动词语义范畴，以时间域为前提。在时间 t_1 是可能的，在时间 t_2 是有可能成为现实的。在这个意义上，可能性与现实性相关。然而，"可能的"是可能的，也只有当且仅当它成为现实之前，才是"可能的"。从这个意义上说，可能性与现实性在自然语言中是相互排斥的（И. Б. Шатуновский，2011：161）。"如果 P 为真，P 同时总是可能性"在自然语言中是不成立的；如果 P 为真（现实的），在自然语言中不能说它是可能的。只有当 P 还没有发生，在时间域中还没有达到选择 P 可能实现、可能不实现的那一时间点的时候，才能无条件地说，P 是可能的。已经发生的 P 就不再是可能的。

三 双向的可能与单项的可能

可能性与必须性的相互关系也有两种不同的观点，一种是源自 Аристотель 的"双向"可能性观点。此观点认为，可能的是指它不是必须的；如果它是已固有的，那么由此不能得出任何不可能的（Аристотель，1978：142）。因此，情态性被解释为有可能的、不可能的、必须的三个相互排斥的选项构成的全域：如果 P 是可能的，那么它不是不可能的，也不是不必须的；如果 P 是必须的，那么它不是不可能的，也不是可能的。可能的 P 不仅意味着在某些可能世界中存在 P，还预示在某些可能世界中存在非 P，P 是可能和非 P 是可能的意义同一。由此推导出可能性的双向性特征。

另一种是源自 Теофраст 的"单向"可能性观点，可能性被定义为非不可能性（Р. Фейс，1974：18）。可能的 P 既可以是非必须的 P，也可以是必须的 P，P 的必须性蕴涵着可能性。这意味着"可能的 P"表示：P 存在于某些可能世界中，并不预示着它不存在于某些可能世界中。否则，必须的 P 不可能同时又是可能的 P。И. Б. Шатуновский 指出，自然语言中的可能性与必须性是相互排斥的，可能性本身具有双重性。自然语言中的可能性如没有非 P 的对立则不可思议。由于世界"分裂"为不同选择项而产生可能性，选择项之所以成为选择项是因为它与另一些选择项相对应。单一的现象不能成为选择项，没有选择项也就没有可能性。И. Б. Шатуновский 进一步指出，在自然语言中将"可能性"解释为双向性并不意味着由 P 的可能性推导出非 P 的可能性（И. Б. Шатуновский，2011：164—165）。为了说明这一点，И. Б. Шатуновский 列举了这样一个例证：当某人从自行车上摔下时，我们可以说"他可能把手摔坏"，但是如果说"他可能不把手摔坏"，则感到异常。自然语言是由 P 和非 P 选择的对立而构成的双向"可能性"，而 P 的必须性不仅不隐含 P 的可能性，反而排斥这种可能性。如果说 P 是不可回避的，就不能同时又说 P 是可能的。但是，有一点极为重要：当我们说，P 是必须的，不能同时又说，P 是可能的，因为自然语言中的情态性有不同的类型，分为不同的层次。更确切地说，P 在某一层次上是必须的，不能在这个层次上又同时是可能的；P 在某个意义上是必须的，不能同时在这个意义上又是可能的。然而，自然语言中在同一时间域展示两种不同情态性的现象极为普遍。这种现象、这类语句并不是与以上观点相悖，而是两个层次的不同情态特征聚合在同一时间域的结果。

像 X не только может，но и должен P；X может и должен P；Можно и нужно P 这样的句子模式在俄语中极为普遍。例如：Россия может и должна ответить защитой своих законных интересов。语句中 может，должна 在同一时间域展示了两种不同的情态关系：может 从客观层次展示了主体的可能性特征；должна 从道义层次说明了主体的必须性特征，可能性与必须性合一是因为它们处于两个不同的情态层次。

四　可能性与 P 的性质

一般情况下，动词 мочь 在其所有的用法中都保留着"可能性"的常体意义："在某些（至少在一个）可能世界中 P；在某些（至少在一个）可能世界中非 P"＝"在一些世界中 P（在另一些世界中非 P）"（И. Б. Шатуновский，2011：164）。但是，мочь 的意义与 P 的性质有密切的关系，мочь 具有类型化用法，与不同类型的 P 搭配，мочь 的情态意义也有所不同（И. Б. Шатуновский，1989：165）。

自然语言中对行为而言一个重要的概念就是区分"可控性"（контролируемость）和"不可控性"（неконтролируемость）。可控的 P 指的是这样一些 P，实现或不实现这样的 P 取决于主体"人"的意志、理智的选择。只有当主体选择了 P，这样的 P 才可能会发生。如果主体没有选择这样的 P，P 就不会发生。例如，зажечь спичку，пошевелить рукой，сгибать вилки 等等。如果没有主体的选择，"划火柴、抖手、掰弯叉子"的行为将不会发生。但是，应注意一个重要的因素：并不是在所有的情况下主体选择了 P，P 就会实现。因为，还存在另外一种制约 P 实现的因素，这种因素一方面来自主体本身，另一方面来自客体或周围环境。但这些行为无论是否成功实现，只要发生，都是主体意志控制的结果。如果没有主体的选择，P 是不会发生的。从 P 的属性特征方面来看，这类谓词的词义结构中包含主体意志对行为控制的必有元素，这种可控性是 P 的一种属性，它总是受制于主体的意志。另一方面，尽管主体选择了 P，并努力去实现 P，但最终可能毫无结果。这是由于可控性另一种特征"效果、效应"的作用。因为选择本身是把效果、效应作为选择的目的。这种可控性是主体的一种能力属性。当我们说，主体选择了 P，不仅是指主体实现了意志行为，还指所选择的目的：效果、效应。可控 P 一般表示为："主体选择了P，因此 P"，但有的 P 是选择的直接效应，有的 P 从选择到效应之间有一系列的中间环节。如中间环节链中断，则效应不会出现，而选择已完成，已体现了主体的意志行为，但 P 的整体行为没有完成。理想情况下，主体选择了 P，则P，但有时也会出现：主体选择了 P，则非 P（这里的非 P 应该是 P 的效应、效果，而不是 P 本身）。非 P 表示 P 没有实现，P 没有实现并不影响 P 的可控性特征，而是具体的、单个的个体（选择的主体）能力所致。例如举重运动，有的选手举得起 100 公斤，有的选手举不起 100 公斤，但并不影响"举重"是可控 P的性质的认定，没有成功只是个体选手的能力所致。个体能力也是一种"可控性"，И. Б. Шатуновский 认为，这种可控性可以是完全的或部分的（И. Б. Шатуновский，1989：161）。对单个主体而言，完全的可控性总是可以转换为必须性：如果主体选择 P，则 P，相等于如果主体选择 P，那么必须 P；部分可控性总是可以转换为可能性：如果主体选择 P，那么可能 P，也可能非 P。

部分可控性并不是 P 本身的属性，而是另一些因素导致 P 不能完全实现。一方面是与主体能力相关的因素，另一方面是与环境相关的不可预见因素。语言中有些可控性动词的部分可控性是一种恒常的语义特征，是词义结构中的预设成分。例如，дозвониться，сломить сопротивление 等，类似的动词不能用于选择必须性控制的情景。因为 P 的实现或不能实现不是取决于选择主体，而是一些不可预见的因素，这些不可预见的因素正是部分可控性的特征。可控性与不可控性的概念在自然语言中的区别显而易见。例如可控的 P 有 переплыть реку，защитить диссертецию，сходить за хлебом，шить костюм 等；不可控的P 有 очутиться，заболеть，умереть，пронуться 等。但是，可控 P 与不可控 P在词汇的语言表达层并没有严格的界限。例如，упасть，толкнуть кого-либо， наступить кому-л. на ногу，разбить стакан，等。这些语言表达式既可以表示受主体意志控制的可控行为，也可以表示不受主体意志控制的不可控行为。Ю. Д. Апресян 认为，这类动词，如果没有专门表示有目的或无目的的标记词说明，既可理解为有意识的行为，也可理解为无意识的行为。例如：Больной моргнул мне（＝…чтобы я обратил внимание）；От яркой вспышки юпитеров больной моргнул（Ю. Д. Апресян，1974：176，1995：177）。前句的 моргнул 因为有附加标记词 мне，表示可控的有意行为；后句的 Моргнул 因为有附加标记短语 от яркой вспышки юпитеров，表示不可控的无意行为。因此，类似 разбить стакан，наступить кому-л. на ногу 的语言表达式既可以与表示有意识、有目的的标记词 нарочно，специально，намеренно 搭配，表示可控的行为；也可以与表示无意识的偶然性标记词语 случайно，не нарочно 搭配，表示不可控的行为。然而，可控的 P，如 защитить диссертацию，писать письмо 等，如果发生，总是可控的行为；不可控的 P，如 очутиться，заболеть 等，如果发生，总是不可控的行为。无论是可控的 P，还是不可控的 P 都不能与表示有意识或无意识意义的标记词搭配。一般不能说：Он нарочно ／ случайно написал роман；Он нарочно ／ случайно заболел。不能说的原因是：可控 P 与表示有意行为标记搭配是多余的意义重复，可控 P 本身即表示主体的有意行为；与表示无意偶然行为标记词搭配时，是一种自相矛盾：可控的 P 不能同时又是无意识的 P。不可控 P 不能与这些标记词搭配具有同样的原因。

五　可能性的基本类型

可能性是 P 的一种基本属性。P 的可控性由其本质属性推导出：主体的选择是实现 P 的必要条件。但是，远不是主体选择了 P，P 就能成功实现，要取决于客观现实的一系列条件。首先是取决于主体本身的智力、体质等内部条件，例如：Вася может поднять штангу весом 100 кг；另一些是取决于周围客观世界的外部条件，例如：Вася может есть чёрную икру каждый день。这些条件对 P 的实现都至关重要，任何一条不满足，P 可能不会实现。但是，外部条件与内部条件的界限往往并不十分清晰。带 мочь 的语句可理解为包含主体的内部信息或周围世界的外部信息。因为影响 P 实现的信息并不包含在 мочь 的词义结构中，而是说话人根据自己对 P 的主体的理解、对 P 的特征的了解、对周围环境所掌握的知识推导出来。一般情况下，说话者在说话之前已设定了这种推论：Вася может играть в шахматы. 对 Вася 具备下棋知识这一信息说话人应早有了解。

这类语句中说话人的知识推导形式为："主体能够 P→（因为 Q）"；"（Q，所以）←主体能够 P"；"（因为主体能够 P）←如果主体选择 P，则 P"；"如果主体选择 P，则 P→（因为 Q）"；"（Q，所以）←如果主体选择 P，则 P"。

当我们说 Он может ударом кулака быка убить 时，我们感兴趣的不是"他能一拳打死一头公牛"的可能性，而是想通过这种可能性验证说话人预先"设定"的关于行为主体的体质特征。根据 мочь 语句隐含的某些因素是来自行为主体还是属于周围环境，可以将 мочь 区分出两种类型化意义：内部可能性意义和外部可能性意义。这两种意义并不是动词 мочь 的语义结构，而是说话人根据对主体、对环境所掌握知识的推论，是句法模式之外的信息。

主体能够 P——"主体的特性就是这样，如果他选择 P，则 P"；主体能够 P——"主体周围的环境就是这样，如果他选择 P，则 P"。例如：Вася может поднять 100 кг.; Вася может выпить галлон вина. 句中 мочь 表示内部可能性：举重、喝酒人人都可以。但是，举 100 公斤、喝一加仑酒并不是人人都可以，而是取决于个别人的体质特征；Вася может есть чёрную икру каждый день. Сталин мог заключить соглашение с Западом. 句中 мочь 表示外部可能性：每天吃黑鱼子、与西方签协议并不是个人的能力，而是取决于外部环境、条件。

类型化意义往往固定在专门的一些词汇群结构中，推论性信息或环境信息是这些词汇群意义的一部分。例如 способный, способность, в состоянии, в силах 等，它们表示在某些可能世界中 P 可能受制于主体的内部性质：Мост способен выдержать нагрузку в 100 тонн; Он способен на всё; покупательная способность населения; пропускная способность метро 等等。俄语的 уметь 具有更高程度的词汇化意义，它表示受主体如何做 P 的知识、技能制约的内部恒常可能性。уметь 与 способный 不同的是，уметь 一般只和某些可控性 P 搭配，并且要求主体的动物性特征。

可能性元谓词 возможно 的称名化 возможность 在可控 P 文本环境中通常表示外部可能性，与 способность 构成对立。当与 способность 不构成对立时，也可表示一种内部条件：Человек должен хоть раз в жизни сделать что-то на пределе своих возможностей。元谓词的称名化形式 возможность 常以分析型谓词 иметь возможность， есть возможность， нет возможности 的形式出现，表示恒常性特征。但是，与表示"出现、消失、使役"这一类动词搭配时，可表示临时的现实外部可能性，如 появилать возможность， упустить возможность，воспользоваться возможностью， лишить возможность 等。称名"可能性"的名词还有 шанс， случай，常与动词 существовать， появиться 搭配表示外部可能性，例如：Подвернулся случай поехать за границу；Последний шанс тебе даёт судьба。外部可能性常常是不取决于主体的意志，是客观环境致使的一种情态。因此，典型的外部可能性一般是由 можно 或 нельзя 构成的无人称表达式表达。"无人称性"正是 можно， нельзя 词义中包含的外部可能性特征。从表层句法看，语句中没有形式主语，即缺少表达 P 的主体的必有配价；从语义看，带 можно， нельзя 的语句的语义结构中缺少指示可能 P 的具体主体，意味着主体的不确定性、概括性。例如：Здесь можно（нельзя）купаться；Эту задачу можно（нельзя）решить сразу。正是语句中没有出现 P 的具体主体，进一步衬托了外部可能性的概括特征，P 的主体可理解为一种共性量词：任何人。例如，Здесь нельзя купаться；Эту задачу нельзя решить 中 P 的主体指任何人，所有人。

当表层句法中有 P 的具体主体（第三格）表达形式时，带 можно， нельзя 的语句表达的是受 P 主体控制的内部可能性，一种特殊的"实用"可能性，例如：Больному можно есть что угодно；Больному нельзя курить。如果表层句法中 P 的主体或 P 的其他语义成分处于概括性地位时，можно， нельзя 可理解为受类属主体制约的内部可能性，表示某一类主体的属性特征，例如：Без воды можно прожить три дня；Без воздуха нельзя прожить и пяти минут。

动词 мочь 用于不可控 P 的文本环境时，可能性存在是依据某种先决条件。可控 P 语句实现的基本预设条件是主体的选择，没有主体的选择，P 不可能实现。而不可控 P 语句实现的基本预设条件是这些条件本身是否存在。如果不存在这些条件，不可能实现 P。可控 P 和不可控 P 的常体意义是：在一些可能世界中 P（在另一些可能世界中非 P）；P 或非 P 取决于条件 Q；如果 Q，则 P（如果非 Q，则非 P）。例如，语句 Мост может выдержать нагрузку в 100 тонн

能够成为现实的前提条件是存在 Q："大桥能够承载 100 吨重量"。如果没有这样的 Q 存在，大桥就会垮塌，P 也就不能成为现实。可控 P 和不可控 P，外部可能性和内部可能性与说话人或 P 的主体所处的句法人称形式也有一定的互动关系。当 P 的主体处于第三人称形式时，句子的性质有不同的理解。语句 Он может приехать на собрание 可理解为 Он способен приехать。"来"或"不来"都取决于 P 的主体，动词 мочь 表示可控 P 的内部可能性。如果从说话人角度看，他不能控制 P，语句的意思可理解为 Его приход возможен。语句中的 мочь 表示不可控 P 的外部客观可能性。

六　情态性的层次结构

情态性总是对可能世界的描述，即受某个条件 Q 的制约，P 可能、不可能、必须，总是针对某个条件 Q 的状况，具有一定的相对性。绝对情态性不受任何条件制约。可能的、不可能的、必须的，总是隐含着可能世界中的选择项 Q，并且 Q 是一个集合，情态性正是在这个集合的基础上确定的。其语义结构为："如果 Q，则可能/不可能/必须 P"。例如：Только совместными усилиями можно преодолеть кризис；Вася мог бы выиграть этот матч, если бы хорошенько подготовиться。条件 Q 是一种非现实的假设条件，如果成为现实就不再是条件，而是一种实际的原因：Вася выиграл этот матч, потому что он хорошо подготовился。

语言中根据 Q 的制约方向，有两种语言模式：由潜在的原因 Q（条件）到潜在的结果 P；或由潜在的结果 P 到潜在的原因 Q。在条件句子中 P 和 Q 都不是现实的，句子所表达的 Q 是在实现 P 和 Q 的情况下解释为原因（潜在的原因），是先于 P 的另一事物的状况；而 P 的状况可称之为"潜在的结果"。潜在的原因表示 P 和 Q 中的一个"成分"，这个"成分"在语句中表示条件情态性；潜在的结果表示 P 和 Q 的一个"成分"，这个"成分"在语句中表示目的情态性。例如：Для того, чтобы сделать рагу из зайца, необходимо иметь зайца；Мне необходимо выйти в час, чтобы успеть на лекцию。

在情态性范围内，与主体的选择有直接关系的情态性占有重要的地位。可能、不可能、必须，都与主体的选择相关，在可控 P 的情况下，选择 P 必然会引起 P 的现实化。相应地，可能、不可能、必须，也就是 P 本身。选择的本质属于可能性领域，选择只有在有所选择的情况下才成立：选择或不选择 P。选择情态性的重要方面是限制主体选择的条件。根据选择条件的类型而区分出不同的情态类型。限制主体的条件可能来自道德伦理规范，或法律法规。如果所有符合道德规范的 P 是必须的，主体选择 P；如果没有符合道德规范的 P，即 P 在道德规范上是不可能的，主体不能选择 P；如果有些符合道德规范的 P，主体有可能选择 P。有些制约条件是没有文字形式的、存在于人们心目中的道德伦理规范，大部分是形成文字形式的法律、法规。遵守这些制约条件被认为是一种道德规范，从而产生道义情态性。但是，遵守、不遵守这些条件不具有必须性。语言中违背这些制约条件的语句并不少见。例如：Жаловать вы можете — это ваше конституционное право；Убить его вы не можете。动词 мочь 在句中表示道义情态性、外部的客观情态性。

在道义情态性中有些限制规则是绝对的外部可能性、不可能性或必须性。如结婚、离婚等契约性活动，这些活动的存在完全取决于这些活动的规则，否则这些活动本身也就不存在。任何一种规则都是叠加在绝对可控域之上的契约性限制，否则确定规则也就没有任何意义。中国象棋也好、国际象棋也好，如果不按规则行事，活动本身也就不存在。然而，实践中打破这种绝对性的情况也非常普遍。因为除了一些物理现象的规则以外，大部分道德规范，包括法律法规对 P 的主体是必须的，但对 P 本身并不是必须的。语句 Убить его вы не можете 中的 мочь 表示外部可能性，要遵守法律法规，所以不应该 P；动词 мочь 还可以表示内部可能性，P 的主体未必没有能力实施 P。在公共场所我们常可以看到 Курение запрещено 的字样，但是如果有人此时在此地要抽烟，他仍然可以实施抽烟的行为。

除了叠加在主体的选择规则之上的限制以外，对主体本身有利或有弊叠加在选择之上的限制也很普遍。有利或有弊是以事物 Q 对主体有利或有弊的状况形式存在。P 是必须的、可能的或不可能的正是为了获得或避免 Q：Вам нельзя курить——不应该 P 是为了避免 Q：有害健康；Нет, больше двух рублей я не могу дать——Q 是超过两卢布以上的数额。大部分情况下，Q 的内容不能通过 P 推导出，需要附加语句说明，例如：Я не могу пойти в кино, я должен готовиться к экзамену。该句中主体不选择 P 并不是 P 本身对其"不利"，而是根据附加句中的 P 推导出 Q（= 时间）。准备考试需要时间，花费时间看电影而影响考试是一种损失。主体选择或不选择 P 是为了获取 Q 或避免 Q，从这个意义上说，语句表达的是一种实利情态性（утилитарная модальность）。俄语中实利情态性典型的词汇标记是 необходимо，надо，нужно；而道义情态性的词汇标记是 можно，нельзя。Вам необходимо завтра к 10 часам утра явиться к прокурору。——必须 P，否则会有不好的 Q 出现；Все сотрудники института обязаны прийти на субботник к 10 часам。——道义上的一种职责。

七　必须情态性语义场

在必须情态性语义场中，должен 一词占有主导地位，它的初始意义表示绝对的、没有任何条件的必须性：Империя должна развалиться，процесс этот задержать нельзя。在绝对必须性中 P 是不可控的，绝对必须的 P 是指在所有情况下都会发生的 P，无论主体选择 P 或非 P。俄语中表示绝对必须情态性词汇的主要有 неизбежно，неминуемо，непременно，обязательно 等。从逻辑角度看，词汇 неизбежно 比 должен 的意义更为复杂，它具有紧缩的逻辑关系，其陈说部分是对可能致使非 P 的否定：必须 P＝不可能非 P。带有这些词汇的语句中总是隐含共性量词"任何主体都不能致使非 P"：任何主体，无论他选择 P 或非 P，P 总是会发生；如果主体选择非 P，P 仍然会发生。

除了绝对必须情态性以外，неизбежно，неминуемо，непременно，обязательно 还可以表示有条件的相对必须性：Если завтра не последуют конкретные меры，решительный поворот от слов к делу，то крах неизбежен。这是它们与 должен 所不同的地方：должен 不能用于有条件必须性。一般不能说：Если металл нагреть，то он должен расшириться。在道义情态性中 должен 也是高频词之一，它一般用于可控 P 的文本环境。制约主体选择的因素 Q 一般是伦理规则、法律条文、工作职责等。制约因素 Q 可以是显性的，也可能是隐性的：Ты отказаться не можешь，ты должен кончить партию；Согласно существующему закону，вы должны в трехдневный срок по прибытию подать в органы внутренних дел заявление 等。一般情况下，隐性的 Q 比显性的 Q 语句表示的特征更加绝对化。道义情态性的显著特点是：选择 P 与不选择 P 之间总存在冲突，主体的愿望和直接动因之间的冲突。这种冲突一般来自规则 Q 对主体选择的限

制，使主体的意志总偏向某一选项。规则 Q 正是为了保障主体的选择偏向公众利益的一面，专门让某个人按照自己的利益、愿望行事是没有意义的。

当 должен 表示主体的某种职责时，可以与专门的词汇 обязан 互换：Осуждённый обязан（должен）делать то, что ему велят。道义情态性中的 Q 一般都是某些道德、法律规范。还有一些 Q，表示某种"技术操作"规则，这时的 должен 不能与专门表示职责的 обязан 相互替换。Вы должны（≠ обязаны）вычеркнуть из бюллетеня фамилию того кандидата, против которого вы голосуете。限制规则 Q 的内容对 должен 的意义有重要的影响。当 Q 表示叠加在 P 的必须性之上，来自预先的工作安排对主体选择的限制时，должен 表示"计划必须性"。计划必须性的子类很多，涉及日常生活的方方面面：Поезд должен прибыть на станцию в 15：00；Магазин должен открыться в 8 часов；По плану производство угла должно в будущем году возрасти на 15%；На этом же Пленуме должен был решиться вопрос о руководстве。与道义必须性不同的是：计划必须性中 P 的主体不是单个的个体，可控性是一种集体行为，不受其中的任何一个个体控制，如生产计划、会议时间、火车时刻表等不取决于个体的控制。

Q 是创建客体过程中的一种设计需要，而语句中需要就是一种必须性。P 的主体不能直接控制 P，在表层句法中 P 是不可控的，而是间接受客体的创建者控制。因为客体是人工设计的产物，所以 должен 所表示的这种必须性称为"设计必须性"，例如：В реакторе должно быть не меньше 16 стержней；В учебном плане должно быть указано количество часов, отводимое на изучение каждой дисциплины。

Q 还可以表示完全不可控 P 的过程的某种规律，对 P 的制约是来自对这些规律性的遵守。句子中 должен 表示的必须性可称之为"规律必须性"。Заметнение луны должно наступить в три часа；При падении с такой высоты стакан должен был разбиться。但是，同一语句因说话人的着眼点不同、对 P 的主体所掌握的知识不同，должен 会产生两种不同的情态意义。Вася должен выйти из дому в 6 часов. 瓦夏每天在这个时间出门。должен 表示规律必须性；Вася должен выйти из дому в 6 часов. 瓦夏应该在这个时间出门。事先约定的，должен 表示计划必须性。但是当行为主体以第一人称形式出现时，排除了规律性情态意义，должен 只能理解为计划性情态意义。在 должен 的用法中还有一种特殊的情态意义，一种特殊类型的实利必须性，句中的 должен 是一种使役用法。可控的 P 表示达到或避免 Q 的一种手段。但是与实利必须性情景不同的是，这里的 P 并不是达到或避免 Q 的唯一手段。因为在选择时刻发生另一现实事件或存在另一现实状况（Z）消除了其他的手段，使 P 成为达到或避免 Q 的唯一必须手段。例如：Для того, чтобы добраться до работы, Вася должен сделать две пересадки. 必须的 P（= 到达工作地点）：工作为了挣钱（= 有利的 Q）；因为城市的交通结构现状就是这样，到达工作地点必须转两次车（= 现实状况 Z），排除了 P 的其他途径，使另一 P（= 转两次车）成为到达 Q 的唯一方式。再例如：Пошёл дождь, и экспедиция должна прекратить работу. 避免损失（= 不好的 Q）的方式（= P）很多。但是，现实状况 Z（= 下雨）使 P 成为避免 Q（= 不好影响）的唯一方式：必须的 P（= 停止工作）。

使役必须性的特点是：现实状况 Z 致使主体必须选择 P 避免 Q。一般情况下，使役性必须 P 中的 Q 都是不好的，否则主体不会选择 P。同等条件下，主体总是选择对其有利的选择项。因为出现现实状况 Z 排除了其他选择项，使得主体不得不选择 P：必须转两次车；必须停止工作。当主体选择 P 时，他知道 P 对他不利。但是，为了避免非 P 可能导致更大的不利，他只能选择 P。这是 должен 和 надо 的"致使"意义在句法上的制约性：因为 Z 的出现，使 должен 和 надо 获得了"致使"意义；而对 вынужден, пришлось 而言，"致使"意义固定在词义结构之中：在任何情况下带 вынужден, пришлось 语句的主体都是致使对象，不得不选择 P。

参考文献

Апресян Ю. Д. , *Интегральное описание языка и системная лексикография*, Москва：Языки русской культуры, 1995.

Апресян Ю. Д. , *Лексическая семантика*, Москва：Наука, 1974.

Аристотель, *Первая аналитика. Соч. В 4-х Т. Т. 2*, Москва：Мысль, 1978.

Булыгина Т. В. , Шмелёв А. Д. , "*Модальность*", *Человеческий фактор в языке：Коммуникативная модальность, дейксис*, Москва：Наука, 1992.

Лейбниц Г. В. , *Сочинения. в 4-x Т. Т. 2* , Москва： Мысль , 1983.

Фейс Р. , *Модальная логика* , Москва： Наука , 1974.

Шатуновский И. Б. , "Пропозициональные установки： Воля и желание" // *Логический анализ языка： Проблемы интенсиональных и прагматических контекстов* , Москва： 1989.

〔俄罗斯〕И. Б. 沙图诺夫斯基：《句子的语义与非指称词》，薛恩奎译，北京大学出版社，2011。

原文发表于《俄语语言文学研究》2011 年第 3 期

试析非概念义素不可切分句的朴素别称
"交际情态单位"

摘 要： 现代俄语非概念义素不可切分句数量近些年呈上升趋势，这与该句法结构本身所具有的言简意赅、情感丰富、表现力强等特质有关，在信息时代尤其符合语言的经济原则。

关键词： 非概念义素 不可切分句 交际情态单位

一 术语"非概念义素不可切分句"
和"交际情态单位"

在俄语口语中，像 Ну，не скажи（-те）! Елки-палки! Еще чего не хватало! Вот еще! Ну, ты даешь! Ну и ну! 等"习语"的使用频率非常高。这些"习语"在对话时尚可通过语境猜个大概，否则还真不容易把握其确切内涵。既然它们在话语中出现频率高而且内涵十分模糊，那么就值得探究，由 В. Ю. Меликян 编写的《鲜活话语情感——表情短语词典》在社会需求声中出版了，其意义对于俄语学人来说是不言而喻的。

该词典收集了 650 个"习语"，严格地说，应该是 650 个"非概念义素不可切分句"。现代俄语中不可切分句数量呈现一种提升的趋势，这表明语言力求规约化、固定化、系统化、常规化的倾向，同时，体现了不可切分句句法结构最

---

* 杨杰，黎明职业大学教授、硕士生导师；战庆琳，厦门朗阁外语培训中心。

典型的言简意赅、情感丰富、表现力强的特点。通过对不可切分句语义、语用及句法的分析使我们得出结论，不可切分句是用情感表现交际意图的最鲜明的表现手段之一。非概念义素不可切分句是富于情感表现力的话语单位，它广泛用于口头交谈语中，在数量和质量方面、在词汇内涵和形态变化方面，在结构类型和使用条件方面等都有独到之处。它们反映了语言本身、交际参与者的语言思维及交际参与者所采用的交际策略的特点，同时反映了持母语者的情感、情绪。俄语中很多非概念义素不可切分句具有词义极化意义（例如：—Ага！— Как же！— Конечно！— Вот это да！— Ну и ну！— Ну, ты даёшь！等），即内涵多为"肯定"与"否定"，而"是"与"否"的两极之间正是情态涵盖的意义领域。情态是话语的人际功能的中心。在此，对情态的理解从词汇层面拓展到话语层面，因为情态是话语产生的一个基本条件，所有的信息都选择一定程度的情态。据此，不妨将术语"非概念义素不可切分句"替换为"交际情态单位"（коммуникема）。首先，коммуникема 源自 коммуникация，功能语言学认为语言具有表意、人际、语篇等三大功能，人际功能关注的是交际参与者的互动关系，如话轮中说话者用语言阐述一件事情，并试图影响受话者的态度和行为；受话者根据情景则会适时做出适当的反应，即采用一定的话语应答手段。其次，非概念义素不可切分句是自然口头语交流千锤百炼的结晶，它既非概念又非判断，而是通过所有的自然口头语都有的韵律手段——重音和语调以及相应的情态语符手段来表现对谈话内容的情感态度。最后，"非概念义素不可切分句"是句子单位，具有完整的意义和语调，但形式上缺乏句子成素的外在联系。

二　交际情态单位的地位

交际情态单位与标准书面语的区别之一在于，任何语言的口语中都有交际情态单位。传统观点认为，交际情态单位是具有特殊成分关系和特殊语义的句子结构。在这种句子结构中，词形之间的联系是成语性的，虚词、代词性词类、语气词及感叹词不是按现有的句法规则发挥其句法功能的。

不可切分句就其构成来看是不同的，按它们所表达的意思可以将它们主要划分为两组，一组是具有称名功能的概念语义组（等同于判断语义），另一组为不具有称名功能的非概念语义组（不具有判断语义）。比如：

（1）—Слушайте, — говорит, — есть дело. Можно обоим заработать тысячу. Хотите? — *Ну, как не хотеть?*（«конечно, хотим...»）（确认、同意）

（2）—Я с удовольствием поем хорошо. — *Ещё бы!* Что не говори, это одно из удовольствий жизни, — сказал Степан Аркадьич.（确认、同意）

例句（1）属于第一组，是成语性结构并具有词汇渗透性和固定的句法模式，与篇章中其他语句密切相关，该结构可称为成语模式。例句（2）即本文探讨的交际情态单位。

交际情态单位是非述谓性句法交际单位，该单位由词或词的组合构成，句法上不可切分，具有主观情态意义，模糊表达某一非概念义素内容，属非派生句子结构模式且不是这种模式的正规体现，而是对各种类型客观事实所做出的情感反应。与一般可切分句不同，交际情态单位不具有称名功能。比如：

（3）—Ведь так, Пётр Иванович? — *Какой разговор!* Можно и так, *отчего же*, — отвечал Гордон.（同意）

（4）—Добро пожаловать...А моего старика видел? — *Где там*, кормилиц, и в глаза не попадался.（否定）

（5）—Каков лещ! *Ну и ну!*（赞赏）

（6）—Суди ты меня строго-настрого, да, чтобы я твой Закон видел...А он［заседатель］*на-ка!* За деньги.（气愤、责备）

交际情态单位与不可切分句是种和类的关系，即前者从属于后者，这样既便于界定各种可切分和不可切分简单句类型，又可以对各种不可切分句本身加以细化。比如交际情态单位是完全不可切分句（Как бы не так!），而成语化句构（До вас ли мне!）则具有词汇渗透性，即允许插入词，因此句法上可以扩展。

交际情态单位只是最近才得到应有的重视，然而其地位至今仍无定论，因此影响了对含有该类成分的篇章话语的分析。几乎所有语言学家都把它当作语言单位的一种独立类型看待。但在语言学文献中对该句构及其范围的划分各不相同，这与其划分标准的不同及其本身的复杂性相关。最常见的一些观点是把该句构看作独词句，看作单部简单句中功能结构语义独立的一种变体，看作不可切分的语气词和感叹词结构，看作感叹句、固定成语性短语、话语类别、交际语词、呼应语词（反应语词）、交际语、不完全句，等等。

由于一些原始即非派生交际情态单位的存在，比如 Чёрт с ним! Чёрта с два! Чёрте что! Ёлки-палки! 等，我们不仅能够认识到语言中某些性质不同的语言单位的特殊功能，而且可以了解特殊的句法单位。

交际情态单位不属于破坏语言规范及语言逻辑的一种例外语言现象，而是现代俄语口语中一种正在发展中的、能产型的、规范性的句法构造类型，在简单句类型结构系统中占有一席之地，只不过该语言单位的规范和逻辑比较特殊而已。其不可切分性与话语、篇章机制原则及言语主体思维、言语客体、语言信息理解的特点不相矛盾。

在交际情态单位结构中，缺少的是各种成素之间句法关系手段上的联系，这种联系本应该靠外在形式来体现，然而，词汇语义浑然一体省却了句法关系手段，使这种关系内在形式无法得到呈现，该词汇语义复合体本身就指明了某种类似结构所具有的意义和功能，例如：

（7）— Надо же! С виду приличная женщина, а вцепилась, как пиявка! Целоваться лезет, как ненормальная! Женишься, а потом занимайся любовью — нашла дурака! Я не мальчик! Пару раз поцеловаться — инфаркт! （拒绝、气愤、对谈话内容的否定态度）

交际情态单位是一种活的话语现象。该单位出现在聊谈当中，主要用于话轮应答及独白语中确认或纠正说过的话；在对话交谈中该单位在一组应答话语范围内与可切分句相伴，与其在"肯定"或"否定"的范畴义素上相互配合。

经过锤炼的语言交际情态单位是最经济、最简洁、最能体现说话人对客观世界态度的情感表达形式，其结构-语义的不可分解性正是它"用最小手段表达最大内涵"的主要特征。这些表达形式无法作成素结构上的清晰分解，如用 Как бы не так! Как раз!（愤怒、气愤、嘲讽）可以取代 Как вам не стыдно! Я не согласен с вашим мнением! Это безнравственно! 等，但都不能作成素切分。

三　交际情态单位的功能、产生原因和构成

由于交际情态单位所具有的下述特殊意义功能，使其成为交际过程中的重要一环：（1）该单位可以补足交际（手段）中缺少的某个环节；（2）与其所替代的可分解语句相比，该单位赋予言语行为更大的表现力；（3）因其用一个简

略的单位取代语义、形态和句法可分解的一个或数个语句，使得言语行为在长度和时间上得以缩短。

交际情态单位产生的原因是多种多样的。首先，必须使某些形式摆脱语义重负，以避免过度的多义性；其次，具有其所表达思想完整的、不可分解成若干概念的、可进行潜在推测的那种形式的特点。顾名思义，交际情态单位的意义一般具有不确定性，只有在具体语境中才能确定其具体内涵。比如：— А ведь мне за него отвечать придётся! （要知道，我得为他负责！）— *То-то вот оно и есть!* （那倒是！）

总之，正是由于对有效交际的需要和语言手段可能的匮乏，使得更加经济和更加能产的人类思想表达单位和手段应运而生。

至于交际情态单位的构成和范围，则是见仁见智。根据上述的一些特征，我们认为，将下列一些功能-语义单位划分出来，并归入交际情态单位类别中应该是合理的：（1）肯定/否定，例如：— Ещё бы! — А как же! — А то! — Хорошо! — Как бы не так! — Ей-богу! — Конечно! — Безусловно! 等；（2）情感评价，例如：— Вот это да! — Однако же! — Господи! — Слушайте! — Подождите! — Здрасьте! 等；（3）命令、号召和口令，例如：— Давай! — Валяй! — Айда! — Ша! — Баста! — Ну! 等；（4）确立联系，例如：— Алло! — Внимание! — Послушай! 等；（5）言语礼节，例如：— Благодарю! — На здоровье! — Не за что! — Простите! — Пардон! — Виноват! — Добрый день! — Здравствуйте! — Пока! — Всего! 等；（6）表疑、发问，例如：— Ведь так? — Разве? — Неужели? — Что? — Ну? 等；（7）篇章（话语）衔接（在篇章中起结构组织作用：将篇章切分为若干部分，确定篇章的起承转合，将各部分及其要素连接起来等），例如：— Так, — Наконец, — Вот, — Так вот, — Всё, — И ещё, — Итак, — И потом 等。

我们认为，不应将表象—格组合纳入交际情态单位，比如：— *Порыв, страсть* — да разве это покупается за деньги? 同样，也不能把"指示句"：— Вот дом. 这种单部称名句归入交际情态单位。像 Эх, Маша, Маша! 等类型的句子应该归入作为不可切分称名语义句的表情呼语中。称呼、祈使、召唤功能在这种句中起主导作用，并且位于意义结构中心，而情感评价要素则处于该结构意义体的外缘。

四　交际情态单位的意义

分析交际情态单位时，一个最为复杂的问题是要弄清它所包含的内容。该单位的意义不是源于其组成语词的意义加合，而是与作为其直接表达者相关，后者体现一个人行为反应的情感表现及意志范围。交际情态单位是态度、感觉和意愿表达符号，而不代表概念、判断或推理。人通过不同态度所表达的各种感受及现实中的客观事实，就如同对某事物和过程等总结的概念或做出的判断，而对这一切直接借助交际情态单位进行的语言表述，不仅证明了口语中该单位意义的存在，而且证明了其含义异常丰富。

交际情态单位产生于对现实世界的直接感受，它将表情、情感等评价手段糅进不可切分句，并以这种富于表现力的语符形式对其感受做出反应。领悟交际情态单位时可能出现某种熟悉的表象，这种表象使得理解成为可能，尽管此时该表象失去了具有概念意义的句子所特有的严格的轮廓。交际情态单位表达的是特殊的思想内容不可切分形式，它们不是标签，而是对所指直接施予情感，这就要求有一种更短小的话语语言单位来体现其形式语义模式；该模式中仅包含"符号→意义"两种要素，而不同于一般的语言全义单位所采用的"符号→概念→意义"的三要素模式。比如：

（8）—Вы здесь не скучаете? — *Помилуйте...* Я здесь нашёл такое приятное общество.（不赞同、惊讶）

交际情态单位意义未被符号内部表达手段语法化，但该单位表示不可分解的思想行为，此行为在意义上等同于一个具有肯定、评价等意义的句子。作为具有这样意义的句子，交际情态单位表现出语句语调完整的独立倾向，而该语句与语境的相互关系处于句子组合层面。

交际情态单位与具有概念义素的句子在内容层面上有很大区别。后者可以反映现实生活中的各种现象，潜在的涵盖范围最大，甚至无法穷尽；而前者仅仅是说话人对语言外各种刺激的一种反应。试比较：

（9）Севка *размечтался.* Он гадал, что сделают из их металла на заводе.（*размечтался*：«*начать мечтать всё больше и больше*»）（否定、反驳、嘲讽）

（10）Веселок приятно разволновался и даже удивился, что в ванной для него не нашлось зубной щётки, и огорчился, когда понял, что он пока здесь всё ещё никто. В шкафу он не обнаружил своего нарядного костюма, а в паспорте московской прописки. *Размечтался*！（否定、反驳、嘲讽）

交际情态单位是在主体与客体情态范畴基础上形成的，即它反映的是现实世界说话人对事实的主客观态度。因此，"态度"意义既是该单位的范畴意义，又是与针对现实语句的交际情态单位的组合产生的话轮动因作评价，也可能是说话人对受话人或交际行为参与者的态度。而且，所有各种态度常常并存于一个交际情态单位意义中。比如：

（11）—А ты, матушка, молчи лучше. — *Как же*！ Стану я молчать. Я, слава Богу, купчиха первой гильдии: никому не уступлю.（"拒绝"等）

交际情态单位 Как же！是把刺激语句引起的显性劝告当作非现实建议进行品评，否定了实现此种行为的可能性，表达了说话人对话题的否定态度。

从意义应具备的全部要素角度来看，交际情态单位是"不完整"单位，它的意义是由前一话语来补足的。正因此，该单位常常被等同于不完全句。

大部分交际情态单位具有内部形式。根据符号学原理，内部形式仅仅通过与外部形式的对比或对立才能表现出来。交际情态单位的意义和功能通过生产词干具有的原始意义得以实现，后者是情景交际单位的理据意义。比如：— Владимир Николаевич, вы помните по Петербургу Тимофея Балуева? — *Как же*！ — ответил Токарев（肯定）。试比较：— Как же мне не помнить Тимофея Балуева！（= Я, конечно же, помню Тимофея Балуева）。语句 Как же мне не помнить Тимофея Балуева！以其句法结构和语义填充共同作为交际情态单位 Как же！的内部形式。

很多交际情态单位具有内部形式并不意味着其本身具有形象性，形象性是在某些特征基础上对语言单位意义再认识的结果。交际情态单位的产生不是根据对既有意义的重新认识，而是取决于对生产语言单位内容直到"肯定"和"否定"义素层面的判断、抽象、概括。比如：— Хочешь, небось, выйти в люди? — *Ещё бы*！ В людях хорошо, в людях тебя любить будут, холить будут, лелеять（"肯定"）。试比较：— <...> Ещё бы я не хотел выйти в люди！ В людях хорошо...（«конечно, хочу...»）。因此，重要的不仅是交际情态单位的外部形式，还有它的内部形式。

五 结语

通常认为俄语句法学难点在简单句，而简单句难点中交际情态单位应该算是一个。首先，这是因为以意合为中心的汉语语法中没有这样一种句法单位，没有不可切分句的问题，即便偶有提到这个问题，也是因为近年受到外语影响，或是出于与外语比较做课题研究的需要。其次，俄语交际情态单位的特点是用词极其有限，多数只用语气词、感叹词、语气词性和代词性语词等。其功能只是在反应话语中表示肯定或否定、同意或不同意，或者表示愿望等。总之，该单位的作用只是用来对交谈者说的话表示个人情感、态度而已。应该说，俄语语法对句子的分析细致入微，甚至由一个语气词构成的句子也有相应的解释。俄语交际情态单位属于约定的熟语单位，不是随机词，其语词结构相对固定，内涵不是靠其构成语词分析得来，而是靠语境的依托。这就要求我们通过阅读和接触获得语感，用它来把握情感丰富的俄语交际情态单位。

参考文献

Меликян В. Ю., *Словарь：Эмоционально-экспрессивные обороты живой речи*, Москва：Флинта，Наука，2001.

АН СССР，*Русская грамматика. Т. Ⅱ*，Москва：Наука，1980.

李战子：《话语的人际意义研究》，上海外语教育出版社，2002。

赵云平：《俄语和汉语比较语法》，进步出版社，2003。

原文发表于《俄语语言文学研究》2005 年第 1 期

语义研究的功能分析策略

黄东晶[*]

摘　要： 本文拟从四个方面认识和分析当代语言学研究中的"新功能主义"问题：功能的"目的性用途"、结构功能与语义功能、"功能"的整合以及功能的"标记性"，并将对"新功能主义"的特性加以讨论，对俄罗斯"新功能主义"与西方"系统功能主义"进行一定的对比分析。

关键词： 新功能主义　目的性用途　标记性　系统功能主义　认知—功能句法

一　引言

句法本身是一套抽象的结构规则，要对情景模型、事实框架、命题图式等句法语义现象以及这些规则的来源和属性做出透彻的认识和理解，很难游离于功能语言学及语言的一系列功能规则和方法论之外。基于这样的考虑，本文打算主要结合俄罗斯语言学家 В. Г. Гак 的"新功能主义"语言研究方法论及其理论研究内容，察看俄罗斯功能句法理论（目标）方法如何体现在具体的语言分析上。并且立足共时分析，把他的研究跟西方相关学者的研究结合起来进行讨论，适当联系汉语语料和观点对其研究作透视和横向分析，力求在一些契合点上发掘它对汉语功能句法、语义研究等方面的参考价值。

---

* 黄东晶，黑龙江大学俄语学院书记、教授、硕士生导师。

二 语言"功能"的一般理解

语言研究对"功能"有多种理解，最为本质化的"功能"用来表示不同层面纵向上的对应关系，如语义跟句法间的功能关系。传统上"功能"一般用来指语言单位在其语言结构系统中所起的作用，这就是结构功能。由于语言本身的复杂性，文献中的"功能"有 20 多种意义，基本意思有"职能、功用、用途、使用、作用、意义、目的"等（参见胡壮麟，1996；戴浩一，1990）。基于对"功能"的不同理解①，在功能主义语言学中产生了不同的流派、思想体系。俄罗斯语言学中的功能语言模式注重描述语言事实，观察语言是如何使用的，在理论方法上注重研究话语，突出语言的交际功能和语言形式表现的意义关系。B. Г. Гак 指出："功能语法系统地研究每一个形式的功能，指出其语义的跟非语义的特点。它描述形式怎样由一种功能转化成别的功能，分析词汇和语法的相关性，研究结构形式在语句中的语义特性。"（B. Г. Гак，1974：9）由于语言中的词在不同层次、不同组配环境、不同结构切分中都有不同的功能，况且"语句中词的客观所指、意义内涵和信息负荷总在变化"（华劭，1991），这些都增加了功能研究的难度，因而 B. Г. Гак 等俄罗斯功能语言学家对功能语言学的研究采取的是一种多元化和客观、务实的态度。例如，俄语中同样的结构关系表达不同的语义功能关系：ехать *ранним утром*（一大早动身：时间）— ехать *ранним поездом*（坐早车：工具/方式）— ехать *морем*（走海路：路径）；прут *сгибается*（树枝会压弯：性能）— спина его *согнулась*（他背驼了：结果状态）；надеть рубашку *на шелку*（穿丝绸做的衬衣：材质）— надеть рубашку *на улице*（在外面把衬衣穿上：地点）；притий *в университет*（来到学校：空间）— притий *в субботу*（星期六来：时间）— притий *в ярость*（勃然大怒：状态）；ходить *во дворе*（在院子里散步：方位）— ходить *в начальниках*（在

---

① E. Никитин 对功能的定义是"属于某一事物的表现方法、能促进或有利于该事物或它所进入的那一系统的存在的一种表现方法"（E. Никитин，1970：419）。P. Якобсон 区分出 6 种基本的语言功能：指称功能（референтная функция），表情功能（эмотивная функция），意动功能（конативная функция），寒暄功能（фатическая функция），元语言功能（метаязыковая функция）及诗学功能（поэтическая функция）。

做官：属性/特征）。汉语中也如此，如同样的动宾结构可以表达各不相同的语义功能：唱花脸（范围/内容）、邮特快/吃火锅（方式）、穿胡同/跑堂/吃馆子（处所）、坐月子/熬夜/（时间）、逃荒/签到/哭穷（原因）、做土豆/打毛线（材料）、盖井盖/用钢笔（工具）、切肉丝/卖好价钱/写作业（结果）、搬椅子/烧信（受事）、看电影/听唱片（对事）、求学/跑官/保安（目的）等。同样的一个词又可以出现在不同的功能条件当中，如俄语的 постричься в монахи（削发为僧/出家修行），жить монахом（过禁欲生活）中同一个词 монах（和尚）分别有不同的语义功能——目的-终位、方式。同样的姚明、乔丹，是把前者说成"乔丹第二"，还是把后者说成"姚明第二"，谈论气候跟政府的关系时说"高温'烤'问着政府的执政能力"，这都是很现实的语言功能、语言理解和语言运用的问题。对这些功能现象的理解都必然涉及语言层次、情景-意义范畴化、交际结构分析、交际-语用等问题，需要考虑多元的语义分析方法。

三　俄罗斯语言学中的"新功能主义"论

功能语言学自产生以来，一直处于概念纷呈、术语频迭、理论厘定难以把握的状态[1]，这对于一门理论学科的发展本身来讲无可厚非，但不能不看到，在与其相关的语言材料难以驾驭、理论观点难以统一的背后，研究的理论宗旨、目标和方法论原则乃至语言事实的取舍等都是制约因素。而在这些问题的处理上，我们所要谈论的以 В. Г. Гак 为代表的俄罗斯"新功能主义"（neofunctionalians，неофункциональная теория）很有其可取的地方。它的理论内涵和理论倾向很清晰，那就是"在语言的交际平台上把思想、意图传递出去时采用的各种工具、手段、机制所发挥的效用，以及执行交际任务时它们表现出来的语言特征和语言适应性"（В. Г. Гак，1988，1995，1998）。不难看出，该观念有较强的理论包容性和明确的理论线索，一方面不乏可操作性和可操作空间，另一方面可以避免一些不必要而似又颇有由来的理论纠缠。例如，汉语句子"蒙着眼不停地追求那黑色的幸福"一般情形下是没法理解的，可对于一个

---

[1]　汉语界曾有这样的看法："功能主义不是一种统一的理论，更不是一个流派，而只是一股学术思潮。"（戚雨村，1997：119）

感情上经受打击而又不愿放弃的人来讲，这一句子却恰恰表达了他的心声，准确地执行了他所要的"功能"。还有，句子"这礼物是我厚着脸皮收下的"、"北大才子（陆步轩）在长安街厚着脸皮卖肉"及其相关的"《屠夫看世界》"（书名）中的凸显部分在语义组配上本有些异样，可基于功能方面的语言适应性（如后一句子中针对他北大才子的特殊身份来讲），这一"异样"不解自除。因而，这种"新功能主义"归纳起来就是一种态度、一种方法、一种目的性、一种适应性，甚至是一种交际类型、交际配置、一种文化设定、一种语言层次，离我们很近，它用一种简约的方式对有些繁冗的"功能"体系作了合理的理论沉淀。

在语言理论已扩延到"话语语法"（discourse grammar）、"网络语法"（network grammar）等"人本语言学"（egocentral linguistics）的今天，В. Г. Гак等学者的理论主张无疑有它的现实意义。而且从其具体研究可以看出，这种功能主义方法的实质就是语言上的节约化和表达效果上的形象性、面相性（selective aspect）或透视域化（perspectives），跟当代语言学思潮及发展走势相吻合。可以说，该理论方法既是对经典的"从语义到表现形式"等"功能"表述（相关论述可参见杜桂枝，2000a：65–70，2000b：122–125；王铭玉，2001：42–53）的一种解释，更是对这种功能思想一种新的审视、推动。

我们可以从以下四个方面来具体认识、分析当代俄罗斯语言学中的这一"新功能主义"理论问题。

（一）功能的"目的性用途"

在 В. Г. Гак（1995，1998）看来，功能是对象物某一成分的目的性用途（целевое назначение определенного элемента объекта），这种看法非常重视语言符号跟外部世界和语言主体的关系，看重从语言符号跟外部世界的关系中寻找功能的依据，这与 Ch. Morris 对符号行为、符号的用途的关注有共同之处，而且跟 R. Jakobson（1971）提出的"语言的结构性能要根据它在各种交际过程中所执行的具体功能来得到说明"的看法接近。В. Г. Гак 的该认识在其把情景视为语句指称的句子"情景"观中得到了很好的体现（Н. Д. Арутюнова，1976：6–9 对此做过充分肯定）。他对"功能"的这一理解在他区分的八种功能概念的对立（оппозиции функциональных понятий）中看得更具体、清楚。它们是：（1）习用的功能概念 vs 一般的功能概念（以下对立中"功能概念"字样省略，以免重复）；（2）实际（言语）的 vs 语言（系统）的；（3）解义的 vs 表义的；（4）数量-频率的 vs 结构的；（5）形式-语法的 vs 词汇-语义的；（6）语义的 vs 形式-结构的；（7）句法的 vs 形态或词汇的；（8）位置-角色的 vs 语义的。

这些功能对立关系根据作为分析对象的语言层次的变化可以有不同的解读。如俄语中当年用 челнок［（织布）梭子］形象地称谓中俄边界上的"倒包者"，这是词汇层次上对"解义的 vs 表义的"功能对立关系的实际运用。俄语界著名学者张家骅曾指出，俄语动词 проломить 的动名词 пролом 可以有三个不同的意义：行为本身（пролом стены：打透墙）；行为结果（пролом стены：穿透墙后的洞孔）；状态（пролом в стене：墙上的一个穿孔）。这是在"形式-语法的 vs 词汇-语义的""句法的 vs 形态或词汇的"功能层次上的一种解读。由动词 пробить（穿透、打透）派生的动名词 пробивка，пробивание 也大致如此。又如，俄语中一些非言语动词在特定情况下可获得言语动词语义功能：Полно, любезный, ты уж на него слишком *нападаешь*. — возразил Бондареньский..., — Ты очень *ошибаешься* насчёт нашего амфитриона... Он вовсе не так глуп, как думаешь.

另外，В. Г. Гак 的功能理解可以对语词向词组的扩展、句子向短语的压缩等语言方式做出理论解释，一定程度上都反映着心智内在的表征结构（representations）的具体内容及其成分之间的组构方式，而且都面向交际——对语言来讲，功能分析最终要与交际联系起来，因为只有在交际中语言才能存在、发展。像汉语经典句子"王冕七岁死了父亲"语法上有不同的解释，较成熟、也是较新的看法是认为主语与动词谓语并没有语义关系，倒是跟宾语有稳定的"领属"语义关系（徐杰，1999：18）。因而，可以从类似于 В. Г. Гак 的功能观上把"父亲"看成"死"的后置主语（postverbal subject），这一功能理解和处理包含了较多语义因素。汉语中的"国将不国""先礼后兵"在言语中临时性地"名词动用"。"很政治、很阳光、很私人（的问题）、（打扮得）很公主、很海鲜（的晚餐）、很官僚、很青春、很神话、很卡通、很出息、很农民、很经济、（这个乐队）很金属、很功夫、很受伤、很男人、很天使①"；"真业余、真环保、真八卦、真辣妹、真浪费、（他眼光）真商业、（穿得）真夏天、真三

---

① 俄语中 М. Лермонтов 有这样一个与"天使"一词用法有关的句子：Ты не способна лицемерить. Ты слишком *ангел* для этого（要做这样虚伪的事，你太天使）。

八、真挑战、真出息、（脾气）真小孩、（脸蛋）真娃娃、真小儿科、真狗崽"；"不名誉、不卫生、不淑女、不专业、不天才、不绅士、不理想、（表演）不生活、（思想）不政治、不逻辑、不精品、不道德、不文化、不西方、不原则"等临时性的"名词形容词化"用法都包含了语言的"目的性用途"的功能特征。"为……事情开脱"和"为……事情开释"可以对等使用，是因为"开脱"与"开释"在人的心智内在中取得了相同的表征结构。"抓了乌龟跑了鳖"与"打发了孙悟空来个猴"、"中国队大胜日本队"与"中国队大败日本队"、"鱼目混珠"与"浑水摸鱼"、"破釜沉舟"与"背水一战"、"搭错车"与"跟错（了）人"，乃至"东道主"与"地主国"、"巧克力女子"与"蛋白质女孩"的区别大致等同也都如此。而且基于"功能"的"目的性用途"解释，语言中的省略也可获得功能上的理解。如汉语句子"妈，别换台，我老爸喜欢看'深深濛濛'（《情深深雨濛濛》）。"（幽默效果）基于"功能"，一些典型句子还可以慢慢被模式化：车祸猛于虎、技压群雄、谁动了我的月饼（名牌月饼的优势被别人动摇时的发问）、让灵感来得更猛烈些吧、美国总统大选中媒体成了马拉多纳的上帝之手。汉语里完全可以用表行为结果、方式等的词语来形象地表示行为的对象：给我来两斤开锅烂（指开锅就能煮烂的油豆角），他要了一碗满口钻（指用玉米面捏煮成的玉米粑/玉米团），孩子刚吃完两个驴打滚，买些爆竹来过年，她抛不下自己的牵手（指老伴、爱人）。也正因有"目的性用途"，汉语中诸如"写手、草根经济、短板、（环保）零浪费、婚活族、话包子、跳楼价、超雷人、最拉风、阶梯价、养丁派、丁克族、暖寿/暖秀、反一号、网虫、酷吧、闪客、（第一次）触电、很Q、SOS专机、SOHO一族、NEET族、鸵鸟政策、克隆版、爆棚、护男、粉丝、走穴、跑秀/走秀/作秀、过山风（股票）指数、眼球经济、头脑风暴"，甚至G20，G4，"金砖四国"（BRICS）这样的词层出不穷。

（二）结构功能与语义功能

句法语义中，功能意义也常对立于语义意义。这种对功能的理解在有关句子成分的传统理论中多有反映。而"新功能主义"观倾向于另一种看法：功能意义与语义意义间不是对立关系，语言单位的意义本身就可以理解为是它的功能，这一理解其实跟功能反映语言成分的任何用途不无关联。功能既可以是语义的——当该语言符号用来表示事物、联系、客观现实的关系时，也可以是非语义的——当语言成分只执行结构功能时，这就是 R. Fawcett 的 "作为意义系统的组成部分的功能和作为语法结构成分的功能"（黄国文，2000：42）。例如，俄语中 запрягать коня（把马套在车上）中的 коня（马）既有结构功能，又有语义功能。而 сделать коня（给马备鞍）中 коня（马）并不直接接受主体的行为，它的功能主要表现在结构方面。又如，Змея извила хвост кольцом（蛇盘起尾巴）—Старик извил всю пеньку на верёвку（老人把全部麻搓成绳）中，句中的 кольцом（圈、环）主要在于语义功能，而句中的 верёвку（绳子）主要在于结构功能。Мы вооружились терпением（我们准备好了耐心）中的 терпением（耐心），如果说它是主体，那只能是在结构功能上，因从语义上 терпение 显然不能发出 вооружить（武装）这一行为。Я махнул в актёры（我去当了演员），Она стремится в инженеры（她一心要当工程师），Он насоветовал всяких групостей（他出了一堆馊主意）中的斜体部分都同时有结构和语义功能。俄语动词 идти（走）构成的句子：Ей очень идет красный цвет（她穿红颜色衣服很好看），Он хорошо идет по всем предметам（他各科都考得不错），Сон не идет（没瞌睡/睡不着）（试对比汉语的 "瞌睡还没来"），Кожа идет на ботинки（皮革用于制鞋），Картошка плохо идет（土豆长势不好）中，斜体词部分表示的补语或其他次要成分在揭示该词的语义中发挥着必须的结构功能，它帮助这些动词的主体获得了原本所没有的 "移动（能力）" 这一语义成分。汉语 "离合词"，如 "写（完）信、吃（饱）饭、睡（着）觉、喝（醉）酒"，"动量词"，如 "吃（回）苦、冲（个）澡、洗（把）脸、吃（口）饭、喝（杯）水、睡（个）懒觉" 等必同时具备结构上的 "可插入小品词"、语义上含 "行为特性" 这两种功能，排除了生成 "刷了颗牙"、"刷了口牙" 类语义不当的小句的可能。

汉语中的所谓 "'主谓'谓语句" 或 "双主语句"，如 "他身子骨硬朗、小伙子心眼好"、"宾语施事句"（这里的 "施事" 并不是严格意义上讲的——笔者），如 "桌子断了一条腿" "老王掉了颗牙"，在语义上分别有 "大、小主语间的整体-部分关系" "主语、宾语间的整体-部分关系" 这一语义功能。在俄语中也不乏类似于 "双主语句" 的（"双主体"）现象，它还反映情景主体和当事主体间的 "领属关系"：У меня голова болит（我头疼），Мне ногам холодно ［我（感到）脚冷］，У бабушки внук уже ходит в школу（祖母孙子都上学了），У ребят наловлено рыб（伙伴们抓了不少鱼）。

另外，词语转喻用法时，俄语、汉语也表现出这样的类同性。（分析略）

汉语中的一些句子，如"大事小情共同关注，媒体视线各有不同""攒钱好比针挑土，花钱有同水冲沙""举案齐眉，相濡以沫""明月为证，白石为凭"等，整体上的意义效果跟分句（小句）间的相互映衬、呼应的结构功能密不可分，换言之，这里的小句的功能主要在于结构方面。这种结构功能在小句内部也常见，如"一口好牙两面针"（广告语）、"一个好汉三个帮"。有时结构上的这种映照伴随承前性，而不是对等性：新版500元台币防伪出新招：紫墨色换深咖啡（"深咖啡"由"特征"转表"深咖啡色"，这承前于"紫墨色"）；（女民兵）长头发剪成短缨缨。也可能伴随总结-描写性（如"环肥燕瘦，各擅其美"）、对比-描写性（如"恨重如山，命薄如絮"）。

结构功能与语义功能的关系还明显地体现在结构方面词序、句序的不同导致语义功能的改变上。如俄语中 Так как в лесу было уже темно, мы решили оставить наши поиски. — Мы решили оставить поиски, так как в лесу было уже темно.（林中天色已晚，我们停止了搜寻。）前一句表示的是"原因-结果"语义关系，而句序改变后的后一句表达的却是"结果-依据"功能。汉语中"我的事再大都是小事，你的事再小都是大事——你的事再小都是大事，我的事再大都是小事"，前一句表示的可以是一种礼貌、客气，而句序颠倒后的句子表示的却可能是一种不满。结构上与这个句子大致相同的句子"我的事再小都是大事，你的事再大都是小事"（表示的是说话人目中无人的狂妄态度）在内部句序颠倒后则有透视域和凸显点的不同。"人尽其才，物尽其用""尺有所短，寸有所长""金无足赤，人无完人"等各自颠倒内部结构关系后，都可能产生不同的意义效果。

（三）"功能"的整合

值得注意的是，"新功能主义"实际并非全然用功能解释来替代形式解释，而是在处理同一个语言现象时适当并用功能解释与形式解释，这类同于所谓的"混合功能主义"（mixed functionalism）（徐烈炯，2002：10），不是那种抛开句法学只讲话语分析的"极端的功能主义"（extreme functionalism）（徐烈炯，2002：10）。言语中的词语同时可以拥有几种功能：情景功能、纯语义功能、称名功能和句法、结构形式功能等。而句子中词的句法功能本身除含有结构性能，也包含语义内容（семантический характер）：一个词的句法功能可以在语义上指明由该词表示的情景成素的作用、它在该语句所反映的整体情景结构中所发挥的作用。如俄语句子 День пошёл на прибыль（天变长了）与 Вода пошла на прибыль（水涨高了）中，прибыль（增多）的句法功能语义在其情景功能上体现得很充分，而且跟词语 день（天），вода（水）的情景要素功能紧密地结合在一起。当然，进一步要看这两个句子语义的不同，又不能不考虑它们所处句子独特的结构形式关系（Vf +〈на〉N4）。这就是语言分析的一种功能整合。

俄、英、汉等语言中都普遍存在的首语重复或同语反复句（тавтология，tautology）：Служба есть служба（工作归工作）；War is war；商人就是商人；知之为知之，不知为不知。还有大量的"准同语反复句"（псевдотавтология，analogy of tautology），如"时下的足球是娱乐化了的足球，是足球化了的娱乐""商业不能政治化，政治更不能商业化""演而优则唱，唱而优则演"等，对它们的理解和分析都不能不考虑语言的整体功能。汉语句子"在鲁迅那个'人血馒头'的年代里痨病是一种（不治之症的）社会符号"的解读也如此。同样，要看清句子"张三吃饱了饭"与"张三吃完了饭"的不同，必须要结合结构、功能和情景特性：前句的结果（指发生了变化）指向主体，而后句的结果指向客体。"处在（徘徊在）感情（生活、政治、经济、军事）的十字路口"与"陷入感情（生活、政治、经济、军事）的旋涡"的不同也需同时顾及语言结构因素与情景成分功能特征的相互作用：前句表示的是需要从中做出抉择，而后句表示的则是从中逃脱出来。

（四）功能的"标记性"

"新功能主义"包含了"标记理论"（markedness notions，теория маркированности）的特质，它所涉及的非对称的对立关系有较为独特的地方。语言功能的"标记性"是指具有以下一些对立关系（отношение оппозиции）的语法形式、语义句法形式的不同功能：（1）表义的（значимые）（以客观现实成素为参考，如动物名词的性，可数名词的数）与非表义的（незначимые）（非动物名词的性，不可数名词的数范畴等）。两者间的功能标记特征基于"否定"方面的对立关系（привативная оппозиция）（张家骅，1992：27-31），前者为有标记的（marked）功能特征，后者为无标记的（unmarked）功能特征。（2）第一位功能与第二位功能（первичная функция и вторичная функция）（В. Г. Гак，1988）。下面，着重讨论这里的第一位功能与第二位功能标记的不对称属性及其相关问题。

第一位功能为有标记功能。它独立于上下文，指语言单位、语法形式的本源意义。第二位功能为无标记功能，它往往跟个体化的结构、意义表现等语言运用因素有关，表现在特定的词汇—语法环境中。此时，两种功能成分对立的基础主要是"等值"关系（эквивалентная оппозиция）（张家骅，1992：27-31），即基本语言意义同一的条件下，各有自己的区别特征。这第二位功能具体可表现为（1）总体化（геренализация）、（2）转义（транспозиция）、（3）去语义化（дессемантизация）等。它们分别对应的俄语例子如：（1）Собаки — лучшие друзья людей → Собака — лучший друг человека（狗是人类最好的朋友）；Дважды два — черыре → Дважды два будет четыре（二加二等于四）。这里，箭头右边的句子用于第二位功能，表示的不是跟第一位的标记功能相反的特征（即单数、将来时），而是失去了标记特征，分别表示的是复数、现在时的意义，即一般性的事实情况，因而跟箭头左边的句子在语义上中和化了（нейтрализация）。（2）Сидел я вчера у себя в комнате，читал，вдруг раздался звонок → Сижу я вчера у себя в комнате，читаю，вдруг раздается звонок（昨天我待在家里看着书，电话铃声突然响了起来）；Завтра буду делать доклад → Завтра делаю доклад（明天我将要做一个报告）。这里，用于第二位功能的箭头右边的句子中发生了语法形式上的转用，而由此而来的细义特征保留了下来。（3）Товарищ Иванова — преподавательница физики → Товарищ Иванова — преподаватель физики（伊万诺娃是位物理课老师）。这里，箭头右边的句子用于第二位功能，其中的преподаватель（老师）已没了与"阴性"标记功能的对立性，注重的是其社会属性，而不是自然性别，所以句子跟箭头左面句子的语义差别也大体中和化。

应该指出的是，"新功能主义"的"标记"观对于分析俄语中大量存在的时、体、人称等语法语义中的不对称现象有较强的借鉴性。例如：（1）Кто вы будете по специальности；Лес рубят，щепки летят；（2）Дорога повернула у верстового столба；А журналы редко застанешь：все на руках；（3）На ошибках *учимся*; Снявши голову, по волосам *не плачут*. 这些现象对于理解俄语中表示客体意义的第四格和数量意义的第二格的不同（如 Выпей *чай* — Выпей *чаю*; Ждал *поезд* — Ждал *поезда*）、词汇（包括大量同义词）之间的细微差别（如 каждый — любой — всякий；идти — ехать — ползти — плыть — лететь；государство — страна；скоро — быстро 等）都不无方法论的启迪。例如，俄语中的同义词、近义词 получить（收到）〔взять то, что выдается, направляется（拿到别人给的东西）〕，отнять（夺取）〔взять у кого-л. силой（从他人处强行拿走）〕，достать（获得）〔взять откуда-т.（从某处拿到）〕，купить（买到）〔взять за деньги（花钱得来）〕，менять（换取）〔взять одно взамен другого（以一物换得另一物）〕，овладеть（攫取）〔взять силой（强行拿到）〕，приобрести（得到）〔взять в свою собственность（拿到归为己有）〕（Э. В. Кузнецова, 1982：78—79），它们在共有的标记功能特征приобщение（取得），приобщение объекта（获取事物），с помощью руки（用手）之外，各有自己对立于这些特征（包括只含这些特征的 взять）的其他标记功能特征，而且这些动词彼此间各有自己独特的区分特征，从而形成不对称的功能标记关系，这是较典型的等值对立关系。

进而言之，不论词汇意义或语法意义，它们内部基于"等值对立关系"（多数）或"否定对立关系"（少一些）的零标记可以在对应的有标记功能特征的更一般、更广的概念特征中得以确定，这是第一位的有标记功能对第二位的无标记功能在语义关系上一种有益的补充。显然，对"功能"的这种理解有助于深化语言问题的分析。例如，动词未完成体 бросать，читать，покупать 的无标记特征可以通过对应的、包含确定语义成分的完成体动词 бросить，прочитать，купить 来看清。语法上特定语词的单数、复数的无标记功能在"该类事物整体"（весь данный класс объектов）概念层次的标记功能上也可以得到确定。这一点也适用于汉语句法语义的分析。例如，"莫把娱乐变'愚乐'"，要理解"愚乐"的语义，需从"愚"及"娱乐"对应的一般化概念中去找内在关联。例如，"给她一个说法"跟"给她一笔遗产"、"给她好的评价"、"给她一个教训"中不同的"给"应在更抽象的"予取"这一标记功能概念层次上来理解。而"乌龙球搬平乌龙球"要求得语法上的合法性，则需把"乌龙球"跟其相关的球员、球队等更一般的标记功能概念联系起来。这即是 Ю. Н. Караулов 的 "联想语法" (ассоциативная грамматика) 词典理论、联想词语网 (ассоциативно-вербальная сеть) 中的 "原型词" (прототипическое слово) 或 "主题词" (тематическое слово) 与 "反应词" (реактивные слова) 之间的语义关系问题。而且跟认知 "扩散性激活" (spreading activations) 原理、系统功能语法的 "词汇链" (lexical chain) 也有相通的地方。例如, "乌龙球→乌龙助攻→乌龙事件→乌龙消息", "头疼病→懒病→思想病→相思病→机关病→老爷病→公主病", "金牌律师→金牌绿叶 (配角演得很棒的演员) →金牌搭档 (配合最好的搭档)", 还有 "为食品保鲜→为原创保鲜→为爱情保鲜" 等在构成和理解上都有相通的地方。"问题奶粉黑名单" 中原本不搭配的 "问题" "奶粉", 则因 "问题" 取得了词语 "不合格" 的语法特征, 而获得了搭配的机会。汉语很多句子中的第一与第二位功能是交织在一起的。例如: 有绯闻就有新闻, 有新闻就有罗生门; 伦敦 (申奥) 击碎了巴黎的梦想; 阿姆斯特朗 "摔" 掉了黄色领骑衫 (因摔了一跤而丢掉了环法自行车赛冠军头衔或赛段领先地位); 我的心情天天天蓝; 上海持续了 11 天的 "高烧" 昨天退了。

　　此外, 我们还发现实际上第二位功能的无标记特征反过来也有助于认识和分析第一位功能的标记特征, 可以加深对标记功能成分实质的理解, 而且使标记功能成分的分析更为细致、透彻。这在词汇语义、时、体等行为方式语法语义的分析中都不难看出。例如, 词汇方面, 动词 идти (步行) 与 ползти (爬行)、ехать (乘行) 的共有标记功能成分 "移动" (передвигаться) 意义, 在对立的区分特征 "步行" "爬行" "乘行" 中会看得更清楚。语法方面, 动词时间形式的同义现象或转义用法中, 这一点很突出: Бабушка вставала на рассвете, как только петухи *пропоют* [= пропели] (表过去的重复行为: 只要公鸡一打鸣); Если не подойдёт подкрепление, мы *погибли* [= погибнем] (表必定要发生的事: 增援部队要是不来, 我们可就一定完了); Всё было спокойно, вдруг как *ударит* [= ударил] гром (表过去突然发生的行为: 四周一片宁静中突然打起了雷)。这里, 三个句子中动词时间形式的区别特征显示了与标记功能成分的对立, 所表示的不同语义特征帮助我们更真切地体会了情景—事件, 也就使第一位的有标记功能特征把握起来更为具体、实在。如此看来, 在第一位功能与第二位功能的标记特征之间还是一种互补关系。

四 "新功能主义"的特性

(一) 意义重构：语言的灵活性与多功能性

在对形式的语言意义进行分析时，"新功能主义"注意这些意义的灵活性（подвижность）、语法形式的多功能性（полифункциональность）。从这一点回过头看，区分以上分析的第一、第二位功能、区分出表义与非表义功能之所以重要，是因为随着我们打交道的功能类型的不同，相应的解释也就会有所变化，这就是语言语义的灵活性和多样性在起作用。

В. Г. Гак 认为，分析派生的意义时应该弄清导致该形式意义重构（重新构建意义）（переосмысление）的那些词汇、语法因素和结构关系，因为许多情形下语言形式的意义是特定意义和功能共同作用的结果。例如，我们可以讲 Чем писать захватила?（拿了什么在写?）；Он черт знает какой художник（天知道他算个什么样的画家）；Помню его ребёнком（记得的还是他当小孩的样子）这样的叠合句。又如：Ей не идёт кокетничать；Эти ягоды в пищу не идут。这里的 идёт，идут 的语义与它所处的形式结构及其功能关系有直接的联系，反映了语言意义的灵活性和语言形式的功能变化。отдать сына в солдаты（送儿子去当兵）与 произвести его в офицеры（把他提拔为军官）语义的同和异都离不开语言结构、功能的共同作用下产生的意义灵活性。

В. Г. Гак 的这一理论思维对一些汉语句法现象的研究不无启发。方便面广告语"'来一桶'一统天下"、套用电视剧《大宅门》的话剧名称"大宅，门儿都没有"在语义上的灵活性都十分典型、形象。汉语句子"军事是政治的延伸""计算机是人脑的延伸"既有"军事与政治""计算机与人脑"语义上的关联，也有"延伸"语义属性和结构形式上的呼应。"不是人在磨墨，而是墨在磨人"（苏东坡语）中"人"与"墨"及其与"磨"之间的语义关联和结构关系的确立都反映了语义的灵活特征。句子"屡战屡败"与"屡败屡战"看起来只是两个词的换用，但表现的是截然不同的事件属性，引发形式和语义功能的重构："屡战屡败"中包含的是并列句法关系，而"屡败屡战"中包含的是"让步"主从关系，而且这不同的语法关系跟词语"战"和"败"的意义功能结合在一

193

起，才显现出句子语言意义整体上的不同。

这种语义灵活性与结构上的多功能性在俄语、汉语中有时还可能有对应的表现，如俄语的 думать свои невеселые думы（左思右想）、Ты теперь молодец молодцом（你真是好样的）与汉语的"幸福着你的幸福""忧伤着你的忧伤"。功能上的这种意义重构可以通过看似"矛盾"的"反常说法"（paradoxes，парадоксы）（"超常搭配"）鲜明地体现出来。如俄语中的 Я её люблю и ненавижу（我对她又爱又恨）；Сергей подошел к своей чужой жене Марише и пригласил её танцевать（Л. Петрушевская）（谢尔盖走向跟自己做过夫妻的玛丽莎，邀她跳舞）（俄语斜体部分的字面意思本为：自己的别人之妻）；Это мой друг-враг（这是我的敌人-朋友）。汉语的"'忽悠派'认认真真走过场、痛并快乐着、清醒的糊涂、（很）天才的平庸、含泪的微笑、辛酸的浪漫、真实的谎言、熟悉的陌生人、无情的情人/无情的情书、聪明的傻瓜/聪明糊涂心、幸福的泪水、死魂灵、活尸（活着的死人）、活死鬼、臭美、可爱的小冤家/欢喜冤家、勇敢的胆小鬼"，甚至时下流行的"男护士、女保镖"等。在这些句子和短语中，语义成分之间表面上的逻辑不相容却并没有导致语义异常，都跟语言的灵活性、意义的多功能特性有关。

此外，语言"新功能主义"的这一特征在不同语言的功能理解中还会得到较为一致的反映。如英语、俄语中均用"起床时左脚先下地"来表示"一天不顺"：to get off on the wrong foot — вставать с левой ноги。又如，英语、汉语中表"付账"的语言意义、功能相同：to foot the bill — 埋单（在账单下签名）。

（二）"功能"的语言参数化分析

"新功能主义"的功能语言学思想中，思维过程（мыслительный процесс）的一些功能语言参数在词汇单位分类里有反映。В. Г. Гак 早在自己专门谈论"语句中词汇—语法组织问题"（проблемы лексико-грамматической организации высказывания）的博士学位论文里就涉及了这方面内容（В. Г. Гак，1967），这跟 А. В. Бондарко 等把不同层次语言单位集合于一体的"功能语义场"理论、И. А. Мельчук 等把词义作形式化分析的词汇函项功能理论以及 Г. А. Золотова 提倡的把功能理解为句法单位在构筑交际单位时所起的作用的"句素"（синтаксема）观都有不同。这些参数是：（1）心智过程情景（ситуация

ментального процесса）；（2）认知过程（познание）（如 узнавать，придумать，
выдумать）；（3）认知的保留（сохранение познанного）；（4）事实的相关性
（соотнесенность фактов）；（5）弄清因果联系；（6）跟现实的吻合度（степень
адекватности действысальности）；（7）时间平面；（8）评定（характеритика）。
我们注意到，这些参数跟认知内容不无关联。

В. Г. Гак 有关心智情景的各种功能变异（参数）涉及语句的陈述（диктум）
（事件本身、事实性内容）以及态式（модус）（即说话人对事情的态度）。

与陈述有关的变异说明过程本身具有：（1）过程的阶段性；（2）时间的伸
延性（протяженность）；（3）强度（интенсивность）；（4）题元变异及态的变
异；（5）人际性/人称参数。

与态式有关的变异说明主体对事件、过程态度的变化具有：（1）否定；
（2）感情—评价成分；（3）模态（参数）。显然，这些功能参数跟情态操作
有关。

五　俄罗斯"新功能主义"与西方"系统功能主义"

应该看到，В. Г. Гак 等人的"新功能主义"语言理论跟 M. A. K. Halliday 的
系统功能语言学在研究方法上有明显的不同。

M. A. K. Halliday 的"系统功能主义"把语言界定为一种社会意义学体系，
"社会性"在他眼里是语言的本质属性。其"功能语法"有三层意思：（1）旨
在说明语言使用的方式。人类使用语言的需要决定了语言的结构，语言结构不
是任意的，一切都能从语言的使用上得到解释。（2）语言的基本意义成分是功
能成分，主要有概念（ideational）、人际（interpersonal）和语篇（textual）三种
元功能（metafunction）。（3）语言的每个成分都能从它在整个语言系统中的功
能得到说明（M. A. K. Halliday，1978，1985）。在他那里，语言的内部结构被分
析成一个由若干系统连接的网络，句子的意义和结构都可以通过这个网络来
描写。

В. Г. Гак 等的"新功能主义"虽也重视言语的研究，但他同时也是从语言
结构方式、语言转换等规则系统上探寻语言的性质，因而在功能语言研究中它
并没有把语言的具体使用上升到语用的高度，没有提出类似"离开语言使用的

具体环境，就很难确定语言的意义"这样的功能观念。而 M. A. K. Halliday 的功能、意义研究从一开始就将其语言研究跟社会学、人类学联系起来，认为语言的意义存在于具体的使用过程中，倡导语境研究，对语境的含义、分类以及语境对语言使用、对语义表达的影响进行深入探讨。"Halliday 所面临的基本任务就是：怎样用关于情景语境的观点建立一套能把语言中的范畴和它们之间的关系都说清楚的语言学理论。"（黄国文，2000：16）M. A. K. Halliday 把语境大体分为文化语境和情景语境。文化语境主要指人类在特定的文化背景下的行为模式，该模式制约着语篇的总体结构（generic structure）等带有宏观意义的语义结构。情景语境指的是语言交际行为直接相关的话语范围、话语基调及话语方式三种因素。所以他的系统功能语法（systemic functional grammar）跟语用学有较强的互补性。

另外，В. Г. Гак（1967，1969，1998）把句法语义或深层句法（глубинный синтаксис）的分析跟词汇语义的分析结合起来，并把这一点贯彻到他尤为重视的语言转换研究。他也提出过对句法位跟词汇—结构功能的看法，认为受动词支配的中心词位在语义上比在语法上更不确定，与此同时次要（外围）句法位上的成分在语义方面更确定、词汇上更具体（В. Г. Гак，1967，1969）。而 M. A. K. Halliday 采用的是功能切分法，从不同的层面分析句子成分和语篇要素表达的各种功能：从抽象层次看，语言系统具有的概念、人际、语篇元功能分别说明语言与世界、语言与社会以及语篇内语句之间的关系；从具体层面上看，句子成分可以执行（1）主语、谓语（2）施事、受事、目标、源点（3）主位、述位等各类性质不同的建构功能，反映着语言在实际使用中的多层次性和复杂性。

六 结语

就俄罗斯功能主义整体来讲，它所关心的"语言内容层面的分析"在注重结构形式内容的同时也顾及其语义功能和运用功能。而 В. Г. Гак 等的"新功能主义"语言理论研究还重视一个成分与不同层次或范畴的另一个结构或非结构成分之间的相互关联，着力于这些结构成分在语言交际全过程中所发挥的作用。这使得该功能观有自己的独特之处，一定程度上接近于西方从事语言微观层面研究的功能主义方法。西方功能主义在其发展过程中有过概念—功能主义、结构功能主义、语义功能主义、语用功能主义、认知功能主义及元语言功能主义等，俄罗斯功能语言学研究实际跨越于语义、结构、语用及认知功能之间，这种理论上的交叉赋予其理论系统以较强的外延张力，其理论内涵和结构方式事实上跟语用方法有难解之缘，一定意义上讲是对语用学的某种抽象。

参考文献

Арутюнова Н. Д. , *Предложение и его смысл*, Москва：Наука，1976.

Гак В. Г. , *Проблемы лексико-грамматической организации высказывания*, Москва：Наука，1967.

Гак В. Г. , "К проблеме соотношения между структурой высказывания и структурой ситуации" // *Психологические и психолингвистические проблемы владения и овладения языком*, Москва：Наука，1969.

Гак В. Г. , *Очерк функциональной грамматики французского языка*, Москва：Наука，1974.

Гак В. Г. , *Язык, система и функционирование*, Москва：Наука，1988.

Гак В. Г. , "Функциональный подход к истории языка" // *Проблемы функциональной грамматики*, Москва：Наука，1995.

Гак В. Г. , *Языковые преобразования*, Москва：Школа «Языки русской культуры»，1998.

Кузнецова Э. В. , *Лексикология русского языка*, Москва：Наука，1982.

Никитин Е. , "Функция", *Философская энциклопедия. Т. 5*, Москва：Наука，1970.

Halliday M. A. K. , *Language as a Social Semiotics*, London：Longman，1978.

Halliday M. A. K. , *An Intruduction to Functional Grammar*, London：Edward Arnold，1985.

Jakobson R. , "Selected Writings", *Word and language*, The Hague：Mouton, Vol. II, 1971.

戴浩一（James H-Y. Tai）：《〈功能学说与中文文法〉导言》，廖秋忠译，《国外语言学》1990 年第 3 期。

杜桂枝：《简述 А. В. Бондарко 的功能语义场理论》，《外语学刊》2000a 年第 2 期。

杜桂枝：《20 世纪后期的俄语学研究及其发展趋势》，首都师范大学出版社，2000b。

胡壮麟：《美国功能语言学家 Givón 的研究现状》，《国外语言学》1996 年第 4 期。

华劭：《对几种功能主义的简介和浅评》，《外语研究》1991 年第 2 期。

黄国文：《韩礼德系统功能语言学 40 年发展述评》，《外语教学与研究》2000 年第 1 期。

戚雨村：《现代语言学的特点和发展趋势》，上海外语教学出版社，1997。

王铭玉：《俄语学者对功能语言学的贡献》，《外语学刊》2001 年第 3 期。

徐杰：《两种保留宾语句式及相关句法理论问题》，《当代语言学》1999 年第 1 期。

徐烈炯：《功能主义与形式主义》，《外国语》2002 年第 2 期。

张家骅：《布拉格学派与标记理论管窥》，《外国语》1992 年第 4 期。

原文发表于《俄语语言文学研究》2009 年第 3~4 期

礼貌与言语

——一个待开拓的语用学领域

徐翁宇[*]

摘　要： 礼貌言语是谦虚、恭敬、赞扬和同情的言语表现形式。谦虚、恭敬、赞扬和同情是礼貌言语的四个要素。礼貌言语旨在维护他人的面子需求。

关键词： 礼貌　言语　面子需求

一　礼貌言语行为研究概况

"礼貌与言语"这一课题早就引起了一些教育家和语言学家的关注。1923年著名人类学家 B. Malinowski 在《原始语言中的意义问题》一文中首次提出了寒暄交谈（phatic communion）这一术语，如 How do you do? Nice day! 这些寒暄语不包含信息交流的意义，它只用来建立说话人之间的社会接触，或用以避免难堪的沉默（哈特曼·斯托克，1981：256）。

1927 年，俄罗斯教育家 А. В. Миртов 在《学校俄语教学》杂志上发表了题为《俄语课上的七个礼貌课（委婉语练习）》一文。А. В. Миртов 认为，俄语教师首先应该找到影响学生言语的某些专门的手段，其中包括他所制定的委婉语练习。该练习的实质在于有目的地教会学生用"能缓和印象的词语"来替代粗鲁的、尖刻的词语。这是俄罗斯早期有关礼貌言语行为的著作（Т. А. Ладыженская，

---

* 徐翁宇，国防科技大学国际关系学院教授。

1998：58）。

1967 年，苏联教育科学院院士 В. Г. Костомаров 提出了"言语礼节"（речевой этикет）这一术语。В. Г. Костомаров 和 Е. М. Верещагин 合著的《语言与文化》一书中论述了言语情景和言语礼节的教学问题（Е. М. Верещагин，В. Г. Костомаров，1976：138，204）。

但在苏联对言语礼节这一课题进行系统研究的学者要首推 Н. И. Формановская 教授，她著有《俄语言语礼节》（1987）和《言语礼节与交际文化》（1989）两本专著。Н. И. Формановская 的第一本书论述了言语礼节的概念和功能，分析了言语礼节情景的各个要素，并从符号学、语用学、语法学、语义学、修辞学以及社会语言学等方面阐明了言语礼节及其单位的特点，最后从心理语言学、伴随语言学以及语言国情的角度探讨了言语礼节及其教学问题。

Н. И. Формановская 的第二本书用通俗的语言阐释了什么是言语交际、言语交际的类型、言语活动、言语准则、言语行为及其制约因素、言语情景及其要素、礼节和言语、言语礼节和礼貌、礼貌在语言和言语中的体现等问题，分析了称呼形式、非语词手段、赞扬语等言语现象及其使用问题，阐述了言语礼节和文化的关系等。

1983 年，英国语言学家 G. Leech 在《语用学原则》一书中提出了会话的礼貌原则（polite principle），从而使言语礼节研究上了一个台阶。G. Leech 总结了六条准则：（1）机智准则（tact maxim）：使他人受损最小；使他人受益最大。（2）宽宏准则（generosity maxim）：使自己受益最小；使自己受损最大。（3）赞扬准则（approbation maxim）：尽量少贬损他人；尽量多赞扬他人。（4）谦虚准则（modesty maxim）：尽量少赞扬自己；尽量多贬损自己。（5）意见一致准则（agreement maxim）：尽量缩小跟他人的分歧；尽量扩大跟他人的共同点。（6）同情准则（sympathy maxim）：尽量减少对他人的反感；尽量增加对他人的同情（何兆熊，2000：219）。

G. Leech 的礼貌学说具有一定的解释力，不足之处是他忽视了"度"的把握。过分强调最大限度的受益或受损，而不考虑对象、时间、地点、条件等语境要素，显然会影响话语的得体性，影响交际效果。

之后，P. Brown 和 S. C. Levinson（1987）把 G. Leech 的礼貌准则发展为"面子保全论"（face-saving theory）。根据他们的分析，礼貌要求我们意识到他人面子的需求（face wants）。"面子"是指人在公众中的个人形象（the public self-image），它分积极面子（positive face）和消极面子（negative face）两种。积极面子是指希望得到他人的承认和喜爱，希望强调说话人和听话人都需要同一个东西，他们有一个共同的目标。积极礼貌旨在维护他人的积极面子。消极面子强调人的行为有独立自主权，不需要他人把东西强加于自己。这里"消极"并不指"坏"的意思，而只表示跟"积极"相对立。消极礼貌旨在维护他人的消极面子（J. S. Peccei，2000：64；G. Yule，2000：61）。P. Brown 和 S. Levinson 的面子说更具有解释力，而且便于操作。

1994 年，俄罗斯语言学家 E. A. Земская 探讨了言语行为中的礼貌范畴（категория вежливости）（E. A. Земская，1994：131－136）。E. A. Земская 认为，礼貌范畴不仅仅涉及问候、告别、道谢等一类约定俗成的固定句式，而且涉及更为广泛的现象，语言的各个层面。E. A. Земская 区分了两种违反礼貌准则的类型：一种是无意识的违反，另一种旨在实现说话人的交际意图——责备、伤害、表示不满等。她认为应该研究哪些语言单位在哪些功能、语境及词形中是不礼貌的。E. A. Земская 的观点对拓宽礼貌言语的领域将会起到积极的作用。

二 礼貌与言语

通常认为，礼貌是"人际交往中的言语动作谦虚恭敬、符合一定礼仪的表现"[《现代汉语词典（第 7 版）》，2016：798]。谦虚和恭敬是礼貌的内容，言语和动作是礼貌的表现形式。礼貌言语则是谦虚和恭敬的言语表现形式。根据 P. Brown 和 S. Levinson 的面子说，礼貌言语旨在维护他人的面子需求。谦虚和恭敬是维护他人面子的要素。具体地说，恭敬能使他人的行为保持独立自主，而谦虚不会使自己的意识强加于人。简言之，谦虚和恭敬能维护他人的独立自主的需求，也就是消极面子的需求。但是面子说中还有另一面，即积极面子。什么要素能维护积极面子的需求呢？我们认为，有两个要素不可忽视，它们是赞扬和同情。具体地说，赞扬和同情意味着自己的行为得到他人的承认和喜爱，意味着说话人之间有着共同的目标。两者能满足积极面子的需求，在维护积极面子方面起到不可替代的作用。由此可见，礼貌言语是谦虚、恭敬、赞扬和同情的言语表现形式。谦虚、恭敬、赞扬和同情是礼貌言语不可或缺的四要素或四准则。

礼貌言语的范围很广，涉及言语的各个层面：语音、语调、词汇、词法、句法、话语等层面上的言语现象。声音的高低、快慢、强弱，词的褒义或贬义，ты/вы 及其他称呼形式的选择，各类语句的使用等，都有礼貌/不礼貌的问题。摆在语言学家面前的任务是，把言语各层面上的礼貌/不礼貌的现象发掘出来，进行科学的分析、归纳，探索礼貌言语的规律和规则。

实践证明，在言语交际中并不是所有的言语行为越礼貌越好。过分谦虚会给人虚伪的感觉，而过分恭敬也会被人误解为阿谀奉承。问题的关键在于掌握"度"。所谓度，就是指说话人必须根据受话人的实际（年龄、性别、职业、地位等因素）和言语环境选择恰如其分的礼貌言语形式。比方说，对师长需用敬称，对亲密的朋友需用爱称；对他人的赞扬应以基本事实为基础，等等。只有把握了度，礼貌言语才能得体。

礼貌言语具有民族性。俄罗斯人和中国人的礼貌惯用语不尽相同，如俄罗斯人的礼貌惯用语 С легким паром! Ни пуха ни пера! Хлеб-соль! 等都带有明显的民族文化色彩，不了解俄罗斯民族文化的人是难以理解的。因此，礼貌用语使用得是否得体还必须考虑到民族文化的因素。

礼貌言语是一个待开发的语用学的研究领域，它具有广阔的前景。我们这里只探讨日常生活对话中一些经常使用的礼貌言语现象，如代词的礼貌功能、称呼、礼貌惯用语、赞扬语、同情语以及委婉说法等。

三　代词的礼貌功能

代词的礼貌功能在于它能反映说话人对受话人的态度，从而维护对方的面子需求。

（一）代词 МЫ

学术论文或报告中，作者为了表示谦虚，表示对听众或读者的尊重，常用мы 替代 я，如 Мы считаем…；Нам кажется…；Начнем с…；Возьмем пример…；Мы надеемся…；Мы с вами остановились… 等。

мы 这种用法还可能含有自卑的意味，如 Ничего, мы постоим, мы привычные.（Н. Ю. Шведова, В. В. Лопатин, 1990：207）мы 可替代 ты/

вы，表示说话人对受话人的关爱、同情，使话语带有亲切感。父母对幼儿常用这种口气说话。例如：

（1）（мама двухлетнему сыну）Сломаешь машинку / что мы будем делать? И не будет у нас игрушки //（«Речь москвичей»，以下简称 РМ。另外，录音材料句子中用"/"表示小停顿，用"//"表示大的停顿，下同）

医生也常用这种口气对病人说话。例如：

（2）［Ася Давыдовна：］Ну-с，как мы себя чувствуем?

　　［Дронов：］Странный вы народ，доктора. Любите с больными на «мы».（С. Алешин）

（二）代词 ТЫ/ВЫ

俄语是区分 ты/вы 形式的语言。вы 是有礼貌的、恭敬的或用于正式场合的称呼形式；ты 是用于非正式场合的亲昵的或不礼貌的、粗鲁的称呼形式。

一般地说，对年资较高的人需用恭敬的称呼形式，例如：

（3）（А 作家、语言学家，75 岁；Б 女子，36 岁，А 的熟人）

　　Б. Да // Лев Васильевич / вы... ваши интересы в области биологии / какие? вот вы занимались биологией?

　　А. Откуда у меня интересы в области биологии //

　　Б. Да // Почему так //

　　А. Вот откуда // Я ведь учился одно время в лесном институте //（Тексты）.

如果对年资较高的人使用 ты 的形式，那是极不礼貌的。试比较：

（4）Да ты не шутишь，Фома? — Во-первых，я не ты，Егор Ильич，а вы — не забудьте это; и не Фома，а Фома Фомич.（Ф. Достоевский）

家庭成员（夫妻、父母、子女）之间则使用亲昵的 ты 的称呼。例如：

（5）А.（Жена）Ну как? Ты готов?

　　Б.（Муж）Да / я готов // А. Ну тада пошли //（РМ）

（6）А.（Мать）Ну ты када вернешься-то?

　　Б.（Дочь）У меня семь уроков / значит в три часа //（РМ）

同事或朋友之间通常使用 вы 的称呼, 例如:

(7)(同事间的谈话)

    А. Сергей Иваныч / щас вы (будете делать доклад)?

    Б. Не знаю / как скажут // А Таня будет (делать доклад)?

    А. Вот я надеюсь // Я пришла на нее / и на вас //

    Б. Спасибо // (РМ)

但如果他们之间的关系亲密, 在非正式场合则用 ты 的称呼, 例如:

(8)(亲密的女友之间的谈话)

    А. Ты прям сию секунду уходишь?

    Б. Да не сию //

    А. Ну полчаса ты еще пробудешь?

    Б. Да // (Тексты)

熟人之间, 如果关系一般或疏远, 用 вы 的称呼, 例如:

(9)(邻居间的谈话)

    А. Татьяна Сергеевна / вы видели объявление? Завтра воду на целый день отключают //

    Б. Какую?

    А. И горячую и холодную //

    Б. Нет / не видела / спасибо // (РМ)

ты/вы 称呼要随着交谈者关系的变化而变化。如从关系一般变得亲近时, 称呼形式就会发生变化: 从彬彬有礼的称呼变成亲昵的称呼, 例如:

(10)[Мать Елены:] Алешенька, вас к телефону... тебя... Прямо не знаю, как теперь: на «ты» или на «вы»?

    [Алеша:] На «ты», чего там! (М. Рощин)

对陌生成年人需用 вы 的称呼, 例如:

(11) Вы ошиблись телефоном (Тексты)

(12) А. Вам какой?

    Б. Пятый, пожалуйста //

    А. (нажимает кнопку) (РМ)

成年人对年幼的人用 ты 的称呼，例如：

（13）（一位上年纪的女子跟少女的谈话）

Б. Ой／какая ж ты большая выросла! Как в школе дела?

А. Да все хорошо //

Б. А бабушки твоей я давно не видела // Как она / не болеет?

А. Да не-е-т / все в порядке // （РМ）

中小学里教师用 ты 称呼学生，但到了高年级会改用 вы 的称呼。高等学校里师生之间都用 вы 相称。例如：

（14）—Первый вопрос вы, безусловно, знаете. Приступайте ко второму. Что у вас во втором? — спросил Козельский.

— Значение Гоголя в развитии мирового реализма.

— Как, простите?

— Значение... то-есть русского реализма. （Ю. Трифонов）

（三）代词 ОН/ОНА

当谈话涉及在场的第三者时，需用相当的称呼。如用代词 он/она 来指称则有损于对方的面子，是不礼貌的行为。例如：

（15）А.（мать）Ну / спасибо что заехали //（к сыну）Игорек / иди скорей! Дедушка Коля уезжает // Иди попрощайся //

Б.（малыш）Пока //

В.（дед）До свидания / мой хороший // Приезжай к нам //（РМ）

四　称呼

称呼是一种特殊的言语交际单位，它的基本功能是跟受话人建立联系，引起他的注意，表明对他的态度（尊敬、亲昵、严肃等），并体现其社会地位。称呼是维护他人面子的不可或缺的要素，属于礼貌单位。

俄罗斯人的称呼十分复杂，对同一个人可有许多不同的称呼。以一位名叫 Александр Иванович Петров 的教授为例，在正式场合人们称呼他为 Господин профессор，Господин Петров 或 Александр Иванович；在非正式场合人们称呼

他为 Александр Иванович 或 Профессор，而他的亲近的同事和朋友会称呼他 Саша，他的妻子、父母称他 Саша，Саш，Сашенька，Шура，Шурочка 等。所有这些对同一个人的不同的称呼形式构成了称呼聚合体（парадигма обращений）。跟 ты/вы 形式一样，称呼聚合体中形式的选择取决于说话人和受话人的关系、受话人的年龄、性别、职业、地位、文化程度以及交际场合。说话人的心理也会影响称呼形式的选择。根据相识和不相识，称呼可以分为对熟人的称呼和对陌生人的称呼两类。

（一）对熟人的称呼

根据关系和地位，对熟人的称呼可分为对亲人的称呼、对同事朋友的称呼、对年资较高的人的称呼。在家庭里子女称父母亲为 Папа，Мама，或用截短的称呼形式：Пап，Па；Мам，Ма，时而还用爱称：Папочка，Папенька，Папуля，Папуся；Мамочка，Мамуля，Мамуся 等。父母亲称子女为 Сынок，Сыночка，Сыночек；Дочка，Доченька；Деточка 等，或用小名（Коля，Миша，Катя，Лена...）、截短名（Коль，Миш，Кать，Лен...）和爱称（Коленька，Мишенька，Катенька，Леночка...）来称呼他们。例如：

（16）А. *Пап* / закрой за мной //

　　　　Б. Ключи не забудь // （РМ）

（17）А. （лежа в постели）*Мам* можно я чуть-чуть почитаю? Только одну страничку / а?

　　　　Б. Одну страничку можно // （РМ）

（18）— *Танюшка*，мы ждем...

　　　　— Иду，*мамочка*... （Б. Метальников）

孙子称爷爷奶奶、外公外婆为 Дедушка，Дедуля；Бабушка，Бабуся（截短名 Ба）或 Деда，Баба（通常跟名字连用，如 Деда Коля，Баба Лена，也可以直呼其名），而爷爷奶奶、外公外婆通常用小名或爱称来称呼他们。例如：

（19）А. （бабушка）*Анюш* / давай / иди спать / пора // Спокойной ночи //

　　　　Б. （внучка）*Бабушка-а* / ты посидишь со мной? Ну капельку!

　　　　А. Хорошо // （РМ）

（20）Р. *Ба! Баба! Ба!* А вот эти кругляшки мне чем-то напоминают //

В. Ты попробуй кругляшку // （Тексты）

而且 Дедушка, Бабушка; Деда, Баба 还可用来称呼上了年纪的男女，例如（一位上了年纪的邻居走了过来）：（мама малыша）Ура-а / *баба Валя* идет! （РМ）夫妻之间、兄弟姐妹之间都用小名、截短名或爱称作为称呼形式。例如：

（21）А.（муж）*Танюш* / а где у нас ножницы?

Б. Там / в тумбочке / на верхней полке // （РМ）

（22）（А 和 Б 为兄妹）

А. Ну я немножко тебе *Валь* принесу //

Б. Нет-нет не надо // （Тексты）

夫妻之间还可用 Отец/Мать 来相互称呼，相当于汉语的"孩子他爸、孩子他妈"，例如：

（23）Тебе принести, *мать*, воды? （БТС）

（24）А. Кто чихал?（к мужу）Ты /*отец*? Будь здоров!

Б. Постараюсь // （РМ）

夫妻还可以用孙子孙女的口气来相互称呼，例如：

（25）（жена мужу）*Дедушка* / ты нам（внуку）тапочки не принесешь?

俄语中伯伯、叔叔、舅舅、姑夫、姨夫；伯母、婶母、舅母、姑母、姨母等统称为 дядя, тетя，例如：

（26）［Соня:］А ты, *дядя Ваня*, опять напился с доктором. （А. Чехов）

亲近的同事、朋友之间，在非正式场合通常使用小名、截短名或爱称来相互称呼，例如：

（27）（女友间的谈话）

Т. Слушай-ка *Галь* / а есть специфика все-таки у... вот такого оперного дирижера или же?

Г. Ты понимаешь *Тань* / тут вообще специфика именно не дирижера / а специфика жанра // （Тексты）

但在正式场合，同事、朋友间一般使用"名+父名"的称呼形式，例如：

（28）［Бармин:］*Максим Павлович*, мне надо с вами поговорить. Вы свободны?

［Максим：］Слушаю вас.（С. Алешин）

至于年资较高的人，对他们的称呼需用"名+父名"的敬称形式，而他们常用名来称呼比他们年轻的人，有时还用 Молодой человек，Девушка，Голубчик 等称呼形式。例如：

（29）Б. Здрасьте / *Елена Сергевна //*

А. Добрый день / *Олюшка //* Ну как Тимоша / растет?（РМ）

（30）— Я сам в плену был.

— Подробней，— приказал профессор.

— Учитесь говорить，*молодой человек!* Ведь это тоже надо.

（В. Шукшин）

俄语中，姓可用作称呼，学校里同事间、朋友间广为使用。教师有时也用姓来称呼学生，例如：

（31）（师生间的谈话）

［Колесов：］Владимир Алексеевич! Я пришел сюда с надеждой，что вы меня поймете...

［Репников：］Все，*Колесов.* Разговор окончен!（А. Вампилов）

有时上级也用姓来称呼下属，不过这样的称呼是不礼貌的。试比较：

（32）— *Ермаков*，запиши адрес.（В. Дозорцев）

（33）— Павел Иванович，— обратилась она к Гаврилову，— помогите，пожалуйста! Никак не дотянусь — высоко очень.

— Некогда мне，*Голубева*，ерундой всякой заниматься，— грубо ответил Гаврилов.（Е. Цыганов）

俗语中，主要在上了年纪的人（常常是农村人）中间，还可用父名来相互称呼，例如：

（34）— А мы с тобой，*Матвеич*，сейчас на техдвор.（Б. Шишаев）

值得注意的是，俄语中头衔是不能用作称呼的，能作称呼用的只限于профессор，коллега，доктор，сестра（护士）等少数词，例如：

（35）*Коллега*，повторите，пожалуйста，ваш вопрос.（БТС）

（36）— Черное，*профессор?*

— Черное，голубчик，Черное. Совершенно верно.（Ю. Трифонов）

最后，需要指出的是，说话人的心理状态的变化会影响称呼形式的选择。Н. И. Формановская 举了这样一个例子：母亲对女儿说：*Женя，вымой посуду*，但是女儿没有反应。过了一会儿，母亲生气地说（这时母亲用大名称呼女儿）：*Евгения，тебе сколько раз повторять?*（Н. И. Формановская，1989：105）另一个例子选自 В. Добровольский 的小说《三个穿灰大衣的人》中一对情人相互称呼的变化情况。战前，维克托尔（Виктор）和塔马拉（Тамара）是恋人，战时失去了联系，不知道对方的音息。战后两人相遇时，塔马拉用 Вы 和大名 Виктор 称呼男友。经过一段时间的相互了解，过去的关系得到了恢复。有一次，在电话里塔马拉突然改变了称呼，用了男友的小名维佳（Витя）：— Витя? 这两个例子说明称呼形式往往会随着说话人态度的变化而变化。

（二）对陌生人的称呼

根据年龄和性别，对陌生人的称呼可分为对年轻男女的称呼、对成年男女的称呼、对上了年纪的男女的称呼以及对孩子的称呼。

人们通常用 Молодой человек，Девушка 来称呼青年男女，例如：

（37）*Молодой человек*，уступите место（А. Останин）

（38）［Посетитель：］Вы вот что，*девушка*…

　　　［Милиционер：］Я вам не девушка, а сержант !（В. Дозорцев）

而且 Девушка 还普遍用来称呼女营业员、女服务员、护士等，例如：

（39）（护士 М 进来，看着 Б）

　　　М. Нам надо же за ушком побрить //

　　　Б. Да? Щас иду // *Девушка* а носки можно оставить?（РМ）

（40）*Девушка* / будьте любезны двести грамм томату //（Тексты）

当前，在非正式场合俄罗斯人比较普遍地用 Мужчина，Женщина 来称呼陌生的成年男女。这种称呼来自南方方言，带有粗俗的色彩，例如：

（41）— Скажите，*женщина*，почем ваши помидоры?（Юность，2001/04）

（42）*Женщина*，вы за мной!（Л. Граудина）

（43）— *Мужчина*，сколько стоят ваши кильки?

　　　— Мадам，это черноморская скумбрия.（Юность，2001/04）

俄罗斯人还用 Хозяин，Хозяйка 来称呼成年男女，例如：

（44）*Хозяин*，помоги машину вытащить.（БТС）（掌柜的，帮帮忙把车子拖出来）

（45）А. *Хозяева-а* / молока не надо？

Б. Спасибо / нам возят //（РМ）

对上了年纪的男女需称呼 Дедушка，Дедуля；Бабушка，Бабуля，Бабуся，而他们则用 Сынок，Дочка 来称呼年轻人，例如：

（46）— Почем лук，*бабуся*？

— Один рубль пучок.（Б. Метальников）

（47）— Куда собрались，*бабуля*？

— В аптеку，*сынок*.

— Садитесь，подвезу.（Д. Донцова）

俗语中年轻人还用 Отец，Мать；Папаша，Мамаша 来称呼上了年纪的男女，例如：

（48）*Папаша*，дай прикурить.（БТС）

（49）*Мамаша*，давайте я помогу.（Там же）

（50）— Поздравляю，*папаша*，сын у вас！

— Ничего не перепутала？ — недоверчиво переспросил «бизнесмен».（Д. Донцова）

但是日常生活中，俄罗斯人，特别是女性，更倾向于用无人称的称呼（безличное обращение）来跟陌生人打招呼，例如：

（51）*Будьте любезны*，мне вот тот кочешок с краю //

（52）А. *Простите* / который час？

Б. Без трех минут четыре //（Тексты）

Мальчик 和 Девочка 的单数形式可用来称呼陌生的孩子，例如：

（53）*Мальчик*，позови，пожалуйста，Наташу.（А. Останин）

复数形式可用来称呼认识的或不认识的孩子，例如：

（54）Говорите громче，*девочки*，не стесняйтесь.（А. Останин）

（三）关于 Товарищ 和 Господин 的称呼问题

在苏联时期，Товарищ 是一个广泛使用的称呼形式。随着社会制度的变革，这一称呼形式逐渐被 Господин（Госпожа）所取代。现在，在正式场合，Господин（Госпожа）几乎成了唯一的敬称，如 Господин посол，Господин Петров 等；在非正式场合也能听到这样的称呼，例如：

（55）Б. Вы купаться собираетесь?

　　　А. Я да //

　　　В. И я //

　　　Б. Ну так идемте *господа* //（РМ）

但实际上 Товарищ 的称呼在俄罗斯人的日常生活中依然存在。上了年纪的人以及许多普通老百姓仍习惯于使用 Товарищ 这样的称呼。一般企业、商店、医院的通知仍以 Товарищ 的称呼形式开头，边远地区尤为如此。据调查，22% 的莫斯科居民倾向于使用 Товарищ；21% 倾向于 Гражданин；19% 倾向于 Мужчина，Женщина；17% 倾向于 Сударь，Сударья；10% 倾向于 Господин，Госпожа（С. Г. Тер-Минасова，2000：103）。可见，Господин（Госпожа）在生活中的使用率至今并不高。

五　礼貌惯用语

礼貌惯用语（формулы вежливости）是指日常生活中经常重复使用的礼节性的固定交际单位，对话中通常单独用作对语—刺激对语（реплика-стимул）或反应对语（реплика-реакция），例如：

（56）М. *Здравствуй* Лена // Это Марьяна //

　　　Л. *Добрый день* Марьяна //

　　　М. Как у вас делишки?

　　　Л. Ничего //（Тексты）

礼貌惯用语可根据交际情景分为：问候语、祝贺语、祝愿语、告别语、道谢语、请求语、道歉语、结识语等。每类惯用语由数量不定的意义相同的词语构成，如 до свидания，всего хорошего，счастливо，пока，до встречи，прощай（-те）等同义词语构成告别语序列。礼貌惯用语还可以根据修辞三等级（три стилистические шкалы）分为无拘束惯用语（Привет！Пока！Счастливо！）、中

211

立惯用语（До свидания；Всего доброго；До встречи!）和正式惯用语
（Позвольте попрощаться；Разрешите попрощаться）三种。中立惯用语反映了
口语和书面语的基本礼节情景；无拘束惯用语属于口语中最"不严谨"的领域
（Е. А. Земская，Л. А. Капанадзе，1978：299）。中立惯用语使用得最为广泛，只
有在非正式场合亲近的人之间才使用无拘束惯用语。试比较：

（57）A. Можно?

Б. Да //

A. *Здравствуйте* //

Б. *Здравствуйте* //

A. Нели нет у вас?

Б. Нет // （Тексты）

（58）A. *Приветик*!

Б. *Приветик*! Ну ты мам даешь! Сказала в семь придешь //

A. *Извини* / задержалась // （PM）

至于正式惯用语，它只适用于正式交际场合，而且受话人大都是年资较高
的人，例如：

（59）（俄国老太太去美国使馆办签证，使馆女工作人员接待了她）

［Старушка：］Здравствуйте.

［Женщина：］Я очень рада вас видеть. Разрешите предложить вам
стул. （Ставит перед старушкой стул. ）Садитесь，пожалуйста. （С. Алешин）

需要注意的是，同一类惯用语，其内涵不尽相同。以 До свидания 和
Прощай（-те）为例，前者是短时间分别前的用语；后者是较长时间分别前的
用语。试比较：

（60）［Ирина：］До свиданья!

［Федотик：］Не до свиданья，а прощайте，мы больше уже никогда
не увидимся! （А. Чехов）

（一）问候语

无拘束语：Привет!（年轻人常用）；Здрасьте! Кого я вижу〈昵〉；
Приветик!〈俚〉；

Здрасьте-здрасьте！〈昵〉；Здорово, Миша！〈昵〉（男性用语）等。中立语：Здравствуй, Олег；Доброе утро！С добрым утром！Добрый день！Добрый вечер！等。正式语：Здравствуйте, господа；Рад Вас приветствовать；Приветствую Вас 等。例如：

(61) ［Васенька：］О, *кого я вижу!*

　　　［Макарская：］А, это ты.

　　　［Васенька：］*Привет!*

　　　［Макарская：］*Привет, привет.* （А. Вампилов）

(62) А. *Добрый вечер* / Николай Петрович //

　　　Б. *Вечер добрый* // Как жизнь? （РМ）

(63) — *С добрым утром, доченька!* Ну как тебе спалось?

　　　— Спасибо！Очень хорошо！（Б. Метельников）

（二）祝贺语

无拘束语：Ну, поздравляю；Поздравляю, Миша！等。中立语：Поздравляю Вас, Ольга Васильевна！С Новым годом！С новым счастьем！С праздником вас！С днем рождения！С защитой тебя！С дипломом！等。正式语：Позвольте Вас поздравить；Примите мои поздравления；Разрешите Вас поздравить 等。

俄罗斯人的祝贺语很多，一些在中国人眼里不值一提的事，他们都要祝贺一番。当你穿了新衣服时，会祝贺你：С обновкой тебя！当你洗完澡后，也会祝贺你：С легким паром！

（三）祝愿语

无拘束语：Здоровья тебе！Удачи тебе！Успехов вам！等。中立语：Доброго здоровья！Приятного аппетита！Хлеб-соль！Всех благ！Ни пуха ни пера！等。正式语：Желаю здоровья！Желаю вам всем счастья и благополучия！Желаю вам хорошего отдыха！等。

表示祝愿的不带前置词的第二格结构在词汇上出现自由填补的趋势，例如：

(64) *Успешной работы! Пятерок вам*, ребята！

(65) （дедушка малыша）Ну что ж / давайте первый тост за виновника

праздника // Расти Игорек большой и умный / радуй папу с мамой и нас всех //
Здоровья тебе //（PM）

（四）告别语

无拘束语：Пока! Ну, пока! Привет!（年轻人常用）；Ну, всего хорошего;
Счастливо! Я иду! Я иду, пока! Ну, я пошел! До завтра! Ну спокойной ночи!
等。中立语：До свидания; Прощай（-те）（较长时间的分别时使用）；Всего
хорошего; Всего доброго; Будь здоров!（Будьте здоровы!）；До встречи!
Спокойной ночи! 等。正式语：Позвольте попрощаться; Разрешите проститься;
Разрешите откланяться 等。例如：

（66）А. Ушла / *до свидания //*

Б. *До свидания //*

В. *Всего доброго //*（PM）

（67）Б. Ты ложишься?

А. Да //

Б. Ну тада *спокойной ночи //*

А. *Спокойной ночи //*（PM）

（五）道谢语

无拘束语：Ну, спасибо! Спасибо тебе! Огромное спасибо! 等。中立语：
Спасибо; Спасибо Вам! Большое Вам спасибо; Спасибо за помощь; Я вам
бесконечно благодарен 等。正式语：Я вам очень обязан; Очень признателен;
Очень тронут Вашим вниманием 等。例如：

（68）А.（муж）Заметила? Я посуду помыл //

Б. *Спаси-и-бо //*（PM）

（69）Р. *Спасибо большое //* Все было очень вкусное // Мы пойдем //

А. *Спасибо* что пришли //（PM）

（六）对道谢的回答

无拘束语：Что ты, что ты! Ну что ты! Что вы, что вы! Не за что! Это пустяки；Ничего；Ничего-ничего；На здоровье〈谑〉（回答对方的道谢，但不是指宴请）；О чем тут говорить！等。中立语：Пожалуйста；Не стоит；На здоровье（宴请时回答客人道谢的用语）等。正式语：Вы очень любезны；Не стоит благодарности 等。例如：

（70）— Огромное спасибо！

— *Не за что.*（Д. Донцова）

（71）— Спасибо за чай.

— *Пожалуйста.*（СОШ）

（七）道歉语

无拘束语：Ой, извини；Извини меня！Прости, я нечаяно；Виноват 等。中立语：Прости（-те）；Извини（-те）меня , пожалуйста；Простите, я не хотел！Ради бога, простите 等。正式语：Простите, пожалуйста, я позволю себе перебить Вас；Приношу Вам свои извинения 等。例如：

（72）А.（муж）Нин／ты убиралась в моей комнате？

Б.（жена）Я немного пыль протерла //

А. Не трогай ты ничего на моем столе！Опять все не так лежит //

Б. *Ну извини //*（РМ）

（73）［Мать:］Ты *прощаешь* меня？

［Валя:］Ну что ты！Ой боже！Это ты *прости* меня.

［Мать:］Я？Девочка моя. Я тебе всегда *прощу.*（М. Рощин）

（八）结识语

无拘束语：Познакомься: это Нина. Это Лена；Я хочу Вас познакомить；Будем знакомы；Познакомимся 等。中立语：Познакомьтесь, пожалуйста；Представляю вам нашего нового сотрудника: Николай Семенович Кузнецов 等。正式语：Разрешите Вам представить...；Я хочу Вам представить...；Разрешите представиться；Позвольте представиться；Позвольте с Вами познакомиться；Мне хотелось бы с Вами познакомиться 等。例如：

（74） — *Очень приятно с вами познакомиться.*

— Мне тоже.（Д. Донцова）

（75）［Колесов：］*Давайте познакомимся.*（Протягивает ей руку）

［Николай：］Фамилия Колесов. Таня. Таня.（А. Вампилов）

六　赞扬语

赞扬语（комплимент）是对他人面貌、衣着、言行、才能、气质等的赞美之辞。赞扬是礼貌准则之一，它旨在满足受话人的面子需求，营造和谐的交际氛围，起到鼓舞、激励他人的目的，是一种积极的礼貌言语行为。据Н. И. Формановская的观察，赞扬，特别对外貌的赞扬，对女子来说，显得尤为珍贵（Н. И. Формановская，1989：143），例如：

（76）А. Танечка/вы сегодня чудно выглядите //

Б. да ну что вы Лен! Ну спасибо/спасибо//

日常生活中常用的赞扬语主要有：

1）对面貌的赞扬，如 Вы прекрасно выглядите；Вы очень молодо выглядите；Вы все молодеете；Вы хорошо сохранились 等。

2）对衣着的赞扬，如 Этот цвет вам к лицу；Ты всегда одета со вкусом；（дочь матери）Идет тебе очень эта кофта //（РМ）；Вам эта шляпа замечательно идет //（Тексты）等。

3）对言行的赞扬，如 Ты молодец! Вы правильно поступили Здорово сделано；

［Марина：］Люди не помянут, зато бог помянет.

［Астров：］Вот спасибо. Хорошо ты сказала（А. Чехов）等。

4）对才能的赞扬，如 Вы так умны；Вы редкий специалист；Вы талантливый человек 等。

А. Как в школе?

Б. Пятерка по английскому //

А. Ну *умница* //（РМ）.

5）对气质的赞扬，如 У тебя прекрасный характер；Ты всегда такая отзывчивая；С вами интересно общаться；У тебя такой симпатичный муж 等。

俄罗斯人跟西方人一样，听到赞扬的话后会做出积极的反应。这已成为礼貌准则。例如：

（77）〔Катя：〕И вы... вы такая красивая, Лидия Ивановна!

〔Лидия Ивановна：〕Да что ты! *Ну, спасибо за комплимент.*（М. Рощин）

值得注意的是，现代俄罗斯社会中女子对赞扬语的反应发生了变化——传统的应答模式（谢谢）开始被"否认、道歉、解释"等谦辞所取代。（М. В. Китайгородская，Н. Н. Розанова，1995：72）例如：

（78）А. Садись девушка // Красивая!

Н. Да уж очень / да-а / ну конечно // С немытой башкой //（«Русский рочевой портрет»，以下简称 РРП）

（79）Т.（соседка）Было так все хорошо / вкусно / весело // А.（хозяйка шутливо）Ну извините если что не так //（РМ）

（80）〔Владимир：〕Ух ты, какая ты сегодня красотка!

〔Варя：〕Немного чересчур. Перемазалась.（С. Алешин）

最后，需要强调指出，赞扬他人必须得体。说话人必须以客观事实为依据，有分寸地赞扬他人；不能偏离事实，更不能违背事实。在契诃夫的《瓦尼亚舅舅》中主人公 Елена Андреевна 赞扬 Соня 的话就十分得体。请看两人的对话：

（81）〔Соня：〕Я некрасива.

〔Елена Андреевна：〕У тебя прекрасные волосы.（А. Чехов）

继母 Елена Андреевна 的回答之所以得体，是因为她没有违背 Соня 不漂亮的事实，而从头发的角度赞扬了她，从而维护了她的面子。如果继母不顾事实，说 Соня 漂亮，那么这种赞扬是虚伪的，它只能起到消极的后果。要知道赞扬如果偏离事实，就会变成奉承，而阿谀奉承是卑鄙、有害的。

七　同情语

同情是对于别人的遭遇或行为在感情上发生的共鸣（《新华词典》），而同情语则是对这种共鸣的言语表达形式。同情有两个含义：一是同情、怜悯别人的遭遇、不幸、痛苦等；二是支持、赞同别人的行动。常用的同情语有：Как жалко! Как жаль! Ах ты, боже мой! Очень жалко, что так получилось; Мне очень жаль; Поверьте, мне очень жаль; Какое несчастье! Я сочувствую его несчастью; Я сочувствую вашему мнению; Очень Вас понимаю 等。例如：

（82）［Любовь Андреевна：］Пожалейте меня, хороший, добрый человек.

　　　　［Трифонов：］Вы знаете, *я сочувствую всей душой.* （А. Чехов）

（83）［Мирена：］*Жаль*, что тебе приходится заниматься сапожным ремеслом.

　　　　［Сократ：］Я рад им заниматься. （С. Алешин）

同情语旨在帮助他人摆脱困境，保全其面子的需求，因此它跟赞扬语一样，应该成为一种积极的礼貌言语行为。在这方面人们熟知的伟大诗人普希金的短诗《假如生活欺骗了你》可算是一个范例：

Если жизнь тебя обманет,

Не печалься, не сердись!

В день уныния смирись:

День веселья, верь, настанет.

Сердце в будущем живет;

Настоящее уныло;

Все мгновенно, все пройдет;

Что пройдет, то будет мило.

八　委婉说法

委婉说法，亦称委婉语（эвфемизм，源自希腊语 euphēmia），《苏联百科词典》把它界定为：用间接的缓和的说法来替代尖锐的或违反礼貌准则的说法。（«Советский энциклопедический словарь»，1980：1544）委婉说法体现了说话人的谦虚及对他人的恭敬，因此是礼貌言语的重要方面。委婉说法可以通过同义词替换、动词式的替换、引入插入语或插入结构、加敬辞以及指令语的委婉表达等手段来实现。

（一）同义词替换

用不带感情色彩的中立词或文雅的词来替换不礼貌的、粗俗的、尖刻的或有失分寸的词，如用 неправда 替换 ложь，старые вещи 替换 старье，туалет 替换 уборная；用 неумный 替换 глупый，полный 替换 толстый；用 задерживаться 替换 опаздывать，позаимствовать 替换 украсть，уклониться от истины 替换 соврать，уйти 替换 умереть 等。用词委婉或不委婉，其效果是截然不同的。试比较：

（84）［Сесиль：］Да что с вами спорить, вы весь — вчерашний день, вы — какой-то анахронизм...

［Павле：］Я — анахронизм?! Я, отдавший молодость революции, посвятивший всю жизнь людям и родине?! （Г. Абашидзе）

（85）［Костя：］Вы представитель другого поколения, и ваши взгляды на жизнь, на взаимоотношение молодых людей, они несколько...

［Федор Федорович：］Старомодны.

［Костя：］Нет, этого я не говорю, но... вообще... несколько традиционны, что ли, и поэтому...

［Федор Федорович：］Да... так... дожидался... （«Бедная Маша»）

这两例的内容大致相同，但例（84）中说话人使用了尖刻、讽刺的词儿（вчерашний день，анахронизм），激怒了受话人；而例（85）中说话人则使用了柔和的中立词儿（представитель старого поколения，взгляды... несколько... традиционны），因此受话人没有发怒，而只感到有点委屈。可见，谈话中使用粗俗、尖刻的词儿有伤他人的面子，是极不礼貌的言语行为。

（二）动词式的替换

这里主要指用动词假定式（动词过去时+бы）来替换动词陈述式。这是因为假定式含有说话人的想法、愿望、请求、建议、劝告等主观情态意义，它表示说话人态度谦和，不把自己的意见强加于人，因此能起到维护他人面子的作用，是一种婉转的礼貌表达形式。例如：

（86）Л. Да мы жили очень плохо // Мы нищими были / и ничего больше не видели //

   Р. Я бы. . .

   П. Я бы не сказала // （РМ）

（87）［Ирина：］Вы бы，доктор，шли спать.

   ［Чебутыкин：］Ничего-с. . . Благодарю-с. （А. Чехов）

（88）А. （жена）Ты бы эту рубашку на работу не надевал //

   Б. （муж）А что?

   А. Ну вид уже потеряла // （РМ）

（三）引入插入语或插入结构

  插入语或插入结构能赋予语句各种附加的主观情态意义（Л. А. Новиков，2001：646），其中推测意义，即说话人对所说内容没有完全把握，能起到缓和语气的作用，使话语语气婉转，不那么绝对、自信。因此，也是一种委婉的礼貌表达形式。常用的插入语或插入结构有 по-видимому，видимо，наверное，вероятно，кажется，возможно，может быть，должно быть，пожалуй，я думаю 等。例如：

（89）— Мне *кажется* она （шляпа）несколько молодежная //

   — Я бы не сказала что она. . . для молодежи. . . （Тексты）

（90）— Так книжки любит?

   — Нет，*я думаю*，он библиотекаршу любит. （Б. Метальников）

（91）А. （жена）Я там ванну приготовила // Иди / мойся//

   Б. （муж）Ты знаешь / я *пожалуй* сеодня не буду // Что-то голова болит //

   А. Ну смотри / тебе видней // （РМ）

（四）加敬辞

  汉语中有敬辞一说，它指的是含恭敬口吻的用语，如"请问、借光"等。俄语中也有这类词语，如 извини （-те），прости （-те），будь любезен （будьте любезны），будь добр （будьте добры），прошу （просим）等。当说话人试图询问他人或请求他人帮助时，常常在语句前加上敬辞，以示礼貌。例如：

（92） А. *Простите* / который час ?

　　　Б. У меня без пяти два // Но мои спешат // （Тексты）

（93） Г. *Извините* / а Антона у вас нет ?

　　　А. Он заходил / а потом пошел кажется в столовую // （РМ）

（五）指令语的委婉表达

　　G. Leech 发现礼貌和语句的结构有联系，如机智准则影响指令语（directives）的结构：指令语越直接，受话人难以拒绝，因而受损越大，礼貌系数越低；指令语越间接，受话人回旋的余地越大，因而受损越小，礼貌系数越高（J. S. Peccei，2000：61）。试比较：

（94）Set the table.

（95）Can you set the table?

（96）Could I possibly ask you to set the table?

　　俄语跟英语一样，疑问句也可以间接地用作指令语，表示委婉的请求或建议。例如：

（97） А. Валь / ты мне не поможешь маленько?

　　　Б. Давай // （РМ）

（98） А. （жена）Ты мне массаж не сделаешь? Рука отваливается //

　　　Б. Давай // （РМ）

（99） А. Вы не скажете / который сейчас час?

　　　Б. Щас двадцать минут двенадцатого // （Тексты）

（100） Б. Ну пойдем гулять?

　　　В. Пойдем // （РМ）

　　疑问句前还可以加上敬辞，这时指令语的语气变得更加婉转、更有礼貌。试比较：

（101）Вы не можете мне помочь?

（102）Будьте любезны, не могли бы вы мне помочь?

参考文献

Верещагин Е. М. , Костомаров В. Г. , *Язык и культура*, Москва: Индрик, 1976.

Земская Е. А. , "Категория вежливости в контексте речевых действий" // *Логический анализ языка*, Москва: Наука, 1994.

Земская Е. А. , Капанадзе Л. А. （ред. ）, *Русская разговорная речь. Тексты*, Москва: Наука, 1978.

Китайгородская М. В. , Розанова Н. Н. , *Русский речевой портрет*, Москва: Наука, 1995.

Китайгородская М. В. , Розанова Н. Н. , *Речь москвичей*, Москва: Русские словари, 1999.

Ладыженская Т. А. , *Устная речь как средство и предмет обучения*, Москва: Флинта, Наука, 1998.

Новиков Л. А. （ред. ）, *Современный русский язык*, Санкт-Петербург: Лань, 2001.

Советский энциклопедический словарь, Москва: Советская энциклопедия, 1980.

Тер-Минасова С. Г. , *Язык и межкультурная коммуникация*, Москва: Слово/Slovo, 2000.

Формановская Н. И. , *Русский речевой этикет: лингвистический и методический аспекты*, Москва: Русский язык, 1987.

Формановская Н. И. , *Русский речевой этикет и культура общения*, Москва: Высшая школа, 1989.

Шведова Н. Ю. , Лопатин В. В. （ред. ）, *Русская грамматика*, Москва: Русский язык, 1990.

Brown P. , Levinson S. C. , *Politeness: Some Universals in Language Usage*, Cambridge: Cambridge University Press, 1987.

Peccei J. S. , *Pragmatics*, 外语教学与研究出版社, 2000。

Yule G. , *Pragmatics*, 上海外语教育出版社, 2000。

〔英〕哈特曼·斯托克:《语言与语言学词典》, 黄长著等译, 上海辞书出版社, 1981。

何兆熊:《新编语用学概要》, 上海外语教育出版社, 2000。

中国社会科学院语言研究所词典编辑室:《现代汉语词典（第7版）》, 商务印书馆, 2016。

原文发表于《俄语语言文学研究》2004年第4期

话语词与言语行为的实施

许　宏[*]

摘　要： 随着语用学的发展，话语词的研究越来越引起学者们的兴趣和重视。在言语行为实施的过程中话语词不影响命题的内容，但传递了有关说话人对命题的态度或施为的信息。本文探讨俄语中话语词在言语行为实施过程中所具有的各种语用功能。

关键词： 话语词　言语行为　语用功能

一　话语词和言语行为理论

言语行为理论最初是由英国哲学家 J. Austin 提出，后由 J. Searle 进一步发展完善。言语行为理论的基本概念是："说话就是做事"。一切语句都能完成某种行为，J. Austin 称之为"以言行事"。语言交流的最小单位不是符号（包括语词、语句等），而是言语行为（例如陈述、请求、提问、警告、命令、道歉、祝贺等），是在施行言语行为中所构造出或言说的符号。J. Searle 的言语行为理论颇具特色的一个方面，就是赋予语言交流以意向性特征，认为人们之所以能够理解说话者表达的静态符号，是因为说话者在发出该符号时具有特定的意向，希望将所含信息传达给受话人并使他获得理解，这也是言语行为具有语力的原因所在。言语行为理论最关心的即是这个语力，也就是话语的言外之力（illocutionary force），有些语言手段就是明示言外之力的，如施为动词

---

* 许宏，上海外国语大学俄罗斯东欧中亚学院院长、教授、博士生导师。

（performative verbs）。某些话语词在一定语境下也能明示说话人所实施的言语行为或表明说话人对该命题所持的态度，并能对话语的施事语力进行调控。

话语词的组成部分有语气词（разве，авось，лишь）、副词（опять，наоборот）、插入词、情态词和词组（短语或结构组合）（всего лишь，по крайней мере，пожалуй，наверное）等，其核心是语气词和情态词。20 世纪 70 年代后半期，随着语言学中交际——语用转向，学者们对虚词（非实词）的研究兴趣空前地提高。俄罗斯语言学界对这类词的描写也发生了质的飞跃。话语词"一方面能够保证语篇的连贯性，另一方面它用最直接的方法反映说话人和受话人相互作用的进程"，说话人的立场："说话人如何阐释他向受话人所报道的事实并怎样从重要性、真实性、可能性程度方面评价它们"（А. Н. Баранов，В. А. Плунгян，Е. В. Рахилина，1993：7）。话语词是"话语信息组织的一部分，它的存在与否并不影响话语的命题内容，其作用不是局部的，主要是从整体上对话语的构建与理解产生影响，具有动态的语用特征"（何自然、冉永平，1999：1）。话语词无论在构建和理解话语的过程中，还是在掌握语言的过程中，都起着非常重要的作用。受话人可以在信息处理时直接根据话语词的解码信息，获知说话人言语行为的意图。

J. Austin 的言语行为理论本质上仍然是停留于语义分析的层面而未进入语用空间，处于这一层面上的施事语力是稳定的、静态的。但言语行为的实施是通过话语实现的，在实施过程中其施事语力的表现是动态的。它的实施包含着交际双方的社会关系、心理状态、态度等因素。某一具体言语行为在实施过程中，由于意图的变化或社会条件的变化或场合条件的变化或受话人特征的不同，说话人会根据需要而采取相应的语用策略来调控。本文所研究的是话语词所承载的话语层面上说话人所动用的语用策略，即通过话语词及其他方式调控话语和言语交际的互动性。话语词并不影响命题的内容，但传递了有关施为的信息或说话人对命题的态度。

二　言语行为的实施和话语词的语用功能

（一）指示间接言语行为

语句意义最简单的情况是：说话人说出一个句子，这个句子的命题内容正好就是他要表达的意思。然而，在交际中人们说出的句子的形式和其功能之间并不存在绝对的一一对应关系。这种现象即是 J. Searle 所认为的"间接言语行为"（indirect speech acts），即通过实施另一种施事行为的方式来间接地实施某一种施事行为。间接言语行为有规约性的和非规约性的。规约性间接言语行为指"这样的一类施为性言语行为：它一向用以实施间接言语行为，说话人和受话人可能已经觉察不出这类言语行为在字面上的施为用意，因此可以说，这类间接言语行为已经形成一种惯常使用的标准格式"（何自然，1997：96）。某些话语词，在一定的句式中已被习惯地用以表达间接言语行为，在交际中受话人按习惯可立即得出言外之力。例如：

（1）— У Маши завтра день рождения。Ты *ведь* завтра поздравишь？

（2）— *Может быть*，погуляем？

（3）— Пойдем，*а*？

（4）— *Разве* это не красота？

例句（1）带有 ведь 疑问式语句实施的是请求间接言语行为，即请求受话人"明天祝贺玛莎"；возможно，может быть，вероятно，должно быть，наверно 等这类话语词是假设言语行为的标志（Т. В. Булыгина，А. Д. Шмелев，1993：79）。但在例（2）中，其言外之力为祈使，相当于 Давай погуляем。我们知道，俄语中疑问式实施请求、劝告、建议等祈使言语行为是规约性的，它们"需有否定词的参与"（Т. В. Булыгина，А. Д. Шмелев，1997：296）：Ты не сходишь за хлебом？Ты не мог бы сходить за хлебом？Не уйти ли тебе на пенсию？Почему бы не подать тебе заявление об уходе？Не отказаться ли нам от обсуждения этого вопроса？例（2）中没有否定词正好说明了这里用于请求意义的不是疑问句，而是带有假设语力标志的假设句。这类祈使句体现了发话人谨慎的态度，在表示委婉的请求、建议时，具有一定的回旋余地，即使被对方谢绝也不至于使自己感到难堪。例如：

（5）— Тебе хорошо виден экран？*Может быть*，поменяемся местами？

—Нет，спасибо，всё хорошо。

例（3）中的 а 在规约性间接言语行为中表示敦促交际对方做出回答或行动；例（4）中的 разве 传达了该句实为毋庸置疑的肯定。

俄语中间接言语行为的使用频率颇高，而非规约性间接言语行为构成了它的重要组成部分。非规约性间接言语行为指语句的字面用意和话语用意不相一致的更为复杂和不确定的情况。规约性间接言语行为在一般场合下按习惯可以很容易地推断句子的言外之力，而非规约性言语行为的言外之力的推导依赖于言语行为实施者相互间的关系，双方共知的信息及所处的语境及其他一系列因素等。话语词也是其中因素之一。例如：在一定的语境中当说话人说 Она ещё спит，其言外之意可能为：Смотри не разбуди её！说 Уже 12 часов，其言外之意可能为 Пора уходить 等。

（二）明确言语行为类型

言语交际的目的并不只是陈述事实或辨别命题的真假而更主要的是实施言语行为，以"言"行事。言语行为理论最关心的是话语的言外之力，有些语言手段就是明示言外之力的，如施为动词。某些话语词也能明示说话人所实施的言外之力或表明说话人对该命题所持的态度。例如：

（6）Авт：— ... мол, каждый, кто держит в руках «Огонек», держит в руках могендовид...

    Инт：— «Могендовид» — звезда Давида.

    То есть шестиконечная звезда...

这里 то есть 引出的语句即为解释言语行为，它表达的是解释人对说话人所说语句的解释。该言语行为的发生是因为解释人认为说话人的表述对于受话人（观众、听众）来说不够明确，有违 H. Grice 的"方式准则"，因而他用了他认为的更加清晰明了的表达来阐释说话人的语句。

（7）— *Пусть* в новом году к вам придет успех.

（8）— Триста тысяч！— повторила еще раз, точно в бреду, Нина. — Чего только на эти деньги не сделаешь！..

    Анна Афанасьевна［мать Нины］провела рукой по ее пышным волосам.

    — *Вот бы* тебе такого мужа, деточка. А？（А. Куприн）

例（7）和例（8）中的 пусть 和 вот бы 指示了语句为祝愿言语行为。

（9）— Представьте себе такую ситуацию. Каковы ваши действия？

    — Я, *возможно*, назначаю вас своим заместителем, а сам тайно покидаю страну.

（10）*Вероятно*，я прошу вас остаться.

例（9）和例（10）中的 возможно 和 вероятно 标志着该语句为假设言语行为，试比较没有 возможно 和 вероятно 的语句：Я назначаю вас своим заместителем（任命言语行为）；Я прошу вас остаться（请求言语行为）。这里，话语词反映的是说话人的意向状态，它的客体不是构成语句命题内容的事态，而是言语行为本身。

话语词对话语所表达的命题内容不产生影响，但它能促进话语的理解，减少受话人处理话语所付出的努力，减少产生误差。根据言语行为理论语力是一个复杂的结构，它主要是由说话人目的及其心理状态、交际双方社会地位的差别和利益、言语行为同上下文的关系以及其他一些因素构成。话语词的意义和语力有一定的相互作用，带有话语词的语句的潜在意义按常规要比不带话语词的该语句窄，因而话语词在语句中不可避免地限制了语句表达不同意向类型的潜力，正是由于这个限制效力，话语词在一定程度上指示、明确了语句的施事语力。比如，在祈使语句中加入了话语词 же 就排除了劝告和允许；加入了 -ка 排除了允许；带有 только 的祈使语句不表达一般的允许行为，只能表达有条件的允许行为（— Можно я открою окно? — *Только* открывай не настежь）；a 在正式场合不能用于命令；带有 уж 的命令式句子一般表示坚决的请求（Ты *уж* не откажи мне）或不情愿的答应（Бери *уж*）；так и быть 在祈使语句中表示允许（*Так и быть*，иди!）等。

И. Кобозева 指出，为了描写和解释类似的语气词和意向功能组合的限制，使用 A. Вежбицкая 提出的情态框架比较方便，它可以清楚阐述意向语义。语句中引入情态话语词后话语词的意义融入了语句的情态框架内。显然，话语词的意义不应包含和构成情态框架的成分相对立的成分，否则会产生语用语义异常。比如，же 在命令式中的意义如下：

"说话人认为，受话人在他说话时刻已经知晓他所期待他完成的行为"：Иди же сюда! Сколько раз можно повторять?

表明劝告意向功能的情态框架包含下述成分："说话人认为，受话人不知晓他应该做什么"，显然，语气词的意义和情态框架内的这个成分相对立。由此 же 用在劝告行为中是异常的：

（11）— Что мне делать в такой ситуации, посоветуй!

　　— Уезжай（＊же）в другой город. （И. М. Кобозева，2004）

（三）独立构成言语行为

某些话语词还可独立构成言语行为。例如，在具体的语境中下述独立构成反应语句的话语词都具有施事行为功能：

（12）— Верка-то шибко закручинилась тоже. Даве забежала, а она уж слыхала...

　　　— *Ну?*

　　　— Горюет. （В. Шукшин）

（13）—Красавица! Просто красавица! — придыхал Кюхель, заламывая руки.

　　　— *Пожалуй...*

　　　— согласился доктор. （А. Васильев）

（14）— Распишитесь, — попросила девушка.

　　　— *А?*

　　　— За телеграмму... （В. Шукшин）

例（12）中的 ну 用作"刺激不知因何原因中断了语句的交际对方继续语句"（О. Б. Сиротина，2003：38）。它可看作是说话人发出的祈使言语行为，要求对方快把话说下去。类似的词还有 да，нет 等，说话人用这些词告诉谈话对方："我听着呢"，"你接着说吧，我想听下去"。例（13）中的 пожалуй 表示肯定，它表达了说话人同意对方的断言或评价，但并不彻底，常带有谨慎的特点。例（14）中的 а 表示交际对方对不理解的话语提出疑问。

（四）强化施事语力

任何一个言语行为的实施都有相应的语力，但这种语力在进入交际语境时，要经过话语层面上的调控，才会具有交际价值。在实际交际过程中，调控的手段多种多样，话语词即是诸多手段中的一种，它可以对言语行为起调节作用，从而强化或弱化言语行为的语力，以收到说话人预期的言后效果。例如：

（15）Лика，*правда*，выходит замуж.

（16）— Чего гонитесь за ним! Он вас и *впрямь* там убьет! — гневно крикнул на отца Иван Федорович. （Ф. Достоевский）

（17）Я *действительно* должна перед вами извиниться.

（18）Марфенька сконфузилась, а бабушка, *к счастью*, не слыхала. Она сердито глядела в окно... （И. Гончаров）

上述例句中话语词都是通过说话人对命题内容真实性的态度来提高话语施事语力的强度的。其中例（17）借助 действительно 表明说话人强烈地意识到自己的错误，从而加强了道歉语力；例（18）中的 к счастью 还表达了说话人"高兴"的心理状态。

（19）— Ну вот, ну вот... неудивительно！А Берлиоз, *повторяю*, меня поражает. Он человек не только начитанный, но и очень хитрый. （М. Булгаков）

（20）И тогда, *поверьте*, недостатка в нем не будет. Даже, пожалуй, хорошо было бы, если б его было поменьше. （М. Булгаков）

上述例句中的说话人用 повторяю, поверьте 强调、突出了命题内容，附有加强和提请对方注意的意味。类似的话语词还有 напоминаю, подчеркиваю, не поверишь, согласись, заметьте 等。

除了通过表达对话语命题的态度来增强其施事语力外，说话人还可以通过不同的方式提及说话人的知识或假定双方共有的背景信息，从而达到强化言语行为施事语力的目的。例如：

（21）— Я получу согласие, а сы... сын? *Ведь* они мне не отдадут его. *Ведь* он вырастет, презирая меня, у отца, которого я бросила. （Л. Толстой）

（22）— ...Я нынче узнал, что брат Николай... *знаешь*, он тут... я и про него забыл. Мне кажется, что и он счастлив. Это вроде сумасшествия. （Л. Толстой）

（23）— ...Ну, а колдовству, *как известно*, стоит только начаться, а там уж его ничем не остановишь. （М. Булгаков）

上述例句中的 ведь 和 знаешь 提醒对方应该知道的后续信息，как известно 假定双方共有的背景信息，它们都标记了说话人和受话人共知的事实，将说话人和受话人置于一个共知的范围那，不仅拉近交际双方的距离，有利于交往的顺利进行，而且还强化了相关言语行为的施事语力。

此外，某些话语词不仅能增强说话人的语气，还能赋予语句附加含义。例如：

（24）*Прямо* не знаю, что делать！

（25）— У него *ведь* нет этой книги？

— Кажется, нет.

— Давай подарим ему эту книгу.

（26）Открой *же* дверь!

（27）*Смотрите* не опоздайте!

（28）*Что*, у вас каждый день такой?（Н. Гоголь）

例（24）中的 прямо 赋予话语强烈的情感表达力；例（25）中的 ведь 暗含着说话人在发出疑问行为时，不单纯旨在获得信息，而且还表示说话人比较确信所述之物，并想从受话人那里得到确认。这里说话人几乎确信"他没有这本书"，希望能够得到受话人的确认；例（26）中的 же 表达了非常坚决的请求；例（27）中的 смотрите 赋予该祈使句子以加强警告的意味；例（28）中的 что 在强调语句疑问语力的同时，赋予了话语无拘束的意味。

（五）弱化施事语力

不同类型的言语行为可能给受话人带来不快或会对受话人的面子构成威胁，因此在使用中，常常添加话语词来减弱这些言语行为的施事语力，使其显得委婉、柔和。例如：

（29）— Коля! Коль! Ты стихи сочинять умеешь, *а*?

— Об этом не спрашивают.（к/ф «Не стреляйте белых лебедей»）

（30）— Только подождите меня, *ладно*? —попросила учительница. — Я с вами пойду. Мне тоже интересно стало.（В. Шукшин）

（31）— Марья, не отопру! — сказала она шепотом. — Отопри, *что ли*.（А. Чехов）

（32）— Сядьте-*ка*, — вдруг повелительно сказал Воланд. Маргарита изменилась в лице и села. — Может быть, что-нибудь хотите сказать на прощанье?（М. Булгаков）

在这些例句中 а，ладно，что ли，-ка 等分别缓和了疑问和祈使的语气，减弱它们的强度，表达了缓和的疑问、劝告、婉转的建议或请求。

言语交际中说话人还往往使用从可靠性角度来说明命题内容真实性的话语词就语句的真实程度对话语内容做出修正，它们不仅可以表明说话人对话语内容所做的直接主观测度，还可缓和语力。例如：

（33）Они, *говорят*, скоро приедут.

（34）— Чего же поневоле за такого молодца? Князь, *что ли*?（В. Маканин）

（35）А вот что: если ты хочешь их видеть, они, *наверное*, нынче в Зоологическом саду от четырех до пяти.（Л. Толстой）

（36）— ...Но и Марфа Никитишна...простите меня, но вы, *кажется*, ошибаетесь в Марфе Никитишне! Она была строга, но...ведь нельзя же было не потерять терпение...с таким идиотом, каким я тогда был（хи-хи!）.（Ф. Достоевский）

例（33）中的 говорят 表明话语是他人的看法，例（34）中的 что ли 表示说话人的犹疑和不肯定，两者都使肯定语气趋向缓和；例（35）中的 наверное 使话语留有余地，万一搞错，说话人的责任也会轻些；例（36）中使用 кажется 减轻断言的程度，从而显出对他人的尊重，并显得礼貌和得体。

在言语交际中，人们通常力求使自己的言语行为符合礼貌原则（принцип вежливости），这时话语词就经常充当缓和手段。例如：

（37）— У тебя *не совсем* хороший вид, — сказала она.（Л. Толстой）

（38）— Ну, тут вы *немного* ошибаетесь; я в самом деле...Был нездоров...（Ф. Достоевский）

受赞誉准则（максима одобрения）影响，说话人在实施"不赞"这种评价行为时，尽量用各种手段来减轻负面评价的影响，努力减少评价绝对性。而一致准则（максима согласия）又要求尽量减少双方的分歧，所以上述例句中说话人在做出对受话人不利评价时使用了 не совсем, немного。这样不仅顾及了受话人的"面子"，而且减少了这一言语行为可能产生的负面效果，降低了以言行事用意的力度，提高了话语的可接受性。

三　结语

话语词作为一种语言手段，被人们广泛应用。尽管它的存在并不影响语句的命题内容，但它在言语行为的实施过程中所起的作用却是不容忽视的。正如很多学者所指出的那样，话语词是一个很长一段时间以来被人们忽略的问题，对在言语交际中话语词和言语行为实施的相互作用还有待于更深入更广泛的研究。我们认为，话语词作为一些言语行为形式上的标志还需要做大量的更广泛更深入的研究，尤其是一些实证研究。

参考文献

Баранов А. Н. , Плунгян В. А. , Рахилина Е. В. , *Путеводитель по дискурсивным словам русского языка*, Москва: Помовский и партнеры, 1993.

Булыгина Т. В. , Шмелев А. Д. , "Гипотеза как мыслительный и речевой акт" // *Логический анализ языка: Ментальные действия*, Москва: Наука, 1993.

Булыгина Т. В. , Шмелев А. Д. , *Языковая концептуализация мира（на материале русской грамматики）*, Москва: Школа «Языки русской культуры», 1997.

Кобозева И. М. , "Прагмасемантическая аномальность высказывания и семантика модальных частиц" // *Логический анализ языка. Противоречивость и аномальность текста*, Москва: Наука, 1990.

Кобозева И. М. , "Дискурсивные слова как носители имплицитной интенциональной информации" // *Курс лекций «Актуальные вопросы семантики и прагматики русского языка»*, Харбин: Хэйлунцзянский университет, 2004.

Сиротина О. Б. （ред.）, *Разговорная речь в системе функциональных стилей современного русского литературного языка. Грамматика*, Москва: Едиториал УРСС, 2003.

何自然、冉永平:《话语联系语的语用制约性》,《外语教学与研究》1999 年第 4 期。

何自然:《语用学与英语学习》, 上海外语教育出版社, 1997。

原文发表于《俄语语言文学研究》2007 年第 4 期

俄语功能交际语法中前置词范畴功能研究的新趋势和创新价值

郭淑芬*

摘　要： 目前在俄语功能交际语法中呈现出对词类进行功能研究的新趋势。本文详细阐述俄语前置词范畴功能研究的动机和现实意义、研究的范围和角度、提出的新概念和术语；列举前置单位支配功能的多样性及其范畴化的操作方法；论述前置词范畴功能研究的创新价值。从中我们看到前置词范畴功能研究的新趋势，这一趋势预示着未来俄语功能交际语法研究的进一步深化和细化。

关键词： 俄语功能交际语法　前置词范畴　前置单位　词法-句法聚合体　功能语法场

众所周知，前置词对于屈折语的俄语，虽然只是个虚词小类，却在组词造句中起着举足轻重的作用，不容小觑。无论在俄罗斯还是中国，对这个虚词范畴的研究从未中断过。任何一门学科的发展不仅需要研究新的知识，同时也需要对已经研究过的传统知识进行再探索或提出质疑，语言学的发展也不例外。目前俄罗斯就出现了一种从功能的角度研究词类的新趋势，比如莫斯科大学 М. В. Всеволодова 教授带领的国际学术团队对俄语前置词的功能研究。早在

---

* 郭淑芬，北京外国语大学俄语学院教授、硕士生导师。

2002 年这个团队就开始了对俄语传统词类前置词功能的专门研究，旨在对前置单位（предложные единицы）的类型、支配功能、语义、涵盖各种语体在内的聚合体关系等方面进行详细的研究并与其他斯拉夫语前置词进行对比。经过十年的语料收集和联合研究，已经取得巨大成果，在俄罗斯国内外各大语言学杂志已发表相关论文 40 多篇，从中我们看到俄语前置词范畴功能研究在很多方面都有新发现和新突破，很有创新价值。

一 俄语前置词范畴功能研究的动机及现实意义

俄语前置词范畴一直是传统语法的重要研究课题，受到广大语言学家的重视，但大多数课题主要研究具体前置词的语义，而且描写的主要是词典或语法书中已收录或标注的纯前置词的常规用法。这些前置词受到使用常规的限制，因而数量极其有限，对它们的分析也仅局限在文学作品的例句上。前置词范畴在言语建构中的功能、与其他句子和语篇范畴的关系、其全部集合（不管是否属于常规）及其词法——句法结构在十年前还没有成为语言学的研究对象。是 М. В. Всеволодова 组建的学术团队开始了这些方面的研究。他们发现无论是在日常用语中，还是在正式公文中，无论在各种功能语体中，还是在不同层次的文学作品中都有规律地使用着一些俄语科学院词典中没有收录和标注的与纯前置词等值的词汇单位（лексема），它们在言语中行使着纯前置词（即原始、非派生前置词）的功能，比较：специалист в вопросах дизайна — специалист по дизайну. 其中的 в вопросах 在俄语词典中没有被收录为前置词，但它在现实言语中却有规律地使用着，实际上行使着纯前置词 по 的功能。在 М. В. Всеволодова 团队搜集的语料中这样的纯前置词的等值词（эквиваленты）非常多，他们认为不能再对它们置之不理，因为未来它们有可能成为常规语言现象。此外，如果它们能够作为常规纯前置词的同义词在言语中有规律地被使用，就说明它们是被语言需要的，而被语言需要的就应该已经进入了语言系统。（М. В. Всеволодова，2005，2006）于是 М. В. Всеволодова 带头开辟了斯拉夫前置词研究的国际科研项目，填补了在前置词范畴功能方面研究的空白。

前置词的功能是支配范畴（категория управления）的一部分，是把名词引入句法结构的形式手段。前置词功能研究的角度不再是始于分析前置词的语义，而是从尽可能全面地搜集具有前置词功能的前置单位的语料清单开始的，正是这些显示不同语法地位的前置单位证明了语言有场结构（М. В. Всеволодова，2009），而等值前置词占据的恰恰是前置词范畴场的边缘区。至于研究前置词功能的动机，М. В. Всеволодова（2010）是这样说明的：语言学的研究对象应该是整个语言而不只是其符合标准的部分，不局限于前置单位的常规性并不表示反对规则，了解语言的现实情况最重要，因为操语言者可能破坏规则，但不会经常越出语言系统的边界；传统语法首先是建立在文学语言之上的，然而这只是功能语体的一种，没人用它来交际，它描写的是虚拟的世界，而非客观的世界，因此语言有极大而又积极的一部分留在了语法研究的视野之外，导致人们无法准确认识语言的系统性，无法预测语言的发展。正因为文学语言只是一种与全民族语言对立的特殊系统，进入大众语言的不仅仅有文学语言，还有大众传媒语言，科学语言（语言学、心理学、医学、经济学、物理学等），而其他功能语体的语言，如公文事务、战争、体育、法律、教堂等语言还远远未被涉及。此外，前置词的语义只有在由不同词素组成的同义系列中才能准确呈现，因此对前置词的搜集和描写原则应该是按照它在言语中真实存在的样式，而不是按照它在研究者语言意识中存在的样式，那样的语料将是不完全的。这就是前置词功能研究的理论依据及采取的方法、角度和原则。

二 前置词功能研究的范围及重新命名

М. В. Всеволодова 学术团队扩大了前置词研究的范围，研究对象从传统语法中标注的纯前置词扩大到所有前置词的等值词，使用比前置词更宽泛的术语"前置单位"，也就是把除纯前置词之外的其他与纯前置词等值的词汇单位都囊括进前置词范畴之内。等值前置词指在言语中使用的与词典中标注的纯前置词功能相同的词汇单位，包括类前置词（аналоги）和准前置词（корреляты）。类前置词指有变为前置词能力的类别词（классификаторы），如 предел, рамки, область, случай, сфера 等，以及可按 во избежание, в ознаменование 等形式自由构成带目的意义的前置单位 в изменение, в улучшение, в увеличение чего 等。准前置词指在一定条件下拥有前置词功能的并没有脱离自己本身词类的词形，包括两种：比较级（больше，меньше，выше，ниже 等）和参数名词词形（длиной，широтой，глубиной，мощностью 等）。准前置词成体系地与数名词组连用，例如：рост *выше* двух метров，дом *высотой* три метра。当然有时也可与名词本身连用，例如：стержень *длиной* с карандаш，соружение *высотой* с Эйфелеву башню。На стене картина，*ниже картины* — фотография（= под картиной）、(М. В. Всеволодова и др.，2003；М. В. Всеволодова，2010)

三　前置词概念和功能的重新界定

鉴于其他词类的词形可能与前置词发挥同样的功能，М. В. Всеволодова 团队把前置词定义为："前置词属于虚词类词汇单位，在综合语言中（包括俄语在内）与名词类的格词尾形式共同在言语中起名词或类名词的语义-句法作用，并将名词或类名词引入句子；每个前置词都有自己的词汇意义（可能是弱化了的），并将其植入名词或类名词句素①（синтаксема）意义之中，决定后者的格形式（包括第一格）；前置词不是词的词法形式（морфологическая форма слова），但进入词的句法形式（即句素）的构成。"（М. В. Всеволодова и др.，2003；М. В. Всеволодова，2010：7）相应地，前置词有以下两个功能。

（1）语义功能，目的是确切指出被其引入言语所指结构的名词的作用，比较：*на юге* 表示方位，*к югу* 表示方向，*из муки*（оладьи）表示原料，*под муку*（банка）表示用途等。

（2）形式-句法功能，与格词尾的功能类似，指以词形的方式将名词引入句法结构，根据该词形依赖的逻辑结构关系可用其他词形对其提问，是否能用带前置词（如果有的话）的格形式提问非常重要，比如对动词 зависеть 可提问 от чего? 对名词 привычка 可提问 к чему? 疑问代词的格形式就是由前置词的语法支配关系决定的，其本身并没有自己的意义。

---

① 句素是由 Г. А. Золотова 引进语言学的概念，指词的词法形式（如果是名词，则包括可能有的前置词），它们不仅顾及由构成词法形式的词的类别决定的意义，还顾及其在句法结构中占据某个位置的潜力（М. В. Всеволодова，2000：160）。

四 相关新概念和新术语

（一）前置词单位的功能语法场

在研究前置单位的过程中，M. B. Всеволодова（2010）提出了功能语法场（функционально-грамматическое поле）这一新概念，她发现所有前置单位都能构成本身就有场结构的场心（纯前置词）和有不同层级的边缘区（等值前置词）的功能语法场。这个场是由不同区域的前置单位的词法—句法类型构成的二元对立层级系统。比如场心区占据的是只起前置词作用的单位，包括带必有形容词的多成素单位，如 *в неопределенной близости* кого-чего ／ от кого-чего ／ к кому-чему ／ с кем-чем。场心区的核心是原始（первообразные，первычные）前置词，即非派生前置词，又下分为简单（простые）前置词（如 в，на，к，из，с，по 等）和组合（комбинированные）前置词（如 из-за，извне，задолго до，вдоль по 等）。场心的近边缘区是次生（вторичные）前置词，即由名词、动词和形容词（但不能是副词）派生的前置词，如 *путём* сжатия，*ввиду* отъезда，*в связи с* работой，*включая* детей，*относительно* сварки 等。边缘区占据的是前置词的等值词，分为两个区：近场心区和边缘区。近场心区的是类前置词，边缘区是准前置词（定义和例句见前）。这是到目前为止俄罗斯学者挖掘出的有关前置词语法场结构的最新知识。

（二）前置词单位的词法–句法聚合体[①]（морфосинтаксическая парадигма）

前置词单位的词法–句法聚合体指一个前置单位的多个同义变体系列，通常是在前置单位中基础前置词的基础上形成的意义相同的变体形式，如 вдагонку

[①] 词的词法聚合体（морфологическая парадигма слова）指的所有变化形式的集合。词的句法聚合体（синтаксическая парадигма слова）指一系列真实地体现在言语结构中的词法形式的集合，它可能与词法聚合体相等，也可能比它少。词的句法聚合体的成员就是句素，是由诸多因素决定的，包括词的语义类别，词的具体词汇语义以及其进入表达各种情景语句的能力（M. B. Всеволодова，2000：160）。

чего / чему / к чему / за чем；в цвет чего / чему / к чему / с чем。聚合体成员中的很多典型成分在词典或语法中并没有标出来，但它们却揭示了语言的某种系统性，是前置词范畴系统性表现之一（М. В. Всеволодова，2008）。这一课题到目前为止在语言学中还没有人研究过。

（三）前置词单位的词法-句法结构

前置词单位的词法-句法结构指因为一些扩展词的出现而使前置单位变得复杂的结构，主要有四类扩展词：同义复制前置词（синонимические редупликаты）、合成距离前置词（составные дистантные предлоги）、建构说明前置词（экспликаторы）和具体加确词（конкретизаторы）。

同义复制前置词指在前置单位的合成结构中同时出现两个要求相同格形式的同义前置词，如 *для ради* развлечения，*за ради* паспорта，*за через* пару дней，*рядом у* границы，*к вопросу об* экономическом кризисе，*к вопросу насчет*（*относительно*）экономического кризиса 等。

合成距离前置词指两个独立的前置词组成一个整体，但各自支配各自的格，下分为三类。

（1）结构的第一个成素是纯量词（скаляр），如 *в* километре *от* озера，*в* часе езды *от* дома，*за* час *до* отхода поезда，*через* год *после* войны 等，或向量词（вектор），如 *к* югу *от* города，*на* север *от* реки 等，两者也可组合，如 *в* километре *к* югу *от* села 等。

（2）结构中的有带分离意义的词汇单位，如 *от* дома *к* дому，*ото* дня *ко* дню，*из* года *в* год，*с* часу *на* час，*с* витки *на* витку 等。

（3）结构中有要求带目的意义的类前置词，同时要求有行为对象、行为和发出行为的主体，类似 в награду / в наказание кому за что 等，如 *В отместку ему за* его вранье мы перестали с ним общаться（口语）等。

建构说明前置词指合成前置结构中的后置原始前置词，如 *в* цвет *к* платью / *с* платьем，其中的 к 和 с 不是 цвет 的搭配派生来的。又如表空间接近程度意义的复合前置单位 в близости чего / до чего / к чему / от чего / с чем。但需要注意，不是每个后置原始前置词都是建构说明词，因为有些前置词是其对应词支配格的原始呈现，如 в связи с чем 来自 связь чего с чем，связывать что с чем；

而 по отношению к кому-чему 则来自 отношение / относиться к кому-чему。所以这里的 к 和 с 不是建构说明前置词。

具体加确词指前置单位中语义非常重要但结构上可任选的词，如 Ожегов 词典中标注的词条 задолго до чего，незадолго до чего / перед чем，其中前置词 до 和 перед 必须与副词连用，但在此位置上可换成其他副词，如 вскоре после чего，сразу после чего。具体加确前置词也下分为三类。

（1）表示确定数量大小界限的纯量词：подошел близко к окну，задолго до урока，сразу после урока 等。

（2）加确方向的向量词（不只是空间的，也可能是时间或社会层面的）：пришел раньше / позже чем в два часа / ровно в два часа 等。

（3）传达发话者对引入前置单位论元所发出的补充特征信息的信源说明词（авторизаторы）或特征词（квалитативы）：склад в опасной близости от пляжа；пришел примерно в два часа。

以上新概念和新术语使我们对前置结构中的很多细节有了更具体的了解。

五 前置单位的支配功能及其有待解决的问题

在《俄语语法》（«Русская грамматика» т. I，1980）中前置词的定义是："前置词是虚词，表达一个名词（或代名词）与其他词组合在一起的句法依赖关系，每个前置词只与名词或代名词的间接格连用。"（«Русская грамматика»，т. I，1980：707）而在实际言语中前置词支配的格成分不只是名词或代名词，其实任何其他词类都可以占据这个名词位置，而且常有特例出现。М. В. Всеволодова（2010）列举了前置单位的以下实际支配功能，同时指出了有待进一步研究的问题。

名词：в доме，на заводе，по болезни，о романе，в качестве директора 等。虽然名词是前置句素中的基础词类，通常都以间接格形式出现，但言语中也不乏支配第一格的形式出现，如 ток силой одна десятая ампера；девочка по имени Лида；Употребляют слово "Иван" в смысле "русский" 等。

形容词：В белом ей хорошо。Я к зеленому не надену красное。在前置结构中，形容词与前置词连用有三种情况：（1）纯粹依附于前置词的名词化形容词，按名词变化，如 больной, хромой, столовая, земноводные 等。（2）由第二格修饰名词变来的同根形容词：без поддержки *правительства* — без *правительственной* поддержки；пение в сопровождении *инструментов* — игры с пением и с инструментальным сопровождением。但不是所有的第二格修饰名词都能变成相应的形容词，比较：с помощью *ножа* — * с *ножевой* помощью；во изменение *закона* — * в *законное* изменение。哪些第二格修饰名词不能变成形容词还不得而知，有待探索。（3）具体加确形容词：в *правой* стороне от дома；летать в *трудных* условиях Севера。一般准前置词可自由加入形容词：в *широко понимаемых границах* категории；в *тогдашних пределах* города。但次生前置词则通常不能加：в качестве отмычки использовал нож；в связи с болезнью отсутствовал。每个前置单位的潜力及形容词的使用规律都有待进一步确定。

人称或指示代词：Я открыла чемодан и достала *из него* костюм. Он говорит об уходе с работы. *С этим* я не согласна。但不是任何功能语义范畴下都可以使用代词，比如，在时间名词后就基本不能使用人称代词：* Завтра *пятница*, а *в нее* у нас зачет. * Экзамен шел *два часа*, и *в течение них* никто из аудитории не выходил. М. В. Всеволодова（2010）指出，这是语言共相。

数词：умножить три *на сорок*, *из тридцати* вычесть пять, *с восьмью* сложить семь, *к девяти* прибавить четыре。当数词独立与前置词连用时，按前置词要求的格形式变化，但当出现准前置词参数名词（如 высотой, с мощностью）时，数词就只用第一格，即使是在要求第二格的比较级之后：дом *высотой три метра*, частицы *с энергией свыше десять* в двадцатой, раствор *крепостью не менее один к трем* 等。但词序会对数名词组的格产生影响，比较：доска *длиной два метра* — доска *двух метров длиной*。当准前置词是其他格时，数名词组用第二格是成体系的，虽然也可用第一格，比较：на *глубине трех метров* / *три метра*；на *высоте ста метров* / *десять тысяч метров*。这是个非常有趣的现象，其使用规律亟待探索。

数名词组：Она сыграла *в сорока фильмах*. Студенты приехали *из десяти стран*。一般数名词组的用法是数词变格后，其后名词变成复数同格，但有特例，比如在表示"均分"意义的前置词 по 后面，通常要求接第三格：Разослали письма *по одной тысяче* / *сорока двум адресам*。然而一旦出现

каждый, все, многие, некоторые 时，除 один — четыре 之外，по 与数名词组连用时，可以是第二格，也可以是第四格：Каждый получил *по пятисот шестидесяти рублей / пятьсот шестьдесят рублей*。但与第一格连用时，只能是第三格，因此会出现不同数词用不同格的现象：Каждому заплатили *по доной тысяче*（第三格）；*семьсот пятьдесят*（第四格）；*одному рублю*（第三格）。два — четыре 还是用第四格，不能用第三格，比较：Каждому *по три тысячи шестьсот сорок два рубля* — ＊Каждому *по трем тысячам шестьстам сорока двум рублям*。前置词与数词连用时的一些细节和特殊规律有待进一步研究。

副词：Прошу у всех прощения *за вчера и за потом*; Не совсем *к сейчас*（网络）；Диалектика Переходного Периода *из Ниоткуда в Никуда*。（Палевин）言语事实表明，与前置词连用的大多是表示时间和方位的副词，而且都不变化。是否可与其他副词连用还有待发现。

动词不定式：Он уехал *с целью отдохнуть*。前置词 с целью, в целях, в надежде, в расчете 支配动词不定式是成体系的，但 с целью, в целях 也可接第二格名词，в надежде, в расчете 可支配 на что, 比较：сопоставление *в целях показать их родство / в целях показа*; *в расчете применить* изобретение для охраны границ / *в расчете на применение*。此外，М. В. Всеволодова（2010）还搜集到其他要求不定式的前置词：вышел *под предлогом покурить*; зашла *под видом попросить* соли; Как ты *насчет поесть*? *В смысле похвалить* ты прав。*Об уехать* хоть на неделю даже подумать не могу（ТВ）。类似的言语现实不容忽视。

从句：Они отложили празднк *на когда сдадут экзамены*。Давай дойдем *до куда решили сначала*。

述谓单位（通常为直接引语）：На "*ты мне поможешь*" не рассчитывай。*Об* "*я хочу уехать*" поговорим позже。

М. В. Всеволодова（2010）指出，关于前置词支配述谓结构的问题，在俄语语法中还没有被讨论过。这看起来的确很不符合俄语语法规范，但在言语现实中却确实存在。可见，俄语中出现了越来越多的分析语成分。比如，在缺乏词形变化的汉语里这种语言现象就很常见，甚至不需要加书名号："他把生日宴会推到了儿子考试之后"；"谁读过有关我是一棵开心树的诗歌？"

综上可见，在实际言语中，前置词的支配功能远远比传统语法和教科书上描写的复杂得多，这一点值得引起我们的注意，而且每一种支配都有很多具体细节和使用规律需要进一步深入探索和挖掘。

六　前置词范畴化的操作方法

为了解决如何区分前置词及其名词、形容词和动词等值词以及如何确定词典和语法中标注为副词或副词类前置词的语法地位两个问题，M. B. Всеволодова（2010，2011）制定了如下操作方法。

确定一个词类是否过渡到了另一个词类的方法是，看原始词形及其派生词的词汇语义变体集合中的词汇意义是否已发生分歧；派生词是否已脱离了原始词形的词法聚合体；是否丢失了原始词类的句法潜力。这个方法证明了前置单位 в случае / на случае чего 已经由名词过渡到了前置词，因为表示条件意义时只有这两种形式，它们已经从 случай 的词法聚合体中分离出来，比如不能说 * к случаю войны， * для случая войны， * в случаях войны， * в ближайшем случае войны， * на такой случай войны 等。

是否存在以该前置单位为成员的词法聚合体。这个方法证明了有些已经前置词化了的前置单位可以有十个以上扩展成分的词法-句法聚合体，比如 в тон костюма / костюму / к костюму / с костюмом / под костюм 等。

是否有用前置词提出格问题的可能性。这个方法证明了很多以前词典里标注为副词的词（如 вслед，мимо，наперерез，наперекор 等）实际上是由前置词派生来的，比如对 Он прошел мимо 提问时一定是 мимо чего，而不是 как，因为他不可能从没有任何东西的旁边经过。这里之所以能够省略格形式，是因为上下文中已经有前提存在：Тебе чай с сахаром или без? 又如：Она ушла, а он все смотрел вслед。该句中的 вслед 在英语和汉语中对应的一定是 after her 和"她的背影"（её след）。

是否无法从前置单位组合中去除基础成素。这个方法证明了有些与副词同音同形的（омонимия）前置单位（如 стоять далеко / недалеко / близко / ближе к окну / от окна / с окном）中的前项是原始前置词，是基础成素，不能去除，而后项 к，от，с 是以后加上去的建构前置词，以便形成其词法-句法聚合体。

比较：Сниму домик *близко с морем*。— Кто знаком *близко с* форматом microMV？（网络）① 前句中的 близко 不能去掉，说明是前置单位，后句中的可去掉，说明是副词。

七　前置单位功能研究的创新价值

（一）研究方法独特，理论依据坚实，研究视野宽阔

М. В. Всеволодова 教授是俄罗斯功能交际语法研究方向的大学实践派代表人物，她对语言现象的功能研究都与俄语作为外语教学的实践紧密结合，同时还与其他外语进行对比。无论研究多小的语言现象，她都站在"语言是完整系统"这一理论高度上，前置词研究也不例外。把传统语法中的虚词类前置词范畴化，扩大前置词范畴的研究范围，对原有前置词概念和功能重新界定，借用或创立新的相关术语和概念，拓宽了研究视野。以前置词在带各种语体色彩的言语中的使用事实为出发点，以共同的功能为基准，研究包括纯前置词在内的所有在言语中具有前置词功能的等值前置词（类前置词和准前置词），把它们统称作"前置单位"，开拓了前置词范畴研究的新视野和新角度。

（二）勇于挑战传统，善于团队合作，横纵深入挖掘

М. В. Всеволодова 学术团队对传统语法中的虚词类前置词从功能的角度重新审视和深入研究，将其看成一个具有词法-句法聚合体和功能语法场的系统来纵深挖掘，联合乌克兰、白俄罗斯、波兰、捷克等其他斯拉夫国家志同道合的学者进行团队合作，将俄语前置词与其他斯拉夫语中的前置词进行横向对比，令我们看到俄罗斯语言学家敢于打破传统和局限、敢于创新和探索、敢于开拓研究新领域的学术精神。据资料显示，团队已搜集了俄、乌、白三种语言各约6500多个前置单位，已经过验证并形成词条的有4000多个（М. В. Всеволодова，2007）。

---

① 鉴于前置单位功能研究使用的大多是口语和多媒体中的语料，不易搜集和把握，所以文中的大部分例句转引自 М. В. Всеволодова и др.，2003；М. В. Всеволодова，2010。

已出版俄乌前置词对比详解词典一部、白俄罗斯语前置词词典三部，俄语前置词功能用法词典在出版之中，足见研究成果相当显著。

（三）注重分析细节，探索使用规律，引领研究潮流

前置词在俄语语法中不能说不重要，它有着自己独特的语法地位和使用特点，但它毕竟只是一个虚词小类，以传统的从形式到意义的研究方法它好像已被研究穷尽，似乎再没有什么新鲜的知识可以挖掘，然而 M. B. Bceвoлoдова 倡导从功能的角度重新审视传统课题，发现有太多活生生的言语现象未被纳入研究视野，有太多细节还不为人所知，有太多使用规律还有待深入研究。按照这种精于探索细节和使用规律的功能研究方法，可以预测在不久的将来每一个传统词类都有可能像前置词一样成为独立的功能交际语法或功能词典。如今对俄语副词进行的功能研究已取得巨大成果，M. B. Bceвoлoдова 的学生兼同事 Ф. И. Панков 在 2009 年通过了博士学位论文《俄语副词的功能交际语法》的答辩，还发表了很多相关的学术论文。

八　结语

从以上论述中我们可以毋庸置疑地确定，前置词的功能研究已经成为俄语功能交际语法研究的新趋势，无论对语法理论，还是对外俄语教学实践都极具现实意义，这预示着功能交际语法研究将被进一步深化和细化，指明了未来的研究方向：也许其他任何一个传统词类的功能交际语法或功能词典的创立都将是指日可待之事。尽管类似的研究给人过于琐碎和繁杂的印象，有太多来自口语和多媒体的语料让人感觉难以驾驭和把握，甚至无法分辨它们是否破坏了语言规范，但是殊不知语言本身就是复杂的，现实的言语更是丰富多彩，只要是在现实言语中存在并且有规律地使用着的语言现象，就说明它们是被语言需要的，就是语言系统的一部分，就是不可忽视的。笔者同意 M. B. Bceвoлoдова 的观点，真实的言语中"活"的用法没有理由弃之不顾，只要是被语言需要的，就应该有它存在的必要以及被研究的价值和意义。

参考文献

АН СССР, *Русская грамматика. Т. I*, Москва: Наука, 1980.

Всеволодова М. В., *Теория функционально-коммуникативного синтаксиса*, Москва: МГУ, 2000.

Всеволодова М. В., "Функциональная грамматика предлога. Системность и норма" // *Текст. Структура и семантика. Доклады X юбилейной международной конференции. Московский государственный открытый педагогический университет им. М. А. Шолохова.* Т. I, Москва: МГОПУ, 2005.

Всеволодова М. В., "Категория предлога, категория предложения: системность языка" // *Предложение и слово. Межвузовский сборник научных трудов*, Саратов: Издательство Саратовского университета, 2006.

Всеволодова М. В., "Новое знание о языке: промежуточные результаты межнационального проекта «Славянские предлоги в синхронии и диахронии: морфология и синтаксис»" // *МАПРЯЛ 2006. Девятый международный симпозиум. Доклады и сообщения*, 5—6 апреля 2006 г., Велико-Тырново, 2007.

Всеволодова М. В., "Типология славянского предлога. Системность: категории и парадигмы" // *XIV Международный съезд славистов. Славянское языкознание. Лингвистика*, Москва: Индрик, 2008.

Всеволодова М. В., "Поля, категория и концепты в грамматической системе языка", *Вопросы языкознания*, 2009 (3). — С. 76—99.

Всеволодова М. В., "Грамматические аспекты русских предложных единиц: типология, структура, синтагматика и синтаксические модификации", *Вопросы языкознания*, 2010 (4). — С. 3—26.

Всеволодова М. В., "К вопросу об операционных методах категоризации предложных единиц", *Вестник Московского университета*, Сер. 9, Филология, 2011 (3). — С. 103—135.

Всеволодова М. В., Клобуков Е. В., Кукушкина О. В., Поликарпов А. А., "К основаниям функционально-коммуникативной грамматики русского предлога", Вестник МГУ, Сер. 9, Филология, 2003 (2). — С. 17—59.

Панков Ф. И., *Функционально-коммуникативная грамматика русского наречия*, Диссертация доктора филологических наук, Москва, 2009.

原文发表于《俄罗斯语言文学与文化研究》2014 年第 1 期

术语学：理论与方法

郑述谱*

摘 要： 本文回顾并总结术语学产生发展的历程与现状，介绍术语学的学科性质与学科地位，并着重论述开展术语教育的必要性。

关键词： 术语学 学科地位 术语教育

一 引言

什么是术语学？术语学是研究各门学科中术语的形成、确立、构造、规范等原则原理问题的一门学科。那么，什么是术语呢？术语是各门学科中的专门用语。每一术语都有严格规定的意义。如政治经济学中的"商品、商品生产"，化学中的"分子、分子式"。

仔细阅读取自《辞海》的上述定义，不难发现，汉语里的"术语"其实是包含了不同的"数量"意义的。它既可以指"每一术语"，也可以是一门学科中专门用语的统称。既然术语应该具有"严格规定的定义"，那么这两层显然不同的意思是需要加以区别的。当"术语"用于第一层意思，即指"一个术语"时，它对应的外语词应该是 term；当"术语"用于第二层意思，即指某一学科的专门用语时，它是一个统称，准确的汉语表达应该是"术语集"，对应的外语词应该是 terminology。另外，术语学的上述定义还暗含着这样的意思，即各门学科无一例外地都有自己的术语。而且，每一门学科的术语都有一个"形成、确

---

* 郑述谱，黑龙江大学俄罗斯语言文学与文化研究中心教授、博士生导师。

立"的过程。术语的"形成、确立、构造、规范"都有其"原则"与"原理"。从这一点出发，读者应该进一步得出一个推论，即术语学具有相当的普遍性，对各门学科的术语建设都具有指导意义。

术语学可以进一步划分为理论术语学与应用术语学两个组成部分。理论术语学侧重探讨各门学科术语的形成与发展的一般规律，包括术语的性质、特征与功能，探讨构建术语及其系统的最佳途径等方面的问题。应用术语学则研究术语的管理、标准化、术语编纂、术语翻译、术语库建设等实践性问题。理论术语学与应用术语学是互为依存、相辅相成的。就工作的涵盖内容与活动范围而言，应用术语学比理论术语学要广。但就对学科建设的意义与指导作用来说，理论术语学所占据的地位更重要。实际上，理论术语学才是术语学学科创建的基石与发展的牵引力。就总体而言，术语学多被看作是一门应用性的学科。

二　术语学的产生发展历程与现状

"语言"是一个多义词。通过下文这些不同的搭配，我们大约可以感觉到，其中的"语言"一词所使用的意义是不一样的，如"人类语言、共同语言、小说的语言、群众语言、讨好的语言、绘画语言"等。日常生活中使用的语言与传授或讨论专业知识时使用的语言，其实并不是完全相同的语言。为此，人们提出了"日常语言"与"专业语言"这两个不同的概念，以便将两者加以区别。这里所说的"语言"，其实是指同属一种语言之下的"亚语言"或者"次语言"。专业语言又称科学语言，它的最大特点在于，它具有与自然语言不同的词汇系统。这些词汇，其中主要是术语，不仅具有严格的定义，而且还形成一个相互联系、相互制约的系统。这就是某一学科的术语系统，或者称作术语集。日常语言与科学语言可以看作是一种民族语言的不同组成部分。这两者之间，既有共同点，也有不同点。因为同属于一种民族语言，它们有相同的语音、语法、构词等规律，但科学语言，首先是术语，其次又有自己的特点。有人把这两者形象地比作树木与电线杆子。虽然两者都是木质，但前者基本上是天然自生自长而成，而后者从长短、到粗细、到排列、到间距，都是有确定的规格要求的。必须记住，包括科学问题、技术问题在内的专业性质的问题，只能用专业语言才能说得明白，用日常语言是无法进行真正意义上的专业交流的，至多也只能说个大概而已。

自从人类社会有了不同的社会分工，出现了不同的行业领域，随之便产生了不同的专业词汇。人类的语言，实际上是跟社会的进步与生产、科学的发展而平行发展的。但在现代科学问世之前，由于受到对客观世界认识水平和人类自身的思维能力的制约，专业词汇还带有粗糙、朴素的性质。许多学科术语的表述很不理想，其背后的定义也不是严格的、清晰的，更不要说是科学的。学科的发展过程，也是其术语不断完善的过程。换句话说，学科的术语水平，实际上与这个学科的发展水平是相一致的。

在欧洲文化圈内，最早创建了多种学科专用词汇的是希腊人。在长达几个世纪的历史发展中，希腊语充当了国际间科学文化以及国家间交往的通用语言，在某些地区，希腊语这种角色的扮演甚至延续到 14 世纪。到了中世纪晚期，希腊语的地位走向衰微，取而代之的是拉丁语。16 世纪以至更晚，西欧各国的文学、医学、技术、哲学等著述都采用拉丁文撰写。到了 18 世纪，科学思想的表述才转而使用各民族自己的语言。如一位科学史家所说，当科学本身走到了只有借助特别的、与自然语言相对的科学语言才能反映的现实之时，各个学科都需要有自己的专业语言来取代此前使用的不分学科的弥漫性语言时，欧洲各国的民族语言也代替了拉丁语成为科学写作的工具时，科学界并不情愿面对的"语言障碍"便随之出现了。这种障碍既存在于不同学科专业之间，又存在于不同国家之间。古代的"弥漫性"科学，先是分化成精密科学与人文科学，继而又更进一步细密分工，不同学科间的语言隔阂也随之加深，最终导致学习一门专业首先必须掌握一套符号，即这个专业的术语系统。

进入 18 世纪，随着化学、生理学、动植物学、地质学等学科知识的积累，这些学科开始了对知识系统的整理工作。学者们在系统整理事实的基础上，开始创建更清晰、更系统、更明白的术语系统。这里特别值得一提的有两个人。一个是瑞典博物学家 C. Linne（林耐，1709～1778），另一个是法国化学家 A. L. Lavoisier（拉瓦锡，1734～1794）。C. Linne 是植物界与动物界分类法的创始人。他创建的所谓"双名命名法"，即以拉丁语为基础的动植物名称系统，是一个成功的科学命名范例。A. L. Lavoisier 则联合一批法国化学家提出了一个新的化合物的定名方案。这个方案基本上也是以种属关系为依据。后来，在其他学科，如疾病的名称分类，以及解剖学的名称完善工作也陆续完成。正是在这个过程中，现代的概念分类的基本原则逐步得到确立。

到了 19 世纪，一系列的国际学会组织都为本学科的术语定名做出了贡献。通过 1867 年与 1889 年召开的两次国际动物学大会国际会议，生物学最终确定了借助拉丁语命名的方法，并接受了第一发现人命名优先的原则。1892 年，国际会议还通过了化学名称定名原则。与生物学不同，化学并没有走采用纯拉丁语的命名的方法，而是采用了拉丁方式的命名方法，即语法可服从本族语，但词素大量借自于拉丁语。1895 年，在布鲁塞尔建立了图书目录学研究所，1905 年该所颁布了著名的"万能十进位分类法"。1904 年，国际电工委员会（IEC）在美国密苏里州的圣路易斯市成立。两年以后，该组织着手术语的整顿工作。1938 年，由该组织编纂的包括 6 种语言的 2000 个术语及其定义的词典终于问世。1926 年国际标准化协会国际联合会（ISA）成立。随后，不少国家也建立了自己的标准化组织。

以上情况是对术语学问世前术语研究的简要概述。接下来，再看一看术语学问世以来术语学的发展概况。

术语学公认的创始者是奥地利一位工程师出身的学者 E. Wüster（维斯特）。其标志性的事件是 1931 年他发表了堪称里程碑的著述《在工程技术中（特别是在电工学中）的国际语言规范》。在这部著述中，他提出了现代术语学的基本原则与方法，阐述了术语系统化的指导思想，从而为现代术语学奠定了基础。（郑述谱，2003：54；邱碧华，2001：30）紧随其后的是俄国学者，他们几乎同时也发表了自己的有关术语的理论性著作。相当长一段时期以来，在与术语研究相关的著述中，在谈到世界上术语研究的状况时，往往通过列举奥地利、德国、俄罗斯、捷克、加拿大等有影响的学派来加以概括。它们的确是在术语研究与术语工作方面走在前面的国家。须要提醒的是，这里所说的不同"学派"，与其说是强调他们之间学术观点的对立与不同，不如说是仅在指出他们的地域所在。如今，随着国际间术语学学者间交往的日益密切，"术语学派"的提法愈来愈"淡出"了。当今的国外术语学研究，特别是进入 21 世纪以来，已经广泛地获得越来越多的国家的重视。就全面的"综合指数"来看，奥地利-德国与俄罗斯可以看作是处于领先的"第一集团"国家。其领先方面又各有不同。北欧是术语研究发展最快的地区。中东欧是术语研究基础很好的地区。加拿大是术语工作最活跃的地区。尼日利亚是非洲最重视术语工作的国家。应该承认，亚洲国家的术语研究，在国际上影响相对较小。但中国的术语工作实效以及对国际活动的积极参与，正在取得良好的国际反响。

考察国际的术语研究现状，不能不关注相关国际组织的活动。与术语活动相关的国际组织，绝不仅仅是一两个。如果按开始活动的时间年表为序，首先应该从国际电工委员会（IEC）说起。这个组织正式成立于1906年10月。它的主要目标就是制定一套世界通用的电工电子标准。它下设80多个专业技术委员会，其中的第一委员会专门负责制定该领域使用的术语及其定义。1938年，该组织出版了包括2000多个术语名词的《国际电工词典》第一版。1955～1970年，该组织又致力于第三版的修订工作。由于国际电工委员会从事术语工作的历史较久，且电工与电子术语涉及多种其他学科，因此，它所遵循的术语工作原则以及与其他专业领域的协调办法，都成为国际上术语工作的共同财富。它与国际标准化组织（ISO）都是联合国的甲级咨询机构。第二次世界大战以后，随着科学与技术的进步与国家间交往的发展，在全世界范围内实行科技术语规范化的要求愈来愈强。首先关注并致力于解决这个问题的国际组织当推联合国教科文组织（UNESCO）。它发布了一系列与科技术语工作有关的文件，其中包括单语种与多语种对照的科技术语词典书目、个别的术语标准，以及有关搜集与实现术语标准化的决议。这些都为开展国际间的术语合作提供了基础。

首先遭遇术语问题困扰的是科技翻译工作者，对新术语的翻译是最令人头痛的事，因此，国际翻译工作者联合会（FIT）与从事术语工作的机构发生了频繁的联系与交往。双方都从中感受到开展术语国际合作的紧迫性。直到1971年，E. Wüster在联合国教科文组织的资助之下成立了国际术语信息组织（INFOTERM）。早在1936年，国际标准化组织（ISO）就设立了一个术语标准化委员会（第37分会）；二战结束后，该组织重建，由奥地利接管了秘书处的工作。1989年，术语网（TermNet）作为一个国际的术语网络宣告成立。1986年术语学与知识传播协会（GTW）组建。1996年国际术语信息组织按照奥地利法律再次作为国际性的组织组建，并仍然主持第37分会的工作。上述机构在开展国际性的术语交流、协调、组织术语教育活动等方面，起到了积极的推动作用。

综观近年来术语学研究的发展，特别应该关注的是认知术语学的兴起。认知术语学研究是随着认知科学的兴起而跟进的。有学者指出，认知术语学研究，绝不仅仅是术语学一个新的研究方向，而是对术语、术语集、术语系统以及各种术语文本等一个全新的观点体系。也许有一天，20世纪末之前形成的术语学理论的所有范畴与概念，从认知术语学的立场来看，都可能需要重新审视。在认知术语学看来，术语并不是传统术语学所说的那样，仅仅是对专业领域内概念的语言指称，它是对在认知过程中出现并完善的专业概念的物化。它应该被看作是将稳定的符号系统与反复变化的认识辩证地结合在一起的语言动态模式的成分。术语可以看作是对研究者意识中发生的某种心智行为的特别校正物，因此，术语又能透出术语创建者主观世界的主观性特点。同时，术语又是具有语言符号共同特征的普适的语言范畴。由此看来，认知术语学给术语学研究带来的变化极可能是革命性的。

近年来，应用性术语工作的广泛开展，包括术语标准化、术语翻译、术语知识工程与术语语料库的建设，其发展势头远在术语学理论研究之上。在欧盟组织内，用在术语翻译工作上面的开支占有相当大的比重。"术语师"成为欧盟国家最需要的十大热门职业之一。透过这些事实也能窥见出，处于当今信息时代的术语工作，其发展态势极其迅猛。

三　术语学的学科地位

术语学是一门新兴的学科。从一开始，E. Wüster 就意识到术语学是"工程师与语言学家携手合作的学科领域。"这里所说的"工程师"，可以理解为"各个学科的专业工作者"。实际上，作为一门学科，术语学与多门学科都有紧密的联系。这些学科至少包括语言学、逻辑学、认识论、信息学、科学学等。这就决定了术语学的跨学科性，或者说是多学科性。

（一）术语学与语言学

术语研究与语言学的关系似乎显而易见。可以把术语说成是指称专业领域内概念的词或词组。既然把术语归属为词或词组，而词和词组本是语言单位，语言学有关词与词组的论述，从一般意义上说，也应该适用于术语。这样说来，术语研究与语言学的关系几乎就是天生的。研究某一门学科的术语，又不能完全不懂那门学科的专业知识。一般情况往往是，各学科的专家要研究本学科的术语，首先要跨入语言学，掌握最必要的一些语言学知识。E. Wüster 认为，工程师跨入语言学可能比语言学家熟悉工程师的专业相对要容易些。（郑述谱，2002：32）这大约也是对的。

（二）术语学与逻辑学

术语所指称的各个专业领域内的概念，往往都包含多个本质特征，又借助其区别特征与同类的客体及相邻的概念加以区别，或借助于它与相关概念的种种关系，包括并列、蕴涵、部分与整体等不同关系，形成一个严密的、其成分之间紧密相关且相互制约的系统，其中任何一个成分的变动，包括定义的内容与表述的更动，都可能带来相关系统的变动与调整。因此，术语研究打一开始就与逻辑学与系统论结下了不解之缘。

（三）术语学与认识论

对一个研究对象或者客体，从一般的认识到形成一个科学的概念，这是需要一个过程的。自古以来，人类无数次看到过苹果从树上掉下来，然而，只有当牛顿把这一人们司空见惯的现象称作"自由落体"时，人们对它的认识才进入了一个新的阶段。与一般的感性认识相比，这应该看作是一个认识上的飞跃。"自由落体"与"万有引力"等相关术语，同时也是对这一理性认识的确定。从认识论角度说，用科学术语来指称所研究的对象，这是具有重大意义的事情。此后，人们的认识就可以在这个基础上进一步向前推进了。正如一位英国学者所说："为任何研究对象命名，不管那是物质客体、自然现象，还是可供从某个角度观察的一组事实或制约关系，在这个对象的历史上，都是一个非常重大的事件。这不仅能使我们在口头谈话或在书面中提到这个客体时，不必再去费神寻求别的说法，而且，更重要的是，要使这个客体在我们的头脑中，作为一个单独的研究对象，占据了一个可被感知的位置，被纳入了研究对象的名单，获得了一个名分，并在这个名分之下，可以集结各种不同信息，使之成为联结所有相关对象的一环。"（叶其松、郑述谱，2010：9）术语的这一特征决定了术语研究必须以哲学的认识论为出发点与立足点。一个术语的产生与定名过程，往往就是对研究对象的反复认识过程以及对认识结果的科学凝练过程。

（四）术语学与符号学

按索绪尔的说法，语言说到底是一个符号系统。以学科的概念为基础的不同学科的术语系统，也是一个归纳概括了学科知识的符号系统。这个系统同样具有一般符号系统所具有的必要特征，例如，可以将它按层次切分成不同的构成元素，符号具有内容与表达两个层面，与其他符号构成一定的聚合与组合关系等。术语系统的内容层面实际上是有关研究对象的各种各样的信息，有关信息的获取、存储、检索、整理、转换、传输等的理论，同样也适用于术语信息处理。于是，符号学、信息学直至控制论的理论，就顺乎自然地直接运用于术语研究之中。

与术语研究相关的亲缘学科，还不仅仅限于上述的语言学、逻辑学、认识论、符号学、信息学、控制论等，它似乎是一个开发的系列。近年刚刚兴起的认知科学研究与智能研究，也与术语研究挂上了钩。人们发现，产生于不同时期的术语，能够折射出当时人们对研究对象的认知水平，也透视出人类当时的智能与思维水平。换句话说，人类意识、文化发展与知识增长的所有历史性变化，在语言的词汇系统中，尤其在术语系统中，都有所反映。比如，西语中的"原子 — atom"是"不可再分"的意思。这反映了这个术语产生的当时，人们对物质微粒的认识水平。

在科学知识发展的过程中，可以区别出几种思维的历史类型，它们在人类进化的不同阶段分别居于主导地位，并决定该阶段认识性质的特点。最古老的原始的思维类型是幼稚型，即利用日常的普通词汇，来反映日常的表象认识。这些表象认识，具有相当模糊的性质。进入中世纪晚期，直至科学产生以前的近代，相应的思维类型是"匠艺型"思维，即借助健全的理智与专业的表象认识进行思维活动。在有些至今还没有形成科学的领域，直到今天，居于主导地位的仍是这样一种思维方式。接下来才是科学时期，即使用真正的科学概念与术语的阶段。术语是科学的元语言，是形成相应概念系统所必须借助的手段。如果对某个年代的不同学科的相关术语作共时的断面研究，就可以确定该历史年代人类对周围世界相关事物的认识水平，从而判断某一学科的专业化程度及其所处的发展阶段。这正是研究人的认知、思维能力所需要的。

总之，术语学是一门新兴的、综合性的学科。各门学科都有自己的术语，但对各科术语的普遍性质与一般性规律进行研究的却只有术语学。就这一点来说，术语学有点像逻辑学、数学等学科，可以看作是一门基础性的学科。

四　开展术语教育的必要性

（一）术语教育的概念

在术语研究发达的俄国，早在 20 世纪 60 年代末就已经在大学开设术语学课程。在我们国家，术语教育还是一个令人感到生疏的概念。可以尝试给术语教育下这样一个定义：术语教育是以术语学基本理论为依据，以具备某一专业背景知识的高等学校学生及社会有关行业人员为基本对象，以培养术语意识为中心目标的、普及性的教学培训活动。

对这个定义可以做如下几点补充说明。首先，开展术语教育必须要有科学依据。能够为我们提供这种依据的首先是术语学理论。术语学是 20 世纪 30 年代才出现的一门新兴学科，到 60 年代末，国际上已开始倾向把它看作是一门独立的综合性学科。各门学科都有自己的术语，也都要与术语打交道，包括整理、规范本学科的术语，各行各业的专业人员也都可能感受到术语对本学科学术交流与发展的重要意义，但是只有术语学才能从理论层次上对各学科术语的本质特征与一般属性做出更为深刻的阐释。有了这样的理论基础，术语教育才算有了根。在术语学产生之前，是不可能提出什么术语教育的。因此，术语学理论应该成为开展术语教育的依据与出发点。

其次，还要明确术语教育的对象。接受术语教育的人，应该是具有某一专业背景知识的人。一定的专业背景知识，是接受术语教育的基础与前提条件。没有接受过任何专业训练的人，对术语可能会一无所知，毫无感受，术语教育也就无从谈起。在校学习的大学生，特别是高年级的学生，是已经初步掌握了本专业基础知识的人，他们还可能成为未来本专业领域内的中坚力量。对他们实施术语教育，一方面会对他们目前学好本专业知识，至少在宏观认识与方法论方面，提供有益的帮助；另一方面，从长远来说，也会对本学科领域内未来的术语建设，乃至整个国家与民族总体科学文化水平的提高，具有积极意义。因此，他们应该是术语教育的首要对象。

所谓"社会有关行业"是指其工作直接或间接与术语关系密切的行业，如编辑出版、大众媒体、信息检索服务、语料库建设、科技翻译等。他们的术语意识与工作水平，往往直接关乎整个社会术语使用规范化的实施效果。对他们推行术语教育，既是目前大力提倡的继续教育与终身教育的一部分内容，也可以说是对此前术语教育缺失的必要补课。

这样的术语教育是一种普及性的教学培训活动。普及性一定程度上决定了它的广泛性。教学活动与培训活动并提，即是说，它可以是相对固定的，例如在高校开设这样一门面向不同专业学生的共同课，也可以是不固定的，例如，不定期开办的、有一定针对性的短期培训班，或者远程教育的网络体系。

（二）术语意识的概念

开展术语教育，在一定意义上说，就是为了培养术语意识。什么是术语意识？简要说来，术语意识是指基于对术语的性质与功能的认识而产生的严谨、科学地对待本专业术语，小心慎重地对待其他专业术语的一种学术自觉性。对术语的性质与作用是否有一定的认识，这是决定是否具有术语意识的关键。在术语学著述中，常常会读到两句很响亮的话：一句是"没有术语就没有知识"，另一句是"没有术语就没有理论"。加深对这两句话的理解，会得到许多有益的启示。知识也好，科学也好，理论也好，说到底，都是一个相对完整的系统，其最集中、最凝练的体现与概括，就是相应的术语系统。因此有人说，掌握一门学科，在一定意义上说，就是掌握这门学科的语言，首先是这门学科的术语。化学家 A. L. Lavoisier 曾指出，既不能把科学与术语分开，也不能把术语与科学分开。各门自然科学的构成无非是三点：一是构成学科内容的一系列事实；二是由这些事实引出的概念；三是传达这些概念的术语。科学的思维活动正是借助学科的概念与术语才得以进行。通过学习术语学，可以更自觉地重视与理解本学科的术语，进而更扎实地掌握本专业的知识体系，自觉地克服"概念不清、逻辑混乱"等常见于专业论述中的缺点。也许应该承认，术语学属于社会科学范畴，但就其采用的方法而言，它如同逻辑学、心理学、信息学、系统论一样，更接近方法论学科。

对任何个人来说，对本专业的术语与非本专业的术语，熟悉程度肯定是大有区别的。对待所从事的本专业术语，应该力求做到严谨、科学。面对自己所不熟悉的非本专业术语，至少也要有一种小心、谨慎甚至敬畏心理——知道其中大有学问所在，而自己作为门外汉却不甚了然，因此在"狭路相逢"时非常谨小慎微、严肃认真，容不得半点随意性，知道稍有不慎，就可能会出问题，甚至"露怯"。说到底，是否具有术语意识，可能会从一个侧面反映出一个人科学文化素养的高低。如果各行各业的专业人士都有这样的术语意识，那对个人业务水平的提高，以至整个社会术语规范化的推进，肯定都会大有助益。实行术语标准化可以看作是对科学语言加以规范的立法行为。为了实行法制，落实"以法治国"，仅仅制定法律条文显然是不够的，对作为行为主体的公民开展普法教育也是必不可少的措施。开展术语教育也是同样的道理。对于毫无"术语意识"与"术语观念"的人，很难指望他们能在专业交流过程中自觉地贯彻遵守有关的术语规范。诚然，不应该完全排除通过专业学习过程获得"术语意识"与"术语观念"的可能性，但那可能是非自觉的、模糊的、无意识的行为。而自觉的、清醒的、带有理性的"术语意识"与"术语观念"，只有通过术语教育才能获得。完全指望让学习者"自摸"自悟，那是靠不住的，甚至可以说，那也是术语学学者的失职。

（三）开展术语教育的必要性

首先，如果上述认识是对开展术语教育的一般性理解，那么开展术语教育的必要性，还与当前科学发展的大趋势有关。近四五十年以来，随着某些综合性新学科的出现，某些部门学科的分化，致使术语出现了"失控性的增加与互侵"，以至学者之间的相互理解越来越困难。与此同时，术语对获取、积累与传播知识的作用，也被越来越多的人所认识。其次，对在生产领域内使用的术语，人们越来越要求确定它们的明确界限，这促使全国范围内科技术语的标准化工作不断拓展。再次，随着国际间科技文化交流的日益频繁，对翻译工作的需求、对术语词典的需求，也越来越高。最后，自20世纪60年代以来，区域性的、地方性的、行业性的自动信息系统、管理系统、设计系统，以至语言信息保障系统的设计与建造日趋升温，这些浩繁的工程也与术语学密切相关。而信息检索的有效性更与检索关键词的科学性分不开。总而言之，上述的种种情势都呼唤术语学的理论指导，开展术语教育也成了相当广泛的客观需求。

有一次，国际学术会议发表的《宣言》说，"现有的研究结果中最重要的结论之一就是：认识过程的加快实质上取决于专业词汇的发展水平。因此，各国的人士与政府应该清楚地懂得，他们致力于加快本民族专业词汇的发展，也就是在为本国的科学、工业与文化进步创造条件"。（郑述谱，2011：358）这段话最好地说明了术语学研究以及术语工作的重大意义，它同样也可以用来论证开展术语教育的必要性。开展术语教育，让更多的人认识术语的性质，具有一定的术语意识，从而更自觉地掌握本专业的术语，遵守术语规范，同样是在"致力于加快本民族专业词汇的发展，也就是在为本国的科学、工业与文化进步创造条件。"

总之，不论是为了满足学好本行业专门知识的需要，提高全民科学技术文化素养的需要，还是为了应对当前科学技术迅猛发展的需要，我们都应该及时而广泛地开展术语教育。

参考文献

辞海编辑委员会：《辞海》（第六版缩印本），上海辞书出版社，2010。

邱碧华译：《术语学之父——欧根·维斯特》，《科技术语研究》2001 年第 3 期。

叶其松、郑述谱：《术语学问世前完善科学语言的种种尝试》，《中国科技术语》2010 年第 5 期。

郑述谱：《俄国术语学产生的外部因素》，《科技术语研究》2002 年第 4 期。

郑述谱：《术语学是一门独立的综合学科》，《国外社会科学》2003 年第 5 期。

郑述谱：《郑述谱集》（当代中国俄语名家学术文库），黑龙江大学出版社，2011。

原文发表于《俄罗斯语言文学与文化研究》2012 年第 4 期

试析术语称名的本质

孟令霞*

摘　要： 术语在本质上是由能指和所指组成的语言统一体，具有语言符号的特点。术语符号的称名功能与语言符号的指称功能有相似之处。本文主要探讨术语符号的称名特点及其本质特征。

关键词： 术语　称名　本质

一　对术语的认识

关于"术语"的本质一直是术语学界和语言学界争论的问题之一。在俄语中，常用 термин 和 терминология 来表达"术语"之义。термин 一词源于拉丁语 terminus，原指竞技场上的最后一根柱子，表达"界限、终点"之义，现在用来表达一定专业知识领域概念系统的词或词组。терминология 主要是指某些知识或生产领域的术语集。其实，早在 19 世纪上半叶，当很多科学术语刚刚形成之时，德国学者就对术语的特点进行了描述，认为术语是人为确定的一种界限。在科学知识的连续统中，这种界定有助于区分个别学科以及从一定角度确定每门科学的术语，而要确定术语与非术语的区别，也应该找到两者之间的界限。

从术语与词的关系角度，有学者提出，术语应该是"为准确表达专业概念而创造的（借用、接受）并在定义基础上形成的限于专业领域中使用的词或词

---

* 孟令霞，牡丹江师范学院研究生院教授、硕士生导师。

组"（О. С. Ахманова，1966：467）。或者说，术语作为语言的词汇单位，它称名一定专业知识或活动领域一般的、具体的或抽象的概念。可见，术语是词，但又不全然等同于普通词，术语有自己的使用范围，这也决定了它自身的局限性，不管怎么说，术语是语言系统中的词汇单位。

从术语称名概念的角度出发，可以把术语看成是运用于专业领域称名科学或生产—技艺概念并有定义的词或词组。也就是说，术语称名某一生产、科学、艺术领域的专门概念。每一个术语的根本特征是具有定义功能，即它能准确表达现实事物或现象的特征。А. А. Реформатский 指出，"术语是趋向单义、准确表达概念和称名事物的具有独特意义的专业词"（А. А. Реформатский，1961：115）。Э. К. Дрезен 把术语词看作语言成分，是任何概念的物质表达形式。他认为，真正的术语是"明晰而又充分地穷尽所定义的概念"（Э. К. Дрезен，1936：105），术语之功能在于重现人意识中对客体（概念）及其全部特征与品质的尽可能完整的认识。从这几个定义中，可以看出，术语具有称名与定义的功能。另外，术语总与专业概念的命名分不开，这就决定了术语最主要的特点是语义上的单义性和运用上的体系性。单义性是指术语有着固定的内涵和外延，表示特定的概念，指向特定的对象，具有比普通词语更精确、更稳定的意义。体系性是指术语在运用上要受所属学科或行业的体系的制约，即在言语组合中必须遵从一定的规范性。它们不可超越自身的单义性与体系性的制约，在不同的学科或行业领域内不受限制地使用。我国学者认为："如果在不同场合，在必须要对术语说出一个工作定义时，应该把术语说成是凝集一个学科系统知识的关键词"（郑述谱，2005：14）。

事实上，每个专业知识领域都有自己的术语体系。若把一门专业知识看作一张网，那么术语就是其中的结点，术语也常被比作知识的结晶、知识元。或许也可以说，任何一个科学知识领域都是一个庞大的以该学科的关键词——术语为核心的术语集。鉴于术语本身是一个颇为复杂的概念，所以"试图为它下一个无所不包面面俱到的定义几乎是不可能的，不同的学科对术语的定义可以各有所侧重，各有不同，这是正常的，是应该允许的"（郑述谱，2005：14）。因此，我们赞同这样的一种观点，即"在理论探讨时，任何学者都可以使用他自己认同的定义，只要他在文中事先作了说明"（全如瑊，2004：35）。

由此看来，术语的定义可谓多种多样，但术语称谓概念的观点得到了绝大多数学者的认可。综合上述观点，我们试图将术语定义为：称名各专业领域概念的词或词组，一般用于科学技术或某一狭窄活动领域。

二 术语符号的称名性

（一）术语的符号特征

语言学家 В. А. Звегинцев 认为，术语具有符号性（знаковость），用术语的物质表现形式确定某些专业领域（科学、生产、经济等）的认知结果。由于术语是词，术语很大程度上也有着语言要素所具备的那些特征。但是，术语的许多固有特征使其与语言中的普通词有明显的不同，术语与符号更接近，在更大程度上具有符号的性质（В. А. Звегинцев，1956：26—27）。

术语的符号性可表现在以下几个方面：第一，术语不具有感情表现力要素（эмоционально-экспрессивные элементы），它跟符号一样不表达情感，术语在词层中是表情色彩中性的词。第二，术语具有单义性，但同一个术语可以使用在不同的科学和技术方面，这就造成了术语的多义性。其实，我们应把这种多义术语看作同音术语，在许多情况下，也可以用符号来替代，而不会给术语的内容带来任何影响。第三，术语具有自主性（автономность）。当术语还具有某种约定的符号代替物时（如以符号"∫"代替术语"积分"），术语具有一定的自主性，可以不依赖语言的具体体系的特征而发挥作用，并且不会因此对自己的内容有丝毫损失。这一情况也证明它更接近于符号。第四，意义上的相关性。术语不具有词汇意义，它只代表或者经过科学加工的概念或现象，或者一定的事物与物质。因此，它与其他词没有意义上的联系。术语的发展与其他各类词不同，丝毫不受内部关系的制约。第五，非能产性（непродуктивность）。术语所表示的内容，当然可以发展，所以它的内容也可以解释为能产性的，但这种能产性完全是另外一种性质的，它不同于普通词的词汇意义的能产性，术语内容的变化发展受制于相应学科，而且其内容不依赖于它的语音外壳而自行变化和发展。第六，术语有相对的自由性，可以不受某种语言理据规则的制约。当然，如果术语是在普通词基础上构成和发展而来的，那么理据规则的作用可能要强些，但有相当多的术语名称具有很大的"随意性"，如专名等。

任何语词都是一种符号，用来指称一定的事物。正如列宁在他的《哲学笔记》中所说的：“名称是用来区别的符号，是某种十分显明的标志，我把它当作表明对象的特征的代表，以便从对象的整体性来设想对象”（В. А. Звегинцев，1956：26—27）。人们听到“西红柿、番茄”，脑海中出现的是那种可以做菜吃的球状或扁圆形的果实。人们对词所指称的事物的共同理解便是名称的意义。哲学家 G. Frege 最先提出了指称和意义的不同。他认为，与一个符号相联系的不仅有被命名的对象，还有这个符号的意义。

（二）术语符号的称名功能

术语符号的称名功能与语言符号的指称功能类似，术语指称和意义的关系类似于语言符号的意义和指称，两者关系之争由来已久。从柏拉图“词是事物的名称，人们通过词句反映事物”到罗素的“摹状词”理论，名称只有通过指示或指称外部世界中的事物或事实才能获得意义。

事实上，“术语在本质上就是索绪尔所定义的语言符号——由能指和所指组成的语言统一体”（隆多，1985：19）。索绪尔把语言符号看成是概念和音响形象（心理上的感觉）的结合（索绪尔，2005：100）。“音响形象”的视觉表现就是一连串的语言符号，而这一连串的符号可以称作事物或现象的名称。因此，索绪尔用“所指”代替概念，而用“能指”代替音响形象，即名称。术语也是语言符号。但是它与其他语言符号不同的是：“术语的语义外延是根据所指的关系而不是根据能指的关系而定义”（隆多，1985：19）。

从符号学意义上讲，“术语符号是由概念、意义等带有规则性、概括性、抽象性的内容（所指）与表现这种内容的形象、音响等具体形式（能指）组成的一个统一体。每一个术语符号都包括了一定的表达形式（形象和音响）和一定的被表达内容的形象（概念、意义）”（刘青，2002：38）。如 угловая скорость（角速度）和 ускорение（加速度）是物理学中的术语，以符号形式表现在专业文献中，就是两个不同的术语符号。第一个术语指描述物体转动时在单位时间内转过角度以及转动方向的矢量；第二个指描述物体速度改变快慢的物理量。可见，угловая скорость，ускорение 这两个术语符号各有明确的能指和所指，绝不能混淆。

称名性（номинативность）是语言符号具有的称谓某种事物或现象的属性。术语符号的称名性，体现的就是其能指和所指的有机结合。由于语言符号具有任意性、不可论证性的特点，术语符号的能指和所指之间并非一定存在自然的、必然的联系。但是，术语符号也和语言符号一样，在称名新事物或现象时，其构成又常常是有理据的，因为在称名新概念时，人们往往不是使用新创造的术语符号，而是从民族语中选择恰当的词来充当。因此，很多术语符号都具有称名理据性，如在 авторадиограф（自动射线照相），квазипроводник（准导体）术语中，其意义主要源于充当复合词第一部分的构词词素 авто-（自动的），квази-（准的），这就决定了新构成的术语必然与其有关，从而获得称名的理据性。

我们知道，每个新术语符号（称名符号）的产生，总是伴随着专业领域对该术语背后科学概念的深入研究，也就是说，称名某一专业概念的术语符号的确立通常要经历一段时间，有时，即使是利用语言中已有的词，也要重新赋予其新的专业意义。我们以物理学中的 electron（电子）一词的产生为例。electron 作为基本粒子是英国物理学家 J. Thomson 在 19 世纪末发现的。但是，electron 这个词本身自古有之，在希腊语中，它的意思是"琥珀"。大概是古希腊的织布人最早注意到，琥珀经毛织品摩擦后，能吸引轻的东西，而无须与其接触。后来人们发现，其他的物体，像玻璃、胶木等，用毛皮或皮革摩擦后也都具有同样的性质，人们开始称这些物体为带电体，从此，开始出现了与 electron 有关的术语词。人们对电有了认识之后，相关的理论研究得以深入进行。法国学者 A. Ampere 对电流和磁铁的相互作用所进行的精细试验和理论研究，发现了电流的相互作用，于是创立了第一个磁学理论（теория магнетизма）。1826 年，他成功地得出定量的电流相互作用定律（количественный закон взаимодействия электрических токов）："两电流元相互作用的力与两电流之和成正比，与两电流间距离的平方成反比。"（Г. М. Голин，С. Р. Филонович 1989：315）这一事实还说明，术语的产生与科学理论研究密不可分。

为了准确表达科技概念、传播科技知识，术语符号的确立应遵循着一定的命名原则，如应该有科学性、逻辑性、单义性等特征。而且，与普通语言符号相比，术语符号应该更具有理据性，这也是术语符号区别于一般符号的主要特点。

三　术语称名的特点

术语是在定义基础上创造出来准确表达专业领域概念的词（或词组）。术语是语言的功能单位，是人为"想出来的、创造出来的"。所以，术语称名是有目的的创造过程，受到语言内外因素的制约，即术语作为专业概念的语言表达形式，是按照具体语言规律形成的，或者说，"是在具体语言的土壤中产生、发展的……术语的创造者是该语言的操用者"（В. П. Даниленко，Л. И. Скворцов，1982：6）。术语称名能够体现出术语的特点，它在一定程度上促进了术语与民族标准语的密切联系。术语的产生方式证明了术语不仅在功能，而且在结构方面都是独立的现象。

由于术语的使用范围受限，它具有一定的封闭性特征。术语构成（терминообразование）被看成是语言的"二次称名"过程，其结果产生的是意义或形态派生词。术语称名目的是在定义基础上创造出用于准确表达专业活动领域概念的语言单位（词或词组）。一般来说，新术语的构成过程中经常表现出三个方面的特点。

首先，在科学中广泛使用"旧"名称表达新概念。随着科技新成果的不断涌现，需要大量专业名称表达与之相关的概念。专业领域中"旧词新用"的称名手段是根据概念的相似性，在术语意义发生转移的基础上实现的。通常，这种情况形成于同一科学和技术概念的形成初期。如伽利略把他所发明的望远镜用普通词 occiale（окуляры）来表示，后来被专业术语词 telescopium 所代替。

其次，从整体上看，"所指概念与能指形式的不可分离性"成为语言发展的必然趋势之一。人们总是试图用一个词，而不是词组来命名某一完整的事物或现象，或者说，经常使用单词素术语（монолексемный термин）代替多词素术语（полилексемный термин）。

最后，专业术语的构成有一个比较突出的特点，即新事物或现象尚未出现，在某一语言中却已经有了它的名称。如俄语中 самолёт 一词就是比较突出的例子，该词在"飞机"出现以前就已为人知，因为古老的俄语词 самолёт 与神话中的"飞毯"（ковёр-самолёт）是并存的，其意义中含有独立飞行的意思，后来，甚至可以用这个词表达各种快速运动的装置和速度飞快的交通工具。在其他语言中也有类似现象，如德语 Schreibmaschine（пишущая машинка）（打印机）早在 1789 年就被一个学者提出来了，尽管当时这种机器还没有被发明出来，可以看出，具体事物有时滞后于其名称的出现时间。

正如有的学者认为的那样："表达新概念的语言总是迟于其自身的创建过程，而初始称名（первичная номинация）总是先于最后称名（окончательная номинация）"（А. В. Суперанская，Н. В. Подольская，Н. В. Васильева，1989：95）。初始命名为选择更恰当的名称提供了一定的依据。人们创造并使用的第一批词汇多是表示具体事物，后来人们又用它们命名其他相似的具体事物。但人类从具体概念中逐渐获得了抽象思维能力的时候，往往借助于表示具体事物的词语表达抽象的概念。人类社会的语言更多地与具体事物联系在一起，对于同一类事物中的许多个别物体往往赋予不同的名称。也就是说，人类言语是从最初较具体的状态进展到较为抽象的状态的。最初的名称都是具体的，它们依附于对特殊事实或特殊活动的领悟。我们在自己的具体经验中所发现的一切细微差别，都被精密而详尽地加以描述，但是它们并未被归于共同的种属之下。德国著名哲学家E. Cassirer 曾用很多事实向我们展现了语言称名的这一特点。如阿拉伯语中用于描述骆驼的语词不下五六千个。然而其中没有一个给予人们一个一般生物学的骆驼概念。所有的这些名称都是表征骆驼的形状、大小、颜色、年龄以及走路姿态等具体细节。在巴凯里语（巴西中部一个印第安部落的方言）的描述中，每一种鹦鹉和棕榈树都有它自己的名称，却没有一个表达"鹦鹉"这个类或"棕榈树"这个类的名称（恩斯特·卡西尔，1985：172-173）。事实上，比之于人们用抽象的逻辑的类名词来表达，那些区别确确实实是更富表现特征和更具鲜明差别的。从具体名词到抽象名词是一个同样的缓慢过程，还可以在对事物性质的命名过程中加以研究。可见，无论一种语言如何具体，都不可能给每一件具体的事物以一个具体的名称。要描述客体，语言必须有一定程度的概括性。语言本身就是一种抽象，是对外界事物的某一侧面的概括。至于术语称名的特点，显然与新概念的语言表达直接相关，它在具体术语的创建过程中表现尤为明显。

具体而言，当语言使用者的意识中出现要表达的概念时，他或是从业已存在的语言单位中选择恰当的语词符号，或是创造出一个新的名称来。当然，名称的选择与创造并非随心所欲。18 世纪，德国哲学家 J. G. Herder 就曾经强调指出，语言源自人的理性创造。为此，他做了如下的推理：起初，我们的心灵发挥了其自由的作用，只要它可以集中注意力并将其停留在一个具体的物象上，就能区分出物象的独有特征，心灵的"这种确认行为第一次发生，就形成了明确的概念，这也是心灵作出的第一个判断"，当人能够清楚地区别并意识到他的特征时，"这第一个被意识到的特征就是心灵的词！与词一道，语言就被发明了"（赫尔德，1998：27-28）。

为此，J. G. Herder 以命名"羊"这个词具体说明了人自身的"理性"本能是如何创造出语言的。小羊"咩咩"的叫声这一区别性特点给语词的获得提供了选择的可能性。总的看来，J. G. Herder 认为，理性的主要功能在于可以将我们的经验组织起来，在理性中包含了"反省"能力，即一种记忆我们感官的能力，因此，我们自身能通过反省而获得一些经验性的符号，进一步又是通过对这些经验性的符号的运用反过来控制我们的感觉，在这样的符号具体运用时就产生了语言。在这样的论述中，我们很容易发现，命名（称名）是语言思维过程的痕迹。这一过程突出了两个与人的理性创造力相联系的重要概念："发现"（замечать）和"表达"（обозначать）。人正是通过寻找而发明了语言，这里的"发明"不是"从无到有"，而是"寻找"的过程："人必须始终运用自身的力量为自己找到语言"（М. Н. Володина，1996：40）。德国哲学家 M. Heidegger 的"语言在言说中呼唤着被呼唤者，也即命名着被命名者，被呼唤者和被命名者就是物和世界"（海德格尔，2005：16），更是一语道破语言的真谛：语言就是"创建"，即"命名"。

人们用语言表达对客观对象的认识，这种认识是客观对象的特性或特征在人们意识中的反映。当人们对某一事物命名或根据某个名称去识别所命名的对象时，往往依据这一事物的某些特性或特征。所以，这就是一个事物之所以被这样称名的原因。当然，我们不可能把客体的所有特征都在一个名称中全部体现出来。有时，"人们在规定名称所指的对象时，也可能根据对象的某些偶然特性。因此，即使对象不具有某种独特地起识别作用的特性，我们仍然可以用某个名称去指称某个对象"（克里普克，2005：6）。名称作为命名行为的结果一旦被确定下来，就被该语言系统所接纳，并且受到该语言集团社会规范与使用习惯的制约，它可以沿着传递的链条一环一环地传递下去，它们指称的对象也是由一条历史的、因果的传递链决定的。

四　结语

上述分析表明，术语称名的实质是在语言操用者的意识中，反映他们的实践和社会经验的同时，把语言外事实变成语言意义。换言之，术语称名其实就是给客观事物、现象命名，解决一个词从无到有的非常复杂的一种称名活动，它要受称名时的具体环境、条件、人的认识、语言规则等多种因素的制约，其中，人的认识起着非常重要的作用。此外，这种称名行为（акт номинации）还受制于人的思维方式、知识结构等多种因素。就俄罗斯民族来说，其传统的民族思维方式直接影响人们的认识活动，从而影响着术语的称名活动。

参考文献

Ахманова О. С. , "Терминология（лингвистическая）" // *Словарь лингвистических терминов*, Москва: Советская энциклопедия, 1966.

Володина М. Н. , *Термин как средство специальной информации*, Москва: Изд-во Московского университета, 1996.

Даниленко В. П. , Скворцов Л. И. , "Нормативные основы унификации терминологии" // *Культура речи в технической документации*, Москва: Наука, 1982.

Дрезен Э. К. , *Научно-технические термины и обозначения и их стандартизация*, Москва: Стадартгиз, 1936.

Звегинцев В. А. , *Проблема знаковости языка*, Москва: Изд-во МГУ, 1956.

Реформатский А. А. , "Что такое термин и терминология", *Вопросы терминологии*, Москва: Изд-во Академии наук СССР, 1961.

Суперанская А. В. , Подольская Н. В. , Васильева Н. В. , *Общая терминология. Вопросы теории*, Москва: URSS, 1989.

Голин Г. М. , Филонович С. Р. , *Классики физической науки（с древнейших времен до начала XX в. ）*, Москва: Высшая школа, 1989.

〔德〕恩斯特·卡西尔：《人论》，甘阳译，译文出版社，1985。

〔德〕海德格尔：《在通向语言的途中》，孙周兴译，商务印书馆，2005。

〔德〕赫尔德：《论语言的起源》，姚小平译，商务印书馆，1998。

〔美〕克里普克：《命名与必然性》，梅文译，译文出版社，2005。

刘青：《科技术语的符号学诠释》，《科技术语研究》2002 年第 2 期。

〔加拿大〕隆多：《术语学概论》，刘钢、刘健译，科学出版社，1985。

全如瑊：《什么是"术语"》，《术语标准化与信息技术》2004 年第 3 期。

〔瑞士〕索绪尔：《普通语言学教程》，高名凯译，商务印书馆，2005。

郑述谱：《术语的定义》，《术语标准化与信息技术》2005 年第 1 期。

原文发表于《俄语语言文学研究》2011 年第 3 期

从符号学角度看术语的功能

孙　寰*

摘　要： 术语学是一门综合性的应用学科。在其自身的学科发展中，术语学不断从其他的亲缘学科中借鉴理论方法。其中，符号学方法是较为重要的术语学研究方法之一。本文主要从符号学的视角分析术语作为特殊符号的功能及俄罗斯术语学研究中的符号学方法。

关键词： 术语　符号　功能

一　引言

　　符号学的分析观点和方法今日已在大多数人文学科中发挥着重要的作用。过去几十年以来，符号学取得了长足的进展，它在当今学术界所产生的影响越来越大。作为跨学科的方法论，符号学正在成为当代社会人文科学认识论和方法探讨中的重要组成部分，其影响涉及一切社会人文学科，其中自然也包括术语学。

　　术语学作为一门综合性的应用学科，在其自身的学科发展中，不断从其他的亲缘学科中借鉴理论方法。其中，符号学方法就是较为重要的术语学研究方法之一，它在术语研究中的使用历史已经有30多年。

　　本文将从俄罗斯术语学理论研究中的符号学方法谈起，以符号学的视角来

---

　　* 孙寰，哈尔滨工程大学外国语学院教授、硕士生导师。

分析术语的结构，着眼于研究术语作为特殊符号的功能，力求能够更深刻地认识术语的本质。

二　俄罗斯术语学理论研究中的符号学方法

语言符号学思想产生于古希腊时期。对符号问题的研究最早始于哲学领域，系统的符号学理论直到 20 世纪才出现，到了 20 世纪 60 年代，当代符号学几乎同时勃兴于法国、美国和苏联。李幼蒸先生将当代符号学的研究方向划分为：语言符号学、一般符号学和文化符号学三大类。

注重对语言结构、语义结构和话语层面分析的各种符号学理论被划入语言符号学。

从语言符号扩大到非语言符号（包括人工智能符号）的分析，即形成一般符号学（普通符号学），它把与人类生活相关的一切符号和象征都纳入符号学的视野。

最后，运用符号学的观点、方法来分析社会文化中各种物质、精神和行为的现象，包括各部门符号学，如建筑、电影、戏剧，意识符号学等，在李幼蒸先生看来，这些都属于文化符号学的范围①（李幼蒸，1999：1-13）。

目前，符号学分析观点和方法已在大多数人文学科中发挥着重要的作用。作为跨学科的方法论，它已成为当代社会人文科学认识论和方法探讨中的重要组成部分，其影响涉及一切社会人文科学。

在术语学理论研究中，符号学方法就其通用性而言，是仅次于系统方法②的一种研究方法。符号学是研究符号和符号系统特征的科学，该学科的研究对象是各种不同符号系统的集合。按瑞士著名语言学家索绪尔的观点，语言是一个特殊的符号系统。以学科的概念为基础的每个学科的术语总汇也是一个将该学科知识归纳概括的符号系统。这个系统具备一般符号系统的所有必要特征。在俄罗斯率先用符号学方法来研究术语的，应该首推 В. М. Лейчик 和 П. В. Веселов。

---

① 关于符号学的研究方向及流派，可参见李幼蒸（1999：1-44）。

② 系统方法是科学认识和社会实践中的一种方法论，最早是在 20 世纪 40 年代由奥地利理论生物学家 F. Bertalanffy 提出的。概括地说，其基本原理是：把对象看作某种系统；每个系统都是相互联系、相互作用的成分的集；系统方法的研究目标是揭示对象的整体性，查明对象中各种类型的联系，并将其归纳成统一的理论（郑述谱，2005：132-133）。

В. М. Лейчик 指出，术语学研究中同样存在四种不同类型的符号关系，这就是术语之间的关系；术语与指称的事物之间的关系；术语作为符号与指称的概念之间的关系；术语与使用人的关系。

П. В. Веселов 首先用符号学的三个组成部分来分析术语的特征。作为符号单位的术语，其特性也可以用符号学的理论来分析。同样可以从语义、语构与语用三个方面来认识术语的一系列特征。如术语不应有同义与多义，术语只反映概念的最必要的特征等，这些都归入语义方面。派生术语的研究属于语构方面。术语要简洁，便于读出，有可译性，这些属于语用方面。上述见解实际证明了符号学方法对术语研究的适用性（郑述谱，2005：137-142）。

三　术语的结构

从符号学的角度来看，"语言词是语音符号的物质载体。语音词作为意义的符号，是能指，此时意义是所指。语音词和意义加在一起，也就是能指和所指加在一起作为事物的符号（денотат или референт），就是语言符号"（华劭，2005：31）。以此来看，术语也是语言符号，是通过语音和文字来表达或限定专业概念的约定性符号。既然任何语言符号都是由概念和音响形象结合而成的，包含着能指与所指，那么术语也同样包含能指和所指。但术语与其他语言符号是有区别的。区别就在于它的语义外延是根据所指的关系而不是根据能指的关系来确定的。术语是从概念（所指）出发去考虑这个概念的名称是什么，也就是说，概念先于名称。术语和普通词汇的研究方法如表 1 所示。

表 1

研究方法	普通词汇	术语
	↓能指 ↓所指	↑能指（外部形式） ↑所指（概念内容）

L. T. Hjelmslev（1899～1965）是丹麦语符学派的代表人物，他使用了更为常见的词语"表达"（或"表达面"）和"内容"（或"内容面"）来取代索绪尔的能指和所指。无论在表达层面，还是在内容层面，都存在形式和实质的

区分问题。索绪尔的符号能指相当于"表达实体",即有形式的表达面上的质料,而符号所指实际相当于"内容实体",即具有形式的内容面上的质料。如果排除了与语言以外的事物——"质料"的联系,剩下的就是纯形式了。语言结构因此是一种纯形式。而在纯语言结构内,符号可以说是由内容形式和表达形式所组成的单元;符号函数的两个函子即内容形式和表达形式。L. T. Hjelmslev认为:"表达与内容的区别及其在符号函数内的相互功能,对于任何语言的结构来说都是基本的。任何符号……其本身包含着一个表达形式和一个内容形式"(陈宗明、黄华新,2004:292-294)。我们可以将这一观点用于对术语的分析。

术语是一个非常复杂的系统,它成为一系列学科(哲学、逻辑学、语言学、符号学等)的研究对象,同时也成为术语学自身的研究对象。术语是人的思维活动高度抽象的产物,可以说,术语是思维的凝缩,是对许多世纪以来人们工作思考的成果的一种概括。因而,术语的结构非常复杂,应从内容、形式和功能的角度对它加以研究。无论从其中的哪一个视角出发,我们都会发现,术语有着诸多的特征:术语应具有形式结构(формальная структура)、内容结构(содержательная структура)和功能结构(функциональная структура),而不仅仅是内容、形式和功能。在人的思维中,术语并不是一开始就出现的。它是在言语思维发展到一定阶段,并区分出语言基质(субстрат)、术语的本质(терминологическая сущность)和逻辑表层(логический суперстрат)三个层面之后才得以形成的。

术语的形式结构取决于它的语言基质,而内容结构和功能结构包括术语作为自然语言词汇单位、作为术语系统的要素的特征。具体来说,术语的形式结构包括语音结构、词素结构、构词结构和词汇结构;术语的内容结构(语义结构)取决于两个因素:术语的本质和语言基质。术语通过语言的基质而获得语义结构,包括内容(自身的意义)和内部形式(涵义、理据性);术语的功能结构包括:称名功能、语义功能、交际功能、语用功能和启发功能(эвристическая функция)等(В. М. Лейчик,1998:5-15)。

四 术语作为一种特殊符号的功能

(一)符号的功能

符号既然是为了满足人们的需要而被创造出来的,那么,符号的产生就已经决定了符号是一个功能实体。艾柯曾经指出："确切说，不存在符号，而只有符号—功能。'符号'这一概念是日常语言的虚拟物，其位置应该由符号—功能概念取而代之。"我们使用符号，就是在发挥符号的功能。

法国符号学家 P. Guiraud 在《符号学概论》中说："符号的功能是靠讯息来传播（communiquer）观念。"随后，他列举了符号的六种功能，即指代功能、情感功能、指令功能或表意功能、诗歌功能或美学功能、交流功能、元语言功能。符号的功能既然是靠讯息来传播观念，而讯息与观念则是人们对客观世界认知的结果，传播的过程就是交际的过程。因此，概而言之，符号的基本功能便是认知与交际。

人类的生存使之必须认知客观世界，必须使客观世界成为可以理解的有秩序、有规律的世界。对这种"秩序"和"规律"的认知过程，实际上就是符号体系的形成过程；人类这种认知的结果，也就是符号发挥认知功能的结果。

如果说符号的认知功能使人类获得了一个符号世界，那么符号的交际功能则赋予了这个符号世界强大的生命力。人与人之间需要交际，符号在交际中获得了生命。交际是形成人的社会性即人的本质属性的一个基本前提，是人的社会本质的充分表现形式。

认知与交际作为符号的两个基本功能，它们彼此依赖、相辅相成，共同完成人类的符号行为。认知所使用的符号，一般都是交际中约定俗成的那些符号。人们要对新事物、新现象进行认知，必须以交际中所约定的符号为中介，否则认知便不知从何处着手。实际上，在人类的符号活动中，交际和认知更多的是一个交互的过程，交际双方既在交际，也在认知。人们在交际中获得讯息，讯息的获得便是一种认知。

可以说，认知是一种符号行为，是人们获取知识的符号操作，它只发生在人这一符号主体身上并以符号为建筑材料，架起了从认知主体通向认知客体的桥梁。人们生活在一个符号化的世界，一切客体都是以符号化的形式存在，认知的过程也就是客体被符号化的过程。认知的符号行为一般分为两个步骤：一是把认知客体符号化；二是产生符号的外显行为。符号的外显行为是指符号化的外在表达。

交际也是一种符号行为，人们运用符号传情达意，进行人际间的讯息交流和讯息共享的行为协调过程。通常，人们在交际过程中运用符号传达讯息，这传达的过程就是从表达到理解的过程，也就是从编码到解码的过程。所谓"编码"，是指表达者把讯息符号化，以符号的形式呈现给理解者；所谓"解码"，是指理解者把符号形式还原为讯息的过程。理解就是关于符号讯息化的解码行为（陈宗明、黄华新，2004：32-60）。

（二）术语的功能

术语作为特殊的表达概念的符号，可以从符号学的角度对其加以分析。20世纪初，有一些语言学家，如 O. Jespersen 突出强调术语的"象形性"，即把术语看成一种纯粹的、与概念相关的象征符号。后来的大多数学者则特别注意术语的功能。

术语学研究的是"科学语言""专业语言"。术语学对自己的基本研究对象——术语，还没有一个被普遍接受的科学定义。但有一点却是共同的，那就是，术语一定是对某一专业学科领域内概念的指称，是对事物本质特征的抽象与概括。所以，对于术语来说，称名功能是非常重要的。Г. О. Винокур 在他的文章《俄语技术术语的某些构词现象》中指出，"术语不是特殊的词，而只是用于特殊功能的词……这种特殊功能就是'称名功能'"（В. А. Татаринов，1994：220-221）。而 Л. А. Капанадзе 特别强调术语的定义功能（дефинитивная функция）。术语并不是像普通词那样称谓概念，而是概念附着在术语上。术语的意义就是概念的定义，即附属于它的概念的意义（Л. А. Капанадзе，1965：75-85）。

此外，如上文所述，符号的基本功能之一是交际功能，而术语同样具有交际功能。布拉格术语学派十分重视术语的社会交际功能的研究，认为术语具有一定的社会功能，术语不应与日常使用的词语发生过多的联系，以免产生歧义；从几个同义术语中挑选标准术语时，要优先派生能力强的术语；不要过多地干预术语的国际化，吸收外来语可以丰富本民族语言的术语。

随着国际间科技文化交流的日益频繁，术语对获取、积累与传播知识的作用，也被越来越多的人所认识。术语之间的交流就是信息的交流，只不过这种交流发生在专业人员之间。

由此看来，术语在科学认识中起着主导作用。当我们说语言是一种工具，它能确定和保存所积累的知识，并把这些知识代代相传时，我们首先指的就是术语。

由此看来，术语的认识功能也是术语的一个重要特点，因为术语主要用来表示概念。科学认识过程中所使用的语言主要是术语（С. В. Гринев，1993：216–229）。

术语的认识功能如图 1 所示。

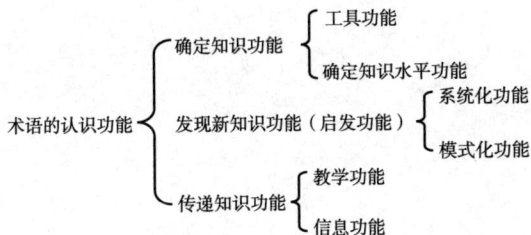

图1

术语作为一种符号，是在交际中获得对科学概念的认识，而人们对科学的认识，也正是通过术语这一特殊的符号架起了从认知主体（人）到认知客体（科学概念）的桥梁。

近年来，以认知语言学的理论思想为基础，在术语学领域逐渐形成了新的研究方向——认知术语学。认知术语学主要研究术语在科学认识中的作用问题。

五　结语

总而言之，符号学可以作为文化和人类科学普遍语义学研究领域的方向。当代符号学是传统符号学语义分析精神和现代科学综合化总趋势的产物，这一特定研究领域存在的合法性和功用性间接地表现在它既不再属于任何哲学流派，也不属于任何科学学科，然而它却包含着各类研究中的多种相关内容。

符号学本身是一种服从理性原则的科学，理性与科学精神的含义包括：各种相关知识应在表达层和内容层保持一致性；概念的明确性；论证的逻辑性；话语的合语法性；经验表述与神秘思想表述分界的明确性；行为目的的明确性和手段与目的的一致性。当今的符号学主要是一种科学性活动，既不应简单地视为哲学思辨，也不应视为某种文化意识形态的新发展。符号学的发展肯定是社会人文科学现代化漫长而复杂的过程中的重要组成部分。

运用符号学的方法研究术语，可以使我们对术语本质的认识更加深刻。语言学和符号学相互影响、相互制约。语言本身就是一个特殊的符号系统。而术语与语言又有着非常密切的联系，自然语言是术语的基质（субстрат）。所以，术语也是符号，是表达概念的特殊的语言符号。术语学的研究势必会与符号学密切结合。

参考文献

Гринев С. В. , *Введение в терминоведение*, Москва：Московский Лицей，1993.

Капанадзе Л. А. , "О понятиях «термин» и «терминология»"//*Развитие лексики современного русского языка*//Москва：Наука，1965.

Лейчик В. М. , "Обоснование структуры термина как языкового знака понятия"//*Терминоведение：предмет, методы, структура*, Bialystok：Wydawnictwo Uniwersytetu w Bialystoku，1998.

Татаринов В. А. , *История отечественного терминоведения*, Москва：Московский Лицей，1994.

陈宗明、黄华新：《符号学导论》，河南人民出版社，2004。

华劭：《语言经纬》，商务印书馆，2005。

李幼蒸：《理论符号学导论》，社会科学文献出版社，1999。

郑述谱：《俄罗斯当代术语学》，商务印书馆，2005。

原文发表于《俄语语言文学研究》2007 年第 4 期

俄语术语的同音异义现象探析

吴丽坤[*]

摘　要： 同音异义现象较为普遍地存在于术语词汇中，而且常常被当作
多义现象。同音异义术语大多通过借用不同领域中的词汇构成，
可以借助一定的上下文、与术语搭配的具体语言限定成分来区
分出多义术语的意义及证同同音异义术语。

关键词： 术语的同音异义现象　同音异义术语的构成途径　同音异义术语的
证同

术语同音异义（терминологическая омонимия）和多义、同义现象一样曾
被看作是术语的"缺陷"。研究分析同音异义现象，区分同音异义、多义现象，
判定同音异义术语（омонимичный термин，омоним-термин）的使用对篇章信
息的自动化处理意义重大。

一　对术语同音异义现象的不同认识

分析术语的同音异义现象问题必然会涉及术语的多义性，因为这两种语义
过程都是"用同一个词汇形式称谓多个概念"。很长一段时期，术语文献中对这
一现象的界定曾左右摇摆。

最初这一现象被看作术语的多义性。Д. С. Лотте 在创立术语基本原理时就

---

* 吴丽坤，黑龙江大学俄语学院教授、博士生导师。

指出：术语领域中多义、同音异义现象的共性是用一个语言形式表示两个或多个概念。他认为绝大多数情况下，多义术语是由于一个术语（词或词组）的意义发生变化而引发的，而同音异义术语不应该是 Л. А. Булаховский 所认定的"由一个词的意义发生分裂的结果"，因为这样会产生"原则上的不便"（Д. С. Лотте，1961：62）。在 Д. С. Лотте 看来，只有那些因各种偶然、巧合因素，如词源不同、缩写等方式形成的偶然重合的术语才是同音异义术语。如 газ（天然气）和 газ（细纱）（外来音译词）/词形 промпродукт 既可以是术语 промышленный продукт（工业产品），也可以是 промежуточный продукт（矿产，中间产物）的缩写形式等，而其他所有用一个语言形式表示多个概念的现象都是多义现象。（Д. С. Лотте，1961：66）显然，Д. С. Лотте 把这两种现象过于简单化了。但也正是 Д. С. Лотте 做出的判定使得多义现象成为俄罗斯术语界重点研究的问题之一。

语言中的语义同音异义现象是由 Л. А. Булаховский 于 20 世纪 20 年代提出的，晚些时候 В. В. Виноградов 和 О. С. Ахманова 等语言学家在各自的论著中指出，语义同音异义现象是词的意义发生分裂的结果（В. В. Виноградов，1959：4；О. С. Ахманова，1957：111–116）。

А. А. Реформатский 认为，尽管同音异义现象在标准语中的界限宽泛复杂，而且产生的原因多种多样，但在术语词汇中则主要体现为一种形式，即"多义现象发生异化，成为同音异义现象"（А. А. Реформатский，1967：88），也就是说，"一个术语进入该语言的不同术语总汇中，是跨学科的术语同音异义现象。例如，реакция 用于：（1）化学，（2）物理，（3）政治；редукция 用于：（1）哲学，（2）法律，（3）语音学等"（А. А. Реформатский，1967：110）。此类例证不胜枚举。

В. П. Даниленко 强调指出："术语词汇领域中的同音异义现象至少因具有两个特征而与全民语词汇中的类似过程有本质区别。首先，术语词汇中的同音异义现象是多义词语义发展的结果，即多义词意义分裂、异化，最终成为同音异义术语。而历史词源不同但发音重合的词所形成的同音异义现象对术语来说是格格不入的。其次，对术语而言，同音异义现象只能是跨系统现象：或是不同术语系统中的术语（如语言学、军事等领域中的术语 деривация），或是用词汇-语义方式构成的与标准语生产词（如 гусеница，нос，голова）已成为同音异义词的术语"（В. П. Даниленко，1977：72）。

由此可见，术语中的同音异义现象是由多义词发生意义分裂、异化，最终转变成没有语义联系的不同词而形成的，而不是 Д. С. Лотте 所说的偶然重合现象。

二　同音异义术语的来源

同音异义现象是多义现象的"逻辑延续"，所以在两者之间常常难以划出明晰界线或者说很难对两者进行明确分类。从来源看，同音异义术语的构成方式主要为语义方式，即改变某一词汇单位的意义并用这一词汇单位来称谓某一专业概念而构成术语时，根据构成新术语的词汇单位源自何处，是通用词还是术语，可以划分出三种情况。

（一）源自通用词

利用标准语中的通用词构成术语是任何一个术语总汇或系统中普遍存在的现象。比如非在外形或功能等相似的基础上，术语经过意义引申，即实现"术语化"过程而成为术语，而且某些非术语已成为众多学科、部门专业术语的生产词：стакан（杯子→套管，衬管〈机械〉；水口砖，铸口砖〈冶金〉；炮窝，炮眼底部〈军事〉），лопатка（小锹，小铲→叶片，轮叶〈机械〉；撇渣板〈冶金〉），хвост［尾，尾部→（扫雷）尾索〈军事〉；尾矿，尾砂〈矿物〉；彗尾〈天文学〉；尾随脉冲〈物理学〉］，等等。

评述以上现象时，存在观点分歧。一些人认为这是意义的语义引申现象，是一个词的不同意义，即一般标准语中词的词汇-语义变体，而不是不同的词，另一些人则认为这是不同的词，是同音异义词（В. И. Абаев，1957：31-43）。

О. С. Ахманова 认为，跨学科的术语同音异义现象至少要具备两个特征：（1）术语具有不同定义；（2）这些术语用于不同术语系统中（О. С. Ахманова，1974：8-9）。只要对比一下通用词（非术语）和由该通用词构成的术语，就会发现，通用词进入术语词汇时，保留的只是语音外壳，其语义内容与从前已完全不同。有时通用词和术语之间的联系能得以保留，如：стакан（杯子→套管，衬管〈机械〉），хвост（尾，尾部→彗尾〈天文学〉），有时则没有丝毫联系的痕迹，比如通用词 сухарь（面包干）和技术术语 сухарь（滑块，垫块，滑件，限动块）之间已经不存在任何联系。

术语词汇中，语义构词方式的使用历史悠久，是创造术语称谓最早采用的构词方式之一，而且在现代术语构成中依然具有能产性。只不过构成术语的词汇单位来源发生了变化，现在以语义方式构成术语的初始材料更多的已经不是通用词，而是其他领域的术语。В. М. Лейчик 认为，这与术语的内容结构更为"严谨"有关：术语通常较少具有多义性，多具有理据性，术语的语义中包含着更适合用于新术语系统的义子（В. М. Лейчик，Л. Бесекирска，1998：37）。

（二）源自相邻学科的术语

Д. С. Лотте 在 20 世纪 30 年代创立术语理论之初，只把一些语音、形态、句法的"偶然重合现象"称作同音异义现象，其他所有用一个词汇单位表示多个概念的现象都被他称作多义现象。但是到了 70 年代，许多术语学家形成一种观点：术语中不会也不可能存在多义现象，因为科学和技术概念具有明确、严格的定义，即便用一个词汇形式称谓、命名多个专业概念，相应术语的意义也将会是界限分明、相互独立的。所以用于表示多个概念的词汇形式不是一个术语的若干个意义，而应该是同音异义术语。

采用隐喻方式构成术语时，相似性或共性只是在新术语创立之时比较明显，而后就会逐渐被淡化甚至被有意识地忽略掉。而且此种方式构成的术语通常分属不同的专用目的语言，服务于不同的学科领域，这会促使术语的意义分离，从而进一步确立其作为同音异义术语的地位。比如，作为地质学术语时，щебень 表示"大小为 10 毫米-200 毫米的非磨光碎屑岩"，作为工程地质学（属于建筑设计科学）术语时，表示"大小为 20 毫米-200 毫米的非磨光岩石粒"，而在建筑材料的生产过程中，该术语则表示"大小在 5 毫米-70 毫米之间，用碎岩石、砖块、矿渣等制成的混合颗粒"（С. В. Гринев，1993：100）。从术语学的观点看，这是三个同音异义术语。首先，分属不同的术语总汇，其次具有不同的定义。这也符合 О. С. Ахманова 提出的作为同音异义术语至少应具备的两个特征、条件。

（三）源自同一学科不同系统的术语

任何术语都属于某一确定的术语总汇（系统），服务于某一知识、活动领域中的某一理论。因此，分析术语的内涵、语义结构时，必须把术语单位和术语系统、术语所描述的专业知识或活动领域中的某一理论联系在一起。比如，物理学中至少存在两种理论，相应地，也就有两个术语系统。其中，一个以牛顿经典力学理论为基础，另一个以爱因斯坦相对论为基础，因此用于这两个术语系统中的同一个术语 масса（质量），确切地说是"具有相同形式的术语"，却有着不同意义。在牛顿物理学理论中，术语"质量"的内容结构中可以分离出"守恒，不变"（постоянство）这一义子，而在爱因斯坦相对论中，术语"质量"包含着"对运动速度的依赖性"（зависимость от скорости движения）这一义子（В. М. Лейчик，1996：229）。因此，《制定和整理科学技术术语简明方法参考》（«Краткое методическое пособие по разработке и упорядочению научно-технической терминологии»，1979）一书中的观点是有偏差的，它反映的是苏联术语界在 20 世纪 70 年代前对术语多义、同音异义现象的一种阶段性认识："形式相同，表示与同一客体或现象相对应的概念，但反映不同观点、推测的术语是多义术语"（Д. С. Лотте，1979：7）。

毋庸置疑，爱因斯坦理论中的术语"质量"是从经典力学的术语系统中借用而来的。或许，新术语和先前术语意义的本质差别在最初使用时没有被科学家觉察到，于是新术语就被当作多义术语的第二个意义使用。这种现象比较常见。但是极其严谨的相对论原理表明，经典力学和相对论中的术语"质量"是两个同音异义词，而不是一个多义词。欧几里得几何学和非欧几里得几何学中的术语"平行线"（параллельные линии）也是同音异义术语。再比如，кабель在建筑业中用于两个意义："绳索，缆索"（трос）和"电缆"（электросвязь）。后一个意义是根据外形相似从第一个意义引申而来的。现在这两个意义已经分裂、异化为同音异义术语，表示不同领域的概念：第一个属于建筑索具和构件组成，第二个用于电力安装、供电系统。有趣的是，英语术语 cable 的语义变化与俄语术语 кабель 完全相同。上述现象又被称作跨系统的部门内部语义同音异义现象（межсистемная внутриотраслевая семантическая омонимия）（В. М. Лейчик，1991：119）。

三　同音异义术语的判定

术语同音异义和多义性的判定方法大体一致。一般情况下，可以借助详解术语词典做出判断，但许多语言外部因素，如词典编者的观点、所属的学术流派等使不同词典在解释相同术语时经常存在分歧，甚至相互矛盾。

判定术语多义还是同音异义更为可靠的方法是在专业篇章中，分析、研究该术语在不同"周围环境"① 中的使用特点。研究表明，多义、同音异义术语在意义上的差别，可以通过它们在篇章中所处的不同"周围环境"体现出来。

同音异义术语所处的"环境"具有极为明显的差异，因为同音异义术语服务于不同学科。比如，术语"腐蚀"在下列两个句子中的同音异义性十分明显：

（1）铁生锈是金属腐蚀的最普遍形式；

（2）强酸、强碱对皮肤、黏膜的灼伤，胆汁反流对胃黏膜的破坏等都可称作腐蚀作用。

这表明，术语所处的"环境"是判定该术语多义还是同音异义的可靠依据。

不同的术语意义与其所特有的语言限定成分搭配使用，因而能明显地反映术语多义性与同音异义性的差异。比如，对术语 cable（绳索，缆索）来说，典型的限定成分是指出其物理状况的词语：strained cables（绷紧的绳索），stiff cables（劲性缆索），而对 cable（电缆）来说，典型的限定成分是与电缆维护、电缆用途相关的词语：insulated cables（绝缘电缆），sheated cables（铠装电缆），power cable（电力电缆），sound cable（通信电缆）等。这两个同音异义术语的限定成分不会在一个上下文中同时出现。

所举示例表明，术语的意义决定了哪些语言限定成分可以与之搭配使用，也就是说，多义或同音异义术语在意义上的差别使其具有不同的限定成分，多义术语的某一具体意义或者同音异义术语常常可以通过典型限定成分来判定、证同。这一点极为重要，可以用于自动识别多义术语的意义、证同同音异义术语并为篇章的机器加工创造前提，而识别同音异义术语和多义术语是篇章自动化处理（机器翻译、自动编写摘要、为篇章编制索引）中最为复杂、关键的问

---

① "周围环境"是指能够表明某一术语所属的学科领域的上下文以及与该术语搭配使用的词语。

题之一。

研究多义术语的不同意义与同音异义术语的分布使用大有前途。同音异义术语作限定成分时，通常与完全不同的术语搭配，因此被某一同音异义术语限定的术语，通常不会与另一个同音异义术语搭配使用。如 cable（绳索，缆索）构成下列术语词组：cable deformation（缆索变形），cable tension（缆索拉力），而 cable（电缆）构成下列术语词组——cable car（缆车），cable conductors（电缆线）等。

四 结语

上述分析表明，多义或同音异义术语意义的差别反映在术语具有不同的限定成分，同时被同音异化术语限定的词汇单位在意义上也存在差别，"周围环境"的差异可以作为证同同音异义术语和判定多义术语不同意义的形式标准。也就是说，判定"一个词汇单位表示若干概念"这一现象的属性时，要采取综合性措施，从语义（术语表示的意义）、功能和形式（专业篇章中术语的限定成分与被该术语限定的词汇单位）三个方面入手，这样有可能正确识别术语的多义性和同音异义性。

参考文献

Абаев В. И. ，"О подаче омонимов в словарях"，*Вопросы языкознания*，1957（3）. — С. 31—43.

Ахманова О. С. ，*Очерки по общей и русской лексикологии*，Москва：Учпедгиз，1957.

Ахманова О. С. ，*Словарь омонимов русского языка*，Москва：Сововетская энциклопедия，1974.

Булаховский Л. А. ，"Из жизни омонимов"//Щерба Л. В. （ред.）. *Русская речь. Новая серия. Выпуск Ⅲ* ，Ленинград：Academia，1928.

Виноградов В. В. ，"Вопросы производного современного лексического значения слова"，*Русский язык в школе* ，1959（2）. — С. 4.

Гринев С. В. ，*Введение в терминоведение* ，Москва：Московсий Лицей，1993.

Даниленко В. П. ，*Русская терминология. Опыт лингвистического описания* ，Москва：

Наука，1977.

Коршунов С. И. ，Самбурова Г. Г. ，*Краткое методическое пособие по разработке и упорядочению научно-технической терминологии*，Москва：Наука，1979.

Лейчик В. М. ，"Семантическая омонимия и многозначность в сфере терминов" // *Лексика и лексикография*，Москва：Наука，1991.

Лейчик В. М. ，"Прикладное терминоведение и его направления" // *Прикладное языкознание*，Санкт-Петербург：Издательство Санкт-Петербургского университета，1996.

Лейчик В. М. ，Бесекирска Л. ，*Терминоведение*：*предмет*，*методы*，*структура*，Białystok：Wydaw. Uniw. w Białymstoku，1998.

Лотте Д. С. ，*Основы построения научно-технической терминологии*，Москва：Изд-во Акад. наук СССР，1961.

Лотте Д. С. ，*Краткое методическое пособие по разработке и упорядочению научно-технической терминологии*，Москва：Наука，1979.

Реформатский А. А. ，*Введение в языкознание. 4-е изд.* ，Москва：Аспект-пресс，1967.

Суперанская А. В. ，Подольская Н. В. ，Васильева Н. В. ，*Общая терминология*：*Вопросы теории*，Москва：Наука，1989.

原文发表于《俄语语言文学研究》2007 年第 1 期

聚合关系、组合关系与词典编纂[*]

张春新[**]

摘　要： 聚合关系和组合关系是索绪尔结构语言学中影响最为显著，被最为广泛地接受的原理。作为词汇单位的词能够同时进入这两种关系。本文从词典类型、词典宏观与微观结构、词典释义等几个方面具体论述聚合关系与组合关系在词典中的应用及其对词典编纂的意义。

关键词： 聚合关系　组合关系　词典　词典编纂

一　引言

聚合关系和组合关系是两个语言轴列概念，源于索绪尔语言学理论（索绪尔，1985），是索绪尔结构语言学中影响最为显著、被最为广泛地接受的原理。作为词汇单位的词能够同时进入这两种关系。词的聚合关系指的是具有某个共同点的词之间所具有的相互关系，而且有共同点的词以共同的特征为基础，相互联系，构成所谓聚合体。词在上下文中完成一定的功能，体现自己的某种意义，与周围的词按一定的规则和一定的顺序排列，形成一定的语义关系，从而表达一定的意思，传达一定的信息。这种关系体现为词在其不同意义上的搭配，在言语中与其他词语的联系，这就是词的组合关系。

---

* 基金项目：国家社会科学基金一般项目"俄罗斯词典编纂史研究"（项目批准号：19BYY208）。
** 张春新，黑龙江大学俄罗斯语言文学与文化研究中心副研究员、硕士生导师。

词是词典描写的主要对象，研究词必然离不开词的聚合关系与组合关系，所以词典自然而然与词汇之间的聚合关系和组合关系密不可分。

二 组合关系、聚合关系与专门用途词典编纂

随着词典学作为语言学的一个独立学科从词汇学中分离出来，对词典的研究逐步深入，词典编纂工作也获得了越来越多的重视，适合于各种用途的词典层出不穷，除了大全型的详解词典，还出现了许多专用词典。在这些词典中词的聚合关系与组合关系体现得尤为明显。

聚合关系分为形式上和语义上的两种。聚合关系的核心是同和异的关系，这种基于相同和对立特征之上的聚合关系，把数量难以估计的、内容和功能等方面都各有特点的词汇组织成复杂的、多层次的、相互交叉的词群（聚合体），构成的有机的整体。根据不同的聚合关系可以编纂不同的专门词典。

从形式上来看，聚合关系是具有相同或相近形式的词之间进行的联想，如俄语的 изменение（改变），вооружение（武装），обучение（教学）三个词没有语义上的共同点，只具有相同的构词结构——都使用后缀-ени-е，汉语的"敞开、离开、分开、跑开、抛开"等词都具有相同的尾字，根据这些形式上的相同点，可以编纂出构词词典，也可以根据最后一个字母（或汉语词素）编纂逆序词典（或称倒排词典）；再如俄语词 ключ（钥匙）— ключ（泉源），мешать（妨碍）— мешать（搅拌），这两对词的词素结构是完全相等的，但在语义上没有任何共同之处，根据这种恒等对立聚合关系可以编纂同音异义词词典，基于形式上的相似或对立关系还可以编纂同根词词典、派生词词典、构词词典、近音形似词词典等。

再从内容（语义）上来看，聚合体内部的语义关系多种多样，但从词的词汇意义特征出发，语义聚合体基本上可分为两大类：第一类是按属与种的概念关系构成的类义词群，第二类是按纯语义关系构成的语义词群。归入第一种类型的聚合体是一些语义具体的词，如 растение（植物）— дерево（树），цветок（花），трава（草）；дерево（树）— дуб（栎树），осина（山杨），ива（柳树）等。根据这种语义上的关系，我们可以将表示"躯干部分、亲属关系、生活用具、动植物品种"等名称的各个类义词群归纳总结，编纂类义词典（或称主题

词典、概念词典）。这种词典描写的是词与词之间的逻辑关系，展示基于共同语义特征相似性基础上的逻辑—概念场。条目单位是一个概括性的词，词典中的其他条目单位都是从与这个条目词类比而呈现出来的。这种类比基于联想的基础之上，与语法或其他范畴无关，词条则是根据上下义关系构建起来的。

第二类聚合体以语义特征为主要依据。词与词之间具有共同的语义特征，即共同的义子（超义子），又在不同的语义特征，即区分性义子的基础上相互对立，如 худой（瘦的），тощий（瘦弱的），сухопарый（瘦削的），нормальный（胖瘦适中的），упитанный（养得肥胖的），толстопузый（大腹便便的），полный（丰满的），тучный（肥胖的），толстый（胖的），相邻的词语义差别较小，构成同义词群（如 тощий，худой），位于两端的语义对立明显，构成反义词列（тощий — тучный，худой — толстый 等）。根据这种语义聚合可以编纂同义词—反义词词典。

组合关系在搭配词典中体现得最为明显。这种组合关系通过对两类搭配类型（句法和词汇搭配）的描写而展现出来。在搭配词典中，能够反映最典型的词汇搭配和潜在句法搭配能力。词条主要反映条目词的各种自由搭配，对条目词进行语法描述和释义，并对其用法提供例证。这种词典对于正确构造句子具有重要意义，属于积极词典。

编纂专用词典是为了适应对词汇的某一个方面深入研究的需要或帮助更好地学习词汇。拿同义词—反义词词典来说，任何语言的词汇，同义关系都是错综复杂的。一个单义词可以有一系列的同义词，也可以有一系列的反义词，一个多义词则各个义项都可能有同义词或反义词。绝大多数的同义词在词义上往往存在细微的差别，把同义词和反义词放在一起分析，有助于正确解释词的词汇意义，如在分析 помогать（帮助）和 способствовать（促成）之间的词义差别时，可以同它们的反义词 мешать（妨碍）和 препятствовать（阻碍）放在一起通盘考虑，因为这四个词所包含的区分义子相互对应。将它们对比释义，可以清楚地看到这四个词的共同语义特征和相互之间的区别，以及同义词和反义词之间的相互关系。除了意义上的细微差别，同义词及它们的反义词在语体色彩上也有不同，有的用于口语，有的用于书面语，编纂专门的同义词—反义词词典，详尽地分析义项，细致地区分同义词之间的差别，指出它们在修辞、搭配等方面各自的特点，能为读者在交际时提供可供选择的最贴切、最适合的词汇。同义词词典还可以反映同义词的语用、交际、句法、搭配等方面的异同。

再以逆序词典为例。借助于逆序词典可对语言结构的不同层级进行研究，如构词、语音、词法等。俄语逆序词典是将词尾字母相同的词按照从-a 到-я 的音序排列的，而每一组词尾字母相同的词再根据词尾前一个字母按音序排列，依此类推。为了方便查找，逆序词典中词是从右侧对齐的（见图 1）。

```
       род
     народ
    город
   огород
   метод
      ход
     вход
   подход
  переход
   поход
 пароход
   выход
   рекорд
```

图 1

逆序词典对于词法学、构词学、语音学、重音学等教学具有非常重要的意义。借助于逆序词典可以确定所有变格、变位类型、了解某种词形变化或构词类型的广泛程度、获悉某种构词模式的能产性等。只有逆序词典能帮助穷尽研究重音规律、词干中的语音交替等，因为大部分语音交替都发生在词尾。我国的首部逆序词典是 1984 年出版的《现代汉语逆序词目》，这部词典打破传统的按音序排列的顺序，将尾字相同的词排列在一起。这样做的好处是：首先，可以帮助我们更准确地了解词的语义。按徐通锵先生的说法，以往那种用句法关系来解释汉语构词，什么并列、偏正式、动宾、动补结构之类，并不能完全说明汉语的构词规律。他认为"向心"与"离心"是汉语构词中语义结构的两条最基本原则。简单地说，核心字在后组成的词，即为向心性字族。如"傲视、鄙视、仇视、敌视"等。反之则为离心性字族，如"雕塑，雕琢，雕像，雕花"。向心字族反映"类"的关系，所有与它相组配的字都向着这个核心而被用来刻画、指出这个核心字的语义特征，所以，向心字族更能说明核心字的字义（徐通锵，2000：364-390）。其次，便于我们了解一个单字到底能组成哪些词语，研究一个单字的词法、句法功能。如果拿通常的词典为依据，除了逐字逐句从头查到位，恐怕没有别的可靠办法，但是如果能有一部把字尾（也包括中间的）相同的词语排在一起的词典，即所谓的"逆序词典"（或称"倒排词典"），跟通常的正序词典相辅为用，那么解决上面所说的问题，就方便多了。比如"开"字，出现在正序下的154个词条，加上出现在逆序词表里的几十个词条，那么"开"字在现代汉语中的使用情况，虽然不能说概括无遗，但是绝大部分都展现出来了。

三　聚合关系、组合关系在词典的宏观结构和微观结构中的体现

以上我们从词典类型的角度谈了聚合关系和组合关系的应用，下文我们从词典的宏观结构与微观结构方面探讨一下聚合关系与组合关系在词典中的应用。

词典的宏观结构指的是词典的总体结构安排，包括词汇的选择、词和词条的排列原则等。目前我们所使用的汉语词典和外语词典大多是遵循按拼音排列的原则，按照字母表的顺序将首字母相同的词依次排列，具有相同首字母的所有词就是一个聚合体，这样做的好处是查找方便。除了按音序排列的结构，还有一些词典打破常规，另辟蹊径，选择其他的排列方式。如《多功能常用字典》（黄金富等，1994）便是将汉字按部首排列的词典，将汉字打乱拼音顺序，具有相同部首的字排列在一起。再比如我们上文所提到的义类词典，按种属关系将属于同一个类义词群的词打破音序排在一起。词典的宏观结构与词典的宗旨、类型及适用对象有关。

词典的微观结构指的是单个词条的结构、语法语音注释、义项划分、释义、例证、熟语等。在单个词条的结构中充分体现出聚合关系与组合关系的应用。聚合关系主要表现为单个词条的结构安排。以俄语词典为例，在每一个条目词下都要列出该词的语法特征，如该词的词类属性、变位、变格等形式。这些形式便是该词的语法形式的聚合体。有些词典在条目词的释义及例证之后，还给出与该意义相应的同义词和反义词以及由该词所派生的其他词等。这类词典同时具有以上我们所描述的各类专门词典的特点，是一种综合性的多功能词典。

除了词条结构安排，聚合关系还体现在词的释义中。我们知道，词典的释

义方式主要有两种：对释释义和定义释义。对释释义指用词或相应的词组释词，一般是用同义词或有关的词来解释条目词，这些用于释义的同义词自然要在与该词具有相同义子的同义词聚合体内选择，如"该，应当"，"夺，抢"，"代，替"（《新华字典》，1998：144，114，82）；использовать — воспользоваться чем-л. в своих интересах；исправный — старательный，усердный，добросовестный（«Большой толковый словарь русского языка»，2008：401，402）。双语词典中这种对释现象更为常见，在释义部分列出释义语言的对义词，如 идти：走，дождь：雨。这种基于聚合关系基础之上的释义方式的优点是简单、明了、现成，便于使用者理解。定义释义是用词组、语句给词下定义，确定词义的内涵。其中有一种用逻辑定义来释词的释义方法，指出释义对象所属的类及属差，如"耳：听觉器官"，курица，домашняя птица，разводимая для получения яиц и мяса。这种释义方式要求准确地找到被释词所属的上义词，这个上义词自然要在我们上文提到的按属与种的关系所形成的类义词群中选择。

词典给出词的释义还不够，作为一种方便人们使用的工具书，它还必须能够准确地提供该词在具体的语境即言语中的使用、搭配习惯与规范，即反映词与其他的"伙伴"之间的各种组合关系。

我们已经知道，在语言平面上，词是一定意义或一系列意义的潜在载体。在言语中使用词来造句子进行交际时，要考虑到词与词之间的关系，它们在语义、语法规则上是否搭配，是否符合言语规范。правый，левый глаз（左眼，右眼），карие，чёрные глаза（褐色的、黑色的眼睛），сомкнуть，закрыть глаза（合上、闭上眼睛），видеть глазами（亲眼看到）；встретиться глазами（目光相遇），отвести глазами（把目光移开）。从以上的例子可以看出，глаз 一词在不同的意义上具有不同的搭配能力。

另外，我们也可以看到，只有同相应的词按一定的规则组合在一起，глаз 一词才能表示这种或那种意义。词并不是杂乱无章地任意同随便什么词组合，而必须受语言外部和语言内部诸多因素的制约。在一般情况下，词的组合能力取决于它所表示的外界事物的特性，如大小、颜色、特征等。同时词与词的联系又受语言内部规则支配，最后，在实际使用中还受语法规则的限制，如要求一定的接格关系等。词典既然是描述词的工具书，就要尽可能全面、准确地概括出词的最常用的意义，每个意义的不同用法、搭配、使用范围。一个多义词可以与相当数量的词搭配，有时这种可能性几乎是无限的。与某一个词搭配的所有的词，相互之间存在复杂的语义联系，并构成反映词间各种聚合联系的词汇—语义词群，所有与该词搭配的词可以组成一个语义范围广泛的大的聚合体，勾画出该词的全部组合关系特点。

词可以与具有一定意义的数量不等的词搭配，因此一个多义词有几种意义，就可能有几种不同特点的组合联系，词典就要力求尽可能全面地总结描绘出词的每一个意义，以及每一种组合关系、搭配特点。

词的搭配是受其本身的语义制约的。然而，词的搭配并不仅仅受制于其语义组配性能。影响词的组合的因素还有句法搭配限制、词汇搭配限制。词的句法组配性能指出词在组合时的句法搭配限制。换句话说，词的搭配必须以语言的句法规则为依据，遵循一定的结构形式规范，如动词的支配联系、形容词与名词的一致联系等。这些搭配特点突出地体现在词典的例证之中。下文我们以词典中的具体词条来说明组合关系和聚合关系在词典微观结构中的运用。

Верить, -рю, -ришь [未] ① во что 有信念，相信，坚信. ~ в свои силы 相信自己的力量. ~ в успех борьбы 相信斗争一定获得成功. Он (Алексей) снова верил в своё мастерство. (Б. Полевой) 阿列克谢又恢复了对自己技术的信心. ‖ в кого 相信某人的品质、能力，对……抱有信心. А я верю в Константина Гаврилыча. Что-то есть! (Чехов) 我相信康斯坦丁·加夫里雷奇，他有那么一点特殊的才能！ ② 信教（同义 веровать）. Впрочем, я верила, лишь когда была маленьким ребёнником. (Достоевский) 不过，我只是幼小的时候信过教. ③ во что, чему 信以为真. ~ в приметы 迷信各种兆头. Не всякому слуху верь. 〈谚语〉谣言勿轻信. Ты лгал мне о правде, о добре, о своих честных планах, а я верила каждому слову. (Чехов) 关于真和善，关于你的诚实的打算你说了一大堆谎话，可我却信了你的每一句话. ④ кому 信赖（同义 доверять）[Обломов] любил искренно его [Штольца] одного, верил ему одному... (Гончаров) 奥勃洛莫夫真心地只爱施托尔茨一人，只信赖他一人……（《俄汉详解大词典》，1998：421）

在这一词条中，既反映了组合关系，也反映了聚合关系。首先，条目词后紧跟着给出了该词的变位形式，它们与条目词一起构成该词语法形式聚合体。其次，在各个义项的释义中，均用的是同义对释方法，给出该词在汉语中对应的译词。另外，在②④义项下又各自给出用于该意义的同义词。每种意义都有自己的接格关系，都有一定的词语搭配范围，换句话说，不同的接格关系，与不同的词搭配，就有不同的意义。例如，同样是与动物名词连用，当接 в кого 和 кому 两种不同补语形式时，верить 的词义便不同，前者表示相信某人的能力，后者表示对某人的信赖，而当用于信教意义时，则不接补语。这个词条释义中给出了词的接格等组合关系，并通过例证进一步明确这种关系，以便更清楚、明了地说明词的意义。

МОГУЧИЙ, -его, -ие; могуч, -а, -е, -и, прилаг.（от МОЧЬ）. Мощный, сильный.

Могучий трактор. Могучий борец.

Вот едет могучий Олег со двора,

С ним Игорь и старые гости...（А. Пушкин）

Могущество

Могущественный

Синонимы：МОЩНЫЙ, СИЛЬНЫЙ

Антонимы：СЛАБЫЙ

这一词条摘自《Учебный словарь русского языка》（В. В. Репкин，1998：201）。在这部词典中，充分体现了将词汇放在系统中进行研究的方法以及词汇的多种组合与聚合关系，如在条目词后给出它的语法形式聚合体，条目词下列出由该词派生的其他同族词，释义下给出例证，最后列出该词的同义词和反义词。该词典设计这种微观结构的目的在"前言"中有明确的说明：促进学生自主对比和分析语言中成体系的现象、形成自己的判断和推理。

四 结语

根据不同的聚合关系和组合关系可以编纂不同类型的专用词典，而一个词从不同的角度来考察可以进入不同的聚合体和组合体，所以我们可以将上述各专门词典的特点，综合在一部词典里，即在描写一个词时，同时反映几种不同的聚合关系，如它的同义词、反义词，该词所进入的类义词群，等等，同时也通过其他手段反映该词与其他词之间的组合关系，这样可以便于查阅者真正掌握该词的词义和用法，并确定这个词在词汇系统中所处的地位。这样的多功能词典目前已经出版了许多。对于外语学习来说这种词典尤为重要。黑龙江大学辞书研究所正在编纂的《基础汉语学习词典》就是一部集多种聚合与组合关系为一身的多功能词典，这部词典以字为本位，字下分义项，每个意义都给出相应的同义词和反义词，举出用于该意义的词组或句子例证，并吸收逆序词典的特点，列出用于该意义的尾字相同的词。

Ю. Н. Караулов 认为："把词典中任何两个词联系起来的链子不仅始终存在，而且对随意选取的词来说，永远不需超过六个环节就能达到共同的成分"（Ю. Н. Караулов，1988：11）。也就是说，在词汇体系内，任何一个词都可能在一定的程度上同范围广泛的其他词发生直接或间接的、形式或语义上的联系。由此可见，从词的聚合关系和组合关系着眼，可以更明晰、更准确地揭示词的语义特征。一部好的词典，无论是侧重词汇某一方面的专科词典，还是从多方面多角度通盘考虑的多功能综合词典，都要力求达到从某一个方面或几个方面尽可能详尽地反映或从多方面尽可能全面、准确地解释词的意义、用法以及与其他词的联系，而这就要求辞书编纂者仔细研究、深入探讨和发掘词汇多方面、多层次、多角度的聚合与组合关系，并将其在词典中科学地反映出来，为词典使用者提供一部真正高质量的工具书，这乃是一项任重而道远的使命，须要词典编纂者坚持不懈的努力。

参考文献

Караулов Ю. Н.，"Современное состояние и тенденции развития русской лексикографии"//Советская лексикография，Москва：Русский язык，1988.

Кузнецов С. А.，Большой толковый словарь русского языка，Санкт-Петербург：Норинт，2008.

Репкин В. В.，Учебный словарь русского языка，Москва：Инфорайи，1998.

〔瑞士〕费尔迪南·德·索绪尔:《普通语言学教程》,高名凯译,商务印书馆,1985。

黑龙江大学辞书研究所:《俄汉详解大词典》,黑龙江人民出版社,1998。

黄金富主编《多功能常用字典》,新华出版社,1994。

徐通锵:《语言论——语义型语言的结构原理和研究方法》,东北师范大学出版社,2000。

中国社会科学院语言研究所:《新华字典》,商务印书馆,1998。

原文发表于《俄罗斯语言文学与文化研究》2012 年第 2 期

词典编纂参数化理论与术语词典的
参数解析

张金忠*

摘　要： 词典参数化理论是在一般词典类型理论的基础上发端并形成的。该
理论是词典类型划分理论研究的深入和细化。把该理论研究成果应
用于术语词典编纂实践和理论研究，可以促进专业词典编者对词典
诸参数的全面认识及对词典的精细处理。文章作者在阐述词典参数
化理论的基础上，对术语词典编纂的参数进行了详细解析。

关键词： 词典参数理论　术语词典参数

一　词典编纂参数化理论产生的基础

词典类型问题一直是词典学理论的核心。词典学中一切理论问题的研究均
很难回避这一核心问题。真正意义上的词典编纂实践也是首先从确定词典类型开
始。值得注意的是，苏联学者 Л. В. Щерба 院士在其词典学理论奠基之作中，同时
对术语词典编纂也提出了自己的看法。他写道："最后需要强调的是，技术词典理
论的状况丝毫也不比其他词典理论强，甚至是要差，因为多数人都认为，这里不
需要任何理论，只要是一个工程人员就能弄清其中的问题。"（Л. В. Щерба，
1940）他在《词典学一般理论初探》一文中，将词典类型划分出六个对立面：

---

* 张金忠，哈尔滨师范大学斯拉夫语学院副院长、教授、硕士生导师。

（1）学院型词典和查考型词典；（2）百科辞典和普通词典；（3）大全型词典和一般词典（详解词典或翻译词典）；（4）一般词典（详解词典或翻译词典）和概念词典；（5）详解词典或翻译词典；（6）非历史型词典和历史型词典（谢尔巴，1981：3-50）。

Л. В. Щерба 提出的六个对立面词典分类理论在很长一段时期有着广泛的支持者。然而，在他的分类体系中，我们却找不到术语词典或专业词汇词典。或许 Л. В. Щерба 院士当时误把术语词典与百科词典混为一谈，似乎也不是没有可能，尽管该学者对技术词典编纂一直比较重视。

同样是在俄国，继 Л. В. Щерба 之后，比较有影响的是 А. М. Цывин（А. М. Цывин，1978：100-108）的词典分类模式。它是由八个按不同区分特征确定的二分法的分类表组成（见表1）。

表1 词典分类模式

序号	区分特征	词典类型
1	词典右项与左项的关系	单项词典
		双项词典
2	条目的排列法	按字母顺序排列的词典
		不按字母顺序排列的词典
3	条目的组成	词典
		语典
4	条目选择的性质	大全型词典
		非大全型词典
5	反映的对象	一般词典
		专门词典
6	词典过程的反映	共时词典
		历时词典
7	词典的宗旨	教学词典
		查考型词典
8	左项中间的类别	专有名词词典
		普通名词词典

从表1我们可以看出，这种分类法比此前的分类法具有涵盖面更广的区别功能。对词典的类型列举也是比较全面的。但这种二分法的局限性同样是比较

明显的。比如，仅仅指出了词典类型，却没有指出每一类型词典具体的区分特征。

俄罗斯的另一位语言学家 Б. Ю. Городецкий 将词典的分类特征做了新的归纳，从整体上提出以下词典编纂的 20 项内容（郑述谱，2004：71），几乎都以问题的形式很醒目地罗列出来，具体有：

（1）词典只反映描写单位的形式信息还是也反映其语义信息；

（2）词典反映语言哪一层面的信息总汇；

（3）词典是规范性的还是描写性的；

（4）词典包括怎样的时限；

（5）词典反映的是言语的总貌还是某一社会地域的亚语言；

（6）语言（亚语言）词汇的收入幅度；

（7）对描写的语言单位提供哪些语法信息；

（8）采用哪些修辞标注；

（9）词典使用哪种类型的释义方法；

（10）是否收入百科信息；

（11）是否解释描写单位的理据性；

（12）在多大程度上考虑语义关系；

（13）是否在语境中展现描写单位；

（14）是否指出描写单位的产生历史；

（15）是否标明描写单位及其意义的数量特征；

（16）描写单位的排列次序是怎样的，是按形式原则（如按字母表顺序）还是按语义原则；

（17）词典是否有索引；

（18）是否提供所谓元语言学信息；

（19）是否将描写单位及其意义与亲属语言做对比；

（20）是否将非亲属语言材料作类型学的比较。

按照上文 20 个方面考量任何一部词典，都可以比较清晰地判定词典侧重描写语言单位的倾向、确定词典的性质和类型。尤为重要的是，格氏提出的词典编纂的 20 个方面，能够帮助词典编者在开始词典编纂工作之前对词典的编纂进行设计，对所要描写的语言单位从哪些方面进行处理做出周密的安排。上述分类的不足之处是可操作性不强。

正是在对词典类型问题的探讨过程中，一些著名的语言学家都曾寄希望于编纂一部大全型（thesaurus）词典（Л. В. Щерба）或"完备型词典"（J. 卡萨雷斯）。这种词典的特点是"某种语言从开始诞生起在成长和发展过程中不断形成的一切语言现象的综合"（石肆壬，1981：62）。实际上，早在 20 世纪 40 年代，Л. В. Щерба 院士在其发表的《论语言现象的三个层面及语言学研究实验》一文中就已经明确提出，复杂的语言现象包括三个层面：言语活动、语言系统和语料。正是在这篇文章中，他首次表述了语言学描写一体化的想法。他写道："一部编得好的词典和语法书应该穷尽某种语言的全部知识。我们当然离这个理想境界还相去甚远，但是我认为，词典和语法书的优点如何，应该用借助它们能否在现实生活中的任何场合构造出各种正确的语句以及能否完全理解用该语言所说的话语来衡量"（Л. В. Щерба，1974：25-26）。然而，这一高屋建瓴的见解并没有以术语的形式得到体现，也没有对只言片语进行一体化描写的实例作为支撑。由于上述两个原因，该提法既没有对语言学思想，也没有对语言学描写实践产生较大影响。稍晚时候，莫斯科语义学派基于这一想法提出了语言描写一体化理论。在词典学领域，这一理论体现在编纂多功能词典的理论和实践上。20 世纪 80 年代初，俄罗斯语言学家 Ю. Н. Караулов 还提出了一个"词典编纂参数化"（лексикографическая параметризация）问题（Ю. Н. Караулов，1981：135–153）。与 Л. В. Щерба 的六个对立面及其他学者的分类相比，这些分类标准更加深入、细致，可谓面面俱到。

二　词典编纂参数化理论的主要内容

什么是词典编纂参数化？Ю. Н. Караулов 解释说："通常的理解是：把现代语言科学研究的各种成果（最好是所有的成果），用词典形式体现出来，即语言学描写词典化"（卡拉乌洛夫，1993：129）。词典编纂参数化理论可以用来编纂多功能词典。尽管很多学者都承认，编纂这样一部"再现整个标准语全貌的包罗万象的词典"只是一种理想，因为在收词上无一遗漏，在内容上无所不包，在实践上和理论上都有矛盾。这种矛盾中就包含了与词典体系和词典编纂系列化的矛盾。但是，编写一部广大读者普遍需要的多功能的（Ю. Н. Караулов 称之为"各种参数优化结合的")综合型词典却是可能的，而且是现代词典学的一种发展趋势。单一参数词典（如某一种单科性语文词典）由于功能只局限于某一方面，所以并不代表现代词典学发展的大方向，尽管它们是不可缺少的。词典编纂参数化思想是编纂多功能词典的一个理论基础。功能多元化的词典，实质上是义用兼顾的积极型词典，要尽量提供有针对性的、实用的语文信息，包括词汇—语义信息、词的变体信息、相关词语信息、语法信息、语用信息、文化背景信息等。当然，由于词典规模与对象不同，可分为基本信息和补充信息（或"必选参数"和"任选参数"）两种（陈楚祥，2000：18）。

Ю. Н. Караулов 把词典的参数看作语言结构的某种信息量子。如果有需要，用户可能对某个量子有特殊的兴趣，一个量子通常与其他量子组合使用，在词典中以独特的方式表现出来。换句话说，这是词典呈现语言结构特征的特殊方式。词典编纂的参数大体上可以看作在词典编纂中对某一个结构要素或语言的功能现象以及语言外相关信息进行诠释的一种方法。一部理想的词典应该是某些量子的最优化组合。

Ю. Н. Караулов 在《论当代词典编纂中的一个趋势》一文中，首次较全面地列举出词典的编纂参数，达 67 个之多，其中包括语言参数、词目、年代参数、数量参数、拼写法参数、词长参数、重音参数、性参数、数参数、动词的体参数及物性参数、变位、时间、词的形态切分、构词参数、地域参数、组合参数、配例参数、修辞（语体）参数、借词参数、同义参数、联想参数、文献参数等（Ю. Н. Караулов，1981：152-153）。

在此之后，词典编纂参数的提法和理念在语言学界，尤其是词典研究领域被广泛使用，并对其做出各种归纳，对该理论的认识也在不断加深。Г. Н. Скляревская 试图把词典编纂的各个参数进行归类，力图使该理论的表述更加紧凑。她认为，把词典的诸参数分成理论参数（指导思想参数）和经验参数（实用参数）在理论上是说得通的，在方法上也是有据可循的。她把词典的分类特征及其在词典体系中的地位归为理论参数。理论参数反映词典的指导思想，即词典的精髓；经验参数包括词典针对的对象、文本的年代界限、收词的依据、体例的规定、材料来源、词典结构、语义信息量、功能和修辞评价、配例的原则等，是理论参数的体现，受理论参数制约，形成词典的文本，是词典的血肉（Г. Н. Скляревская，1994：6）。

三　词典编纂参数化理论与术语词典的参数问题

术语编纂学是词典学的一个分支学科，它总是同术语学有着千丝万缕的联系。术语词典学中的诸多问题，如同义、同音、多义术语的界定及术语意义的厘定、对应外来词语的选取等一系列问题通常都是在术语学框架内解决的。正因为如此，大多术语学家把术语学看作术语编纂学的理论基础，也有人把它看作术语学的一个分支学科。然而，近些年来，术语编纂学本身的问题范围已经确定，因此，很多情况下甚至可以把它看成一个独立的学科领域，是词典学和术语学的一个交叉学科，有人把术语编纂学的这种身份形象地比作"一仆侍二主"，这似乎也不无道理。

近些年来，词典编纂参数理论被越来越广泛地运用于术语词典编纂理论研究与实践活动当中。这个理论在俄罗斯似乎更有"市场"。术语学家 С. В. Гринёв-гринёвич 在他撰写的专著及教材的多处地方提及词典编纂参数及参数化。他认为："对词典编撰（纂）参数最为一般的理解是，它是词典编撰（纂）对语言的某一结构成分或功能现象及其语言外相关因素的阐释方法"（格里尼奥夫，2011：243–244）。

依托词典编纂参数化理论，С. В. Гринёв-гринёвич 对前人词典的分类进行了高度概括。他认为：多数词典编纂参数传统上是从一般词典编纂中脱颖而出的。如 Л. В. Щерба 划分出规范性、语言词汇描写的穷尽性、词的排序（按字母或类义）、词典的用途（详解或是翻译）、时间定位（历史词典与非历史词典）。Л. Згуста（Л. 兹古斯塔）又补充了如下参数：对词汇层和词源的定位、选取所描写的单位和描写的层次以及词典的篇幅。稍后在此基础上又添加了一些参数，如主题定位（多学科、单一学科及狭窄专业学科）、用户群定位、选取所描写单位的原则等（С. В. Гринёв-гринёвич，2009：171–172）。

事实上，只有充分考虑到决定词典结构的所有元素，才能对一部词典的结构做出准确的评价。С. В. Гринёв-гринёвич 把术语词典编纂的所有参数归为三个大类：编写意图参数、宏观结构参数和微观结构参数。每一组参数包括一系列元素构成的集合。这些集合中，首当其冲要考虑的就是词典的编写意图参数集合。下文以图的形式列出术语词典编写意图元素集合（见图 1）。

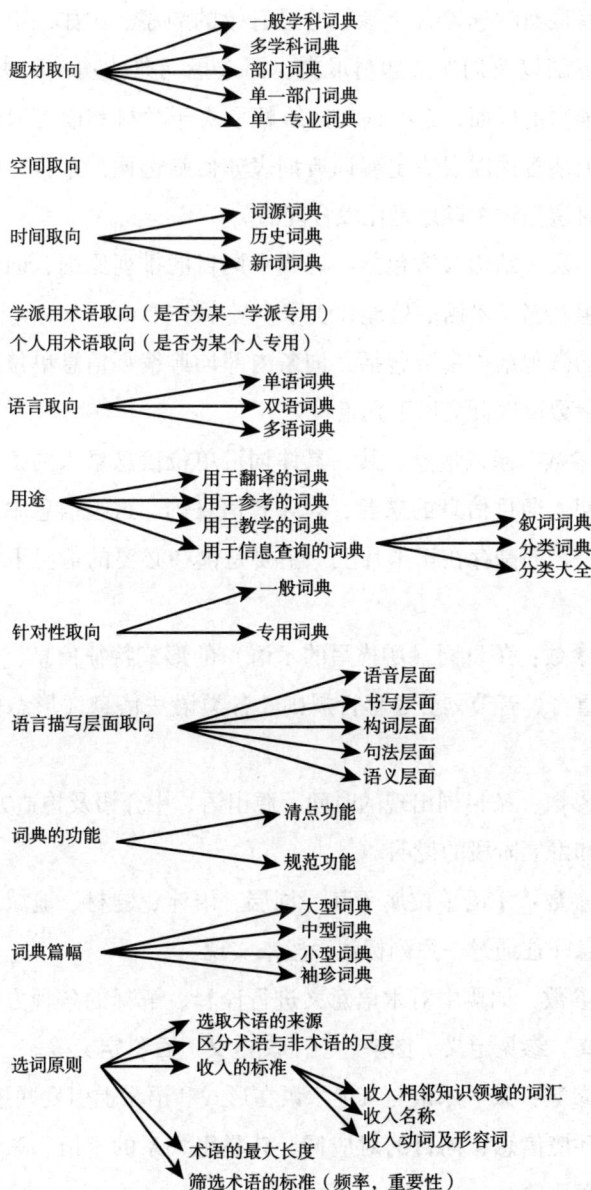

图1　术语词典编写意图元素集合

　　术语词典编写意图参数是术语词典编纂的外部参数，同时也是术语词典分类的基础。词典的类型首先通过上文指出的这套参数进行描写。外部参数的描写顺序体现着各个参数之间制约的倾向性，实现各个参数的相互牵制，因此，也体现着在编写词典时选取各个参数的最有效的顺序。比如，用途的选择决定着词典的读者范围以及词典的题材取向，而选择词典的功能取决于学科取向、词典的用途及描写的层面，选择词典的篇幅取决于学科和读者取向及词典的用途和功能，而上述各项因素决定着词典词表如何筛选词汇单位。因此在编写和评价术语词典时遵循这个顺序是比较合理的。

术语词典的宏观结构参数包括：词典中词目的排列原则、词典主体部分的组成、术语词组和多义术语的处理方法等。

术语词典的微观结构参数包括：词条内部词典编纂信息单位的选择、编排和体例。这些参数可以分为以下九组。

（1）录入参数：录入信息，某一具体词汇单位信息录入的条件，包括录入号码、录入日期、词目信息的来源、录入者信息等。这组信息中，多数并非直接体现在词典中，而是存在于卡片上，主要是供在必要的情况下核对一些信息的真伪。

（2）形式参数：条目词（所描写的术语）的形式特征信息，包括条目词的写法、发音、重音、音节划分、移行规则、各类语法信息（形态信息和句构信息等）。

（3）词源参数：条目词出现的时间、源出语、中介语及构造方法和模式等，是对术语形成和发展阶段的说明。

（4）限定参数：术语单位属于某一词层、语体、题材、地域及使用场合等信息。这类信息往往通过一系列标注手段来实现。

（5）诠释参数：词典中对术语意义进行诠释、解释的各种方法，包括科学定义、词语释义、参见定义、图解、上下文定义、百科定义等。

（6）联想参数：某一术语与其他术语在形式和语义上引发联想的联系参数，包括词目语义环境信息、词目的对应词、有联想关系的术语、意义相关的术语以及同音异义术语等。

（7）语用参数：术语使用特征信息，指出术语的年代、使用的地域、规范程度及在言语中的语用特征（术语的普及程度、新旧程度等）。

（8）配例参数：对术语使用特征加以说明的语词或图表手段，这组参数与诠释参数联系极为密切，是对诠释参数的补充，也是术语释义过程的延伸。

（9）微词条参数：对术语词条信息的安排及包装，通常使用一系列词典编纂符号、字体、字号等。

研究各个参数之间的关系告诉我们，其中的一些参数可能影响另一些参数特征的体现。因此，可以选择这样一个参数的先后顺序，以便选取前一个参数可以为比较有效地解决后面的参数设下伏笔。此外，可以厘定一些决定词典类型特征的参数。

四　词典参数化理论对我国术语编纂的启示

词典参数化理论是词典类型学研究的延伸。词典类型的研究有助于国家有关部门制定出版规划，填补某些空白，避免因选题重复、内容雷同而浪费人力、财力。毋庸讳言，目前我国的词典出版事业基本上仍处于受市场经济支配的无序状态（陈楚祥，2000：17）。市场上术语词典的种类可谓是五花八门。这些术语词典是科学技术发展不同时期的产物，为读者阅读科技文献、生成科技语篇、提供科技信息服务等多方面发挥了应有的作用。然而，在阅读和使用各类术语词典的时候，我们也会发现很多问题，如各类科技词典的学科定位并不十分明确，综合类术语词典居多；对词典中编纂参数的处理存在很多不尽合理之处：对词目释义不规范、不准确，一些双语或多语术语词典提供的译语对应词错误较多；很多术语词典编写体例不统一等。

设计和编纂任何一部词典，也包括术语词典，都应该有切实可行的词典编纂理论和原则作为指导。从传统词典编纂的角度上看，词典编纂的实践通常先于词典编纂理论研究。词典学理论发展的相对滞后导致了在相当长的一段时期内词典的编纂缺乏相应的理论依据作为指导，从而形成了无须具备任何专业知识，只需要"剪刀加糨糊"，就可以编纂词典的不正常局面，也使得词典编者落下了"辞书匠"的鄙称。很显然，"剪刀加糨糊"的"编纂工艺"造成了大量低质量词典产品的出现：部分同类词典内容大同小异，一部词典中存在的问题同样被带入另一部词典，词典编纂技术含量不高、创新之处不多，也造成一些人对词典编纂乃至词典学存在某些误解。实际上，词典编纂是需要有指导性的理论依据、有针对性的设计原则，并经过词典编者的辛勤劳动才能完成的。在术语词典编纂中，目前，研编词典，尤其是创建术语数据库和术语网络平台已经成为大势所趋，因其技术含量较高、有新意、面向更广泛用户，得到学者们和使用者的广泛支持。词典编纂呼唤创新，理论研究更期待有新的突破。

我国的全国科技名词审定委员会十分注重科技名词工作形式与方式上的开拓与创新，在加强术语数据库和网络建设、完善数据库和网站功能方面做出了很大努力并取得成效。2002 年初建成术语数据库，提高了审定工作的效率。2003 年，全国科技名词委网站正式运行。网站提供已公布科技名词的免费查询，是全国科技名词委在互联网上的宣传和服务的平台之一。该数据库可看作双语数据库，主要包括汉、英两种语言。我们可以输入汉语的一个术语"遗传"，对该数据库的一般工作状况进行初步考察（见图2、图3）。

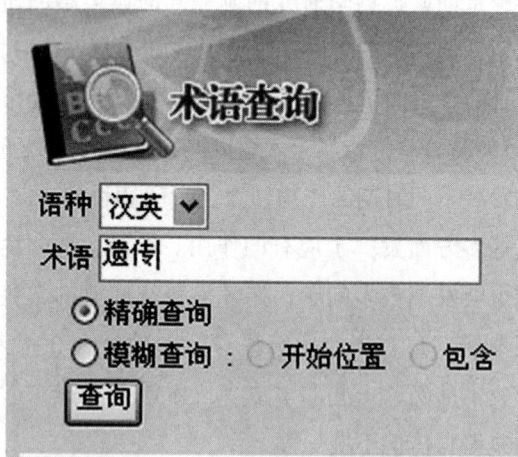

图 2

得到的查询结果为：

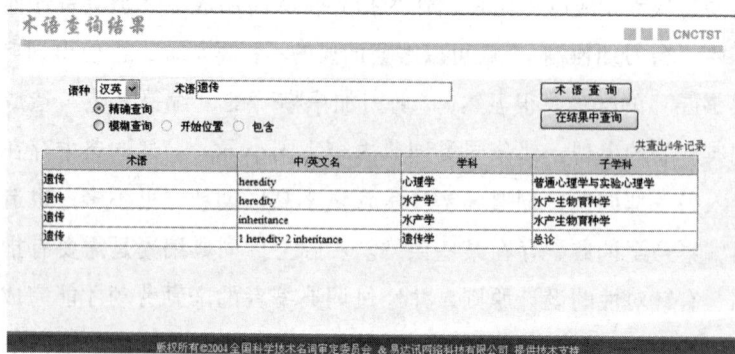

图 3

从查询结果页面上看，该数据库大体包括如下参数：录入参数、外语对应词参数、所选题材（学科及子学科参数）等。按照词典编纂参数化和术语学理论，该数据库似乎还需要加入一个重要的参数，即术语的定义。在很多术语词典及术语数据库中，为术语所称名的概念提供定义是必选参数。此外，还可以适当收入一些供选择参数，如词源参数、术语的时间和空间参数，即某一个术语是何时出现、在哪些国家和地区使用较广等信息。

五　结语

词典参数理论脱胎于词典类型的划分研究。词典分类问题始终是词典学理论研究和实践活动的核心问题。词典参数理论可以适用于各类词典编纂理论研究和实践活动。术语词典学作为词典学的一个分支学科，其编纂理论同样离不开对术语词典各个参数的研究和探讨。而对术语词典的各个参数研究，能够深入认识术语词典的本质，在编纂各类术语词典过程中找到理论上的支撑。清点词典中可能体现的编纂参数和术语信息要素这项工作应该毫不松懈地进行下去。这项工作能够确定新的词典类型，同时也是设计术语数据库的坚实而可靠的基础。同时，拓展术语编纂参数的数量将有助于开发术语词典新的功能（如认知和预测等功能等）。

参考文献

Гринёв-Гринёвич С. В. , *Введение в терминографию. Как просто и легко составить словарь*, Москва：URSS, 2009.

Караулов Ю. Н. , "Об одной тенденции в современной лексикографической практике", *Русский язык. Проблемы художественной речи. Лексикология и лексикография*, Москва：Наука, 1981.

Скляревская Г. Н. , *Новый академический словарь*：Проспект, Санкт-Петербург：ИЛИ РАН, 1994.

Цывин А. М. , "К вопросу о классификации русских словарей", *Вопросы языкознания*, 1978（1）. — С. 100-108.

Щерба Л. В. , *Опыт общей теории лексикографии*, 1940. https：//ruthenia. ru/apr/

textes/sherba/sherba9. htm.（дата обращения 15. 01. 2013）

Щерба Л. В.，"О трояком аспекте языковых явлений и об эксперименте в языкознании"，*Языковая система и речевая деятельность*，Ленинград：Наука，1974.

陈楚祥：《浅议现代词典学的发展及词典编者的素养》，载《双语词典论专集》，北京出版社，2000。

〔俄〕格里尼奥夫：《术语学》，郑述谱等译，商务印书馆，2011。

〔俄〕卡拉乌洛夫：《俄语词典学的现状和发展趋向》，钟国华译，《辞书研究》1993年第 2 期。

石肆壬选编《词典学论文选译》，商务印书馆，1981。

〔苏〕谢尔巴：《词典学一般理论初探》，载《词典学论文选译》，商务印书馆，1981。

郑述谱：《词典·词汇·术语》，黑龙江人民出版社，2004。

原文发表于《俄罗斯语言文学与文化研究》2014 年第 1 期

借鉴 TKC 的编写理论建构
汉语语义词典的描写框架

蒋本蓉[*]

摘　要： 语义词典的建设已成为自然语言处理的基础性工作。世界各国已开发了许多大型的语义词典、词库。本文分析当今汉语语义词典的主要特点及不足，系统阐述了莫斯科语义学派"意思⇔文本"模式理论的词库——《现代俄语详解组合词典》的编写理论，借鉴其理论和方法并结合汉语自身的特点，对其内容进行补充，提出编写汉语语义词典的框架并编写词条样例。

关键词： 语义词典　语义元语言　支配模式　词汇函数

一　引言

语义词典的建设已成为自然语言处理的基础性工作。世界各国已开发了许多大型的语义词典、词库。汉语语义词典的研发经历了不断发展变化的过程，从以人为对象、以动词词典为主到以机器为对象，系统描写名词、动词、形容词等实词语义信息的语义词典。汉语语义词典的内容与语言学理论结合得越来越紧密，描写模式也日趋合理完善，在语义分析、机器翻译、信息提取等领域发挥显著作用。但是到目前为止，没有一部语义词典能够综合地反映词的语法、

---

* 蒋本蓉，黑龙江大学俄语学院副教授、硕士生导师。

语义和句法属性，这是所有汉语语义词典的一个弱点。

早期的语义词典通常是以动词为描写对象的动词词典。从孟琮等编写的《动词用法词典》到林杏光等基于格语法理论编写的《现代汉语动词大词典》和鲁川的《动词大词典》，从本质上看，这些词典是基于动名搭配格式"偏重价量分析"的词典。这种描写方法不能揭示汉语的特点，因为"汉语中即使是同价动词，即使一一列举出可能的各种动名搭配格式，仍然未必能反映汉语大量的特殊句式的动词类别，如'把字句'、'存在句'等"（徐烈炯等，1998：15）。

董振东创建的"知网"（HowNet）的理论基础是义元分析和语义角色、语义关系的细致描述。知网的核心理论是"知识和意义寓于关系之中，关系是知识的核心，关系是知网的灵魂"（董振东等，2007：4）。知网是充分揭示词汇语义关系的知识词典，不是全面描写词的语义、句法属性或者说词的聚合关系和组合关系的词汇语义词典。知网重在揭示"知识"（即意义）、类别和"关系"，词的句法信息显得薄弱。虽然知网借助 90 个语义角色对表示事件类词的必要角色框架进行了细致描写，但是"知网没有涉及动词的角色变元和句法题元之间的对应关系以及句法题元在表层语句中的分布特征"（薛恩奎，2007：327）。知网只是静态地标注了动词的语义角色，没有描写动词的角色变元在句子中的具体表达方法以及使用的语义约束条件。《中文概念词典》（*Chinese Concept Dictionary*）也存在类似的弱点。虽然它采用 26 个汉语动词论元角色描述了动词的句子框架和论元角色的语义限制，但它也没有阐述动词的论元角色在句子中的具体体现。

北京大学的《现代汉语语义词典》（*Semantic Knowledge-base of Contemporary Chinese*，以下简称 SKCC）基于配价理论和格语法相融合的"广义配价模式"（詹卫东，2000：38），以词的义项为单位，系统描写其语义分类、配价数量、配价成分的语义角色和搭配的语义约束条件。SKCC 的不足与上述词典类似，没有描写被释词项的句子框架（句型）及在该句型中被释词项使用的语义约束条件，即 SKCC 只是静态地描写被释词项的语义属性和语义限制，没有给出在动态的词与词的组合（即句子）中被释词项所具有的属性及搭配限制。此外，SKCC 的语义信息描写得也不够全面。例如，动词"找"是同形词，"找 A"表示"寻找"，对"主体"配价的要求是"人"，对"客体"配价的要求是"具体事物"；"找 B"表示"退还"，对"主体"的要求是"人"，对"客体"的要求是"钱",对于"事"的要求是"人"(王惠等,2006:140)。实际上"找"的许多组合,如"你找谁"、"找工作"、"找对象"(男、女朋友)的客体配价既不是"具体事物",也不是"钱"。

语义词典应以词的义项为单位,综合描写语法、语义和句法信息。《现代俄语详解组合词典》(《Толково-комбинаторный словарь современного русского языка》,以下简称 TKC)是一部以标题词义项(词项)为对象对语法、语义和句法属性进行集成描写的综合词典。本文将以汉语为例,阐述 TKC 的编写理论,借鉴 TKC 的理论和方法并结合汉语自身的特点,提出编写汉语语义词典的框架并编写词条样例。

二 TKC 的理论基础

TKC 是莫斯科语义学派"意思⇔文本"模式理论(теория лингвистических моделей «Смысл⇔Текст»,以下简称 TCT)的词库。TCT 的核心思想是"自然语言被想象为一种转换器,这种转换器能对应任何对象语的意思列出用自然语言表达的(同义)文本集合,并能对应任何对象语的文本列出它所表达的(同义)意思集合"(И. А. Мельчук,А. К. Жолковский,1984:69)。TCT 模拟人的语言能力的两个重要方面——从"意思"到"文本"的编码能力和从"文本"到"意思"的解码能力。编码过程就是把语义元语言翻译成自然语言的过程,而解码则是将自然语言翻译成语义元语言的过程。"意思⇔文本"模式的双向转换分为四个基本层面:语义、句法、词法和语音。各层次间的转换都有一套规则系统——"意思⇔文本"模式的语法系统,而 TKC 是服务于这个模式转换操作的词汇信息库。

TKC 的理论基础主要是语义元语言、俄语配价理论和词汇函数理论。

(一)TKC 的释义语言–语义元语言

莫斯科语义学派认为,元语言是被简化和标准化的对象语支语言,由相对简单的词、句法结构和词法形式构成,它们的数量比对象语的词汇总量少若干位数。在元语言中不应该有同义词和同音异义词,一个语言单位只表示一个意义,一个意义只用一个语言单位表示。元语言的词汇组成包括语义单子

（семантический примитив）① 和过渡语义单位。

Ю. Д. Апресян 指出："如果不能通过词汇语义单位 L_1，L_2，…，L_n 来解释词汇语义单位 L，那么词汇语义单位 L 是语义单子"（Ю. Д. Апресян，1994：38）。即语义单子只参与解读其他语言单位，自身不能被进一步分解为两个或两个以上其他的语义元素。如 делать，знать；объект，время；хороший，один；и，или；等等。语义单子是语义元语言的基础。

过渡语义单位的语义比语义单子复杂，通过有限几个步骤的语义分解能够简化为语义单子。如 должен，пытаться 等，P прекратился（停止 P）= начался не P（开始不 P）；P продолжается（继续 P）= P не прекращается（不停止 P）。在语义元语言中用英文字母 X，Y，Z，P 等表示词项的配价变项。

TKC 遵循以简释繁，避免循环诠释、系统性、全面性的原则，通过对象语语义元语言释文一方面反映某词项的语义、句法属性，另一方面展示该词项与其他词项的聚合关系。TKC 的释义是由词项本身和表示词项的语义配价变项（X，Y，Z）组成的表达式。例如，учиться₁的释义为："X 在某机构 W 自觉地付出努力，力求获得 Z 传授的知识或技能 Y"（И. А. Мельчук，А. К. Жолковский，1984：917）。变项 X，Y，Z，W 是 учиться₁的语义配价，分别表示主体、直接客体、间接客体（向［按照］谁［什么］学习）、地点。释义解释的不是独立的动词 учиться₁，而是反映 учиться₁组合关系的整个述谓表达式，即"X 在 W 向 Z 学习 Y"。这样，释义同时反映语言单位的语义、句法属性。

语义元语言释文为 TKC 中不同词项的相同义素保持相同释文、同类词项保持同类释文提供了保障。例如，对"学习₁"的五个近义词 изучать₁（研究），учить₂（学习、背诵），проходить₃（学习），зубрить（死记硬背），обучаться（学习、受教育）的释义分别为："付出努力，获得理论知识，并力求深入""付出努力，获得知识，并力求记住""付出努力，按照教学机构教学大纲的某具体部分获得知识""不加理解地机械学习₂""付出努力，系统地获得技能"。释义中有相同的义素"付出""努力""获得""知识"（И. А. Мельчук，1999：129）。语义元语言释文既能保证释义描写的系统性，又能使读者对近义词、反义词等的异同一目了然。

---

① 目前对该术语（英文 semantic primitive）有多种译法："语义基元""语义原词""语义原语""语义原子""语义公因数""语义单子""语义原生意义"等，本文采用"语义单子"这一译法。

（二）TKC 语义-句法结构的接口-支配模式——俄语配价理论的应用

莫斯科语义学派认为，语义配价是谓词语义单位（动词、形容词、部分名词等）所描写情景的必需参与者，与该谓词释义中的变项相对应。Ю. Д. Апресян 指出："语义配价是词在句法上连接的从属词并与词的释义中每个变项一一对应，语义配价直接来源于词的词汇意义，确定词的语义配价，即确定词所表示情景参与者的数量"（Ю. Д. Апресян，1974：120-121）。"语义配价"与"句法题元"（семантический актант）相对应。"句法题元是由文本中出现的与关键词在组合上具有强依存关系的主语和补语决定的"（И. А. Мельчук，1974：135）。也就是说，语义配价是深层词汇语义结构中的变元，与元语言释文中的变项（X，Y，Z 等）相对应；句法题元则是表层句法结构中的常项，由文本中实际出现的与关键词具有强依存关系的主语和补语决定。

TKC 采用支配模式（модель управления）描写被释词项的语义配价和句法题元间的关系以及限制句法题元表达方式的语法、语义条件，支配模式是描写谓词语义与句法结构的接口。支配模式体现词项的语义配价框架和每个语义配价所有可能存在的表达方法，以表格形式呈现。表格的每一个纵列是一个语义配价，而每一个横行是相应的句法题元在表层体现的一种方法。例如，учится₁（动词）的支配模式如表 1 所示。

表 1

1＝X［主体］	2＝Y［客体$_1$］	3＝Z［客体$_2$］	4＝W［处所］
名词（名词短语）、代词第 1 格	1. 名词第 3 格 2. 动词（动词短语） 3. на+名词第 4 格 4. по+名词第 3 格	1. у + 名词第 2 格 2. под руководством+名词第 2 格 3. по + 名词第 3 格	где

"学习₁"有 X，Y，Z，W 四个语义配价。X 在表层句法结构中体现为名词（名词短语）或代词。Y 在表层句法结构中有四种表达方法：（1）表示"学习什么"：учиться музыке；（2）表示"学习做什么"：учиться плавать；（3）表示"学习成为从事某职业的人"：учиться на врача；（4）表示"学习某课程"：учиться по физике。Z 在表层结构中有三种表达方式： （1）表示"向（跟）某人学习"：учиться у учителя；（2）表示"在某人的指导下学习"：учиться под руководством профессора；（3）表示"按照什么学习"：учиться по книге。W 在表层中体现为表示地点的介词词组。ТКС 支配模式同时体现了被释词项的语义配价和句法题元。

在支配模式的下方是"支配模式的限制"。支配模式的限制，即句法题元表达方式的限制，指的是被释词项的句法题元在语法、语义等方面兼容共现的限制条件。确定某题元 D_{ij} 的方法为以 i 代表支配模式表中的纵列号码，j 代表横行号码。例如，учиться$_1$ 的支配模式限制是：

第一，1.1 为动物名词。

第二，2.3 为实践性、可操作性强的职业。如 учиться на врача（на шофера）。

第三，2.4 的主体通常为学生，在 Y 中有评价性的补语。如 По физике он учится неплохо。

第四，3.1，3.2 只用于人。

第五，3.3 表示信息载体（书、电脑光盘等），3.3 可与 3.1 或 3.2 同现。

第六，如果 W 表示某个学校，并且 Y 和 Z 不出现，W 可以没有具体的定语，如 Сын учится 表示"儿子是某学校的学生"。

（三）ТКС 描写词汇组合的词汇函数理论

词汇函数是 ТКС 与其他词典相比最具新意之处。"意思⇔文本"模式中用词汇函数来描写一个词项与其相关词项之间的依存关系。И. А. Мельчук 指出，f 描写一个词项 X 与另一个词项或词项的集合之间的依存关系 $\{Y_i\}$ = f（x）。f 是词汇函数的名称项，表示特定的抽象语义类型，如"同义""反义""极大特征""开始"等，用相应拉丁语的缩略形式 Syn，Anti，Magn，Incep 等表示。X（关键词或词组）是词汇函数 f 的自变项，$\{Y_i\}$ 是词汇函数 f 的因变项（И. А. Мельчук，1999：101）。

被释词与其相关词的关系有两种——自由搭配关系和固定搭配关系。具有自由组合关系的词汇函数是常值词汇函数，从描写词汇搭配的角度看，没有描写的必要。词汇函数通常指变值函数，即反映熟语性的固定搭配关系。例如，词汇函数 Magn 表示被释词的"极大特征"（非常）：крепкий = Magn（чай），同样，проливной / дождь，густой / волосы，гробовой / молчание，крепко / спать，полностью / соглашаться 等同理。再如，词汇函数 Oper 表示某种概括性的动作"实行"：делать = Oper₁（вывод），оказывать / помощь，принимать / решение，вести / борьба，заниматься / исследование，совершать / ошибка，быть в / растерянность。

　　自然语言中熟语性搭配的数量数不胜数，但它们可以概括为几十个数量有限的函数类型，如 Syn（同义），Anti（反义），Conv（换位义），Incep（开始），Cont（继续），Fin（结束），Caus（致使），Liqu（使不存在），Ger（构词派生），Gener（上位概念），Son（典型声响）等。目前所研究的词汇函数有 70 余种。词汇函数理论以形式化方法系统、深入地揭示了词与词之间的抽象语义关系类型。

三　建构汉语语义词典的描写框架及词条试编

　　我们借鉴 TKC 的理论和方法，并根据汉语自身的特点对 TKC 的内容进行了补充，提出了建构汉语语义词典的框架。

（一）汉语语义词典的描写框架

　　汉语语义词典（以下简称词典）总的描写原则是：以词的义项为单位，对其语法、语义、句法等属性进行综合描写。具体原则如下。

　　第一，参照 SKCC 对被释词的拼音进行标注。声调用"1，2，3，4，5"表示，其中"5"表示轻声。例如，"希望"的拼音是"xi1wang4"，"儿子"的拼音是"er2zi5"。

　　第二，用英文缩写字母标注被释词的词性。名词、动词、形容词等分别用相应的英文缩写形式表示为"n，v，a"等。

　　第三，给出被释词的修辞特征。除了被释词本身，还要描写被释词不同义项上的同义词、反义词的修辞色彩。用〈中〉〈书〉〈口〉〈方〉等分别表示中性词、书面语、口语和方言等。

　　第四，参照 SKCC 的分类标准，描写词的语义类别。这是对 TKC 内容的补充。被释词不同义项的语义类别可能会不同。例如，"学校₁"表示"教育机构"，语义类别是"机构"；"学校₂"表示"校舍"，语义类别是"建筑物"；

"学校$_3$"表示"全体师生"，语义类别是"团体"。

第五，词典释义的对象不仅仅是词项本身，而是由词项和表示词项语义配价的变项（X，Y，Z）组成的表达式。例如，词典释义的不是"怕"，而是"X怕Y"。词典采用TKC的释义原则对词义进行注释。

第六，必要时在"注释"中给出与关键词有关的联想意义、同义词的意义辨析或百科知识。

第七，词典中词项用阿拉伯数字"1，2，3"等表示，如"治疗$_1$""治疗$_2$"等；用英文字母"A，B，C"表示同形异义词，如"解决问题A"（表示"完成事情、任务"）和"解决问题B"（表示"起作用，有效"，如"这种药治疗咳嗽很解决问题"）。

第八，在支配模式中描写被释词的语义配价和相应句法题元的表达方法。语义配价也被称为语义角色、格关系，由于语义角色的数量及定义不统一，我们在词典中采取一种简化的处理办法。我们把语义配价概括地分为"主体""客体""方式""处所""缘由"等。

第九，在支配模式中描写被释词句法题元所作的句子成分。句子成分的描写是对TKC内容的补充。俄语是屈折语，主要用词尾变化表示句法关系，因此TKC在支配模式的句法题元中标明名词短语的格形式。汉语是分析语，主要用词序、虚词表达句法关系，所以在汉语语义词典支配模式的句法题元中要标明名词短语的句法成分和必需的语法助词。汉语句子成分有固定的词序位置，标句子成分就等于标词序。

第十，利用TKC的词汇函数理论描写汉语的熟语性固定搭配。除了词与词之间的固定搭配，词典还描写词的内部词素与词素的熟语性组合。例如，"热爱"是一个独立的词，不是词组，但"热"是表达"爱"的熟语性组合词素，表示"爱的强烈程度"（Magn）。实际上，汉语中有许多由熟语性制约关系的词素构成的词，如"执教""从政""行医""打工""经商"等词的画线部分都表示一种概括性的"实行"（Oper），我们把组合性熟语词也纳入词典中，必要时在句法题元表达方式的限制栏目中标出与被释词素组合的是词素，而不是词。

第十一，熟语的描写原则与词的描写原则相同，也以义项为单位。例如，"酒香不怕巷子深"列入"怕"的第一个义项中，表示"害怕"；而"人怕出名，猪怕壮"则列入"怕"的第二个义项中，表示"对……有害"。

第十二，词典给出被释词使用的具体例证。例证分为两部分：第一部分是句法题元表达方式的例证，即支配模式表格给出被释词的句法题元表达方式后，词典给出具体的例子来加以说明；第二部分是词汇函数组合搭配的例证，即在给出词汇函数表达式的意义取值后，举例说明。

第十三，词典对部分概念的界定。限于篇幅，关于词汇函数的所有类型可参见《俄罗斯当代语义学》（张家骅等，2003），在此不做赘述。

有些关键词的熟语性搭配属于非标准词汇函数，没有相应的词汇函数表达符号，非标准词汇函数的意义用自然语言进行描写并用 F_1，F_2 等表示出来。例如，"没及时开始治疗"表示为：F_1＝耽误治疗，误诊。F 的下标表示非标准函数的先后次序。

本文参照生成语法的做法，支配模式表格中的名词短语包括单个的人称代词、名词；动词短语包括单个动词。

（二）词条样例

限于篇幅，我们只以"治疗"一词为例。为了便于读者理解，对词条中出现的词汇函数我们在括号内用自然语言加以解释。

治疗

拼音：zhi4liao2

词性：v

修辞色彩：中性

语义类别：行为

释义：

治疗$_1$：X 用 Z 给 Y 治疗 W ＝'X 用方法、手段 Z 作用于 Y，目的是使 Y 的疾病、外伤 W 不存在'（见表 2）。

表 2

支配模式：1＝X［主体］	2＝Y＋W［客体（复合语义配价）］		4＝Z［方式］
1. 名词短语——主语	1. 领属名词短语——宾语		1."用+名词短语"——状语
2. 名词短语——主语	2."给+领有名词短语"——状语（由上面的复合配价分裂）	3. 所属名词短语——宾语（由上面的复合配价"他的病"分裂）	2."用+名词短语"——状语
3."名词短语+治疗"——主谓谓语	4. 领属名词短语——主语		3."用+名词短语"——状语

句法题元表达方式的限制：

第一，表 2 句法题元栏中的三个纵栏表示"治疗₁"的三个句法题元框架。

第二，1.1，1.2 为表人的动物名词短语。

第三，患者 Y 和身体部位的疾病、外伤 W 是领属关系，在语义层面只能是一个语义配价，即复合语义配价：Y（患者）+ W（疾病、外伤），在表层，即在句法题元层面，可以分裂为不同的句法题元，也可以由一个复合题元表示。

第四，2.1 = Y + W 为领属名词短语，两者是整体与部分的关系，可表示：①患者的疾病；②疾病；③患者。

第五，"客体"复合语义配价可分裂为领有者和所属事物两个部分，这两个部分本文分别用"领事""属事"表示。

2.2 为动物名词短语，是"客体"复合语义配价分裂为"领事"对应的句法题元之一，可以说：医生给病人（或熊猫）治疗消化不良，但不能说：*我们给小草治疗疾病。

第六，2.3 是"客体"复合语义配价分裂为"属事"对应的句法题元之一。

例证：

（1）医生用某种药物治疗他的胃溃疡；老中医用针灸治疗关节炎；这个医生专门治疗风湿病；他只治疗危重病人。

（2）医生用某种药物给病人治疗胃溃疡；医生给他治疗心脏病。

（3）他的胃溃疡医生在用药物治疗。

词汇函数：

Syn（同义词）：〈中〉医治、诊治、医疗；〈口〉看病₁①、治（任何疾病都应该赶快医治；这家诊所免费为孤寡老人诊治；他没有发生过一起医疗事故；大夫没在家，他给人看病₁去了；你有病就趁早治）。

Conv（换位词，客体作句子的主语）：〈中〉就医、看医生；〈书〉就诊、求诊、求医；〈口〉看病₂（生病时应及时就医；你不舒服，就别来了，去看医生吧；现在很方便，病人可以到社区卫生院就医；病人因患急性肠炎到医院求诊；他到处求医，无法治愈；我到医院看病₂去）。

———————————

① "看病₁"的语义配价结构中已经包含"客体"——疾病，因此不能再和表示疾病的名词短语连用。例如，不能说：*大夫给人看病哮喘。

S_1（第 1 题元）：医生、大夫。

$BonS_1$（Bon 表示事物、行为的良好特征）：神医。

$FigurBonS_1$（Figur 表示隐喻）：扁鹊、华佗（这位医生简直是华佗再世）。

$AntiBonS_1$（Anti 表示反义）：庸医、巫医、江湖医生。

S_2（第 2 题元）：病人、患者（通常为人）。

S_3（第 3 题元）：疾病、外伤。

S_4（第 4 题元）：药物、疗法（如物理、化学疗法）、手段、工具等。

S_{loc}（处所）：医院、诊所、卫生院、保健院。

$AntiAble_3$（Able 表示可能性特征，3 表示第 3 题元——疾病的词做主语）：不治之症（艾滋病是不治之症）。

Perf（表示行为、动作的完成）：〈中〉治好、治愈、根治；〈口〉看好（医生治好了他的胃病；医生治愈了许多患者；鼻炎不能根治；大夫把我的病看好了）。

Ver（表示事物、行为应该具有的特征）：及时（幸亏医生治疗及时，病人脱离了危险）。

AntiVer：误诊$_1$（由于医生误诊，病人死了）。

$Oper_1$（表示概括性的动作"实行"，"治疗"的第 1 题元做句子的主语）：进行治疗（医生对患者进行治疗）。

$Oper_2$（表示概括性的动作"实行"，"治疗"的第 2 题元做句子的主语）：接受治疗（病人需要住院接受治疗）。

F_1＝没及时开始治疗：耽误治疗、误诊$_2$（病人没及时就医，耽误了治疗；病人离医院很远，因而误诊$_2$）。

关于疾病和治疗疾病的科学：医学、兽医学。

治疗$_2$：Z 能（可以）治疗 W＝方法、手段、工具 Z 能够使疾病或外伤 W 不存在。

支配模式见表 3。

表 3

1＝Z［方式］	2＝W［客体］
1. 名词短语——主语 2. 动词短语——主语	1. 名词短语——宾语

句法题元表达方式的限制：

第一，1.1是非动物名词。

第二，2.1的名词短语仅表示疾病、外伤。

例证：

（4）板蓝根能治疗感冒；这种新药能治疗重感冒；针灸可以治疗耳鸣；频谱治疗仪能治疗多种疾病。

（5）拔火罐能治疗腰背痛；赤脚在沙地上行走可以治疗风湿。

词汇函数：

Syn：〈中〉医治、消除、对……有效；〈口〉治。

Magn（表示"极大特征"）：彻底（手术能够彻底治疗这种病）。

S_1：药物、疗法、手段、工具等。

A_1（表示"具有……特征的"）：能治病的（人们发现，野菜是一种能治病的良药）。

治疗$_3$：Y在X那里用Z治疗（自己的）W＝Y让职业医师X用Z治疗Y的疾病W。

支配模式见表4。

表4

1＝Y＋W［客体（复合语义配价）］	2＝X［主体］	3＝Z［方式］
1. 领属名词短语——主语 2. 所属名词短语——宾语	1. 在＋名词短语＋那里（那儿）——状语	1. （采）用＋名词短语——状语

句法题元表达方式的限制：

第一，1.1的领属名词短语是复合客体语义配价分裂为领事对应的句法题元。

第二，1.2的所属名词短语是复合客体语义配价分裂为属事对应的句法题元。

例证：

（6）我在张医生那里用中药治疗乙型肝炎；许多患者在我们这儿采用手术治疗近视，效果很好。

（7）朋友在一位著名专家那儿治疗过敏性鼻炎；他没上课，在治疗喉炎。

词汇函数：

S_1，S_3，S_4＝治疗$_1$的 S_2，S_1，S_4。

Syn：〈中〉接受治疗（$Oper_2$）；〈口〉治；（短时体）〈口〉治一治（我想治一治这个老毛病）。

Perf：〈中〉治好、治愈；〈口〉看好［我在一位老中医那里治好（治愈、看好）了皮肤病］。

四 结语

虽然 TKC 是 20 世纪 80 年代出版的词典，但它融合了现代语义学和句法学的研究成果，其编纂原则和结构设置对今天的语义词典编写依然具有指导意义。本文借鉴 TKC 的理论和方法，结合汉语自身的特点，对 TKC 进行了补充，提出了编写汉语语义词典的框架。我们以词项为单位，按照 TKC 的释义原则采用对象语语义元语言进行释义，系统化、标准化地描写熟语，综合描写词的语义属性和句法属性，采用形式化的词汇函数语言描写词与词的熟语性组合，同时补充描写了词的语义类别、修辞色彩和句子成分及必需的语法助词。我们相信，本文提出的语义词典编写的新模式对汉语知识库的建设会提供新的思路。

参考文献

Апресян Ю. Д. , *Избранные труды, том I. Лексическая семантика*, Москва：Наука，1974.

Апресян Ю. Д. , "О языке толкований и семантических примитивах"，*Изв. АН СССР, Сер. Лит. и яз.*，1994（4）. — С. 38.

Мельчук И. А. ，Жолковский А. К. ，*Толково-комбинаторный словарь современного русского языка*，Вена：Wiener Slawistischer Almanach Sonderband，1984.

Мельчук И. А. ，*Опыт теории лингвистический моделей «Смысл ⇔ Текст»*，Москва：Наука，1974.

Мельчук И. А. ，*Опыт теории лингвистический моделей «Смысл ⇔ Текст»*，Москва：Языки русской культуры，1999.

董振东、董强、郝长伶：《知网的理论发现》，《中文信息学报》2007 年第 4 期。

林杏光、王玲玲、孙德金主编《现代汉语动词大词典》，语言学院出版社，1994。

鲁川：《动词大词典》，中国物资出版社，1994。

孟琮、郑怀德、孟庆海、蔡文兰：《动词用法词典》，上海辞书出版社，1987。

王惠、詹卫东、俞士汶：《“现代汉语语义词典”的结构及应用》，《语言文字应用》2006 年第 1 期。

徐烈炯、沈阳：《题元理论与汉语配价问题》，《当代语言学》1998 年第 3 期。

薛恩奎：《И. А. Мельчук 的“意思⇔文本”学说》，《当代语言学》2007 年第 4 期。

詹卫东：《基于配价的汉语语义词典》，《语言文字应用》2000 年第 1 期。

张家骅：《“词汇函数”的理论和应用》，《外语学刊》2002 年第 4 期。

张家骅等：《俄罗斯当代语义学》，商务印书馆，2003。

原文发表于《俄语语言文学研究》2010 年第 2 期

《现代俄语详解组合词典》及其
对汉语语义词典的启示

李　侠[*]

摘　要：《现代俄语详解组合词典》是莫斯科语义学派"意思⇔文本"
模式理论的词库。《现代俄语详解组合词典》词条部分涉及的理
论有语义元语言理论、支配模式理论和词汇函数理论。本文将
《现代俄语详解组合词典》和汉语主要的语义词典相对照，分析
《现代俄语详解组合词典》在词汇单位划分、释义、配价结构
（支配模式）设置等方面为汉语语义词典提供的可借鉴之处，但
在语义角色标注、语义搭配限制描写等方面仍有需要完善和补
充之处。

关键词：　语义词典　配价结构　释义　语义角色

一　引言

《现代俄语详解组合词典》（« Толково-комбинаторный словарь словарь
современного русского языка»，以下简称《组合词典》）出版于 1984 年，是莫
斯科语义学派"意思⇔文本"模式理论（теория лингвистических моделей
«Смысл⇔Текст»）的词库，它是理论语言学词典化的典型代表。《组合词典》词

＊ 李侠，黑龙江大学俄罗斯语言文学与文化研究中心副研究员、硕士生导师。

条部分分为释义区、支配模式区和词汇函数区，分别涉及的理论有语义元语言理论、支配模式理论和词汇函数理论，每个部分都有丰富的语言学理论作支撑。虽然《组合词典》出版至今已几十年，但其编写原则和结构设置对国内语义词典的编写仍具有借鉴意义。

二 《组合词典》对汉语语义词典的借鉴

对于动词配价词典，词汇单位如何设置、标明什么样的信息十分重要。范晓指出，理想的"动词配价词典"实际上是"某种语言生成句子的词典"，"这种配价词典应对某种语言里的动词配价组成的动核结构做出说明，不仅要给出某个动词（多义动词要分解到每个义项）的'价类'，而且还要对动核的性质（动作、性状、变化、关系等等）和所联系着的动元（配价成分）的'角色'（施事、受事、与事、系事、起事、止事……）以及某些常联系着的状元（非配价成分）做出准确的诠释；在此基础上，对该动词的形式特征以及它组配成的动核结构所生成的句模和各种可能有的句型或句法格式进行详尽的描写。甚至，如果可能，还可注明该动词使用的条件和所组成的句型、句模组合体在语用上的选择性"（范晓，1996：7）。《组合词典》可以说是部分地实现了这一理想。

《组合词典》至少在以下几个方面可以为汉语语义词典提供借鉴。

（一）以义项为单位，进行自然语义元语言释义

语言精细化研究要求对词义做出更加细致的分辨，反映在词典中就是描写单位由"词"转变为"词义"，即通常所说的"义项"。莫斯科语义学派常把多义词的一个义项叫作词汇语义单位（变体）（лексико-семантический вариант）（А. И. Смирницкий，1954；Л. А. Новиков，1982；Л. М. Васильев，1990）（本文简称词汇单位），多义词就是一个语义变体集。"以义项为描写单位描绘词的语义特征，建构语言知识库，正受到人们的高度重视"（苏新春等，2005：162）。《组合词典》把义项而不是词作为描写单位。

在给词汇单位（义项）进行释义时，《组合词典》采用自然语义元语言，将词汇语义分解成具有典型特征的语义元素，使语义的分解和表述更能够反映人们言语活动的心理表征和自然语感。元语言由语义单子和过渡语义元素构成，

不仅使解释明确，而且简化了释文，更符合词典的编纂原则。例如：《组合词典》中 учиться "学习" 的释义为：X учится Y-y [y Z-a/ по Z-y（в W-e）] = 'X 有意识地付出努力获取（Z 在 W 传授的）Y'（И. А. Мельчук и др.，1984：917）。该释文不仅提供了词汇单位基本的句法框架，释文中的变项还为配价结构的构建提供了依据和指定的信息。

目前汉语语义词典中往往选择性地对词汇进行释义，没有以义项为单位进行精细释义。同时没有对释义给予应有的重视，一般都采用同义词释义的方式。如知网使用的是同义义原释义的方式，它把 4000 个汉字的所有义项列出来，用手工的方法一一观察、挑选、合并同类项，最后提取了 2000 个义原，如从"医、治、疗"，提取出"医治"这样一个义原。《现代汉语语义词典》同样采用同义词释义的方法，如对"找"的释义为"寻找"。这种做法的缺陷体现在，一方面，"找"与"寻找"、"医、治、疗"与"医治"意义上不能完全对等；另一方面，无法揭示词汇复杂的概念结构，这样的义原提取更类似传统词典学中对"基础词汇"的提取，而不是真正意义上的元语言。词典中对词汇单位的释义不是简明就好（如《现代汉语语义词典》的释义方式），释义应该真实反映每个词汇单位所描写的概念结构，如能将概念结构中的构成元素一一指明就更好，这样的释义为动词配价结构的确定提供指定的信息，语义配价的确定也可在释义中找到相应的依据。李葆嘉指出，汉语词典学、词汇学、语义学以及中文信息处理等领域，多年来之所以难以出现重大突破，主要原因在于"尚未对现代汉语元语言系统这一基础性工作进行深入研究"（李葆嘉，2002：143）。无论是面向人的学习词典还是面向机器的语义词典，采用元语言释义是当今词典学释义的发展趋势。

（二）多层级配价结构描写体系

配价结构（диатеза）指特定谓词的语义配价和句法配价之间的对应关系（И. А. Мельчук，1998：163），在《组合词典》中莫斯科语义学派使用术语支配模式（модель управления）代替，以表格形式体现其语义配价、深层句法配价和表层句法配价这种多层级配价体系，力求对影响句法、语义对应关系中的各个层级进行细致、准确的描写。语义配价、深层句法配价、表层句法配价三个层级既相互独立，又彼此联系、相互对应，每个层级都有各自的描写手段和规则及主要解决的问题，同时整个配价系统又作为一个整体发挥作用。通常情况下，有多少个语义配价就有多少个深层句法配价，但在实际中深层句法配价的数目可能多于、少于语义配价的数目，即发生配价分裂、配价合并等特殊的句法、语义对应现象。在《组合词典》中，表格第一横栏为深层句法配价（1，2，3，…）和对应语义配价变项（X，Y，Z，…）。第二横栏是表层句法配价，是深层句法配价在表层句法的体现方式。深层句法配价 1，2，3 等是对深层句法结构图示中节点 1，2，3 等的抽象。语义配价变项从词汇单位的释义中得出。

下文是俄语动词 учиться（学习）的支配模式（И. А. Мельчук и др.，1984：917），如表 1 所示。

УЧИТЬСЯ₁

X учится Y-у〔у Z-а（в W-е）〕='X 有意识地付出努力获取（Z 在 W 传授的）Y'。

表1

1 = X 谁获取知识或技能	2 = Y 力求做到（学会）什么	3 = Z 谁（什么）传授知识或技能	4 = W 在什么机构
动物名词短语⑤	1. 第三格名词短语 2. 未完成体动词不定式 3. на + 第四格名词短语 4. по + 第三格名词短语	1. у + 第二格名词短语 2. под руководством + 第二格名词短语 3. по + 第三格名词短语	1. в + 第六格名词短语 2. на + 第六格名词短语

汉语配价语义词典中对句法、语义信息大多未分层级描写，一般只注重语义层面的配价框架的描写，而对配价成分在表层中的具体表现形式不予关注，对句法语义对应中的配价分裂、合并等特殊现象更是从不描写。如知网的必要角色框架中只描写词汇语义层面的信息，且语义信息描写的颗粒度较大，例如，buy 的必要角色框架为：agent, possession, source, cost, beneficiary, 由这个配价框架，我们只知道必须有 agent，这个 agent 表层有哪些表现手段，知网没有给出。《现代汉语语义词典》同样缺少对配价成分在表层中具体表现形式的描写，例如在对"找"进行描写时只指明其配价数、语义角色、语义搭配限制。中国人民大学语言文字研究所编著的《动词大词典》中只给出每个动词的必要配价和语义角色，《中文概念词典》只对动词句子框架作简单描述，例如，动词

"吃"的句子框架为"施事+动词+受事",但显然仅有这些信息是不够的。

词典的最重要的目的是通过对词汇语义、句法信息的标注,最大限度地预测其在句子中的使用情况,这一目的与目前句法—语义界面理论研究目标相一致。《组合词典》中词汇单位的释义揭示词汇单位的语义结构;支配模式表 1 第一横栏表示语义配价变项 X,Y,Z 和深层句法配价 1,2,3 之间的对应关系,它可看成实现词汇语义和句法接口的工具,是句法、语义接口概念的一种变体和具体应用;第二横栏是深层句法配价在文本中的表达方法。从释义到支配模式第一横栏,再到第二横栏,词汇语义逐步实现了同句法配价的链接。《组合词典》配价结构的这种设置符合学者们对句法、语义界面研究的普遍认识,即从词汇语义要经过词汇语义结构、配价结构、句法结构这几个层级。"通常认为句法—语义界面研究需要考虑三个表征层面,一个是词汇语义结构,一个是论元结构(配价结构),最后一个是句法结构"(沈园,2007:25)。Е. В. Падучева 在总结"意思⇔文本"模式理论的历史影响时指出,"支配模式是'意思⇔文本'模式理论中最重要的几个概念之一,没有支配模式(配位方式),配价和题元等一些概念,就没有当代的语义学;更为重要的是,在这些概念的基础上产生了解决语义和句法界面问题(проблема соединения семантики с систаксисом)的机制,即西方语言学中,兴起于 20 世纪 80 年代,至今仍吸引大批学者研究的所谓'链接问题'(linking problem)"(Е. В. Падучева,2004:343)。句法—语义界面理论的运用使词典编写更具有理论价值和应用前景。

(三)词汇函数理论

词汇函数[①]是《组合词典》与其他词典相比最具新意的地方。我们知道一个词汇单位与其他单位会有各种组合、聚合关系。各种聚合、组合关系,《组合词典》中用词汇函数表示。词汇函数指一个词汇单位(或其集合)与另一个词汇单位 Y 之间的选择对应关系 f,表示为 $Y=f(X)$。f 表示特定的抽象概念,如

---

① 本文的词汇函数指标准词汇函数,标准词汇函数应同时符合两个条件:(1)该词汇函数建立在数量较多的自变项词汇单位 X 的基础上,即 f 代表的语义范畴要有较高的抽象程度、普遍程度,足以和许许多多的意义单位搭配;(2)相应地,该词汇函数由数量较多的因变相语言表达式 Y,它们在数量上大体足以分配给组成自变项词汇单位 X 的众多成员。用拉丁语缩略形式标记的均属于标准词汇函数。非标准词汇函数因为不具有概括性,没有进行描写,例如 домашний = 因禁于家中的(арест)。详细内容参见张家骅(2011:195-207)。

"极端特征""同义""开始""使不存在"等，用拉丁语缩略形式标记：Magn，Syn，Incep，Liqu 等，如无微不至＝Magn（关怀），妻子＝Syn（老婆），入睡＝Incep（睡觉），取消＝Liqu（限制）。X 是词汇函数 f 的自变项，Y 是因变项，因具体 X 的变化而异。例如：《组合词典》中 учиться₁ 的词汇函数有：Syn（учиться₁）＝ изучать₁，учить₂，брать уроки 等；S₀＝учеба；Magn＝настойчиво，упорно，прилежно，систематически；Incep＝идти［учиться］等 30 种。《组合词典》通过词汇函数全面、系统地展现了词汇单位与其他词之间的各种依存关系。词汇函数在词典中的应用可以说是词典学上的一个创举（蒋本蓉，2008：109）。

（四）对句子"核心成分"和"非核心成分"进行全面研究与标注

《组合词典》对动词语义结构的描写突破了"配价成分"的限制，实现了对"处所、工具、时间"等非配价成分的描写。如对 учиься 词库中"配价结构"既描写了所谓的配价成分 X（施事），Y（对象），Z（客体），又描写了非配价成分 W（地点），实现对句子"核心成分"和"非核心成分"的全面研究与标注。"因为我们所需要的信息没有核心与非核心之分，信息处理系统对核心和非核心框架元素的操作过程是完全相同的"（陶明忠、马玉蕾，2007：123）。为了比较全面地反映动词对其从属成分的支配能力，为了最大程度上从动词的配价结构去预测其所在句子的结构和意义，配价结构应该既包括施事、受事等核心成分，也包括具有一定的限制性、对语义分析和多义性排除有一定作用的非配价成分，如工具、处所等语义角色。汉语中，有些动词的非配价成分的句法位置灵活，动词的非配价成分也可出现在表层句子的主语、宾语位置，句子中配价成分和非配价成分的句法位置不像俄语中那么固定，更应加强对非配价成分的描写，如动词"吃"，表层中充当宾语的可以是配价成分"饭"，即吃饭；也可以是表示处所、工具的非配价成分"食堂、大碗"，即吃食堂、吃大碗；充当动词"跑"的宾语的可以是表示结果的非配价成分，"一身汗"即跑出一身汗，也可以是表距离、比赛项目的非配价成分，如"跑百米"即跑一百米等，这些非配价成分也应是描写的对象。对非配价成分的描写仅限于那些从动词的词汇意义上可以推导出来，并且是在一定的句法结构的主语、宾语位置中实现了的从属成分。这样，那些几乎可以跟所有的动词共现的时间、处所等成分就应该排除在动词的配价结构之外。

三 《组合词典》需要完善之处

《组合词典》编写始于 20 世纪 60 年代，几十年间各种语言学理论层出不穷、语言学知识不断更新，即使是其所涉及的"意思⇔文本"模式理论也在不断完善，将新的语言学知识融入成熟的语言学理论中，可能会使已经比较成熟的语言学理论焕发新的学术生命。

（一）标注语义角色[①]

《组合词典》在语义配价与深层句法配价的对应上，不标注出相应的语义配价的角色类型，这虽然省去了划分语义角色类别的麻烦，但却无助于揭示词汇深层的语义关系。语义角色研究虽面临许多困难，但并没有影响到学者们对它的应用。即使对词汇语义采用谓词分解方法的学者，也不得不将语义角色作为一个派生概念重新纳入自己的体系中。语义角色在大多数大型词库中多有应用，语义角色标注已成为语言信息处理中的一个重要课题。目前存在的自然语言词库中，绝大多数仍然选择使用语义角色。加州大学的框架网络项目通过基于场景的语义框架来定义语义角色，框架中的框架元素便是框架网中的角色；知网对于语义角色的策略是尽量挖掘，共采用了 90 个语义角色（董振东等，2007：7）。《中文概念词典》中使用 26 个角色定义动词概念 C 的句子框架（sentence frame）（于江生、俞士汶，2007：72）；关于语义角色对语言信息处理的作用，袁毓林曾举了一个例子说明：鉴于各种语义格的定义和区别的纠缠不清，清华大学计算机系孙茂松教授只对语料标注"因"和"果"两种语义角色；开发了一个 400 万词规模的汉语语义骨架标注语料库，对每个句子标注有面向语义的因事（S）、中心谓词（V）和果事（O）块信息。结果，对于"咬死了猎人的狗"一类歧义格式的消歧起了很好的作用。如此看来，语义角色方面的信息对于语言信息处理是极为重要的，哪怕只是比较粗放的宏观层次上的语义角色（袁毓林，2007：11）。莫斯科语义学派

---

① 莫斯科语义学派早期研究中配价既指谓词和名词性成分之间的组配能力，又指语义角色本身。本文将区分这两个概念，用语义角色指代深层语义关系类型。

后来的发展中逐渐将语义角色纳入配价结构理论中，如 Ю. Д. Апресян1974 年《词汇语义学》、2004 年《新型俄语同义词解释词典》和 2010 年《俄语积极词典概况》三本著作中分别归纳使用了 25 种、16 种和 54 种语义角色，Е. В. Падучева（2004）甚至列出了近百种语义角色，这些都可以为我们进行语义角色标注提供参考。

（二）描写词汇单位的各种语义搭配限制

动词的语义会对题元名词的语义类别有一定的限制，反过来，名词的语义类别，如物质、行为、非离散性质、活物、自然力、事件等对动词的语义描写有重要作用。《组合词典》对词汇单位的各种语义搭配限制描写得比较笼统、模糊，还没有建立起完整的语义分类系统。名词的分类类别无法开出一张完整的清单，它的数量会随着动词语义规模的扩大而增长。正确的做法是"以述语动词对有关语义角色所施加的语义制约为标准，用动态的描写方法，来建立汉语名词性概念分类体系"（林杏光，1999：204）。汉语界已有多部词典对词汇单位的语义搭配限制进行系统的描写，例如《中文概念词典》"吃"的施事和受事的语义限制分别是"动物；人，人类"和"食物，可吃物"；《现代汉语语义词典》中"找"的两个配价"主体"和"客体"的语义选择限制分别是"人"和"具体事物"。目前，《现代汉语语义词典》和《现代汉语述语动词机器词典》中已经尝试建立完整的语义分类体系，《现代汉语语义词典》的语义分类系统可以作为我们描写语义搭配限制的基础。这一系统的有效性和可行性已在《现代汉语语义词典》中得到证实。

（三）增加对"槽关系"的描写

《组合词典》对配价结构的描写还局限在对动词与名词性成分之间的配价关系的描写上，而对名词与名词性成分之间的"槽关系"，即对语义配价内的偏词和正词之间的语义关系并未涉及。与以英语为代表的西方语言"以动词为中心"不同，汉语不仅是以动词为中心，也是以名词为中心的（这是汉语重要特点之一），所以仅研究动词不研究名词难以满足汉语机器理解的要求。目前清华大学和中国人民大学研制的《现代汉语述语动词机器词典》中对"槽关系"进行了开拓性的描写。缺少对"槽关系"描写也是其他语义词典的不足之一，俄语语义词典中至今尚未开始对"槽关系"研究方面的探索，这或许会为俄语语义词典研究注入新的动力。

（四）增强对不以动词意义为基础的构式的描写

以配价结构为基础的语义词典，存在自身的缺陷，即配价结构从根本上是"动词中心论"的产物，这决定了其在处理语义和句法关系方面的不足：一方面，远非所有语言、所有句式都是以动词为中心的；另一方面，这过分强调了词汇语义对句法结构的决定性作用。目前兴起的构式语法可以弥补这方面的不足，动词语义和句式互动关系是今后研究的方向。构式语法和配价等语法所代表的词汇主义分别代表了两种思潮、两种看待同一问题的不同方式和方法，将二者相互结合、取长补短，共同用来描写句子，实现句子句法和语义的最大限度的连接。词库中尽可能准确地预见动词所能出现的句法环境就要做到既要准确地对动词的论元结构进行描写，又要对不以动词意义为基础的构式进行描写。句法构式具有比较固定的格式，比较容易进行形式化的描写和处理，这给汉语信息处理的进一步发展带来了更多的希望。因此我们认为，把基于词汇的配价结构描写和构式语法结合起来，才能对语义结构和句法结构之间的映射关系进行全面系统的描写，才能更好地为汉语信息处理服务。

四 结语

清华大学和中国人民大学语言文字研究所共建的《现代汉语述语动词机器词典》被专家评价是语言工程上的一个新突破，其研究方法、实现技术、描写内容达到国内外领先水平，论元数目、配价模式、语义角色、语类、句法功能、语义分类、语义特征、论元标记及实例等组成的网格方式对动词进行详细的主要描述。完善后的《组合词典》中标注的信息与《现代汉语述语动词机器词典》基本相同，但在元语言释义、配价结构层级性、词汇函数等方面又有自己独特的语言学理论作支撑，如果能在此基础上研发俄汉、汉俄双语语义词典，相信一定会取得不错的效果。

参考文献

Апресян Ю. Д. , *Лексическая семантика. Синонимические средства языка*, Москва：Наука，1974.

Апресян Ю. Д. , *Новый объяснительный словарь синонимов русского языка*, Москва-Вена：Языки славянской культуры，2004.

Апресян Ю. Д. , Богуславский И. М. и др. , *Теоретические проблемы русского синтаксиса. Взаимодействие грамматики и словаря*, Москва：Языки славянских культур，2010.

Васильев Л. М. , *Современная лингвистическая семантика*, Москва：Высшая школа，1990.

Мельчук И. А. , Жолковский А. К. , *Толково-комбинаторный словарь современного русского языка*, Wien：Wiener Slavistischer Almanach，1984.

Мельчук И. А. , *Курс общей морфологии. Т. 2*, Москва：Издательский дом ЯРК，1998.

Новиков Л. А. , *Семантика русского языка*, Москва：Высшая школа，1982.

Падучева Е. В. , *Динамические модели в семантике лексики*, Москва：Языки славянской культуры，2004.

Смирницкий А. И. , *Объективность существования языка*, Москва：Издательство МГУ，1954.

董振东、董强、郝长伶：《知网的理论发现》，《中文信息学报》2007 年第 4 期。

范晓：《动词的配价与句子的生成》，《汉语学习》1996 年第 1 期。

蒋本蓉：《〈现代俄语详解组合词典〉评述》，《辞书研究》2008 年第 3 期。

李葆嘉：《汉语元语言系统研究的理论建构及应用价值》，《南京师大学报（社会科学版）》2002 年第 4 期。

林杏光等：《现代汉语动词大词典》，北京语言学院出版社，1994。

林杏光：《词汇语义和计算语言学》，语文出版社，1999。

鲁川等：《动词大词典》，中国物资出版社，1994。

沈园：《句法—语义界面研究》，上海教育出版社，2007。

苏新春、王惠等：《语言知识库的内化与细化——完善词义知识库之设想》，第六届汉语词汇语义学研讨会，2005。

陶明忠、马玉蕾：《框架网络与汉语信息处理》，《语言文字应用》2007 年第 4 期。

于江生、俞士汶：《中文概念词典的结构》，《中文信息学报》2002 年第 4 期。

袁毓林：《语义角色的精细等级及其在信息处理中的应用》，《中文信息学报》2007 年第 4 期。

张家骅：《俄罗斯语义学——理论与研究》，中国社会科学出版社，2011。

原文发表于《俄罗斯语言文学与文化研究》2015 年第 4 期

从新的角度看隐喻

华 劭*

摘 要： 本文简要分析隐喻与其他转喻的关系，探讨不同类别隐喻在言语运用及语言演进中的作用、隐喻思维与逻辑思维的关系及其在科学认知世界中的功能。

关键词： 隐喻 转喻 话语 隐喻思维与逻辑思维 范式

隐喻（метафора）研究有着悠久的传统，这种研究主要是在语文学，更确切地说，是在修辞学中开展的，但经过很长一段沉寂和停滞期后，近几十年又重提隐喻，这大概有以下几方面的原因。

一是在语言哲学、生成语法盛行的时期，隐喻造成了许多困难：如何判断以隐喻做谓词语句的真值？这种谓词与逻辑上的主项关系破坏了逻辑规定的个体与类别、属与种的关系，把相距甚远的两类事物联系在一起，这样的语句是正确的吗？隐喻怎么和义子分析一类研究意义的方法相协调？

二是传统语言学也承认隐喻在表达语义方面的重要作用，但问题是：它对语义的形成、转移、构筑词汇-语义系统究竟有什么影响？起隐喻作用的不同词类词语在组合搭配和句法功能上有什么特点？它的表现力和评价功能如何体现和演变？这些问题都是语言学所关注的。

三是认知科学兴起后，广泛讨论认识世界的思维方式。它是逻辑理性的或/和形象隐喻性的？这方面的文章最近一段时间浩如烟海，而且不同行业的专家

* 华劭，黑龙江大学俄语学院/俄罗斯语言文学与文化研究中心教授、博士生导师。

学者如哲学家、心理学者、文艺工作者、人工智能专家，都卷入这一讨论。不同认知方式在语言中如何反映？语言性的隐喻和非语言性的隐喻相比有哪些特点？这些问题也是学者们关注的焦点。

以上列举的几个原因导致了眼下的隐喻热。本文作者在学习了俄罗斯语言逻辑分析小组的有关著作，特别是其领导人 Н. Д. Арутюнова 的著作之后，在这里谈一些体会，而且把文章的范围局限在语言内部的隐喻，而且是窄义的隐喻的范围之内。

一 隐喻与其他转喻

Н. Д. Арутюнова 说："隐喻无处不在的想法使其在不同话语中所受限制的问题退居次位。这导致隐喻这一观念本身界限模糊：在文艺作品和造型艺术（绘画、电影、戏剧）中，人们把任何用间接与形象表达意思的方式都叫作隐喻"（Н. Д. Арутюнова，1998：372）。事实上，很多文献中语言学和非语言学的文献都这样使用所谓广义隐喻。为了明确本文研究对象，以下将隐喻与其他转喻（тропы）① 的关系做一简要说明。

转喻指词语任何提高鲜活形象性及生动表现力的转义用法。如前所述，很多学者把隐喻用于广义，其外延等于甚至大于转喻（即包括指非语言隐喻）。本（窄）义的隐喻是转喻的一种，作为言语机制，它以表示某类事物、现象的词汇去描写或称谓完全属于另一类的某个事物或者用该词称谓同类事物。

有一种观点认为隐喻（汉语也叫暗喻）来源于比较（сравнение），汉语把后者叫明喻，表现这种明暗对比的特点之一就是有无"像、如、好比"这一类明示比较的词，如"他好比（像、如）笼中鸟/他是笼中鸟"。俄语也有这类指明比喻的词，如 похож, подобен, напоминает, словно, как, будто 等。而隐喻与它所描述的主体只靠词义最空泛的系词"是"（быть）相连接。俄语中быть 的现在时形式还可不用，变成完全意义上的空白。所以通常认为，"隐喻总是比较，大部分是紧缩、隐蔽的比较"（В. Н. Телия，1977：196）。但比较与

① 国内有些学者把换喻或代喻（метонимия）译为转喻。这里根据我国俄语学传统，认为把转喻作为各种转义用法的上限概念名称更妥帖。

隐喻重要的区别在于，前者可以明确指出两者仅在某一特征上，或特定组成部分上，或执行特定动作时的相似。例如：

（1）Он своей походкой напоминает на медведь.（他走起路来像狗熊。）

（2）Дочь лицом похожа на мать.（女儿的面孔长得像母亲。）

（3）И мщенье бурное падет в душе, моленьем усмиренной. Так на долине тает лед, Лучом полудня пораженный.（А. Пушкин）（祈祷后心灵平静，/降解了高涨的复仇激情/像受到正午阳光照射/在山谷中消融的积冰。）

这些比较都很难紧缩、简化为隐喻，因为隐喻被使用者认为包含着它所描写对象的本质，其前面常可加上 настоящий, истинный，以强调喻体与隐喻本体之间这种本质性关系。例如：

（4）Наша секретарша — настоящая кукла.（我们的女秘书简直就是个玩偶。）

既然是本质的相似，就不能受到时空的限制，不能是局部的相似，且不受个人看法左右。在上述例句中不能或不宜加 в этом году, в кабинете директора, мне кажется 一类限定说明成分。附带指出，由于明喻中没有词语用于转义，尽管它是重要的生动修辞表达手段，俄语语言学却将其排除在转喻之外。

在转喻中，俄语语言学中还分离出一类变喻（метаморфоза），它和隐喻最为接近，也不用 как 一类表比喻的词，而是直接把名词用于转义。例如：

（5）Маяковский пошёл ледоколом вперёд.（В. Шкловский）（马雅可夫斯基像破冰船一样向前迈进。）

（6）Раненым медведем мороз дерёт.（Н. Асеев）（严寒像受伤的熊撕裂着一切。）

（7）Стариками рассерьезничались дети, и, как дети, плакали седобородые.（В. Маяковский）（孩子们神情严肃时变成老人，而灰白长须的老者像孩子般泣不成声。）

但变喻不同于隐喻之处，在于它只以第五格名词表示，并且依附于动词，表示与被描述主体只是在特定情景下短暂性、一时性的相近。在这一点上，它接近明喻，传统俄语语法把变喻的体现形式叫作"表比较意义的五格"（творительный сравнения），例（7）证明变喻与明喻有相通之处：两者出现在同一并列句中。变喻有别于主要以第一格形式出现在谓语位置上的隐喻。

此外，变喻表示所描述主体在执行动作时，"转变"为另一事物。"在点评 А. Ахматова 的诗行 Ещё не давно ласточкой свободной Свершала свой утренний полет... 时，В. В. Виноградов 指出：在所有这类情况下……我们所遇见的不是纯粹词语性的隐喻，而是'神话式思维的余迹'，女主人公把这些转化看作现实。这样，问题不在于语言性隐喻，而在于感知世界的方式"（Н. Д. Арутюнова，1998：356）。这种把幻觉当作现实的变喻（也译为幻喻），广泛用于诗歌之中。如 А. Ахматова 在描写"爱"时，说它"То Змейкой，свернувшись клубком，У самого сердца колдует，То целые дни голубком，На белом окошке воркует..."（爱有时化作蛇，蜷缩一团，守在心旁，蛊惑逗诱令人迷惘，有时又化作白鸽，在洁白小窗上，成日柔声絮语，倾诉衷肠……）。其实，毛主席《沁园春·雪》中的"山舞银蛇，原驰蜡象"也是典型的由幻觉产生的、动态的、一时的变喻，但汉语中似无这种提法。

转喻中与隐喻既有联系又相互对立的是换喻（метонимия），作为一种言语机制，其特点在于把个别或整类事物的名称偶然地或规律性地移用于联想到的其他个别或整类事物，后者与其毗邻连接，出现于同一情景。例如：

（8）Шляпа углублялась в чтение газеты.（戴礼帽的人埋头读报。）

（9）У него в кармане осталось немного меди — на сигареты и метро.（他兜里只剩几个铜币——仅够买烟和地铁票。）

（10）老夫聊发少年狂，左牵黄，右擎苍，锦帽貂裘，千骑卷平冈。为报倾城随太守。亲射虎，看孙郎。（苏轼）

（11）蛾儿雪柳黄金缕，笑语盈盈暗香去。众里寻他千百度，蓦然回首，那人却在灯火阑珊处。（辛弃疾）

在以上例句中，шляпа、锦帽貂裘、蛾儿雪柳黄金缕，分别代替"戴礼帽的人""着锦帽貂裘的猎手""佩上述头饰的逛灯节的妇女"。它们是偶然出现在特定情境中的言语性换喻，而 медь（铜→铜币）、"倾城"（全城→全城的人）、"千骑"（坐骑→骑兵、骑马的人）则是带有一定规律性的语言性换喻，并且衍生为新的词义。

总的说来，换喻，特别是语言性换喻，没有形象性。但在言语性换喻中，当以特征代替有该特征的事物时，如例（10）中以"黄"代犬，以"苍"代鹰，以及像"绿肥红瘦""落红无数"等名句都有点染事物色彩、增强表现力的作用；当以事物的局部代替整体，特别当有意凸显、对照、列举这些部分，烘托情景时，隐喻也是一种有力的修辞手段，如上文提到的左（手）牵黄、右（手）擎苍、锦帽貂裘，渲染了打猎的壮观场面；"蛾儿雪柳黄金缕"，加上"笑语盈盈暗香去"，也是用行为、衣香代指妇女，状写了惹人眼花缭乱、花团锦簇的盛装丽人，并与下文在灯火阑珊处的"那人"进行对照。

修辞学还在换喻中分离出提喻（синекдоха），专指以表事物组成部分代替整体者，如出师表中的"臣本布衣"；部队中以"四个兜"表示穿干部服的人，以区别于士兵；"白领"与"蓝领"分别指管理技术人员与工人（俄语为 белые／синие воротнички）。上文提到的"锦帽貂裘"等也属此类。

此外，汉语中还从语法角度提出旁喻，有所谓以偏（从属词）代正（主导词），如形容词"黄、苍、绿、红"分别代替名词"犬、鹰、叶、花"，"左牵黄，右擎苍"中动词已指明"左、右"代替左手、右手；而以正含偏者，如说某人"有性格、有脾气"，指有"好的性格、坏的脾气"等。

换喻的下述特点明显与隐喻相对立，即它转指的事物与词原先的所指有着有机内在联系，有时甚至还体现为语法联系，并可由逻辑推断、语法分析找出这种联系，因而可能有一定的规律性；它一般用作称名单位，有对应所指，执行所谓"证同功能"（идентифицирующая функция）；它很少有形象性、表现力和评价意义，即使有，也在性质上不同于隐喻。关于隐喻与换喻的对立与区别，已有不少文献详细描述。还可参考《Лингвистический энциклопедический словарь》（1990）的 Тропы 词条，Н. Д. Арутюнова（1998：348－353）及 Н. Д. Арутюнова（1988：9）及其以后各页。

二　隐喻的功能类别

前文简单介绍了转喻的几种类别，并指出它们有别于隐喻的特点。隐喻作为一种动态的言语机制，用表示喻体事物的词汇去描述、称谓属于另类的事物（姑且称之为隐喻主体）。隐喻按功能可分为几种不同类别，它们运用在不同体裁的言语时，显示出一些差异。

（一）形象性隐喻

形象性隐喻（образная метафора）主要以用作谓词的名词表示。例如：

（12）Этот мальчик настоящий ртуть, он не может ни минуты сидеть спокойно на месте.（这个男孩简直就是水银，一刻也不能安静不动。）

（13）Наша Ниночка — Оттело в юбке.（我们的妮诺奇卡是穿裙子的奥赛罗。）

（14）Я была твоей бессонницей, я тоской твоей была.（А. Ахматова）（我让你无法入梦，我让你忧郁痛苦。）

首先，就目的而言，人们是寻求简明、形象且有某些凸显特征的实体去揭示隐喻主体的特点，如以流动不居的水银描述好动的男孩，以猜忌成性的奥赛罗来描述醋意十足的女人。

其次，就手段而言，最适合的是表示这类喻体的具体名词，虽然具体名词包含数量众多、模糊不定的义子，但在言语中它可能凸显事物的某些特点。作为描述隐喻主体的手段，它能代表具体事物的整体表象，容易塑造交际者心目中的形象；专有名词只能有条件地作为形象隐喻手段：它所表示的喻体应具有很高的知名度，且应具有众所周知的突出特点。如例（13）中 Оттело 的猜忌。至于抽象名词能否作隐喻手段则有争议。严格讲，例（14）中的 бессонница，тоска 只是由隐喻主体引起并在对方身上造成的结果，而不是主体自身的本质特征，这种抽象的概念也没有形象性。然而由于其包含的比喻性，物质主体与抽象喻体的异类联系，往往让人产生新颖的感觉、朦胧的遐想而被广泛当作隐喻使用。

再次，就形象性而言，作为言语机制的隐喻，最具有形象性。如老舍的小说中把发育不良、面黄体瘦女孩的脑袋喻为"活窝窝头"；台湾报纸把清廉的马英九称为"不粘锅"，把博学之士叫"立着的书橱"。再看下文俄语的例子。

（15）Испания — большой кит, выброшенный на берег Европы.（Э. Брюк）（西班牙是被抛到欧洲岸边的巨鲸。）

（16）Я ненавижу вас, люди-резины, Вы растяжимы на все режимы.（А. Вознесенский）（我恨你们，橡皮筋式的人，你们对所有制度，都会伸缩

适应。）

这里是基于两个事物表象共同点所产生的形象性隐喻，不同于换喻，那里只有一个事物表象，只不过形象地凸显了其局部特征而已。这种个性化的言语性隐喻因说话人强调描述其主体的本质，通常作谓语，有时作同位语如例（16）。若言语性隐喻为大众接受并广泛使用，就演化为形象褪色、逐渐语义化的语言性隐喻，最终变成派生词义。其形象消失，但在一定条件下又可重新激活，用作执行称名功能的主语、补（宾）语。如"银汉无声转玉盘"（苏轼），宾语位上的玉盘代替月亮。附带指出隐喻往往兼有感情评价，当我们把某人喻为"铁公鸡、不倒翁、饭桶"时，无异判定此人吝啬、投机、无用，尽管不是理性评判，却生动有力。这些感情充沛、评价清晰的隐喻最后可能变成连意义都没有的骂人话。骂人的话中，如"龟儿子"（俄语中说 сукин сын），"废物"（俄语、英语中等义词 дрянь，rubbish）连意义都没有，只剩下情感和评价了。

最后，形象性隐喻的使用在语言中产生两方面的后果：一方面，在词与词间形成新的同义手段，如作为言语机制，俄语中 медведь，слон，корова 都用来隐喻笨拙的人（неуклюжий человек），但"熊"表主体愚蠢、有内翻足的步态，"象"兼示意主体臃肿、庞大、沉滞，而"牛"则暗示主体莽撞、行动不灵。这样，形象性隐喻就成为产生同义词列的源泉。另一方面，在词的内部，则导致词分解为若干义项，各义项可有证同与描述功能的转换，词义的形象、情感、评价的演化，从而形成复杂的多义词。

（二）认知性隐喻

认知性隐喻（когнитивная метафора）指用描述具体事物、情景特征的形容词或动词，去揭示认识另类的抽象事物与现象。

首先，认知隐喻的目的是通过构拟，创造与熟悉事物已知特征的相似点，去描述那些看不见的、难以状写现象的特性。在这一点上它与前类隐喻不同。如 острый 本义是①"尖锐的"，如~нож，клин，игла；因用于描述"感觉"而产生意义。②"敏锐的"，如~зрение，слух；因描述词语效用产生的语义。③"尖刻的，挖苦的"，如~слова，шутка；因描述"事态"产生的意义。④"尖锐的，紧张的，危急的"，如~кризис，конфликт，положение；因描述"人内在状态"产生的意义。⑤"迫切的，极端的"，如 ~ желание，нужда，необходимость 等。又例如风发出的各种声音，人们很难有区别地直接描述它们，往往借助反映人发出各种声音和动物叫声的动词以状写辨识风声。如 ветер воет（风"如狗"哀号），завывает（风"如狼"嗥叫），ухает（风"如猫头鹰"长啸），шепчет，ропщет，стонет，плачет……（风"如人"低语、抱怨、呻吟、哭泣……），认知性隐喻在原有意义基础上，因描述对象改换而产生新义，更重要的是通过它赋予所认识对象的特征一个名称，以便辨识它、把握它。

其次，体现这类隐喻的手段是形容词和动词，它们本来就是执行描述功能的，没有证同功能，也没有独立的指称功能，用作隐喻后，这些词依然保留在特征词的范围之内。它们所派生的名词如 красота души，шопот деревьев 才能用作主语，但这已是二阶逻辑命题中的主项了。

再次，至于认知性隐喻的形象性，由于它对主体"错位"性的描写，也会增加其表现力，特别是在言语中。但这种形象性不鲜明、不稳定，易消失。例如：

（17）Язык у нее острый.

（18）Человек растаял в ночи.

这因为形容词与动词少义子，无独立所指，难以形成形象，与这些义子原来相关的具体事物不确定，且未在句中出现，如例（17）中的 острый 可指不同事物 нож（刀）、клин（楔子）、игла（针）等，例（18）中可能溶化的有 снег（雪）、лед（冰）、сахар（糖）等，且 острый 是表示 язык 相应特征的手段，因经常有规律地使用，从而导致形象褪色、消失。

最后，语言中使用认知性隐喻的后果有：第一，它造成形容词、动词多义化；第二，某些表示事物物理、生理特征、空间方位、运动的动词、形容词，因词义泛用于各种对象而普适化；第三，上述隐喻词可说明不同类的事物、事件、现象，造成比通感更为广泛的现象间的联想。如表示人、物空间位移的 ходить，转而表示其他事物和现象的无定向运转。

Ходит（ят）мальчик，корабль，поезд／часы，жернова，напильник／дым，запах，тесто／чума，анекдоты／вести，мысли，цена...

又如，用表示具体事物可见特征的形容词、动词，去描述观念。

мысль（и）светлая，тонкая，пресная，глубокая...

рождается，зреет，увядает，не умрет...

мчится，топтались（на месте），метались（из стороны в сторону），перескакивали（с одного предмета на другой），витали（на воздухе），толкались...

（三）称名性隐喻

称名性隐喻（номинативная метафора）以某类具体事物的名称去称谓另类相似的事物，如 глазное яблоко（眼球）、ушная раковина（耳壳）、ушко иглы（针眼、针鼻）、рукав реки（支流）、быки моста（桥墩）、журавль колодца（井上压水吊杆）等。

首先，运用称名性隐喻是为一类事物寻求名称。

其次，达到该目的的手段是从现有表示具体事物的普通名词中获取隐喻性名称，去称谓与其有相似特征的一类事物。称名性隐喻往往能直接指明（而不是暗示）被命名事物的物理的、可观察到的特征。完成称名转移后的名词，依然执行证同功能。

再次，称名性隐喻在言语中创造的形象，不能保持太久，因为表示一整类事物，意味着在不同场合下反复用这一名称指称事物，从而使形象褪色，乃至消失。而对执行证同功能以分离所指的词来说，形象没有太大帮助，在它消失后，也无须寻求新的隐喻。

最后，就称名性隐喻在语言中引出的后果来说，它是产生多义词、同音词，甚至术语重要的源泉。必须借助上下文（主要是词组）才能辨别同音词所指称的事物，如 ушная / носовая / умывальная раковина（耳壳，鼻甲，洗盆）、рукав одежды / реки（衣袖，支流）、швейная / хвойная игла（缝纫针，针叶）等。由于在不同组合中的意义来源于共同喻体，常被看作一个词的多个义项。但因各所指事物相差甚远，把它们联系起来的形象已被忘却，特别是科技术语，要求排斥形象。因此，常把 быки（公牛）与"桥墩"（быки моста）两个原本有隐喻关系的词看作同音词。

（四）隐喻在不同类型言语中的作用

隐喻在不同类型的言语中，所发挥的作用也不同。在日常言语（повседневная

речь）中，使用隐喻追求实用的目的，因为它简短、凝练、形象，是说话人表达自己对事物本质认识的最简捷的途径。当人们看到雪地上行走的小孩，说"他简直就是个小狗熊"（Он настоящий медвежонок）时，省去了很多具体的、局部的、近似的、不完全的描述，诸如这个小孩步履蹒跚、行动笨拙、神情憨厚、衣着臃肿……隐喻直接表达了说话人的真实感觉，反映了他对小孩子当下的整体印象，而且还包含着对孩子喜悦之情、怜爱之意。当管理者说"时间就是金钱"、教练员说"这场比赛战斗"时，都是用最简短的隐喻达到"提高效率、鼓舞斗志"的目的。不能认为隐喻是诗人的专利。米歇尔·福柯（Michael Foucault）在《词与物》一书中说："……所有这些东西（指隐喻等修辞格——引者）并不是讲究文体的结果；相反，它们揭示了所有自生的语言所特有的多变性：'巴黎中央菜市场在一个市场日所产生的辞格要比学术会几天内所得出的要多得多'。"（米·福柯，2001：156）最后一句是福柯引用另一位学者的话。

在文艺性的言语（художественная речь）中，由于隐喻的偶然性、不可预见性，它原来表示的喻体和隐喻主体两个表象之间存在巨大差异，所有这些特点，对于追求陌生化以创造审美对象的文艺作品来说，都使它成为最恰当的表达手段。请看诗人兼书法家旭宇的诗：

（19）左肩是诗歌的太阳，右肩是书法的月亮，灵魂的全天候照耀，生命在宣纸的积雪中，生长汉字的魔方。（引自《光明日报》2006年7月7日，第8版）

诗中隐喻不能说不新颖、不奇异。中国古代诗人李白、李贺、李商隐都有这种异想天开、创造神奇的本事。西班牙诗人加西亚·诺尔加（Garcia Lorca Federico）曾说过："怎么都行，就是别静止不动地总从同一窗口，看同一片风景。烛照诗人的光源来自对峙的一面。"（Н. Д. Арутюнова，1998：381）Н. Д. Арутюнова 更进一步发挥，认为文艺作品中，隐喻不仅强调相似，而且强调对峙对立，在逆反的光源下观察现象，以此挑战自然，冲破定见。例如：

（20）Она... высокая，стройная，чернобровая，краснощекая，одним словом，не девица，а мармелад.（А. Чехов）

这是《套中人》里描写科瓦连柯的一段话，她分明是少女，却被否定，反而夸张地把她喻为"水果软糖，果冻"。

（21）Господи，это же не человек，а — дурная погода.（М. Горький）

例（21）表明主人公认为性格乖张、令人生厌的家伙不是人，而是"恶劣的天气"。在这类语句中，对比同等成分前一部分是"破除定见"，后一部分则是"忽生异想"。很多诗歌中都用 не...а 这种套式表示隐喻的这一特点。由于文艺作品中这类隐喻有时过于怪诞，有悖于世俗的看法，它们很少转为词义，但若有特殊的审美价值，包含隐喻的语句常常作为整体保留下来，成为流传久远的名言佳句。例如：

（22）沉舟侧畔千帆过，病树前头万木春。（刘禹锡）

诗歌深刻的含意、奇妙的蕴喻、工整的表达，使其成为烩炙人口、流传千古的诗句，甚至多多少少地掩盖了诗人以"沉舟""病树"隐喻自己的原意。又如：

（23）Человек всего лишь тростник, слабейший из творений природы, но тростник мыслящий.

这段出自法国著名宗教哲学家、数学家、文学家帕斯卡（Pascal）的话，因其深刻地指出"人只是世间最柔弱的生物，有如芦苇，却因其能思维而变得有力"。"会思维的芦苇"虽未产生指"人"的转义，但这句话却成为广为流传、形象生动而蕴意深刻的名言。

至于科学性言语（научная речь）著作中的认知性隐喻，主要用于探索所认知对象的本质，通过类比获得启迪，按照隐喻，塑造未知的、感官不易把握的现象，自然科学中一些隐喻性的称谓都有此种性质：如以"陀螺、金属疲乏、弦、博弈"命名的理论（博弈也用于经济学）。而称名性隐喻在科技术语中只是为赋予事物或现象以形象名称提供理据，但由于主要执行称名功能，其形象褪色、理据消失则是一般规律。即使是商标"飘柔"（洗发露）、"梦幻"（香水），其形象也容易被淡忘。通常认为，形象性名词隐喻应排斥在科技文献之外，当然在定义概念、推理判断时都不能使用隐喻。但在科学著作中为了使叙述生动，表达形象，通过隐喻阐明问题的情况也不少见。Н. Д. Арутюнова 在讨论评价词汇的意义时就曾说：Это твердый орешек, хотя в нем нет семантического ядра（这是个硬果，尽管它没有语义内核）（Н. Д. Арутюнова, 1988：7）。

三 隐喻在认知中的作用

自认知语言学问世，关于认知与隐喻关系的著作可谓汗牛充栋。前文粗略地谈论了隐喻在语言中的功能，现在谈谈隐喻在认知中的作用。主要讨论两个问题：一是隐喻与逻辑思维的关系；二是隐喻在认识世界和理论研究中的作用。

（一）隐喻与逻辑思维的关系

通常认为隐喻是逻辑神话式思维的手段，是先民看待世界和自身的方式，这种思维方式还留传给后人，其成果也沉积在后代的意识中，成为一个人民集体无意识和传统文化的组成部分。京戏戏文常常用"金乌坠，玉兔升"来表示日落月升，就呈现了神话式思维的余迹。金乌是古代神话中的三足鸟，隐喻太阳；兔指神话传说里月中的玉兔，隐喻月亮（后者也可看作换喻）；后人还以"乌飞兔走"喻日月运行。福柯说，"船最初是被帆所指明的"，而心灵、灵魂则一开始就获得了蛾的比喻（华劭，1996：157），此话后一部分把蛰伏于躯体又离它而去的灵魂喻作由蛹而羽化腾飞的"蛾"，也有神话思维的特点。西方人大多把感情当作液体，如以"感情旋涡"（водоворот чувств）表示危险的感情所形成的使人下坠的盘旋暗流。神话思维中的隐喻有时是变动的，既把痛苦感情喻为液体，如以 испить до дна всю горечь 表"备尝痛苦"，又把它当作灸烫伤人的热源，如 Горе сушит 表"痛苦灼烤煎熬，使人憔悴"。以不同的隐喻表示同一感情在汉语中也有，如"满腔愤怒"与"怒火中烧"，也分别以水、火表示"愤怒"。这种形象生动的、变幻不居的甚至异想天开的神话式隐喻，十分适合文学创作，特别是诗歌创作的要求，因为这种简洁、凝练、鲜活、生动的表现方式，给人以想象的空间、丰富的联想、多重的解读，神话思维与诗性思维有着密切联系，人们把有神话诗意性的（мифопоэтическое）思维叫作隐喻思维，隐喻式思维在科学认知领域内，被许多学者视为异端。将它与逻辑思维对立起来，并加以排斥。有人认为隐喻是产生逻辑错误、混乱的温床，很多主张形式化的语法学家、语义学家都回避隐喻。概括说来，人们认为语言中的隐喻在以下方面破坏了逻辑的规定。

首先，系词前后的两个名词应表示同一关系，而隐喻与隐喻主体的关系是相似关系，有时甚至只是偶然联想到的特征相似。如说"马英九是不粘锅""这草包是座挡风的墙"等。逻辑不允许以相似代替同一。

其次，系词前后的两个名词，除表示同一关系外，可表示个别事物与所属类的关系，或表示种与属的关系；而隐喻则与所描述的事物完全异类，甚至是马风牛不相及的两类事物或现象。如"文学是生活的镜子",电视片的名称《母亲是一条河》,这种混淆精神创作(文学)与物质产品(镜子),人(母亲)与自然(河)也是逻辑不允许的。

再次,当以表示具体事物的名词和表特征、动作、事件和抽象概念的名词为逻辑主项时,逻辑认为其谓词的性质截然不同,分别属于一阶性和二阶性的。原则上讲,后者不能是表可感觉物理特征、表空间运转的形容词和动词。但认知性隐喻模糊了两者的界限。如可说"古代钱币内方外圆"和"为人处世内方外圆"。在有些人看来,用同样的词语表示不同阶的谓词,至少是一种缺憾。

又次,逻辑表达式中应排除直觉、联想、形象情感、评价之类的因素,而隐喻却与这些因素密不可分。如 Это девушка огонь。这一产生于直觉灵感的隐喻,给人以鲜明形象,令人产生她热情奔放,光焰照人,又灼热难以接近的种种联想。隐喻中兼含喜爱与畏惧之情、褒扬与贬抑之意,这自然为逻辑思维所不容。

最后,反映逻辑判断的语句有真假值,而含隐喻的语句,难以简单地对其验真证伪,故实证主义者把它排除在认识世界真实之外,并强调在逻辑推理中不能以隐喻作论据,主张"隐喻不是论据"(Метафора — это не аргумент)。

在以逻辑思维占统治的领域内,反对隐喻思维的理由还可以列举一些。然而,人类天生就有一种基于直觉的相似感、物理上的相似感与心理上的联通感,即联觉(синестезия)交互作用,将本质上无共同点的不可比现象加以比较,借以勾勒出反映事物本质的印象,捕捉感官无法企及的抽象观念。在这样的过程中,隐喻起着一种重要的作用。如果把隐喻看成一种违反逻辑的错误,那也是有意为之的错误。建立在截然相异事物现象少数共同点上的隐喻性联系,比起在常规分类上形成的逻辑联系,给人的印象更深刻,因而也更牢固。试比较,"这个女生是我校最漂亮的女孩"和"这个女生是我校校花"。有些人进而认为隐喻是认知世界的基础。如果说实证主义学者、早期分析哲学的学者将隐喻排斥在认识客观世界的真理之外,那么哲学中的非理性主义者力图将隐喻看成一个认知王国,并将真实、真值逐出这一王国。他们强调,通过隐喻思维反映的外在世界,是主观的、直觉的,是以人为中心建立的,因而是不可信的,进而要颠覆体现在语言文字中的传统意识,认为它既不客观,也不真实。但事实上两种思维有着彼此共存、相互补充之处。因此,第一,应从表示隐喻的物质事物中提取出特征，如校花中的美。第二，应从风马牛不相及的异类事物中看出相似点，如从电视片名《母亲是一条河》中，领悟到两个截然不同现象都具有宽阔、包容、柔情、哺育子民、惠泽于人……的特征。用得成功的隐喻，应包括易被感知、被理解与隐喻主体相似的特征，无须解释而自明。第三，要在有意识的逻辑错误中觉察到烛照企及事物本质的，由直觉、顿悟激发的思想火花。第四，作真值判断时，含隐喻的语句被验明在现实中为伪的同时，应肯定其反映的感觉为真。这样，渊源上与神话思维相近的隐喻思维，与逻辑思维也有相容、相关、相通、互补的一面。

（二）隐喻在认识世界和理论研究中的作用

隐喻思维在认识外在世界时，其作用不在于准确如实地客观反映世界，形成依据世界自身特征的分类体系，并通过它建立逻辑推导程序。作为逻辑思维的有效辅助工具、补充手段，隐喻的作用完全体现在另外的方面。在学者观察认识未知对象时，可以从熟悉领域内的知识中得到启发，借助隐喻思维，构拟假说，把已有知识领域的某些特征，映射到所探索研究的领域。这样，隐喻思维在提出猜想、拟定假说、创建理论中有构筑认知模式的作用。在这一过程中，关键隐喻（ключевая метафора），也叫基础隐喻（базисная метафора）帮助形成对认知对象的整体表象，构建认识它的基础框架。在这一框架中派生的、局部的隐喻（производная，частная метафора）则映射于该整体表象的局部，对应于该框架的结构要素。

从横向上看，借助隐喻可建立起不同科学研究对象之间的联系。例如，人们已习惯把建筑物作为研究社会的关键隐喻，常说社会建筑、社会大厦，由此产生的局部隐喻：社会基础、上层建筑，俄语中也有类似的对应用法，在строение（建筑物），здание（楼房），базис（基础），надстройка（上层建筑）后面加 общества（社会的），并有大量以建筑为词根的派生词，作为与社会相关现象的名称，如"社会体制"（устройство общества）、"社会改革"（перестройка）、"社会改革派"（перестройщики）等。又如，语言学中的符号作为关键性隐喻，被移植到民俗学、神话学、文艺理论等学科。与此同时，从语言学中移植出去作为由符号派生的局部隐喻有：能指与所指、相位与实体、组合关系与聚合关系等。正因为如此，语言学一时被称为领先的科学。反过来说，语言学中把能与词搭配的其他词的数量称之为价（валентность），把词、词素看成语言中的分子、原子，甚至有人把无独立语音支撑的、句法性的非常规义子叫作夸克（кварк）。可明显地看出，它们是来源于自然科学的隐喻。

从纵向上看，发端于 T. 库恩（T. Ruhn）的科学革命演进历史学说，其关键术语就是范式（парадигма），不同的范式标志着一个科学的发展阶段，而范式的改变往往体现为关键隐喻的变换，以语言学史为例，它曾分别以法律、生物、理化、数学作为基础隐喻的范式，经历了规范性传统语言学、历史比较语言学、结构语言学、数理语言学等阶段。下文各例子中，左侧为关键隐喻命名的范式，右侧则是体现相应局部隐喻的语言学术语。

法律范式：词典，语法，规则，规范……

生物范式：活/死的语言，亲属语，语族，语支……

理化模式：基本构成单位及其变体、结构、系统、配价、形态……

科学模式：逻辑式，集合，递归，推导，程序，映射……

四　澄清隐喻的认知功能对语言学的意义

首先，它指明纯语言形式结构研究的局部性，尽管这种研究取得令人瞩目的成就。既然隐喻作为认知方式和表达手段在语义的创造、发展、转移、形成语义系统诸方面都起着重要的作用，研究语义就不能把隐喻排斥在外，而现有从形式关系研究语义的方法，无论是索绪尔价值理论，还是蒯因（W. Quine）提出的元语义理论，即建立特征的语素意义分析，都对隐喻无能为力。由于隐喻的使用与一个民族的生活、文化甚至潜意识密切相关，研究语义，特别是与隐喻有关的意义，就必须走出语言自我封闭的圈子，而要投入生活，语言学对象不再是"就语言和为语言而研究的语言"了。

其次，隐喻在形成一个民族的语言世界图景（языковая картина мира）中，起着重要作用。显然各语言单位不完全是按逻辑分类、语法范畴整齐排列的。同义、同指、多义、同音词语单位以某种压缩形式在头脑中形成了复杂网络，用这样的词语作为网络节点的背后，潜存着对各类事物的表象、民族文化观念，甚至集体无意识。上述网络加上词语间的逻辑、语法联系，形成了一个马赛克式、拼盘式的世界图景。隐喻在构建词语网络中，如前所述，起着重要的作用，基于隐喻建立起的五光十色的联系，很难只用逻辑规则说清楚。如澳洲某土著语用同一个词表示"火、危险、女人"，俄语用 кулак 表"拳头、吝啬鬼、富农"。说母语的人是通过生活经验、心理表象、潜存意识直觉式把握其间联系的。而外国人只能通过大量言语实践深入其生活，熟悉其文化，培养语感方能掌握它们。

最后，许多对文化传统与精神生活重要的观念，往往是借助隐喻形成的。像"良心、真理、命运"一类观念由于没有明确的、实体的对应所指，对它们既不能验真，也不能证伪，因而成为思想家关注争辩的问题。现在语言学提出对时空、秩序、真理、命运以及道德、审美领域中一些基本思想作观念分析（концептуальный анализ），分析目的不是对这些观念作是非判断、好坏褒贬，而是要如其所是地反映这些观念在语言中的体现，而不是做学术定义。已有分析材料证明，人们正是通过大量的、不同类型的，甚至矛盾的隐喻来表明自己对这些观念的理解，观念分析已成为语言学的一个分支，其研究成果已引起心理学、社会学、哲学的广泛重视。当然这种分析也帮助人们深入理解所使用的语言，包括其中的隐喻。

参考文献

Арутюнова Н. Д. , *Типы языковых значение. Оценка. Событие. Факт*, Москва: Наука, 1988.

Арутюнова Н. Д. , *Язык и мир человека*, Москва: Языки русской культуры, 1998.

Охотина Н. В. , "Тропы" //Гл. ред. Ярцева В. Н, *Лингвистический энциклопедический словарь*, Москва: Большая Советская энциклопедия, 1990.

Телия В. Н. , "Вторичная номинация и ее виды" //*Языковая номинация*, Москва: Наука, 1977.

华劭:《从符号学角度看转喻》,《外语学刊（黑龙江大学学报校庆专号）》1996 年第 4 期。

〔法〕米·福柯:《词与物——人文科学考古学》, 莫伟民译, 上海三联书店, 2001。

原文发表于《俄语语言文学研究》2007 年第 1 期

相同·相似·隐喻

靳铭吉[*]

摘　要： 相同以其静态、恒常不变、客观、对称、非形象性的特点与动态的、变化的、主观的、非对称的、形象性的相似构成相互对立的范畴，它们是人类认知世界及反映、表达自我的重要手段。相同与相似的完美结合缔造了隐喻这一修辞手段，同时也是我们认知世界的又一个重要手段。文章重点论述相同与相似的特点以及隐喻是如何将相同与相似融合在一起而产生的。

关键词： 相同　相似　隐喻

一　引言

相同（тождество）和相似（подобие）两个概念与我们周围的世界密切相关，正如 Н. Д. Арутюнова 所言，"相同和相似不仅与不同的现实情境相关，而且与相互对立的现实情境相关"（Н. Д. Арутюнова，1999：275）。不仅如此，相同与相似还与反映现实世界的语言密不可分，人类对世界的认知有相当一部分是通过对相同与相似的认知和判断建立起来的，所以我们十分有必要深入探讨两者各自的特点和相互关系。

---

* 靳铭吉，黑龙江大学俄罗斯语言文学与文化研究中心研究员、博士生导师。

二 相同与相似

为了明了相同与相似的对立关系，我们特别想借助"拓本"和"临摹作品"这两个概念。所谓"拓本"，即"把碑刻、铜器等的形状和上面的文字、图形拓下来的纸本"［《现代汉语词典》（第 7 版），2016：1260］；而所谓"临摹作品"就是模仿的书画作品［《现代汉语词典（第 7 版）》，2016：825］如果以碑刻的书法作品为例，那么碑刻的拓本与原作可以用"完全相同"（"相同"在这里指的是被普遍认可的、模糊的概念，而不是严格意义上的"丝毫不爽"的"相同"）或"一模一样"来形容，而临摹的书法作品的最高境界只能是"极其相似"或者"以假乱真"、"简直一模一样"（"简直"一词不可省略，它的出现表明相互比较的事物只是极其相似，但并不相同）。从这一例证中我们可以体会到，相似往往以不相同为前提，如临摹的书法作品与原作相似而不相同；相同与相似相互对立而存在，如原作是真品，临摹是赝品，真品与赝品相互对立。如果细细品味这种对立，那么它体现为如下几方面。

第一，人们对相似的判定是以印象为基础做出的，较为主观，所以相似可能具有欺骗性，如临摹作品可能因其极高的相似性从而达到以假乱真、以赝品充当真品的效果；而相同则是以现实为依据判定的，它准确、客观、真实、可靠。这一点我们可以通过"鉴宝"节目得以印证。鉴定者在鉴定物品的真伪时依据的是物品所属年代、所属类别、所属产地或所属人的创作风格、特点、具体手法等现实的、客观的标准，而绝非"印象""感觉"等主观的标准。所以相同表达的是客观意义，而相似表达的是主观意义。（李洪儒、王晶，2011：16-20）

第二，相似是可以分级的，具体而言，相似存在程度上的差异，即极其像—非常像—很像—有点像—不太像，而相同无级别可言，不存在程度上的差异，在相同和不同之间没有过渡地带。相同与不同构成一对反义词偶，分别与两种现实情景相对应，两者之间只能是析取关系（"是" ∨ "否"）。客体之间的相似不仅是可以确定的（虽然不似"相同"那般真实可信），而且是可以度量的，如我们可以说临摹作品与原作的相似度达到 80%，而相同只能被确认，不可被度量，如我们不可以说拓本有 80% 与原本相同。我们还可以这样来表述，即相似分布在一个有起点和终点的刻度尺上，在起点位置相似性是缺失的，它处于刻度尺上零的位置，以"没有任何共同点"的概念为基础而存在，而终点则建立在相同、不可区分的概念基点上（见图1）。

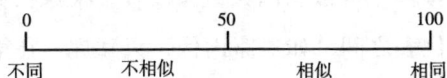

```
0              50              100
├──────────────┼──────────────┤
不同      不相似         相似      相同
```

图 1

这样，相似可能与两对可选的情境相对应，即在有无相似性上对应于"像/不像"，在有无区别上对应于"相同/不同"。

所以相似性可以增加或减少，它可能是暂时的、不稳定的、动态的，即使是同类事物之间的相似也是不稳定的：有时它们相像得几乎难以分辨，而有时它们又大为不同；而相同则是恒常的、稳定不变的、静态的，它不因时间的流逝而改变。

第三，事物的相同性（同一性）问题完全属于本体论问题，相同的概念像影子一样常伴实体左右：没有哪个实体能游离于相同这个概念之外（Н. Д. Арутюнова，1999：276）。相同是针对个体事物（少数时候是针对类别）并"通过能将一事物与其他事物区分开来的个体化手段建立起来的"（H. P. Castaneda，1975：134）；而相似是因实体的特征而产生，它建立在具有或多或少共性特征（在某些特征上相像）的不同事物之间。人们通常所说的相似（如姐妹俩长得很像）涉及的主要是同一类别的事物，而富有诗意的比喻（уподобление）则经常寻找不同范畴事物的相似之处（如天似穹庐，笼盖四野）。相同则不可能像相似那样建立在不同类别的事物之间，而正是这一点使得相同与实体的本质特征相关联。

第四，从指称理论角度看，相同关系只联结有共同所指的名词，这些名词或者表示同一个个体（小琴就是福旺的媳妇），或者指同一个事物类别（蝉就是知了）。否定相同意味着排除共指。而相似关系不强制性地要求被联结在一起的语言表达式在指称上同属一个类型。相似可能建立在个体之间（小美和妈妈长得一模一样）、个体事物与另一类事物的典型代表之间（这座山像一只猛虎）、个体与另一类别相同但更为宽泛的事物的典型代表之间（肖鹏长得像韩国人）以及同一范畴不同种属的事物之间（铜镍合金很像白银）。从上面的例证中可以看出，（1）当比较的是不同的事物时，第一个名项即被比较项或相似关系的起点，通常是定指的，而第二个名项则不是定指的：它可能指向任何一类事物的代表①；（2）相似关系既可以建立在同一范畴或类别的事物之间，如小美和她妈妈长得一模一样，肖鹏长得像韩国人，铜镍合金很像白银，也可以建立在不同范畴或类别的事物代表之间，如这座山像一只猛虎。在第一种情况下相似关系的确定并不构成形象性比喻，而更多的是比较、比照；在第二种情况下则会关系到形象性比喻的建立。而在这一方面相同关系不跨越范畴的界限，不构成形象性的比喻或概念。

第五，从语言学的句法层面来看，相似虽然可以跨越范畴界限，但它一般会守住共性，指出作为比较基础的那些共性特征，为此所有的相似类谓词都开辟了从属句法位，如汉语中会说明相互比较的事物"在哪些方面相似"，请看例句：夫妻俩在一起生活久了，言谈举止自然有很多相似之处，越来越有夫妻相。而在俄语中从属句法位更加明显，如 похож чем，сходен в каком отношении，напоминает какими чертами，подобен чем（благодаря чему），等等。在比喻句中共性特征通常被放在谓词这一主导位置上，构成所比较事物名词的中间环节（Он был свиреп，как тигр——他凶猛如老虎或他如老虎般凶猛）。

而相同类谓词没有句法上的扩展项。我们通常不会问某事物在哪方面与自身相同，一般来讲，能够问的问题仅限于对两事物同一性的认定是如何产生的，如"为什么你认为杀人凶手就是死者的前夫呢？""为什么你认为劫持孩子的不是别人正是他的亲生父亲呢？"很明显，这类问题不是针对由相同关系构成的命题（диктум）提出的，而是针对命题态度或模态（модус）提出的。

第六，从逻辑、句法层面来看，如果相似关系涉及的两个个体不属于同一个类别，则这种关系是不对称的。例如，从逻辑上讲人虽然在某些行为习惯、反应等方面与狼很相似，但不能就此推导出狼像人这一结论。我们可以说两个同类的生命体相似，例如：兄弟俩长得很像，但不可以说*狼和人长得很像。从句法上讲，当相似关系建立在指称类型不相同的名词之间时，名词是不可以置

---

① 但说明性的比较除外，例如：瞧这西葫芦长得这么小，就像我手中的这根黄瓜。"这根黄瓜"是有定指的，它就是我手中拿的这根黄瓜。此处是在具体说明西葫芦的大小与多大的黄瓜相仿，属于说明性的比较。

换位置的。试比较：肖鹏长得像韩国人——*韩国人长得像肖鹏；这座山像一只猛虎——*这只猛虎像一座山。而相同关系在逻辑和句法方面都是对称的。从逻辑上讲，由"莫斯科是俄罗斯的首都"可以推导出"俄罗斯的首都是莫斯科"；从句法上讲，证同句允许句法位上的置换，"俄罗斯的首都"和"莫斯科"互换位置后句子依旧成立。

第七，从语句的交际组织层面来看，当相似关系涉及的个体在指称类型上相同时，语句的交际组织不允许置换相应的名词（尽管置换可能不违反句子的语法规则），因为置换会改变语句的话题（主位），改变语句的交际倾向。试比较：小丽和我的大学同学张娜长得特别像——我的大学同学张娜和小丽长得特别像。在这一点上相同关系在语句交际层面上有相同的表现，即在句法位上允许置换，但交际倾向会成为置换的障碍。如果受话人不知道哪座城市是俄罗斯的首都，那么城市的名称应占据述题（述位）的位置：俄罗斯的首都是莫斯科；如果受话人不知道莫斯科是怎样的一座城市，那么在述题（述位）的位置上出现的应该是摹状词"俄罗斯的首都"：莫斯科是俄罗斯的首都。

综上所述，相同和相似关系因一系列特征而相互区别。相同关系是客观的、现实的、不分级的、静态的、恒常不变的，它联结的是共指名词，是对称的，不构成形象性的比喻，不允许句法上的扩展。相似关系是主观的、分层级的、动态的，可能是恒常的，也可能是暂时的，可以联结不同指称的名词，是不对称的，可以构成形象的比喻，开辟了句法从属位。通过以上对比可以看出，相似关系更有延展性：它允许系列特征的交错，相同关系则被更加严格地限定。

三　相同与相似的融合：隐喻

对比分析相同与相似两个概念对于我们理解某些修辞手段的性质非常重要，它能够让我们明白这样一个事实，即很多修辞手段都是通过相同与相似这些概念的交融形成的，而属于融合转喻（троп）的首推隐喻（метафора）这一修辞手段。

隐喻是通过赋予相似以相同的形象而形成的。从比喻（相似关系）到隐喻（相同关系）的过渡同时也就是从层级概念（相似是有层级的）向现实（相同是现实的）的过渡。下文我们来看一下隐喻是如何将相同和相似融合于一身的。

首先我们来看隐喻与相同的关系。

第一，从概念认知角度而言，隐喻与相同类似，它只确认两者同一，而不对之进行度量。对隐喻的强化［如通过 в самом деле（事实上，真的），действительно（确实，的确）等词语对 Он заяц（他是只兔子）一句进行强化而构成：Он в самом деле заяц（他真的是只兔子），Он действительно заяц（他的确是只兔子）］同任何一个现实报道一样，是对其真实性的一种认定。比较或比喻是动态的，是可以度量的，而隐喻则是静态的，它反映的是本质的世界，因此隐喻总是力图捕捉事物恒常的属性特征——事物的"灵魂"。隐喻会借助自身的形象性使这一"灵魂"易于被敏锐地捕捉到，并为人所接受。

第二，从句法角度而言，隐喻也与相同类似，它不需要说明那些联结事物的特征，如我们可以说：他奔跑时的快速和轻盈都很像猎豹（俄译文为 Он сходен с леопаром быстротой и легкостью бега；Он быстр и легок，как леопар；Он подобен леопару в быстроте бега），但在句法上不可以将隐喻做类似拓展：他奔跑时的快速和轻盈都是猎豹（Он — леопар быстротой бега；Он — леопар по быстроте бег；Он — леопар в быстроте бега；Он — леопар благодаря быстроте бега；Он — леопар по признаку быстроты бега）。

第三，比较隐喻与表达同一关系的证同句，可以看出两者之间存在许多相同之处。（1）都包含事实判断，试比较她是小王的媳妇，他是老狐狸。（2）都指出事物静态的、恒常的特征，"小王的媳妇"是"她"与"小王"之间较为稳定的（静态的）一种关系，是她的一种恒常的特征；"老狐狸"是他个性当中狡猾的特点，该特点同样是恒常的、稳定的。（3）在句法上不允许用表特征的词语进行拓展（见上一段的例句）。这些特征使得隐喻担负起称名功能，即成为事物在某一方面的固定的、常用的名称。

其次我们来看隐喻与相似的关系。

第一，与相同不同，隐喻是主观的，凭直觉而形成的，也正是因为这一点，以隐喻形式表达出来的命题的真实性通常是不可能以逻辑方式来判定的，如我们无法以逻辑的方式证明"他是老狐狸"这一命题，该命题属于不可见的世界。而在这一点上隐喻与相似存在共性。前文中我们曾指出，相似是以印象（即直觉）为基础建立的，"他是老狐狸"是建立在"他的所作所为太像狡猾的狐狸"的基础上，这种直观印象反复刺激说话人，使其最终得出"他是老狐狸"的判断，所以隐喻一定是建立在相似的基础上。

第二，隐喻与相同在形象性上截然对立，隐喻具有形象性，而相同没有。因为正如前文所指出的，形象性主要来自不同类别事物之间（而不是同一类别的事物之间）的对比。在隐喻中，隐喻性的谓词，如"他是老狐狸"中的"老狐狸"，不可能与隐喻主体"他"发生共指。在这一点上隐喻性谓词与相似性谓词十分接近。试比较：大林的哥哥简直就是根木头——大林的哥哥简直就像根木头。在这两个句子中我们能捕捉到"大林哥哥"呆头呆脑、木讷的形象。

第三，隐喻性的名词，如上一段例中的"木头"，在指称方面通常指向的不是个体事物，而是某类事物的典型代表，而隐喻的主体，如"大林的哥哥"，按常理而言不可能是该类事物的典型代表，因此含有隐喻的句子通常是非对称的，它不能像证同句那样置换句中名词的句法位置：木头简直就是大林的哥哥。在这一点上隐喻也表现出与相似类似的特点。

第四，如果说在证同句中（证同句以相同关系为基础而建立）通常是确定实体及相应个体（或集合）的本质特征相重合，如"周恩来是新中国的第一任总理"一句中是在确认"周恩来"这一实体与相应个体"新中国的第一任总理"的本质特征相重合，那么在经典的隐喻中则是在联结个别事物的典型特征，即联结某个体与另一类事物的基本（或者至少是典型的）特征，如"大林的哥哥"的典型特征是"木讷，呆板"，而"木头"在中国人的印象中也具有这样的基本特点，将两者放在一起就是在用共性特征将它们连在一起。两者虽在其他方面缺少共性，但至少在这一特征上十分相似。在这一点上隐喻再一次表现出与相似和类似的特性，即事物之间的相似可能是方方面面的，也可能是某一方面的，隐喻正是抓住了事物之间在某一方面或某几方面的相似将其扩大为相同、等同，从而凸显隐喻主体的典型特征。

四　结语

相同携其静态、恒常不变、客观、对称、非形象性的特点与动态的、变化的、主观的、非对称的、形象性的相似构成相互对立的范畴，二者以互补的方式演绎着、反映着我们周围的现实世界并投射在我们的语言世界中，成为人类认知世界、描述世界及反映、表达自我的重要手段。人类的创造性不会让相同与相似并行，相同与相似的完美结合缔造了隐喻这一修辞手段，同时也缔造了我们认知世界的又一个重要手段。在学界轰轰烈烈开展隐喻研究的今天，我们十分有必要冷静下来，回到隐喻的起点，即相同与相似那里，追根溯源，认清相同与相似各自的特点，探寻隐喻从它们那里承传下来的特质。

参考文献

Арутюнова Н. Д. , *Язык и мир человека* , Москва：Языки русской культуры，1999.

Castaneda H. P. , "Identity and Sameness", *Philosophia* , 1975（1-2）. p. 134.

李洪儒、王晶：《说话人意义及其结构的研究维度——语言主观意义研究（一）》，《外语教学》2011 年第 5 期。

王洪明：《俄汉阐释动词词义的元语言释义对比》，山东人民出版社，2013。

中国社会科学院语言研究所词典编辑室：《现代汉语词典（第 7 版）》，商务印书馆，2016。

原文发表于《俄罗斯语言文学与文化研究》2018 年第 2 期

试论转喻的认知基础

蔡 晖[*]

摘 要： 转喻关系存在的前提是存在一个认知框架，并且该认知框架内的两个实体之间具有某种相关关系。人类知识经验的储存方式（呈互相联系的网络系统）、概念与概念间相互作用的性质（或激活、或抑制），促成了转喻的发生。

关键词： 转喻 认知框架 发生机制 显著度 激活

一 引论

认知语言学把转喻当作一种认知手段来看待，即人认识世界、表达世界的方法。一般说来，大脑在处理外部信息时，不可能穷尽所有的细节。人具有先天性的以经济原则为基础的选择能力，这种能力在感知、加工、储存和激活信息的过程中起着至关重要的作用。又由于大千世界呈多维性，通过语言这一中介，人在与世界的互动过程中，信息处理者会自动或本能地选择一个起点（或认知参照点），也就是凸显事物（或事件）的某一侧面（或某一片段）来达到对整个事物（或事件）的表达和理解。如此，用部分来代替整体就成为语言和世界同构运行中的一个无论如何也回避不了的事实。本文试图借用认知语言学的认知框架的概念来揭示转喻的认知基础。转喻的表达和理解在很大程度上依赖于认知框架所起的作用。

---

* 蔡晖，北京外国语大学俄语学院教授、硕士生导师。

二 认知框架

认知语言学认为，转喻是个认知操作过程，转喻之所以被理解为概念层面上的现象，是因为其中蕴含着自身的认知理据。

认知框架是非语言的概念系统，概括而言，是知识的心理表征结构①，它对人的经验知识具有组织作用。框架这个概念最早是由 Marvin Minsky 提出的。他把知识安排在模块中称为框架，这些框架通过把所有相关的信息聚集在一起，相互联结成为一个框架系统（张辉，2003：57）。对人脑的科学研究成果表明，大脑就像一个由各种各样专家组合起来的小社会，人的各种知识分散储存在大脑的各个部位，而大脑前部某区域就像一个信息汇集区，如大脑中某一部位发出 вода 这一信息脉动后，接着，大脑某一区域就提供 прозрачная бесцветная жидкость 这一知识，另一区域又提供"минеральная вода，напиток"这一知识，第三个区域提供 Вода представляет собой в чистом виде химическое соединение водорода и кислорода 这一信息，等等，于是这些相关信息在大脑前部汇集，组成一个相对完整的有关 вода 的认知框架。一般知识越广博，组合形成的有关 вода 的框架知识就越深刻、越完整。人类的框架知识好比一个庞大的档案系统，它把个人的知识经验分门别类地储存在大脑中。大脑接收到一个新信息后，便会设立一个新的文件夹存储新信息，保存在已有的同类认知框架中。随着知识的增加，人们会在大脑中形成不同类别（如政治、经济、文化等）和不同层次（如主次、大小、高低等）的框架群。它们相互联结，纵横交错，有条不紊地储存在长时记忆中，形成一个巨大的立体网络系统，构成人们的背景知识或百科知识，构成认知框架的背景知识是语言群体共同拥有的，具有约定俗成的性质，植根于文化信念和习惯中，并且在某种程度上是理念化的。每个人都会根据自己的经历和知识在长时记忆中建立起各种框架，框架的建立和把握是一个知识积累的过程，从掌握单一的常规关系到抽象为常规范型并内化为自己的认知工具，有一个系统化充实过程。每个框架都可以被某个单词或某些

---

① 认知语言学中，表示人的知识经验心理表征的术语有认知框架（cognitive frame）、图式（schema）、理念化认知模型（idealized cognitive model，ICM）、认知语境（cognitive contest）、场境（scenario）等术语，名称虽然不同，实质大同小异。

提示激活，被激活的某个框架可以诱导几个相关联的框架，从而为以此代彼的转喻思维活动提供了条件。

人类的认知框架可以是表征一个概念或情景的结构，通常称为概念框架或事件框架。例如，"办公室"概念的框架情景包括办公桌、椅子、电话、电脑、文件等。"去饭店吃饭"的框架包括进门、落座、点菜、吃菜、付账、离开等。还有"购物框架、乘车框架"等。一个框架就是一个标准化的、理念化的事件或状态系列，一个原型情景，其中有的是典型成员，有的是非典型成员。认知框架不是具体的形象，而是抽象的认知结构。它已经脱离了具体的、丰富的形象，是一种只包含少数必要构成成分和简单关系的结构。我们以"乘公共汽车框架"为例。

"上车—购票—下车"可能是其中最突出的环节，构成这一框架的基本参照点，其他环节诸如是坐还是站、位置靠前还是靠后等，也许无关宏旨。但是，对如何上车下车、如何购票，不同国家、不同城市、不同经营公司，可能有不同的规定，例如只限前（后）门上车后（前）门下车，还是双门通用；是无人售票还是上车购票；购票是预购（电子）乘车卡还是车上现售等，可能有不同的模式。但"上车—购票—下车"是基本的，如何操作的方式却是丰富多样的。将这些不同的经验汇聚到大脑中的某个区域，就抽象出对这一事件的认知框架，就成为认识和表征世界的认知工具。语言表达只需选取其中的一个或若干片段或环节，就能代替和激活整个框架知识，从而达到对话语的完整识解。设想听（或）看到以下这些语句，就较容易理解其中的意思了（参见徐盛桓，2002：10-12）。

（1）今天下雨，每辆公共汽车的前（后）门都挤满了人。

（2）忘了带钱，只好眼看着公共汽车开走。

（3）他想从前门下车，却被司机制止了。

因此，认知框架的价值在于它对我们生活经历和行为方式高度概括，为我们认识和表达世界提供了一个简约的、理念化的认知参照。也就是说，它能为我们的言语活动和行为提供一个参照，告诉我们世界是什么样，我们应该怎样行事。

框架语义学的代表人物 C. J. Fillmore 进一步发展了框架理论，强调语言与概念结构之间的连接性，人们对新事物的理解和认知在一定程度上依赖大脑中已经形成的认知框架，认知框架是我们描写任何一个语言形式的意义所必须参照的背景知识。如果不考虑作为整体概念系统的框架结构，就无法确立词语和话语的意义（参见 C. J. Fillmore、B. T. Atkins，1992：76-77）。语义被理解为嵌入在知识和信念模式中的认知结构。一般来说，我们只有在其他认知结构的参与下才能理解一个语言形式的意义。比如，若不考虑框架"星期"这一整体结构，我们便无法确定"星期二"的意义，无从知道它是一周开始后的第二天；而"星期"又必须根据不断循环的白天—黑夜的周期来理解。最终，"白天、黑夜"和"星期二"必须根据时间概念来理解。与此类似，"上—下、高—底、升—降"只有根据三维、地心引力空间的概念来理解。"里—外、进入—退出"需要一个三维容器的概念来理解，"翼"需要根据"鸟"或"飞机"的概念来理解，而"出生、衰老、死亡"的理解需要以对人的生命周期的理解为前提。

R. Langacker（1987）是用认知域（cognitive domain）的概念来描写语义特征，明确了认知框架的具体操作单位。按照他的观点，7 天构成的一个星期是"星期二"赖以理解的语义认知域，白天—黑夜周期是理解"星期"的认知域。同样，三维空间是"上—下"赖以理解的认知域，而三维容器是"里—外"赖以理解的认知域。原则上，无论多么简单或复杂，任何知识的组合都能够作为意义描写的认知域。一个语言形式通过勾画或者凸显相关认知域中的一个特定区域或者结构来获得意义。比如，"星期、星期二"勾画时间认知域中的有界区域，其中"星期"由一系列离散的实体构成，"星期二"勾画的是这一连续单位中的第二个。"上—下"意义要参照垂直空间这一认知域来描写，"里—外"通过勾画一个容器的包含或者排除得到意义，而"翼"是勾画"鸟"或"飞机"认知域中的一个特定区域。

有些概念的语义描写只涉及一个认知域，比如上下，可以参照一个认知域（空间域）来理解。但更经常的情况是，一个语言形式需要同时参照各种各样的认知域来描写。如"刀子"，首先要涉及空间域，因为"刀子"具有三维形状，然后要在切割域定义其功能，在餐具域中定义其位置。另外，它可能还有大小、重量、材料等特性。虽然这些特性不是同等重要的，但对于认识"刀子"的语义是不可缺少的认知域。

上述的时间和三维空间，构成了 R. Langacker 所说的"基本认知域"，即时间和空间的概念无法再简化为其他的、更基本的认知结构，其他的基本认知域包括温度、色彩、味道、音调之类的感观体验，可能还包括像快乐和热情之类的心理状态。基本认知域处在概念层次系统的最底层，为其他概念的认知提供基础和参照，其他概念的形成都是以不同方式对基本认知域的利用。在基本认知域基础上产生的概念又可以为更高层次上的概念提供基础。这样，在大脑的长期进化过程中会形成一个复杂的概念层次网络体系。这就为人类思维在不同认知域中的游走和转换提供了广阔的空间，也为隐喻和转喻思维创造了条件。

以上论述表明，一个语言形式的意义往往要参照多个认知域来描写。因此，J. Taylor（1989）认为，认知框架就是由和某一语言形式相关的多个认知域联系在一起的网络。没有这样的认知框架，人们就不能理解和表达自己的经验，就不能把不同的经验域联系起来。（张凤，2004：29）所以，框架赋予我们的经验以完整结构，赋予词语以意义。既然所有语言形式的意义只能参照一个人的背景知识组成的认知框架才能描写，那么很自然地，要理解任何一个语言表达式（即使是最普通的语言表达式）也需要激活相关认知框架中的某些百科知识。从这一角度看，转喻涉及的两个事物（或现象）是概念层面上的心理实体，必须是在同一认知框架内相联系的概念，对于其中一个实体（喻体）的指称能够激活相关认知框架中的关于另外一个实体（本体）的知识和信念。否则，转喻就不会被理解。例如：

（4）a. "全聚德"味道不错。

b.＊"海尔"味道不错。

例（4）a 句中，我们能用饭店的名称来指代该饭店制作的食品，但不能用"海尔"来指称食品。这是因为"全聚德"作为一个老字号，已经形成较为稳定的心理现实存在于大多数人的认知框架中，全聚德和它制作的食品，特别是烤鸭，构成同一个认知框架内具有因果关系的两个心理实体。提到"全聚德"，我们就能激活该认知框架中的"食品"信息；相反，在 b 句中，却不能用"海尔"指代食品，尽管两者之间也存在因果关系，这是因为"海尔"和"食品"在人们的意识中并不构成相互关联的心理实体（海尔的主要产品是家用电器）。提到"海尔"，并不能在我们大脑储存的知识中激活任何食品的认知框架。

一般来说，理解语言形式所必需的认知框架是语言群体内的交际者所共同具有的，但在有些情况下，和某些语言形式相关的认知框架限于一定的语境。比如，一个餐馆服务员对同事说：

（5）The pork chop left without paying.（猪排没付账就走了。）（例句摘
Taylor，1989：123）

这里，服务员用顾客所点的菜（猪排）来指称该顾客。服务员和顾客打交
道的主要方式是点菜和上菜。因此，在服务员看来，顾客和所点的菜之间存在
一种独特的关系，而顾客姓名、性别、职业等信息对他们而言并不重要。因此，
转喻关系是成立的。但是，该转喻一旦脱离餐馆的语境就不成立。

综上所述，转喻关系存在的前提是必须存在一个认知框架，并且该认知框架内
的两个实体具有某种相关关系。人类知识经验的储存方式（呈互相联系的网络系
统）、概念与概念间的相互作用的性质（或激活、或抑制），促成了转喻的发生。

三　转喻的发生机制

如上文所述，认知框架是在人们对事物之间基本关系认知的基础上所构成
的概念结构，是人们经验和理解一种联系抽象关系和具体意象的组织结构，是
反复出现的对知识的组织形式，是理解和表达更复杂概念的基本结构，人的经
验和知识建立在这些基本结构和关系的基础上。从本质上说，转喻思维是对这
种认知关系的利用，意识到事物、事态内部或相互间某一方面的某种联系，于
是将其凸显出来，逐渐成为自觉不自觉地认识事物的一种视角、一种模型。因
此，我们说，转喻是概念层面的现象，转喻的生成和理解需要概念系统的支持，
它是在同一个认知框架内，用一个范畴去激活另一个范畴的过程。我们将转喻
的发生机制分为以下步骤。

第一，在某个语境中，为了某种目的，需要指称一个"目标"概念 B。

第二，概念 A 指代 B，A 和 B 须在同一"认知框架"内。

第三，在同一"认知框架"内，A 和 B 密切相关，由于 A 的激活，B（一
般只有 B）会被附带激活。

第四，A 附带激活 B，A 在认知上的"显著度"必定高于 B。

第五，转喻的认知模型是 A 和 B 在某一"认知框架"内相关联的模型。这
种关联可叫作从 A 到 B 的映现关系。

转喻的发生机制涉及几个关键概念，即"认知框架和概念的相关性""显著
度和激活""认知域的变化"，下面我们分别加以解释说明。

（一）认知框架和概念的相关性

在转喻的发生机制中，强调概念的"相关性"与强调"认知框架"是相辅相成的，是从两个角度对同一事实的强调。强调"相关性"着眼的是认知对象本身所具有的特性，强调"认知框架"着眼的则是认知主体对认知对象"相关性"的把握和认同。说得具体一些，认知对象具有"相关性"，是转喻形成的客观前提，但并不能保证以"相关性"为基础的转喻就一定能够形成。只有在认知对象的"相关性"为认知主体所把握并为交际群体所认同的情况下，才有可能形成以"相关性"为基础的转喻形式。比如，例（4）中的"全聚德"指代"它做的食品"的转喻关系成立，"海尔"和"食品"的转喻关系就不能成立。对认知对象"相关性"的把握和认同，也就是将具有"相关性"的事物纳入其中的认知框架的建立。从另外一个角度来看，认知框架源自生活经验。这里所说的生活经验，是人对自身及外部世界体验与感受的产物。如果认知对象的"相关性"不存在，人就不可能产生这方面的体验和感受，也就不可能构建出反映"相关性"的认知框架。从认知对象的"相关性"到对"相关性"的把握和认同，到以"相关性"为主要内容的认知框架的建立，再到心理转喻机制的产生和转喻形式的运用，构成一个完整的由客观到主观、由认知到语言的推演过程。因此，被纳入认知框架中的相关关系在更大程度上是概念层面上的相关关系，这种相关不局限于空间上的实有关系，例如，可以是语义上的相关，如кресло 可借指权位，неприятности 可借指不愉快的事；可以是语音上的相关，汉语中有些歇后语利用语音邻近来制造幽默效果，如"外甥打灯笼——照舅（旧）""孔夫子搬家——尽是输（书）"；还可以是形式上的相关，如缩略语、截短法等。

（二）显著度和激活

在转喻的发生过程中，"显著度"（也称为"凸显"）和"激活"是其中的关键环节，是转喻发生的心理依据。在场的概念能够替代不在场的概念是因为显著的事物能够激活不显著的事物，这与人类心理知识的储存形式——概念结构呈网状分布——密切相关，转喻的认知心理学依据则是凸显原则和激活扩散原理。

显著（salience）是知觉心理学的一个基本概念，显著的事物是容易引人注意的事物，是容易识别、处理和记忆的事物。转喻的显著效应在日常生活中十分常见。如果你不知道素食者有什么个性，而你熟悉的某个邻居就是素食者，你就会把那位邻居的个性转移或扩展到其他素食者身上。一架 DC-10 飞机失事后被媒体广为宣传，于是人们都不坐这种型号的飞机，尽管这种飞机的安全记录比其他机型可能好得多（G. Lakoff, 1987：89）。

事物显著度的差异有一些基本规律。一般情况下，在人类的经验中，整体比部分显著，视觉比非视觉显著，有生命的比无生命的显著，动态的比静态的显著，具体的比抽象的显著，这些构成相对凸显（relative salience）的认知原则（R. Langacker, 1993：1-38）。它们制约着来源域（喻体）的选择。

1. 整体比部分显著

一般情形下整体比部分显著。因为整体是一个完形，具有易感知的特点，用整体来转喻部分司空见惯，人们几乎意识不到是在运用转喻。例如，说"Он держит топор в руках"（他手里拿着斧子），其实是只拿着斧子的把柄；"Она носит шапку"（她戴着帽子）是她的头上戴着；电视机的部件坏了，说"Телевизор испортился"（电视机坏了）。这样的例子不胜枚举，只是为人们习焉不察，体现了转喻思维的自发性和无意识性。在一定的情形下，部分也可能比整体显著，如俄语中可以用 голова, рука, лицо, борода, язык 等人身体的某部位来指代人等。

2. 视觉比非视觉显著

一般指看得见的比看不见的显著，如容器转指内容物，Он смотрит телевизор; Она читает книгу; Я слушаю радио; Он три тарелки съел。有时，内容物也可以转指容器，如戏剧的类型可转指演出该戏剧的地点，如 театр, цирк, сцена 等。

3. 有生命的比无生命的显著

如用作者代替其作品、观点、风格、年代等，例如：Я люблю слушать Бетховена; Его работа направлена против Гарда; В его языке чувствуется Чехов; Последняя волна поэтическая была при Пушкине, потом Лермонтов, Гоголь。

4. 动态的比静态的显著

如用动作转指动作的结果：заниматься вышивкой（从事刺绣）→

вышивка на подушке（枕头上的绣花）；动作转指动作地点：выход на сцену（出场）→ запасной выход（太平门）；动作转指动作主体：охрана порядка（维持秩序）→ вооруженная охрана（武装警卫队）；动作转指动作的客体：стройка школы（修建学校）→ новая стройка（新的建筑）等。

5. 具体的比抽象的显著

如用人的生理特征转指心理特征：опустить руки（垂下手臂→气馁）；вздернуть плечами（耸肩→不同意）；топать ногами（跺脚→气愤）；крутить носом（鼻子扭到一边→不满、蔑视），чесать затылок（抓脑勺→为难），надуть губы（噘嘴→不满意），вешать нос（垂头丧气），руки чешутся（非常想干），但有时抽象的比具体的显著，如抽象名词可以转指具体的言行、事件以及地点意义：приятность（愉快）→ приятности（愉快的事），глупость（愚蠢）→ глупости（愚蠢言行），пологость（倾斜）→ пологость（斜坡），等等。

必须指出的是，事物的显著度跟人的主观因素关系相当密切，当人把注意力有意识地集中到某一事物上时，一般不显著的事物也就成了显著事物，体现在转喻模式的可逆性上（如上述相对凸显原则中的相互转换）。人的注意力同时具有语境依赖性，注意的焦点因而具有相对性和易变性，对同一个人，我们可以根据不同的场景，依据他不同的特征给其"定位"，如下面例（6）中的 a 句凸显的是 Лукьянов 是一个聪明智慧的人；b 句强调他在工作上是得力助手；c 句中，在街上的行人中间，Лукьянов 留的胡子引人注目，并能区别于他人；d 句中 Лукьянов 手提着皮箱站在过道上较为凸显；e 句中 Лукьянов 所戴的眼镜使他区别于他人；f 句中 Лукьянов 所在的餐桌成为凸显标志。这些现象反映出事物显著度（也就是来源域）在语境制约下的主观选择性。

（6）a. Да, Лукьянов у нас — *голова*!

b. Лукьянов у него *правая рука*. Первый помощник.

c. Эй *борода*! А как проехать отсюда к Плюшкину.

d. *С чемоданом* / не стойте в проходе /

e. *В очках* не проходил?

f. *Стол №5* ждет счет.

（三）认知域的变化

转喻的发生伴随着喻体与本体的转换，也就是来源域与目标域的转换。在转换过程中，会发生认知域的拓展或认知域的一部分被凸显。F. J. Ruiz de Mendoza 等（2002）把前者称为目标域包含来源域的转喻（source-in-target），后者叫作来源域包含目标域的转喻（target-in-source）（张辉等，2005：2）。例如：

（7）Она убирает комнату.

（8）"Красная шапка" сегодня не приходила?

例（7）中，"房间"作为来源域的意思是指"房间里的物品"，而"房间里的物品"作为目标域是我们了解"房间"知识的次要域。因此，这是来源域包含目标域的转喻。这类转喻凸显了来源域中的一个次要域（或目标域），因此它是以认知域凸显（domain highlighting）的方式运作的。

例（8）中，"小红帽"指的是"戴小红帽的人"，这是目标域包含来源域的转喻，这种转喻包含了认知域的拓展，即提及认知域的一部分，可完全激活整个认知域。

四　转喻的界定

就转喻关系而言，认知框架的作用可以具体理解为人们根据知识经验建立起来的概念与概念之间相对固定的关联模式，其特征是对其中一个概念的表达或凸显能够激活并识解另一个概念。至此，从认知语言学角度，我们给转喻界定如下。

转喻是在同一个认知框架内，以凸显的信息激活并替代相关的其他信息。

综上所述，转喻是一个认知操作过程，认知过程的实现依赖于认知框架的构造和特点、感知凸显的认知原则。转喻作为人类基本认知模式之一，与概念整合、隐喻一样都是幕后认知操作（backstage cognition）：新的认知域的建立和连接，认知映现，内部结构的出现和扩展，视角和焦点的不断转换，等等，人类的言语交际和日常思维都是由这些隐形和高度抽象的认知操作所支撑（G. Fauconnier，1997；张辉，2003：57）。语言本身并不能进行这些幕后的认知操作，语言只能为我们提供足够的提示或路标，用来引导动态的处理和意义建构。

参考文献

Сандакова М. В. , "О природе метонимии прилагательного", *Семантика. Функцио-нирование. Текст*, Киров：ВГПУ, 2001.

Сиротина В. А. , "Метонимия и метонимический эпитет в художественной речи", *Русский язык в школе*, 1980 (6). — С. 72–77.

Шершакова Н. Е. , "Метонимическая деривация глагола", *Русский язык в школе*, 1991 (3). — С. 69–71.

Fauconnier G. , *Mappings in Thought and Language*, Cambridge：Cambridge University Press, 1997.

Fillmore C. J. & Atkins B. T. , "Toward a Frame-based Lexicon：The Semantics of Fisk and Its Neighbors", In A. Lehrer & E. F. Kittay (Eds.), *Frame, Fields, and Contrasts：New Essays in Semantic and Lexical Organization*, Hillsdale, NJ：Lawrence Erlbaum Associates, 1992.

Lakoff G. , *Woman, Fire, and Dangerous Things：What Categories Reveal about the Mind*, Chicago：The University of Chicago Press, 1987.

Langacker R. , *Foundations of Cognitive Grammar, Vol. I*, Stanford, CA：Stanford University Press, 1987.

Langacker R. , "Reference-point Constructions", *Cognitive Linguistics*, 1993 (4). — P. 1–38.

Ruiz de Mendoza F. J. , Otal Campo J. L. , *Metonymy, grammar, and communication*, Albolote, Spain：Editorial Comares, 2002.

Taylor J. , *Linguistic Categorization：Prototypes in Linguistic Theory*, (2nd. edition), Oxford：Clarendon, 1989.

蔡晖:《俄语转喻的认知阐释》,外语教学与研究出版社,2009。

徐盛桓:《常规关系与认知化——再论常规关系》,《外国语(上海外国语大学学报)》2002 年第 1 期。

张凤:《借代的认知基础考察》,《外国语言文学》2004 年第 2 期。

张辉、孙明智:《概念转喻的本质、分类和认知运作机制》,《外语与外语教学》2005 年第 3 期。

张辉:《熟语及其理解的认知语义学研究》,军事谊文出版社,2003。

原文发表于《俄语语言文学研究》2009 年第 4 期

认知视角下的俄语修饰语

赵 洁[*]

摘 要： 修饰语是对事物或行为的限定语，具有形象性，作为一种修辞手段在俄语辞格体系中占有重要的地位，和其他辞格相比，对它的研究一直比较薄弱。本文试图从认知的角度对俄语修饰语的心理机制进行初步的阐释，探讨修饰语产生的认知心理学基础，主要是基于相似联想和邻接联想，希望能丰富修饰语的研究，有利于对它的全面认识和把握。

关键词： 修饰语 认知

一 引言

辞格研究是修辞学中最为传统的研究方向，有过辉煌的时期，也曾一度被认为是走向没落的"死科学"。20 世纪后半叶，由于篇章语言学、符号学、认知心理学及心理语言学的发展，辞格研究重新受到学者们的重视，结合这些方向的研究成果可以使人们对辞格的认识更加深入和全面。目前人们已经不满足于用传统的研究方式来归纳、阐释修辞现象，进行简单的描写和概述，而是开始借鉴认知心理学、社会心理学的理论方法，探讨辞格形成和使用的心理机制。

当前国内外对语义辞格的研究在广度和深度上表现出明显的不平衡，对隐喻和借代两种主要的语义辞格的研究取得了极为丰硕的成果，尤其是隐喻在认

---

[*] 赵洁，黑龙江大学俄语学院教授、硕士生导师。

知、哲学方面的研究，隐喻与思维的关系研究等，使人们对隐喻的实质有了深刻的认识，而其他语义辞格的研究，相比之下，显得还很薄弱，如对夸张、反讽、修饰语等的研究多停留在表面，对这些辞格的性质、生成机制、使用规律缺乏系统的研究，还有待进一步深化。

本文试图从认知的角度对俄语修饰语这一语义辞格的心理机制进行初步的阐释，希望能丰富修饰语的研究，有利于对它的全面认识和把握。

二　对修饰语的理解

修饰语作为一种修辞手段在俄语辞格体系中占有重要的地位。"修饰语是对事物或行为的限定语，具有形象性。"（И. Б. Голуб，1999：139）这是对修饰语通常的理解。修饰语不同于语法学中的限定语，限定语只是对事物进行限定、说明，指称事物的性质和特征及事物的关系和领属，包括形容词、名词和代词；而修辞学中的修饰语是一种形象描绘手段，必须具有形象性和表现力，给人以新颖生动的感受，从而表达作者的主观情感和评价。它不改变原概念的内涵和外延，只突出强调事物的某一特征。例如，золотые часы 和 золотые дни 中的 золотые，前者是普通的定语，后者是修饰语，因为 золотые часы 特指金表，有别于其他类型的表，золотые 在这里起的是限定作用，часы 原有的内涵和外延被缩小了，而 золотые дни 中 золотые 用于转义，指"金子般的、美好的"日子，золотые 起的是修饰作用，同时赋予赞美的感情色彩。

最常见的修饰语是由形容词充当的，但修饰语也可以是形动词、名词以及说明动作、状态特征的副词。例如：

（1）*Румяной зарею покрылся восток,*

在 *в селе за рекой потух огонёк.*（А. Пушкин）

румяный 一般是用来形容人的脸颊，这里描写晚霞的颜色，具有形象性和表现力。

（2）*Между тучами и морем гордо реет буревестник, чёрной молнии подобный.*（М. Горький）

这里 гордо 是修饰语，突出海燕在暴风雨来临之前勇敢飞翔的姿态。

（3）*Словно сам охваченный дремой, старик-океан будто притих.*

（К. Станюнович）

старик 是同位语作修饰语，将大海比作老人，突出大海呈现出来的深沉、浩瀚的景象。

由此可见，修饰语往往是超常规的词语搭配，新颖别致，可以引起读者的好奇和联想，因而在文学作品和报刊中广泛使用。

在俄语修辞学论著和教科书中，修饰语备受冷落，对它的论述和描写非常简单。俄语学界对修饰语的定义、分类等问题至今没有统一的认识，但从大多数学者将修饰语列为语义辞格这一事实来看，可以认定修饰语使用的是词语的转义，具有形象性。

三　修饰语形成的认知心理学基础

语义辞格和认知理论有着密切的关系，语义辞格的形成正是人类认知的产物，它是形象思维的过程，用一个事物来指称另一个事物和现象，这反映了人类活动的认知过程。"从认知角度看修辞，言语活动总是同人们的认知活动联系在一起的，在提炼更具特色的言语表达形式的时候，尤其会利用到多种具体的认知方式、认知策略。"（徐盛桓，2008：2）

我们认为，修饰语和其他语义辞格一样，形成的认知心理学基础主要是联想机制。当人们感知或认识客观事物的时候，客观事物及其联系就会反映在人的大脑中，人们就会以想象为中介，凭借以往积累的知识、经验，调动和发挥自己的审美能动性，从某种特定的要求或角度出发，对事物的特点进行观察分析、比较综合，从而形成事物之间或属性之间特定的联系，通过这种联系，人们可以对语言进行灵活运用，表现自己的真实感受。联想的方式是多种多样的，作用于修饰语辞格的心理活动主要是相似联想和邻接联想，分别是以相似关系和相邻关系为基础。

（一）相似联想

相似联想依据的是事物之间的相似性，指的是两种事物在某些方面相似，因此由此物联想到彼物。相似联想是通过事物之间在形态、属性等方面的相似性形成的，事物之间的相似程度不同，人们的观察、联系角度、类化思维能力也有差别，因此找到的相似点也不同，所以这种思维方式具有主观性，只要主体认为事物和现象之间有联想的相似点，就可以联系在一起。这种联想方式有一定的随机性，运用起来有较大的灵活性，可以随意进行联想。

一些修饰语的形成正是通过相似的联想，利用或者挖掘事物之间的某些相似性，把事物或者事物的特点紧密联系在一起，构成一种不寻常的搭配，从而达到所需要的表达效果。例如：

（4）Сквозь *волнистые* туманы пробирается луна, на печальные поляны льёт печально свет она.

волнистые туманы（波浪似的雾气）是形象的描写，从常规的认知方式来看，波浪和雾气并没有必然的联系，但当人们需要形象描写或者表达特定的意图时，就会改变常规的认知方式，发现事物之间的相似性。

这种类型的修饰语再如：картонная любовь（纸板似的爱情），шёлковые кудри（丝一般的卷发），жемчужные зубы（珍珠般的牙齿），зеркальная гладь（镜子般光滑的表面），мёртвая тишина（死一般的寂静），железная воля（钢铁般的意志），等等。

这样的修饰语从某种意义上来说，和隐喻有几分相似之处，它们都是以事物之间的相似性的联想作为心理基础，是从一个认知域投射到另一个认知域。但是隐喻不是为了突出强调事物的某种特性，而是用喻体替代本体，给人以新奇意外的感觉，且不直接说明两个事物之间的相似之处，让读者自己去意会。而修饰语的作用是在修饰，借助人的联想突出事物的特性，二者之间是有区别的。

（5）Она улыбалась *голубой* детской улыбкой.

голубой 在这句话中用来描写脸上露出的孩子般的灿烂的微笑，使人联想到晴朗的蓝天，体会两者之间的相似之处。还有 голубое настроение（愉悦的心情），给本来没有色彩的抽象事物赋予了形象鲜明的色彩，将心理感受同色彩方面的视觉印象建立起联系，使原本抽象模糊的心情变得具体而生动。再如：чёрная тоска（令人痛苦的忧愁），修饰语 чёрная 使人将忧愁苦闷的心情和令人感到压抑沉重的黑色联系起来。

由于形态相似，把人物的属性、特征用于和人没有关联的事物，赋予事物以人的特点，也是基于相似联想，如 слёзливое утро（流泪的早晨），清晨淅淅沥沥地下着雨，使人联想到脸上流淌的眼泪。再如：

（6）И редкий солнца луч, и первые морозы,

　　　И отдалённые *седой* зимы угрозы...

седой 本是形容人花白的头发，这里形象地呈现出冬天冰天雪地白茫茫的景象，这样的修饰语可以创造出形象、贴切、易于感知的意象。

有些修饰语形成的认知基础是利用感官域之间特征的相似性联想，即把原本各不相同的感觉融为一体，用一种感官经验去描述另一种感官经验，产生出非同寻常、新颖独特的心理体验，能够启发和调动读者的想象力，例如：белый запах нарциссов（水仙花白色的香气），气味本来是没有颜色的，这里作者用白色修饰水仙花散发出的香气，给气味着色，使其变成了视觉可以感知的实体，让人的嗅觉和视觉交织在一起，给人以强烈的印象。类似的用例并不少见：холодный сумрак（寒冷的暮色），бледный воздух（苍白的空气），тёплые слова（温暖的话语），等等。这样的修饰语如果在交际中被经常使用，久而久之，就会逐渐失去修辞功能，成为词义的引申，即形容词的意义发生变化，扩大了使用范围，产生了新的义项。

（二）邻接联想

邻接联想指的是两个事物彼此相近或相关，人们依据自己的经验，自然而然地在大脑中形成联系，由此物联想到彼物。邻接联想是以事物之间的相关关系为基础的，认知视角下的相关关系并不仅仅指物理世界的人或事物之间的相关性，更是指认知主体意识中事物或人之间具有的邻近性，这种邻近性可能是稳定的，如事物的整体和部分之间的关系、事物和工具、材料、特征之间的关系等，也可能是偶然的，受一定的认知语境的限制，在某一空间、时间中偶然在主体意识中造成的相关关系。有些修饰语辞格就是在特定的语境中，充分运用联想，通过巧妙的处理，使一些原本关联性不强的事物或者事物的特性搭配组合起来，使其具有相关性。比如：беспощадные танки（残忍的坦克），坦克不具备残忍这种特性，残忍应该属于发动战争、侵犯别人领土和生命安全的操纵坦克的人，人与坦克之间存在相关性，因此将人的特性转移到坦克上，形成了形象生动的修饰语。

最常见的这类修饰语就是将描述人的内心状态或情感状态的词语用于具体

的事物或抽象的概念上，使完全不同的人和事物之间形成一种内在关联，触发联想思维。当人怀有某种情绪或情感时，他所看到或感知到的事物就会被染上他的心境所具有的特定感情色彩。例如：

（7）Кружатся в воздухе *печальные листья*.

печальные листья（忧郁的树叶）是超常规的搭配，忧郁的不是树叶，而是人，人的情感与事物本来毫无关系，在这里通过邻接联想把人的情感和看到的景物联系起来。还有一种就是作者没有直接地描写看到的景物的特点，而是间接地表述景物给人的主观印象或感受，使语言能够简洁地表情达意，使语言更具趣味性和生动性。类似的用例如：

（8）А ну-ка песню нам пропой, *весёлый* ветер. （那就给我们唱一曲吧，欢乐的风！）

（9）В ущелье не проникал ещё *радостный* луч молодого дня. （刚刚出现的白昼的欢乐的阳光还没有把峡谷照亮。）

由此可见，恰当地使用修饰语可以起到含蓄委婉、简洁凝练的效果，可以创造生动具体的意象，表现出丰富的内涵，增强语言的表现力，给人以无尽的想象空间，耐人寻味。

从修饰语产生的心理机制来看，俄语中的修饰语和汉语中的移就辞格有很多相似之处。移就也是一种超乎寻常语法、寻常逻辑的言语现象，是一种为了取得某种特定的修辞效果，把适用于甲对象的词移用于乙对象的修辞方式（王勤，1995：214）。移就的结构形式也多为形容词+名词的偏正词组。只是从名称上可以看出中俄学者的研究角度不尽相同，移就的研究突出"移"的特点，即词语的活用，强调两个词语组合产生的语义冲突；而修饰语的研究侧重强调"修饰"，突出形象性的修辞功能以及主观情感的表达。至于它们之间到底有哪些共性和差异，以及和其他辞格的关系还需要我们进一步深入探讨。

参考文献

Голуб И. Б. , *Стилистика русского языка*, Москва：Айрис-Пресс，Рольф，1999.

Кожина М. Н. , *Стилистика русского языка*, Москва：Просвещение，1993.

Москвин В. П. , "Эпитет в художественной речи", *Русская речь*, 2001（4）. — C. 28–34.

Розенталь Д. Э. , *Практическая стилистика русского языка*, Москва: Высшая школа, 1987.

Розенталь Д. Э. , Голуб И. Б. , *Секрет стилистики*, Москва: Айрис-пресс, Рольф, 2002.

陈望道:《修辞学发凡》,上海文艺出版社,1962。

陈汝东:《认知修辞学》,广东教育出版社,2001。

刘大为:《比喻、近喻与自喻——辞格的认知性研究》,上海教育出版社,2001。

李国南:《辞格与词汇》,上海外语教育出版社,2001。

孙汉军:《俄语修辞学》,陕西人民出版社,1999。

徐盛桓:《修辞研究的认知视角》,《西安外国语大学学报》2008年第2期。

王福祥:《现代俄语辞格学概论》,外语教学与研究出版社,2002。

王勤:《汉语修辞通论》,华中理工大学出版社,1995。

尹曙初:《谈谈俄语的修饰语》,《外语研究》1994年第2期。

张会森:《修辞学通论》,上海外语教育出版社,2002。

原文发表于《俄语语言文学研究》2010年第1期

视觉感知动词主题类别及其次范畴化

孙敏庆*

摘　要： 范畴划分是语言研究中不容忽视的基本问题。视觉感知动词是俄语感知动词系统中的重要类别。兼顾语言世界图景中感知主体和客体参项的地位及其能动性，综合词汇语义和句法特征，根据"积极性/消极性""主体定位/客体定位"两组参数，对视觉感知动词次范畴化，可得到4个次类，即主体积极类、主体消极类、客体积极类、客体消极类。在此基础上，再将"目的""时间""空间""方式""次数""过程""结果""使役""开始"等区分性语义特征置于该对称性框架下对视觉感知动词进行二次范畴化，这样不仅使分类更加全面，而且可以使视觉感知动词主题类别内部关系的呈现更具逻辑性和系统性。

关键词： 视觉感知动词　主题类别　次范畴化

　　范畴化（categorization，категоризация）是人类对事物进行分类的过程，而范畴就是分类的结果。作为人类的一种基本认知能力，范畴化在各个领域、各个层面都发挥着重要作用。具体到语言学中，范畴化同样是无法回避的关键话题。正如李基安所说："范畴是语言学的根本；范畴化是语言研究的核心。语言学家认为，语言学研究是基于范畴假设之上的，不管是描写语言学，理论语言学，还是认知语言学，无一例外。然而，范畴化又是语言学最具争议的问题之

---

* 孙敏庆，华南师范大学副教授、硕士生导师。

一；在语言学中，范畴的确定及划分从来都是仁者见仁、智者见智，这种现象从古希腊开始一直持续到现在，并还将继续下去。"（李基安，2012：38）事实上，这种争论，一方面在于研究对象的复杂性和多样性，另一方面还取决于范畴化视角不同。每一个范畴的组成特征又都有着差异。

感知动词是感知行为在语言层面概念化和范畴化的结果，承载着丰富的语义和句法信息，"'感知'范畴在人的认识、思维和行为表现中占有特殊而重要的地位"（彭玉海，2018：251），几乎每种语言的词汇系统构成中表达感知范畴意义的行为动词都占据举足轻重的地位。然而，客观感知行为在语义层面的反映不是镜像的，而是外部世界经过人的认知折射到语言中的一种反映，是受认知、文化、语言等多种因素作用后形成的。因此，不同语言中的感知动词在数量组成、词汇语义特征、句法功能等方面都存在差异。本文主要对俄语视觉感知动词主题类别进行剖析，对其次范畴化，由此揭示俄语视觉感知动词系统的内部关系。

一 视觉感知动词主题类别的界定

主题类别这一术语类似于语义场概念，较之语义类别更为狭义（Е. В. Падучева，2004：43）。主题类别把具有共同语义要素且在意义结构中居核心地位的词联系在一起。具有共同语义要素"感知"的动词构成感知动词主题类别，典型感知动词的语义结构中，"感知"要素居核心地位。如 смотреть, видеть, слышать, слушать, нюхать, ощупать 等词。

即便确定了核心语义成分，进行了种种限定，但是在操作中，仍有许多模糊现象。对于确定某一动词是否为感知动词主题类别，并非简单易行。正如 Е. В. Падучева 指出的，"因为感知要素很容易包含在各种类别的动词语义中。可观察到的运动动词，如 мелькать, промелькнуть, проступить, проскользнуть；可观察到的状态动词，如 белеть, торчать, раскинуться；表示发光、散发味道、发出声音的动词，如 блестеть, светиться, пахнуть, вонять, звучать 以及 заглохнуть, заглушить, стихнуть 等动词也存在感知要素；выразить（ся），выявить（ся），обнажить（ся）等使役动词及去使役化动词中感知主体（或观察者）是情景的必备参项；разобрать, опознать, различить 等许多用来证同的动词，同样要求感知器官的参与，等等。感知动词的类别界限是模糊的"（E. B. Падучева，2004：197-198）。我们对感知动词的理解较为宽泛。因此，将这些词都归入感知动词中，但它们处于感知动词系统的边缘位置。许多动词语义中感知成分通常都不是唯一的语义成分，而且在语义结构中的地位也不一样。这里有必要对此进行简要的说明。

首先，就视觉感知动词而言，动词语义中除"感知"成分外，可能还有其他的要素成分，如"否定性、使役性、方向性"。但由于这些要素属于建构要素，所以并不影响其主题类别，如 скрывать（隐藏），выявлять（显露），оглядываться（回头看）等词都属于感知动词。这些词的释义模式可以分别表示为：X скрывает Y（от Z）= 'X делает так，чтобы никто（或 Z）не видел Y'；X выявляет Y = 'X каузирует Y быть видным'；X оглядывается = 'X смотрит，обернувшись назад'。

其次，由于视觉感知过程是人的物理活动和心理活动综合作用的结果，许多动词的语义中兼有"感知"成分和"心智"成分，导致判断这些动词是归属感知类还是心智类时存在一定的难度。我们认为像 смотреть（观看），заглядеться（看得出神、欣赏不已）这类词中，尽管除感知成分外，还有心智成分，但是感知成分是更为基本的，且处于核心地位，而心智成分只是潜在的。比较而言，различать（区分），узнавать（识别），изучать（查明）等动词中的心智成分则处于核心地位，更倾向心智动词。

再次，视觉感知行为，往往具有配合性，因此，许多视觉感知动词除感知语义成分外，还有其他伴随动作语义成分。如 читать（阅读），смотреть（参观），глядеть（照顾），шпионить（秘密监视），встретить（遇见）等，这些动词所指称的行为往往不只是单纯的视觉行为，可能还伴有发音、身体移动、辅助动作、言语交流等行为。但由于这些动词的语义结构中视觉感知成分是主要成分，因此也为感知动词主题类别。

最后，需要强调的是，对于多义词而言，不同的义位可能属于不同主题类别，如 видеть 在用于"看见"意义时属于感知动词，但用于"梦见"意义时属于想象动词；又如 затмиться 用于"（光源、星光等）消失，暗淡"时为感知动词，而用于"（意识、理智）糊涂、发昏"时为心智动词。本文在探讨视觉动词主题类别次范畴化问题时，是以义位为单位。

关于视觉感知动词范围，本文主张以义位为单位，以 E. B. Падучева 所列词表为基础，比照 Л. Г. Бабенко，Л. М. Васильев 等相关著述中所涉及的感知动词范围，同时参阅 А. Н. Тихонов 主编的《Словообразовательный словарь русского языка》（1985）以及 А. П. Евгеньева 主编的四卷本词典《Словарь русского языка》（1999）进一步补充完成。补充进的动词如 засмотреть（观摩试看），вперить（〈旧，雅〉凝视，注视），выпучиться（〈不赞〉［眼睛］瞪），глазеть（〈俗〉看着玩，看热闹），завидеть（〈俗〉从远处看见，远远看见），заглядеться（看得出神），зевать（〈口〉卖呆，闲看），насмотреться（看够），нацелиться（瞄准，对准），переглянуться（彼此对看一眼，交换眼色），подмигнуть（使眼色，递眼色），понасмотреться（〈口〉逐渐看到许多），посмотреться（〈口〉环顾一下四周；稍微熟悉一下环境）。由此，得到视觉感知动词义位共计 357 个，收录范围涉及各种语体、修辞色彩的感知动词，以尽可能全面呈现感知动词主题类别。

二　学界关于视觉感知动词次范畴化的探讨

范畴化是认知主体以主客观互动为基础对事物或现象进行分类的过程，次范畴化是人们随着认知深化对事物进一步分类的过程。"语义次范畴是类化和区分现实世界、梳理自我世界的概念化认识工具，因此，语义次范畴化的过程同时也是增进对世界识解和认知的积极过程。"（彭玉海、王朔，2017：60）针对同一类客观事物，从不同的认知视角，根据不同的参数特征，可以得到不同的次范畴化，这是主客观共同作用的结果。

对于感知动词的次类划分，国内外学者都进行过尝试与探讨。依据感知器官不同，将感知动词一般划分为视觉、听觉、嗅觉、触觉和味觉五个亚类。这一划分法，基本不存在争议。但是对于每类感知动词的再分类，学界观点不一。从所遵循的划分原则看，可区分为指称原则、聚合原则以及组合原则。从类别的数量看：包括二分法、三分法、四分法和其他划分法。

许多学者都指出感知动词内部存在二元对立关系。最常见的是依据"积极性（активность）/消极性（пассивность）"这组参数进行二分。Е. В. Урысон 阐述道："积极感知动词表示主体相应的积极行为，消极感知动词表示主体对某客体的感知状态。表'积极/消极'的词对为：смотреть/видеть，слушать/слышать， нюхать/обонять, щупать/осязать, пробовать/ощущать вкус."（Е. В. Урысон，1998：4）关于这一对立关系 Г. А. Золотова，М. Б. Примова，Г. И. Кустова，Ю. Ю. Архипова 等学者在著述中也有过探讨。

A. В. Бондарко 也提出过积极和消极的对立关系，但是理解与上述学者不同。他将"积极和消极对立关系"界定为：积极是由占据主语位的主体发出的行为特征；消极是主体从主语位退出，而由占据主语位的客体发出的行为特征。同时指出，这一区别是对立形式的核心体现（A. В. Бондарко，2005：21）。实际上，A. В. Бондарко 所界定的积极性和消极性，与 Г. Ф. Хакимова 提出的一对术语：主体定位类动词（субъективно-ориентированные глаголы）和客体定位类动词（объективно-ориентированные глаголы）大致相当。前者感知主体占据主语位，后者感知主体一般无句法体现（Г. Ф. Хакимова，2005：10）。

关于行为的"积极性"这一问题，Е. Н. Абрамова 在其专著《Глаголы активного действия в русском и английском языках》中进行过较为详尽的阐释，她指出积极行为有广义和狭义之分。广义的积极性指的是任何行为动词都可能具有某种程度的积极性。某些动词的语义结构可以体现积极性，而某些动词则是通过上下文或个人经验进行判断。而狭义的积极性有不同理解，比如 Н. С. Авилово 认为，具有积极性的行为动词是行为指向客体的"事件"动词，是具体地表达事件的物理行为动词，施事主体利用自身的能力克服外部环境阻力或客体本身，进行具体的有目的的行为，行为指向具体的受事客体，使客体发生一定变化（Е. Н. Абрамова，2011：27－29）。显然，从这个意义讲，Е. Н. Абрамова 对"积极性"的界定是广义的。

Е. В. Падучева 对俄语感知动词进行了三分，其分类思想源于 A. Rogers 和 G. N. Leech 对英语感知动词的三分法。以英语视觉动词为例，第一类为 see 类，相当于俄语中的 видеть 类、汉语中的"见"类；第二类为 look at 类，相当于俄语中的 смотреть 类、汉语中的"看"类；第三类为 looks 类，相当于俄语中的 выглядеть 类、汉语中的"看起来"类。A. Rogers 分别称之为体验型动词、动作型动词、描述型动词，G. N. Leech 分别称之为惯性状态意义、活动意义、被动态意义。Е. В. Падучева 明确指出，"感知动词这三个经典类别的划分就是以两个参数为依据的：范畴和角色配位"（Е. В. Падучева，2004：204）。

Ю. Д. Апресян 是较早指出感知动词存在四类的学者。感知的初级情景包含两个基本的参与者。第一个是感知的人，第二个是被感知的事物。因此可以预言至少存在两套动词（或其他述谓词），第一套动词的第一个语义配价由指称感知主体的名词来充填，而第二个语义配价由指称感知客体的名词来充填；Из траншеи мы видели узкую полоску берега（从战壕里我们看见了狭长的岸带），第二套动词是由第一套动词的转换动词或动词性表达方式构成的，其第一个语义配价由指称感知客体的名词来充填，而第二个语义配价由指称感知主体的名词充填，试比较：Из траншеи нам была видна узкая полоска берега（从战壕里我们看得见狭长的岸带）。感知主体不仅可以被动地感知某种客体，而且可以积极地利用相应的感知器官，以获得所需要的信息，所以，还可以有一套动词，诸如 смотреть 类动词。由此获得了三个一组的对立意义："'感知'／'被感知'／'运用感知能力'。"（Ю. Д. Апресян，1995：357－358）这三个类别与 Е. В. Падучева 所提出的三个类别基本一致。但 Ю. Д. Апресян 不局限于此，他进一步指出，"原则上可以允许表示客体对感觉器官积极作用的第四套动词存在：试比较，对视觉而言的'吸引眼球'（бросаться в глаза），对于听觉而言的'传入耳中'（доноситься），对于嗅觉而言的'扑鼻，刺鼻（吸引人）'（шибать в нос）"（Ю. Д. Апресян，1995：348）。但作者指出，这套动词在各个方面都没有前三套动词规律性强，所以没有纳入其研究视野。

在 Ю. Д. Апресян 提出的四分法基础上，С. А. Моисеева 使四分法得到明确化和具体化。根据感知活动的两个功能（积极感知和消极感知）和感知活动的两个参与者（主体和客体）将感知场划分为四类（С. А. Моисеева，2005：104－105），具体如下。

第一类为主体消极感知动词群，包括表示具备感知能力的动词（如 видеть，слышать）；表示失去感知能力的动词（如 ослепнуть，оглохнуть）；表示使失去感知能力的动词（如 ослепить，оглушить）；表示获得感知能力的动词（如 прозреть）。

第二类为主体积极感知动词群，包括表示积极运用感知能力的动词（如 смотреть，слушать）；表示不运用感知能力的动词（如 отвернуться，отвести глаза）。

第三类为客体消极感知动词群，包括表示事物具有作用于感知器官特征的动词（如 блестеть，звенеть，пахнуть，быть вкусным）；表示使事物的特征不作用于感觉器官的动词（如 прятать）。

第四类为客体积极感知动词群，包括表示使事物影响感知器官（如появляться，начищать）；表示事物对感知器官影响的性质没有实现（如исчезнуть）。

此外，Л. М. Васильев，А. А. Кретов，Ю. Ю. Архипова 以及国内俄语界学者归定康、吴哲依据各自标准也对感知动词进行了划分。

Л. М. Васильев 对感知动词进行分类时，侧重感知动词内部的诸多区别性特征："目的性/非目的性""结果性/非结果性""积极性/消极性""存在/开始""使役/非使役""肯定情态性/否定情态性"。但是这些对立性特征在各感知动词类别中的体现情况不一致（Л. М. Васильев，1981：52-67）。具体分类如下。

视觉感知动词可划分为：能力具备类（видеть）；能力不具备类（слепнуть）；使能力具备类（прозревать）；使能力不具备类（слепить，ослеплять）；未完成体表结果类（взглядывать，обозревать 等）；未完成体表非结果类（смотреть，глядеть 等）；完成体有目的性的结果类（усмотреть，разглядеть 等）；可看见类（виднеться，проглядываться，белеться 等）；不可看见类（скрываться，прятаться 等）；开始看见类（завиднеться，промелькать，заблистать 等）；开始看不见类（прятаться，исчезать 等）；使看到类（показывать，открывать 等）；使看不到类（скрывать，маскировать 等）。

听觉感知动词可划分为：具备能力类（слышать）；缺乏能力类（не слышать）；失去能力类（глохнуть 等）；使失去能力类（глушить，оглушить）；感知结果类（слышать，слыхать 等）；可听见类（слышаться 等）；不可听见类（послышаться，заслышаться 等）；开始听见类（глохнуть，затихать，замолкать 等）；使听不见类（глушить，заглушить 等）。

嗅觉感知动词分类：感知结果类（обонять 等）；积极感知动词类（обнюхиваться，нюхать，обнюхивать，внюхиваться 等）。

触觉感知动词分类：有目的感知类（щупать，осязать，прощупывать 等）。

尽管 Л. М. Васильев 的分类较之前面的分类显得繁冗复杂，但是诸多对立特征的区分无疑是有助于语义精细研究的。

上述学者的分类是以整个感知动词为研究对象的，而以下两位学者则是以视觉感知动词为研究对象，他们所尝试的分类方法对我们也具有一定的启示意义。

А. А. Кретов 分别从静态和动态两个视角对视觉感知动词进行了划分。从静态角度，根据形式内容特征将视觉感知动词语义群划分为六个子类：（1）看类，行为由主体发出，如 смотреть，глядеть；（2）见类，行为指向主体，如 видеть，увидеть；（3）注视类，与行为方向性无关，如 созерцать；（4）观察类，与行为的方向性无关，如 наблюдать，следить；（5）视觉过程的正面（肯定）结果类，由主体发出的正面结果行为，如 разглядеть，углядеть，усмотреть；（6）视觉过程的负面（否定）结果类，由主体发出的负面结果行为，如 просмотреть，проглядеть。从动态角度，根据语义离心过程分为三类：看类、见类、注视类（含观察类）（А. А. Кретов，1980：33）。А. А. Кретов 所分析的视觉动词是较为狭义的，未包括 Ю. Д. Апресян 提到的第四套动词，未包括 С. А. Моисеева 区分出的客体积极类和客体消极类动词。而且这种分类也没有 Ю. Д. Апресян，С. А. Моиссева 的系统性强。

国内俄语界学者归定康、吴哲借用成分分析法，以词典释义为依据，参照符淮青的词义构成模式，对俄汉语视觉动词词群进行了对比分析。作者首先根据所含共同义子，将视觉动词划分为七个子词群：（1）纯视觉行为动词词群，如 видеть（看见），видать［（常指多次）看见］，глядеть（看，瞧），смотреть（看）；（2）空间限制动词词群，如 блуждать（四处看），завидеть（远远看见），оглядываться（环顾）；（3）时间限制动词词群，如 заглядывать［很快地（向某处）看］，поглянуть（看一眼），попригладеться（渐渐看清楚）；（4）行为方式限制动词词群，如 заглядывать（偷偷地看），коситься（斜眼看），пересмотреть（重新察看），таращиться（睁大眼睛看）；（5）目的性限制动词词群，如 всмотреться（集中注意力以看清），заглядывать（很快地或偷偷地向某处看一眼，以了解、弄清），надзирать（观看以监督，检查）；（6）结果限制动词词群，如 видеться［（被）看到］，надосмотреть（未看到），рассмотреть（细看并看出）；（7）客体限制动词词群，如 переглядеть［端详（全部或许多）］，пересмотреть［重新察看（许多）］，смотреться（对着镜子看自己的影子）（归定康、吴哲，2004：168-185）。

综上可知，感知动词语义的丰富性使其可以根据不同标准划分为不同类别。"事实上，任何分类都不可能是唯一可行且无可挑剔的。因为分类及其原则往往是依研究目的与任务而定，何况分类本身可能不是最终目的，通过分类发现问题，分析问题，最终能解决一些问题，从而积部分为整体地一步步接近语言主体似更有实际意义。"（彭玉海、李恒仁，2006：102）

三　本文对视觉感知动词的亚类划分

我们首先按 Ю. Д. Апресян 和 С. А. Моисеева 所提出的四分法，即根据"主体定位/客体定位""积极/消极"两组参数对视觉感知动词进行四分，分别为：主体积极类、主体消极类、客体积极类、客体消极类。然后依据所强调的语义成分不同，将主体积极类细分为感知过程类、感知专注度类、感知主体态度类、感知伴随动作类、感知空间类、感知时间类、感知行为数量类、感知目的类、感知结果类；将主体消极类细分为感知能力类、感知状态类、使役感知类；将客体积极类细分为客体出现/消失类和客体特征呈现类。这一分类体系的优势在于：（1）兼顾了语言世界图景中感知主体和客体参项的地位及其能动性；（2）综合语义和句法的整体特征；（3）分类具有全面性、系统性。

（一）主体积极感知类（计 217 个）

1. 强调视觉过程类

взирать₁（看，观望，观察），воззреть〈（旧）注视，看〉，воззриться₁〈（旧）注视〉，глядеть₁（看，瞧，望），глядеться₃〈（俗）看，瞧〉，наблюдать₁（注视，观看），поглядеться/глядеться₃〈（俗）看，瞧〉，следить₁［目送注视（移动的物体）］，смотреть₁［看（某人、某物或某处）］，узреть/зреть₂（观看，望），улицезреть/лицезреть₁〈（文语，旧，现用作讽）目击，目睹〉，уловлять₁〈（旧）看到〉。

2. 强调视觉专注度类

вглядеться₁/вглядываться₁（仔细看），вперить/вперять［（常与 взгляд，взор，глаза 等连用）凝视，注视］，впериться/вперяться₁［（目光等）注视，凝视］，всмотреться/всматриваться₁（仔细看），высмотреть/высматривать₁［（仔细观察）看到，找到，发现，看中］，глядеть₇〈（俗）细看，观察〉，осмотреть/осматривать₁［（从各方面）细看，察看，端详］，пялиться₁〈（俗）

盯着看〉，рассмотреть/рассматривать₂（细看，仔细观察），следить₂［（目不转睛地）观察，瞭望，观看］，уследить/услеживать₄（注意观察，密切注视），уставиться/уставляться₄（盯住，凝视），устремить/устремлять₄［把（眼睛、目光等）投向某处，注视］，устремиться/устремляться₆［（目光等）集中到］，вперить/вперять₁［凝视，注视（常与目光、眼睛等连用）］，нацелить/нацеливать₂（注视），нацелиться/целиться₁（瞄准）。

3. 强调视觉主体态度类

заглядеться/заглядываться₁（看得出神，欣赏不已），глазеть₁〈（俗）闲看，看热闹，好奇地观看〉，зевнуть/зевать₂〈（口）闲看，呆望，看热闹〉，засмотреться/засматриваться₁（看得出神，观赏得入迷），засматриваться₂〈（口）羡慕地看……，看着……眼红〉，подглядеть/подглядывать₁（无意中看到，偶然发现），подглядеть/подглядывать₂（偷看，窥视），подкараулить/подкарауливать₁〈（口）窥视，暗中守候〉，подкараулить/подкарауливать₄（偶然发现，看出），подсмотреть/подсматривать（偷看，偶然看到，无意中发现），подстеречь/подстерегать₂（暗中看出，暗中发现，力求看出），полюбоваться/любоваться₁（观赏，欣赏），позариться/зариться₁〈（俗）眼红垂涎［看到某物想据为己有］〉，предвидеть（预见，预料），предусмотреть/предусматривать₁（预见到），презреть/презирать₁（鄙视，轻视），присмотреться/присматриваться₁（细看，端详），проворонить/проворонивать₁〈（俗）［马虎大意地］错过〉，сглазить₁［（旧时迷信）用毒眼看人而使其发生不幸］。

4. 强调视觉伴随动作类

выпучить/выпучивать₃〈（口）［由于害怕、惊奇等］瞪大［眼睛］〉，выпучиться выпучиваться₂〈（口）［由于害怕、惊奇等］眼睛瞪大〉，вылупить/вылуплять/вылупливать₂〈（粗，俗）瞪大［眼睛］〉，вылупиться/вылупляться/вылупливаться/вылупаться₂〈（粗俗）［人］瞪大眼睛盯着看〉，вытаращить/таращить/вытаращивать₁〈（口）睁大［眼睛］〉，вытаращиться/вытаращиваться₁〈（口）瞪着眼睛看〉，встретить/встречать₁（遇见），встретиться/встречаться₄［（目光）相遇，相互注视］，застичь/застигнуть/застигать₁（突然遇见），обернуться/оборачиваться/обёртываться₁（扭头，转身），озреться/зираться₂

〈（旧）回头看〉，потупить/потуплять₁［低下，垂下（头眼等）及物］，потупиться/потупляться₁（低下头，垂下眼睛），пялить₂〈（俗）瞠目，张大眼睛盯着〉，скосить/скашивать/косить₂［使（眼睛、脖子）转向一边］，скоситься/скашиваться/коситься₂（侧目），сощурить/сощуривать/щурить₁［眯缝起（眼睛）］，сощуриться/сощуриваться/щуриться₁［（眼睛）眯缝起来］，нарваться/нарываться₂（突然遇到讨厌的人），наткуться/натыкаться₃（偶然发现意外碰见），начитать/начитывать₄（读时发现看出），начитаться/начитываться₁（阅读大量，尽兴阅读，读够），покосить/косить₂（斜视一会儿，瞟瞟），покоситься/коситься₁（歪斜，斜视，瞟，斜着眼睛看），мигнуть/мигать₁［眨眼（眼睛眼皮）眨巴］，моргнуть/моргать₁（眨眼睛）。

5. 强调视觉空间类

высмотреть/высматривать₃［（从某处）向外看望］，выглянуть/выглядывать₁［（探身）往外看，向外张望］，глядеться₁［照（镜子）］，заглянуть/заглядывать₁［（向某物内部或隐蔽物）张望，打量，看一眼，瞥视］，засматривать₁（往……里细看，窥视），обзирать₁（环顾），обзираться₁〈（旧）环视，向后看〉，обсмотреть₁〈（俗）［从各方面］仔细看，查看，打量〉，обсмотреться/обсматриваться₁〈（俗）环顾〉，обозреться/обозреваться₁〈（旧）环视，回顾〉，обернуться/оборачиваться/обёртываться₃（环顾），оглядеть/оглядывать₁（环顾，打量），оглядеться/оглядываться₁（环顾），оглядеться/оглядываться₂〈（口）打量自己〉，озреться/озираться〈（旧）四下看，环顾〉，осмотреться/осматриваться₁（环顾）осмотреться/осматриваться₂（端详自己），поглядеться/глядеться₁［照（镜子）］，поглядеться/глядеться₂（映在……中），посмотреться/смотреться₁［观看（映在镜子里水里）自己的影子］，проглянуть₂［（向深处）看］。

6. 强调视觉时间类

взглянуть/взглядывать₁（看一看，望一望，瞧一瞧），посмотреть₁（看一看），насмотреться₁（看够，看很久），переглядеть₃（比……注视的时间更长），последить₁（注视一会儿，照看一会儿；监视一会儿），проглядеть/проглядывать₃［观看，细看，观察（若干时间）］，просмотреть₄〈（口）看，

观察［若干时间］〉。

7. 强调视觉行为数量类

навидаться₁〈（口）多次看到，看到许多〉，навидеться₁〈（口）多次看到，看到许多〉，насмотреться₂（见到许多，多次遇到），переглядеть/переглядывать₁（再次浏览，重新查看），переглядеть/переглядывать₂［细看端详，浏览（全部或许多）］，пересмотреть/пересматривать₁［一一翻检，细看（全部或许多）］，пересмотреть/пересматривать₂［审阅，浏览（全部或许多）］，пересмотреть/пересматривать₃［把（全部）重读一遍］，пересмотреть/пересматривать₄〈（口）观看［所有或许多人］，看遍［全部或许多］〉，пересмотреться₁［照（全部或许多）镜子，（所有或许多人）照镜子］，поглянуть₁〈（方）看一眼〉，поглядывать₁（不时看看），понасмотреться₁〈（口）逐渐看到许多〉，поосмотреться₁〈（口）环顾一下四周〉，поприсмотреть₁（稍微照料一下），поприсмотреться₁〈（口）渐渐看清楚〉，проглянуть₁〈（口，旧）睁开眼看一下〉，перебрать/перебирать₁［（把全部或许多东西）逐个查看，翻阅］。

8. 强调视觉目的类

выискать/выискивать₁〈（口）［好不容易］找到，发现〉，выследить/выслеживать₁（探出踪迹，跟踪寻到，盯梢），встретиться/встречаться₇（会晤，会见），досматривать/досмотреть₃〈（口）照看，监督〉，досмотреть/досматривать₅〈（专）检查，查验〉，заглянуть/заглядывать₅〈（口）顺便到，顺便去看看〉，засмотреть₁（观看，试看，观摩），изучить/изучать₄（通过观察了解，认清），мигнуть/мигать₂（眨眼示意），моргнуть/моргать₂（挤眼示意），наблюсти₁〈（旧，文语）对……进行观察〉，наблюдать₄（监督；监视；照看照料），надзирать₁（监视，监督），надзирать₂〈（口，讽）严密监视［某人］〉，надсматривать₁（照看，照料，监督，监视），обознать/обознавать〈（旧）识别〉，обозреть/обозревать₁（观察），осмотреть/осматривать₂（参观），осмотреть/осматривать₃（检查，检验），осмотреть/осматривать₄［检查（健康或某器官的情况）］，отличить/отличать₁（识别，辨别），отслеживать₁［跟踪（目标）］，переглянуться/переглядываться₁（交换眼色，彼此对看），перемигнуться/перемигиваться₁（交换眼色，彼此对看），пересмотреть/пересматривать₅（修改，

修订，重新考虑），пересмотреть/пересматривать7〈（法）复查，重新审理〉，поглядывать3〈（口）注视照看，监视〉，поглядывать4〈（俗）照看，照料〉，подмигнуть/подмигивать1（使眼色，递眼色），подследить/подслеживать1〈（口）暗中侦查，秘密察看，悄悄监视〉，подстеречь/подстерегать1［（埋伏着）守伺到，伺机］，приглядеть/приглядывать1〈（口）照顾，照看，照管〉，приглядеть/приглядывать2（物色，挑选），прицелиться/прицеливаться/целиться3（盯着看），проглядеть/проглядывать2〈（口）浏览，翻阅〉，проследить/прослеживать1（注视），проследить/прослеживать2（严密监视，仔细观察），проследить/прослеживать4（监督，检查），проследить/прослеживать5〈（口）跟踪〉，просмотреть/просматривать1（翻阅，浏览，粗略地看），просмотреть/просматривать2［（仔细）查看；审查］，прочитать/прочитывать/читать1（读，阅读），следить4（监管照料），следить5（监视），следить6〈（猎）跟踪（及物）〉，смотреть5（参观），смотреть6（看望，拜访），смотреть7（浏览、翻阅），смотреть8（参见），смотреть9（观看），смотреть10（检查，诊察），смотреть11〈（旧）检阅〉，смотреть13（相亲），смотреть14（照看），созерцать1（审视，观察），стеречь2（看守……不让跑掉），стеречь4（注视，盯着），сторожить2（看守，监视），усмотреть/усматривать2〈（口）照看，看管〉，уследить/услеживать5［照顾好（免出差错）］，шпионить2［秘密跟踪，秘密监视（以告密）］。

9. 强调视觉结果类

вглядеться1/вглядываться1（看惯），высмотреть/высматривать2〈（口）观察到全部情况，看清一切〉，выглядеть/выглядывать1〈（俗）［经仔细观察］发现，看出，找到〉，досмотреть/досматривать1（看完，参观完），досмотреть/досматривать2［看到（某处）］，наглядеться1（尽情看，看够），наглядеть1〈（俗）看上，看中，相中〉，налюбоваться1（尽情观赏，观赏够），насмотреть/насматривать1〈（俗，猎）［仔细观察后］看到；［仔细观察后］看中，选中〉，недосмореть/недосматривать1（未看出），недоглядеть/недоглядывать1〈（口）没有看到，没有看出，没有发现〉，осмотреться/осматриваться4〈（俗）看错［人或物］〉，обознаться/обознаваться1〈（口）认错人，看错［人或物］〉，оглядеть2〈（方）看出，发现〉，оглядеться/оглядываться3〈（口）［已适应黑暗的环境］开始

看清东西〉，опознать/опознавать₁（认出，识别出），подсмотреть₃［观察到，发现（不易发现的）］，подсмотреть₄〈（俗）看中，看上，物色〉，присмотреться/присматриваться₃（看惯），присмотреться₅〈（口）看腻，见惯不惊〉，проглядеть/проглядывать₁〈（口）看漏，忽略过去，未发觉〉，проморгать/промаргивать₁〈（口）错过，忽略过去〉，просмотреть/просматривать₃（看漏，忽略过去），прошляпить₁〈（俗）放过，错过，马虎过去〉，разглядеть/разглядывать₁（看清楚，辨认出），разыскать/разыскивать₁（找到，寻到），распознать/распознавать₃〈（俗）认清，认出［原来认得的人或物］〉，рассмотреть₁（看清楚，看明白；辨认出），углядеть/углядывать₁〈（俗）［仔细］看出，发现〉，узнать/узнавать₈（认出，看出，听出），усмотреть/усматривать₁〈（口）察觉到，发现，看出〉，уследить/услеживать₁［看出来，捕捉到（人、动物的动作）］，угадать/угадывать₅〈（俗）认出，辨认出〉，прозевать/прозёвывать₂（看漏），схватить/схватывать₇（听或看到），найти/находить₉（发现，看出，看到）。

（二）主体消极感知类（计41个）

1. 视觉感知能力类

видеть₁（有视力，能看见），прозреть/прозревать₁（恢复视力），недовидеть₁〈（口）看不清视力差〉，ослепнуть/слепнуть₁（失明，变得看不清东西）。

2. 视觉感知状态类

видет₂（看见），заметить/замечать₁（看出来，看见），узреть/зреть₁〈（文语，旧）看见〉，заприметить₁〈（俗）看到，发现〉，завидеть₁〈（口）看见［在远处的东西］，远远看见〉，застить₃［看不清（无人称）］，невзвидеть₁［（由于痛苦、恐惧、愤怒等）眼前一阵发黑，感到眩晕］，обнаружить/обнаруживать₃（发觉、发现，找到、找出），обозначить₅（使显露，使看出），ослепить/ослеплять₁（使眼瞎，使失明），ослепить/ослеплять₄［（用……遮挡住眼睛）使看不见］，отметить/отмечать₅（注意到，看到），прозреть/прозревать₅〈（旧）看见〉，просветить/просвечивать₂（透过……看得见），просветлеть/просветлять₁（使明亮；使清澈），перевидать₁〈（口）一个一个的看见，陆续见过［所有或许多事物，所有或许多人］〉，перевидеть₁〈（口）

［多次］见到，见识［所有或许多事物，所有或许多人］〉，перевидеть₂〈（猎）发现［野兽］〉，подметить/подмечать₁（看出，发现），повидаться₁〈（口）见见面〉，повидеться₁（见见面），привидать/привидывать₁〈（旧）看见，遇见〉，приметить/примечать₁〈（口）注意到，发现，看出〉。

3. 使役视觉感知类

заслепить/заслеплять₁〈（俗）使［眼睛］看不见，使［眼睛］睁不开〉，обнажить/обнажать₄（使……看到以前被遮蔽的东西），обнаружить/обнаруживать₁（使……暴露，使显露），прояснить/прояснять₁（使……清晰，使能看清），скрыть/скрывать₁（隐藏），спрятать/прятать₁［把……藏起来（不让人找到）］，спрятать/прятать₂（不使见人），утаить/утаивать/таить₂（隐藏），открыть/открывать₂（露出），показать/показывать₁（给……看……），показать/показывать₂［演出，放映，（当众）表演］，показать/показывать₃（指引……参观……），показать/показывать₄［让……看看（以做出鉴定、诊断等）］，показать/показывать₅（出示，交验）。

（三）客体积极感知类（计43个）

вырисоваться/вырисовываться₁［（清晰地）显出，出现］，выглянуть/выглядывать₂（露面，露出），зевнуть/зевать₆［现出，露出（深坑、裂缝等）］，озарить/озарять₂（使有光彩），озариться/озаряться₁（明亮起来，闪耀），пропасть/пропадать₂（不露面，不再出现），сверкнуть/сверкать₁［（发光体）闪烁，闪动］，сверкнуть/сверкать₃［（鲜艳的或浅色的东西）显现，闪动］，сверкнуть/сверкать₄［（在快速运动中）忽隐忽现］，сиять₃（闪闪发亮），деться/деваться₁〈（口）消失不见，丢掉〉，блеснуть/блестеть₁（闪光，闪烁），блистать₁（闪光、闪烁），брезжить₁［（星光、晨曦、微弱灯光等）微微发亮］мелькнуть/мелькать₁（闪现，时隐时现），замелькать₁（开始闪现，开始时隐时现），помелькать₁（闪烁一阵），мигнуть/мигать₃［（发光物体）闪闪发光］，моргнуть/моргать₃（灯火或发光体闪烁），засветиться₁（开始发光开始闪亮），засветлеть₁［（浅色或光亮的东西）显露出来］，засветлеть₂（开始发亮），искриться₁（闪闪发光），исчезнуть/исчезать₃［（从眼前）消失］，промелькнуть/

промелькивать$_4$（一闪而过），промелькать$_1$（闪现几次），маячить$_1$〈（口）［在远处］出现，显现〉，лучиться$_1$（发光，发亮），появиться/появляться$_1$（出现），оказаться/оказываться$_1$〈（旧）显出，出现〉，скользнуть/скользить$_7$〈（口）流露出，表现出〉，стушеваться/стушёвываться$_2$（变得不明显），выбиться/выбиватья$_5$（露出，露在外面），изобразить/изображать$_4$〈（旧）表现出，表露出〉，проскользнуть/проскальзывать$_5$（一晃而过，不留下痕迹），проступить/проступать$_2$［（从……下面）显出，露出］，проступить/проступать$_3$［（在……上面）显现，出来（斑点污迹）］，проступить/проступать$_4$［（微微地、部分地）能看得见，现出］，проступить/проступать$_5$〈（旧）［有些地方］出现［很多的］〉，проступить/проступать$_6$（发现，变得显而易见），являться$_2$（出现，露出），выглядеть$_1$［呈现出（某种外貌），有……气色，看样子，看起来］，смотреться$_5$（看上去如何，看起来像……）。

（四）客体消极感知类（计54个）

主要由主体积极感知动词构成的具有被动意义的带-ся动词，表示事物处于观察者的视野中。

виднеться$_1$（显出，看得见），видать$_2$（看得见，可以看见），видеться$_1$（看得见），высматриваться$_1$［被（仔细观察）找到、发现，物色］，выслеживаться$_1$［（被）探出踪迹，跟踪寻到，盯梢］，выискаться/выискиваться$_1$〈（口）发现，出现；有，找到〉，выявиться/выявляться$_1$（显出、露出），затерять/терять$_1$〈（口）丢失；遗失〉，затеряться/теряться$_3$（消失，不再被看见），заслонить/заслонять$_1$（遮住，挡住），заслониться/заслоняться$_1$［护住（自己），将自身遮住］，отобразить/отображать$_1$（直观地再现），оттенить/оттенять$_3$（突出，使更引人注意），проявить/проявлять$_1$（表现出，显示出），смотреться$_3$［（电影、图画、照片等）好看，受看］，смотреться$_4$〈（口）看得见〉，поглянуться/глянуться$_1$〈（俗）令……喜欢，令……中意〉，замаскироваться/замаскировываться/маскироваться$_1$［（用面具、服装等）化妆，装扮］，замаскироваться/замаскировываться/маскироваться$_2$［（自己）伪装起来，隐藏起来］，замаскировать/замаскировывать/маскировать$_2$（把……伪装起来，把……隐藏起来），замаскировать/замаскировывать/маскировать$_3$（掩饰），затмить/затмевать$_1$（遮住，掩盖住），затмиться/

затмеваться₁〔（光源、星光等）隐没，消失，暗淡〕，застить₂〔遮住（某人视线），妨碍某人看清楚〕，застить₁〈（俗）挡住，遮住〔光线〕〉，заститься₁〔被挡住，遮住（光线）〕，найтись/находиться₃（偶然被遇到），отмечаться₃（表现出，显现出，可以看出），обнаружиться/обнаруживаться₁（显露出来），обозначиться/обозначаться₁〔显现出来，（轮廓等）变得清晰，变得明显〕，открыться/открываться₄（在眼前展现、出现），открыться/открываться₅〔（从遮盖的东西里）露出来〕，оттениться/оттеняться₁（显得更分明，显得更突出），попасться/попадаться₂〈（口）偶然遇到，碰到〉，потеряться₃〔隐没，（被掩盖）消失不见〕，потеряться₆（变得不易察觉，模糊不清），предвидеться₁（被预料到，会发生），предусматриваться₁（被预见到，预先注意到），привидеться/видеться₂（仿佛看到，幻觉），приглянуться₁〈（口）让……看上，看中〉，приметиться/примечаться₁〈（口）发现，呈现出〉，присниться/сниться₁（梦见），проглядываться₁（可以看见），просматриваться₁（看得清，看得见），проявиться/проявляться₄〈（旧，俗）出现〉，проясниться/проясняться₁（变得清晰，能看清），разыскаться/разыскиваться₁（被找到），рассматриваться₁〔（被仔细）观察〕，созерцаться₁〔（被）审视，观察，深入思考，剖析〕，скрыться/скрываться₄〔（从视野中）消失，隐没〕，спрятаться/прятаться₆〔消失（不见）〕，зреться₁〈（文，旧）看得见，呈现出〉，улавливаться₁（被看到），усматриваться₁（被看出，被发现），утаиться/утаиваться₂（隐藏，躲藏）。

四　结语

视觉感知动词主题类别是客观世界中视觉行为经过人的认知体验凝结在语言层面的词汇语义范畴，是主客观互动的结果。通过兼顾语义、句法特征，考察视觉感知动词情景参项，对大量视觉动词进行比较分析和提炼概括，进而探寻出适应整个主题类别次范畴化的参数。研究表明，就俄语视觉感知动词而言，"积极性/消极性"和"主体定位/客体定位"是较为理想的两组参数。由此可以得到主体积极类、主体消极类、客体积极类、客体消极类四个子类别。而将其他复杂的区分性语义特征，诸如"目的、时间、空间、方式、次数、过程、结果、使役、开始"等置于该对称性框架下，这样不仅使分类更加全面，而且可以使视觉感知动词主题类别内部关系的呈现更具逻辑性和系统性，也更接近客观现实本质。这种次范畴化对于俄语的其他词汇语义类别，以及其他语种的感知动词分类具有启示意义。

参考文献

Абрамова Е. Н. , *Глаголы активного действия*, Челябинск：Изд-во РБИУ, 2011.

Апресян Ю. Д. , *Интегральное описание языка и системная лескикография. Избранные труды. Т. II*, Москва：Языки русской культуры, 1995.

Бондарко А. В. , *Проблемы функциональной грамматики полевые структуры*, Санкт-Петербург：Наука, 2005.

Васильев Л. М. , *Семантика русского глагола*, Москва：Высшая школа, 1981.

Евгеньева А. П. , *Словарь русского языка*, Москва：Русский язык, 1999.

Кретов А. А. , *Семантические процессы в лексико-семантической группеглаголов зрительного восприятия современного русского языка*, Автореф. дисс. канд. филол. наук, Воронеж：ВГУ, 1980.

Моисеева С. А. , *Семантическое поле глаголов восприятия в западно-романских языках*, Белгород：Изд-во БелГУ, 2005.

Падучева Е. В. , *Динамические модели в семантике лексики*, Москва：Языки славянской культуры, 2004.

Тихонов А. Н. , *Словообразовательный словарь русского языка*, Москва：АСТ, 1985.

Урысон Е. В. , " Языковая картина мира VS Обиходные представления (модель восприятия в русском языке) ", *Вопросы языкознания*, 1998 (2) . — С. 3-21.

Хакимова Г. Ф. , *Представление сферы слухового восприятия в русско-английском функционально-когнитивном словаре*, Автореф. дис. канд. филол. наук, Уфа：УГУ, 2005.

归定康、吴哲：《词汇—语义群层面的对比》，载张会森主编《俄汉语对比研究（下）》，上海外语教育出版社，2004。

李基安：《原型理论视角下的离散与模糊》，《外国语（上海外国语大学学报）》2012年第1期。

彭玉海、李恒仁：《语言语义探微》，黑龙江人民出版社，2006。

彭玉海、王朔：《试论语义次范畴问题》，《语言学研究》2017年第2期。

彭玉海：《俄语动词认知隐喻机制研究》，中国社会科学出版社，2018。

原文发表于《俄罗斯语言文学与文化研究》2019年第3期

俄罗斯的认知语言学研究

赵国栋*

摘　要： 俄罗斯学者在继承本国心理学、语言学研究传统的基础上，积极引介西方认知研究成果，形成了具有俄罗斯特色的认知语言学研究版本。俄罗斯认知语言学在语言与知识、语言与感知、语言的世界图景、概念与概念化等问题的解决上做出了很大贡献。除此之外，它对认知语言学的性质以及诸多传统语言学问题也提出了独特的阐释。

关键词： 认知　知识　感知　世界图景　概念

诞生于 20 世纪 80 年代的美国和欧洲的认知语言学，成为当今语言学的重要研究内容。各国语言学家在积极学习研究这些新理论、新成果的同时，还结合本国的语言学研究传统，形成了各具特色的认知语言学研究版本。本文主要对俄罗斯的认知语言学研究进行概述。

一　认知语言学在俄罗斯的形成与发展

（一）认知思想在俄罗斯传统研究中的体现

В. З. Демьянков，Е. С. Кубряков 指出：认知语言学将语言看作在信息编码

---

* 赵国栋，中国人民解放军战略支援部队信息工程大学洛阳校区教授。

和转化中起重要作用的认知机制来研究（E. C. Кубрякова и др. , 1996：53-55）。尽管认知语言学形成的历史并不长，但认知语言学的研究对象——语言辅助下信息的获得和处理——早在 19 世纪初俄罗斯学者就有所描述。

А. А. Потебня 在研究洪堡特的民族精神理论时就承认，语言的起源问题实际上就是关于发生在语言之前的精神生活的现象问题，就是关于语言的形成、发展问题，关于语言对之后的精神活动的影响问题，也就是纯粹的心理学问题（А. А. Потебня，1999：43）。他已经认识到语言在认知新内容、形成和发展关于世界的人类知识中的作用。

И. А. Бодуэн де Куртенэ 似乎将认知语言学的研究对象表达得更为清楚。他指出，透过语言思维，可以阐明存在和非存在的领域中所有有关世界表现的完整独特的语言知识，这其中不仅包括物质世界的知识，而且还包括个体世界、社会世界的知识（И. А. Бодуэн де Куртенэ，1963：312）。

如果以上两位学者的观点仅仅是认知思想的早期萌芽，那么维果斯基关于思维的基本理论则促进了认知语言学的形成和发展。他创立了"文化历史发展理论"，用以解释人类心理在本质上与动物不同的高级心理活动。他最早提出了外部动作"内化"为智力活动的理论，认为符号的运用使心理活动得到根本改进。没有语言的心理活动是"直接的，不随意的，低级的，自然的"，只有掌握语言后才能转变为"间接的、任意的、高级的、社会历史的"。他强调"活动"的作用，并运用外部活动和内部活动相互转化的唯物辩证法，揭示儿童思维发展的能力，对认知心理学有一定的影响。在 20 世纪五六十年代，随着乔姆斯基生成语法的提出和维果斯基《思维与语言》的重新发表，那些认为机械主义和心理主义都太偏颇的语言学家又重新重视维果斯基和皮亚杰的"外部动作内化"和内外因相互作用论的研究，这些关于思维的基本理论成为认知语言学研究的出发点（赵艳芳，2000：29）。

实际上，当今认知语言学所关心的问题在俄罗斯传统语言研究领域就已有所涉及。这一点在俄罗斯称名理论和专名学方向的研究中尤为明显。如果说称名理论解决的是世界的存在是如何获得表达的问题，那么认知语言学则探讨语言形式是如何与认知类似物关联的问题（E. C. Кубрякова，2004：321）。20 世纪 70~80 年代专名学是苏联语言学研究的重要内容，其在命名原则的理解以及这些原则在言语生成过程中的作用等方面做出了很大的贡献。这些成果为认知词汇学、认知专名学的创建提供了可能（E. C. Кубрякова，2004：322）。该研究不仅阐明了称名活动的认识论基础、其与指物—认知过程的联系，描写了称名活动的符号学层面，而且在很多方面已经涉及或者昭示了当今认知语言学的诸多思想。E. C. Кубрякова 对专名学研究做出以下评价：依我看来，它是认知主义早期研究中最有成效的研究版本。专名学方向的研究已经奠定了"认知—语篇"取向的认知研究的基础（E. C. Кубрякова，2004：323）。

除此之外，E. A. Серебреников 院士组织的以"语言中人的因素"为主题的系列研究依然影响着当今认知领域的研究。

（二）俄罗斯认知研究的发展

尽管俄罗斯传统语言研究中出现了认知思想的萌芽，但认知研究的真正发展则与国外认知成果的译介密不可分，本国语言研究传统也对特色认知研究成果的形成起了积极作用。

第一，积极引介国外认知研究成果。1985 年 В. И. Герасимов 成功地把认知语法介绍给当时的苏联语言学界，1987 年他翻译出版了 R. W. Langacker《认知语法基础》的第一卷。1988 年《国外语言学中的新观点》第 23 期专刊介绍和讨论了"语言的认知问题"（杜桂枝，1999：7）。到了 90 年代，俄罗斯的 «Вопросы языкознания»，«Известия СЛЯ РАИ» 等杂志发表了 Е. С. Кубрякова，В. З. Демьянков，А. А. Кибрик，А. Ченки，А. Н. Баранов，Д. О. Добровольский 等学者的文章，对认知语言学的形成过程、学科性质、基本公设、国外不同认知流派、认知学者的观点与成果进行了介绍、分析和评价。此外，俄国学者还翻译了 «Язык и интеллект»（1996），«Язык. Познание. Коммуникация»（Т. А. ван Дейк，1989），«Язык. Познание. Культура»（А. Вежбицкая，1996），«Семантические универсалии и описание языков»（А. Вежбицкая，1999）等与认知相关的研究成果，使俄罗斯学者能够较为全面地了解国外认知研究的状况。其中，美国认知语言学的基本思想在 Е. С. Кубрякова 等学者编著的 «Краткий словарь когнитивных терминов»（1997）中得到最为详细的体现和拓展。这是一本"简明的认知科学百科词典"（А. М. Шахнарович，1997），也是第一本俄语认知术语词典，综合介绍了认知科学领域的近百个主要概念，并对认知研究领域的主要流派和方向进行了介绍，具有非常重要的意义。除此之外，有关认知语言学的认识在 «Структуры представления знания в языке» (1994) 中也得到反映。

第二，积极吸收认知研究成果的同时，结合本国的传统语言研究，创建了独具特色的认知研究版本。随着西方认知研究成果的引介，在俄罗斯出现了以 E. C. Кубрякова，А. В. Кравченко 等为首的固定研究群体；认知语言学受到俄罗斯许多大学和学术机构的重视，其中较为知名的有莫斯科大学、俄罗斯科学院以及喀山大学等。俄罗斯坦波夫大学与科学院语言学研究所于 1997 年、2000 年、2002 年联合组织了三届俄罗斯国际认知语言学研讨会，并于 2003 年 4 月 18 日创建了俄罗斯语言学—认知学者研究会（Российская ассоциация лингвистов-когнитологов）。主席团设立在坦波夫大学，目前已经有 50 个分会。《认知语言学问题》杂志也于同年创刊，这标志着俄罗斯认知研究进入新的时期。为使人们更加了解认知语言学，俄罗斯还出版了相应的教科书，比如 Н. Н. Болдырев 的 «Когнитивная семантика» (2000)，В. А. Маслова 的 «Когнитивная лингвистика» (2004)，З. Д. Попова，И. А. Стернин 合编的 «Очерки по когнитивной лингвистике» (2002) 等。

如今认知语言学已成为俄罗斯语言学研究的重要领地，涌现出了大量的认知研究成果，有些成果还引起了国际认知学界的关注，比如，俄学者 А. А. Кибрик 就参与主编了 1997 年荷兰阿姆斯特丹召开的第七届国际认知语言学大会的论文集《认知语言学中的话语研究》，其论文《所指对象和工作记忆：从话语角度看认知推理》就收录其中。2001 年在波兰召开的首届国际认知语言学大会的论文集《今日认知语言学》中也收录了俄罗斯学者 А. В. Кравченко 《认知语言学是一种方法论范式》的论文。

二 俄罗斯认知研究的主要领域、成就及特色

俄罗斯的认知研究不仅涵盖当今西方语言认知研究的所有领域，而且还结合本国的研究传统，形成了独具特色的认知研究版本，取得了丰硕成果。

（一）认知语言学的总体理论研究

俄罗斯学者对认知语言学有着自己的理解。认知语言学的发展与认知科学密切相关，各国不同的研究传统直接影响着其认知研究的实质。

E. C. Кубрякова 认为，从总体上来看，美国的认知科学更加接近于机器流派（машиновое направление）①，而德国的认知科学研究则与语言生成、理解中信息是如何被语言加工这一过程的分析密切相关，至于俄罗斯的认知科学，则具有语言学—心理学的特征，其来源就包括对语言材料分析的心理—语言学角度的研究和专名学角度的研究（E. C. Кубрякова, 2004：463）。她所提出的并经过验证的认知—语言学研究的方法论取向也值得特别关注。在承认语言是对人类意识结构的客观化表达这个总体观点的同时，她还宣称，必须进一步从其功能层面来对语言进行认知研究。尽管语言的主要特征是通过语言符号的帮助来将意识中的基本概念客观化、物质化，但是它的研究任务应更为广博。这就要求我们对西方的知识认知范式作出矫正，拓展其研究框架，并在其所赋予的坐标系内引入新的参数和维度（E. C. Кубрякова, 2004：14）。她还指出，应该在具体应用中，在语篇和文本中来研究每个语言现象。认知方法中应该补充对语篇分析和对已存在形式的功能和新形式的创建的观察等内容（E. C. Кубрякова, 2004：19）。就实质而言，E. C. Кубрякова 确定了认知—语篇分析取向为中心的认知研究纲领。

A. B. Кравченко 则尝试构建语言认知哲学。针对当今语言学中存在的一些争议问题，比如作为认知领域中的语言的本原和实质问题，知识、意义、符号等现象之间的复杂关系等，他站在哲学的高度指出：若不解决语言意义问题，那就不可能解决就实质而言具备哲学意义的知识（认知）问题。其专著«знак значение знание»将注意力放在了以下具备层级关系的层面：语言和理智（知识）；知识和认知结构（范畴化了的信息和概念）；信息和符号（意义的普遍符号学问题）（A. B. Кравченко, 2001：11）。并从认知方法论的角度确立：符号的分类和类型；符号所表征的知识的分类和类型以及符号中这些知识的析出机制，也就是阐释规则（认知语义学，语用学和语构学）；符号出现和发展的条件（符号的本体）以及协调它们功能的原则（符号学）（A. B. Кравченко, 2001：29—30）。这些问题的解决对认知语言学具有重要的意义。A. B. Кравченко 是第一个对符号的认知概念化进行全方位描写的学者，他确定了知识和信息之间相互关系的性质。这些思想对现代认知科学研究具有基础性意义。

---

① 比如，O. F. Kirkeby 认为，认知科学是一个规模宏大的哲学和科学研究纲领，它是建立在这样一个假设的基础之上：人就是机器，可以将人描写为机器（O. F. Kirkeby, 1994：593）。

(二) 主要研究领域及特色

在对认知语言学进行宏观思考的基础上，俄罗斯学者积极结合本国研究传统，以俄语语料为对象，从认知语言学的不同角度对语言的各个层面进行研究和描述，其中包括认知—语用、交际—认知、认知—篇章、认知—语言文化学角度等。许多学者还运用认知科学中的分析方法对各种语言现象进行研究（杜桂枝，1999：11-12）。在语言学研究的各个层面、不同领域都取得了新的认识。俄罗斯学者不仅关注认知语言学的基本问题——语言与心智的关系问题（崔希亮，2002：4），还对相关的具体问题如隐喻、换喻、概念化与范畴化、象似性等进行了研究。比照西方认知研究，俄罗斯学者在以下领域的研究中呈现出自己的特色。

1. 语言与知识

俄罗斯认知研究学者秉承语言与知识的研究传统，从新的角度来探讨两者之间的关系。其中 Е. С. Кубрякова 的专著 «Язык и знание: на пути получения знаний о языке: части речи с когнитивной точки зрения. Роль языка в познании мира» （2004）最有代表性。它是一部认知语言学研究的基础性著作。满足了那些在某种程度上与人的认知、认知活动、记忆、言语和语言的生成、语言意识的深层构建以及它们在文本中的表征等问题相关联的学者的要求。该书的结构象似性地体现出了作者的基本理论取向。与当今具有认知取向的研究所界定的两个基本知识类型——关于语言的知识和关于世界的知识相对应，此书也包括这样两个部分：第一部分通过词类来展示如何进行对语言的认知，第二个部分则分析语言是如何参与对世界的认知。

第一部分的研究重点是词类。在对作为词类出现基础的本体、认知、体验以及交际需求进行整体分析的基础上，Е. С. Кубрякова 对词类中的实词系统的创建以及功能进行分析，她认为名词的最佳代表是对第一性的本体范畴——物体的语言投射，而物体在空间中则是最容易被感知的物理实体，它具备个体性、完整性和自身的等同性，并在空间中与其他实体对立。在物体范畴的基础上形成了由名词表达的另外一些类型的意义，以及在整体—部分切分中区分出了特征意义，该意义是形容词的基础。与动词关联的是特定的事态、情景和事件，并对有关世界的知识、物体的存在形式以及它们在时间、空间中的相互关系进行编码。因此，动词所表达意义的范围就比较广。她提出一个重要的假说：名词、形容词和动词所激活的是意识中的不同结构，由此产生的是心智表征的不同类型。它们在语言中的形成与人的命名活动密切关联。该假说在以后的研究中得到证实。语言语法的基本范畴（指物性、特征性和过程性）不再被简单地解释为人的认知活动的反映，而是人类对现实心智把握的普遍形式，以及对现实进行认知模式化的手段（Е. С. Кубрякова，2004：59-60）。

第二部分主要研究人所拥有的知识是如何固定在语言中，在这个过程中哪些机制起作用，以及交际中理解是如何实现等一系列问题。Е. С. Кубрякова 研究的人的知识在语言中的反映问题对当今认知语言学研究具有重要意义。本部分所涉及的问题多种多样，包括作为大脑信息结构单位的格式塔问题、世界的语言建构问题、概念化、范畴化、话语等问题。她提出的系列观点不仅具有很深的理论意义，而且还具有较强的科学启发性，是俄罗斯认知语言学研究中的经典著作。

2. 语言与感知

语言与感知是认知语言学研究的重点之一。А. В. Кравченко 的《Язык и восприятие：когнитивные аспекты языковой категоризации》则是该领域研究的代表作。其主要研究的是语言范畴化的认知本原问题，包括与语言中的知识表征相关的一系列问题。在具体的语言材料的基础上，展示了时间和空间这些参与形成语言世界图景的基本认知结构的现象学性质，提出了俄语动词体范畴的认知模式，分析了名词和代词系统之间的认知对应关系等问题。他指出，若将语言看作建构、储存和传达信息的符号系统，从这个角度来进行研究，首先就要确定作为世界实体的现象、事物的认知概念化原则。人的意识中认知概念的形成有两个不同的来源：一方面，它产生在个人和指物世界相互作用的层面，其具有现象学性质，它们构成了现象学知识（分析层面）；另一方面，它们又好像是对这种现象学知识反思的结果，以语言化了的形式而存在、保存，形成关于世界整体装置的认识（综合层面）。后者所涉及的知识独立于个体经验之外，是从多种不同级别的个体经验中抽象而来。

现象学知识和结构性知识的对立体现为前者没有被赋予特定的结构。但结构性知识的存在从本体上却要取决于现象学知识，因此现象学知识结构的某些变化也不可避免地会导致结构知识系统发生变化。这样，我们必须搞清楚现象学知识的结构以及它在世界的语言图景形成中的作用。А. В. Кравченко 指出，之所以存在两个不同的认知概念化层次，是由"人"（homo sapiens）这一本体性实体的复杂结构所决定的，该结构包括以下重要组成部分：感受主体、意识主体、活动主体和认知主体。这些结构面孔的不同方面则通常以充当言语主体的人的语言能力为中介（А. В. Кравченко，2004：5-31）。

在充当世界质朴图景建构出发点的普通现象学层面上，在认知概念形成中起重要作用的是通过活动表现出来的感受（第一性因素）和意识（第二性因素）。物体展现在感觉之前并不意味着就意识到这个物体。正如 Э. Гуссерль 所说："只有当单一的感觉、体验获得了意向性的时候，才昭示着意识已经到来了……在一个统一的意识流中，相互交织两个不可分割的、好像是一个事物两个方面的、相互要求的意向性。正是鉴于这一点，内在的、客观的、真实的事件得到建构。在这个事件中也存在着持续性和不断延续的变化。另一方面，意识流中存在的是不同阶段的准时间序列，其中必须包括当前现在点，现实性阶段，现实性之前阶段——现实性之后阶段。这些前现象性、前经验性时间特征被意向性地来建构时间性意识的形式，而这一切也在意识本身中存在。"（Э. Гуссерль，1994：87）

Э. Гуссерль 所提到的意识中的双重意向性，决定着现象学的结构化特征。现象学所操作的是第一性的认知框架，即在独一的时间—空间坐标系中形成的框架。比如，固定在词语 гроза 中的概念，就反映着现象学的结构，其构成成分就是在特定的时间、特定的场合直接观察到的自然现象，它给在同一时间、地点的人带来威胁，即意识到雷雨会给人带来灾害，这就是称名的理据，它包含两个步骤，一是影响人的感觉的现象的指物范畴化，二是确定自然现象和感知主体之间的存在关系。由此可见，即使在现象学层面上，来自人的直接感觉实践中的知识也在与已经存在的先验性实践相对应的意识中得到了折射。比如之所以为 гроза，是因为 угрожает；而之所以为 угрожает，是因为它是一个实施侵略性活动的物体，之所以为侵略性活动，则因为其主要针对作为世界中心、本源的人。该现象的语言范畴化反映的是第一性的感觉经验。它主要体现在名词以及名词被赋予的谓词的认识一致性中。在远古意识中，雷雨是活的物体，它具有自己的意向性，也就是说在不受到任何外力时也能够在空间中自由活动。这种活动本可以用 идти，ходить 来表述。但名词"雷雨"所被赋予的典型谓词

却是 идти，而不是 ходить，尽管两者拥有相同的词汇意义。他详细分析了带有运动意义的定向/不定向动词的对立，认为两者之间的区别在于前者主要是指示固定在类似 идти 的动词中的概念的现象学地位，因为这些形式的语法意义就在于指示它们所表达的现象的直接观察性。与此相反，类似 ходить 的语法意义中则缺乏对其所表达运动的直接观察性，换言之，它们被概念化为不以独一的时空坐标作为存在条件的行为，因此类似 ходить 的不定向动词的指称就不能被归结到现象学层面，而应该在经验知识层面，它们属于理性知识的范畴。这就可以解释 Гроза идет，Река бежит，Волна катится 的可接受性和 Гроза ходит，Река бегает，Волна катается 的异常性。

构成纯粹语言知识并以语言形式体现出来的两种知识之间的差别是决定语言系统不同层次功能关系和联系性质的重要因素之一。在此认识基础上，语言好像被赋予了两个存在轴线：意识观察者的轴线和认知行为者的轴线。这两个轴线不是平行的，而是交叉的，它们在语言中通过言语主体折射出来。这种折射通过不同的语言范畴来体现。正如罗素所说，现实世界不是混乱的，而是结构化的。在世界内部存在共同和差别，以及构成世界本体的稳固关系。该本体在人的意识中通过特定的范畴化形式得到反映，而范畴实质上就是某些概念结构，其中可以区分出自然范畴，即或多或少取决于感知的范畴，以及语义范畴，即受概念决定的范畴。根据罗素的观点，范畴结构的初始表征，一方面在具有客观价值特征的基础上形成（也就是外在世界的特征），另一方面还要受制于个体有关外在世界的知识状态（Rosch，1977）。许多语法范畴都具有这种双重性结构，比如人称、性、体、时间、式、态等。其不可或缺的特征就是对积铸在范畴构成成分中的知识的类型做出指示，即直接感知的知识与概念知识的对立，或者现象学知识与结构知识的对立。

目前还很难评价认知范畴化的两阶段性结论对语言学研究的意义，但它至少可以使人们从一个全新的角度来审视作为符号系统的语言的实质。大多数语言现象中的概念和范畴反映出两个阶段之间的相互作用、关系，这也会最终决定着自然语言中所表征的世界图景。

3. 概念、概念化研究

概念不仅是认知语言学研究的重要内容，而且还是莫斯科语义学派和"语言逻辑分析"小组的研究课题。与西方学者对概念分析的图式化不同，俄罗斯概念化研究更加注重内容描写。

概念与概念化问题是俄罗斯国际认知语言学研讨会的主题。第一届俄罗斯国际认知语言学（1997）对概念的问题研究比较宏观，主要涉及认知研究的方法论和主要研究流派、语法的认知方面、词汇的认知研究、在系统和功能中的语言单位范畴、称名和构词中的认知方面等。第二届认知语言学研讨会（2000）对概念化问题的研究就比较具体，主要涉及历史层面上的概念化、文本和语篇的心智空间中的概念化、概念的实质与概念分析、世界的语言概念化、语法范畴的概念分析等。第三届认知语言学研讨会（2002）则专门讨论构式语义学（композиционная семантика）与概念整合（концептуальная интеграция）主题，以及在派生词、简单搭配、成语性搭配、句子以及篇章层面的意义形成中如何对该主题进行研究。本次研讨会对概念化的研究进一步推向深入。

学者们在从事概念范畴的一般总体理论研究的同时，还尝试对某些概念进行具体的描写。除此之外，学者们还对概念的结合体，如完整的词汇—语义场、词汇—成语场、词汇-语法和句法场等进行分析描写。在该领域研究中做出重要贡献的是以 Н. Д. Арутюнова 为首的语言逻辑分析小组。他们不仅探讨具有普通语言学意义的问题，还对更为广阔领域内的概念进行了描写。单在1991年的《Культурные концепты》中就对 истина, правда, ложь, долг, творчество, причина, судьба, добро и зло, закон и порядок, красота, свобода, время и пора, память, человек и личность, свое и чужое, милосердие, вопрос 等概念进行分析描写。根据学者们的阐释，这些概念彼此之间相互关联、相互渗透。除此之外，还对 уныние, меланхолия, задумчивость, забвение, радость, удовольствие, язык 进行了分析。当然这些概念 Е. С. Яковлева（1994）等也分别进行过分析。

Ю. С. Степанов 的巨著《Константы. Словарь русской культуры》（1997）对概念的研究也特别值得关注。他认为俄罗斯文化中主要存在这样一些基本概念：культура, концепт, константа; вечность, мир, менталитет мира; слово, вера, любовь, радость, воля; правда, истина, партийность; знание, наука; число, счет, письмо, алфавит; закон, власть; свои, чужие; Русь, родина; цивилизация, человек, душа, мир（община）; интеллигенция 等。

除此之外，С. Г. Воркачев 主要对人的心智和情感活动领域中的诸多概念，如 безразличие, удивление, любовь, презрение 等进行了分析。最近几年来，下面这些概念也成为学者研究的对象，如 факт，мир и закон у Пушкина и Л. Толстого，душа у Ф. Тютчева，обман，закон，бог，снег，памятник，счастье，игра，благо，желание，пространство，место，предмет 等。学者们所研究的概念清单在继续扩大，所涉及的范围也越来越广，概念正成为越来越多学者关注的课题。

在概念化的研究中，Т. В. Булыгина 与 А. Д. Шмелев 的巨著《Языковая концептуализация мира》堪称楷模。该项研究主要分析了俄语语法、语义、语用以及词汇如何参与世界的概念化。主要包括三部分：第一部分探讨了构成俄语语法本体基础的现实的概念化问题，主要涉及语言意义如何实现对现实的表征，它们在多大程度上取决于现实，又在多大程度上受制于俄语语言本身；第二部分则通过概念分析的方法对俄语语言世界图景中具备语言特色的层面进行重构，其中主要以对特定的俄语词语意义中深潜的概念的分析为基础；第三部分对言语交际中为达到某交际目的而产生的语用问题进行分析。两位学者认为，语言的操作、使用不仅是研究的对象，而且还是研究的方法。依此理念为基础，他们提出了许多颇有新意的观点。以俄语动词体为例，按斯拉夫体学传统，俄语动词体的意义划分标准不是词汇语义，而是形态语义或构词语义。体的研究目标是揭示体的个别意义（частное значение）类型。他们分析了俄语动词词汇语义类型与体貌（аспектуальность）的一些相关性质，将其与传统体学中的"派生"和"补充"类语法意义区别开来。他们认为，动词词汇语义类型与体貌情景（аспектуальная ситуация）相关的基础参数是与时间的关联性。据此，谓词（动词）分为两类：性质（качество）和现象（явление）。前者具有相对的"超时间性"，独立于时间之外（вневременность），而后者具有时间的确定性（Т. В. Булыгина，А. Д. Шмелев，1997：127，151）。

4. 语言的世界图景

早在 19 世纪，德国学者洪堡特就意识到语言世界图景研究的重要性。到 20 世纪，洪堡特的思想得到进一步的明确和发展。首先，在对异族语言的描写中，人们不仅发现这些语言概念化的方式与印欧语系诸语言有着明显的差异，而且还与他们所熟知的研究范畴也有所不同，如 Э. Сепир（1993），Б. Уорф（1960），H. Hoijer（1948），А. Вежбицкая（1996）等人的研究。其次，语义学迅猛发展的一个重要的结果就是对完整的语义场的描写，这些语义场实际上就是欧洲诸多标准语中所表征出来的世界语言图景的片段。类似的研究还有 Ю. Д. Апресян 以及他所负责编纂的«Новый объяснительный словарь синонимов русского языка» (2003)，该词典中的每一个词条其实就是世界的语言图景中的一个片段。А. Вежбицкая，В. Г. Гак (1966, 1975)，В. З. Санников (1989)，Е. С. Яковлева (1994) 等学者的研究也呈现出这样的特点。

学者们对世界的语言模式的研究并不仅仅局限于对它们的描写以及类型学的比较，它已经成为关于人的诸门科学所构成的完整综合体框架的阐释。语言的世界图景还被放到民俗学、神话学以及民族文化的大背景下来审视。世界图景甚至还被阐述成民族心理的直接反映。另外，出现了一个独特的研究方向——再现已经灭亡的语言或者远古语言的图景片段。学者们认为，这些片段属于民族物质文化的范围，研究的是种族、家庭内部的关系。

当代俄罗斯学者对语言世界图景理论的研究热潮始于 20 世纪八九十年代，这无疑与科学研究中"人类中心范式"的世界性潮流相呼应。语言世界图景也成为心理学、文化学、交际学等学科关注的焦点。

世界图景的概念以及词汇、构词、隐喻、语法在语言世界图景中的作用也成为目前俄国认知语言学的主题。对于这些领域的研究，我国学者武瑷华 (2001：293-294) 进行过详细的论述，不再赘述。我们主要分析 Е. В. Урысон 对语言世界图景所进行的研究。因为她所研究的是现代俄语，关注的是语言共时描写中所出现的问题。

众所周知，世界的语言图景与科学图景是对立的。两者的差别最明显地体现在那些自然语言中被当作科学术语使用的词汇，如 звезда，вода，свет，тепло，горение，высота，точка，линия 等。术语通常在科学概念系统中进行界定，与固定在自然语言中的词汇的意义系统相距甚远。Е. В. Урысон 指出，尽管世界的科学图景通过自然语言的手段来描写，但语言学研究的对象应该是语言的、质朴的世界图景。

通常世界的语言图景或者质朴图景被阐释为对世界的日常表征的反映，如 Ю. Д. Апресян (1995)，Е. С. Яковлева (1994) 等都坚持这个观点。有关语言相对论假设也是建立在类似的认识基础上的。换句话说，语言反映着我们对某个事物或者情景的普通的、日常性的认识。由此可以推知，对于描写世界语言图景的语言学者而言，可能会有两种发现：一方面，所研究的世界的语言模式片段可能会和先前从未有人揭示过的我们对现实片段的日常表征有着惊人的相似之处；另一方面，世界的质朴图景的片段又会和科学知识有着很大的不同，而后者则通常是被现代文明人所认为的标准，比如 Ю. Д. Апресян（1995：58-59）对 высота 的分析。

因为世界的语言图景首先在语言中，特别是在其词汇和语法范畴中得到巩固和表达，所以对该对象的描写应该就是对某语言的词汇和语法意义进行语义描写。只有对所选择语义场的词位、语法位进行语义分析后得出的结果进行概括、抽象，研究者才会对语言是如何切分所选择的现实片段、物体和情景的哪些特征被语言阐释为实质性的、哪些特征被忽视等一系列问题做出解答。

语言本身也是一个自主的系统，它按照自身的规律来发展和行使功能。那么这个自主系统是否就直接反映我们的日常表征呢？自然语言的语义系统是否就等同于关于世界的日常表征系统呢？Е. С. Урысон 在研究中证明，语言的语义系统是一个独特的对象，与人们普遍接受的观点不同，它不仅与科学的世界图景对立，而且有时还会与所谓的日常的、质朴的表征对立。她选择了俄语语义系统的两个片段来证明自己的观点。第一个就是对人的模式片段的描写。其中最引人注意的是对 дух，душа 的分析，除此之外，她还分析了人的基本能力 ум，совесть，память，воображение，сила，терпение。在人的语义模式中最为独特的是感知模式。证明两者之间不相对应的第二个片段就是对以行为动词为基础构成的动名词，如 прощание，рытье，шелестенье。假如说，在世界的语言图景中存在情景和事物的对立，那么这些对立通过什么来表达呢？似乎情景由动词表达，而事物则由名词来表达。但在俄语中，情景也可以由名词——活动名词来表达。在对活动名词的描写中，通常仅仅局限于指示它表达的是指物性特征，并将其与"人""花"等非派生词并置在一起进行描写。但在语义描写的现阶段仅仅局限于指示该特征已经不能解释事实的真相。在语义系统中词语的词类特征是否有某种根基，或者仅仅是一个语法特征、仅仅是语法范畴的载体等问题就不清楚了。Е. С. Урысон 试图阐明所选择语义系统片段和日常表征不相对应的原因。她认为，语言系统的发展并不与日常的、质朴的表征直接相关：语义系统也部分地按照自己本身的规律来发展。她还对语言的语义系统和世界的语言图景各自的概念范围进行了描画（Е. С. Урысон，2003：9-15）。

（三）其他

俄罗斯认知学者的研究当然并不仅仅局限于以上几个方面。他们还在不断拓展认知研究的空间，比如已有学者开始尝试用认知理论来探讨语篇、翻译以及术语学中的术语问题。还有学者从事认知方法论的研究，对当今认知语言学所采用的研究方法进行描写。Л. М. Ковалева 主编的《Когнитивный анализ слова》（2000）展现了语言学认知范式下词汇单位的最新研究方法，其中包括框架分析、概念分析和过程分析等，探讨了原型意义理论下语义特征问题，这其中还涉及了说话人问题等。学者们还尝试创建新的认知研究学科，Е. А. Селиванова 研究的对象就是认知专名学（когнитивная ономасиология）。她详细阐明了认知专名学要遵守的基本原则，并从语义学、心理语言学、概念分析法论、理据现象、认知专名学与语篇，对比层面等几个不同角度对认知专名学进行了阐发（Е. А. Селиванова，2000）。还有学者从认知类型学的角度进行多语种的对比研究，代表人物有 А. А. Кибрик，Е. А. Лютикова 等。这些学者及其研究成果不仅促进了本国语言学研究的发展，而且还活跃了世界认知语言学研究的舞台。

三 结语

认知语言学的迅猛发展是俄国当代语言学呈现出的典型特征，这一特征与当今世界语言学主流从结构语义研究逐步转向认知与交际功能的研究趋势相吻合，所不同的是，西方认知语言学是在美国生成语法基础上发展起来的，二者有着难以割断的联系。俄国认知语言学一开始就以探讨科学知识范式、语言与知识的表征为起点，在具体问题的研究上则与自身的语言学传统——专名学（ономасиология）有机地结合起来，形成了独具特色的认知语言学研究版本。

俄罗斯语言学的迅猛发展与本国的心理学研究是分不开的，同时与其在语言学研究中结构主义原则和人本中心原则的态度密切相关。В. М. Алпатов 指出：人本中心原则是第一性的，而结构主义是第二性的；前者是绝对的，后者是相对的（В. М. Алпатов，1993：15-23）。俄罗斯传统研究中从未忽视过语言中人的因素，特别是俄罗斯现代语言学中对观察者的关注、语言中人的因素的研究，这些研究本身就具有认知研究的性质，这样的研究氛围更容易使俄罗斯学者接受西方的认知思想。此外，俄国认知语言学的迅猛发展与其全面、辩证引介西方认知学者的观点不无关系。

认知语言学作为语言学中的一种新范式，其本质在于认知的主体"人"并不是一个被动的接受者，而是一个主动的施动者，人类经验在语言使用中具有重要的作用。俄国语言学越来越明显地呈现出与世界接轨的趋势，大方向是认知。俄罗斯认知研究的成果也更好地证明了这一点。拙文简明扼要地对俄罗斯认知研究的形成、发展进行了描述，并提取出了当前俄罗斯认知研究中的特色主题。与本国语言研究传统密切结合的俄国认知研究，不仅会加深人们对认知语言学学科本身的理解，而且对其语言研究传统、研究主题乃至俄语语言本身的研究都有很强的指导意义。

参考文献

Алпатов В. М. ，"Об антропоцентричном и системноцентричном подходах к языку"，*Вопросы языкознания*，1993（3）. — C. 15–23.

Апресян Ю. Д. ，*Интегральное описание языка и системная лексикология*，Москва：Школа «Языки русской культуры»，1995.

Арутюнова Н. Д. ，*Язык и мир человека*，Москва：Языки русской культуры，1998.

Вежбицкая А. ，*Семантические универсалии и описание языков*，Москва：Языки русской культуры，1999.

Дейк Т. А. ван，*Язык. Познание. Коммуникация*，Москва：Прогресс，1989.

Бодуэн де Куртенэ И. А. ，*Избранные труды по общему языкознанию. Т. 1*，Москва：Изд. АН СССР，1963.

Булыгина Т. В. ，Шмелев А. Д. ，*Языковая концептуализация мира（на материале русской грамматики）*，Москва：Языки русской культуры，1997.

Гуссерль Э. ，*Собранные сочинения*，Москва：Гнозис，1994.

Ковалева Л. М. ，*Когнитивный анализ слова*，Иркутск：Изд-во ИГЭА，2000.

Кравченко А. В. ，*Язык и восприятие：Когнитивные аспекты языковой категоризации*，Иркутск：Изд-во Иркут. ун-та，2004.

Кравченко А. В. ，*Знак, значение, знание. Очерк когнитивной философии языка*，Иркутск：Иркут. обл. тип. №1，2001.

Кубрякова Е. С. ，Демьянков В. З. ，Панкрац Ю. Г. ，Лузина Л. Г. ，*Краткий словарь когнитивных терминов*, Москва: Филол. фак. МГУ, 1996.

Кубрякова Е. С. , *Язык и знание. На пути получения знаний о языке: Части речи с когнитивной точки зрения. Роль языка в познании мира*, Москва: Языки славянской культуры, 2004.

Лютикова Е. А. , *Когнитивная типология: рефлексы и интенсификаторы*, Москва: ИМЛИ РАН, 2002.

Попова З. Д. , Стернин И. А. , *Очерки по когнитивной лингвистике*, Воронеж: «Истоки», 2002.

Потебня А. А. , *Мысль и язык*, Москва: Лабиринт, 1999.

Ряхилина Е. В. , *Когнитивный анализ предметных имен: семантика и сочетаемость*, Москва: Русские словари, 2000.

Селиванова Е. А. , *Когнитивная ономасиология*, Киев: Издательство украинского фитосоциологического центра, 2000.

Серебреников Е. А. , *Роль человеческого фактора в языке: Язык и мышление*, Москва: Наука, 1988.

Степанов Ю. С. , *Константы: Словарь русской культуры*, Москва: Языки русской культуры, 1997.

Урысон Е. С. , *Проблемы исследования языковой картины мира. Аналогия в семантике*, Москва: Языки славянской культуры, 2003.

Шахнарович А. М. , "Краткий словарь когнитивных терминов", *Известия АН, Серия литературы и языка*, 1997 (4) . — С. 70.

Яковлева Е. С. , *Фрагменты русской языковой картины мира (модели пространства, времени и восприятия)*, Москва: Гнозис, 1994.

Kirkeby O. F. , "Cognitive Science", *The Encyclopedia of Language and Linguistics, Vol. II*. Ed. by R. E. Asher, Oxford: Pergamon, 1994.

Вежбицкая А. , *Язык. Культура. Познание*, Москва: Русские словари, 1996.

Гак В. Г. , *Беседы о французском слове (из сравнительной лексикологии французского и русского языков)*, Москва: Международные отношения, 1966.

Гак В. Г. , *Русский язык в сопоставлении с французским*, Москва: Русский язык, 1975.

Санников В. З. , *Русские сочинительные конструкции: Семантика. Прагматика. Синтаксис*, Москва: Наука, 1989.

Сепир Э. , *Избранные труды по языкознанию и культурологии*, Москва: Издательская группа «Универс», 1993.

Уорф Б. , "Наука и языкознание" //*Новое в лингвистике. Вып. 1*, Москва: Издательство иностранной литературы, 1960.

Hoijer H. , "Linguistic and Cultural Change", *Language*, 1948 (4) , pp. 335–345.

Rosch E. , Human Categorization//N. Warren (Ed.) , *Advances in cross-cultural psychology*

（Vol. 1），London：Academic Press，1977.

Wierzbicka A.，*Semantics，Culture，and Cognition. Universal Human Concepts in Culture-Specific Configurations*，New York，Oxford：Oxford University Press，1992.

崔希亮：《认知语言学：研究范围和研究方法》，《语言教学与研究》2002 年第 5 期。

杜桂枝：《认知语言学在俄语学研究中的状况》，《福建外语》1999 年第 2 期。

赵艳芳：《认知语言学的理论基础及形成过程》，《外国语（上海外国语大学学报）》2000 年第 1 期。

武瑷华：《世纪末的俄国语言学》，《外语教学与研究》2001 年第 7 期。

赵爱国：《语言世界图景理论及其研究》，《外语与外语教学》2004 年第 11 期。

原文发表于《俄语语言文学研究》2007 年第 2 期

A. Wierzbicka 文化脚本思想阐析

叶其松*

摘　要： 文化脚本是波兰裔语义学家 A. Wierzbicka 于 20 世纪 90 年代提出的，它指用自然语义元语言描写的一套价值观念和准则。本文分析 A. Wierzbicka 的语言文化观，论述自然语义元语言的理论来源、语义单子和词汇共相、普遍句法，分别描写英语 "angry$_1$" 和 "angry$_2$"，俄语 "гневаться" 和 "сердиться" 的文化脚本，揭示其语义共性和差异。

关键词： 文化脚本　文化观念　自然语义元语言　语义单子　词汇共相　普遍句法

一　引言

"文化脚本"（cultural script）是 20 世纪 90 年代波兰裔语义学家 A. Wierzbicka（A. 韦日比茨卡）提出的一种文化观念分析和比较的方法。"脚本"（script）原本是戏曲、电影艺术中使用的一个概念。《辞海》将其解释为："剧本的别称。一般指在排演过程使用的底本，也指歌剧、舞剧剧本中的文学部分。"[《辞海》（第六版缩印本），2010：910] 此概念后来被借用到信息科学、人工智能、语篇自动分析、认知科学等领域之中。E. C. Кубрякова 领导编写的《认知科学简明词典》将"脚本"解释为："存在于观念之中，是认识结构中的

---

　* 叶其松，黑龙江大学俄罗斯语言文学与文化研究中心主任、研究员、博士生导师。

一类，是自然语言加工中完成特定任务的一种框架。"（Е. С. Кубрякова，1997：177）М. Н. Каннова（2008）和 Е. И. Голованова（2011）指出，在人的认识结构中，呈现观念的单位有意象（image）、图式（schemas）、概念（concept）、原型（prototype）、命题（proposition）、框架（frame）、脚本、格式塔（gestalt）等。其中，脚本被看成动态呈现的框架，是在一定时空内用因果关系联系起来的链条。

与上述学科对"脚本"的解释不同，A. Wierzbicka 将文化脚本理解为文化中特有的一套价值观念和准则（А. Вежбицкая，2001：123；F. Sharifian，G. B. Palmer，2007：111①）。A. Wierzbicka 认为，这些规则和准则可以借助自然语义元语言（Natural Semantic Metalanguage，以下简称 NSM）加以描写。

二　A. Wierzbicka 的语言文化观

语言和文化的关系是语言学的一个基本问题。罗常培在《语言与文化》一书开篇坦言：语言和文化关系密切，涉及的范围很广博（罗常培，1989：1）。这里的"广博"大致包含两个方面：一方面，语言和文化关系牵涉的学科众多，包括哲学、文化学、社会学、人类学、民族学、语言学等；另一方面，语言文化观同语言思维观、语言世界观、语言民族观等几个基本问题交织在一起。因此，即便在语言学内部，对这些问题的看法不仅是不一致，甚至是截然相反的。洪堡特（W. Von Humboldt）、萨丕尔（E. Sapir）、沃尔夫（E. L. Whorf）等学者认为，每一语言都体现语言使用者的独特思维方式和世界观，通过研究语言的结构，可以研究人的思维。乔姆斯基（N. Chomsky）等人坚持语言天赋的观点，即人生来具有一套语言机制，它对于所有语言来说是共同的。

A. Wierzbicka 认为，社会生活和该社会所用语言之间有着十分紧密的联系。她数次以波兰语和英语为例对此加以验证。例如，波兰语中与饮食有关的词汇，例如 bigos（毕高斯，一种酸白菜炖肉汤），barszcz（红菜汤），powidła（粒子

---

① A. Wierzbicka 的观点详见 Sharifian F.，Palmer G. B. 主编的 *Applied Cultural Linguistics*：*Implications for Second Language Learning and Intercultural Communication*（2007）一书中的第 7 章：Semantic Primes and Cultural Scripts in Language Learning and Intercultural Communication（Cliff Goddard and Anna Wierzbicka）。

酱）等在英语中找不到对应的词，而英语中也有 marmalade（橙子酱）这样具有特殊文化含义的词。再如，英语的 table（桌子）一词对应 stol 和 stolik① 这两个波兰语词汇。再以动词为例，英语动词 chase（追赶）对应 scigac 和 gonic 两个波兰语动词，但它们都与前者有所区别；而波兰语动词 przekonac 也同时对应 persuade（说服）和 convince（使相信）两个英语动词，但这两个动词彼此有所区别且都不与前者完全等同。因此，带有特定文化意义的词反映和传递的不只是某社会特有的生活方式，还有思维方式。如果波兰语词汇体现波兰民族的文化价值观，那么英语则有英语自身的文化假设和价值。A. Wierzbicka 的文化语言观可以概括为以下五个方面："（1）在不同的社会和社会集团中，人们的说话方式不同，而且不仅限于词汇和语法。（2）言语行为方式差异根深蒂固且构成系统。（3）它们反映不同文化价值，它们是文化价值层级体系差异的'基元'。（4）语言集团特定的言语策略，单纯地从行为方面不能得以很好地描写（甚至解释）；实际上，它们是'文化规则'这个内在系统的外在体现。我们将这些文化规则称为'文化脚本'。要懂得一个社会的言语行为，应该弄清并清楚确定其隐含的文化脚本。（5）在解决这一问题时，为避免带有'民族中心主义'的偏见，必须找到通用的、不受具体语言限制的比较基础。如果上文提到的'规则'可以用'词汇共相'来表示，这是能够实现的，因为词汇共相是在所有世界语言中词汇化的、人类通用的一组概念。"（A. Вежбицкая，2001：159-160）

最后一点尤其值得强调。在 A. Wierzbicka 看来，理解一个民族的文化，发现民族特有的"文化脚本"，必须建立自然语义元语言。这种元语言的特点在于：一方面，它是世界上所有语言的交集；另一方面，它是人类思想的内部语言。因此，它虽然没有声音系统，但却能通过任何语言的声音系统体现出来。只有借助这样的元语言，分析才能是客观的、清楚的、科学的。

三　自然语义元语言的理论渊源和思想核心

（一）理论渊源

A. Wierzbicka 的自然语义元语言思想深受西方哲学，尤其是笛卡尔（R.

---

① stolik 是 stol 的指小形式。

Descartes）"天赋观念说"和莱布尼茨（G. W. Leibniz）"单子论"的影响。笛卡尔把"天赋观念"看成一些基本原则、公理和概念等，包括：我思故我在；每一现象必有原因；结构不能大于它的原因；空间、时间和运动的观念；几何学的一些命题，如三角形的内角和等于两直角等。笛卡尔认为，成为"天赋观念"必须具有两个条件：第一，它们必须是明白清晰的，人们在注意思考它们时，一定不能怀疑它们的真理性；第二，我们关于别的事物方面的知识，一定是完全依靠它们（姚鹏，1985：67）。在笛卡尔"天赋观念说"基础之上，莱布尼茨提出"单子论"。后者认为，"单子"指的是一些简单观念，是人类思维的最小单位。他在《单子论》一文中指出："有一些单纯的观念，我们是不能给它们下定义的，也有一些公理和公设，总之有一些原始的原则，是不能证明的，也不需要证明。"（莱布尼茨，1981：482）"我们这里要说的单子不是别的，是一种组成复合物的单纯实体；单纯，就是没有部分的意思……在没有部分的地方，是不可能有广延、形状、可分性的。这些单子就是自然的真正原子，总之就是事物的原素。"（莱布尼茨，1981：476-477）莱布尼茨还认为，确定语义单子不能靠人的内省，而应依据对词典释义的客观分析，从中找出那些不可再分的简单观念。

　　此外，A. Wierzbicka 也受到波兰、俄罗斯语言学家的直接影响。20 世纪 60 年代，A. Wierzbicka 听取语言学家 A. Богуславский 在华沙大学主讲的《语言学基本原理》这门课程。博古斯拉夫斯基在课上提出一种方法，在哲学和语言学基础上确定一套普遍的语义原子和分子（А. Н. Гладкова，2009）。"19 世纪思想家的伟大理想无法在哲学中得以实现，因此被看成乌托邦。但 A. Богуславский 指出，如果从语言学而不是从纯粹哲学的角度出发，它可以实现。现代语言学（经验语言学也好，理论语言学也罢）的经验和巧妙能够重新解决概念单子的问题并将这一问题提到经验科学的日程上来。"（А. Вежбицкая，2011：32）1964 年，A. Wierzbicka 在通过副博士答辩后，赴莫斯科苏联科学院斯拉夫学和巴尔干学研究所访学半年，这期间同莫斯科语义学派的代表人物 И. А. Мельчук，А. К. Жолковский，Ю. Д. Аперсян 联系密切。因此，A. Wierzbicka 的自然语义元语言也受到莫斯科语义学派元语言思想的影响。

（二）语义单子和词汇共相

　　自然语义元语言的基本单位是语义单子（semantic primitives），它们代表人类思维中的一些基本观念。它们的基本特点是：从来源角度说，语义单子是天赋的。从认知角度说，它们是简单的、自明的，其中大多数是儿童最先掌握的，因此它们是无须定义的，而运用它们能描写更为复杂的观念。从语言角度说，它们能运用世界上的任何语言并能在具体语言中找到相应的名称。

A. Wierzbicka 在 1972 年最先提出了 14 个语义单子，后经过补充和修正，目前语义单子的数量为 60 余个。语义单子在具体语言中被赋予相应的语词形式，这被称为词汇共相（lexical universals）。这里"词汇"实际上是一个宽泛的观念，根据表达的需要，它可能是短语成分（phraseme）或者语素（morpheme）。它们的类别和构成如表 1 所示。

表 1

	英语	汉语
实体（substantives）	i, you someone something/thing people, body	我，你 某（有）人 某（有）东西（事） 人们，身体
关系词（relational substantives）	kind, part	类，部分
限定（determiners）	this, other/else the same	这个，那个 同一个
数量（quantifiers）	one, two much/many some all	一，二 （很）多 一些 所有
评价（evaluators）	good, bad	好，坏（不好）
描写（descriptors）	big, small	大，小
心理述谓（mental predicates）	think, know, want feel, see, hear	想，知道，要 感觉，看到，听到
言语（speech）	say, words, true	说，词（字），真
行为（事件、运动、接触）[actions（events, movements, contact）]	do, happen move, touch	做，发生 动，接触
地点、存在、拥有、特点（location, existence, possession, specification）	be（somewhere） there is, have be（someone/something）	在（某地） 有，具有 是
生和死（life and death）	live, die	生，死

	英语	汉语
时间（time）	when/time, now before, after a long time a short time for some time moment	何时（时间），现在 在……之前，在……后面 久 一会儿 一段时间 一瞬
空间（space）	where/place here above, below far, near side, inside	哪儿（地方） 这（里） 在……上面，在……下面 远，近 （旁）边，在……里面
逻辑概念（logical concepts）	not, maybe, can because, if	不（没），可能，会（能） 因为，如果
程度（intensifier, augmentor）	very, more	很，更
相似（similarity）	like	像

用自然语义充当元语言，需要克服的一个困难是词汇的多义性。例如，作为语义单子的动词 move，既表示"移动"，也表示"感动"。

（1）I couldn't move.（我不能动了。）

（2）Her words moved me.（她的话让我感动了。）

按照自然语义元语言，只有表示"移动"的 move 被看成语义单子。此外，自然语义元语言允许一个基本意义在特定语言中有不止一种表达方式，A. Wierzbicka 把这种情况称为"同义异词"（allolexes）或"同义异素"（allomorphs）。例如，英语中 I 和 me 表示相同的基本意义，它们是同义异词。同样，汉语中的"不"和"没"也可以看成同义异词，因为两者表示的基本意义与 not 相同。

每个或每组语义单子都有其出现的典型语境，A. Wierzbicka 将其称为"典型句子"（canonical sentences）。目前，典型句子的数量达到 150 个，以下是类语义单子的典型句子。

（1）Who did it?（谁做了它？）

（2）Someone took it. I don't know who.（有人拿了它。我不知道是谁。）

（3）What happened?（发生了什么？）

（4）I did something bad. （我做了坏事。）

（5）What is this? （这是什么?）

（6）This thing is big. （这东西大。）

（7）They are good people. （他们是好人。）

（8）Many people don't know this. （很多人不知道这个。）

（9）Sometimes bad things happen to people. （有时坏事发生在人身上。）

（10）The body of a man is not like the body of a woman. （男人的身体不像女人的身体。）

（11）The stomach is part of the body. （胃是身体的一部分。）

（三）普遍句法

在 A. Wierzbicka 看来，不仅存在一套普遍的天赋观念，也存在"人类思维的句法"，它同样是天赋的和普遍的。这套句法是简单观念或者说语义单子组合的结果。例如，语义单子 want 和其他单子组合，可以构成下列"句子"。

a. I want this.

b. Someone wants something.

c. Someone wants to do/know/say something.

d. Someone wants someone else to do/know/say something.

e. Someone wants something to happen.

f. I want it very much.

普遍句法同样适用所有语言，也就是说，上述句子可以转换成汉语。

a′. 我想要这个。

b′. 有人想要某东西。

c′. 有人想做/知道/说某事。

d′. 有人想别人做/知道/说某事。

e′. 有人想某事发生。

f′. 我很想要它。

上述英语和汉语句子结构有些不同，这是由两种语言句法差异决定的，但结构差异无法否定它们语义的等同。

四 "怒"观念的跨文化分析和比较

(一) 作为人类基本情感观念的"怒"

"怒"是人类的一种基本情感观念。美国心理学家普拉切克（R. Plutchik）指出："上述所有学者都认同，有一些情感是主要的，他们列出的清单中最少包括3种，最多有11种，但大多数的说法是5-9种。有趣的是，像'惧'（fear）、'怒'（angry）这样的情感包括在所有人的清单中，'忧'（sad）（或其同义词'愁、苦、孤独'）也是如此，唯有两处例外。"（А. Вежбицкая，2001：16）汉语中也大致如此。我国古代哲学、医学中就有七情的说法。"何谓人情？喜、怒、哀、惧、爱、恶、欲，七者弗学而能。"（《礼记·礼运》）"七情者，喜、怒、哀、乐、惧、恶、欲七情也。"（《云笈七签》）"七情者，喜、怒、忧、思、悲、恐、惊是也。"（《三因极一病证方论》）。尽管"七情"具体所指不尽相同，但"怒"是其中一种基本情感之一。

(二) angry₁和 angry₂

A. Wierzbicka 认为，每个情感观念都有自己的脚本。她认为英语中 angry 的不同义项分别具有下列脚本（A. Wierzbicka，2006：88-89）。

X was angry$_1$（with Y）

（a） X felt something because X thought something（X 感到某事因为 X 想到某事）

（b） sometimes a person thinks about someone（有时一个人想到某人）

（c） this person did something bad（这个人做了不好的事）

（d） I don't want this person to do things like this（我不想这个人做这样的事）

（e） I want to do something because of this（因为这事我想做某事）

（f） when this person thinks this, this person feels something bad（当这个人想到这事，这个感觉不好）

（g） X felt something like this（X 感到这样的事）

（h） because X thought something like this（因为 X 想到这样的事）

X was angry$_2$（at Y）

（a）X felt something because X thought something（X 感到某事因为 X 想到某事）

（b）sometimes a person thinks（有时一个人想）

（c）something bad happened（不好的事发生了）

（d）because someone did（didn't do）something［因为某人做了（或没做）某事］

（e）I don't want things like this to happen（我不想这样的事发生）

（f）I want to do something because of this if I can（如果我能，因为这事我想做某事）

（g）when this person thinks this，this person feels something bad（当这个人想到这事，这个感到不好）

（h）X felt something like this（X 感到这样的事）

（i）because X thought something like this（因为 X 想到这样的事）

与此前的研究中，A. Wierzbicka 是用一个脚本来描写观念 angry 的（А. Вежбицка，2001：30）。近年来，由于 angry at 这种用法的出现，有必要区分 X was angry₁（with Y）和 X was angry₂（at Y）。类似 angry at God（对天发怒），angry at their doctors（冲他们的医生发怒）等短语并不是指 God 或 doctors 做了坏事，而是指发生了不好的事，例如疾病，而 God 或 doctors 不力救治。因此，同 angry₁ 相比，angry₂ 更难控制，这体现在后者释义中的 I want to do something because of this if I can（如果我能，因为这事我想做某事）。

（三）гнев 和 сердится

俄语中与 angry 对应的词是 гнев，但两者并不完全相同。按照 И. А. Мельчук 和 А. Жолковский 的解释，гнев 与 angry 的最大区别在于：在俄罗斯民族文化中，гнев 被认为是 противоречие основным этическим принципам（与根本价值准则相抵触的），换句话说，"怒"被认为是不好的行为，但这一点对于 angry 不是必需的。因此，гнев 的自然语义元语言释义为：

（a）X думает нечто вроде этого о ком-то（X 想到关于某人与这事相似的一件事）

（b）этот человек сделал нечто плохое（这个人做了不好的事）

（c）я этого не хочу（我不想这样）

（d）если кто-то делает вроде этого, это плохо（如果某人做了这样的事，这不好）

（e）из-за этого я хочу что-то сделать с Y-м（由于这事我想对 Y 做点什么）

（f）из-за этого X чувствует нечто плохое（由于这事 X 感到不好）

（g）как чувствуют люди, когда они думают нечто вроде этого（人们这样觉得，当他们想到与这事相似的一件事时）

Л. Н. Иорданская（А. Вежбицка, 2001：36）将对动词 сердиться 做过如下解释：

A сердиться на C за B =

A находится в активно-отрицательном эмоциональном состоянии, вызванном тем фактом, что（A 处于积极且负面的情感状态中，它由以下事实引起）：

①A уверено в осуществлении событии B, субъектом которого является лицо C（может совпадать с A）［A 相信 C 完成了事件 B（C 可能与 A 是同一个人）］

②B нежелательно для A（B 让 A 不满意）

③C нежелательно для A из-за B（由于 B，C 让 A 不满意）

④A хочет нечто сделать с C, чтобы противодействовать событию B или его повторению（为了反对事件 B 或不让它再出现，A 想对 C 做些什么）

此外，сердиться 的语义中还包括以下要素：（1）主体自己心中产生"怒"，（2）"怒"在主体行为中有明显体现。因此，сердиться 的完整释义如下。

（a）X думает нечто вроде этого о ком-то（X 想到关于某人与这事相似的一件事）

（b）этот человек сделал нечто плохое（这个人做了不好的事）

（c）я этого не хочу（我不想这样）

（d）из-за этого я хочу что-то сделать с Y-м（由于这事我想对 Y 做点什么）

（e）из-за этого X чувствует нечто плохое（由于这事 X 感到不好）

（f）как чувствует люди, когда они думают нечто вроде этого（人们这样觉得，当他们想到与这事相似的一件事时）

（g）X думает это некоторое время（X 想一阵此事）

（h）из-за этого X некоторое время так чувствует（由于此事 X 一段时间这样觉得）

415

（i）ругие люди могут знать об этом（其他人能知道此事）

（j）потому что X нечто делает из-за этого（因为由于此事 X 做某事）

（k）как делают люди, когда они чувствуют нечто вроде этого（人们这么做，当他们感到与这事相似的一件事时）

五 结语

语言学在微观层面的重要任务之一就是寻找语义单子。A. Wierzbicka 基于笛卡尔和莱布尼茨的哲学思想提出的自然语义元语言，建立一套包括 60 多个语义单子的系统。这套方法受到俄罗斯语言学界的高度重视。Е. В. Падучева 认为其研究足以称为一种"现象"。Ю. Д. Апресян 指出："我深信，她的著作是世界语义学文献的典范。"（А. Вежбицка，2011：13）文化脚本证明自然语义元语言具有强大的解释力，可以用来辨析多义词（angry$_1$ 和 angry$_2$）、同义词（гневаться 和 сердиться）的语义共性和差异，也能进行观念跨语言的分析和比较。

参考文献

Вежбицкая А. , *Сопоставление культур через посредство лексики и прагматики*, Москва: Языки славянской культуры, 2001.

Вежбицка А. , *Семантические универсалии и базисные концепты*, Москва: Языки славянской культуры, 2011.

Гладкова А. Н. , *Русская культурная семантика: эмоции ценности, жизненные установки*, Москва: Языки славянской культуры, 2009.

Гововованова Е. И. , *Введение в когнитивное терминоведение: учеб. Пособие*, Москва: Флинта · Наука, 2011.

Каннова М. Н. , *Введение в когнитивную лингвистику: Учебное пособие*, Калининград: Изд-во РГУ им. И. Канта, 2008.

Кубрякова Е. С. , *Краткий словарь когнитивных терминов*, Москва: Филол. ф-т МГУ им. М. В. Ломоносова, 1997.

Sharifian F. , Palmer G. B. , *Applied Cultural Linguistics: Implications for Second Language Learning and Intercultural Communication*, Amsterdam: John Benjamins Publishing, 2007.

Wierzbicka A., *Emotions across Languages and Cultures*：*Diversity and Universals*，Cambridge：Cambridge university press，2006.

辞海编辑委员会：《辞海》（第六版缩印本），上海辞书出版社，2010。

莱布尼茨：《单子论》，载《西方哲学原著选读》，北京大学哲学系外国哲学史教研室编译，商务印书馆，1981。

罗常培：《语言与文化》，语文出版社，1989。

姚鹏：《笛卡尔天赋观念说的基本涵义》，《哲学研究》1985 年第 6 期。

原文发表于《俄罗斯语言文学与文化研究》2015 年第 4 期

概念分析：方法及意义

杨明天[*]

摘　要： 概念分析所得到的格式塔是测量抽象实质的工具，它使抽象语义名词的内部以及不同语言之间相关概念的比较又多了一个比较的层面。概念分析可以确定语言文化载体对词汇单位所表示的情景的价值关系以及没有被直接观察到的现象和感觉接受的现实层次的现象的相互关系。

关键词： 概念分析　方法　意义

一　关于术语 концепт

谈及概念分析，就需要对 концепт（概念）这一术语做一界定。研究的对象和方法的不同，使得研究者对 концепт 的认识也多种多样（П. Филкова，2003；Н. В. Тихонова，2004；В. Гайдукова，2004；«Когнитивная　лингвистика»，2004；В. П. Веряскина，2004；В. З. Демьянков，2001：35-47）。本文拟从哲学、语言和文化研究的角度作一归纳。

（一）概念（концепт）与理解（понятие）

哲学上所认为的概念（концепт）是理解（понятие）的内容，含义丰富，抽象于理解表达的具体的语言形式。Р. Карнап 认为，概念是介于语言表达及其

---

* 杨明天，上海外国语大学俄罗斯东欧中亚学院教授、博士生导师。

相应的所指之间的东西（«Новейший философский словарь», 2001：503）。

Ю. С. Степанов 认为，концепт，понятие 现阶段是这样区分的：понятие 这一术语主要用于逻辑和哲学领域；而 концепт 则是数理逻辑的术语，近年来在文化学中也得到运用。根据他的看法，концепт 是人意识中的文化凝结。文化以概念的形式进入人的精神世界。концепт 的结构既包括了属于 понятие 的所有的东西，又包括那些把 концепт 变为文化事实的东西，如词语的来源，包括其内容基本特征的简史、现代的联想、评价等（Ю. С. Степанов, 2001：43）。

在认知语言学中，концепт 是词语和语言外现实之间的中介物，是与词语的意义（значение）相关的理解（Е. С. Кубрякова и др., 1996：90）。概念可以是不同语言单位所具有的，具有相关性和非孤立性（связанность и неизолированность）的特征。概念是通过域（домен）来说明的，域形成突出概念的背景。在 Р. Лангакер 的术语中，концепт，домен 的相关性用 профиль, база 的术语描写。认知语义学重视视觉的形象表征，概念在这个理论框架下可以被描绘出来。而对于无法看到的概念的描写，采用的是特征列表法（Е. В. Рахилина, 2000：350）。

А. Вежбицкая 认为，концепт 是具有名称的理想世界的客体，反映人受到文化限制后对现实世界的表征（Л. О. Чернейко, 1997：286）。名词概念涉及所有类型的位于名词之后的现象的知识，即被归结为一个符号，但预先确定了符号作为已知的认知结构的存在，并形成语言知识的外延与内涵的东西就是概念（Л. О. Чернейко, 1997：287）。不管是科学的还是朴素的理解，其基础是逻辑与理智。而 концепт 的基础是次逻辑的（сублогическая），其内容既包括朴素的理解的内容，还包括了名词搭配时表现出来的语用成分（Л. О. Чернейко, 1997：287）。

综上所述，我们认为，концепт 是一种构成、表征名词的联想场。它是名词的聚合模型，包括名词内容的逻辑结构和次逻辑结构。这种结构可以从名词的搭配（自由、非自由）中得出，即从名词的组合关系中得出（Л. О. Чернейко, 1997：314）。

（二）概念与意义

在语言语义的描写中，语言表达的意义曾被等同于其中表达的概念

（Е. С. Кубрякова и др.，1996：90）。О. Н. Селиверстова 指出，20 世纪语言学研究语言的含义（смысл）所走过的道路是，从把意义（значение）看作解释和预示词语在句子中行为的区分特征的综合到把概念看作主体所构造的词语和篇章的隐喻使用中关于某种实质的知识和表征的凝结（Элеонора Лассан，2004）。换言之，概念的心理物理基础是某种感觉的形象，这种形象被赋予形成概念内容的关于世界的知识；而词的意义是其语义成分的总和。Элеонора Лассан（2004）提出了另外一种说法，也具有一定的启发意义：значение 可以被看作关于词的使用条件的知识，以称名一定的所指情景，向听者传递某种信息，对其产生作用；концепт 是关于某种实质的知识，形成于对相应所指情景的思考，传递给听者以显示自己的目的，并影响听者。

二 概念分析

20 世纪末期，语言学不仅表现了对语言的逻辑—语用层面的关注，在概念分析（концептуальный анализ）方面也得到了发展。如 Л. Витгенштейн，Г. Х. фон Вригт，М. Хайдеггер，Х. Г. Гадамер，М. Бубер 以及俄罗斯的 Н. А. Бердяев，Г. П. Федотов，П. А. Флоренский，Ф. А. Степун，А. Ф. Лосев 等人对文化概念的分析。文化和创造它的人民具有密切的联系，其中包含人类普遍的、具有世界观意义的理解，这种理解形成了人们的"日常哲学"（практическая философия），如 тоска，совесть，душа，свобода，судьба 等，其中每个概念都具有民族特点。以上词语不变的含义以及蕴含在它们使用的上下文背景上被勾画出来。词源、其搭配性范围、典型的句法位置（如 судьба играет человеком）、语义场、评价、形象联想等参数的确定使概念的复建，其民族特点以及在人的日常意识中的位置的明确成为可能（«Логический анализ языка»，2004）。

对抽象语义词语的隐喻搭配进行概念分析是复建语言世界图景的普遍方法之一。这种方法被独立使用在 Н. Д. Арутюнова «Предложение и его смысл»（1976），В. А. Успенский «О вещных коннотациях абстрактных существительных»（1997），Дж. Лакофф，М. Джонсон «Метафоры, которыми мы живем»（1980，俄译本 1987）中。

（一）概念分析的方法

Л. О. Чернейко 认为，概念分析要解决的问题是，语言载体（以一定的语言为母语的人）关于位于抽象名词之后的理想客体的表征如何（Л. О. Чернейко，1997：285）。概念分析抽象名词的方法基于字面解读（буквальное прочтение）惯常与之搭配的具有现象类别信息的物理行为动词（Л. О. Чернейко，1997：289）。例如：Мысль погасла。动词 погаснуть 包含有典型的行为主体的信息（光、火），在以上的搭配中，此信息并不消失。此时，外显的行为主体（мысль）被听者（读者）类比于隐含的主体（光、火）。从说者的角度而言，他把 мысль 投射到光、火上，决定他选择动词 погаснуть 作为述谓。听者从上下文中得到的联想与说者深层联想的重合保证了他们的相互理解（Л. О. Чернейко，1997：290）。说者所做的搭配性选择被他深层的联想潜力以及抽象名词的物的蕴含（вещные коннотации）所预先确定，研究者把这种联想潜力模型化为语言意识的非理性、次逻辑基础，进行我们所说的概念分析（Л. О. Чернейко，1997：290）。

（二）概念分析的目的

名词的搭配性分析只是概念分析的条件，而不是概念分析的目的。概念分析的目的是确立个体或集体语言意识中的词语的深层的、潜意识的联想联系（Л. О. Чернейко，1997：196），展现抽象实质如何深层次地投射于物的世界（вещный мир）。这种投射保留在集体或个人的潜意识中（Л. О. Чернейко，1997：202）。用概念分析方法研究抽象名词的搭配性，有助于了解位于抽象名词之后的抽象实质。具体说，就是研究抽象名词与描写动词、描写形容词的搭配，以了解集体的无意识结构（Л. О. Чернейко，1997：201）。通过概念分析可以得到抽象名词的隐含形象。隐含形象确定了抽象名词的搭配性（Л. О. Чернейко，1997：202）。

概念分析的方法可以恢复由抽象名词连接在一起的，表现在抽象名词与述谓搭配中的知识和表征（Л. О. Чернейко，1997：187）。概念分析的方法在描写复杂模态的名词时，所建造的模型来自语言载体的潜意识，接近于现实，接近于这些现象如何存在于意识的理想空间。对抽象名词进行概念分析，通过搞清抽象名词的格式塔，可以描写那些在搭配中被展开的、在此之前被隐藏的语言载体的表征（Л. О. Чернейко，1997：295）。

（三）概念分析的结果——格式塔

这里所理解的格式塔的意义是，抽象名词的述谓-限定搭配隐含，是存在于意识中的抽象实质到具体现象的投射（Л. О. Чернейко，1997：295）。如分析 мысль 的述谓搭配 Мысль *погасла* 可以得到 мысль 的格式塔之一：мысль —— огонь/свет。形象地说，格式塔如同一个面具，语言把这个面具带到抽象概念之上。面具可以变化，如分析 Какие-то странные мысли *хлынули* в голову заболевшему поэту（Михаил Булгаков）得到 мысль 的另外一个格式塔：мысль —— вода。格式塔影响，甚至确定名词的搭配（Л. О. Чернейко，1997：301）。

Л. О. Чернейко 建议把搞清"格式塔"看作概念分析的结果。格式塔是词语对本语言和文化载体而言典型的联想轮廓，从被分析的概念的隐喻搭配（述谓—限定搭配）中得到。格式塔反映了概念的次逻辑部分，是关于位于抽象名词之后的实质的直觉知识，可以被归结为一定的模型。Л. О. Чернейко 认为，概念是研究抽象名词的特殊角度，可以结合人们所积累的，表现在名词搭配性中的所有类型的知识和表征。概念的描写可以通过突出概念结构中的两个区域来进行：逻辑区域，在词典编纂释义的基础上确立；次逻辑区域，在格式塔分析的基础上确立（Элеонора Лассан，2004）。

（四）格式塔——测量抽象实质的工具，一个比较层面

抽象名词的概念分析可以确定抽象名词的格式塔。格式塔是测量抽象实质的工具，并使得它们内部相比较以及不同语言之间相关概念的比较又多了一个比较的层面。如 мысль 在以俄语为母语的人的意识中至少具有以上所列举的 мысль —— огонь/свет，мысль —— вода 两个看似矛盾的格式塔。汉语的相关概念在以汉语为母语的人的意识中也具有类似的格式塔：思想/念头——火/光，例如：

（1）但那念头一经产生就再也难以打消，且在她心中越烧越旺。（王海鸰）

（2）一个念头在脑际一闪，刘思扬立刻冷静下来。（罗广斌等）

另外一个格式塔：思想/念头——水，例如：

（3）他的脑袋在来回摆动，思想在急速旋动奔流；母亲想投河……这个念

头在我心上涌起。（梦莉）

这样，我们可以说，мысль 与"思想、念头"具有两个类似的格式塔。俄语、汉语语言载体对类似概念的抽象实质的认识有某种程度的接近。

（五）格式塔具有多样性

在搭配的基础上复建出来的抽象名词的格式塔具有多样性，甚至互相矛盾。如情感的水与火的格式塔：Любовь распалилась（灼热起来，炽热起来）；К нему прихлынула（水、浪等汹涌而来）但这是情感事物本身的特点，因为人对情感的体验多样而复杂。这不是偶然的现象。情感的抽象语义名词的格式塔（"物的蕴含"）具有多样性，这是一种实际的存在状态。情感的抽象语义名词引起的表征不是关于一个具体物体的表征，而是关于一系列不同物体的表征，它同时具有每个物体的特征。一个情感意义抽象名词的不同格式塔（隐喻形象）甚至可以混合出现在同一语句中，例如：

（4）В порыве（骤然一阵风）нежной любви，которая вдруг прилила（液体流来、涌向）к моему сердцу，...я обнял ее за плечи и поцеловал。（А. Чехов）

（5）Весь он был пропитан（使浸透、充满某种液体）пылом（〈旧、俗〉火热，火焰）своей молодой страсти к делу。（М. Горький）

在例句（4）中，情感 любовь 具有两个格式塔（隐喻形象），一个是液体（любовь，которая прилила к...）；另一个是风（порыв любви）。在例句（5）中，情感 страсть 的一个格式塔是火（пыл страсти），另一个是液体（пропитан страстью）。火与液体的形象逻辑上看似矛盾地在例句（5）中融合在一起：пропитан пылом страсти。

（六）概念分析的意义

语言认知研究的中心问题是研究语言中各种知识表征的结构。概念分析的方法有助于恢复与抽象名词连接在一起的，表现在抽象名词隐喻搭配中的知识与表征。反对使用这种方法的人认为，"在简单地对语言隐喻解码的基础上做出深层形象决定抽象名词搭配的结论是冒险的。使用这种方法得到的概念图景非常不连贯"（Л. О. Чернейко，1997：187）。

Анна А. Зализняк（2000：88），Л. О. Чернейко（1997：191）对这种意见

作了反批评。Л. О. Чернейко 认为，这里所说的"恢复"是与抽象名词连接在一起的，表现在抽象名词与述谓的搭配中的知识与表征指的并非词源性质上的恢复，而是神话学意义上的隐喻的主要和辅助主体的联系，搞清这种联系的感觉和非理性的基础。而所谓的"概念图景不一致"是一个悖论，正是在这个"概念图景不一致"中反映出抽象名词的语义-语用特点。如个体对抽象语义的情感名词的抽象实质的具体体验引起情感名词与表示物理行为的不同述谓、描写性质的形容词等的联系，对这些搭配的分析可以展现情感名词的联想轮廓（Л. О. Чернейко，1997：191）。

情感名词的实质的物的蕴含不能形成唯一的图景（形象），这并不意味着概念分析方法有缺点（Л. О. Чернейко，1997：195）。概念分析方法使我们了解到在意识的理想空间，即在潜意识中现象是如何存在的。没有任何必要要求从不同词组中复建出来的格式塔（"物的蕴含"）被归结为一个完整的形象。每个格式塔都是抽象名词的某种特征的物质体现。如情感名词的隐喻搭配的性质参数（范畴语义）处于逻辑对立关系，因为抽象语义的情感名词隐含着不同的事件状态，及情景参与者对其的不同态度，这样，情感名词的联想物（ассоциат）——格式塔也不相同。如 тоска 及其以下例句中体现出来的不同联想形象：

Беспричинная *тоска* туманит（尘、烟、雾等遮蔽）сердце.（А. Пичерский）

В мое сердце опять вольется（注入，流入）*тоска*.（В. Короленко）

Тоска мало-помалу угомотились.（自然现象减弱、平息）

Тоска меня загрызла（咬死），места не найду.（А. Островский）

Его ужалила（咬，蜇）*тоска*.

Душу мне давит *тоска* нестерпимая.（А. Апухтин）

Тоска сжала（压缩、压紧）сердце.

Тоска засосала меня.

Тоска, тоска его снедает（〈旧，方〉吃 —〈文语〉折磨）.（А. Пушкин）

Тоска схватила за душу.

Мучительная *тоска* разнимала（〈口〉分开，掰开 —〈俗〉控制）все мое существо.（Левитов）

Пронзительная *тоска* разрывала ей грудь.（А. Н. Толстой）

一般而言，名词表达的现象越复杂，其概念肖像（концептуальный портрет）就越复杂。Элеонора Лассан（2004）认为，概念分析的问题可以具体化为：（1）当想到某个名词的所指情景时，语言和文化的载体（曾经/现在）想的是什么？（2）本概念和其他关键的（文化）概念的联系如何？（3）就语言文化载体对所分析的实质及其在价值体系中的位置的思考，我们对语言文化载体的看法如何？（4）词汇意义中哪些情景成为语言文化载体的反思对象？

如对"心₄"，сердце₂，душа₁进行概念分析之后得到的结果如表 1 所示（А. Д. Шмелев，2002；《Новый объяснительный словарь синонимов русского языка». Первый выпуск，1999：441-445；Ю. С. Степанов，2001：880；《古今汉语词典》，2000）。

表 1

所比较的对象	心₄	сердце₂	душа₁
语义要素	统指认识、思想、感情、意念、谋虑等精神活动	символ чувств, настроений, переживаний человека, его эмоция, интуиция	внутренний мир, Психические, переживания человека, как *основа его жизни*
概念（典型的认知场景以及其他表征）	A. 认识、情感、意愿的器官。 B. 被概念化为"容器"。 C. 指人的完全的内部生活。 D. 与"身"对立。有死亡。 E. 是某种道德理想的载体。 F. 人体之内唯一引起哲学思考的对象。 G. 从人内部组织的角度来进行道德评价	A. 情感，特别是爱情、愤怒的器官。和人的自然的、自发的感情联系，和人最隐秘的部分联系。 B. 作为感情的容器。 C. 指人的不完全的内部生活。 D. 与头脑和理智对立。 E. 在带有 сердце 的一些语句中，身体上的现实感觉和人的精神感受这两个意义结合在一起。 F. 从对人的态度方面进行道德评价	A. 作为生命的器官首先和 дыхание 联系。看不到的器官，领导人的内部生活。 B. 人的隐秘的思想和感情的容器。 C. 指人的完全的内部生活，包括内部语言。 D. 与 тело 对立。不死的，可以飞动。 E. 是某种道德理想的载体。 F. 人体之内唯一引起哲学思考的对象。 G. 从人内部组织的角度来进行道德评价

表 1 回答了以上所列的概念分析的基本问题。具体是这样的：（1）在以俄语为母语的人的意识中，当谈及 душа₁的所指情景时，想到的（其表征）是表

中所列的概念部分的内容；（2）душа₁ 和俄语的相关概念 сердце₂，汉语的"心₄"的联系（类似与区别之处）见表 1；（3）就表 1 所列的内容，我们能够做出哪些更具有普遍意义的关于俄汉语语言载体的结论呢？这个问题很大，针对目前的内容而言（表 1），我们难以回答，但值得思考；（4）душа₁ 语义内容中的 основа его жизни 成为语言载体的反思的对象，衍生出概念内容。

Элеонора Лассан（2004）认为，"概念内容构建在名词的语义结构之上，形成于语言文化载体从生活经验和世界观的角度解释被解释的情景时对词语所表示的情景的反思（见表 1）。概念内容根据名词的隐喻使用以及包含它的篇章（дискурс）内容来分析"。如根据 Совесть вынесла свой приговор 和"天地良心，沉沉想不出有什么地方得罪了这些前辈大姐……梦媚"的篇章内容可以分析出俄语、汉语的两个类似的格式塔：совесть — судья，良心—法官。换言之，概念分析可以确定语言文化载体对词汇单位所表示的情景的价值关系以及没有被直接观察到的现象和感觉接受的现实层次的现象的相互关系。如 совесть，"良心"这些不可能被直接观察到的现象被和感觉上可以体验的现实现象 судья，"法官"联系起来。俄语的表达如：Совесть судила иначе；汉语里类似的表达如：天地良心，我是没使过一个黑心钱啊！（二月河）；天地良心在上头，我真的比疼自己闺女还疼主子……（二月河）；要来我家逼我一死吗？天地良心哪！（柳盈）

三　结语

总之，концепт 是一种构成，表征名词的联想场。它是名词的聚合模型，包括名词内容的逻辑结构和次逻辑结构。这种结构可以从名词的搭配（自由、非自由）中得出，即从名词的组合关系中得出。复建语言的世界图景的普遍方法之一是对抽象语义词语的隐喻搭配进行概念分析。概念分析要解决的问题是：语言载体（以一定的语言为母语的人）关于位于抽象名词之后的理想客体的表征如何？概念分析抽象名词的方法基于字面解读惯常与之搭配的具有现象类别信息的物理行为动词。

抽象名词的概念分析可以确定抽象名词的格式塔。搞清抽象名词的格式塔的目的是描写语言知识的结构，即描写那些在搭配性中被展开的在此之前被隐藏的语言载体的表征。在搭配的基础上复建出来的抽象名词的格式塔各不相同，甚至互相矛盾。但这是事物本身的特点，而不是偶然的现象。概念分析可以确定语言文化载体对词汇单位所表示的情景的价值关系以及没有被直接观察到的现象和感觉接受的现实层次的现象的相互关系。概念内容根据名词的隐喻使用以及包含它的篇章内容来分析，即概念分析的范围可以扩大到包含该名词的篇章。在我们看来更为有意义的是，概念分析所获得的格式塔成为测量抽象实质的一种工具，它使抽象语义名词内部相比较以及不同语言之间相关概念的比较又多了一个比较的层面。

参考文献

Зализняк Анна А. , "Заметки о метафоре" //От. ред. Л. Л. Иомдин и др. , *Слово в тексте и в словаре*, Москва: Языки русской культуры, 2000.

Веряскина В. П. , "Концепт «образцового человека»", *Человек*, 2004 (4) . — С. 49–63.

Гайдукова В. , "К вопросу о логическом анализе языка, (на примере концептосферического поля власти)", http: //www. relga. ru/Environ/WebObjects/tgu–www. woa/wa/Main? textid = 1449&level1 = main&level2 = articles, 2004 (дата обращения: 31. 01. 2004) .

Демьянков В. З. , "*Понятие и концепт в художественной литературе и в научном языке*", *Вопросы филологии*, 2001 (1) . — С. 35–47.

Когнитивная лингвистика, https: //www. krugosvet. ru/enc/lingvistika/kognitivnaya – lingvistika (дата обращения: 31. 01. 2004) .

Концептуальный анализ языка, https: //zinref. ru/000_ uchebniki/02800_ logika/011_ lekcii_ raznie_ 35/1049. htm (дата обращения: 08. 02. 2004) .

Кубрякова Е. С. и др. , *Краткий словарь когнитивных терминов*, Москва: Филол. ф–т МГУ им. М. В. Ломоносова, 1996.

Логический анализ языка, https: //www. krugosvet. ru/enc/gumanitarnye_ nauki/lingvistika/LOGICHESKI_ ANAL IZ_ YAZIKA. html (дата обращения: 08. 02. 2004) .

Новейший философский словарь, Минск: Книжный Дом, 2001.

Новый объяснительный словарь синонимов русского языка, *Первый выпуск*, Москва: Языки русской культуры, 1999.

Рахилина Е. В. , *Когнитивный анализ предметных имен: семантика и сочетаемость*, Москва: Русские словари, 2000.

Степанов Ю. С. , *Константы: Словарь русской культуры*, Москва: Академический

Проект，2001.

Тихонова Н. В. ，*Концепт как инструмент лингвистического анализа текста*，в интернете，2004.

Успенский В. А. ，"О вещных коннотациях абстрактных существительных" // *Симиотика и информатика*，Москва：Русские словари，1997.

Филкова П. ，"Концептосфера русского языка и анализ текста" // *Русистика* 2003：*Язык. Коммуникация. Культура*，Шумен：Унив. изд-во "Епископ Константин Преславски"，2003.

Чернейко Л. О. ，*Лингвофилософский анализ абстрактного имени*，Москва：Книжный дом «ЛИБРОКОМ»，1997.

Шмелев А. Д. ，*Русская языковая модель мира*，Москва：Языки славянской культуры，2002.

Элеонора Лассан，""Надежда"：семантический и концептуальный анализ"，http：// philology. ru/linguistics 2/lassan-02. htm（дата обращения：07. 02. 2004）.

商务印书馆辞书研究中心：《古今汉语词典》，商务印书馆，2000。

原文发表于《俄语语言文学研究》2005 年第 1 期

КОНЦЕПТ 研究在中国

闻思敏[*]

摘　要： КОНЦЕПТ 是中国俄语学界的重要研究课题。中国俄语学界 КОНЦЕПТ 研究和俄罗斯 КОНЦЕПТ 研究有着非常重要的关系，大致可被概括成三个方面：译介和引进俄罗斯知名学者有关 КОНЦЕПТ 研究的方法和主要研究成果；发展俄罗斯学者的研究，进行 КОНЦЕПТ 的俄汉对比研究；整合俄罗斯 КОНЦЕПТ 研究理论和中国文化研究理论，以进行理论的本土化和创新研究。同时，中国俄语学界 КОНЦЕПТ 研究存在哪些问题、发展前景如何？我们将在本文中做一些分析，一则是对中国俄语学界 КОНЦЕПТ 的综述，为后继研究提供一定参考；二则也可促进中俄学术界学术成果的共享。

关键词： КОНЦЕПТ　观念　概念　语言　文化

一　引言

俄罗斯 КОНЦЕПТ 研究始于 20 世纪 20 年代末，而从 20 世纪 90 年代起，已成为一门显学。КОНЦЕПТ 研究呈现出不同的视角，从不同的认知取向发出；同时，КОНЦЕПТ 研究也经历了从单个 КОНЦЕПТ 研究向整合研究，即 концептосфера（观念域）、концептуальное поле（观念场）及 культурный код（文化编码）的过

---

[*] 闻思敏，湖州师范学院外国语学院讲师。

渡。而国内俄语学界 концепт 研究现状如何？有何创新？有何问题？出路何在？本文将试图对这些问题进行粗浅的探讨。

二　中国俄语学界 концепт 研究的滥觞

俄罗斯的 концепт 可追溯到 1928 年，也即 С. А. Аскольдов 在《Слово и концепт》一文中首次使用有别于 понятие 的 концепт 术语。其核心思想在于强调 концепт 的替代功能，即在人的思维过程中替代某一类众多事物（С. А. Аскольдов，1997：269 - 270）。后经 Д. С. Лихачев，Ю. С. Степанов，Н. Д. Арутюнова，В. И. Карасик，И. А. Стернин，З. П. Попова，В. В. Красных，С. Г. Воркачев 等著名学者的发展，концепт 研究于 20 世纪 90 年代后成为俄罗斯语言文化研究的一大显学。而中国俄语语言学界的学者充分利用语言优势，也在该领域辛勤劳作。但总体上，因 концепт 研究涉及语言哲学、文化学、认知语言学、心理语言学、民族语言学、语言文化学等多个学科，俄罗斯语言学界学者的视角各不相同，增加了中国俄语学界对这一对象进行研究的难度，加之中国俄语学界 концепт 研究起步时间较晚，концепт 在中国俄语学界的研究相对滞后。通过对中国包括知网、万方、维普、优秀硕博论文等权威学术数据库进行检索，我们可以发现，相当于 концепт 的字眼 "观念" 首次出现在中国学者彭文钊于 1999 年发表在四川外国语学院学报《谈谈数量观念及其修辞功能》一文中。虽然这篇文章主要是从语言国情学的角度对俄汉语中数字修辞功能的差异进行分析，但从其研究成果来看，也是对俄汉语中数字的文化意义分析，譬如作者认为，俄语中 "7" 可以表示对人生世相的概括（彭文钊，1999：66-70）。结合该作者之后在俄语语言文化研究方面的一系列成果，包括《俄罗斯民族 "情感" 文化概念分析》《俄罗斯文化空间的系统构成及其相互关系》《语言文化研究的基本单位》《试论文化概念的生成和语义特性》等 20 多篇关于语言文化研究的学术文章，我们原则上可以将此文视为该学者在 концепт 研究中抛出的一块 "试金石"；甚至可以大胆推测，这是中国俄语学界中 концепт 研究的最初萌芽。而时隔两年之后，концепт 在汉语中的另一对等表达 "概念" 出现在张晓燕发表在《解放军外国语学院学报》的《俄汉语时空概念表达对比研究》一文中，该文章主要是对在俄语世界图景中占据重要地位的时空概念的语言表达进行研究，是从意义到形式的研究（张晓燕，2001：49-52）。此后，концепт 研究在中国吸引了众多研究者的兴趣，逐渐成为俄语语言学界学者的研究对象。其中比较早的、具有代表性的作品有首都师范大学隋然教授的《语言认知理论研究的概念现象问题》、上海外国语大学杨明天教授的《概念分析：方法及意义》、苏州大学赵爱国教授的《谈当前俄语语言与文化研究的几个理论问题》、黑龙江大学华劭教授的《概念还是观念？概念化还是观念化？概念分析还是观念分析?》等。

三 中国俄语学界 концепт 研究的现状

通过对知网、万方、维普、优秀硕博论文数据库材料进行定量和定性分析后，我们从两个方面呈现国内对 концепт 研究的现状。

（一）中国俄语学界 концепт 研究状况的定量分析

在通过定量分析的方法对中国俄语学界 концепт 研究状况进行统计和分析时，我们按照 1999-2003 年、2004-2005 年及 2006 年至今这样的时间段来进行考量，原因是我们看到在 1999 年 концепт 研究在中国语言学界的所谓萌芽之后，在中国俄语学界中 концепт 研究风气日盛，一直至今；选择 2004 年为第二个时间节点是因为在这一年首次出现了有关 концепт 研究的专著；而选择 2006 年为第三个时间节点是因为 концепт 研究首次出现在学生的毕业论文中，这显然是众多研究者在这一领域深耕细作的直接结果。此外，我们选取了期刊文章、毕业论文、专著及撰文者的身份等作为分析参数，这些有利于我们通过统计数据比较直观地看到中国俄语学界 концепт 研究的过去、现状和未来发展态势（见表1）。

表1

单位：篇

	1999~2003 年				2004~2005 年				2006 年至今			
	期刊文章		毕业论文	专著	期刊文章		毕业论文	专著	期刊文章		毕业论文	专著
	观念研究方法分析	单个观念研究			观念研究方法分析	单个观念研究			观念研究方法分析	单个观念研究		
本科生、研究生	≤0	≤2	≤0	—	≤0	≤0	≤1	—	≤0	≥4	≥53	—
教师、学者	≤0	≤0	—	≤0	≥5	≥2	—	≥1	≥12	≥18	—	≥3

通过表 1 中所给出的数据，我们可以看到：концепт 研究在中国起步相对较晚，但在近十几年得到研究者们的极大关注，得到较大发展，呈现两大特点：从 концепт 研究概况的介绍转向具体 концепт 研究；研究者从高校教师扩大到高校学生，концепт 成为学生论文的重要选题。

（二）中国俄语学界 концепт 研究状况的定性分析

通过对 концепт 文献资料的定性分析，我们发现，根据研究的着力点和研究的内容，中国俄语语言学界的 концепт 研究主要可以分为以下三个大的研究方向：译介和引进俄罗斯知名学者提出的 концепт 研究方法和研究成果；消化和发展俄罗斯学者的研究，进行 концепт 的俄汉对比研究；嫁接和整合俄罗斯 концепт 研究理论和中国文化研究理论，以进行理论的本土化和创新研究。以下，我们对这三个方向进行具体分析。

1. 译介和引进框架下的研究

首先，从事俄罗斯语言文化研究的中国学者通常是从俄罗斯本国研究者和知名学者的研究成果汲取研究养分，学习和利用他们的研究思想和研究成果来指导自己的研究。所以，在中国俄语学界 концепт 研究初始阶段，国内学者主要是对俄罗斯国内知名学者 концепт 研究方法和研究成果进行译介和引进。在这一研究框架下，研究成果颇丰。其中，极具代表性的学者有：赵爱国、杨明天、刘佐艳、杨秀杰、隋然、姜雅明、刘娟、赵国栋、彭文钊。

杨明天教授是中国俄语学界最早进行观念对比分析的研究者之一。杨明天教授在《概念分析：方法及意义》一文中以 Л. О. Чернейко 的《Филологический анализ абстрактных имен》为蓝本，系统介绍了 концепт 研究方法、目的、意义及结果。当然，杨明天教授之于 концепт 研究的主要贡献在于其开发出了具有系统性的俄汉观念对比分析方法。在下文中我们将会进行介绍。

刘娟教授是较早对 концепт 进行研究的中国学者之一。她在文章中对俄罗斯 концепт 研究领域代表性学者 Ю. С. Степанов，Н. Д. Арутюнова，И. А. Стернин 和 З. П. Попова，А. П. Бабушкин 等的学术观点进行了概括性介绍，并指出 концепт 研究可从语言认知和语言文化两个基本视角进行（刘娟，2007：5-7）。

姜雅明教授在《对 концепт 的解读与分析》一文中对 концепт 和 значение，смысл，понятие 等概念进行了区分，把俄罗斯语言学界对 концепт 的研究分成四个主要方向：认知语言学视角、心理语言学视角、语义学视角及语言文化学视角。认知语言学研究认为 концепт 是科学观念，并提出了 концепт 的结构形式；心理语言学研究将 концепт 视为具备语言表达形式或不具备语言表达形式的认知框架模式；语义学派则是将 концепт 视为词汇语义抽象概括和类化的思维成果；语言文化学则将 концепт 视为微观文化模式，是文化的凝结物，研究时也主要是探究文化对思维的影响，解释观念的社会意义和本质（姜雅明，2007：8-13）。前三个方向的研究实际上可以被归入一个大类，即认知研究，最后一个方向则是语言文化研究。

赵爱国教授在 2016 年、2017 年连续发表两篇期刊论文对观念分析的学理渊源、方法论意义、价值取向、研究方法等进行了分析。在赵爱国教授看来，观念分析的实质在于研究与思维、知识密切相关的语言，确切地说是对人的思维系统或思维结构的语言化进行研究；从研究的价值取向上，区分出了认知观念和文化观念两个观念类别。在他看来，两种视域都属于语言的认知研究，但文化认知取向的文化观念凸显的是语言符号对民族世界观或民族心智形成所起的作用，而语言认知取向的认知观念凸显的是语言对人的认知所起的作用（赵爱国，2016：51-57）。所以，作者认为两者并不矛盾，而是相互补充：文化观念由文化走向个体意识，而认知观念由个体意识走向文化，也即前者由一般走向个别，后者由个别走向一般。所以在他那里，концепт 只有一种译法，即"观念"。

除了期刊论文之外，国内还出现了对 концепт 进行系统研究的专著。一方面，中国俄语学界学者翻译了俄罗斯知名学者在 концепт 研究方面的书籍，如 Н. Д. Арутюнова 的《Язык и мир человека》（赵爱国等译）、В. В. Колесов 的《Язык и ментальность》（杨明天译）都被译介引进到中国；另一方面，也出现了中国学者自己撰写的专著，专门对 концепт 研究进行系统性介绍和分析，如杨秀杰在《语言文化学的观念范畴研究》一书中，对观念定义、结构和观念分析方法进行了介绍，并以此为理论基础选取了"自由"这一观念词进行分析。当然，在译介和引进框架下进行的并以专著形式呈现的研究成果还有很多，我们无法一一进行介绍。但可以看出，它们的共同点在于：厘清 концепт 的概念（包括与含义、意义、概念等相近概念之间的关系，концепт 的结构等），确定 концепт 研究视角（主要分成语言认知视角和语言文化视角），концепт 研究的方法和意义，并在该理论基础上，选取某一具体 концепт 进行分析。

2. 消化和发展框架下的研究

随着中国俄语学界对 концепт 研究的译介和引进，中国学者不甘心囿于对俄罗斯国内学者的学术观点和学术成果进行介绍，而是积极消化俄罗斯学者的观点，并对其进行发展。发展的一个最基本的方向即制定一套机制进行俄汉 концепт 对比研究。赵爱国教授曾指出俄汉观念对比研究也才刚刚起步（赵爱国，2016：51）。这个方面的研究有杨明天的《俄汉观念对比分析》、刘娟的《俄汉语言文化中旅行概念对比分析》① 等。

杨明天教授是中国俄语学界最早进行俄汉观念对比分析的研究者之一。在引进和译介俄罗斯语言学界知名学者研究成果的基础上，杨明天积极在消化和发展俄罗斯学者观点的这一框架下开展研究，提出"概念分析所得到的格式塔是测量抽象实质的工具，它使抽象语义名词的内部以及不同语言之间相关概念的比较又多出了一个比较的层面"（杨明天，2005：55-61）。在通过可行性论证之后，杨明天教授在其专著《观念的对比分析：以俄汉具有文化意义的部分抽象名词为例》中，利用俄罗斯学者 Л. О. Чернейко 的«Филологический анализ абстрактных имен» 一文中抽象名词观念分析的方法②，对包括情感、意志、思想、道德、美、综合范畴、空间等七大范畴下的观念进行了俄汉对比分析。

此外，杨明天教授对中国俄语学界 концепт 研究的贡献还在于：在消化和发展俄罗斯相关学者学术思想的同时，发掘了俄汉 концепт 对比研究的格式塔层面，制定了 концепт 对比研究的整套方法。

3. 嫁接和整合框架下的研究

正如我们所知，语言研究常常被纳入自然科学研究的范畴，因此很多学者认为语言学属于自然科学的范畴。就像牛顿的惯性理论一样，语言学的众多理论是放之四海而皆准的。所以，这为我们进行俄汉语言学界中某些语言研究方法和理论整合提供了理论基础。在中国俄语学界最近几年有关 концепт 研究的文章中，我们可以看到这样一个新的现象，即整合俄罗斯知名学者 концепт 研究方法和中国在文化学、人类学、神话学等方面的研究成果，将前者嫁接到后

---

① 此书系刘娟在俄罗斯留学期间的副博士论文，我们这里主要是对国内俄语学界研究者的研究进行综述。

② 在研究中，杨明天教授还采用学者 A. Вежбицкая 所提出的自然语义元语言的方法。虽然 A. Вежбицкая 受教于莫斯科语义学派，但因其为澳大利亚籍波兰学者，故需将其排除在外。

者或者是将后者嫁接到前者上，用于分析对民族语言共同体具有重要意义的 концепт，концептосфера，концептополе 等。当然，这种现象还较少，但在我们看来，这是值得推崇的，毕竟"众人拾柴火焰高"。这方面的代表作有：上海外国语大学白旭的博士学位论文《神话原型视阈中的俄语身体观念域研究》。作者在研究中将观念研究置于神话视野下，从宏观上构建身体观念域原型的二元对立体系，而在微观上则采用中国人类学学者叶舒宪的 N 级原型编码理论①，分析身体观念的神话原型特征，并揭示身体观念中原型含义，建立了基于神话和童话（身体观念词所蕴含的神话认知和神话思维）、民俗（仪式、巫术、迷信、禁忌、占卜、习俗等）和宗教文化，语言事实（成语、谚语、固定短语、民间口头文学创作等形式的语言表达）及诗歌文本的身体观念四级原型编码体系。总而言之，该论文是中国俄语学界 концепт 研究方面的一次新尝试，为扩大 концепт 研究对象（从抽象名词走向具体名词）、打开新的研究视角提供了参考。

综上所述，концепт 研究的定量分析表明：концепт 研究从理论走向实践，研究的广度在不断扩大；而定性分析则表明中国俄语学界的 концепт 研究在不断深入，即便三个研究方向之间并不存在严格的历时关系。

四 中国俄语学界 концепт 研究存在的问题

以上我们对中国俄语学界有关 концепт 研究的基本状况进行了梳理。总体来说，концепт 研究在中国的俄语学界占有重要的一席，而恰恰是这重要一席要求我们重视中国俄语学界 концепт 研究存在的问题。通过研究，我们发现，问题大体上可以被归结为以下三个方面：концепт 的汉译问题、концепт 研究泛化的问题及其研究成果在俄语教学中的实际应用问题。

---

① N 级原型编码理论是叶舒宪在"将被归类为民间文学体裁的神话，还原为文化编码基因的神话，进而有效构建中国文化的传统"学术思想指导下提出的"文化寻根"和"文化反思"为价值导向的、用于研究人类记忆文化原型过程的方法。文化被分成大传统和小传统，"大传统"是指先于文字记载和外于文字记载的传统，如民俗、仪式、原始宗教、图腾信仰等；而"小传统"则是指文字传统；相应地，"N 级编码论"的编码程序则可表述为：受神话规则支配的无文字时代意义和图像，为一级编码；文字的出现为二级编码；文字记录的早期经典是三级编码；后经典时代的一切记录，统称为 N 级编码。

（一）концепт 的汉译问题

концепт 的汉译是一直以来存在争议的问题。концепт 到底是"概念"还是"观念"，曾在较长时间内都无定论。产生这种乱象的原因有两个：其一，词典释义的问题；其二，中国的 концепт 研究大体上经历了一个从单纯的认知研究向认知与语言文化研究并重的历程。

进行此方面探究的中国俄语学界具有代表性的学者有华劭、隋然、刘娟、姜雅明、赵爱国等。

华劭先生从 концепт 的词源出发，借助指称理论来分析 концепт 和概念（понятие）之间的关系，澄清 концепт 在不同学科中的实质内涵。根据先生的观点，在语义学中，концепт 外延相较"概念"更广，除了逻辑上的科学"概念"之外，还包括表示人类认知活动结果的"前科学"、"质朴"的"意义"，即准概念（квазипонятие）；在语言哲学中，концепт 起初作为意义的外延，作为语言单位，可被汉译成"概念"，然而，随着对日常语言的关注的强化，концепт 获得更多的主观色彩，通过对我们所生活的世界进行观念化这一认知操作，观念将语词符号之外的对象也"收入囊中"，所以 концепт 在人的观念化过程中所获得的主观性，甚至是一定程度上的"随意性"也不允许将 концепт 汉译为"概念"（华劭，2010：1-7）。

隋然教授是在认知语言学的大框架下分析 концепт，在与 понятие 相区分时，他主要是强调前者的主观性及后者的科学性，具体来说是前者构成了大于客观世界的"语言世界图景"，而后者则构成小于客观世界的"世界科学图景"。在他那里，концепт 是"主观概念"（隋然，2004：6-10）。

刘娟教授区分出了认知语言学框架下的 концепт 和语言文化学框架下的 концепт，并指出在认知语言学框架下，концепт 为主观概念或感性概念，而在语言文化学框架下，концепт 为客观概念或理性概念。但在语言文化学的框架下，她只是做出解释，并未指出其对应的译法（刘娟，2006：53-54）。

姜雅明教授将语言认知框架下的 концепт 翻译为"概念"，认为该框架下的 концепт 是一种抽象的科学概念，是人类抽象思维活动的结果，与《现代汉语规范词典》中对概念的释义基本一致，即"概念是理性思维的基本形式之一，是客观事物的本质属性在人们头脑中的概括反映"（李行健，2004：420）；而将语言文化研究框架下的 концепт 翻译为"观念", 原因是该框架下的 концепт 是文化整体的一部分, 是"文化的微观模型", 是带有鲜明民族文化烙印的思想意识(姜雅明, 2007: 8-13)。

如上文所提到的, 赵爱国提出整合语言的三种取向, 即语言作为反映人类自身镜子的语言文化取向、语言作为人类获取知识手段的语言认知取向、语言作为人类意识存在形式的心理认知取向, 并建立"语言与文化研究"(лингвокультроведение) 的新型学科体系, 并在该新的学科范围下进行 концепт 研究。在三种研究认知取向中, 他分出了相互补充的认知观念和文化观念: 文化观念所记录的社会共同体的知识和经验可称为个体财富, 而认知观念则通向社会共同体或观念域, 并最终通向民族文化。换言之, 文化观念由文化走向个体意识, 而后者由个体意识走向文化, 或者说, 前者由一般走向个别, 后者由个别走向一般。所以在他那里, концепт 只有一种译法, 即"观念"(赵爱国, 2017: 3-8)。

上述各种译法, 包括"概念/观念""主观概念/客观概念""认知观念/文化观念", 表明国内学者对 концепт 的汉译是存在不同见解的。但可以确定的一点是, 他们都承认 концепт 的主观性、文化性、心智性。那么, концепт 一词究竟如何翻译? 我们不妨来看看莫斯科大学教授 В. В. Красных 的解释(见图 1)。

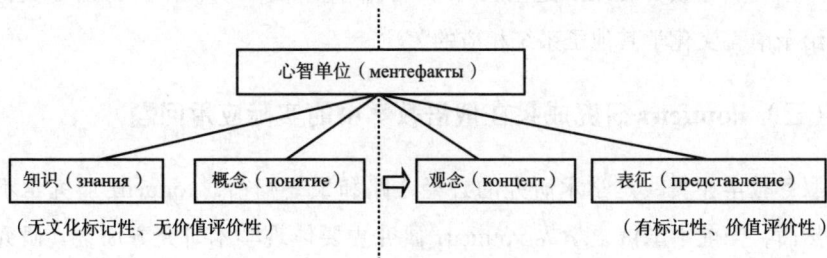

图 1

语言文化认知系统的四个心智事实——知识、概念、观念、表征可在文化标记性、价值评价性指标上被划分成两类: 虚竖线左边的两个单位无文化标记性、无价值评价性, 而虚竖线右边的单位有标记性和价值评价性。同时, понятие 能够"见风使舵", 转变成 концепт (В. В. Красных, 2016: 202)。在 В. В. Красных 教授将语言认知、心理认知及语言文化三种语言和文化研究视角整合在一起的研究中，концепт 和 понятие 的界限是非常清晰的。

同时，понятие 的译文"概念"几乎无可争议，故再将 концепт 译为"概念"，不能让人完全信服；而"文化观念"和"认知观念"总体上还是"观念"。并且，语言文化学本来就是认知的，就像赵爱国教授所认同的，B. B. Красных 教授将三种语言和文化研究视角整合在一起进行研究，或许能成为语言文化研究进一步发展的突破口。

（二）концепт 研究泛化的问题

莫斯科大学教授 B. B. Красных 在对语言文化的四个研究子系统，即认知子系统、隐喻子系统、象征子系统及标尺子系统进行分析时，指出认知子系统在目前属于研究程度较好的子系统，而其他子系统尚存在大量问题亟待解决。作为认知子系统重要单位的 концепт 在近年来得到了广泛的关注和深入的研究。在中国俄语学界也存在相似的状况。除上文所述中国学者所进行的大量观念研究外，不同的观念词也成为本科生、硕士生以及博士生毕业论文研究对象。在对语言文化学其他子系统研究不能齐头并进学术背景下的"观念热"容易使人误以为语言文化研究就是 концепт 研究。当然，这里并不是说 концепт 研究应当走向式微，而是认为我们应当对 концепт 持一种审慎态度，不应将 концепт 等同于语词，导致 концепт 泛化。同时，我们应从更广的视角进行语言文化研究，给予语言文化学其他子系统相应的关注。

（三）концепт 研究成果在俄语教学中的实际应用问题

服务教学和实践是学术研究的必经之路和最终归宿，концепт 研究也不例外。然而，当前中国俄语学界 концепт 研究主要体现学术研究方面，其研究成果与俄语教学是脱节的。语言文化学将培养二语习得者语言文化能力作为终极目标，但这一点仅仅寄希望于学生自主阅读反映语言文化学研究成果的参考文献是不够的，应该把语言文化学研究的成果贯彻到俄语学习的整个过程中。当然，这个问题远非几篇期刊文章就可以解决的，需要众多学者的努力。在这里，我们只是抛砖引玉，希望能引起相关研究者的注意。譬如，在俄语教学中，不规则的重音变化、以-ь 结尾的名词的性、近义词词义辨析（特别是评价色彩的区别）、俄语中的特定句法结构（如不定人称句、泛指人称句、无人称句、存在句）的特点和用法、言语礼节和禁忌等方面知识的习得，都可以广泛引入 концепт 方面的研究成果。

五 结语

以上系我们对中国俄语学界 концепт 研究的一个综述性研究。受到学科性质的影响，中国俄语学界 концепт 研究与俄罗斯语言学界对 концепт 的研究具有密切的关系。中国俄语学界 концепт 研究主要呈现为三个方面：译介俄罗斯语言学界知名学者有关 концепт 研究的方法和主要研究成果；发展俄罗斯学者的研究，进行 концепт 的俄汉对比研究；整合俄罗斯 концепт 研究理论和中国文化研究理论，以进行理论的本土化和创新研究。第一方面是中国俄语学者的必经之路，而后两个方面为中国俄语学界 концепт 研究赢得了更独立的地位且具有更大的学术价值。同时，在单个观念分析发展缺乏后劲的情况下，学者们提出了整合语言认知、心理认知及语言文化研究的构想。

参考文献

Аскольдов С. А. ，"Слово и концепт" // *Русская словесность*： *От теории словесности к структуре текста*： *Антология*，Под общ. ред. В. П. Нерознака，Москва：Academia，1997.

Красных В. В.，*Словарь и грамматика лингвокультурологии*，Москва：Гнозис，2016.

白旭：《神话原型视阈中的俄语身体观念域研究》，上海外国语大学博士学位论文，2017。

华劭：《概念还是观念？概念化还是观念化？概念分析还是观念分析?》，《中国俄语教学》2010 年第 2 期。

姜雅明：《对 концепт 的解读与分析》，《中国俄语教学》2007 年第 1 期。

李行健：《现代汉语规范词典》，外语教学与研究出版社，语文出版社，2004。

刘娟：《试论 концепт 作为语言学的研究对象》，《吉林省教育学院学报》2006 年第 11 期。

刘娟：《концепт 的语言学研究综述》，《外语与外语教学》2007 年第 1 期。

彭文钊：《浅谈数量观念及其修辞功能》，《四川外语学院学报》1999 年第 1 期。

隋然：《语言认知理论研究中的概念现象问题》，《外语学刊》2004 年第 4 期。

叶舒宪、章米力、柳倩月：《文化符号学：大小传统新视野》，陕西师范大学出版总社有限公司，2013。

杨明天：《概念分析：方法及意义》，《俄语语言文学研究》2005 年第 1 期。

杨明天：《观念的对比分析：以俄汉具有文化意义的部分抽象名词为例》，上海译文出版社，2009。

张晓燕：《俄汉时空概念表达对比研究》，《解放军外国语学院学报》2001 年第 4 期。

赵爱国：《当前俄语"观念"研究中的几个理论问题》，《中国俄语教学》2016 年第 3 期。

赵爱国：《谈当前俄语语言和文化研究的几个理论问题》，《东北亚外语研究》2017 年第 3 期。

原文发表于《俄罗斯语言文学与文化研究》2019 年第 1 期

俄语中的 ЦЕЛЬ（目的）观念

汪 吉[*]

摘 要： 人的有意识的行为都是有目的的。цель 观念是俄语中的一个重要观念。本文主要从目的主体、行为和原因三个方面分析俄语的 цель 观念，并指出 цель 观念的形象。

关键词： цель 观念 主体 行为 原因 形象

一 观念的界定

目前，文化观念（концепт）是众多学者关注的热点。但是，对于什么是"观念"，存在不同看法。根据 С. Г. Воркачев（2001）的观点，主要存在三种观点。

第一种观点对"观念"作广义理解，认为那些其意义可以构成民族语言意识的内容、能够形成该语言载体的"朴素世界图景"的词汇语义单位（лексема）都可被视为"观念"。这些观念的总和构成凝聚着民族文化的语言观念域。按照这种理解，任何一个其意义中可观察到语义表征方法的词汇单位都可被视为"观念"。

第二种观点对"观念"作狭义理解，认为"观念"只包括那些具有语言文化特点并以某种方式说明某一民族文化载体特点的语义构造（семантические образования）。

---

[*] 汪吉，复旦大学外文学院副教授。

第三种观点对"观念"的理解比第二种还要窄，认为可以作为"观念"的语义构造，不仅数量有限，而且它也是将民族心智理解为这一民族对待世界的独特态度的关键。按照这种理解，被视为"观念"的只是那些具有高度抽象程度的心智实体（сущности），这样的"观念"通往精神价值"不可见的世界"，而这些精神价值的意义（смысл）则可以通过象征——使用其形象的指物内容来表达抽象内容的符号显示出来。对于俄罗斯文化来说，这样的文化观念包括 душа（精神）、свобода（自由）、истина（真）等（М. В. Пименов，О. Н. Кондратьева，2011：52-53）。

俄语 цель（目的）的意义体现了俄罗斯人对世界的看法，本文对"观念"取广义理解，所以将俄语的 цель 视为"观念"，并从语言文化学角度对其进行分析。

И. Б. Левонтина 从语言目的论（языковая телеология）出发，对 цель 的界定是："P 是某人 A 的目的＝某人 A 希望情景 P 发生，他认为他能够完成的行为 Q 是情景 P 发生的原因，并且他准备完成或正在完成行为 Q。"（Ю. Д. Апресян，2006：165）

可见，цель 的定义构成一个语义整体："我希望——我认为我能——我将做。"（Ю. Д. Апресян，2006：166）也就是说，цель 观念包括的因素有主体、行为和原因。

二　目的与主体

"情景 P 是某人 A 的目的"突出了主体与他希望实现的情景之间的联系，可见 цель 首先是属于人，目的和人不可分。目的总是某个主体的目的。所以，俄语 цель 常与人称代词搭配：（1）— Нет-нет，я не ставила перед собой подобных целей.（К. Уинслет）；（2）Какова твая цель？当然，又因为目的是行为的结果，所以 цель 又可以与表示行为的名词搭配：Какова цель этих действий？表示行为的名词代替人称代词，此时 цель 和 зачем 意义相近：Зачем это делается？（Ю. Д. Апресян，2006：166）

情景 P 是某人 A 希望发生的。目的与其主体的有意识性、积极性密切相关。目的的主体，除了人和由人组成的组织、机构外，还可以是动物：（1）Зачем медведь сосет лапу?（И. Б. Левонтина）（2）— Да зачем я вам нужен, старый такой? — спросил Волк.（С. Козлов）

目的包括三个阶段：（1）确立，（2）实现，（3）结果。所以，就目的的主体而言，有两个：确立目的的主体和完成实现目的行为的主体。在典型的情况下，这两个主体是一个人。цель 就要求这两个主体是同一个人。（Ю. Д. Апресян，2006：187）例如：

（1）Твоя цель — собрать все яблоки и перейти на следующий уровень.（Е. Павлова）

（2）Моя цель — чтобы ты поступил в институт.（И. Б. Левонтина）

例（1）中确立目的的主体和完成实现目的行为的主体都是"你"；例（2）之所以语义异常，是因为确立目的的主体是"我"，而完成实现目的行为的主体是"你"，两者不是同一个人。

"人能把自己的活动过程和活动结果都当作意识的对象加以把握。人在进行活动之前，对活动过程结束时所要取得的结果，在这个过程开始时，就已经在头脑中预先地存在着，即已经观念地存在着。这就是目的。"（夏甄陶，1982：3）

可见，目的属于人的内在世界。目的确立之后，人就会努力去实现它，目的不可避免地就会进入人的外部世界。目的既有主观性，也有客观性（Ю. Д. Апресян，2006：189）。所以，由 цель 构成的前置词 с целью 关注的是行为主体的个人意愿，в целях 则在很大程度上是强调行为是客观需要（Ю. Д. Апресян，2006：191）。例如：

（3）Уважая судебные процедуры государства Катар, наши адвокаты подадут апелляцию с целью пересмотра принятого решения.（С. В. Лавров）

（4）В целях защиты и поддержки государственного языка Российской Федерации федеральные органы государственной власти в пределах своей компетенции... принимают иные меры по защите и поддержке государственного языка Российской Федерации.（М. Кронгауз）

三　目的与行为

目的是人对行为结果的一种心理预期，所以目的自然会引起行为。И.

Б. Левонтина 对 цель 的定义中也包含一个"行为"义素"我将做"。目的和行为之间存在必然联系，实现目的的行为可能是正在进行的，也可能是将来要发生的。

目的与其主体的有意识性、积极性密切相关。只有人的有意识的行为才是有目的性的。因而，目的状语使得句子更倾向于使用主动结构："Дом разрушили，чтобы разбить на этом месте парк"比"Дом был разрушен，чтобы разбить парк"更自然（Н. Д. Арутюнова，2003：386）。

目的的主体是有意识地、积极地去努力实现或避免情景 P，即主体努力实现其所期望的情景或努力避免其所不期望的情景。虽然做某事有目的，不做某事也有目的，但 И. Б. Левонтина 说，цель 一般不用在消极行为（不做某事）的语境中，它很难和表示消极行为的词搭配：*В чем цель вашего молчания? 同样，с целью 也不能用于消极行为语境中，所以像 Он молчит（не говорит）с целью сохранения инкогнито 这样的句子是不太可能的。但是，в целях 却不是一定要求和积极行为相联系：Решено воздержаться от наступления（не предпринимать решительных действий）в целях сохранения живой силы и техники.（И. Б. Левонтина）

而 зачем 则只用在积极行为的语境中，它包含这样一个意义：某人着手做的某事被视为行为，而不是被视为缺乏相反的行为。所以，从句法上来看，它不与否定词连用：С какой целью ты избегаешь полемики? *Зачем он не пришел? *Зачем вы молчите?（Ю. Д. Апресян，2006：180-182）

因为目的是主体对行为结果的一种预期，行为没有发生，自然也就没有结果。молчание，молчать，избегать 词义中都包含否定义素，整个句子也相当于否定句。

目的和行为之间存在必然联系。行为和它的预期结果——目的之间的联系，可能是直接的，也可能是间接的；可能是近期的，也可能是远期的。цель 和 зачем 多用在指出行为直接结果和最终结果的语境中。例如，конечная цель，непосредственная цель，отдаленная цель，ближние，средние и дальние цели 等。с целью 表示行为和目的之间的联系是直接的；而 в целях 表示行为和目的之间的联系是比较远期的、间接的，所以它确定是某种总体的前景（Ю. Д. Апресян，2006：177，179）。例如：

（5）В настоящее время МИД России предпринимает максимум усилий с целью освобождения двух похищенных в Ираке специалистов компании «Интерэнергосервис». («Дипломатический вестник», 2004）

（6）Россия будет этому всемерно способствовать в целях скорейшей нормализации обстановки и достижения прочного всеобъемлющего урегулирования на Ближнем Востоке. («Дипломатический вестник», 2004）

但 чтобы 没有这一限制，它既可以用在积极行为语境中，也可以用在消极行为语境中。

目的赋予行为以意义，人的行为的不可理解是与行为目的的无法说明相联系的。否定行为的目的，也就否定了行为的必要性：Незачем было это делать.（没必要做这事。）（Н. Д. Арутюнова，2003：386）同样，对目的的评价转变为对行为的评价。

（7）Он совершил неблаговидный поступок для того, чтобы помочь больному. （Т. В. Радзиевская，1992：31）

这里，对行为目的（помочь больному）的评价是通过对行为（поступок）的评价——"不体面"（неблаговидный）实现的。

四　目的和原因

对于自然界而言，典型特征是因果范畴；对于人而言，典型范畴是目的范畴。原因的存在不取决于人，而目的却是由人确立和实现的。原因指向过去，目的指向未来（Н. Д. Арутюнова，2003：386）。

虽然目的和原因不同，但是两者之间又存在一定的联系。"最初，目的被亚里士多德定义为原因——'为了什么'（ради чего）。"（Н. Н. Трубников，1968：25）情景 P 是某人 A 的目的，而他能够完成的行为 Q 是情景 P 发生的原因。О. Ю. Богуславская 和 И. Б. Левонтина 说，"原因"意义在"目的"概念中出现两次："人在完成有目的的活动时，一方面，他准备完成一定的行为，因为他认为该行为能导致他想要的结果；另一方面，他想要的结果出现了，是因为相应的行为完成了。"（О. Ю. Богуславская，И. Б. Левонтина，2004：69）

"语言中表达目的的手段反映出人的主观意识动机的相互作用和人对世界上各

种现象的客观的因果联系。所以目的和原因常常有共同的表达手段。"（Н. Н. Казнова，Л. А. Красноборова，2005：38）俄语中比较典型的是 зачем 一词。Ю. С. Степанов 说，19 世纪上半叶的俄语标准语中，зачем 有两个意义：1）"目的是什么，为了什么"（с какой целью，для чего）；2）"为什么，根据什么原因"（почему，по какой причине）（Ю. С. Степанов，1997：753）。зачем 说明人的行为，它不受"只用在积极行为的语境中"这一限制。

（8）Зачем не колет его француз？（Л. Н. Толстой）

（9）Зачем вы отвернулись，зачем на меня не смотрит，к чему эта комедия？（Ф. М. Достоевский）

但在现代俄语中，зачем 与否定词 не 连用时，其意义与 почему 相近：Зачем лгали вы？（Ю. Д. Апресян，2006：183）

与此类似，汉语的"为什么"既可以询问原因，也可以询问目的，如下面例（10）中"为什么"问的是原因，例（11）中"为什么"问的是目的。

（10）为什么群众这么爱护解放军？因为解放军是人民的子弟兵。

（11）他这么做到底是为什么？［《现代汉语词典（第 7 版）》，2016：1367］

目的可以通过原因来说明。当主体不清楚行为的目的时，问的是目的，回答的可能是原因。

（12）— Зачем ты пошел к Белому дому？— Потому что не мог иначе。

（13）Зачем я пишу？Я пишу，потому что не могу не писать。На вопрос о цели — ответ о причине，и другого быть не может。（М. Цветаева）

但问原因时，通常情况下，一般不能回答目的。Н. Д. Арутюнова 说，像下面例（14）这样句子中的回答是在玩文字游戏，回答实际上是一种支吾搪塞（Н. Д. Арутюнова，2003：388）。

（14）— Бабушка，почему у тебя такие большие уши？— Чтобы лучше не слышать。

Н. Д. Арутюнова 指出，目的和原因是通过动机（мотив）联系起来的。目的是对行为结果的心理预期，动机是完成行为的愿望（побуждение），动机发生在目的之前；目的和动机在内容上相近，目的和动机都存在于人的头脑中、意识中。原因属于现实事件，原因是由通过人的心智操作来确定的，所以原因可以转入人的内心世界中，这时，它就被和行为的动机等同起来，进而获得动机所固有的主观情态性，并可进入包含行为目的的语境中，这样，"动机—目的"就可以被"原因—目的"替换，行为的原因和目的获得相同的内容。这样的替换常出现在需要避免把动机和目的等同起来的时候。

虽然问目的可以回答原因，但是目的和原因的区别仍然存在。原因进入主观领域时，是和行为的动机，而不是和目的等同起来。针对行为问原因，主要是为了将动机和目的区分开。如果原因和动机的内容一样，两者就可能混淆：Почему ты сел в кресло？ — Потому что устал（原因）/Чтобы отдохнуть（动机）（Н. Д. Арутюнова，2003：386-389）。

五　目的的形象

Н. Д. Арутюнова 指出，цель 对应的希腊语是 τελος，最初表示"标记""转弯处的石头"，根据它统计赛跑的圈数。Ю. С. Степанов 也说，"该词最初具有'转弯处，循环'（поворот，цикл）的意义"。在此意义基础上，产生抽象意义"完成，结束"（завершенность），该意义后来（从亚里士多德开始）转变成"目的"意义。所以，希腊语的 τελος 具有"圆"的形象。沿着圆周的运动是循环往复的。圆和沿着圆周的运动象征着一种神话世界观，它没有把人和自然界（宇宙）区分开，这种世界观被归结为循环和永恒轮回的思想。因此，在这种世界观中，时间的形象就是"圆"的形象，生活的形象就是"沿着圆周运动"的形象。

随着历史的发展，形成了人的历史的世界观。这种新的、人类中心论的世界中包含着"选择自由"的思想，这种自由则使人成为有能力改变生活形式的个性鲜明的人。这样，先前关于时间和生活的"圆"和"沿着圆周运动"的形象就被"线"的表象所取代。线不同于圆，它是被置于有方向性的空间中的，并允许有分叉，允许向前看。在社会上和人的生活中，"线"在"道路"的形象（образ пути/дороги）得以实现。目的让人联想到目的地、道路的终点，"куда？"（往哪里？）的问题就变成了"зачем？"（为什么？）的问题。

Н. Д. Арутюнова 说，"道路"形象是俄语"目的语言"（язык цели）源泉（Н. Д. Арутюнова，2003：390），也就是说，俄语的 цель 观念的形象是"道

路"：К цели идут。

俄语 цель 是个多义词，除了表示"目的"以外，它表示"靶子，目标；目的地"。例如，попасть в цель, бить мимо цели。但是，尽管 цель（靶子，目标）可以让人联想到"射击"（стрельба），可这一形象在 цель 观念中并不占优势。

目的的确立产生于行为之前，这是道路的开始；目的实现就是到达目的地。具有出发点和目的地的道路形象，对于 цель 观念而言，非常重要（Н. Д. Арутюнова, 2003：389-390）。

六　结语

目的是人对行为结果的一种心理预期，它体现着主体的有意识性和积极性；目的引起行为，并赋予行为以意义，目的是理解和解释人的行为的一个必须参数；主体能够完成的行为 Q 是情景 P 发生的原因，目的与原因既有区别，又有联系；俄语 цель 观念的形象是"道路"（дорога）。

参考文献

Апресян Ю. Д. （отв. ред.），*Языковая картина мира и системная лексикография*，Москва：Языки славянских культур，2006.

Арутюнова Н. Д.，"Язык цели" //Отв. ред. Арутюнова Н. Д.，Спиридонова Н. Ф.，*Логический анализ языка. Избранное. 1988-1995*，Москва：Индрик，2003.

Богуславская О. Ю.，Левонтина И. Б.，"Смысл 'причина' и 'цель' в естественном языке"，*Вопросы языкознаня*，2004（2）. — С. 69.

Воркачев С. Г.，"*Лингвокультурология, языковая личность, концепт: становление антропоцентрической парадигмы в языкознании*"，Филологические науки，2001（1）. С. 64-72.

Казнова Н. Н.，Красноборова Л. А.，"Особенности выражения категорий причины и цели обстоятельством в современном французском языке" //Отв. ред. Н. С. Бочкарева，*Проблемы изучения и преподавания иностранных языков: Сб. материалов науч.-практ. конф. «Иностранные языки и мировая культура»*（11-15 апр. 2005 г.），Пермь：Перм. ун-т.，2005.

Пименов М. В.，Кондратьева О. Н.，*Концептуальные исследования. Введение*，Москва：

ФИЛНТА：Наука，2011.

Радзиевская Т. В.，"Семантика слова цель" //Отв. ред. Арутюнова Н. Д.，Рябцева Н. К.，*Логический анализ языка. Модели действия*，Москва：Наука，1992.

Степанов Ю. С.，*Константы*：*Словарь русской культуры. Опыт исследования*，Москва：Школа «языки русской культуры»，1997.

Трубников Н. Н.，*О категориях «цель»，«средство»，«результат»*，Москва：Высшая школа，1968.

夏甄陶：《关于目的的哲学》，上海人民出版社，1982。

中国社会科学院语言研究所词典编辑室：《现代汉语词典（第7版）》，商务印书馆，2016。

原文发表于《俄罗斯语言文学与文化研究》2017年第3期

汉俄称谓语差异的文化阐释

李发元[*]

摘　要： 每一种语言都有自己的称谓语系统和使用规则，称谓语系统和
使用规则除了受语言系统自身的规律制约外，还与文化有着密
切的关系。本文从文化学角度对汉俄亲属称谓语和社会称谓语
的差异进行对比分析。

关键词： 称谓语　文化差异　对比分析

　　语言是文化的载体，它像一面镜子反映着民族的全部文化，揭示着该文化
的一切内容；文化又是语言赖以生存的根基，是语言新陈代谢的生命源泉；同
时，文化只有借助语言才得以保存、延续、传播。"语句的构成受不同语用因素
的作用，这些语用因素包括交际情景、说话人关于世界的知识和概论，对受话
人的了解、遣词造句的目的、受话人对语句目的的认知等。"（孙淑芳，2005：
48）称谓语是言语交际的重要组成部分，是言语交际的第一关，是言语交际策
略中最基本的内容之一。不同的称谓，反映交际双方的角色身份、社会地位、
亲属和情感好恶等。每一种语言都有自己的称谓语系统和使用规则，称谓语系
统和使用规则除了受语言系统自身的规律制约外，还与文化有着密切的关系。
观察不同民族的称谓方式和称谓习惯可以窥见该民族文化的很多特征。"称谓语
的文化现象可以显性或隐性地表现出来，前者是称谓语的物质材料，即文字形
式和称谓的结构模式，后者是指称谓形式和结构背后所反映的宗教信仰、生活

---

　　* 李发元，兰州大学外国语学院教授、硕士生导师。

习俗、道德价值、文化心理、美学观念等。"（祝畹瑾，1992：98）按适用的范围称谓语可以分为亲属称谓语和社会称谓语。在这一点上，汉语和俄语是一致的，但由于文化差异，在具体内容上表现出不同的特点。

一 亲属称谓语的文化阐释

亲属称谓指相互有直接或间接的血缘、婚姻、法律等关系的亲戚或亲属的名称。亲属称谓是一个复杂的社会文化系统，在该系统中，所有的亲属称谓都按照本民族的语言文化习惯客观地存在和有规则地排列着，每个民族亲属称谓的产生和发展都有其独特的文化背景。

从称谓的结构看，汉语的亲属称谓语是以继嗣为基础的描述法，这是当今世界最为精确的一种称谓结构，也是人类社会中极为少见的一种称谓系统。这种亲属称谓的特点是，称谓语区分得十分精细，结构庞大且复杂，如要区分父亲的兄弟和母亲的兄弟，要区分父亲和母亲的姐妹，每个堂亲相互也要区分，堂表亲与同胞兄弟姐妹都要区分。"在家庭内部，宗亲关系，辈分观念具有极强的传承性，上下有别，长幼有序的观念根深蒂固。"（刘焕辉，1992：76）俄语的亲属称谓语是类分法。其特点是：不标明亲族是父系或母系的，不标明亲族是直系或旁系的，不标明亲族的排行顺序，只标明尊卑辈分，因此俄语的称谓系统就简单多了。在现实生活中俄语的亲属称谓要远少于汉语，且语义模糊。俄语中的 дядя，在汉语中有四种关系：父亲的兄弟（伯父或叔父），母亲的兄弟（舅父），父亲姐妹的丈夫（姑父），母亲姐妹的丈夫（姨父）等。可见，俄语中亲属称谓具有很广的通用性。根据赵元任先生在《汉民族的各种称呼语》一文的统计，汉语中的亲属称谓语至少有 114 个，但俄语的亲属称谓语只有 13 个及几个修饰词。从表 1 中可以清楚地看出俄汉亲属称谓语的不同。

表 1

汉语	俄语	汉语	俄语
祖父，外公	дедушка	伯伯，叔叔，舅父，姑父，姨父	дядя
祖母，外婆	бабушка	堂哥，堂弟，表哥，表弟	（двоюродный）брат
婶婶，伯母，叔母，舅母，姑姑，姨妈	тётя	堂姐，表姐，堂妹，表妹	（двоюродная）сестра
哥哥，弟弟	брат	姐姐，妹妹	сестра

从表 1 中可以看出，汉俄语的亲属称谓语就其指称意义而言，表现出明显的非对应性，即称谓语的所指对象不一一对应，或在一方文化中空缺，或一词多义。如在汉语系统中通常要精确地区分出"伯母、婶婶、姨妈、姑姑、舅母"，但在俄语中只用一个词 тётя 表示；以此类推，"哥哥、弟弟、表哥、表弟、堂哥、堂弟"也只用 брат 一个词表示，"姐姐、妹妹、表姐、表妹、堂姐、堂妹"也只用 сестра 一个词表示。这反映出汉语系统中重性别的特点，这种描述称谓法把父亲和母亲、直系和旁系亲属分得清清楚楚，既标明了辈分，又标明了排行。而俄语亲属称谓的类分法，既不标明父系母系、直系旁系，也不标明平辈亲属的排行。

汉俄亲属称谓之所以有如此大的差别，归根结底是受两个民族传统文化差异影响的结果。几千年来，儒家思想在中国传统文化中一直占据绝对的统治地位，强调以群体为中心，重视个人在群体中的适当地位和适当的生活方式，以"仁"和"礼"为自己行为的准则，主张以父子为亲、君臣有义、夫妇有别、长幼有序，其目的是建立封建社会的宗法血亲关系，以及差序结构的社会体系。另外，中国是一个传统的以农耕为主的国家，家族制一直得到保留，推崇封建大家庭的结构形式，并强调宗族血缘关系，在此基础上，经过长期发展形成了中国重集体、重伦理的文化传统。同时，以儒家为主的传统文化高度重视人伦（"伦"的原意就是类别和次序）、重视礼教、重视三纲五常。长期生活在这样一个等级森严的宗法社会中，男女有别，长幼有序、血缘关系的远近和以男子为中心的封建礼教极受重视。这就形成了汉语中特别发达的社会称谓词，造成汉语亲属称谓名目繁多，称谓体系十分复杂。

与汉民族的文化传统相反，俄国则不然。最早俄罗斯人的祖先是"畜牧民族"，没有像汉民族那样定居下来建立家业，加上俄罗斯的农奴制持续时间较长，封建制度建立之初就不彻底，所以宗法制也就远不及中国牢固，反映在亲属关系称谓语上就远不及中国完备。俄国人淡化宗族血缘关系，家庭结构比较简单，重个人，突出表现自我。由于俄国人血统亲缘观念较为淡薄，其称谓系统简单，称谓词相对贫乏，可用一个词把某些亲属分成一类，几乎所有的亲属称谓语都遵循"代"的原则。因此，在俄罗斯人看来，没有必要精确地区分亲属称谓中的直系、旁系、父系、母系。在亲属之间不但同辈之间可以直谓其名，甚至晚辈对长辈也直接用名字称谓。这一点让汉民族难以接受，会认为晚辈没有教养，不尊敬长辈，有大逆不道之感。

由于汉民族特别重视血缘亲属关系，在人们的交往中，有无血缘亲属关系决定着人们在社会活动中的合作程度，因此亲属称谓在人际交往中具有了一定的亲和力，为了和交际对方拉近情感，或表示亲密、亲热，或为了表示尊敬、礼貌，对某些相识或不相识的没有亲属关系的人也要用亲属称谓语。这种亲属称谓语的泛化现象，反映了人们在交际活动中利用亲属称谓拉近彼此关系表现亲密的社会心理。这种所谓的拟亲属称谓语内容相当复杂，它是中国的一种传统习俗，颇能体现出汉民族的文化内涵。使用这种称谓方式能使对方感到尊重和亲切，能够缩小交际双方的距离，因而会收到良好的交际效果。辈分对汉语的拟亲属称谓起着至关重要的作用，说话人在使用它们时，首先要考虑到自己与受话人的辈分关系。称谓长辈的拟亲属称谓语主要有："爷爷、奶奶、伯伯、伯母、叔叔、阿姨"等；有时在亲属称谓词前冠以"姓氏"、"大"或"老"，如"马叔（叔）、邹（阿）姨、周姐、赵哥、大爷、大伯、大娘、大妈、大叔、大婶、老爷爷、老奶奶、老嫂子"等。这类非亲属称谓语比较文雅，通常只用于晚辈称谓长辈或同辈之间，表示尊敬和亲切或谈话双方关系比较亲密，一般不用于相反的情况，即没有"于妹、胡弟"之类的说法。如果用"名字+亲属称谓词"的称谓方式则表示交际双方关系十分亲密、无拘束，如"晓辉哥、君铃姐、小燕妹"。而"大妹子、老哥"等称谓语一般用于比较熟悉的人之间，语气比较随便、粗俗，但较亲切。

俄语的拟亲属称谓语要比汉语少得多，也不会像汉语的拟亲属称谓语用得那样普遍。在语言实践中，很少将亲属称谓用于非亲属成员上去表达亲近感情，常见的只有：дедушка（爷爷），бабушка（奶奶），дядя（叔叔），тётя（姨姨），мамаша（大妈），сынок（儿子），браток（兄弟），сестрица（大姐），以及它们的各种后缀形式。它们主要用于称谓陌生人。"但当两家关系密切，孩子称谓父母的好友时可用拟亲属称谓语，且通常要加上名字，如дядя Ваня（万尼亚叔叔），但不能加姓或父称。"（М. А. Кронгауз，1999：82）俄汉两民族截然不同的文化传统习惯也说明了汉民族的亲属关系对其他社会关系的影响及高度的社会群体意识。

综上所述，汉语和俄语在亲属称谓方面之所以有如此大的差别，其实是俄汉两种语言赖以存在的文化差异造成的。中国传统文化重视血缘关系，注意辈分之差，特别强调等级间的差异，提倡长幼有序、次第之分；而俄罗斯人崇尚的是个人主义，追求独立与平等，并不看重家庭辈分、长幼尊卑。这种差异分别折射出各自深厚的历史沉淀和明晰的文化印迹，也反映了中国文化的扩展式家庭结构，但这种家庭结构模式对俄罗斯人来说似乎不太适宜，似乎成了制约其追求自我、突出个人价值的绊脚石。

二 社会称谓语的文化阐释

社会称谓语在整个称谓系统中占有重要的位置，它的使用范围适应于整个社会。由于交际双方社会地位的差异，彼此关系的不同，称谓语的作用也不一样。通常可以区分出几种不同的称谓方式：职衔称谓、姓名称谓、通称、人称和零称谓等。这里，我们只讨论职衔称谓和姓名称谓的文化差异。

（一）职衔称谓

俄汉语中都有职衔称谓，即用职务或职称来称谓他人，但也有差异。由于在中国传统文化中，官本位的意识很强，人们历来十分重视以一个人的职业或职务作为称谓，以显示对某些职务、职业的尊敬，使受话人的职业得以认同，因此，用于称谓同事关系的称谓语结构就受制于这种文化心态，突出"官位"和"职务"。具体表现为汉语职衔称谓语比较复杂，职衔称谓词特别发达，如"主席、总理、部长、省长、厅长、处长、科长、队长、校长、所长、股长"等。由于地位和权势的观念在汉民族的历史演变过程中留下了很深的烙印，所以，汉民族就形成了对于有官职的谈话对象以官衔相称的习惯。这与中国传统文化重视人与人之间的尊卑上下关系密切相关。在交际中，汉民族重视等级差别，总是压低自己，想方设法抬高对方的地位，用官衔称谓对方，以示礼貌。汉语中表示职务的称谓语都可单独或与姓名连用作称谓语，如"厅长、黄校长、汪华处长"等，这类称谓语也是一种尊敬用语，但无亲切意味，同事亲友或关系密切的上下级之间往往很少采用，只在庄重场合，需用职务相称。汉语中职务用语还可与通用称谓（如"同志"）等一起作称谓语。这里需要强调的是，汉民族在称谓职衔时，一般不体现"副"字，如将"李副经理"直接称"李经理"，这与人的文化心理因素有关，它一方面符合会话的礼貌原则；另一方面或许也表现出人们对于权势的敬畏心理。

职业称谓语是指用受话人所从事的、在人们心目中有地位的职业名称来称谓谈话对方的词语，如"教师、医生、工程师、教练、律师、记者"等。而一些技术性较强的体力劳动职业，如"司机、厨师、电工、钳工"等，不能用于职业称谓语，一般用通称词"师傅"，并在其前冠以姓氏，如"陈师傅、吴师傅"，称年龄大或工龄长一些的人为"老师傅"，但一些传统手工业职业仍然可以用作称谓语，且前面要加上姓氏，如"张木匠、王铁匠"等。

与汉语不同的是，俄语的职衔称谓相对简单、稳定。一般不用行政职务、职业或姓氏前加行政职务或职业来称谓对方，一个人的职衔可以被忽略。一般来说，无论谈话对方年龄的大小，下级对上级称谓都采用"名字+父称"这种方式，用以表示尊重、礼貌。这种称谓方式几乎是万能的，是最常用的一种称谓方式。口语中，无论级别的高低，属下称谓自己的上司时，都可以用шеф（头）一词，它标志着言语交际的非正式性，交际双方关系的亲密、和谐。因为在俄罗斯人看来，"头衔"并不是最重要的，重要的是一个人的姓名和个人能力，而像汉民族常常挂在嘴边的称谓，像"吴主任、徐处长、王经理"等就提供了过多的在俄罗斯人看来是无用的信息。这也体现出俄国人与汉民族不同的政治价值观和个人价值观。但值得一提的是，"教授、博士"这样的头衔却不能被忘记，要在姓氏前加профессор（教授）和доктор（博士）等专业人员的称谓，这样的头衔称谓体现了对专业人员的尊敬。在特定的情景下，如果学衔、职务、职称用于称谓语，那么往往附带了某种伴随意义，表示说话人对受话人的不满、讽刺、轻蔑、威胁等态度。

在汉语里，"老师"既是称谓语，又是尊称，如"杜老师、王老师"等。但在俄语里，преподаватель或учитель（老师）绝不可以作称谓语。许多中国学生因不知道俄汉之间的差异而犯了称谓上的错误。军衔常用于军人之间的称谓中，它们既可以单独使用，也可以与товарищ（同志）一词共同使用，在这一点上，汉语和俄语是一致的。俄汉两种文化里，那些地位较低下的职务名称一般都不用作称谓语，如汉语里不说"张清洁工、苏焚尸员"等，一般用"先生、小姐"取代"服务员"。在俄罗斯，商店里的售货员称顾客为гражданин（男公民）或гражданка（女公民）；而顾客习惯称女售货员为девушка（姑娘），称男售货员为молодой человек（年轻人，小伙子）。对工作在飞机、列车、宾馆、饭店、招待所里的女服务员都称 девушка（姑娘），对年轻男人称 парень（小伙子）（А. А. Акишина，Н. И. Формановская，1975：23）。

汉语里把有某种技艺的人称为"师傅"（如"杨师傅"）或"老师傅"，而俄语里则不用这种称谓形式。汉语有些职业名称常与亲属称谓语结合构成称谓语，如"护士阿姨、警察叔叔"等；如果将这些称谓搬到俄语中将会使人莫名其妙。最后，汉语中姓氏加三个或三个以上音节的职业名词作称谓语时可以有简称，如"张工程师"可称作"张工"；俄语里这种称谓在拼写时为缩写形式，如 профессор Иванов（伊万诺夫教授）可写成 про. Иванов，但其发音还是和全称一样。

综上所述，汉俄职业、头衔称谓语最主要的区别表现在：俄语中只有很少的职衔词可用于当面称谓，绝大多数情况下都用"名字+父称"这一称谓形式，以示礼貌和尊重；汉语中直接用职衔称谓的情况很多，在各种行政职务前还可加上姓来称谓，俄语中除军衔外，没有这种用法。这是我们在与俄罗斯人交际时必须加以高度重视和仔细推敲的。学习一种语言，倘若不去研究使用这一语言的民族的社会经济、文化传统、风土民情，那就不可能深刻理解这种语言的本质，更不能正确地使用这种语言。为此，要想成功地与俄罗斯人进行交际，在掌握俄语的同时，还须了解俄汉民族文化的差异，否则，便会造成相互沟通受阻、合作受挫、交际失败，导致"文化休克"现象。

（二）姓名称谓

姓是一个家庭的代名，而名则是个人的代号。对于某一家庭来说，姓是该家庭所有成员的共同符号，即共性；而名是每个成员自己的代号，即个性。姓名称谓是一种符号，具有特指性，是识别社会成员的主要标志。姓名有着鲜明的传统文化特征，一个民族的姓名结构往往蕴含着丰富的风俗习惯、思想意识的内容，并且会在民族交往中得以流传。无论是汉语还是俄语，姓名都是使用最广泛的称谓语，但使用规则差异很大。如汉俄姓名排列顺序就存在差异，汉民族的姓名由两部分组成：姓和名。姓有双姓、单姓，如"司马、欧阳、马、曹、杜"等；名也有双名和单名，如"晓光、志刚，莉、飞"等。汉民族的名字有大名和小名，即学名和乳名之分。小名一般较随意，民间的小名鄙俗，如"狗狗、毛毛"，不过并没有任何消极、鄙视的意味。而小名一般只在家人和亲朋好友之间使用。汉民族有单姓单名，如"刘备"；有单姓复名，如"黄继光"；有复姓单名，如"欧阳海"；有复姓复名，如"司马相如"。汉民族的姓不是一个空洞的符号，而是有着丰富文化含意的，一个姓浓缩了一个血缘亲族祖祖辈辈艰难创业的历史，也是宗族文化的标记。

俄罗斯人的姓名与汉族人的姓名在其组成和排列上顺序不同。俄罗斯人名的全称由三部分构成：名（имя）、父名（отчество）和姓（фамилия）。俄罗斯妇女婚前用父亲的姓，婚后多用丈夫的姓，但本人名字和父名不变。有的也保留原姓，也有少数夫姓和原姓并用，中间用连词符连接。现在，俄罗斯公民的护照、证件或个人档案等文件上必须写上名、父称和姓，顺序为姓、名字、父称，三者不可缺一。在正式文件中，俄罗斯人的名字和父称均可缩写，只写第一个字母（Л. П. Рыжова，1982：97）。这种姓与名不同的排列顺序是俄汉文化差异的突出表现，是俄汉民族在"家庭与个人"的社会组织关系上所持的不同观念的反映。中国文化"重姓轻名"，而俄罗斯文化"重名轻姓"。

汉民族和俄民族在使用姓名称谓别人时，也是有差异的。在具体的社交场合中，交际一方所用的称谓语，即体现着交际双方的关系，称谓者的身份、修养，更包含着称谓者对被称谓者的情感。也就是说交际双方的生疏、亲疏、喜恶等因素都会影响到称谓语的使用。在汉语中，在使用姓名称谓时，要注意辈分、长幼、上下级等关系。长辈对晚辈或者平辈人互相称谓时，可单称姓名，如"韩立忠"，也可只称"立忠"；也可以在姓或名字后面加上职业称谓，如"余大夫、立忠教练"；还可以在姓名后面加"同志"二字，如"雷锋同志、马华同志"。一般晚辈对长辈、年幼者对年长者、下级对上级，在使用"姓"或"姓+名"称谓时，往往要加上职业称谓或职务称谓，如"唐教授、胡峻校长"等。

在俄语中，在不同的交际场合，对交际对象的称谓也不一样。在正式和隆重场合，一般使用全称，即"名+父称+姓"，一般打招呼时不能用"名字+父称+姓"，也不能只用"父称+姓"；在青年人之间都称谓"姓+名"。对一般同事之间可称呼姓，如 Петров（彼得罗夫）；学生对老师，年轻人对长者，下级对上级，表示礼貌和尊敬要用"名+父称"：Сергей Иванович（谢尔盖·伊万诺维奇），对已婚妇女须用"名+父称"，这是表示尊重的礼节。长辈对晚辈；亲人之间，朋友、同志、同学之间或长辈对小辈多称呼小名：Маша（玛莎），Коля（科利亚），但俄罗斯人的小名不和父名连用。老师对学生，长官对士兵，常称呼姓：Михайлов（米哈伊洛夫），Гориков（戈里科夫）。在公事公办的正式场合以姓相称时，须在姓之前加 господин（先生）之类的字眼，以示尊敬。例如：Уважаемый господин Сухарев！（尊敬的苏哈列夫先生！）（Н. И. Формановская，1998：53）

在俄罗斯文化中，更注重人与人之间的平等交往中的坦诚，因此俄语中不同年龄、辈分，甚至地位悬殊较大者之间常用名字称谓，即使对比自己年龄大的人也不例外，有时学生可以直接叫自己的老师的名字，老师非但不会觉得不礼貌，反而认为这是一种友好、随和的表示。孩子可以用名字称谓年长的（限熟知者）。在汉文化中，只有"权势"一方可这样称谓对方，否则就会给人以缺少教养的印象。

汉语里很礼貌的称谓语在俄语文化里却可能是很不礼貌的。对于很有资历的老干部、德高望重的老学者，或出于尊老爱幼的传统，对上了年纪的人，称谓为"姓氏+老"，如"王老、苏老、金老"，而"老薛、老谢"则表示同辈人中既平等又稔熟的态度。以"老"为尊称，这是汉民族又一传统美德。对中年以上的人在其姓之前加上一个"老"表示对其尊敬。"老高、老李"既显得亲切自然，又反映了人与人之间的和睦友好关系。因为汉语中的"老"是和"智慧、贤能"联系在一起的，"老"意味着有阅历、有经验、有学识，即使被称谓方并非上了年纪，这也被视为对对方的尊敬，这种尊老的传统除了受到宗法制度的影响外，还有另一历史文化因素的影响，即农业民族文化，华夏的汉人大都从事农业生产，由于当时社会的发展水平低，人们对于自然规律，对于农业生产由播种、施肥、生长到收获这一循环现象，对于四时四季气候等现象的掌握都是从实践中来的（杜学增，1999：53）。整个农业生产和社会生活中有着极其重要的意义，而老者正是阅历和经验的化身。但无论"王老"还是"老王"，汉语的这一敬称在俄罗斯社会却行不通。在俄语中说人老是不礼貌的，让人感到难以接受。因为在俄罗斯文化中，人们是不愿意认老的，怎么可以称一个中年人甚至年轻人为"老王"呢？即使对真正意义上的上了年纪的人，也不会像中文称谓"老大爷"那样称人家为 старый дедушка，而是可以直接称谓其"名字"或"名+父称"。在俄罗斯人看来，"老"就是"旧"的代名词，意味着老不中用。人们都忌讳"老"字，他们具有强烈的不服老意识，认为"老"意味着风烛残年，来日不多。因此，如果按照中国对"老"的内涵的理解来称谓俄罗斯人，显然是不妥的。

俄罗斯人可以用姓来称谓，而在汉语里这样称谓叫人难以接受。但汉语可以在姓的前面根据对方的年龄加上"老"或者是"小"来称谓对方，如"老王、小李"等。"小+姓"在汉语里也是一个极为亲切的称谓，如"小马、小黄"等。但在俄罗斯文化中也是不礼貌的，是不合适的，俄罗斯人喜欢以名来称谓对方以示亲切。俄语中爱称使用比较广泛，在同辈之间和非同辈之间都可使用，而汉语中这种称谓（如"晓丽"或"丽"）的应用范围相对狭窄一些，一般仅适用于长辈对晚辈、恋人或关系特别亲密者之间。

三　结语

每一种语言都有自己的称谓语系统和使用规则，称谓语系统和使用规则除了受语言系统自身的规律制约外，还与文化有着密切的关系。以上我们对汉俄亲属称谓语和社会称谓语中的职衔称谓及姓名称谓的差异，从文化学的角度进行了对比分析，限于篇幅，通用称谓语、人称和零称谓的俄汉对比将另文探讨。

参考文献

Акишина А. А., Формановская Н. И., *Русский речевой этикет*, Москва: Русский язык, 1975.

Колесов В. В., Культура речи. *Культура поведения*, Ленинград: Издательская группа «Лениздат», 1988.

Кронгауз М. А., "Обращение как способ моденирования коммуникативного пространства"//Отв. ред. Арутюнова Н. Д., Левонтина И. Б., *Логический анализ языка: Образ человека в культуре и языке*, Москва: Языки русской культуры, 1999.

Рыжова Л. П., *Обращение как компонент коммуникативного акта*, Автореф. дис.... канд. филол. наук, Калинин, 1982.

Формановская Н. И., *Коммуникативно-прагматические аспекты единиц*, Москва: Ин-т рус. яз. им. А. С. Пушкина, 1998.

杜学增：《中英（英语国家）文化习俗比较》，外语教学与研究出版社，1999。

刘焕辉：《交际语言学导论》，江西教育出版社，1992。

孙淑芳：《关于语句的意向功能与句子的情态意义》，《俄语语言文学研究》2005 年第 1 期。

祝畹瑾：《社会语言学概论》，湖南教育出版社，1992。

原文发表于《俄语语言文学研究》2006 年第 1 期

积极语法中的说话人存在方式

李洪儒*

摘　要： 人们通常认为，语法的规则性决定语法中不可能存在说话人意义。也就是说，作为语言组成部分的语法，它与语言哲学的学科目的——揭示"人及人的世界"无关。本文分析几种典型积极语法和相关语言现象，旨在实证：语法中具有人的存在方式，而且通过说话人意义呈现，对说话人意义的分析和解释就是对人存在方式的揭示。因此，语言中以说话人意义为代表的主观意义实现语言学与语言哲学整合的现实切入点。

关键词： 积极语法　说话人意义　语言哲学　整合

一　引言

语法又叫语法系统，由语法单位和这些单位之间的关系构成。学界普遍认为，语法对于特定语言群体来说，具有普遍性；对于语言群体的个体来说，则只有客观意义。换言之，语法没有体现说话人存在方式的主观意义。文章从积极语法（активная грамматика）与消极语法（пассивная грамматика）之间的区别、积极语法的产生和特点、语法的语用化入手，通过对积极语法的多维度考察，实证上述流行观点的错误，昭示人们：积极语法具有主观意义（说话人意义），而且这种主观意义就是说话人在这种语法中的存在方式；对这种存在方

---

* 李洪儒，四川外国语大学中外文化比较研究中心主任、教授、博士生导师。

式的分析和解释，其实就是对说话人的揭示，这正好是语言哲学的学科目的之一。因此，在主观意义这一点上，可以实现语言学与语言哲学的整合性研究。

二 关于积极语法

区分"消极"语法和"积极"语法的基础是 20 世纪上半叶彼得堡语言学学派的代表人物之一 Л. B. Щерба 奠定的。这一区分的出发点是语义，因为积极语法提出"问题：不同思想如何表达"；积极研究、描写或者使用语言的最重要的前提是存在含义（смысл）（Л. B. Щерба，1974）。积极语法适应语言描写和教学的原则，在作为外语的俄语教学领域和翻译理论与实践中非常重要。在这两个领域中，同义或者内容等值已经成为说话人及与其交谈者关注的中心。

长期以来，俄罗斯学者把心理语言学叫作"言语活动理论"。过去，逻辑学是语言学的方法论基础，这与心理学对立。从心理出发，给语言定位，在一定程度上是 Л. B. Щерба 坚持的做法。根据他的理解，语法是"言语行为各项规则的集合"。当然，对语法学说这一转向发挥推动作用的有一系列先驱者，首先是发展了俄语语言学心理学派（哈尔科夫语言学学派）的 A. A. Потебня，H. B. Крушевский（喀山语言学学派）也是先驱之一，其（根据联想和相邻关系产生的）联想联系的思想比索绪尔关于语言结构联想（聚合）关系和组合关系学说的提出还早。起初，彼得堡语言学学派的代表们（И. A. Бодуэн де Куртене，Л. B. Щерба，E. Д. Поливанов，Л. П. Якубинский）提出积极语法观，甚至把语言的社会方面归入心理方面。后来，依靠社会心理学促进广义语言观的产生。从 20 世纪 20 年代中期开始，彼得堡（列宁格勒）语言学学派已经由心理学派变成社会学派了：Л. B. Щерба 谈论语言现象的三个方面；而 Л. П. Якубинский 在 20~30 年代社会学方法的影响下直接把语言理论解释为意识形态（Ф. M. Березин，1984）。

顺便指出，20 世纪上半叶，在俄罗斯以外的西方，对语言产生强劲影响的是心理学中的行为观（бихевиористская концепция）。这一观点的特殊性在于，拒绝研究"不可观察的人的内部过程"，集中关注人的行为和反应中可以直接观察的东西。于是，语言学开始研究言语行为之前的实践行为：人们把言语行为视为说话人发出的刺激，把言语行为之后发生的行为视为听话人对言语行为的反应。根据 Л. Блумфилд（布隆菲尔德）的思想，从说话人角度看，言语本身是说话人对某一刺激的言语性混合反应；从听话人角度看，听话人自己的反应由说话人的言语性混合刺激引起（В. М. Алпатов，2005：190）。

回到我们的主题，同社会心理学在研究方法上特别接近的是语用语言学（прагмалингвистика）。社会心理学对语言学的确产生过革命性影响：它开始更加接近生活，以新的形式存在，包括新闻、网络、电话、对话、履历表、实验、录音、设计和建构模型等。现代语言学在描写语言上已经抛弃了消极反应态度，创建了一系列研究人意识中认识（认知和感知）结构与反应结构活生生相互作用的学科，转而研究无意识层面上的语言能力。

社会感知（Дж. Брунер）是人对社会客体（他人、感知者自身、社群、社会同一性等）的知觉（perceptio）、理解和评价（А. В. Петровский，1985：431）。已经获得公认的是社会对知觉的制约这一事实。社会统觉从属于下列各种不同因素：（1）引起个体（群体）直接反应的所谓刺激客体的特点；（2）主体过去的经验以及当下目的、意向和情景的重要性等；（3）社会客体（个体、群体）并非全然消极，与不同知觉主体的关系各不相同。因此，对人活动本质的认识就整体而言已经得到修正。人们发现，知觉社会客体的特点是：认知要素与情感（激情）要素更加融合，认知要素更加从属于知觉主体活动的含义（动机）结构。这在现代语言学中反映在：当"从含义到形式"的分析路径成为主流研究方法以及意识的语用结构得到普遍关注时，语言学中占优势地位的东西就发生更替。

出现一切可能类型的积极语法（生成语法、表义语法、联想语法、交际语法等）。生成语法在 20 世纪 70 年代以前就已经成为心理语言学的支柱。虽然它的某些方面在苏联、俄罗斯获得发展（И. А. Мельчук 语），但是依然是美国语言学取得的成就。与此相反，功能语法在彼得堡（列宁格勒）语言学学派内部形成，与 А. В. Бондарко 及其追随者的名字联系在一起。它的先驱是布拉格语言学小组代表中的俄国侨民。功能语法探讨一个统一系统中具有下述特点的各种手段：（1）属于语言不同层级；（2）以诸多语义功能之间的共同性为基础结合成类，比如俄语中的持久性语义（семантика длительности）或者时间的语言解释、确定性与不定性、存在性、领属性、情态性等（А. В. Бондарко，1987，1992，1996a，1996b）。这种语法在描写语言材料时，采用的描写角度是从功能到手段，因为根据 А. В. Бондарко 的定义，该语法的研究对象是语言功能系统中的语言语法体系，而且关注"从含义向表示含义的外部手段转化对于说话人的现实性"（А. В. Бондарко，1984）。从含义到形式的研究向度是其他积极语法——交际语法、表义语法和联想语法的共同特点。对此，详见下文。

就整体而言，描写语言和言语功能及含义的方法是同一层次的现象，都将注意力从语言的逻辑结构观转向活生生的交际过程、"使用中的语言"（language in use）。从这个意义上说，任何"积极"语法都可以叫作交际语法或者说话人语法。

三　积极语法说话人本质的多维度考察

（一）功能交际句法维度

作为言说过程的结果，言语存在于语篇中。语言学的语篇研究方法实现语篇建构者（说话人）的构思。作为语篇生成的基础，说话人无论选择主题还是选择建构言语的手段和方法，都貌似有意识甚至独立运作。其实，在任何情况下，选择都会受说话人的含义、时空位置、知觉方式（观察者还是思想者）、同受话人的关系以及说话人的情景意向的制约。所有这些都是交际因素，它们与主要交际单位——句子（语句）的形成相联系。这就是句法学在语言学中特别重要的原因。

功能交际句法或者交际语法的发展得益于人们建构在抽象理论基础上的语法学面临的种种危机："在同一层级上将句法与语义分开毫无前途"（Г. А. Золотова，Н. К. Онипенко，М. Ю. Сидорова，1998：477）；"……没有句子的结构语义和类型意义，就不会有整个语篇的含义，但是与句子现实结构对立的传统句法分析会妨碍我们承认这种观点"（Г. А. Золотова，1982：21）。

新型句法理论概念首先出现在 Г. А. Золотова 的功能交际句法著述中（Г. А. Золотова，1973）。根据她的意见，交际语法是解释语法。以因果关系为基础、关于表达含义的语言手段的有序知识就是与人和世界相互作用的语言。交际语法是从句子到语篇的句法理论和句法描写方法。这样，语法就突破孤立句子的范围，把"词层级"与"语篇层级"结合起来，全面展示语言手段（句子模式及其要素）、言语资源（功能-含义类型）、语篇策略之间的相关性。

根据 Г. А. Золотова 的观点，功能界定为语言因素天生就是表达语言系统中一定存在方式和在该系统中发挥一定作用的价值。自然，在运用交际方式研究句法时，处于关注中心的是谓词/述谓（предикат）。因此，人们关注的第一个对象就成为表示说话人角度、充当句子交际中心的谓词类型，比如："特征词（作为词义的特征不仅包括行为过程，而且包括状态、性质、数量）与思维主体和说话人的'视角'表达成分、被报道事实与报道事实之间距离的表达成分结合起来，这就是学术界都称为'述谓性范畴'的情态、时间和人称范畴"（Г. А. Золотова，Н. К. Онипенко，М. Ю. Сидорова，1998：59）。

句法系统的中心由句子基本类型构成。这些基本类型按照由实词体现的谓词范畴意义区分。

从交际语法角度看，句子模式系统整体上反映人的世界观的一般模式。处于这一模式中心的是人。此处的人指说话人（语言集体的代表）和"在自己理解世界或者想象的范围内"言说世界的主要执行者（Г. А. Золотова，Н. К. Онипенко，М. Ю. Сидорова，1998：518）。与此同时，句子模式组成部分的不同具有客观特点。句子模式首先依靠差异所反映语言外现象特点的不同来界定，也依靠这些现象在民族语言意识中的范畴化方式来界定。

句子初始模式根据含义要求来扩展和复杂化，同时出现有规律的语义—语法、表现力、同义性变体。所有这些变体构成初始模式句法场的边缘部分。

句子根据言语类型实现专门化。同时，一种类型的句子或者句群建构语篇结构中的符合结构。

上面，我们简要介绍动词性谓词类型。这个问题在传统语法中没有得到解释，然而对理解实际言语的主、客观语义却很重要。下面，随着论述的推进，将涉及交际语法理论的其他方面。

任何理论的精华都体现在分类上。在教学中，动词性谓词的语义分类有时要求解释术语；为了达到清晰的目的，要求提供足够数量的例子。下面，将介绍以 Т. В. Булыгина 和 О. Н. Селиверстова 研究工作为基础，由 Г. А. Золотова 提出的动词性谓词的分类（О. Н. Селиверстова，1982）。

谓词原则上是主观的，因为根据范畴意义，它们报道主体（含义主语）的评价特征。谓词并不总是动词，但动词在句子和语篇中的结构、组织作用却是公认的。

作谓词的动词区分为：（1）实义动词与非实义动词；（2）行为动词与非行为动词，其中行为动词还可以区分出证实动词（глаголы констатации）与解释动词；（3）使役动词（каузативные глаголы），它们与上述所有动词亚类都具有关系。

信源动词（авторизующие глаголы）、态式动词（глаголы модуса）、与态式动词对立的陈说动词（глаголы диктума）都作为单独的词群区分出来。这一词群按照传达内部世界、说话人视角的能力以及形成语句情态框架的情况把不同动词联结起来。在我们关于带主观情态语义动词的语料中，将作为每一个词群的组成部分来区分。

1. 实义动词与非实义动词

实义动词与其他实词一样，能够在句子中独立行使谓词功能（参见下文）。非实义动词不能独立充当谓词。它们是阶段动词和情态动词，使谓词复杂化，行使辅助功能：（1）系词的语法功能，它一般与静词性谓词（именные предикаты）一起使用，如 быть/являться студентом（是大学生）；（2）表示谓词发展过程中的阶段性特征，如 стал писать（开始写），продолжает делать это（继续做这件事），кончил писать（结束写）；（3）表示谓词组成部分的主观情态关系，如 обязан/хочу приехать（应该/想来），собирается/мечтает там работать（打算/梦想在那儿工作），надеется/пытается репетировать（希望/尝试演出）。我们注意到，如果考虑大多数动词与不定式搭配进而发展情态意义，那么带情态意义的动词系列特别多。关于不定式句子的整体意义，可以参阅 Г. А. Золотова 的相关著述。

阶段意义与情态评价意义在存在辅助动词群中结合起来，因此反映语句中的主体观点。这种辅助动词群可以继续分为：（1）情态速度动词群：行为主体是否愿意体现在行为进行速度的加快或者减慢，如 торопился получить（着急得到），медлил соглашаться（延缓同意）；（2）评价速度动词群：对其行为进行速度的评价从结果观点实施，如 успел прибежать（得以跑来），опоздал выступить（演讲迟到了）。人们把非实义动词叫作谓词的变体、复杂化形式。

属于谓词变体的还有补偿动词这种非实义动词。它们具有纯形式语法意义，其所有语义负荷落在动名词上，如 Самолет совершает посадку（＝садиться）

（飞机在着陆）；Преподаватель проводит консультацию（ ＝ консультирует）（教师在答疑）。补偿动词充当谓词，这种句子表示信息类言语。

实义动词首先区分为行为动词（具有行为意义）和非行为动词。

2. 行为动词与非行为动词

（1）行为动词

这类动词的特点是：具有来自人（活物）行为积极性和目的性以及这些行为潜在的可观察性和时间定位性。在句法结构中一般可以谈论行为性的加强或者降低，例如：

Они — смеяться.	Они смеются.	В зале смех.
Она и засмейся.	(Не) смейтесь.	У них смех и песни.
(Не) смеяться!		Ей не до смеха.
Никакого смеха!		(Не) хочется смеяться.

强 ◄──── 行为性 ────► 弱

在交际语法中，行为动词可以区分出以下语义群：①物理动词，如"挖、煮、写、洗"等；②移位、运动动词，如"走、飞、游、奔跑"等；③言语行为动词，如"问、转告、喊"等；④改变领属关系的转交动词，如"给、拿走、收到、买、卖"等；⑤社会性主体间行为动词，如"战斗、投票、建议、打招呼"等。显然，这些都是客观陈述"世界图景"外部方面的动词（陈说动词）。

还有其他表示行为谓词的动词群，但是它们构成这类动词的边缘部分，不具有这类动词的所有特征，比如可观察性等。构成其边缘部分的动词有：①心智（思想）行为动词，如"思考、分析、想象、认为、决定"等。②知觉动词，如"感觉、听、看、嗅"等。③情感动词，如"生气、发神经、可怜、同情"等。上述三类动词的特点是外现主体内部世界，其中许多动词可以构成语句的态式框架。④不总具有行为目的的生理行为动词，如"吃、喝、咳嗽、呼吸"等。⑤语义包含活动或者职业双重情况的动词，如"工作、学习、唱"等；⑥表示行为方式的动词，如 подхалимничать（拍马屁），важничать（妄自尊大），модничать（穿戴赶时髦），обманывать（欺骗、说谎），капризничать（耍脾气），лебезить（巴结讨好），лукавить（耍滑作假）等。⑤、⑥两个表示行为的词群包括积极性和目的两个特征，但是经常不表示具体行为，而表示对经常性过程的解释。第⑥类动词语义上的独特之处在于开放性的评价。

动词语义中存在解释和评价因素，据此可以把相应动词分为两个词群：①证实动词，如 говорить о чем-л. , дать кому-л. ；②解释动词，如 очернить, преувелить, навязать 等。这两个词群与表示主、客观意义具有直接关系，形成下列相互关系：

говорить о ком-л. _____ ругать, осуждать, клеветать;

сказать о ком-л. _____ очернить, наговорить, преувеличить;

дать кому-л. _____ вручить, всучить, навязать 等。

（2）非行为动词

这类动词不具有积极性和目的特征。人们将它们联结成为以下词群：状态动词、功能动词（或者存在动词）和关系动词。

①状态动词的载体有三类主体：a）人、活物，如 промокнуть, заснуть, взгрустнуть, ожить 等；b）事物，如 сохнуть, созревать, таять, мелеть, гореть, ветшать 等；c）环境、空间，如 темнеет, мрозит, дует, льет, громыхает 等。

②功能动词或者存在动词报道：a）说话人观察或者已知的人造物，比如机械装置的准确或者不准确功能，如 Нож (не) режет, Часы (не) идут, телевизор (не) работает；b）自然现象存在、显露和强度，如 Ветер дует, Дождь идет, Волны плещут, Солнце греет。

多义性使动词之间的语义界限依靠约定来确定。有些动词的不同意义变成不同类型，如 играть на скрипке/играть с ребенком/играть с огнем ＝ 具体物理和心智类＋抽象解释类。许多情况取决于命名方式（修辞）和概括程度（逻辑学）；动词的句法扩展取决于语义。由此形成不同类型的语篇。按照 Г. А. Золотова 的观点，这样形成的语篇有具体形象类语篇、复现类语篇（репродуктивный тип текста）、抽象信息类语篇和生成类语篇（генеративный тип текста）。

③关系动词表达的不是行为而是事物之间的各种不同关系，如定位关系、部分关系、比较关系和领属关系等。大多数有关系动词的句子可能有无动词同义变体。这类动词的词汇意义存在弱化特点，动词本身可以选择或者因冗余而不用，如 Наверху есть еще одна спальня/Наверху еще одна спальня。

关系动词可以区分出几个类型：a）定位动词：它们描写事物的位置（Одежда висит на шкафу；Книги стоят на полке）、事物的空间位置（Тропинка спускается к ручью）和存在（Идет снег；Холодная была комната）。b）部分动词：这类动词表示部分与整体之间的关系：一是具有分类意义，如 Арбуз относится к бахчевым культурам；二是具有整体与组成部分的意义，如 Дельта реки состоит из рукавов。这样的句子（动词句和无动词句）表达思维的认知逻辑行为和客观行为，属于言语信息类（资源）。c）领属关系由动词性构造和无动词构造（"У кого" — "кто, что"）表达，如 У них сын；У сына велосипед（试比较 У сына есть велосипед）；Центр располагает новейшим оборудованием（试比较 В центре — новейшее оборудование）。d）表示比较关系的动词性谓词：它们是句法结构的组成部分，包含对两个比较事物的指示，然而比较常常是主观的，如 Этот способ обработки уступает предыдущему；Сын напоминает деда в молодости。

3. 使役动词

使役动词亚类的内容丰富，包含不同类型的词群。它们记录发生在"世界主、客观图景"中的变化。"使役是主体或者事件作用引起另一主体实施行为、出现新的状态、发生性质变化的因果关系的表达"（Г. А. Золотова，1973：77）。可以看出，几乎每一个语义类型的动词都可以用使役手段解释或者转换。比如 пересесть в троллейбус ↔ посадить（кого-дибо）в троллейбус，календарь висит ↔ повесить на стену календарь，ссориться с кем-то ↔ поссорить кого-то с кем-то，суп вариться↔сварить суп，свет горит↔зажечь свет，он директр↔ его выбрали директором 等。

非使役关系、使役关系可以用如下手段表示：（1）词义本身，如 есть — кормить，пить — поить；（2）借助构词手段，如 радоваться（самому）— радовать кого-то；（3）借助非实义动词，如 сомневаться — вызывать сомнения，надеяться — подавать надежду；（4）借助意义与对某人有意识作用相联系的情态动词或阶段动词，如 спешит вернуться — торопит кого-то вернуться，затягивает решение（свое）— тормозит решение（чье-то），любит ходить в театр — заставляет кого-то ходить в театр。

Г. А. Золотова 注意到，用不同方式表达使役关系的任何句子都是复杂的、多情态的、多述谓的。"世界图景"、事态在说话人的意识中经常发生变化有助于反映人的意识性质，人的语言很适合反映这种性质。

就整体而言，重新阐释的语法学变得内容更加丰富。"句法学试图在空洞的抽象关系的'森林'中建构自己大厦的时代一去不复返了。"（Г. А. Золотова，1973：470）句子句法观的变化为语法的表意方面的发展奠定了基础。

（二）语法表意维度

对于新闻工作者来说，特别重要的是"从含义出发"的研究方法，因为就活动的类型来说，初始语篇含义以并非尽善尽美的构思（腹稿）早已存在于新闻工作者的意识之中。同时，不能期待积极语法在词汇填充方面给构想提供建议。语法在一定程度上是抽象的意识。虽然 Л. В. Щерба 强调，含义应该是积极研究语言最重要的开始，但是它会暴露出：采用从含义到形式来描写语法的研究路径，不能将这种描写进行到底。存在某些中间环节，比如功能或者客观反映实在的含义与其说具有个体特点，不如说据有语言共性。管控这些中间环节的是表意语法（идеографическая грамматика）。

以反映功能和语言系统能力为基础的语法叫作表意语法。其研究方方面面的情况既体现在单个学者，也体现在研究团队的著述中；已经出版的专著有由 В. А. Белошапкова 和 И. Г. Милославский 编辑的《Идеографические аспекты русской грамматики》（1988）。这类语法的重要"观念"（идея）指用语法手段表示的主、客观"世界图景"的特点。比如，制约性观念、同一性与差异性观念（идея сходства/различия）、时空观念等。可以理解，"从含义出发"并且考虑能够表达特定内容所有手段的描写，具有实践指向（目的）。这种指向也是研究主观性"观念"的本文的取向。

有人认为，逻辑规律具有泛人类特点。按照黑格尔的思想，它们来自上帝。主观性在它们身上打上自己的烙印，因为认知的普遍形式向主观性开放。同一个思想可以用不同形式表达，用不同形式解释。此时，现实化发挥着最重要的作用，因为根据 Ш. Балли 的理解，现实化的功能就在于实现"从语言到言语的转化"。他把语法联系理解为现实化手段。

表意语法的使命就是根据情景表示自己的思想，把自己的思想"连成整体"。此处，我们讨论客观实在的两个"观念"或者两个特点，因为这两者必然在说话人意识中生成主观要素。它们属于人的操作性思维（операциональное мышление），描写任何言语。这便是"同一性/差异性"观念和"推理"观念

（идея умозаключение）。前者与比较、联想，后者与因果从属性密切联系。

1. 同一性/差异性观念

同一性/差异性观念伴随着认知过程，特别容易在有新事物、新现象的情景中获得现实化。确立同一性或者差异性，意味着在一定程度上界定被认知的现象。

同一性是事物和现象之间的关系，而且这种关系是事物和现象本身固有的相同特性、特征和性质。同一性在一定程度上是主观的，以人的印象为基础得到确定，可能是人的错觉，也可能是暂时、易逝的。同一性还有程度差异，如 слегка напоминает，очнь похож，вылитый。根据表意语法领域的研究成果，具有同一性意义的句子具有下列亚类。（1）同一性意义由动词谓语（简单谓词）或者名词谓语（合成谓语）表达的句子，如 походить на кого-что，смахивать на кого-что，перекликаться с чем，роднить кого-что с кем-чем 等；схожий с кем-чем，однотипный с чем，аналогичный чему-то，быть в отца/мать，быть вроде тебя/кого-то 等。（2）把比较语气词、带语气词的强化代词当成同一性标记使用的句子，如 как，такой же，как и 等。（3）同一性意义借助名词或者带形容词 вылитый 的名词表示的句子，前者如 копия кого-чего，двойник кого-чего，повторение кого-чего，сколок кого-чего；后者如 вылитый разбойник，вылитая Бритни Спирс。

差异性在比较中确立。比较关系最为抽象、混沌，因此是各种不同类型的含义复杂化和错合都可能具有的特点。根据«Русская грамматика»（1980）的观点，"两个相同现象之间的差异在比较句子中确定"。

一般来讲，并列复合句是比较句，如 Я журналист，а моя сестра биолог。带比较意义的并列复合句在语法中与对立句一起研究，如 В городе пыльно，шумно，в деревне же тишина и покой。此处，语气词 же 极其重要，是说话人的情绪在句子中的显现。

典型形式的比较包含成对的比较成分、句法平行现象和联想联系。有人认为，比较确定差异、不同。但是，不同程度可能在主观上也不相同：从同义序列中的相近到比较对象之间的反义都可能存在，例如：Посетитель был смущен，а его жена в замешательстве от увиденного；Это преступник，а вот его жертва。

制约性主观因素可能是比较意义的组成部分，例如：*Если* первая газета пишет обо всем со сдержанной иронией, *то* вторая не жалеет слов для лицеприятных похвал。试将这个句子与纯条件句比较：*Если* вы повернете налево, *то* выйдете к Казанскому собору。时间制约性因素在比较内容中甚至也具有自我中心论特点（表示说话人观点），例如：*Когда* он корпел над чертежами, ты загорал。

显然，比较意义句未必一定借助专门的连接手段（连接词 а 和 но，语气词 же）形成。未必借助的还有句法平行现象。只要存在比较成分，就够了。例如：*Брать взаймы деньги* — считалось не очень приличным, *все остальное* — люди охотно давали и брали в долг（В. Белов）。形成比较意义句的主要条件是存在通过联想联系，也就是通过主观联系起来的事物（实体），例如：Три дела, однажды начавши, трудно кончить：а）вкушать хорошую пищу, б）беседовать с возвратившимся из похода другом, в）чесать, где чешется（К. Прутков）。

众所周知，比较关系包括形形色色的、与主观看法相联系的非典型比较意义。这种意义有：（1）对立，如 Приходит он всегда поздно, а уходит рано；（2）同一，如 Их ругают почти на всех каналах, и газеты тоже не отстают；（3）有限制的排除，如 Поле залито лунным светом, и только слева темнеет слога неубранного сена；（4）补偿，如 Сначала будет трудно, зато когда втянешься, ожидают приятные открытия；（5）程度（包括情景中的选择），如 Я не то что боюсь вмешаться, но предпочтаю не вмешиваться。与后面两种类型意义具有联系的，首先是把价值评价（好/坏、不太重要/比较重要等）积极纳入言语中，然后是个体评价和道德评价（区分为与社会追求一致/不一致两种情况），如 Мало того, что он помогал, он воспитывал нравственно этих мальчишек。

2. 推理

根据康德的思想，一切变化都按照原因与行为之间联系的规律发生，哲学上的因果关系范畴由此得出。因果关系从属性（使役关系）的基础是推理。与德语、英语和法语比较，推理形式在俄语中的特点是排除多样性（А. Т. Кривоносов, 1990：34）。

一方面，原因与结果是反映现象间普遍联系和相互作用的哲学范畴；另一方面，因果从属性是与意识在具体交际环境中积极工作相联系的社会心理现象。

在语言和言语中，推理可以用下列方式表示：（1）带原因从句的主从复合句，如 Он заболел, потому что промочил ноги；（2）带结果从句的主从复合句，如 Городское собрание все-таки приняло бюджет（结果），как говорят, вследствие прямого вмешательства со стороны губернатора（原因）；（3）带目的从句的主从复合句，如 Власть рапрягла усилия（结果），чтобы овладеть анархией（目的/原因）；（4）带程度方式从句的主从复合句，如 Все до того устали（原因），что продолжали путь уже молча（结果）；（5）带连接词 и（表示结果意义）的并列复合句，如 Зима была снежная（原因），и все ждали сильного половодья（结果）；（6）相互间存在因果关系的句子交替出现（交替出现的两个句子既是无连接词复合句的分句，又是两个独立的简单句），如 "Скорая" неслась на пределе возможного（结果），Опоздать было нельзя（原因）；（7）句子的独立成分，如 Приняв рассеянный вид（原因），он быстро миновал проходную（结果）；（8）带连接词或者不带连接词的句子成分，如 Плохо заниматься（结果）из-за шума（结果）与 Шумная обстоновка（原因）мешает сосредоточиться（结果）。

研究因果关系、使役语义的语言学家认为，"自然语言（用自然语言写成的语篇）充满逻辑推理；否则，不可能有任何思想活动"，推理与日常生活环境中的人相伴，而且步步相伴（Ю. С. Степанов, 1995：35-37）。表示上述关系的手段凝聚成三种类型：（1）（单义）形式手段，其中主要是表示原因和结果的连接词。（2）与句子语义相互作用的半形式手段，其中包括形形色色的前置词、形动词短语和副动词短语。（3）观念（语义）手段，也就是两个组合在一起的句子或者句子成分的语义，此外还有使役动词，如 повесить зановески = сделать так（原因），чтобы зановески висели（结果）；создать условия = сделать так（原因），чтобы условия способствовали какому-то желанию, результату（结果）等。

语言语义饶有趣味的事实是它可能与语句内部的形式逻辑关系不一致，比如 Вероятно, я упал в обморок, потому что не закричал（А. С. Пушкин）。与此相联系，А. Т. Кривоносов 注意到，"在自然语言的形式中，现实原因经常超出应该有的结果，而现实结果也超出应该有的原因：说话人（写话人）到处寻找原因和结果，总是'造成小马拉大车的情况发生'。比如，我们知道，当子弹

473

打中肩膀时，手自然会下垂。由此得出结果从属性：手垂下来了，因为肩膀中了子弹。然而，在 M. Лермонтов 作品里，该情景是这样描写的：Верно пуля попала в плечо，потому что он вдруг опустил руку。此处，现实结果成了原因，但原因却具有语言甚至语义性质"（А. Т. Кривоносов，1990：29），表达说话人的观点、看法。

表示说话人对原因现实性信心不足，一般用情态词作为手段，如 верно，вероятно，по-видимому，кажется，стало быть 等。正如小孩不遵循客观联系，而受自己知觉提示的主观联系管控。在这个不平常的事实中，Л. С. Выготский 发现思维的混合性特点：思维不可切分，小孩依靠知觉"模块"和情景进行思维（Л. С. Выготский，1934）。

关于不平常的形形色色推理问题（俄语中大概有 1000 种），一般采取下述方式解决：自然语言中没有"赤裸裸的"纯粹逻辑三段论，只存在各种后来才形成的语义"混合现象"。它们服务于说话人的语用目的，包括情感、意志、语篇和修辞目的。

语言学中的表意研究涉及词典编纂。法国的 A. Фрей 为编辑只收录最常用法语句子的表意词典（《Книга двух тысяч предложений》на фр. яз.，1953）的必要性找到了根据。苏联语言学家既研究一般表意词典也研究俄语表意词典，还出版表意词典（Ю. Н. Караулов，1976；О. С. Баранов，1990）。

就像生活一样，语言学没有过不去的坎、克服不了的犹豫。许多著述，尤其是功能语法理论方面的著述，都是对具有逻辑语法性质的语义"观念"（制约、人称、性质和数量等）的描述，也就是说同表意语法具有直接关系。对此，可以参阅前面引用的功能语法理论方面的文献。

（三）说话人语法同口语联想网络的关系维度

当然，对积极语法、言语活动语法的认识产生于研究主客观信息传达的过程中。此处，主客观信息既包括相互作用的语法意义，也包括词汇意义。要知道，在自然语言中，词汇意义系统与语法意义系统不是各自封闭的，而是相互渗透的。一方面，所有语法都具有词汇化特点，也就是说，语法系统指向词，在词中获得现实化。另一方面，任何词都被纳入不同语法范畴，因为"语法意义是每一个词的含义结构的组成部分，在词的言语性使用中找到表达方式"

（В. В. Виноградов，1972：34）。

根据联想语法研究者（Ю. Н. Караулов 等人）的定义，积极语法"描写语言的语法体系。它指向说话人，沿着从含义到表达的路径进行，旨在准确再现语言载体——说话人凭本能支配（使用）的那些现实规则和规律"（Ю. Н. Караулов，1993：125）。

积极语法是主体根据对实在的反应和改造实在所实施言语行为和做出反应的语法。语法中，在无意识基础上，根据相似关系和模式、程式，不仅固着言语行为概念，而且固着言语反应。此外，言语行为概念得到扩展：此处，可以将言语行为与主体的前语篇行为关联起来，前语篇行为同主体的意识活动、词汇选择、蕴含（思想反应）相联系；可以将记忆的联想活动与前语篇、文化先例（культурные прецеденты）关联起来。

我们拥有语法知识，但是在语言能力上却与言语事实打交道。之所以如此，是因为我们记忆（包括研究外语的记忆）中的语法知识通常不是以规则和程式的形式存在，而是以典型的模仿程式存在。我们生活中以相似关系为基础的教育力量或者感染力就是如此。至于主观性，它根据现有认识在言语中体现为对刺激的典型或者直觉的语言反应。此处的刺激也就是词语的含义刺激。反应在社会关系上常常具有程式性特点。下列笑话可以成为程式性思维的范例（强调词语刺激）：Собрались женщины на Международный конгресс. Три дня говорили без всякой повестки дня, ссорились, спорили... Наконец постановили: а) Все *мужчины* сволочи. б) *Носить* абсолютно нечего.

言语刺激和反应概念正好以联想语法观念为基础。实验研究表明，任何词，哪怕是在孤立状态下，也能够引起大量联想：既有程式性联想，也有个体性联想。联想语法作为积极语法、积极活动语法，刺激形形色色的联想词典或者口语联想网络词典（словари ассоциативно-вербальной сети，ABC）的编纂。

联想词典的基础是以下理念。俄语联想词典使语言"普通"载体的口头记忆和语言意识模式化。这种模式化通过两种相互制约的方式实现：（1）编纂语词材料按照从刺激到反应的顺序排列的所谓顺序词典（прямой словарь）（«Русский ассоциативный словарь»，以下简称为 РАС，第 1、3 卷）；（2）编纂语词材料按照从反应到刺激排列的倒序词典（обратный словарь）（РАС，第 2、4 卷）。联想词典中观察和描写的基本单位是联想场（ассоциативное поле）：就以俄语为母语的载体而言，"联想场不仅是人的口头记忆（知识）片段、语义和语法关系片段，而且是俄罗斯人意识、动机和评价方式的片段"（Ю. Н. Караулов и др., 1994: 6）。

毫无疑问，人的意识的程式化会影响意义词典的语义域（семантический ореол）。联想词（слово-ассоциат）引发义子发生变异的过程深入意义蕴含词，有助于意义蕴含词的程式化固着。

在积极语法领域中研究现代俄语联想词库出版的经验还没有穷尽。功能词汇学的著作还在出版，比较个体联想词汇的工作还在进行（Н. А. Тупикова и др., 1977；А. А. Залевская, 2002: 97；Ю. Н. Караулов, М. М. Коробова, 1993: 5-15）。整体而言，可以讨论积极词汇学和积极词典学的出现。证实许多经验观察的下述重要论点是语言学以俄语为材料，在口语联想网络领域中的实验性研究结果。

首先，语法是词汇化的结果。词汇、词的使用在说话人意识中按照相似联想聚合体（词形、词组、述谓性组合）分布。这些聚合体产生的基础并非总能意识到的述谓关系（предикация）。在这种情况下，名词是唯一在联想网络上没有限制的词类。口语联想网络是词汇主观、内部存在的公认方式。我们认为，词 вспоминать 作为刺激因素，一定会引起下列典型反应词或者联想词出现：тебя, что-то, его, меня, все, его глаза, что-то приятное, что было, какую-нибудь вещь 等。

其次，从口语联想网络中词类形成的角度出发，一定刺激词类会引起一定反应词类出现，比如，与刺激名词对应的反应词是名词、形容词和动词；与刺激形容词对应的反应词是名词、形容词；与刺激动词对应的反应词是动词、名词和副词；与刺激运动动词对应的反应词是副词、名词、动词；与刺激代词对应的反应词是代词、名词（动词的体、时、人称正是在反应词中体现出来的）。口语联想网络中甚至存在对词的语义的各种不同的主观反应。又如，词 кино 一般情况下会促使下列主观反应词出现：①地点主观反应词，如 близко；②时间主观反应词，如 давно не был, давно не ходил, скорей бы суббота, летом, некогда, редко；③评价主观反应词（так себе）或者谓词主观反应词（темно）（最后一种情况下，发音上的相似性变得现实起来：кино — темно）。

最后，主观评价功能"在口语联想网络中使用得异常广泛"。"一切都应该受到评价，因此评价因素实际上存在于现代俄语联想词库的每一个词条、每一个网络联想场中都存在"（Ю. Н. Караулов，1999：32）。值得注意的是，联想语法领域的研究成果运用于各种同语篇结构相联系的应用理论的建构（Н. С. Бонотнова，1994；В. И. Коньков，1995）。本文中，自然联想方法可以应用于主观性和情态性概念。

任何语句语义问题都会变成语句语用问题。众所周知，这个问题的背后存在某一语句的情态问题，更准确地说，具有存在态式（модус существования）问题。但是，要弄清楚这一问题，必须首先探讨意义范畴及其表达主观评价的能力。

四　结语

文章将积极语法从传统消极语法中分离出来；从功能交际句法、表意语法和说话人语法同口语联想网络的关系三个维度出发，实证积极语法具有说话人（主观）意义，以此昭示人们：说话人意义作为语言主观意义之一，既是语言学的研究对象，又是语言哲学的研究对象，是实现语言学与语言哲学整合性研究的一个现实切入点。

参考文献

Алпатов В. М., *История лингвистических учений.* 4-е изд., *испр. и доп.*, Москва：Языки славянской культуры, 2005.

Баранов О. С., *Идеографический словарь русского языка.* 1-й вып., Москва：Прометей, 1990.

Белошапкова В. А., Милославский И. Г., *Идеографические аспекты русской грамматики*, Москва：Изд. МГУ, 1988.

Березин Ф. М., *История лингвистических учений.* 2-е изд., Москва：Высшая школа, 1984.

Бондарко А. В., *Теория грамматического значения и аспектологические исследования*, Ленинград：Наука, 1984.

Бондарко А. В., *Теория функциональной грамматики：Введение. Аспектуальность. Временная локализованность. Таксис*, Ленинград：Наука, 1987.

Бондарко А. В., *Теория функциональной грамматики: Субъектность. Объектность. Коммуникативная перспектива высказывания. Определенность/неопределенность*, Санкт-Петербург: Наука, 1992.

Бондарко А. В., *Теория функциональной грамматики: Качественность. Количественность*, Санкт-Петербург: Наука, 1996a.

Бондарко А. В., *Теория функциональной грамматики: Локативность. Бытийность. Посессивность. Обусловленность*, Санкт-Петербург: Наука, 1996b.

Бонотнова Н. С., *Лексическая структура текста в ассоциативном аспекте*, Томск: Изд-во Том. гос. пед. ун-та, 1994.

Виноградов В. В., *Русский язык: грамматическое учение о слове. Изд. 2-е*, Москва: Высшая школа, 1972.

Выготский Л. С., *Мышление и речь*, Москва, Ленинград: Государственное учебно-педагогическое издательство, 1934.

Залевская А. А., "Слово в языковом/речевом механизме человека", *Введение в психолингвистику*, Москва: РГГУ, 2002.

Золотова Г. А., *Очерк функционального синтаксиса русского языка*, Москва: Наука, 1973.

Золотова Г. А., *Коммуникативные аспекты русского синтаксиса*, Москва: Наука, 1982.

Золотова Г. А., Онипенко Н. К., Сидорова М. Ю., *Коммуникативная грамматика русского языка*, Москва: Институт русского языка им. В. В. Виноградова РАН, 1998.

Караулов Ю. Н., *Общая и русская идеография*, Москва: Наука, 1976.

Караулов Ю. Н., *Ассоциотивная грамматика русского языка*, Москва: Русский язык, 1993.

Караулов Ю. Н., Коробова М. М., "Индивидуальный ассоциативый словарь", *Вопросы языкознания*, 1993 (5). — С. 5-15.

Караулов Ю. Н. и др., "Ассоциативный тезаурус современный русского языка. Т. 1. Русский ассоциативный словарь", Кн. 1, *Прямой словарь: от стимула к реакции*, Москва: Поմовский и партнеры, 1994.

Караулов Ю. Н. *Активная грамматика и ассоциативно-вербальная сеть*, Москва: Институт русского языка РАН, 1999.

Коньков В. И., *Речевая структура газетного текста*, Санкт-Петербург: Изд-во С.-Петерб. ун-та, 1995.

Кривоносов А. Т., "К интеграции языкознаия и логики (На материале причинно-следственных конструкций русского языка)", *Вопросы языкознания*, 1990 (2). — С. 26-41.

Петровский А. В., *Краткий психологический словарь*, Москва: Политиздат, 1985.

Селиверстова О. Н., *Семантические типы предикаты*, Москва: Наука, 1982.

Степанов Ю. С., "Альтернативный мир, дискурс, факт и принцип причинности", Отв. ред. Степанов Ю. С., *Язык и наука конца 20 века*, Москва: Институт языкознания

РАН，1995.

Тупикова Н. А. и др. ，*Актуальные проблемы функциональной лексикологии*，Санкт-Петербург：Наука，1977.

Щерба Л. В. ，*Языковая система и речевая деятельность*，Ленинград：Наука，1974.

原文发表于《俄罗斯语言文学与文化研究》2017 年第 2 期

语言观的转变：从工具论到本体论

惠秀梅[*]

摘　要： 语言是什么？对于这一问题，中外学者给出了各自不同的界定。其中，传播最广、影响最大的是语言工具论，即语言是人们交流思想、进行交际的工具。工具是语言的一种功能，但语言不仅仅是工具。以工具界定语言，遮蔽了语言的本质，割断了语言与人、语言与民族精神和文化、语言与存在的内在联系。语言更是一个在者/是者（beings，сущее），是一个特殊的"实在"。语言是人存在的家园，世界也只有在语言中才能得到述说。所以，语言中既有人的形象，也有世界的形象。只有以语言本体论为指导，才能认清语言的本质，揭示人及人的世界。而语言本体论的哲学基础则是多元实在论。

关键词： 语言观　工具论　本体论　多元实在论

一　语言是工具

在西方哲学中，语言一直是人们关注的对象之一。就语言的本质问题，学者们提出了许多深入的见解。关于语言是什么的问题，潘文国收集了中外68种关于语言的定义（潘文国，2001：97-101）。在这众多的定义中，列宁的"语言是最重要的人类交际工具"传播最广，影响最大。"'交际工具说'最早是十八

---

[*] 惠秀梅，黑龙江大学俄罗斯语言文学与文化研究中心副研究员、硕士生导师。

世纪法国启蒙主义思想家卢梭提出来的……后来列宁加上了'最重要的'这个修饰语，再经过斯大林的阐发，便成了社会主义诸国对语言性质的经典定义，反过来又为西方国家所采用。"（潘文国，2001：106）

在西方，"语言是人类的交际工具"这一提法虽说是在 18 世纪出现的，但是语言工具论的思想却可以追溯至柏拉图和亚里士多德。加达默尔指出，《克拉底鲁篇》就体现了柏拉图的语言工具论思想："语言是工具，是对来自原型、事物本身这一类东西的描摹、制作和判断。"（加达默尔，2004a：528）把语言理解为表达思想的工具，"这是亚里士多德逻辑为我们提供的起点，他的逻辑著作被命名为《工具论》就清楚地表明了这一点"（江怡，2005：4）。柏拉图和亚里士多德"对于语言本质的这种工具论思想在以后的形而上学中占据着统治地位，以致加达默尔认为传统形而上学'遗忘'了语言，使语言的本质深深地陷入遮蔽之中"（黄小洲，2010：30）。

表达思想，用于交际，这些都是语言的一种功能，而不是语言的本质。语言工具论主要存在以下缺陷。

第一，工具论遮蔽了语言的本质。语言是人们表达思想的工具，进行交际的工具，也是人们认知的工具。这些说的都是语言的功能，并非语言的本质。工具功能是语言的属性之一，而非全部。语言不仅仅是工具，它更是一个特殊的实体，一个在者/是者（beings，сущее）。

"将一个事物的功能代替'本身的存在是什么'……固然是方便得很，但这个事物就会与其他具有同样功能的事物混同起来，这对认识事物没有什么实质性的意义……用功能定义事物，事物本体的存在都会被功能淹没，对认识该事物并无本质上的揭示。"（钱冠连，2001：3）"各个时代的多数哲学家都按'事物——思想（或观念）——语言'的模式考虑问题，即是说，认为思想或观念反映事物，而语言是思想或观念的外在表达符号或工具，语言的优缺点就在于它们是否准确地表达了思想或观念，这与现代把语言当成思想或存在本身大异其趣。"（徐友渔等，1996：3）

李洪儒曾说过，在人与世界之间存在一个人的意识世界，将意识世界进行编码，就是语言。语言中既有人的形象，也有世界的形象。"当人透过语言的棱镜看世界时，他所看到的'世界'已经是该种语言所分割整理过的世界。"（陈波，1998：364）所以，如果把语言降低到一种工具的地位，就不能把握语言包罗万象、构造世界的重要意义，也就无法真正认清语言的本质。

第二，语言工具论割裂了语言和人的本质联系。按照语言工具论的观点，语言只是服务于人的外在工具。这就把人凌驾于语言之上，使语言处于人的控制之下，成为人任意支配的对象。

语言只是人表达思想的工具，这就意味着思想是第一性的，在先的；语言是第二性的，在后的；而且思想可以和语言分离。这样，选择什么样的工具来表达思想完全取决于人。"语言文字和思想情感不可分离之处也仅仅在于：语言文字的工具形式有时也会影响到思想情感的表达效果。"（郜元宝，2002：42）但是，"思想离开了词的表达，只是一团没有定形的、模糊不清的浑然之物……没有符号的帮助，我们就没法清楚地、坚实地区分两个观念。思想好像一团星云，其中没有必然划定的界限。预先确定的观念是没有的。在语言出现之前，一切都是模糊不清的。"（索绪尔，1999：157）

"假如语言的功能仅仅在于表达，即传递思想、情感，对于人类来说语言就不是绝对必要的，因为人同样可以用其他符号或非符号的手段进行自我表达（尽管不一定像用语言那样有效）……在任何时候、任何情况下，语言都是人类不可或缺的一部分，'人只在语言中思维、感觉和生活'。"（姚小平，1995：134）可见，语言不仅仅是人表达思想的一种工具。思想是人的思想，语言也是人的语言，通过语言来表达思想，可以说思想和语言同一，语言和人同一。有什么样的人就有什么样的语言，有什么样的语言就有什么样的人。所以，李洪儒一再强调，语言就是人，人就是语言，通过语言分析，可以揭示人及人的世界（李洪儒，2007：11）。在洪堡特的研究中，语言研究是对人研究的一部分。

"语言并不是意识借以同世界打交道的一种工具，它并不是与符号和工具——这两者无疑也是人所特有的——并列的第三种器械。语言根本不是一种器械或一种工具。因为工具的本性就在于我们能掌握对它的使用，这就是说，当我们要用它时可以把它拿出来，一旦完成它的使命又可以把它放在一边。但这和我们使用语言的词汇大不一样，虽说我们也是把已到了嘴边的词讲出来，一旦用过之后又把它放回到由我们支配的储备之中。这种类比是错误的，因为我们永远不可能发现自己是与世界相对的意识，并在一种仿佛是没有语言的状况中拿起理解的工具。毋宁说，在所有关于自我的知识和关于外界的知识中我们总是早已被我们自己的语言包围。我们用学习讲话的方式长大成人，认识人

类并最终认识我们自己。"（加达默尔，2004b：63）

语言是人的一种存在方式。语言工具论将人和语言分离，在肯定了人对语言的支配地位的同时，也否定了语言与人的本质联系。

第三，语言工具论否定了语言和民族精神与民族文化之间不可选择的亲缘关系。一个国家、一个民族的兴衰嬗变，与它的语言密切相关。正如萨丕尔在《语言学作为一门科学的地位》一文中所说，语言"强有力地制约着我们对社会问题和社会过程的所有的看法……'现实世界'在很大程度上是由有关族群的语言习惯不自觉地建立起来的。从来没有两种语言相似到可以认为代表同样的社会现实"（萨丕尔，转引自于全有，2011：45）。罗马帝国的分裂和中华民族的始终统一，证明了语言在维持国家统一、民族团结、文化传承等方面所具有的重要作用：

"狄奥多西一世统治罗马帝国期间，公元392年，他正式宣布基督教为国教。在当时的罗马帝国，存在两种语言，那就是拉丁语和希腊语。东部教会和西部教会难以融合的原因，正是由于两种语言文字对《圣经》的理解不同而造成的。其实把基督教定为国教，也是为了解决当时的社会、政治、文化方面的矛盾和冲突。

为了帝国的安定，为了巩固家族的统治，狄奥多西一世在弥留之际，亲手将罗马帝国一分为二，交给两个儿子。说拉丁语的区域后来被称为西罗马帝国，讲希腊语的地方则称为东罗马帝国。

语言文字的不同，加剧了欧洲分裂。虽然《圣经》依然是这块大陆上主要甚至唯一的共同读物，但不一样的语言习惯已经和那20多个字母相结合，酝酿着不同的文字。欧洲大陆的分解，已经是注定的事了。

而在中国这块土地上，无论政权怎么更迭，朝代怎么变换，中华民族始终是一个统一的民族，我们的国家一直维系了下来。这和我们的语言文字有很大的关系。秦始皇做了两件大事，后人永远都记得，一个是万里长城，一个是统一文字。"（《汉字五千年》编委会，2009：16-28）

文字是语言的载体，统一文字，也就是统一了语言的理解和运用。

"语言介于主体与客体、人与世界之间，是一个特殊的中间世界，一种创意不息的力量；它把物质的世界转变为精神财富，从而形成文化造就历史。"（姚小平，1999：53-54）

萨丕尔认为，"语言、种族和文化不一定互相关联"，"语言的发展以及种族文化的特殊发展这二者之间没有深刻的因果关系"（萨丕尔，1997：193-194）。按照萨丕尔的定义，"文化指一个社会所做的和所想的是什么，语言则指人具体地怎样思想"（萨丕尔，1997：195）。"文化是内容，语言是形式，是记录和表达文化这种内容的方式。文化有文化的'沿流'（drift，按指发展和变化的去向），语言也有语言的'沿流'，二者平行前进，但没有必然的联系"（姚小平，1999：58）。这是坚持语言工具论的必然结论。

如果语言仅仅是工具，它会使语言和民族精神、民族文化之间的联系偶然化、暂时化，否定语言同一个民族之间的内在联系，也就"没法证明语言形式民族气质（民族精神——引者）有任何一点联系。语言变异的倾向，它的'沿流'，顺着历史先例给它规定的渠道无情地向前流淌；它不顾及说话人的情感和情绪，就像一条河的河道不顾及当地的大气湿度一样。我（萨丕尔——引者）十分相信，从语言结构里找分别，以相应于据说是和种族有关的气质变异，那是徒然的"（萨丕尔，1997：195）。

在中国，否定语言与民族精神和文化之间不可选择的亲缘关系的典型表现，就是"五四前后直到三十年代一直流行的汉字不灭，中国必亡！"那句口号，表面上把语言文字问题提到了中国文化生死存亡的高度，实际上只不过预设了一个前提性的暗示：汉字是汉字，中国是中国，中国可以抛开汉字汉语继续存在，甚至将得到更大的发展"（郜元宝，2002：42）。

但是，一个民族的风土人情都在它的语言里。语言与一个民族的精神和文化有着密切的联系。"民族的语言即民族的精神，民族的精神即民族的语言。二者的同一度超过人们的任何想象。"（洪堡特，1999：52）

第四，工具论割裂了语言与存在之间的关系。"语言问题和本体论问题是紧密联系在一起的。语言问题谈到深处就遇到了本体论问题，而要把本体论问题讲清楚，又必须考察语言。本体论研究存在的问题……但是为要追问一个东西的存在，就要弄清楚这个东西是什么。对于'是什么'的问题，就要从语言的角度考察。要弄清楚不同存在者之间的关系，就要弄清楚语言的概念之间的关系。"（张庆熊，2008：55）

如果语言仅仅是一个工具，那么它对现实就只能起到一种描写或再现的作用，或者说，只起到一种镜像式的反映。在维特根斯坦之前，一般认为世界是由事物构成的，事物由词语表达。但是，"事物的简单相加反映不出世界的本来面貌，就像一张家具清单反映不出房间的面貌一样"（徐友渔等，1996：55）。所以，语言工具论不能使我们认清世界的本来面貌。我们不仅要知道世界上存在什么东西，而且还要知道这些东西处于什么样的状态，它们之间的相互关系。维特根斯坦在《逻辑哲学论》中提出，"世界是事实的总体，而不是事物的总体"（维特根斯坦，1999：25）。相应地，描写世界的工具就是句子。但是，即便"语言对现实的表现或描画，不是如照片、写生或素描与景物的关系，而是逻辑上的对应关系"（徐友渔等，1996：54），但世界的逻辑结构也是存在于语言中的。而且，这里的语言并不是自然语言，而是维特根斯坦的理想的人工语言。

语言不仅仅是人认识世界和描写世界的工具，它更是一个特殊的实在。"语言既是广义的存在形态，又是把握存在的形式，这种双重品格，使语言一开始便与存在形成了本源性的联系。"（杨国荣，2004：17）世界是人的世界，但是人的这个世界只有在语言中才能得到述说。"世界本身是在语言中得到表现的"（加达默尔，2004a：538），"谁拥有语言，谁就'拥有'世界"（加达默尔，2004a：588）。所以，维特根斯坦说："我的语言的界限意味着我的世界的界限。"（维特根斯坦，1999：85）当说语言的界限就是世界的界限时，也就意味着语言与存在的某种重合。万物在语言中出场，"语言是存在的家"（海德格尔语）。"这里所说的存在，既是指世界之'在'，也指人自身之'在'，与此相应，以语言为存在的家，既肯定了语言是把握存在的方式，也意味着将说明世界（以语言为手段说明世界）规定为人的'在'世方式。"（杨国荣，2004：18）

"把语言定义为交流信息促进理解的工具……只不过指出了语言本质的一点效用。语言不仅仅是一种工具"（海德格尔，转引自徐友渔等，1996：159），它更是一个特殊的实在，一个在者/是者。

二 语言是一个特殊的本体

19世纪末至20世纪初西方哲学中发生了语言认知转向，语言成为哲学的研究对象。转向之后，哲学家们对语言性质的认识与以前相比发生了根本变化：语言不仅仅是或主要不是表达思想的工具或手段，语言就是思想本身，它构成我们生存的方式，是我们存在的家园。这样，语言就具有了本体论的地位。

关于语言本体论的研究，存在以下情况。"一种是在 beings（在者/是者/有者，本体）确定的情况下，集中研究 beings 的在、是和有，比如始于古希腊、延续至今的具有欧洲大陆哲学传统的各个哲学流派。另一种是在 beings 还不确定情况下，或者首先论证研究对象是 beings，然后探讨对象的在、是和有；或者不分先后顺序，同时或交叉展开研究，比如本体论语言哲学。"（《外语学刊》2008 年第 5 期"语言哲学"栏目编者按）目前，多数研究属于第一种情况，即在"语言是本体"的前提下展开研究，而论证"语言是本体"的研究则比较少见。

"现代西方语言哲学的兴起与索绪尔关系极大，他使哲学对语言的注意力转向语言结构自身。"（徐友渔等，1996：199）索绪尔是现代语言学的奠基人，他确定了语言学的研究对象、研究方法和研究任务。"他虽然没有明确提出语言本体论，但是其思想中却蕴涵着这种语言观，甚至可以说，他把语言是在者/是者作为自己建构语言学理论的预设。"（李洪儒，2008：22）

索绪尔本着二元对立的原则，区分出语言和言语、能指与所指、聚合关系和组合关系、共时与历时、价值和意义等二元对立范畴。李洪儒也正是从这几对范畴出发，阐述了蕴含在索绪尔语言学思想中的语言本体论预设，论证了语言是在者/是者的思想。他指出，索绪尔通过语言与言语的对立，确定了自己的语言学只研究那些具有普遍性、社会群体性、规律性等特点的语言。通过能指和所指的对立，确定语言基本单位——具有心理性质的"符号"。通过聚合与组合两种关系，建构出具有社会性、心理性特点的语言。从共时与历时这一方法论角度进一步确立自己的研究对象——共时断面上的语言，以此把语言的历时态抛出自己的研究视野。通过价值和意义，索绪尔凸显出关系和差异的重要性。语言单位及其系统依靠单位间的关系联结成为一个整体，依靠单位间的差异确定各单位的价值。语言是个社会符号系统，它依靠规则实现自己的运作和存在，成其为自身。以索绪尔为代表的结构主义语言学家对语言单位和语言规则的描写性探索表明，语言是一个具有自己组成单位及其运作规则的特殊存在。而语言这一存在的核心要素是创造、发展、运作（使用）语言本体的关键要素——人。与本体语言的两种存在方式——语言和言语的区分相对应，语言中的人也可以分为群体人和个体人。群体人的存在家园是语言，个体人的栖息寓所是言语。就语言研究而言，在语言和群体人的层次上，主要应该关注语言的普遍性、群体性、规范性或规则性，它们对于个体人来说具有客观性、规范性和强制性。对言语研究来说，则应该主要关注言语的特殊性、个体性、现实性、变异性，它们与个体人对语言和言语的使用、构拟、解读相联系。这样，对本体语言（语言和言语）的研究就与对人（群体人和个体人）的研究结合起来（李洪儒，2010：17-24）。

语言所有的规则及其存在方式都产生于言语中，语言具有自足性。正是这种自足性决定了语言既不同于世界，也不同于人，而是一种特殊的"实在"。

三 语言本体论的哲学基础是多元实在论

"当语言哲学进入 20 世纪门槛的时候，它的预设条件和哲学基础是语言的客观性。"（高云球，2008：1）语言是一个具有实在性的特殊本体，语言本体论的哲学基础是多元实在论。

西方哲学家大部分坚持身心二元论，也有人坚持一元论。除了一元论和二元论之外，还存在多元论的倾向。波普尔认为，在西方哲学史上，柏拉图的理念世界超出了身心二元论的范围，因为"它既非人格神的世界，又非意识的世界，也不包括某种意识方面的内容。它是一个客观的、自主的、存在于物理世界和精神世界以外的第三世界"（波普尔，2001：164）。柏拉图的理念世界引出了一个三分的世界。

根据波普尔的多元实在论，世界至少包括三个在本体论上泾渭分明的亚世界，它们是：第一，物理客体或物理状态世界，被称为世界$_1$；第二，意识状态或精神状态的世界，或关于活动行为意向的世界，被称为世界$_2$；第三，思想的客观内容的世界，尤其是科学思想、诗的思想以及艺术作品的世界，被称为世界$_3$。这三个世界的关系是：前两个世界相互作用，后两个世界相互作用，也就是说，世界$_1$和世界$_3$要以世界$_2$为中介，只有通过世界$_2$，世界$_1$和世界$_3$才能相互影响（波普尔，2001：114，165）。这三个世界的区别是：世界$_3$是一个客观精神或客观知识的世界，它是"精神"的，区别于世界$_1$是物质性；它是"客观"的，区别于世界$_2$是主观性。

波普尔的知识论有两个基本思想：知识是客观的，本质上是猜测性的。关于科学知识的增长，他说，"科学依靠人的创造精神和批判理性，通过不断地创造解说和排除错误的而持续增长"。"但是他的科学发展图式是个纯粹逻辑的抽象形态,是科学发展的理想模型。这是抽象了一切人类情感的理性的自我展开,是一个波普尔自称的'没有认识主体'的认识过程。"(纪树立,1992:25)也就是说,波普尔的世界$_2$是一个不包括人的主观情感的世界。但是,人不仅有理性,还有情感,抽象掉情感因素的人是不真实的人。因此,李洪儒对人的世界进行了重新界定,指出人的世界包括"外在物理世界、内在心智世界和主观创造世界"(李洪儒,2010:22)。这是对波普尔三个世界理论的完善和发展。

这样,根据多元实在论,语言也是多元世界中的一个实在。从作为本体的语言来看,我们认为语言属于世界$_3$。从语言与三个世界的关系来看,语言的功能有所不同:它描写外在物理世界,外显内在心智世界,创造主观世界(何煦之,2007:4)。

四 结语

工具是语言的一种功能,但是语言不仅仅是工具。以工具界定语言,遮蔽了语言的本质,割断了语言与人、语言与民族精神和文化、语言与存在的内在联系。语言更是一个在者/是者,是多元世界中的一个特殊"实在"。语言是人存在的家园,世界也只有在语言中才能得到述说。因此,语言中既有人的形象,也有世界的形象。只有以语言本体论为指导,才能认清语言的本质,揭示人及人的世界。

参考文献

〔美〕爱德华·萨丕尔:《语言论》,陆卓元译,商务印书馆,1997。

陈波:《奎因哲学研究——从逻辑和语言的观点看》,生活·读书·新知三联书店,1998。

〔瑞士〕费尔迪南·德·索绪尔:《普通语言学教程》,高名凯译,商务印书馆,1999。

高云球:《试论语言本体论的哲学基础》,《外语学刊》2008年第5期。

郜元宝:《现代汉语:工具论与本体论的交战——关于中国现代知识分子语言观念的思考》,《当代作家评论》2002年第2期。

〔德〕汉斯-格奥尔格·加（伽）达默尔：《真理与方法（下卷）：哲学诠释学的基本特征》，洪汉鼎译，上海译文出版社，2004a。

〔德〕汉斯-格奥尔格·加（伽）达默尔：《哲学解释学》，夏镇平、宋建平译，上海译文出版社，2004b。

《汉字五千年》，新星出版社，2009。

黄小洲：《浅析加达默尔对语言工具论的批评》，《求是学刊》2010年第6期。

纪树立：《〈科学知识进化论——波普尔科学哲学选集〉编译前言》，《科学知识进化论——波普尔科学哲学选集》，纪树立编译，生活·读书·新知三联书店，1992。

何煦之：《语言世界与语言功能》，《外语学刊》2007年第5期。

〔英〕卡尔·波普尔：《客观知识——一个进化论的研究》，卓如飞等译，上海译文出版社，2001。

李洪儒：《意见命题意向谓词与命题的搭配——语言哲学系列探索之六》，《外语学刊》2007年第4期。

李洪儒：《现代欧洲大陆语言哲学研究——站在流派的交叉点上》，黑龙江大学博士后研究工作报告，2008。

李洪儒：《索绪尔语言学的语言本体论预设——语言主观意义论题的提出》，《外语学刊》2010年第6期。

江怡：《西方哲学史（学术版）第八卷：现代英美分析哲学（上）》，凤凰出版社，江苏人民出版社，2005。

潘文国：《语言的定义》，《华东师范大学学报（哲学社会科学版）》2001年第1期。

钱冠连：《不当交际工具使用的语言——西方语言哲学研究（之二）》，《外语与外语教学》2001年第2期。

〔德〕威廉·冯·洪堡特：《论人类语言结构的差异及其对人类精神发展的影响》，姚小平译，商务印书馆，1999。

〔奥〕维特根斯坦：《逻辑哲学论》，贺绍甲译，商务印书馆，1999。

徐友渔、周国平、陈嘉映、尚杰：《语言与哲学——当代英美与德法传统比较研究》，生活·读书·新知三联书店，1996。

杨国荣：《本体论视域中的语言》，《江海学刊》2004年第2期。

姚小平：《洪堡特——人文研究和语言研究》，外语教学与研究出版社，1995。

姚小平：《〈论人类语言结构的差异及其对人类精神发展的影响〉译序》，《论人类语言结构的差异及其对人类精神发展的影响》，姚小平译，商务印书馆，1999。

于全有：《20世纪以来人类有关语言本质问题的探索历程》，《辽东学院学报（社会科学版）》2011年第3期。

张庆熊：《本体论研究的语言转向——以分析哲学为进路》，《复旦学报（社会科学版）》2008年第4期。

原文发表于《俄罗斯语言文学与文化研究》2013年第3期

俄语语篇与话语研究

王辛夷[*]

摘　要： 语篇是言语产品，是言语的基本单位。俄罗斯语言学家对语篇的研究一是确定语篇在语言和言语系统中的位置，二是划分出语篇的特性。语篇的产生与理解是在对事实的认识和交际过程中完成的，话语是沉浸于生活的言语。话语是整个语篇的总和，而语篇是话语的片断和基础单位，是话语功能的一定结果。

关键词： 俄语　语篇　话语

一　引言

俄语语篇语言学研究起步于 20 世纪中叶。彼时，"语篇"（текст）被确定为句法理论框架下的超句子统一体，语言学家们研究的重点是这种大于句子的单位的结构和语义特点。到了 20 世纪 80 年代，研究的注意力转为被看作言语作品的整个语篇。从 20 世纪 70 年代开始，另一个术语"话语"[①] 出现在许多论著中。它引起了研究者们的极大兴趣，但在使用上也引起了一些混乱。鉴于此，有必要对俄罗斯语篇语言学中对"语篇"和"话语"的认识与研究进行梳理，并尝试厘清这两个概念。

---

[*]　王辛夷，北京大学俄语学院教授、博士生导师。

[①]　текст（text）被我国学界分别译为"话语、篇章、语篇"等，本文采用"语篇"；дискурс（discourse）则倾向于译为"话语"。

二 语篇

М. М. Бахтин 曾给予语篇很高的地位："语篇——这是第一性的现实和所有人文学科的出发点。""我们不准备深入研究人文科学的历史，其中包括语文学和语言学，我们感兴趣的是指向别的思想、意思、意义等的，由研究者在语篇形式下所实现和给予的人文思想的特点。无论研究的目的如何，其出发点只能是语篇。"（М. М. Бахтин，1986：474，484）正是由于语篇处在这样特殊的地位，因此引来许多语言学家对它的研究，语篇的定义也就"百花齐放、百家争鸣"了，数量多，涉及面广。

在谈到语篇定义多的原因时，著名学者 В. В. Красных 分析道："语篇——这是一个多维的、多层次的现象，以至于至今人们对语篇没有一个统一的理解和定义。语篇是语言及超语言现象，是一个履行各种功能的复杂现象，是交际手段、贮存和传递信息的方法、个体心理活动的反映、一定历史时期的产品、文化存在的形式、一定社会传统的反映等。这是导致从不同角度对语篇研究的主要原因，也是语篇定义繁多的主要原因。"（В. В. Красных，2003：117-118）

关于语篇的定义，形式上大致分为两种，一种属于"言简意赅"型，另一种则属于延展型。前者比如"语篇是功能上完整的言语整体""是某种意义上合理的统一体"。（А. А. Леонтьев，1979：28）"语篇是最大的交际单位，它意义上趋于封闭、完结，其结构特征是联系性。"（К. Кожевникова，1979：66）"语篇是语言、言语和智力因素在它们的相互联系和相互作用中的综合体。"（А. И. Новиков，1983：4）"连贯语篇通常被理解为一些句子的某一（完整）序列，这些句子通过作者的意图在意义上相互连接。"（Т. М. Николаева，1978：6）"语篇是以一定形式形成的、有序的、由统一的交际任务结合起来的一组句子。"（Г. В. Ейгер，В. Л. Юхт，1974：103）由于这些定义的"言简意赅"，显现出来的必然是强调语篇的某一明显特征，但大都离不开"综合体、总和、统一体、一组句子"等字眼。

很多关于语篇的定义都描述了语篇的特征及其符合语篇本质的综合特性，但这些定义由于定义者对语篇的理解不同而有所区分。有的定义强调认识论的重要性，即强调人的作用。如 Г. Г. Москальчук 认为："语篇是人们根据自己传达某种信息的目的而组织起来的句子（语句）的连贯话语。"（Г. Г. Москальчук，1998：17）有的定义突出语义特色，如 З. Я. Тураева 把语篇理解为通过各种形式的词汇、语法、逻辑联系结合起来的句子的有序组合。其中以一定的方式交替着有组织的和有明确目的的信息。在此种情形下，语篇是具有结构—语义统一体功能的复杂整体。（З. Я. Тураева，1986：11）有的定义中逻辑学思想较为明显，Т. В. Милевская 写道："语篇是必要的、基本的、具有确定意义的逻辑推论活动的要素；是独一无二的交际—语用过程独一无二的成品，是该成品得以实现的物质见证。所以，语篇是作为客观存在的事实的逻辑推论活动的成品，这一事实使说话者的意图通过一定的行为体系得以实现。"（Т. В. Милевская，2003：39）在众多关于语篇的定义中，Л. М. Лосева 的定义被广为引用，她认为语篇具有书面性，是内容和形式的完整结合，语篇具有作者情态性，语篇是相互联系的一些句子："语篇是书面形式的信息传递（即被传递的内容）"；"语篇具有内容和结构完整性的特征"；"语篇中反映的是作者对所传递内容的态度（作者因素）"；"从句法角度看，语篇是意义上通过词汇语法手段相互联系的一些句子（极少情况下是一个句子）的总合"。（Л. М. Лосева，1980：4）

И. Р. Гальперин 的语篇定义得到普遍接受与认可："语篇是言语创造过程的产品。它具有完整性，体现为文字材料，并根据材料类型进行相应的加工。言语产品具有明确的意向和语用目的，包括名称（标题）及一系列独立单位（超句统一体），并通过各种词汇、语法、逻辑、修辞等联系手段，把它们结合为一个整体。"（И. Р. Гальперин，1981：18）

关于语篇，语言学家们还从广义和狭义进行了归纳、总结。广义上讲，语篇是言语作品，如中篇小说、长篇小说、报纸或杂志上的文章、科学论著、寓言、短诗、速写等，也可以是各种类型的文件；狭义上讲，语篇是最大的结构单位，是一个语句（无论它是由一个词还是由一些句子组成）、一个句子，如谜语、警句、谚语等，只要它们根据说话者意图具有完整意义即可。

综观现代语言学中关于语篇的定义，不难看出，语言学家们认为一个不争的事实是，语篇的形成和对语篇的理解是在交际过程中发生的，因此语篇被看作言语产品、言语的基本单位。语篇是完结、完整的作品，它有自己的内部结构，有把各个部分连接起来的手段。学者们力图要探究和解决的，一是确定语篇在语言和言语系统中的位置，二是划分出语篇的特性。不同定义中的共同点在于，语篇是由若干句子组成的连贯语，是内容意义与语言形式的独特统一体，是具有自己形成规律的特殊单位。语篇是言语产品，是言语的基本单位。语篇的产生与理解是在对事实的认识和交际过程中完成的。语篇在书面语中得以实现，它是完结的作品，有自己特有的内部结构。语篇应体现作者的意图，应具有修辞色彩，应有交际对象（听者、读者，有时也可以是作者自己）。语篇的主要特征是关联性和整体性。

三　话语

（一）"话语"在俄罗斯的研究状况

研究语篇，不能不涉及另一个术语——话语（дискурс，discourse）。"话语"这一术语开始在俄罗斯使用是在 20 世纪 70 年代初，当时是作为与俄语语言学中的"功能语体（言语或语言）"意义接近的术语使用的。最初的研究中有些语言学家混淆话语和语篇的概念，认为两者是相同的。后来，学界也开始尝试区分语篇和话语。

1978 年，《国外语言学中的新成果》第八辑专门刊登了国外语言学家对语篇语言学研究的文章。在这部书中，discourse 通常被译为"连贯语篇"（связной текст）、"言语作品"（речевое произведение）等，还没有出现"话语"（дискурс）。随着时间的推移，дискурс 在俄罗斯语言学中出现的次数越来越多，甚至还出现了用话语语言学（лингвистика дискурса）取代语篇语言学（лингвистика текста）的情况。М. К. Бисималиева 在总结俄罗斯话语研究的大致状况时指出："当前，言语研究主要集中在两个基本方向：语篇语言学和话语分析。在研究之初，这两个方向时而被认为是完全相同的，时而被认为是对立的，时而被认为是毫无关系的。例如，有观点认为，'话语分析'是'语篇语言学'的英文版本。语篇语言学最初只是被与语法结构联系在一起（由此有'语篇语法'、'语篇句法'一说），但后来语篇语言学冲破了这一限制。这两个科学名称属于同一个研究领域，但更准确地说，语篇语言学可以看成是话语分析的一个组成部分，即话语分析的语言部分。通过'语篇'这一概念对'话语'这一概念进行确定，这说明语言学中这两个概念的相似。与此同时，通过'言语'对'话语'这一概念进行确定，说明其具有动态的特征。'话语'这一术语最初被用来表示口语，同时也表示'言语'。目前，它和'语篇'一样，既用来表示书面语，也表示口语。"（М. К. Бисималиева，1999：78）Н. Н. Трошина 指出："'话语'最初用来表示口头言语作品，从更广的范围来讲，用来表示'言语'。目前，和'语篇'一样，话语用来表示书面语和口语作品。可以从不同的角度对话语进行研究：结构角度、交际角度、心理文化学角度、社会文化学角度和语言文化学角度，它们之间并不相互排斥，相反，常常是相互补充的。特别是在社会和语言文化层面。"（Н. Н. Трошина，2004：112）

（二）话语的定义

话语是一个多义术语，许多研究者给予话语以不同的名称，这些名称都被看作同义词：（1）连贯语篇；（2）语篇的口头——谈话形式；（3）对话；（4）根据语义联系起来的一组语句；（5）作为客观现实的言语作品——书面语的和口语的。话语是集中在某一主要概念周边的语篇的任意片段。（转引自 Ю. С. Степанов，1995：36）话语分析是跨学科的知识领域，它处在语言学、社会学、心理学、民族学、文艺符号学、修辞学和哲学的交汇处。让我们看看语言学家们是怎样界定这一概念的。

Н. Д. Арутюнова（Н. Д. 阿鲁秋诺娃）在 В. Н. Ярцева（В. Н. 亚尔采娃）主编的《语言学百科词典》中对"话语"的阐述得到普遍认可："话语是连贯语篇与超语言学因素——语用学因素、社会文化因素和其他因素的集合；是取自于情节的语篇；是有目的性的社会行为的言语，是参与者之间相互作用和人们的意识机制（认知过程）组成部分的言语。……话语包括言语伴随手段（面部表情、手势），并且被同与之相应的'生活形式'（采访、指导、谈话等）一起研究。"她还写道："话语是情节层面的语篇——融入社会文化语境，即融入生活中的语篇。""话语是连贯语篇同超语言因素（语用、社会文化、心理）的集合。""一方面，话语面向语用情境……，另一方面，话语面向交际参与者的心理过程。""话语是沉浸于生活的言语。"（В. Н. Ярцева，1998：136–137）Л. В. Щерба 认为话语的范围很宽泛。他指出："话语是所有被说出的和被写出的，换句话说，话语是言语活动，这个言语活动同时又是语言材料。"

（Л. В. Щерба，1974：371）

В. В. Красных 强调了话语的超语言特性，认为语篇是话语的基本单位，"话语是词语化的言语思维活动，它不仅包括语言成分，还包括超语言成分"。（В. В. Красных，2001：223）

Ю. С. Степанов 对话语的研究不断深入，他在不同时期分别指出："话语不是躺在书架上的语篇，而是被阅读、被接受、被理解的语篇。""话语——这是以特殊社会现实呈现的'语言中的语言'。话语不是以普通语言中的'语法'和'词汇'形式存在，它首先并且主要是存在于语篇中，它们拥有特殊的语法、词汇，特殊的词汇使用和句法规则，特殊的语义和特殊的世界。"（Ю. С. Степанов，1981：325，1995：38，1998：44-45）

Г. Н. Манаева 把话语理解为"语篇和其他一些东西"。从言语交际的角度看，话语是社会所确定的它的实现类型，言语活动是其实现的手段，语篇是其实现的形式，而语言则是工具。"在这种情况下，话语和语篇首先在静态和动态的基础上加以区分，同时，'言语行为、言语事件、言语情境、言语活动和言语交际'等概念构成话语分析的基础。""无论我们把话语看成是在一定条件下具有现实意义的语篇，还是把它看成是人的言语实践和言语动态，有一点是明确的，即话语主要的、首要的特点是其社会和思想本性，它们由某一团体成员言语相互作用的形式预先确定。"（Г. Н. Манаева，2003：7，8，11）

Г. М. Левина 对语言学家关于话语的定义进行了归纳，认为主要有以下两点。（1）话语是言语片段，对话语的理解与对情景、语境的了解相联系，话语是叙述的材料。在谈到话语的特点时，会涉及语境、微观—宏观体系、主题、话题、情节、言语行为、指称、预设、命题、蕴含、态、词序、谓词、韵律、连贯、参与者的社会角色等。（2）话语是这种或那种人类文化领域的知识体系，可分为人文话语、政治话语、科学话语、医学话语、技术话语、经济话语、管理话语、报纸话语等。每一种话语都服务于文化的独立分支。自然，就第二种情况而言，应当根据这些话语所承载的不同功能选用不同的话语材料。话语的结构以两个对立的角色——说者和听者为前提。所以对于话语的研究也分为两个方向：一是研究话语的构建过程，二是研究话语被接受者理解的过程。（Г. М. Левина，2003：44-45）

В. З. Демьянков（В. З. 杰米杨科夫）归纳的话语要素包括：正在被陈述的

事件、事件的参与者、言语行为信息和"非事件"（не-события），即（1）伴随事件的情形；（2）说明事件的背景；（3）事件参与者的评价；（4）与话语和事件相关的信息。（В. З. Демьянков，2005：7）

М. Л. Макаров 归纳了话语的几个基本特征，其中包括：形式解读、功能解读和情境解读。形式解读指的是话语应该被理解为高于句子层面的构成物。广义的功能解读指话语是语言的应用，即言语的全部形式；狭义的话语是功能上组织起来的、语境化的语言单位的全部集合。情境解读指要考虑社会、心理、文化条件和交流状况，即语用语言学的研究领域。于是，许多学者从不同角度对话语进行研究就显得合情合理。如言语行为理论、逻辑语用学、谈话分析、对话分析、语篇的语言学分析、话语批评分析、社会语言学和交际民族学、认知语言学和心理语言学问题。（М. Л. Макаров，1998：70）

四　语篇与话语的关系与区别

通过上述关于语篇与话语的定义可以看出，话语概念的确定是绕不开语篇的。话语不是交际的结果，而是言语行为本身，是在具体言语语境中说话者言语意图实现的过程和听话者对其进行解读的过程，对话语来说，处在首位的是语言的交际功能。话语是整个语篇或者说是被某些特征联结起来的语篇的总和。而语篇相对于话语来说，是它的片断，是它的基础单位，是话语功能的一定结果。

话语中，语篇是根据说话者的立场创建的，说话者要考虑受话者，考虑交际情境，并运用一定的语言、修辞手段为语篇选择一定的结构。话语为说话者和受话者创建共同的世界，它以动态的方式形成于谈话进程之中。在这种情况下，语篇的任何组成元素（词素、词位、词组或者语句）被解读为一个受交际情境制约的整体。只有在语篇解读者具有相应的经验和解读该语篇语言结构的能力时，语篇的思想才能被解读者理解。话语最重要的特征是语境的动态性，它在时间上连续展开，其内容集中围绕主题而展现。

要区分话语和语篇，就要对它们各自的特征加以对比和区分。应当指出，所有的社会文化和情境因素都属于超语言因素。这些超语言因素分为广义和狭义。广义因素包括文化—历史语境、交际进行的具体环境、交际者的社会地位和社会角色等；狭义因素包括语篇中作为符号单位的非词语手段：面部表情、手势、具体物体等。语篇的参与者只包括狭义的超语言因素，而话语的参与者既包括狭义因素，也包括广义因素。

话语是言语相互作用的互动手段，与此相反，语篇只属于作者。很多研究中总结出话语和语篇的一系列相对立的范畴：实用性—结构性，过程—成品，动态—静态，现实性—虚拟性。

话语是被赋予了社会文化的言语，或者说，话语是被说话主体改造过并被融入社会文化具体语境中的语言，话语是过程。而语篇是话语的结果，语篇与其说反映的是言语活动的特点（说、写、听、读），不如说是反映说话者的言语思维创作。

俄罗斯学者对"语篇"和"话语"这两个概念进行了对比："话语是融入生活的语篇，是反映在认知和交际功能多样性中的言语作品。是被载入现实的文化—交际情境的语篇。通常，当谈及语篇时，指的是话语的内部结构；当谈及话语时，强调的是言语作品同语言意识、言语环境和语言环境的非语言方面的联系。"（И. Н. Горелов，К. Ф. Седов，2001：30-40）"话语"这一概念与作为过程的语言片段分析相联系，考虑这一事件的参与者、他们的知识、交际情境；"语篇"这一概念与作为成品的语言片段分析相联系，其关注的焦点主要是语篇各部分间联系手段的形式。"话语"与"语篇"的区别还表现在言语形式方面：在涉及口语作品时常常使用术语"话语"，在涉及书面语作品时，常常使用术语"语篇"。（М. К. Бисималиева，1999：78）Е. С. Кубрякова 和 О. В. Александрова 指出：话语恰恰应当理解为和现实言语创作、言语作品创作相联系的认知过程，语篇是以一定完整形式表现的言语活动过程的最后结果。这样的对比可以得出这样的结论，只有当语篇被接受并且当它融入接受者的意识时，语篇才可以被解释为话语。反过来也是一样，当我们构建的语篇是由根据语义联结起来的连贯句子组成，同时这些句子拥有内部语法结构、拥有自己的语用宗旨并拥有起着影响功能的元素的时候，它就可以被理解为话语。（Е. С. Кубрякова，О. В. Александрова，1997：19）

五 结语

根据语言学家们的研究，我们归纳了话语和语篇在以下几个方面的差异。

（1）一些学者认为，话语是口头语的，而语篇是书面语的，这样的区分源于对言语和语言的研究，其基础是话语分析（анализ дискурса или дискурс-анализ）和语篇语言学（лингвистика текста）；（2）话语和语篇的区分还体现在情境范畴，话语是离不开情境的，而语篇是在情境之外的，所以，对话语的解读实际上是语用和语用语言学研究，要进行研究的是交际的文化、社会、心理状态；（3）如果从功能角度研究话语，那么话语和语篇的区分则体现在以下范畴：实用性—结构性；过程—产品；动态—静态；现实性—虚拟性。相应地形成作为产品的结构语篇和作为过程的功能话语。

参考文献

Арутюнова Н. Д. , "Дискурс", Гл. ред. Ярцева В. Н. , *Лингвистический энциклопедический словарь*, Москва: Большая Советская энциклопедия, 1990.

Бахтин М. М. , *Эстетика словесного творчества*, Москва: Искусство, 1986.

Бисималиева М. К. , "О понятиях «текст» и «дискурс»", *Филологические науки*, 1999 (2) . — С. 78.

Гальперин И. Р. , *Текст как объект лингвистического исследования*, Москва: «Ком Книга», 1981.

Горелов И. Н. , Седов К. Ф. , *Основы психолингвистики*, Москва: Лабиринт, 2001.

Демьянков В. З. , "Текст и дискурс как термины и как слова обыденного языка" // *Текст статьи, опубликованной в сборнике «Язык. Личность. Текст». Сб. ст. к 70-летию Т. М. Николаевой*, Москва: Языки славянских культур, 2005.

Ейгер Г. В. , Юхт В. Л. , "К построению типологии текстов", *Лингвистика текста. Материалы научной конференции*, Москва: Наука, 1974.

Кожевникова К. , "Об аспектах связности в тексте как целом", *Синтаксис текста*, Москва: Наука, 1979.

Красных В. В. , *Основы психолингвистики и теории коммуникации*, Москва: Гнозис, 2001.

Красных В. В. , *«Свой» среди «чужих»: мир или реальность?*, Москва: Гнозис, 2003.

Кубрякова Е. С. , Александрова О. В. , "Виды пространств текста и дискурса", *Категоризация мира: пространство и время: Материалы научной конференции*, Москва: Диалог-МГУ, 1997.

Левина Г. М. , "Интерпретация русского дискурса иностранными учащимися" // *Межкультурная коммуникация и проблемы обучения неродному языку: Межвузовский сборник научных трудов*, Самара：Издательство Самарского университета，2003.

Леонтьев А. А. , *Понятие текста в современной лингвистике и психолингвистике. Психолингвистическая природа текста и особенности его восприятия*, Кеив：Вища школа，1979.

Лосева Л. М. , *Как строится текст*, Москва：Просвещение，1980.

Макаров М. Л. , *Интерпретативный анализ дискурса в малой группе*, Тверь：Изд-во Твер. Ун-та，1998.

Манаева Г. Н. , "Текст, речевая деятельность, дискурс" // *Языковая система — Текст — Дискурс: Категория и аспекты исследования: Материалы всероссийской конференции*, Самара：Издательство Самарского университета，2003.

Милевская Т. В. , *Связность как категория дискурса и текста*, Ростов-на-Дону：Изд-во РГПУ，2003.

Москальчук Г. Г. , *Структурная организация и самоорганизация текста*, Барнаул：Изд-во Алт. ун-та，1998.

Николаева Т. М. , "Лингвистика текста. Современное состояние и перспективы" // *Новое в зарубежной лингвистике, Вып.* 8, Москва：Прогресс，1978.

Новиков А. И. , *Семантика текста и ее формализация*, Москва：Наука，1983.

Степанов Ю. С. , "В поисках прагматики（проблема субъекта）", *Изв. АН СССР*, 1981（4）. — С. 325.

Степанов Ю. С. , "Альтернативный мир. Дискурс. Факт и принцип причинности" // *Язык и наука конца 20 века: Сб. Статей*, Москва：РГГУ，1995.

Степанов Ю. С. , *Язык и метод. К современной философии языка*, Москва：Языки русской культуры，1998.

Трошина Н. Н. , "Социокультурные параметры дискурса" // *Социолингвистика вчера и сегодня: Сб. научных трудов*, Москва：РАН ИНИОН，2004.

Тураева З. Я. , *Лингвистика текста（Текст: структура и семантика）*, Москва：Просвещение，1986.

Щерба Л. В. , "Пунктуация", *Литературная энциклопедия, Т. IX*, Москва：ОГИЗ РСФСР，1935.

Ярцева В. Н. , *Лингвистический энциклопедический словарь. Языкознание*, Москва：Большая Советская энциклопедия，1998.

原文发表于《俄罗斯语言文学与文化研究》2014 年第 1 期

文化视野中的篇章

安利红[*]

摘　要： 文化视野中的篇章已超越了传统语言学对篇章的理解范畴，篇章成为多相的、具有特殊文化价值的超语言组织，需要进一步的解释。本文研究认为，文化篇章具有意义建构、集体文化记忆、个性改造及文化象征等多种功能。

关键词： 篇章的语义结构　文化篇章　文化篇章的功能

一　引言

篇章是基本的交际单位。语言本体研究向语言使用者及语言使用过程研究的转向也使得对篇章的研究不断获得新的视角，产生了篇章语用、篇章语义、篇章修辞等研究领域，为从新的角度研究篇章功能奠定了坚实的理论基础。经济的全球化发展使世界各国联系、交往愈加密切，各国人民之间的交流往往是不同民族之间的交流。这种交流是否顺畅，是否能够达到交际双方的预期目的，对异族文化的理解程度往往起到了很关键的作用。这样，篇章所包含的文化意义进入了我们的视野。我们认为，这首先要从篇章的语义结构说起。

二　篇章的语义结构

А. И. Новиков 认为篇章的内容与它的所指层是对应的（А. И. Новиков,

---

* 安利红，大连外国语大学俄语学院教授、硕士生导师。

1983：5）。他通过对篇章进行所指分析（денотативный анализ），建立篇章的所指结构来把握篇章的内容。他将篇章所指涉的事物或现象分离出来，又按主次把所指分成三个层次：主题（тема）、次主题（подтема）、分主题（субподтема）。次主题是从属于第一层次的次要内容，分主题是与次主题有关联的所指见图1。

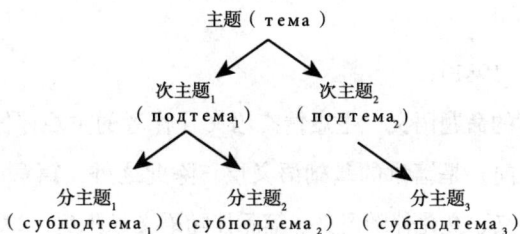

图1

Ю. В. Попов 和 Т. П. Трегубович 的研究则更进一步，他们不仅提到了所指分析，也进行了内涵分析。他们认为，命题是所指事物（денотат）意义与内涵（сигнификат）意义结合的语义结构（Ю. В. Попов，Т. П. Трегубович，1984：110–114）。所指内容的主要承载者是主词（субъект），内涵意义的承载者是谓词（предикат）。他们将这些表示命题所指的称名合并为一个篇章指涉（текстуальный референтор），将命题的具体谓词即下位谓词（предикат-гипоним）浓缩成功能上位谓词（функциальный предикат-гипероним），并提出了合并、浓缩的方法。

van Dijk 提出了篇章理解认知规律的宏观规则——删略规则、概括规则、组构规则，与 Ю. В. Попов，Т. П. Трегубович 的合并主词、浓缩谓词的方法大体是一致的，Ю. В. Попов，Т. П. Трегубович 比 van Dijk 多出一个同义规则。后者依据宏观规则将微观命题浓缩成层次更高的宏观命题或宏观结构，将篇章的宏观结构称为篇章高层次的语义结构。（熊学亮，1999：133–134）详情见图2。

早在 20 世纪 70 年代，И. Я. Чернухина 提出，篇章具有特定的情感背景，由作者的情感倾向构成，因而情感层面（эмотивный план）是篇章语义分析重要的研究对象（И. Я. Чернухина，1977）。俄罗斯语言学家 И. Р. Гальперин 将篇章所表达的信息分为事实内容信息、观念内容信息、潜在内容信息三类

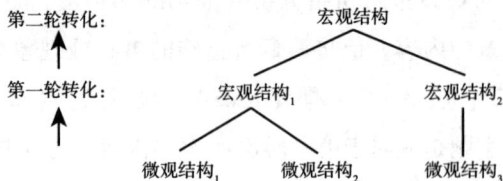

图 2

（И. Р. Гальперин，1981）。

陈勇认为篇章的命题语义、主观情态语义（作者的主观评价态度、观念、观点、立场、价值取向）是篇章的基础语义层。除此之外，篇章还有伴随语义层，它包括风格伴随语义、文化伴随语义、篇际伴随语义（陈勇，2006：26-30）。

当然，除了层次式的分析，对篇章语义结构还有许多从其他角度的很有见地的分析，如邓军、蔡晖等学者的多维立体的语义结构分析，横向、纵向的语义结构分析等。这里，我们就不一一陈述了。

三　文化视野中的篇章

（一）文化篇章

Н. М. Андронкина 强调，文化篇章（текст культуры）在外语教学中应是一个关键的概念，同时她对文化篇章的理解是宽泛的，她将绘画、音乐、舞蹈等艺术形式都归为文化篇章。我们认为，具有文化伴随语义的篇章可以称为文化篇章。就像 Ю. А. Сорокин 和 И. Ю. Марковина 认为的那样（彭文钊、赵亮，2006：98），听话人如果在文化篇章中发现了他不能理解的，或感到奇怪的、需要解释的成分，那么这个篇章就带有民族文化成分。他们也把这种篇章称为空白篇章。我们把文化篇章分为如下两类。

第一类是含有语言文化信息单位的篇章。

语言文化信息单位是篇章中文化伴随意义最直接的载体。词、句子、整个篇章都可以体现民族文化内容，因为它们都可以成为语言文化信息单位。

第二类是直接涉及民族文化和社会生活有关内容的篇章。

直接涉及民族文化和社会生活有关内容的篇章，如民间故事、国家历史、城市概况等，都具有强烈的文化伴随语义。

（二）文化篇章的多相性

传统语言学对篇章的定义是："篇章是意思连贯的连续的符号单位，其主要特点是连贯性和完整性。"（Т. Г. Добросклонская，2000：7）Ю. М. Лотман 认为，文化中篇章的概念与语言学中篇章的概念是不同的，篇章具有特殊的文化价值，是超语言组织，需要进一步的解释，否则不能被理解或不能被充分理解（Н. М. Андронкина，2007）。在文化符号学的层面，篇章应至少被两次编码（Ю. М. Лотман，2002：158）。如"法律"篇章，同时属于自然语言和法律语言：既是各种意义的符号组成的一个链（自然语言），同时也是具有统一意义的某种复杂符号（法律语言）。

文化视野中的篇章已大大超越了传统语言学对篇章的理解，正像Ю. М. Лотман 所说，篇章成为多相的，代表了语法-词汇单位、语调、音响效果、字体，甚至视觉印象等符号的混合物。任何一个自然语言的篇章都是好几种"语言"写成的，更准确地说，是用具有彼此复杂关系的混合"语言"写成的（Ю. М. Лотман，2002：165）。

文化篇章的多相性使得对它的理解复杂化了，因为对篇章理解得正确与否不仅取决于语言单位及其组合，也取决于必需的交际背景、文化背景等因素。Т. Г. Добросклонская 认为，对于媒体篇章而言，交际背景首先是媒体篇章生成、传播、接收的特点和条件，既包括情景语境性质的成分，也包括社会文化性质的成分（Т. Г. Добросклонская，2000：37-38），即所有媒体篇章语言部分背后的东西。篇章是复杂的交际现象，包括所有伴随交际过程的非语言因素：信息生产、传播、接收的特点，交际参与者的信息及其特点，文化思想背景等。交际的语言成分和非语言成分在篇章中融合为一个统一的整体。任何篇章都不是某一个结构单线连续的扩展，而是两个或更多的带有不同程度互译性的篇章结构的交织和相互重新编码。

（三）文化篇章的功能

从文化的角度研究篇章，使得篇章的社会交际功能也极大地复杂化了。正

像 Ю. М. Лотман 指出的那样，篇章不仅仅具有由承载者到接收者的信息通知功能，在接收篇章信息的过程中，还产生接收者与篇章的交流、接收者和文化传统之间的交流、接收者与自身的交流等多方位的交流活动，从而使篇章具有了意义建构、集体文化记忆及个性改造、文化象征等多种功能（Ю. М. Лотман，2002：160-161）。

篇章是存有各种编码的复杂的机构。Т. Г. Добросклонская 认为，篇章在大众媒体领域与在传统语言学中的含义是不同的（Т. Г. Добросклонская，2000：7）。媒体篇章不仅仅是连续的语言符号，而且是任何连续的符号。电视篇章不仅由语言组成，而且同时在多个层次——语言的、视频的、音频的层次连续扩展，共同构成一个统一的整体，具有多层性和大容量性。广播篇章和报刊篇章也具有一定的媒体特征：音乐、音响效果及报刊的装帧特点。这样，篇章内部的多语言性使它具有了相应的、各种不同的次结构，它们之间的复杂的对话关系成为意义建构的机制。因此，篇章在我们面前不是用一种语言表示的某种消息，而能够像具有智力特征的个体一样产生新的信息。这样，篇章就具有了意义建构功能，它不是作为预先设定好的意义的消极包装，而是意义的发生器。

思维构造是生成新篇章的基础单位。每个思维构造至少是两个较低层次思维构造的组合，同时是更高层次的思维构造的一部分。在篇章生成的智能机制中记忆起着特别重要的作用。人的个性意识和人类积累的文化制约着思维构造的组合及其关系转换。多层次及符号非同一的篇章，能够进入一个与周围文化语境及读者的复杂的关系，不再是发出者对接收者的简单的报道。在具有凝聚信息的能力的同时，篇章获得记忆，同时它表现出自我增长的特性，在这个结构复杂的阶段，篇章不仅传达放入其内部的信息，而且对它进行变换并加工出新的信息，产生意义的增加。一种情况是错误的加工，使变化成为一种杂音，消耗了原有信息，导致意义的歪曲；另一种情况是变化趋向创建新的意义，即创造性地加工信息。因此，篇章的意义建构功能也可以被称为创造功能。

从文化的角度看，篇章和篇章接收者之间是一种新的关系，接收者不是消极地接收篇章，而是与篇章进行交流、对话。对话过程中产生篇章信息与接收者记忆的碰撞。接收者在这种对话中的作用是积极的，他具有符号抵抗力，他对篇章符号、信息的接收是有选择性的，他并不接收所有的篇章信息，而倾向于接收能够激发他的篇章潜能的信息，因为越和接收者记忆中的东西接近的事件越容易被接收者理解。因此，篇章理解的必要条件是：对话的发出者（篇章的建构者）和接收者具有一定的、共同的记忆。没有这个条件，篇章就无法被理解。因此在这个意义上说，任何篇章不仅具有符号和信息，也定位于一定类型的记忆，包括它的结构和特点。Ю. М. Лотман 认为，接收者总是尽力用某种方法将篇章与自己的记忆同一，同时，篇章也总是进入接收者的记忆当中并改造它（Ю. М. Лотман，2002：175）。这样，在信息接收者与自我的交流过程中，篇章体现了它的改造功能，它帮助读者个体进行改造、改变其结构定向和与元文化联系的程度。

记忆是篇章含有的传统惯例成分，它存在于信息发出者和接收者的意识中。对篇章情景和形象理解的关键先前就已存在，只是在与篇章的交流过程中在接收者的记忆中被激活。从这个角度可以区分两种类型的言语活动。一种针对抽象的接收者，他的记忆量是任何以该语言为母语的人都具备的；另一种则是指向具体的接收者，他的个性记忆的容量发出者很清楚。无论针对哪一种，他们的记忆在接收篇章信息的过程中都不同程度地被篇章发出者改造。文化记忆是研究文化篇章的重要概念。在接收者理解篇章的过程中也存在接收者和文化传统之间的交流，它体现了篇章的集体文化记忆的功能。该交流一方面表现出对文化记忆不断增补的特性，另一方面，在使篇章包含的文化信息的某些方面积极化的同时，使另一些方面完全或暂时地被遗忘。

篇章的象征功能也与文化记忆问题相关。篇章的多相和多结构性，使它和具有丰富内部构造的多相的文化同处一列。篇章能够表现整个人类文化的历史。从久远文化深处来到我们面前的篇章具有重建完整的文化层、恢复文化记忆的能力。可以说，篇章建构的是减缩了的文化记忆程序。在这个意义上，篇章就变为文化的象征，成为一种象征符号，能够给予其接收者"力量"与"能量"。从文化的角度研究篇章，必须将被研究的篇章列入更广泛的文化图示中，并关注在该文化类型界限内篇章的价值等级。篇章具有自动的个性，无论针对何种接收者，篇章总是选择相应的自我描写的语言，将自己的语言和自我界限感觉与它所属的总的文化模式相一致。

（四）文化篇章的交流

不同文化的交流可以通过不同民族文化篇章的交流来体现。文化篇章的走向取决于文化"中心—外围"的价值特点。如果文化中心，即文化接收主体"我"的位置具有较低的价值特征，而外围，即文化的"他们"具有较高的价值特征，则会产生大量接收外来篇章现象，这也是该文化的加速运动、发展的时刻。当文化"中心—外围"的价值特点情况相反的时候，文化中心就会产生自我孤立情况，对外来篇章的掌握就会停止，该文化内部发展速度也会发生停滞。

不同民族文化间篇章的交流，甚至篇章内部的意义构成过程，就其本质来说，都是靠某种类似翻译的机制。不同民族文化之间的篇章交流是否顺畅取决于这种翻译机制是否能够充分地行使其转换的功能。当一种文化被当作完全不能翻译的篇章时，它是被排除在某种语言的意义构成机制之外的，相反，则能够很好地进入另一种文化；而且，两种文化的相互理解越自然、简单，转换成的篇章在新的文化语境中就越能准确地保持自己原有的功能。

四 结语

篇章是语言使用者、语言、文化和交际四者有效互动的重要层面。В.В.Воробьев 认为，交际的最终目的是要掌握非语言信息，包括文化信息。（В.В.Воробьев，1997：53）人类各民族精神文化通过各类文本和篇章固定下来。跨文化交际体现了语言个性完整的"文化篇章活动"。从文化的视角研究篇章，使我们对篇章的意义建构、集体文化记忆及个性改造、文化象征等诸多文化功能有了更深刻的认识，从而帮助我们更好地理解异族文化，理解不同文化之间的交流，实现成功的跨文化交际。

参考文献

Андронкина Н. М. ，"Текст культуры в обучении иностранному языку как специальность"，*Мир науки，культуры，образования*，2007（2）.

Воробьев В. В. ，*Лингвокультурология*，Москва：Русский язык，1997.

Гальперин И. Р. ，*Текст как объект лингвистического исследования*，Москва：Наука，1981.

Доброусклонская Т. Г. , *Теория и методы медиалингвистики* , Москва：МГУ, 2000.

Лотман Ю. М. , *История и типология русской культуры* , Санкт-Петербург：Искусство, 2002.

Новиков А. И. , *Семантика текста и ее формализация* , Москва：Наука, 1983.

Попов Ю. В. , Трегубович Т. П. , *Текст：структура и семантика* , Минск：Вышэйшая школа, 1984.

Чернухина И. Я. , *Очерк стилистики художественного прозаического текста* , Воронеж：Наука, 1977.

陈勇：《篇章内容的层次结构与人的世界》,《外语学刊》2006 年第 3 期。

彭文钊、赵亮：《语言文化学》, 上海外语教育出版社, 2006。

熊学亮：《认知语用学概论》, 上海外语教育出版社, 1999。

蔡晖：《再论篇章伴随意义层》,《中国俄语教学》1999 年第 1 期。

邓军：《篇章的逻辑语义分析》, 黑龙江教育出版社, 1997。

原文发表于《俄语语言文学研究》2011 年第 1 期

俄罗斯心理语言学研究中的
三对重要术语试析

许高渝*

摘　要： *世界图景/语言世界图景、映象/世界映象、意识/语言意识等三对术语是俄罗斯心理语言学中的重要概念，它们之间既有联系，又有差别。弄清这些术语的内在含义对深入了解俄罗斯心理语言学理论是有帮助的。*

关键词： *世界图景　语言世界图景　映象　世界映象　意识　语言意识*

在俄罗斯学者的论著中，世界图景/语言世界图景、映象/世界映象、意识/语言意识等三对术语是经常出现的。它们都是一些重要的概念，在某些术语之间又有相似的含义。本文试图通过对它们进行分析以弄清这些术语之间的异同和相互关系。另外，由于这几对术语在西方学术话语系统中出现的频率相对较低，所以对它们的介绍也会有助于一些较少接触俄罗斯学术研究的同行加深对俄罗斯心理语言学的了解，这是撰写本文的另一个目的。

一　世界图景/语言世界图景

世界图景这一术语是在 20 世纪初由德国的几位物理学家（赫兹、普朗克等）最早开始使用的，维特根斯坦等德国哲学家曾将其用来表示"真实思想的

---

* 许高渝，浙江大学外国语学院教授。

总和。"海德格尔认为,在使用"图景"这个词的时候,首先想到的是要映现某件事物,"世界图景,正确的理解是,不是描述世界的图景,而是应被理解为图景的世界"(M. Хайдеггер, 1986:103)。20世纪60年代,该术语在苏联的符号学或文化符号学的著作里曾被广泛使用。90年代后,它在更多的学科里,特别在语言学,文化语言学,包括心理语言学的研究中频频出现。

俄罗斯学者认为,世界图景是关于人的科学中的一个基础概念。它作为客观现实的主观映象,可通过符号形式的对象化进入观念之中。它有两项主要的功能:一是诠释功能,二是调节功能(作为人的生命活动的定向标)。在世界图景中可以区分出主体、对象和认识活动的结果三个要素,根据主体的不同可分为成人/儿童的世界图景、心理正常人/心理有缺陷的人的世界图景、现代人/古代人的世界图景;根据范围大小则可分为整体的世界图景和局部的(某地域的或某个具体学科的)世界图景。世界图景可以作为人类文化不同领域之间的中介,将它们整合在一起(Б. А. Серебренников и др., 1988:18)。有的学者指出,世界图景可称为关于世界的知识,是个体意识和社会意识的基础(В. А. Маслова, 1997:51)。有的人认为,该概念是对关于人和环境的信息加工的结果(Т. В. Цивьян, 1990:5)。还有的学者把世界图景定义为关于现实的直觉表征的系统。由于世界图景是一个思想、概念的构成物,所以它有双重本质:非客观的(作为意识、意志或生命活动的成素)和客观化的(以意识、意志或生命活动的各种印迹的形式,特别以符号构成体、文本的形式出现,其中还可包括艺术、建筑、社会结构)。

与世界图景这一术语使用时间较长不同,语言世界图景概念在文献中出现是最近一二十年的事情。这与语言研究向知识研究转向和最近人们对认知研究的成果增加有很大的关系。

语言世界图景是以一般世界图景中最深层的形式出现的,它是客观世界图景的"二级"存在(Г. В. Колшанский, 1990:28, 86),是刻录于词汇、成语和语法中的关于世界知识的总和。由于语言和思维具有相对的独立性,所以俄罗斯学者在研究中把观念世界图景和语言世界图景加以区分,当然两者也有联系。

至于语言世界图景的作用,部分俄罗斯学者之间的看法不太一致,如В. А. Маслова 认为,人是透过语言世界图景来观察世界的,语言世界图景是形成人对世界的态度的类型，它决定人在世界上的行为规范，确定人对世界的态度等（В. А. Маслова，1997：49）。而 В. В. Красных 认为这种看法过于绝对，语言世界图景只是固定和实现世界图景的特殊物质形式，履行马斯洛娃所说的功能的应当是世界图景。克氏认为，语言世界图景是以语言作为镜子来说明世界，而世界图景是在心理中描写实体的周围现实，这种描述通过对象意义和相应的认知图式来中介，并接收意识的反射，将其作为民族过去认知的结果。比如，尽管讲不同语言的人的语言世界图景有差异，但他们的世界图景的心理意义，除了差异之外，还会有共同点，特别在颜色词和用颜色特点来称名的实物名称方面。但是，语言世界图景对区分现实的方式会进而对人的世界图景产生重大影响，比如，一些外国人掌握俄语动词的体就显得非常困难（В. В. Красных，2001：66-68）。

二　映象/世界映象

映象是普通心理学的一个概念，它用来说明人的心理中对现实进行整体反映结果的一种特别的形式。可区分为感知映象和思想映象两种。在映象里可同时出现对象、现象的空间、运动、颜色、形式和事件的时间先后顺序（«Краткий психологический словарь»，1996：153）。

在马克思主义的认识论看来，映象是客观现实的反映之一，同时，感性映象是活动的必要的运动因素，是活动的产物，映象有一定的概括性，实际上，心理的实质就是人对客观现象的主观映象。

世界映象是心理学科学中一个比较新的概念，它是由 А. Н. Леонтьев 在 1975 年所做的一次关于知觉映象问题的报告中提出来的。А. Н. Леонтьев 指出，知觉问题应当作为世界映象的心理学问题加以提出和研定。他认为，应当在人、人的意识中引进一个新的概念：客观世界除了向人展现三维空间和时间之外，还应该有第五个准维——含义场，即意识系统。他对此解释说，如果我感知一个对象，那么不仅从空间向度和时间上感知它，而且从它的意义上感知它。"意义不是处在事物前面的东西，而是处在事物形状后面的东西，也就是处在对象世界的已被认识的客观联系之中，处在它们刚存在、刚展示特性于其中的不同系统之中。由此可见，意义本身具有特殊的量度。这是客观对象的系统内部联系的量度。它是对象世界的第五个准维。"他在报告中特别强调指出，意义的性质既不在记号的形体里，也不在形式的记号运演中，更不在意义的运演中，它是在人类实践的全部总和中，而人类实践以观念形式进入世界图景。这就是说，意义、思维不脱离世界感性映象的形成过程，而是进入其中，补充感性（А. Н. Леонтьев，1983：251-261）。

在 А. Н. Леонтьев 提出世界映象是一个多维的心理构成的假说之后，苏俄学者对这项概念进行了诠释，同时在应用它的过程中对其内容作了不少补充。А. А. Леонтьев 指出，世界映象是以对象意义和相应的认知图式为中介的对象世界在人的心理上的反映，属于有意识的反射。世界映象的基本组成成分是心理意义和个性含义，有一般的世界映象和主观（个体）世界映象两类。一方面，世界映象具有某社会集团或群体的全体成员所共有的某些"核心"内容，这是人类活动的前提，认知具有潜在的普遍性；另一方面，人总是通过自己的个体—个性世界观、通过自己的个性含义看待世界，因此世界映象又具有鲜明的个体性。恒定的世界映象并不是唯一的，不同的人群会有不同的恒定世界映象，如民族世界映象就是某一民族共同的知识组织形式，反映出该民族代表认识世界的特点，因为每个民族都拥有一整套自己的对象意义、社会定型、认知体系作为认识、理解世界的基础，而其中的个人和个性含义结构中也会具有该民族的全体成员的共有的某些"核心内容"（А. А. Леонтьев，1993：18）。

В. А. Пищанилькова 认为，只强调世界映象是人有意识的反映的说法是不够完整的，因为事实上在个体的生命活动中，非语言化、不完全有意识或无意识的知识和无意识的心智过程也起着很大的作用，在人的思维中，每一刻都存在当前的意识、超意识和无意识但参与认知过程的方面。另外，个体通过世界映象来理解现实，在理解时每一刻均有情感、联想的共同作用。

С. Д. Смирнов 对世界映象的结构进行了分析。他认为，世界映象并不是由单个的映象和对象的映象组成的，也就是不是众多感性印象组成的世界，而是整体的世界的映象，世界映象一开始就作为整体发展和发挥作用的。但是，从结构的角度，可以把世界映象的核心结构和表面的结构做出区分，也就是对世界映象那些以感性成型的（模块）世界图景的形式出现在表层的东西来说，是一种核心构成物，世界映象是对任何感性印象进行预告的、经常性的、不会消失的背景，这些感性印象也就能够在此背景的基础上取得成为外部客体感性映象的组成成分的地位（С. Д. Смирнов，1983：61）。斯氏还着重指出了活动本性和社会本性是世界映象的最主要特征。

另一位学者 В. В. Петухов 在就世界映象和对思维的心理学研究的问题讨论时认为，对任何客体或情境，具体人物或抽象思想所进行的感知都会受到整体的世界映象的限定，而世界映象又受到人的生活和他的社会实践的全部经验的限定。同时世界映象反映着具体的历史（环境的、社会的、文化的）背景，人的全部心理活动就是以此为背景（或者在此背景的范围中）进行的。因此，世界（对象世界和社会世界）映象是主体的心理（意识）生活和活动的基础，是主体发展认识活动的基本条件。同时，这个映象会在主体心理生活的任何具体领域里得到表现和巩固（В. В. Петухов，1984：13-21）。

三　意识/语言意识

意识是由众多学科研究的一个概念，就心理学和心理语言学而言，这是最基本、最重要的研究客体之一。

Л. С. Выготский、А. Н. Леонтьев、С. Л. Рубинштейн、А. Р. Лурия 等心理学家均对意识做过大量、深入的研究，提出了有关意识的重要理论观点。

按照俄罗斯最近出版的《心理学大辞典》的定义，意识是人所特有的与客观现实的联系方法，它以人的社会历史活动的一般形式为介质……意识包含在先前历史中获得的历史经验、知识和思维，意识从观念上掌握现实，并提出新的目的和任务，指导人的全部实践活动。意识在活动中形成，同时又影响该活动，规定和调整该活动（Б. Г. Мещеряков，В. П. Зинченко，2003：517）。

意识是作为社会历史存在物的人理解和评价客体世界和人本身生活的一种整合的高级心理反映形式。这也意味着，不是任何的心理现象都是意识，人的有些心理现象只作为信号起作用，主体和客体之间没有形成认识关系，即没有形成映象，那就不属于意识领域，而属于无意识领域。Л. С. Выготский 在强调意识是人所特有的最高级水平的心理反映形式的同时，提出了活动和意识统一的观点，把意识看作由理智与激情、认知与情感—意志这两个不可分割的部分构成的统一的、动态的意义系统（高文、毛新勇，1998：21）。А. Н. Леонтьев 也认为，意识是人特有的心理机制，是以人与人之间的交际为中介的个体行为的产物，是人在认识世界的活动过程中个体—个性自决的结果，他还对意识的构成因素和内部结构进行了详尽的讨论，认为意识由感性内容、意义（事物的客观含义）、个体化含义（事物的主观意义）构成，但意识不是这些构成因素的简单联合，而是它们的内部运动，这种内部运动包含在个体的活动和现实生活中。А. Н. Леонтьев（1983）对意识的两个方面——个体意识和社会意识的关系做了分析。他指出，个体意识的主体是具体的个体，在个体的活动和与他人交往中形成和发展，社会意识则是在社会行为中形成的意识，只有在社会意识存在的条件下才可能有人的个体意识。

意识有许多特征：能动性、意向性（对象指向性）、反省能力、自我观察的能力（意识到意识本身）、动机——价值性质以及不同程度（水平）的明确性。但是根本的就是其结构具有社会文化性。正如 А. Р. Лурия（1979）所说，人的意识根源不可能在精神内部，在大脑内部找到，而只有在人同现实的关系里，在人的社会历史发展中才能找到。

Л. С. Рубинштейн 对意识的实质做了大量研究，他曾指出，"意识在本质上看，就是主体意识到客观存在。意识就是关于在它以外的某种东西，关于与认识主体相对应的客体的知识。"（С. Л. Рубинштейн，1959：153）他还认为，意识既是一种过程，又可将其视作某种过程的形成物，这就是知识。意识的核心是知识，而知识是社会地、历史地遗留下来的，以自动的形式被客观化了的。意识随知识的存在而存在。

从我们上面引证的俄罗斯学术界对意识的研究中可以看到，意识的各个方面都和语言有密切的关系。意识在主体与客观现实的联系中，在意识本身的发展中，在意识作为知识的存在中，语言/言语的形式是不可缺少的。А. А. Леонтьев 曾经说过，具有意识即掌握语言，掌握语言即掌握意义，意义是意识的单位（指语言，词语意义），从这个意义上来理解，意识是符号性的（А. А. Леонтьев，1993：16）。

正是由于意识具有语言/言语的自然本性，所以语言意识成为许多学科，特别是心理语言学、文化语言学中经常出现的一个重要术语。

但由于语言意识是一个不十分确定的概念，因此研究者对它的理解不尽一致，部分心理学家和心理语言学家用意识和语言意识来说明同一类现象，即人的意识。如 В. В. Красных 说，当我们谈论语言意识时，指的就是与个性的言语活动相关的意识方面。有的学者把意识看成总的概念，而把语言意识作为具体的一种概念，如 А. Н. Портнов 认为，意识与语言相关的有好几个方面，语言意识是其中的一个，语言意识同语言中意义和操作的分级系统互相协调，与表达语篇产生和理解机制以及对主要的符号维度——语义、语用和符号从反应能力也有协调关系（А. Н. Портнов，1998：48-49）。还有的学者把语言意识理解为"语言思维"。А. А. Леонтьев 则认为，如果语言被理解为交往和概括的统一体，是一种以对象和词语形式的存在而表现的意义系统的话，那么，语言意识作为以意义为中介物来研究的意识与俄罗斯心理学中的"世界映象"的理解是接近的。А. П. Стеценко 对语言意识用我们在前面提到过的另一个术语来解释。他认为，从心理学的取向看，语言意识的特点在于可把语言意识看成人的整体世界图景结构的一个层面，看成最适应交际目标的、了解世界的一种潜在图式（А. П. Стеценко，1983：22-34）。Г. В. Ейгер 从另外一个方面将语言意识与世界图景相联系。他认为，语言意识的基本功能首先是反映功能，它能使语言的各项功能表现出来，这样，就建立了语言的世界图景（Г. В. Ейгер，1989：19）。

在研究语言意识时，一些学者讨论了该概念和认知意识的差异。В. В. Воробьев 认为，在个性的意识中会形成一定的与现实等同的知识、概念系统，这就是认知意识。而在语言中会出现对认识的某种简化过程，概念的某些方面会在其中固定下来，这就是语言意识（В. В. Воробьев，1997：42）。Н. Р. Алефиренко 认为，认知意识指语言意识的一部分内容，即一般指思维的结果，而语言意识除了思维之外，还包括反映客观世界的其他形式——情感、美学、表现力等（Н. Ф. Алефиренко，1994：91）。Н. А. Стернин 的观点恰好相反，他认为人总的意识可称为认知意识，因为其主导的方面是认识方面，意识的内容就是通过主体的认识活动而得到的关于世界的知识。而语言意识可理解为在意识中生成、理解言语，储存语言的心理机制的总和，也就是保证人的言语活动过程的心理机制，所以语言意识是认知意识的一部分（Н. А. Стернин，2003：264-251）。И. А. Зимняя 则认为语言意识是一个有理智的人、会说话的人、会交往的人、作为社会存在和个性的人的个体意识和认知意识存在的形式（И. А. Зимняя，1993：51）。

俄罗斯心理语言学对语言意识的研究并不限于对语言意识概念的探讨，更多的是对语言意识的民族文化特点（包括大量实验研究）、语言意识在语言教学方面特别是非母语教学中的作用、语言意识与儿童个体发生等课题的研究。①

四 结语

从上面我们对三对术语的简略介绍中，可以看到这些术语之间的联系和异同。

第一，它们都属于与心理相关的概念。意识是人所特有的高级心理反映形式，是意识到的心理反映；语言意识也属于意识，只是这一概念突出了人在使用语言，进行言语活动时的心理功能最重要的一面，强调主体内在的状况和意识。

映象是心理形成过程中的产物之一，是主体反映客观世界面貌的主要形式，心理在某种意义上说，就是庞大映象的堆积，而世界图景和世界映象则都是世界在人的心理中反映。

第二，它们都与语言相关。意识通过语言这一符号来中介，没有语言就没有意识。我们知道，意识的一个根本特点是概括，而概括就要借助于语言。作为意识重要构成因素的是意义，而语言是意义的承载者，整个社会实践所揭示的对象世界的观念存在于被浓缩的语言材料之中，以意义的形式表现出来。

映象也有一定的概括性，和词联系着，并在词中客观化。世界映象的第五准维是意义，这就使这个概念与语言有了更为直接的关系，与世界映象几乎同义的世界图景作为思想观念的构成物也与语言关联着，至于语言世界图景和语言意识与语言的相关则是不言而喻的。

第三，这三组概念互相之间也有一定的联系，如意识和映象。意识是人在活动之前对活动结果的映象。另外，从意识到的某一对象产生的机制看，人首先要把自己作为主体和这一对象区分开来，把它放在客观事物之中去感知、观察，从而认知到这一客体的意义。在主客体之间产生认识关系的时候也就形成了映象，而在这个时候人的意识就产生了。所以心理映象是认识的结果，是主客体相互作用的结果，是产生意识的标志。又如意识和世界图景，世界图景存

---

① 详见本书许高渝《意识·意识中的意义·语言意识——俄罗斯心理语言学研究》。

在于人的意识中，这是因为世界是客观存在的，所以才有可能出现主观映象中的世界，关于世界是不是如同我们的感官感受到的形式存在的，那是一个尚未彻底解决的问题，包括在哲学界。

第四，在这三组概念中，意识是最基础的一个概念，其他几个概念均依赖于这个概念，因为正是在意识这个平台上，其他概念才与主体发生了联系。

第五，世界映象和世界图景的意义最为接近，事实上，它们有时作为同义词而相互替代，但似乎由于两者的来源不同而造成使用范围的侧重面不太一致，"世界图景"是从外语译成俄语的，更多地用在哲学、文化方面，而世界映象是俄罗斯心理学家创造的一个术语，因而主要在心理学和心理语言学中得到运用。关于它与语言意识的关系已在前面做了介绍，这里就不再重复。

参考文献

Алефиренко Н. Ф. , "Язык — сознание — культура: проблемы взаимодействия" // *Тезисы третьей международной конференции «Язык и культура». Т. 1*, Киев, 1994.

Воробьев В. В. , "Лингвокогнитивное сознание русской языковой личности" // *Тезисы третьей международной конференции, посвященной 30 летию МАПРЯЛ*, Москва, 1997.

Ейгер Г. В. , *Механизм контроля языковой правильности высказывания*, Автореф. дис...д-ра филол. наук, Москва, 1989.

Зимняя И. А. , "Способ формирования и формулирования мысли как реальность языкового сознания" // *Язык и сознание: Парадоксальная рациональность*, Москва: Ин-т языкознания РАН, 1993.

Зинченко В. П. , Мещерякова Б. Г. (ред.), *Большой психологический словарь (БПС)*, Москва: АСТ; Санкт-Петербург: Прайм-Еврознак, 2003.

Колшанский Г. В. , *Объективная картина мира в познании и языке*, Москва: Наука, 1990.

Красных В. В. , *Основы психолингвистики и теория коммуникации*, Москва: Гнозис, 2001.

Краткий психологический словарь, Минск: Нар. асвета, 1996.

Леонтьев А. А. , "Языковое сознание и образ мира" // *Язык и сознание: Парадоксальная рациональность*, Москва: Ин-т языкознания РАН, 1993.

Леонтьев А. Н. , *Избранные психологические произведения. Т. 2*, Москва: Педагогика, 1983.

Лурия А. Р. , *Язык и сознание*, Москва: Изд-во Моск. ун-та, 1979.

Маслова В. А. , *Введение в лингвокультурологию*, Москва: Наследие, 1997.

Мещеряков Б. Г. , Зинченко В. П. , *Большой психологический словарь*, Санкт-Петербург: Прайм-Еврознак, 2003.

Петухов В. В. , "Образ мира и психологическое изучение мышления", *Вестник Моск. ун-та*, *Сер.* 14, *Психология*, 1984 (4) . — С. 13–21.

Портнов А. Н. , *Взаимосвязь языка и сознания в философии 19—20 веков: методологический анализ основных направлений исследования*, Автореф. дис... д-ра филол. наук, Иваново, 1998.

Рубинштейн С. Л. , *Принципы и пути развития психологии*, Москва: Изд-во Акад. наук СССР, 1959.

Серебренников Б. А. и др. *Роль человеческого фактора. Язык и картина мира*, Москва: Наука, 1988.

Смирнов С. Д. , "Образ мира как предмет психологии познания" //*Тезисы научных сообщений советских психологов к VI Всесоюзному съезду психологов СССР. Категории, принципы и методы психологии. Психические процессы. Ч. 1*, Москва, 1983.

Стернин И. А. , "Языковое, коммуникативное и когнитивное сознание: проблема разграничения" //*Тезисы XIV международного симпозиума по психолингвистике и теории коммуникации. Языковое сознание: устоявшееся и спорное*, Москва, 2003.

Стеценко А. П. , "К вопросу о психологической классификации значений", *Вестник Моск. ун-та*, *Сер. Психология*, 1983 (1) . — С. 22–34.

Хайдеггер М. , "Время картины мира" //Отв. ред. Гуревич П. С. , *Новая технократическая волна на западе*, Москва: Прогресс, 1986.

Цивьян Т. В. , *Лингвистические основы балканской модели мира*, Москва: Наука, 1990.

高文、毛新勇:《维果茨基心理发展理论的跨文化研究》,《心理学探新》1998 年第 4 期。

原文发表于《俄语语言文学研究》2005 年第 3 期

意识·意识中的意义·语言意识

——俄罗斯心理语言学研究

许高渝*

摘　要： 意识是众多学科研究的对象。俄罗斯心理语言学在意识、心理语义和语言意识的理论探讨和实验研究方面都取得了不少成果，它们对我国的心理语言学开展这些课题的研究具有一定的启示意义。

关键词： 心理语言学　意识　意义　语言意识

　　意识是处于不同学科的接合处上并为众多学科，如哲学、逻辑学、心理学、语言学、社会学、人类学、神经生理学、民族学等研究的一个课题。不同的学科研究意识的方面并不完全相同，就拿哲学和心理学来说，在哲学研究中，意识是一个与物质相对立的概念，所以哲学是从总体上来研究人的意识，其基本问题是意识与存在的关系问题；而心理学主要集中于对人的个体意识的具体研究，研究意识的实质、发生发展、结构和功能等，当然，在心理学的一些分支学科中，也会涉及对社会意识的研究。

　　在俄罗斯心理语言学的文献（包括苏联时期的研究）里，意识也是一个频繁出现的术语。这里有两方面的原因。首先，心理语言学是语言学和心理学的边缘学科，研究的重点是言语活动和言语机制，即研究言语生成、言语理解、言语掌握等问题，这些方面都属于复杂的心理过程，而意识是人的心理反映和

---

* 许高渝，浙江大学外国语学院教授。

自我调节的高级水平，因此，心理语言学对意识问题的关注是顺理成章的事情。其次，俄罗斯心理语言学与美国心理语言学的发展传统有所不同，美国心理语言学在一个相当长的时间内受到乔姆斯基生成语言学理论的影响，有较强的"语言学性质"（лингвистичность），而俄罗斯心理语言学的发展以强大的心理学传统为支撑，同时，意识研究在俄罗斯心理学中又占有非常突出的地位。正是由于上述这些因素造成了俄罗斯心理语言学在许多方面都要论述意识问题。

本文着重讨论俄罗斯心理语言学中涉及意识问题较多的两个领域：心理语义研究和语言意识研究。

一 俄罗斯学者对意识问题的看法

在考察这两个问题之前，让我们先来了解一下俄罗斯心理语言学奠基人 Л. С. Выготский 以及其他学者如 А. Н. Леонтьев、А. Р. Лурия、С. Л. Рубинштейн 等人对意识问题的看法。

早在 1925 年，Л. С. Выготский 就发表了《意识是行为心理学的问题》一文，明确提出"忽视意识问题就给自己堵塞了研究人的行为这一相当复杂问题的途径"（转引自龚浩然、黄秀兰，1998：27）。后来，他又撰写过"心理·意识·无意识"等一系列有关意识问题的文章，阐述了研究意识问题的重要性以及意识的结构、意识的神经生理机制等诸多方面。他明确区分了"意识"和"心理"，认为意识是人所特有的最高级水平的心理反映形式，同时提出了活动和意识统一的论点，将意识看作是由理智与激情、认知与情感—意志这两个不可分割的部分构成的统一的、动态的意义系统（高文、毛新勇，1998：21）。在他的经典著作《言语和思维》一书中，对言语、词和思维的关系做了专门的研究，其中最重要的思想就是认为解决思维和言语的关系问题是理解人的意识本性的关键（楼培敏等，1991：296）。

А. Н. Леонтьев 是 Л. С. Выготский 的学生和同事，活动—意识问题是他一生学术研究的核心。在《活动·意识·个性》（1977）这部重要著作中，А. Н. Леонтьев 详细研究了意识的各种范畴。他认为，个体意识具有多量度性（многомерность）的特征，包括感性内容、意义和个性化含义三个形成因素。感性内容是形成现实中具体映象（образ）的感性成分，感性映象的特殊机能是赋予展示于主体面前的世界自觉图景以现实性。意义是人的意识里最主要的一个形成因素，它是感性映象的表义。意义本身含有不以人们活动的主观动机为转移的动作的方式、对象条件和成果，是事物的客观含义。意识的另一个形成因素是个体化含义，指客观意义对主体的意义，即事物的主观意义。个体化含义和意义不同，没有自己的"超个体的"和"非心理的"存在，它把意义同主体在这个世界中的生活本身的现实与生活的动机联系起来，从而造成人的意识的偏倾性。А. Н. Леонтьев（1977）认为，从意识的角度看，动机的功能似乎是经常都在估计着客观情况以及主体在其中的动作对主体自身的重要性，并赋予它们以主观意义。在个体意识中，感性内容使意义与客观世界的现实相联系，而个性化含义把意义与主体的生活现实、动机联系起来。

Л. С. Выготский 的另一位学生和同事 А. Р. Лурия 也对意识问题做过许多研究。他和 Л. С. Выготский 的观点一样，认为意识的特点具有意思结构和系统结构。意识的意思结构首先以语言为基础，语言不仅是形成各种意识活动的形式，而且对意识的总体有决定性作用。意识的"组织"（ткань）由词义构成，个体意识通过词义同社会意识进行"合作"。意识不但是心理过程的简单总和，而且是这些过程的各机能之间系统性的组织。意识是一种处于不断发展和变化中的特殊元系统，通过意识的发展，不同的心理机能、不同的心理活动的相互关系也会发生变化，结果是形成新的、综合性的、具有系统的结构物（А. Р. Лурия，1948）。А. Р. Лурия 在神经心理学这一主要研究领域里也论述了意识问题，他提出了纵横交错的脑机能区理论，把人脑划分成三个基本机能联合区（调节紧张度和觉醒状态的联合区、接受和加工储存信息的联合区、规划调节和控制复杂活动形式的联合区）。他认为，每一种意识活动作为复杂的机能系统，都需要大脑的这三个基本机能联合区的协同工作才能实现（А. Р. Лурия，1974）。А. Р. Лурия 在莫斯科大学心理学系的讲稿在其去世后被编辑成书，以《语言与意识》为题出版。А. Р. Лурия 在这本遗著里进一步论证了意识是以言语为基础并随着言语的发展而发展的这一基本原理。全书共分 16 讲，其中第一讲就论述了语言和意识的研究历史，阐述了语言的产生和劳动活动是从动物行为过渡到人的意识活动的两个决定性因素。他认为，语言产生之后，逐渐成为标记事物和动作的整个代码体系，从而使语言对人的意识活动的进一步发展具有决定性的意义。人的意识的根源不可能在精神内部、在大脑内部找到，而只有在人同现实的关系里，在人的社会历史发展中才能找到（А. Р. Лурия，1979）。研究者认为，该书"对言语在形成人的意识作用问题所进行的探讨，提供了语言与意识关系问题的一个新角度"（王钢，1981：68）。

在俄罗斯的意识理论中，С. Л. Рубинштейн 的研究占有极为重要的地位。在《普通心理学原理》（1940）、《苏联心理学体系中的活动和意识的问题》（1948）、《存在和意识》（1957）、《关于思维和它的研究道路》（1958）和《心理学的原则和发展道路》（1959）等著作中，他应用辩证唯物主义的决定论原则分析人的意识现象，指出了意识的本质特点并确定了它在客观世界的普遍联系中所处的地位。С. Л. Рубинштейн 指出，意识理论的基本论点是，"意识在实际上就是主体意识到客观实在。意识就是关于在它以外的某种东西，关于跟认识的主体相对应的客体的知识。在意识过程中，客体是以主体的生活和活动为中介的"（С. Л. Рубинштейн，1959：153）。他从这一论点出发对意识的基础、意识的内容，意识和认识的关系、意识和活动的关系做了全面深入的考察。此外，其他的一些心理学家还对自我意识和无意识、意识的发生、意识的机能定位、皮层和皮层下结构的意识现象等做过详尽的讨论。

从上面十分简略的介绍中，我们可以看到俄罗斯学者对意识的一些总的看法：

（1）强调意识是一种高级的、人所特有的反映现实的形式，是脑的机能；

（2）意识这种具有新质的高级水平是随着劳动和言语产生的，并在它们的影响下，经过长期的历史发展过程而达到的；

（3）意识是一种概括的反映，它以主体因素为中介，通过言语来实现，同时人的意识还可以调节活动，以反作用于现实。

二　心理语义研究

20 世纪 60 年代中期，俄罗斯心理语言学在西方心理语言学发展的影响下，以 Л. С. Выготский 社会文化历史学派的理论和 Л. В. Щерба 的语言学研究传统为基础开始作为一门交叉学科出现在学术领域。这门学科最初一个时期使用的名称是"言语活动理论"，突出地表明了俄罗斯心理语言学研究的特色。在这门学科的框架内，研究者对语言和意识相关的课题进行了多方面的研究，由于一方面意义是伴随意识不可缺少的成分，是意识的主要构成因素，意识的水平随着意义系统的发展而提高，而另一方面，意义又是语言的内容方面，在语言的各个层面都有语义的问题，这就使得意义及其心理表征成为心理语言学中研究语言—意识关系的一个重要课题。

А. А. Леонтьев 在其研究中指出，意义对主体而言，以两种形态存在。一方面，意义是主体意识的客体，另一方面，意义又是主体进行意识的方式和机制。意义同时是两个不同系统的成素，作为社会意识的成素，它是社会现象（这时主要由语言学来研究），同时它又是具体主体的个性和活动系统的一部分，这时它是个体意识的一部分（由心理学进行研究）。意义在某一系统中的运动受到另一系统的限制。他还区分了意义的三种存在形式：（1）语言意义（语词意义、记号意义、符号意义），存在于语言的感觉基础上；（2）事物意义，存在于感知映象，即知觉、记忆、想象的映象感觉基础上；（3）角色意义，存在于活动成素的感觉基础上，比如社会规范和社会角色就是这类意义。这三类意义的存在形式或者以"外部"的、社会化的、物质—观念的形式，或者以"内部"的、心理的、观念的形式，即在人的意识里的形式表现出来（А. А. Леонтьев，1983：11）。

我们在本文的开头曾经讲过，心理学主要研究个体意识，同样，心理语言学也把个体意识作为主要的研究对象。意义在个体意识中的各种存在形式，它的发生、构成和功能作用以及分析主体动机因素和情绪状况对主体形成意义系统的影响等方面是心理语义学研究的主要内容。

由于篇幅的关系，我们在这里只重点论述 В. Ф. Петренко 和 А. Г. Шмелев 两位学者在心理语义学的研究方面的主要成果。

早在 1978 年，В. Ф. Петренко 在他的副博士学位论文《对词汇层面和形象层面上意义的心理学研究》中通过分类法和语词同非语词的意义区分法，对上述两个层面上的意义从心理语言学的角度进行了研究。在非语词层面上由形象来表达意义，其中有脸部表情、手势、表情性动作，绘画作品、标语、徽号等，而在语词层面上，意义由词汇来表达。В. Ф. Петренко 认为，除了奥斯古德提出的三项词汇语义空间的主要因素外，俄语词汇语义空间还可以有四项新的指标，即复杂性、规序性、常见性和舒适性。由多类性材料向同类性材料的转变会增加语义空间的复杂性，从而形成了语义构成物之间很大的不同。形象和词语的语义结构在深层语义中的表征是同样的。客体的语义场由宽到窄的转变过程就是由含义的不可分解性到对世界的客观范畴化反映的运动过程（В. Ф. Петренко，1978：19）。В. Ф. Петренко后来还撰写过《实验心理语义学导论：日常意识中表征形式研究》（1983）、《意识心理语义学》（1988）、《意识和个性研究的心理语义理论》（1996）和《心理语义学基础》（1997）等著作。下面着重介绍其中的一部——《意识心理语义学》。该书的主体部分由八章组成。在第一章"意识问题的心理学方面"中作者讨论了语言和意识的相互联系问题。他指出，每一种语言的词汇里都有一种观念标尺（эталон）以语义成分的形式存在，这种标尺把被反映的现实中的某些方面区分开来、突出出来。词汇的语义成分是组成意义结构的更小的单位，它同所反映的现实片断的特征或者完全一致，或者部分吻合，这种一致性就使得有可能通过词汇（或者其他的规范标尺）来反映现实的这一片断。在这里，语言意识不仅具有分析功能，而且具有综合功能。词汇意义所表现的就是某种现实的观念模型。它是通过把词汇反映的现实片断的特征抽象化，并将这些特征归并成一类新的结构的方式而建立起来的。根据语法和句法的规律（内含人类思维的规则，这些规则不仅是科学思维的逻辑，而且是日常意识的逻辑）来运用这些意义就可以演绎出新的知识。为了说明词语意义对意识运行机制的作用，В. Ф. Петренко和另一位学者 В. В. Кучеренко还进行了一些实验，说明意识对现实的反映是一种借助记号手段进行的双重反映。

他认为文化在社会化的过程中被主体内化和掌握，在主体意识的结构之中会重新生成它的组织原则。要描写主体的世界映象，即现实的某一片断的隐含模型就需要对主体意识的范畴结构进行重构，把个体的意义系统分散在这一范畴结构之中。

在该书的第二章"语义空间是意识进行操作的模型"中，作者指出，主体通过意义的个体系统来感知世界，感知别人和他个人本身，因此，重构这一系统是心理语义学的一项任务。心理语义学是在心理语言学、知觉心理学和个体意识研究的交叉的基础上产生的，其主要的研究方法有联想实验法、分类法、主观量度编制法、语义区分法和个性构成物法。

在第三章到第六章中，В. Ф. Петренко分别考察了语义区分问题、动机的心理语义分析、职业性语言程式的语义和民族定型的心理语义研究以及多次认同等问题。在第七章，作者通过对成语的语义分析讨论了日常意识的结构问题。

第八章"言语交际影响的有效性"考察了语篇对人的意识的影响，所谓言语影响就是改变个体的世界图景或他的世界映象。В. Ф. Петренко 认为，在改变人的世界映象方面有三种形式。第一种形式是在不改变主体意识范畴结构的情况下改变主体（即影响的接受者）对客体的态度，即改变该客体的附加意义。如广告、口号、号召就属于这一类言语影响。第二种形式是形成影响接受者总体上的情感感情，但不改变他意识中对某一客体的内涵认识。如抒情诗等就属于这一类言语影响。第三种形式是改变个体意识的范畴结构，在这一结构中引入新的范畴，以对周围的事物和社会现象中的客体、事件加以重新分类和调整（В. Ф. Петренко ，1988）。

А. Г. Шмелев 对意识中的意义组织进行了实验研究。他在《实验心理语义学导论》（1983）一书中讨论了他对个性的"认知复杂性"进行的实验研究材料。他通过对所实验的研究材料的分析，区分出两类不同的认知个性："简单型"和"复杂型"。"认知简单型"的人对相似性的知觉更为敏感，他们往往把自己和参加实验的同伴归为品质（共有 133 类）的同一极，把第三者置于另一极，而"认知复杂型"的人更多地把自己和同伴置于不同的两极，而把第三者置于他和同伴之间。他认为，活动理论有助于建立新的意义心理结构观，它要比行为主义和认知心理学框架下建立的意义心理结构理论更深、更广（А. Г. Шмелев，1983）。А. Г. Шмелев 在另一本著作《实验心理语义学实习教本》（1988）中详细描写了他和其他研究者一起以表示个性品格特点的词（如善良、平静、暴躁等）为材料所做的心理语义学研究。这项研究分两个阶段进行。在第一阶段里收集初步的实验材料（共有 1350 个词）并通过实验途径分析它们的语义结构（采用奥斯古德的三因素分析法）。第二阶段对实验词汇表加以重新确认（共有 1650 个词），并通过对心理学家和心理系大学生的问卷调查方式用新的评价指标（分四类八组）对词汇进行语义区分。然后通过计算机对 84 份有效问卷调查表进行数据处理，最后得出一份个性特征总汇材料，由 350 个频率最高、语义相对独立的词（关键词）组成。作者还根据约翰逊的分级类集分析运算法对这些关键词的分类结果进行加工，并在该数据的基础上区分出了具有宏观范畴性质的词汇以及范畴类别下属词汇分表（А. Г. Шмелев，1988）。

三　语言意识研究

除了心理语义学研究是心理语言学研究意识（意识中的意义）的重要领域外，俄罗斯心理语言学中涉及意识问题的另一个重要领域是语言意识研究。近些年来，多届俄罗斯全国的心理语言学学术讨论会均把语言意识作为会议的主题就是一个极好的证明。如第九届讨论会的主题为"语言意识"，第十一、第十二和第十三届讨论会的主题分别为"语言、意识、文化、民族：理论和语用"、"语言意识和世界映象"以及"语言意识：内容和功能作用"。

但由于"语言意识"这一术语是一个不十分确定的概念，所以研究者对它的理解也不完全一致，有的学者把"语言意识"理解为"语言思维"。И. Н. Горелов 指出，"在学术文献中，语言意识并不作为一个单义的术语词组来使用，而往往把它当作'语言思维'的同义语，作为一种隐现的概念来说明各种若明若暗的事物"（И. Н. Горелов，1988：46-47）。有的学者对"意识"和"语言意识"不做明确的区分。В. В. Красных 认为，"当我们谈论语言意识时，指的就是与个性言语活动相关的意识"（В. В. Красных，1998：21）。

但更多学者认为"语言意识"是"意识"中的一个方面，或者把"意识"看成为一个总的概念，而把"语言意识"作为一种具体的概念，同认知意识、元语言意识、非语言意识等具体的概念相并列。如 А. Н. Портнов 认为，意识与语言相关的有好几个方面，语言意识是其中的一个，语言意识同语言中意义和操作的分级系统互相协调，与表达语篇的产生和理解机制以及对主要的符号维度——语义、语用和符号关系的反应能力也有协调联系（А. Н. Портнов，1998：48-49）。

还有学者讨论过"语言意识"和"认知意识"的差异。В. В. Воробьев 认为，在个性的意识中会形成一定的与现实等同的知识、概念系统，这是认知意识。而在语言中会出现对认识的某种"简化"过程，概念的某些方面会在语言中固定下来，这就是语言意识（В. В. Воробьев，1997：42）。Н. Ф. Алефиренко 指出，认知意识一般指思维的结果，语言意识除了思维之外还包括反映客观世界的其他形式——情感、美学、表现力等（Н. Ф. Алефиренко，1994：9）。

"世界映象"和"世界图景"是俄罗斯学者研究语言时常见的重要概念，

有的学者把它们同"语言意识"研究结合起来，如 А. А. Леонтьев 建议从"世界映象"的立场出发来解释语言意识（А. А. Леонтьев，1993：16 - 21）。А. П. Стеценко（А. П. 斯捷岑科）则从人的总体世界图景结构角度来解释，把语言意识看作其中的一个层面，看成与交际目标最适应的了解世界的一种潜在图式（А. П. Стеценко，1983：22-34）。

语言意识的具体研究则主要集中于教授母语和外语的心理语言学研究和民族心理语言学两个领域。

Г. В. Ейгер 曾在有关母语语句正确性的监控机制的研究（1989）中详细探讨了语言意识问题。他认为语言意识是其他意识形式存在的必要条件。语言意识是日常意识中的一类，它控制言语活动的机制，形成、储存并改造语言记号和记号组合及运用的规则，同时对语言及其成素的观点和立场也起着形成、储存和改造的作用。他还细致地分析了语言意识的五种功能，因为他认为语言意识的特点要通过其实施功能过程中的具体表现才能被揭示出来。

语言意识的基本功能首先是反映功能，它促使语言的各项功能表现出来，即建立语言的世界图景，并通过语言意义、形式和词与词之间的联系来实现其反映功能。语言意识的第二项功能为评价功能，即表达情感、含义，履行诗学功能。第三项是调控功能。尽管语言意识在决策时也有认知活动并起着元语言的作用，但调控功能首先是保证交际动作的实现，它以同监控渠道和评价调节渠道的逆向联系方式表现出来，对是否符合现行的规范做出评价。第四项功能为诠释功能，包括语内和语际两个方面，语内方面指对同一种语言中的新词、异常搭配、复杂结构等语言现象进行诠释，语际方面指对其他一些自然语言和人工语言中的语言记号加以解释。这一功能实际上把语言当作元语言来使用。还有一种功能是定向选择功能，指在情景中的定向（生产言语时选择与交际任务相符的语言手段）或在传达（在感知言语时进行由表层向深层即语言意图的转换）结构中的定向（Г. В. Ейгер，1989：19）。

Т. К. Цветкова（2001）的论文论述了外语教学中如何形成学习者双语语言意识的问题。她在文章中首先提出了学习外语是一个直接触及主体意识的复杂过程的论点，原因是掌握一门新的语言不能改变人的思维，思维是普遍存在的，但人的意识是可以改变的。接着她讨论了语言意识的概念。她的表述除了同上面提到的 Г. В. Ейгер 对语言意识所持的看法一致的方面之外，还补加了以下说明：语言意识是一种讲该语言的民族所特有的反映现实的语言方式，在语言意义里固定下来，但这种意义在主体的层面上会由于有个人的意思的补充并通过关系范畴而变得更加丰富多彩。

在分析语言意识的基础上，T. K. Цветкова 详细论述了外语学习的实质就是改变原有语言意识的结构的观点。她认为，外语对外语学习者的意识来说会产生两个方面的影响：（1）外语学习者在学外语之前在单一语言情境下形成的语言意识会发生变化，通过外语学习会形成一种兼合两种语言系统的杂交结构；（2）新的语言还会影响认识领域中的共同世界图景，最终会导致外语学习者产生对认识周围的世界和世界的概念、关系及价值的新视角。她借鉴 B. C. Лазарев 提出的内化两阶段的论点（B. C. Лазарев，1999：3）对掌握外语的实质进行了具体分析。内化的第一阶段是从社会现实转化为映象，并在映象中获得"非我"的含义，第二阶段是由"非我"转化成"我"。熟练掌握外语要以消化外语为前提，如果没有内化的第二个阶段，如果主体没有感知到形成的相应功能，而仅仅是"我的能力"就不可能熟练掌握外语。而运用外语单位只同一些情境的外部因素协调，不同其内部意思相协调，由"非我"到"我"的转化也是不可能的，这样的话，外语自然只能仍然是一堆从外部强加进来的、毫无意义的规则。而从"非我"到"我"的转变，这是一个向意思层次、向认知意识层次的转变。基于这些分析，T. K. Цветкова 的结论是，主体意识中两种语言系统的相互关系应建立在符号和规则的意思层面上，即语言意识的层面上，而不是建立在符号和规则的层面上。

П. Я. Гальперин 在外语教学中曾提出过形成学生的外语意识的问题，但 T. K. Цветкова 认为，外语意识只是一种形象的说法，人不可能有两种意识，意识不是一个装有很多抽屉的写字台，而是一个有组织的整体。学外语的人为了使任何一种新的信息成为整体的财富，只能将这些信息整合到整体当中去，与此同时还要对这个整体加以质的改变，所以应该提出形成两种语言图景共存及具有相应关系的双语意识。

T. K. Цветкова 的论点还通过其主编的以形成双语意识为目标的教材和相应教学实验成果加以验证（T. K. Цветкова，2001：68-81）。

下面，再来看一看民族心理语言学中对语言意识的研究。

民族心理语言学是一门正处于形成过程中的学科。俄罗斯学者对该学科的研究始于 20 世纪 70 年代，后来曾陆续出版过一批集体专著和论文集，如《言语行为的民族文化特点》（1977）、《民族心理语言学对语义问题的研究》（1978）、《民族心理语言学》（1988）、《外语教学中的民族心理语言学问题》（1996）等。在 А. А. Леонтьев 撰写的《心理语言学》（1997）和 В. П. Белянин 撰写的《心理语言学导论》（2001）中也都有专章论述民族心理语言学的一些问题。从最近几年发表的成果看，在该学科研究中最为活跃的有 В. В. Красных，Д. В. Гудков 和 И. В. Захаренко 等人。

该学科作为在心理语言学基础上发展起来的一个分支领域，研究主要涉及言语活动的多个方面，如言语活动中的各类操作、行为的整体动作，言语交往过程的内部和外部组织中的民族文化变量，同时也研究语言意识中的民族文化变量。

А. А. Леонтьев 在他的论著（1997）里指出，民族文化心理对语言意识所具有的限定作用体现在两个层面上，一是对具体的心理过程，特别是对知觉和记忆以及思维都具有限定性。比如，在人们识别具有细微差别的颜色时，操不同语言的人会采用不同的策略，越南人会用事物的名称来表示，如"秧苗绿"，而俄罗斯人则一般用"淡、亮"这类词来加以说明，如 светло-зеленый。二是民族文化心理对世界映象、对事物意义具有限定作用（А. А. Леонтьев，1997：195）。

В. В. Красных 撰写的专著《民族心理语言学和语言文化学》（2002）汇集了她本人以及 Д. В. Гудков 和 И. В. Захаренко 等的主要研究成果。该书中多处涉及语言意识问题，主要是：

（1）她同 А. А. Леонтьев 一样，认为民族心理语言学的主要目标是研究民族—语言—文化和民族心理对言语活动、对语言意识和交往的限定作用。她指出，民族的心理语言学同语言文化学的主要区别也就表现在这一点上。语言文化学主要研究在语言中的文化积淀现象及其在话语中的表现。

（2）语言意识和文化有密切关系。人的语言意识受到民族性的制约，它永远是民族的语言意识。意识的存在又是个性的区别性特征之一，每个具体的人的意识丰富程度取决于他掌握的文化量的大小，即抽象的文化事物总和。语言意识和那些独立于文化的智力（作为一种能力）和思维（作为意识和智力表现的过程）是不同的，它是一种永远与文化紧密结合的现象。意识同民族和文化具有依存的关系。

（3）意识的"内容"。如果意识是现实的反映，那么意识的"内容"就是现实的观念方面。В. В. Красных 以养金鱼的玻璃缸和水作比拟：如果把玻璃缸比作意识，里面的水就是现实的观念方面，而在水里游动的鱼就是意识"内容"的元素——"心灵事实"（ментефакты）。心灵事实包括各类前例现象，如前例名称（прецедентное имя）、前例情境（прецедентная ситуация）、前例表述（прецедентное высказывание）、前例语篇（прецедентный текст），还有人造物、鬼神，各种常规情境和常规映象以及知识、概念等。

（4）意识的套语和程式以及意识的框架结构。В. В. Красных 提出了"意识套语"（клише сознания）和"意识程式"（штамп сознания）两类不同的心理现象单位，与相应的"语言套语"和"语言程式"相对应，套语和程式的主要区别在于套语含有语义，"语言套语"指经常在言语中使用的现成套式，是一个含有语义的单位；"意识套语"是与前例情景、前例语篇、前例名称以及有完整聚合体的前例表述相关的固定心理单位，它既具有形式又包含语义。程式与套语的不同表现在它不含有语义，如"言语程式"是一个缺失语义的单位，"意识程式"是只具有表层的、语词的外壳，而不承载语义信息量的固定心理单位。由"意识套语"或"意识程式"为基础而形成的一种认知单位就是意识的框架结构，它是一束事先框定的配价联系和发出的联想矢量。同"原子型"的认知单位不同，意识框架结构是"分子型"的，它是一种合成的，但又是具有整体性的单位。意识框架结构可用于对话语的民族文化构成内容进行分析和描写。

（5）В. В. Красных 还研究了文化在意识中的储存单位——文化码（код кукьтуры）（В. В. Красных，2002）。

四 结语

上文我们十分粗略地综述了俄罗斯心理语言学中意识（包括语言意识和意识中的意义）研究的部分成果。我们认为，俄罗斯学者的研究对我国心理语言学的发展有一定的启示意义。这表现在：（1）我国对意识问题研究主要是在哲学界和心理学界开展，语言学界在过去的几十年中对语言和思维的关系有过几次讨论，但对意识问题却涉及不多，我国心理语言学界对意识问题的研究也可以说基本没有开展，因此，我们可以通过对俄罗斯心理语言学关于意识问题的一些研究思路、方法、成果的进一步介绍、了解和消化来推动我国心理语言学在这方面的研究。（2）近二三十年来，对外交流的扩大和经济全球化的发展推动了我国文化语言学、跨文化交际、外语习得等方面的研究。对语言意识的探讨（包括理论性和实验性研究）将有助于这些领域的研究向纵深发展，在这一方面，我国的俄语工作者也完全可以做出自己的贡献。

参考文献

Алефиренко Н. Ф., "Язык — сознание — культура: проблемы взаимодействия" // *Тезисы третьей международной конференции «Язык и культура»*, Киев, 1994.

Белянин В. П., *Введение в психолингвистику* (2 изд., испр. и доп.), Москва: ЧеРо, 2001.

Воробьев В. В., "Лингвокогнитивное сознание русской языковой личности" // *Тезисы третьей международной конференции, посвященной 30 летию МАПРЯЛ*, Москва, 1997.

Горелов И. Н., ""Языковое сознание" как система актуализированных декларативных и процедуральных знаний" // *Тезисы IX Всесоюзного симпозиума по психолингвистике и теории коммуникации. «Языковое сознание»*, Москва, 1988.

Ейгер Г. В., *Механизм контроля языковой правильности высказывания*, Автореф. дис. ... д-ра филол. наук, Москва, 1989.

Красных В. В., *Виртуальная реальность или реальная виртуальность?: Человек. Сознание. Коммуникация*, Москва: Изд-во АО «Диалог-МГУ», 1998.

Красных В. В., *Этнопсихолингвистика и лингвокультурология*, Москва: Гнозис, 2002.

Лазарев В. С., "Проблемы понимания психического развития в культурно-исторической теории деятельности", *Вопросы психологии*, 1999 (3). — С. 3.

Леонтьев А. А., "Формы существования значения", Отв. ред. Леонтьев А. А., Шахнарович А. М., *Психолингвистические проблемы семантики*, Москва: Наука, 1983.

Леонтьев А. А., "Языковое сознание и образ мира" // *Язык и сознание: Парадоксальная рациональность*, Москва: Ин-т языкознания РАН, 1993.

Леонтьев А. А., *Основы психолингвистики*, Москва: Смысл, 1997.

Леонтьев А. Н., *Деятельность. Сознание. Личность*, Москва: Политиздат, 1977.

Лурия А. Р., *Восстановление функций мозга после военной травмы*, Москва: изд-во и тип. Изд-ва Акад. мед. наук СССР, 1948.

Лурия А. Р. , *Основы нейтропсихологии*, Москва：Педагогика, 1974.

Лурия А. Р. , *Язык и сознание*, Москва：Изд-во Моск. ун-та, 1979.

Петренко В. Ф. , *Психологическое исследование значения на словесном и образном уровнях*, Автореф, дис. . . . канд. психол. наук, Москва, 1978.

Петренко В. Ф. , *Психосемантика сознания*, Москва：Изд-во МГУ, 1988.

Портнов А. Н. , *Взаимосвязь языка и сознания в философии 19–20 веков：методологический анализ основных направлений исследования*, Автореф. дис. . . . д-ра филол. наук, Иваново, 1998.

Рубинштейн С. Л. , *Принципы и пути развития психологии*, Москва：Изд-во Акад. наук СССР, 1959.

Стеценко А. П. , "К вопросу о психологической классификации значений", *Вестник Моск. ун-та*, *Сер. Психология*, 1983（1）. — С. 22–34.

Цветкова Т. К. , "Проблема сознания в контексте обучения иностранному языку", *Вопросы психологии*, 2001（4）. — С. 68–81.

Шмелев А. Г. , *Введение в экспериментальную психолингвистику*, Москва：Изд-во МГУ, 1983.

Шмелев А. Г. , Похилько В. И. , Козловская-Тельнова А. Ю. , *Практикум по экспериментальной психосемантике（Тезаурус личностных черт）*, Москва：Изд-во МГУ, 1988.

高文、毛新勇：《维果茨基心理发展理论的跨文化研究》，《心理学探新》1998 年第 4 期。

龚浩然、黄秀兰：《维果茨基对心理科学的贡献》，《心理学探新》1998 年第 4 期。

楼培敏、华淑华、乔桂之：《心理学》，人民出版社，1991。

王钢：《鲁利亚遗著：〈语言与意识〉》，《国外语言学》1981 年第 4 期。

原文发表于《俄语语言文学研究》2003 年第 1 期

内容分析：概念、类型与方法

许汉成[*]

摘　要： 本文介绍内容分析的概念、类型与方法，这是一种在西方国家十分常见的研究方法，具有巨大的应用价值。作者认为，内容分析是语言学理论的一个应用领域，而且内容分析的思想和方法也向语言学家提出了许多新课题、提供了许多新方法，值得我国的语言学家关注。

关键词： 内容分析　计算语言学　文本　定量分析

一　内容分析的基本概念

内容分析（контент-анализ，content analysis）是一种研究方法，在进行内容分析时，研究人员考察单个文本或者一定数量文本的集合，研究文本里某些词或者概念、范畴是否出现以及出现了多少次，分析词语或者概念、范畴之间的关系，从而就文本里的信息、作者、受话人及文本所代表的人物、文化和时代进行推断。文本可以是书、书的个别章节、小品文、采访报道、报刊标题和文章、历史文献、日记、演讲稿、剧本、广告词等，实际上，任何言语交际作品都可以成为文本分析的对象（Neuendorf Kimberly，2002；Stemler Steve，2001）。

原则上，内容分析可以采用定性分析和定量分析方法，但是，定量分析在内容分析中占主导地位。目前，内容分析基本上是借助计算机进行。定量内容

---

* 许汉成，国防科技大学国际关系学院教授、硕士生导师。

分析关心反映特定文本内容的词语或者范畴的出现频数（frequency），根据频数或者频率（relative frequency）做出结论；定性分析则不同，特定词语哪怕只出现一次或者根本不出现，定性内容分析也能做出某种结论。举一个简单的例子进行说明。在 20 世纪 50 年代，西方分析家通过对《真理报》文章的定量分析，发现"斯大林"这个名字的出现次数迅速减少，他们由此得出一个结论，即斯大林原来的追随者在尽力与斯大林拉开距离；另外，定性分析专家注意到，在某位领导纪念苏联卫国战争胜利日的公开讲话中，斯大林的名字只字未提，定性分析专家可以根据这样一个简单的事实做出类似的结论。

应该注意的是，在进行内容分析时，研究者的主要兴趣并不在于各种参数、变量，而在于隐藏在参数、变量背后的现实，即文本作者的个性特征、作者想通过文本达到的目标、受话人的特征、各种社会生活事件，等等。

内容分析的应用领域可以说是令人眼花缭乱，从市场调研、大众媒体调查到文学、修辞学、民族学、文化学研究，甚至于社会学、政治学、心理学和认知科学等许多研究领域。内容分析与计算语言学、社会学和心理语言学关系尤为密切，一个内容分析系统往往是一个集人工智能大成的项目。内容分析是建立在语言学的基础上，试图从语言材料中得到客观世界的信息，是一个值得语言学家十分关注的领域。

二　内容分析的主要类型和方法

内容分析大致可以分为概念分析（conceptual analysis）和关系分析（relational analysis）。举个例子来说明这个问题。直觉告诉我，某诗人常写到饥饿，在进行概念分析时，我们就可以考察诗人诗集里"饿、饥饿、饥荒、忍饥挨饿的、饥民"这一类词的出现次数；在进行关系分析时，我们就要进一步研究概念之间的关系，研究"饥饿、饥荒"这组词前后常出现哪一类词、范畴或概念（Stemler Steve，2001）。

概念分析应该从确定研究课题和选择文本样本开始。研究人员将文本分割成小的、可以操作的单位，如词、短语、句子或者主题，由人工或者在软件的帮助下进行必要的标注，对文本进行编码。编码是一个选择性简化过程，它将文本压缩为范畴，每个范畴包含一个或者若干词或短语。范畴编码一般分为八个步骤：

（1）决定分析深度，即决定哪些或哪一类词或短语需要编码；

（2）决定需要编码的不同概念的数量；

（3）决定是对一个概念的存在/不存在编码，还是对概念的出现频数进行编码；

（4）决定怎样区分不同概念，例如决定词的不同形式、派生词是否归入同一概念，甚至于决定是否将隐含有某种特定意义的词也归入概念或者范畴（包括技术术语、黑话、委婉语）里，等等；

（5）建立对文本进行编码的规则，保持编码的一致性；

（6）决定怎样处理不相关信息，即决定是排除不相关信息，还是修改编码规则；

（7）利用手工或者计算机软件对文本进行编码；

（8）分析结果，就研究课题做出结论。

像概念分析一样，关系分析不仅仅考察文本或者文本集合里的特定概念的存在与否，还要分析概念之间的语义关系。

进行内容分析的主要理论角度有语言学和认知科学。从语言学角度进行内容分析时，研究者的注意力集中在语言单位（如词或短语），按照一定（如情感或心理）尺度给语言单位评分。从认知科学角度进行内容分析时，分析者试图建立决策图（decision maps）和心理模型（mental models），表达分析对象的观念、信念、态度与各种文本信息之间的关系。这种研究方法一般包括下面五个步骤：

（1）确定概念；

（2）定义关系类型；

（3）在第一步和第二步基础上对文本进行编码；

（4）对陈述进行编码；

（5）用图形显示结果，并且利用统计数字进行分析。

总而言之，内容分析（包括概念分析和关系分析）主要包括以下步骤：

（1）确定研究课题，即明确研究的问题。

（2）选择一个或者若干分析样本。

（3）确定分析类型，一般存在三种类型：情感提取（affect extraction）提供对文本里的显性词语的情感评分，分析说话人或者作者的情感或心理状态。邻近分析（proximity analysis）关心文本里显性概念的共现（concurrence），通常是定义一个以词语为单位的长度，然后到文本里去扫描，建立概念矩阵（concept matrix），相关的、共现的概念可能会提供某种信息。在邻近分析中，聚类（clustering）、分组（grouping）、度量（scaling）等方法也很有效。认知图（cognitive mapping）试图在前面两种方法基础上前进一步，将关系可视化、图形化。不论是情感提取，还是邻近分析，分析都按照文本原有的顺序进行，而认知图试图建立文本整体意义的模型，将其表示为代表概念之间关系的图形。认知图可以展示文本、作者或说话人以及社会团体某个时期的心理模型或者世界图景。

（4）将文本简化为范畴，对词或者短语进行编码。

（5）探索概念关系。在内容分析中，强度、符号和方向三个概念在探索概念关系中起着核心作用。关系强度是指两个或两个以上关系的联系密切程度。如果概念之间的所有关系都视为平等的，关系更容易分析、比较和用图形展示。不过，对关系赋予不同的强度值，就能更加精确地描写文本里的概念关系。关系强度能够表达"除非、或许、可能"这一类词与特定文本词语、短语或概念的关联程度。符号表示概念关系是正的还是负的，例如，作为股市术语，"熊"与"股市"的关系是负的，而"牛"与"股市"的关系则是正的。有的关系是有方向的，如"X 蕴含 Y"、"X 在 Y 之后出现"以及"如果 X，那么 Y"。对这种信息进行编码有利于研究某些问题，如新信息在决策过程中的作用。

（6）对关系进行编码。概念分析和关系分析的主要区别之一是关系分析对陈述（statements）编码。陈述的逻辑概念，对应于语言学里的句子。我们知道，句子里的谓词实际上表达着语义角色的性质或者角色之间的关系。

（7）进行统计分析。

（8）将研究结果用图形表达出来。

三　内容分析的实例

不论是在英美这些发达国家还是在俄罗斯，内容分析都有相当影响，开发了很多内容分析专家系统。ВААЛ 系统（www. vaal. ru）是俄罗斯学者 В. Шалак

（2002）开发的优秀内容分析系统。安然公司（ENRON）2001 年 12 月 2 日宣布破产，这成为美国历史上最大的破产案，一时轰动全球。在宣布破产前，安然公司收买审计公司，伪造了公司账目，B. Шалак 利用自己的内容分析软件分析了安然公司从 1996 年 4 月到 2002 年发布的公开新闻材料，试图从这些语言材料中发现安然公司经营不佳的蛛丝马迹。

B. Шалак 将公司经营不善指标分为长期指标和短期指标两类，每类指标都包含了若干个具体指标。

具体信息和非具体信息的比值（соотношение конкретной и неконкретной информации）是第一个公司经营不善的长期指标。这个指标分析文本内容的具体信息量（ИнфК）及文本内容的非具体信息量（ИнфН）之间的关系。安然公司的这个指标分布情况如图 1 所示。

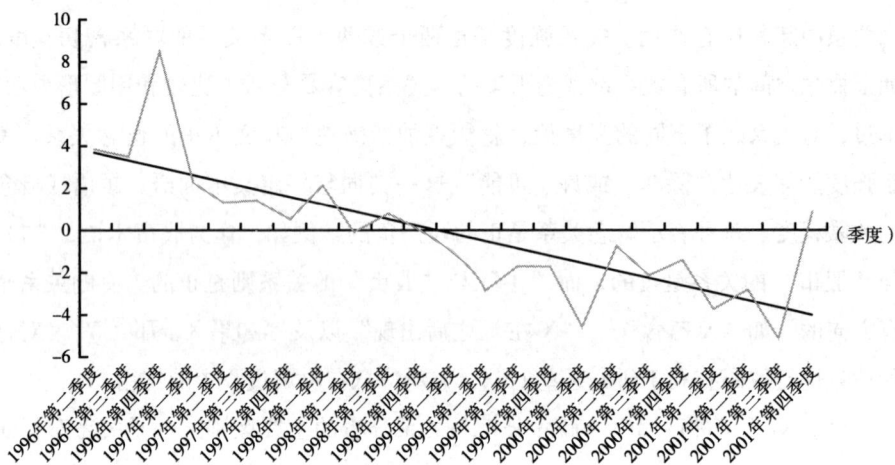

图 1　ИнфК-ИнфН

注：黑色直线为整个分析阶段线性逼近结果。

正式公开的材料里发布多少具体信息和非具体信息，这是公司自己的事。但这个比值的变化却不能不让人警惕，何况这种波动远远超过了 ±2 的偶然波动正常值范围，甚至达到 ±3、±4 的标准误差！具体信息和非具体信息不良趋势显示，在公布的信息中"水分"一年比一年多。该公司当然有东西需要隐瞒！

公司经营不善的第二个长期指标是新闻发布材料里同意和不同意确认比（соотношение согласия и несогласия）。人们说"不"比说"是"要困难得多，如果说"不"，那么总是应该有些理由。图 2 显示了研究期间 Yes 和 No 范畴的分布情况，一般认为±2 的误差没有实质意义。

图 3 显示了不同意和同意确认百分比比值。

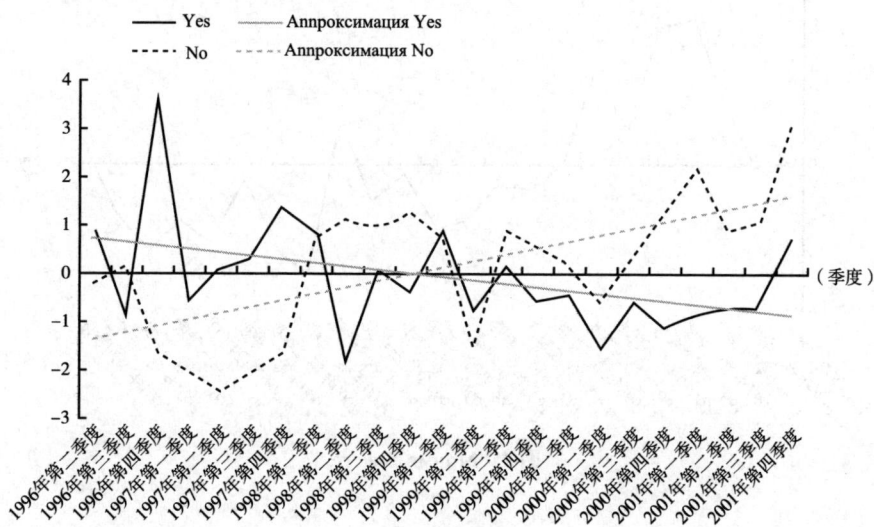

图 2 Yes/No

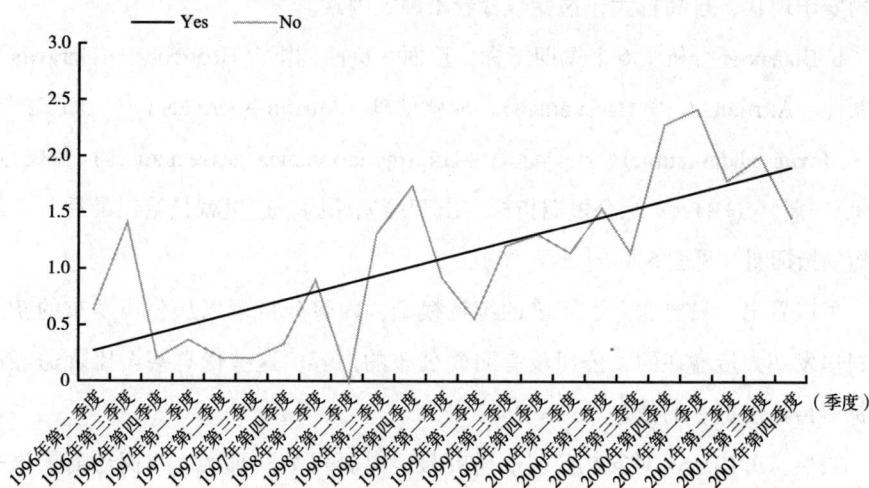

图 3 No/Yes

不难计算，与 1997 年相比，2001 年初这个比值增加了 7 倍。

对于安然公司来说，第三个长期指标为权力动机水平（见图 4）。

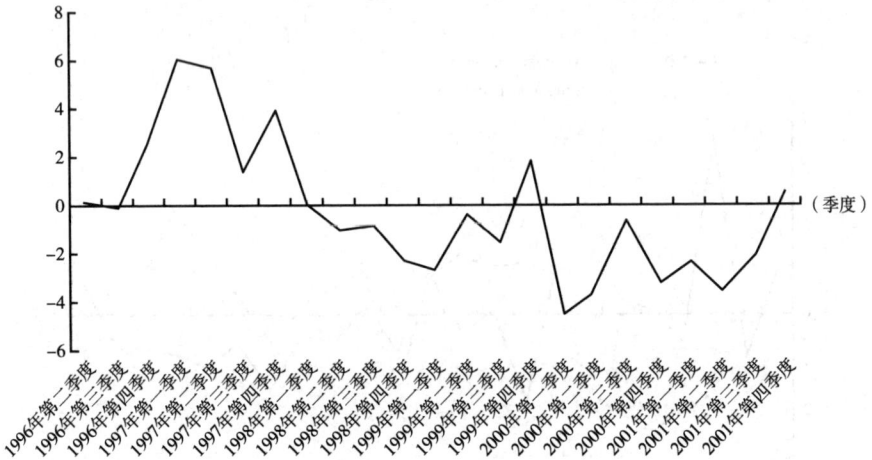

图 4　Монмв Властн

权力动机是一个心理学术语，西方学者认为这是人们的行为动机之一。对于个人而言，权力动机下降说明他心理上已经满足了，而对于公司而言，说明公司安于现状、自高自大，这就孕育着不确定因素。

В. Шалак 还分析了 6 个短期指标：正面—负面词汇（Позитив — Негатив）、活跃性（Активный — Пассивный）、成就动机（Мотив достижения）、归属感动机（Мотив аффиляции）、工具活动（Инструментальная деятельность）及权力+动机+归属（Д+В+А）综合短期指标。由于篇幅原因，这里就只给出最后一个综合短期指标图（见图 5）。

可以看出，只要建立了正确的统计模型，内容分析可以从公司发布的新闻材料里发现大量潜在的、公司没有明确公布的内容。这些信息甚至比普通经济指标能传达出更多的信息。

当然，В. Шалак 对安然公司的研究最终是否可靠、真实，我们还需要进一步考察，研究其原始材料、统计模型、编码过程、统计图制作方法，等等。无论如何，В. Шалак 研究有几点值得我们重视：（1）无论统计模型如何，词语、概念（或范畴）的频数、频率及其词语、概念（或范畴）的关系是内容分析的

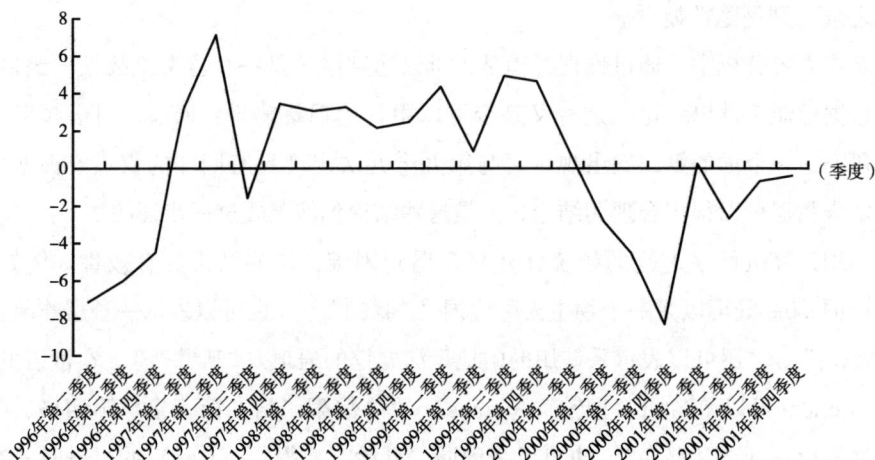

图 5　Д+B+A

基础；（2）语法学、语义学、语用学、语料库语言学、统计语言学和计算语言学的成果可以大大促进内容分析的发展，另外，内容分析也是理论语言学的一个重要应用领域；（3）内容分析在政治、军事、经济、社会研究等各个方面具有巨大的应用价值。

四　内容分析的可靠性和有效性

任何研究方法都有可靠性（reliability）和有效性（validity）的问题（Stemler Steve，2001）。

内容分析的可靠性是指它的稳定性（stability）、可重复性（reproducibility）以及准确性（accuracy）。稳定性是指经过一段时间编码者可以用同样的方法前后一致地对同一数据进行编码的特性。可重复性是指一组编码者可以按照同一方式对范畴成员进行分类的特性。准确性则是指文本分类符合统计标准或者规范的程度。

内容分析的有效性是指范畴是否符合结论以及能否将结论概括起来，形成普遍理论。在定义范畴时，不仅要包括显性概念，更要注意包括隐性概念，从而得到公认的范畴的定义。例如，要统计文本里"骆驼"概念范畴的出现频率，应该注意将"沙漠之舟"也包括进来。"骆驼"可以看作是显性概念，而"沙漠之舟"则是隐性概念。

在内容分析中，通过推理过程是否可以达到结论是一个富有挑战性的题目。从数据里能否推出结论，这些又是否可以用其他现象解释？例如，对于频率一类研究，一个词的第二次出现是否与第九十九次出现具有同样的权重？根据大量定量数据可以得出合理的结论，但是这些结论仍然需要进一步证明。

用计算机程序进行词频统计有时会遇到困难，影响结论的有效性。例如，英语词 mine 既可以是一个物主人称代词（"我的"），也可以表示一种爆炸装置（"地雷"），还可以表示采矿用的向地下深处挖的通道（"矿井"）。在俄语里，词形 стали 可以是名词"钢铁"（сталь）的单数第二格、第三格、第四格、第六格等形式（语法歧义），也可以是动词"开始、变得"（стать）的过去时复数形式（词汇歧义）。假如一个人发现字符 mine 出现了 50 次，其中有 17 次用于人称代词的意义，这个人实际想研究的是 mine 作为一种爆炸装置的问题，那么 50 就不是一个准确的数字。以 50 这个数字为基础做出的任何结论也都是无效的。стали 也有类似问题。

结论的普遍性在很大程度上取决于怎样定义范畴以及范畴是否可靠，要符合上文所说的稳定性、可重复性和准确性。定义的范畴必须准确地度量所要度量的概念和/或项目，规则的建立也是如此。

五　结语

可以看出，内容分析的目标是通过对单个文本或者大量文本集合的分析，揭示文本作者、文本内容和外部世界某些特性。文本分析的关键是编码，编码将大量文字信息压缩成为概念、范畴，为统计分析奠定了基础。内容分析的主要方法是统计，或者说是定量分析。强大的计算机硬件和内容分析软件、专家系统为内容分析提供了便利，使得内容分析发展水平大幅提高。内容分析在社会政治、经济、文化分析调查、预测分析方面有巨大的应用价值。

内容分析涉及语言学、统计学、心理学、社会学、计算机软件工程等多个学科。理论语言学是内容分析的基础，与内容分析关系最密切的有：词法学（词语的形态变化）、语义学（同义、近义等关系）、句法学（配价理论）、统计语言学（统计模型）、语料库语言学和计算语言学（研究方法和软件工具）。从计算语言学的角度看，内容分析专家系统同机器翻译一样也是一个综合性、集大成的工程，包括了语言单位（词、句、段落）的切分、词法分析和句法分析、建立范畴及确定范畴词语、建立统计对象统计模型等诸多具体过程。计算语言学主要有两大流派：经验主义和理性主义（翁富良、王野翔，1998：4）。经验主义重视具体语料，注意建立统计模型和应用统计方法，内容分析似乎与经验主义的计算语言学更接近。另外，内容分析建立语义网络、心理模型的工作，又让人想起计算机语言学理性主义流派建立词汇知识库的工作。内容分析建立的范畴基本上不是语言学性质的，如果我们以句子为单位建立更有语言色彩的语义-语用范畴会怎么样？我们设想，内容分析的方法能够帮助我们建立语义网络、词汇知识库。

现代语言学的一个显著特点是跨学科性，自然科学的研究方法和手段越来越深入渗透到语言研究领域，认知语言学、统计语言学、心理语言学、计算语言学、语料库语言学这些新兴领域与自然科学的关系尤为密切。语言学与自然科学的融合为语言研究提供了崭新的研究方法，拓展了语言学的应用领域，同时也向语言学研究提出了新的挑战。内容分析是语言学理论的实验田，同时也为语言学研究提供了许多新方法、提出了许多新课题，值得我国的语言学家思考和研究。

参考文献

Шалак В., "Компьютерный контент-анализ текстов как метод экономической разведки（полный вариант статьи）", Available online：http：//www. vaal. ru/show. php? id=73（дата обращения：02. 08. 2002）.

Neuendorf Kimberly A., *The Content Analysis Guidebook*, Thousand Oaks, Calif.：Sage Publications, 2002.

Stemler Steve, "An Overview of Content Analysis", *Practical Assessment, Research & Evaluation*, 2001［7（17）］. Available online：http：//ericae. net/pare/getvn. asp? v=7 & n=17（дата обращения：02. 08. 2003）.

翁富良、王野翔：《计算语言学导论》，中国社会科学出版社，1998。

原文发表于《俄语语言文学研究》2004 年第 1 期

语言模式化：概念、方法和表达

傅兴尚[*]

摘　要： 语言模式化是计算语言学中的核心概念，它不仅是语言研究中强有力的认知工具，也是面向信息处理的语言形式化、定性化描写的科学方法和表达手段。本文围绕以下几个问题对语言模式化问题展开研究：（1）模式·模式化·语言模式化；（2）语言模式的类型；（3）语言模式化的方法；（4）语言模式化的表达形式和手段。

关键词： 语言　模式　模式化　计算语言学

语言模式化（языковое моделирование）是计算语言学（компьютерная лингвистика，简称 КЛ）中的核心概念，这可反映在以下阐述中。"计算语言学是应用语言学的一个分支，指利用计算机这一工具——程序、信息组织技术以及信息处理技术对某种条件、场合、领域语言行使的功能进行模式化，也指语言学和其交叉学科中对语言可计算模式的诸多应用。"（энциклопедия：Кругосвет 在线查询系统）

不难发现，计算语言学与其他语言学分支学科的不同主要体现在：（1）研究目的上，КЛ 要实现各种语言功能的模拟，即语言信息的自动化处理（如机器翻译、信息查询、语言知识的自动获取和表达等），同时，也要关注如何利用语言信息处理技术促进理论语言学研究［但不限于这方面表现明显的学科，

---

* 傅兴尚，大连外国语大学中国东北亚语言研究中心教授、博士生导师。

如语料库语言学（корпусная лингвистика）］；（2）研究手段上，КЛ 的研究手段主要为计算机技术、信息技术、控制论、人工智能等，体现为自动化、快速化、准确化和实证化；（3）研究方法上，可归结为模式化，包括语言知识的模式化和实现过程的模式化。

计算语言学研究不仅跨越各类语言单位（词素、词、句子、篇章等），而且覆盖语言的各个侧面（语音、语法、语义、语用等），这和只把某类语言单位作为研究对象的或只把某一语言侧面作为研究对象的语言学分支学科（前者如词汇学，后者如语义学）也是不同的。

一般计算语言学围绕文法和算法两大方面以及两者的契合对接展开研究。文法是语言范畴、语言规则的总称，体现为静态的语言知识库，同时包括近几年逐步重视的基于语料库的语言统计模式；算法是以文法为基础实现特定语言处理目标的指令集，体现为动态的操作过程。然而，不论是文法还是算法，都需要模式化。语言模式化主要指文法的模式化。本文从以下几个方面阐释语言模式化问题：（1）模式·模式化·语言模式化；（2）语言模式的类型；（3）语言模式化的方法；（4）语言模式化的表达形式和手段。

一　模式·模式化·语言模式化

不论是自然科学还是社会科学，建构模式、运用模式都是强有力的认知工具。这是因为现实的客体或过程太复杂、太多样，具有无法尽览的多侧面性。此外，有的现实对象具有宏观性、微观性或无法直接观察的抽象性。所以，最好的研究方法是建构所要研究的对象物（изучаемый объект），即本体（оригинал）的模式。

所谓模式是模拟本体某些属性或功能的人造认知装置（искусственно созданное мысленное устройство），是便于研究和认知的本体近似替代物（аналог-заместитель）。不同的模式模拟本体不同的属性，它既可能是研究和描写本体内部结构的，即结构模式（структурные модели），也可能是描写功能表现的，即功能模式（функциональные модели）；既可能是模拟本体稳定的常规属性的，即静态模式（статистические модели），也可能是模拟本体的动态发展的，即动态模式（динамические модели）。

在俄罗斯语言信息处理专家 Р. Г. Пиотровский（Р. Г. 比奥特罗夫斯基）看来，模式具有不同于本体的一系列特点：（1）简化性——模式作为客观现实的表达手段，是简化的近似物，绝不是本体的镜像复制。（2）简单性——模式比本体要简单，同时运用模式也比运用其他研究本体的方法方便和简单。（3）逻辑一致性——建构模式应该避免矛盾，保持逻辑的同一性。实践中这比详尽性和简单化准则更为重要，而详尽性准则比简单化准则更为重要。（4）通用性——模式应该具有通用性，运用它可以描写不同的相关本体，比如，英俄词典模式，还可以表示其他语言偶对之间的关系，如汉俄词汇。（5）强解释力——模式不仅能够解释已发现和未发现的本体属性，而且挖掘本体潜在的属性。（6）衍生性（эвристические возможности）——模式含有可作为发现新事实源泉的知识，以此为基础能够建构新的理论。

模式作为认知和规范外部世界的手段不应该是虚假的人造结构，而应该是反映本体重要特征和内部本质属性的类似物，换言之，模式以较为简化的形式反映现实对象的某些侧面，而不是所有方面。所谓模式化正是指上述建构模式、运用模式的方法。人类的科学发展史证明，这种方法是非常有效的。

模式化的方法在人类各个活动领域的广泛应用，并解决各种实际问题，使其成为科学研究中的通用手段。这在语言学研究中尤其具有重要的意义。首先，语言作为交际工具和思维外壳是社会的产物，较之自然属性的实体（如房子、汽车等），具有无法直接观察性。正如 И. А. Мельчук 所言："由于语言学家不可能研究人在说话和听话的时候在大脑里发生了什么，所以语言转换器就作为'黑匣子'（черный ящик）模拟这种机制，语言学家只能观察到语言功能的结果，但不能直接观察到语言行使功能的过程——语言本身。因此对于语言学家最感兴趣的正是这种语言，在研究言语的时候他们试图解释和描写言语背后的东西和生成言语的机制，即语言。"（И. А. Мельчук，1974：15）这说明，在 И. А. Мельчук 看来，语言是一种转换过程或是一种机制，这种机制就是无法直接观察的称作"黑匣子"的东西。

其次，语言本身就是反映世界的图景，即模式；语言具有任意性、离散性、层级性、非单元性、模糊性、递归性等，在行使其功能的时候更为复杂，具有变体性、个体性等。这决定了语言模式化研究的必然性，同时决定了语言模式化研究的特殊性。

"模式"一词源于拉丁语 modulus，意思是"度量"（мера）。"在语言学中指语言学家人工建构的（искуственно созданное）具体或抽象的装置（реальное и мысленное устройство），以此复现语言本体的种种表现。"（В. Н. Ярцева，2002：304）

语言学中包括语言模式和言语模式、生成模式和综合模式。各类模式有不同的本质属性。作为语言本体的类似物可以是：（1）现实存在的客体，比如，为了检查文本自动分析和自动综合系统，人作为计算机的类似物在检查算法时模拟的是自动机的工作过程；（2）是一种人造的物质实体，比如，借助于语音合成器实现了具体语言的语言发声机制，语音合成器就是一种模式；（3）公理化的数学结构或逻辑数学结构，如公式、图形，模拟的或者是语言系统结构，如形态结构；或者是语言功能，如生成语法。狭义的语言模式指第三种模式。

二　语言模式的类型

语言模式化概念最早出现在结构主义语言学家（如哈里斯等）的有关理论中，直至20世纪70年代出现了数理语言学（математическая лингвистика），而后发展为计算语言学，这一术语才真正被纳入科学的轨道，同时控制论的方法也引入计算语言学中。根据莫斯科语义学派代表人物阿普列相（Ю. Д. Апресян）的分类，语言学中应包括三种模式类型，它们所模拟的本体各不相同：（1）言语活动模式（модели речевой деятельности человека），模拟人类具体的言语过程和现象；（2）语言研究模式（модели лингвистического исследования），模拟语言学家发现某一种语言现象的研究过程；（3）元模式（метамодели），通过这类模拟可实现对言语活动模式或语言研究模式在理论上和实验中进行评测。

（一）言语活动模式

因为言语活动是最复杂的行为，所以言语活动模式具有最为复杂、多样的结构。根据语言持有者（носитель языка）具备哪方面的语言能力并以这方面的能力为模式化对象，把言语活动模式分为语法正确性模式（модели грамматической правильности）和功能模式（функциональные модели）。前者模拟的是区分语言正确与否的能力，例如，根据这种模式建造出语言自动纠错系统，实现了文本中词汇、语法甚至修辞错误的自动检查；后者模拟把言语内容（内容平面）和言语形式（表达平面）联系起来的能力，例如，基于这种模式的文字（字符）自动识别系统、语音自动识别系统等。

1. 语法正确性模式

根据语言处理过程中始端（на входе）和终端（на выходе）信息类型的不同，语法正确性模式又可分为识别模式（распознающие модели）和生成模式（порождающие модели）。识别模式的始端是自然语言文本或者抽象的人工语言表达式，终端要回答的是该段字符串语法上是正确的还是异常的，"范畴语法"就是类似这样的模式。

生成模式与识别模式正好相反，在始端是一套规则和一些范畴单位，由此在终端转换为结构化的语句。N. Chomsky（N. 乔姆斯基）的生成语法（генеративная грамматика）就是这种模式。

2. 功能模式

根据模式化针对的不同言语活动方面，功能模式又分为分析模式（аналитические модели）和综合模式（синтетические модели）。分析模式在信息始端是文本片断，在终端则获得相应的语义记录或语义表示，这种语义记录或语义表示是用语义元语言表达的。综合模式则恰好与分析模式相反，在始端是语义描述，在终端才获得表达这个意思的文本。

典型的分析模式就是现代句法学中关于简单句结构类型的有关理论，它们都建立在语言模式化基础上，这种方法的应用体现在简单句的结构模式被确定为抽象的句法样板，根据这些样板可以建构最小的相对完整的句子，结构模式根据下列特征进行区分和归类，模式的词形构成及结构，包括词形表现，这些词形之间的关系；模式的语义；用该模式建构句子的聚合性能，常规表现系统和扩展规则。比如，苏联科学院 1980 年《俄语语法》中的简单句句子模式：

N_1—Vf（Лес шумит；Отец работает；Дети радуются）；

Inf Vf$_{3s}$（Курить запрещается）；

Adv$_{quant}$ N$_2$（Много дел；Мало времени）；

N$_1$（Ночь；Тишина）；

Vf$_{3pl}$（Звонят）；

Inf cop Inf（Руководить значит проверять）。

典型的综合模式是功能语法以及 И. А. Мельчук 的"意思⇔文本"模式。在该模式中 И. А. Мельчук 从寻找意义与话语（смысл и текст）对应关系的规则出发，以一套元语言为工具离散地再现了言语生成的过程。他认为，"语言学家应尽力提出一套表达意义的形式规则或一定形式的解释规则，即建立意义（смысл）与话语（текст）之间的对应关系"（И. А. Мельчук，1974：17）。其操作模式表明，音义之间的对应不能直接建立起来，而要借助其间多个层次的逐层转换（переход）得以实现。按从"义"到"音"的方向顺序，要经过下列流程的层次及层次转换：（1）语义表象（семантическое представление）→（2）深层句法表象（глубинно-синтаксическое представление）→（3）表层句法表象（поверхностно-синтаксическое представление）→（4）深层形态表象（глубинно-морфологическое представление）→（5）表层形态表象（поверхностно-морфологическое представление）→（6）音位表象（фонемная транскрипция фразы）→（7）语音表象（фонетическая транскрипция）。其中，（1）属语义层，（2）与（3）为句法层，（4）与（5）为形态层，（6）为音位层，（7）为语音层。这一生成模式与生成语义学派坚持的言语生成模式（从语义到语音的单向性多层过渡）是雷同的。言语生成是一个复杂的过程，简言之，就是由无序的语义关系实现为有序的句法语义关系，进而以语音形式输出，生成合格句子的过程。

分析模式和综合模式构成机器翻译，包括一般翻译的必需部分，也是人工智能系统中必须面对和解决的问题。分析模式为分析算法提供语言知识，分析算法由最表层逐渐向深层过渡；综合模型为综合算法提供语言知识，综合算法的方向是由深层逐渐向表层过渡。载有算法的模式转化为另类性质的模式，这种模式被称作语言处理器，语言处理器成为人工智能系统的重要功能模块。

（二）语言研究模式

言语活动模式是重要的语言模式类型，与该类模式不同，语言研究模式和元模式起到的是辅助作用。语言学家为了描述言语活动模式，要选择和确定一些概念与范畴。研究模式就是为这一活动提供客观依据，最大限度地避免主观因素的干扰和影响。根据原始信息的大小，研究模式分为解码模式（дешифровочные модели）和试验模式（экспериментальные модели）。解码模式的信息源是受限的文本数据库，所有有关语言的信息通过模式从文本数据中提取出来，例如，借助该类模式可以建造语言知识的获取和挖掘系统、作家语言风格研究系统等；试验模式的信息源不仅是文本数据库，而且应该确认这是一个该语言正确文本的集合，在进行试验时，语言学家求助于信息载体（语言持有者），如利用这类模式可以建造语言知识的检测和实证系统。

（三）元模式

元模式是一个标准系统或称为理论证实系统，借助于这类系统选择好的语言模式。元模式是数理语言学研究的一种数学模式，其对象物不是独立的语言概念，而是整个语言模式。如机器翻译的评测系统就是该类模式的应用。

上述语言模式可概括地表示如图 1 所示。

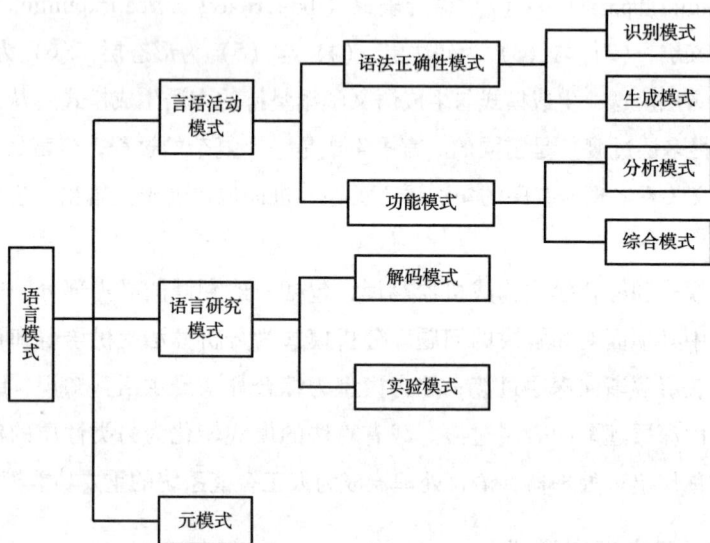

图 1　语言模式

三　语言模式化的方法

语言模式化不仅是一种认知工具，也是语言研究，尤其是计算语言学的主要研究方法。将语言模式化视为过程，则涉及本部分的研究内容——语言模式化的方法。

计算机对自然语言的研究和处理，一般经过三个必需的过程：（1）把需要研究的问题在语言学中加以模式化，并以高度形式化的数学形式，严密而规整地表达出来；（2）把这种严密而规整的数学形式表示为算法，使之在计算机上模式化和形式化；（3）根据算法编写计算机程序，使之在计算机上加以实现。这和信息学解决实际问题所经过的工艺流程是一致的：

确立目标（постановка）→模式（модель）→程序（программа）→结果（результат）

在这个流程中，模式起到非常重要的作用，是解决任务的必经阶段。在此，模式是所研究事物的约定性"表现"，反映所研究事物的重要属性（С. В. Кириченко，2001：26）。

我们认为，语言模式化的方法，在研究内容、应用目的、实用手段等方面必须遵循以下原则：（1）高度的概括性。模式化的方法所表达的内容是语言的语法、语音、语义、词汇等系统的一般的、概括的、抽象的原则与规则，而不是上述系统中个别现象的具体描述。换言之，模式化的方法是从具体语言现象中抽象出一般的规律。（2）表达的高度形式化。形式化表达的手段是形式语言，可以是数学语言、逻辑语言，即用形式语言作元语言，而不是用自然语言作元语言。（3）过程的客观性和严密性。模式化的过程必须具有数学和逻辑的严密性，以保证结果的客观性和较强的解释力。

基于上述原则，模式化是一个复杂的过程，其本质是抽象概括，舍弃具体的非本质的特征，保留本质的共性的特征，模式化的结果是构拟出层次分明的"类"体系。模式化的基础是对所研究的对象（本体）的结构化（структурирование）。

结构是实体间稳定关系的总和，实体在发生内外部变化的时候，能保证自身的完整性（целостность）和同一性（тождественность），即保持基本的性能。

根据被研究的是实体、过程还是现象，结构化的方式是不同的。

第一步是把研究的客体或过程切分为彼此联系的成素，每一个成素应具有独立性（уникальность）、有相应的命名。成素命名是信息模式化的基本过程，也是其基础。成素本身也是最简单的信息模式。

第二步是选择特征和属性参数，通过它们定义成素，使模式简单化。特征和参数应该是概括的、通用的。各个成素的不同体现在属性值上。

第三步是建立成素之间相互关系的系统，这种关系可能是时间关系、空间关系、因果关系、部分—整体关系、形式—内容关系、外部—内部关系等。

第四步是反复修改、完善和调试。可通过人工和机助两种方式进行。

语言模式化属于信息模式化（информационное моделирование 与предметное моделирование 相对）的范畴，信息模式有两种类型：（1）分类模式（классификационный модель），该类模式描写对象是由什么组成的，各个组成部分如何关联。其功能是为了识别，即如何区分 A 和 B。主要是通过各种信息库、语言知识库和专家系统等。（2）动态（操作）模式（динамический модель），模拟的是过程，其核心问题是如何由当前状态转向下个状态，哪些状态是可能实现的。该类模式的典型应用就是语言自动机（языковой автомат）。

四　语言模式化的表达形式和手段

把语言模式化看成一个结果，则体现为语言知识的表达形式和表达手段。有关语言知识的元语言表达手段，许多学者进行过系统的研究，提出了一些理论和方法。较有影响的有谓词逻辑表示法、产生式系统表示法、框架表示法、网络表示法、矩阵表示法、树形图表示法、公式表示法等。

谓词逻辑是一种形式语言系统，研究的是问题假设与结论之间的蕴含关系，即用逻辑方法研究推理的规律。它可以看作是自然语言的一种简化形式，由于它精确、无异义性，故十分容易转换为计算机语言，为计算机所理解。另外，这种语言与自然语言也很相似，也可以用来表示句子所具备的命题意义，当然谓词逻辑作为形式语言远远不能表示自然语言所能表达的全部思想和知识。从思维推理的角度看，谓词逻辑所体现的逻辑推理规律也不能模拟人类思维的全部。谓词逻辑这种元语言表达手段在《蒙太古语法》中是主要描写工具。

产生式系统（production system）是美国人工智能专家 H. A. Simon 和 A. Newell 提出来的。他们认为产生式系统与智能活动有关，而智能活动可分解为一系列最基本的单位，这种单位有两种：（1）根据某种环境采取某种行动；（2）根据某些前提做出某种结论。所谓人们有智能就意味着能够根据某种特定的环境产生某种行动或者根据某一特定的前提产生某种结论，而这种基本活动的智能单位就叫作产生式系统。产生式系统实质上是规则系统，它采用规则对符号进行替换运算，可表示为 α→β。不难看出，在产生式系统中，知识分成两部分：产生式左边为事实，它表示静态的知识；产生式右边则是该事实的动作和行为的过程，是动态的知识，隐含了对知识的理解和推理。由于这类系统的知识主要用规则表征，所以又称基于规则的系统。建立一个产生式系统，其核心问题是构造一组知识规则及实现规则之间的匹配，进而实现知识的演绎推理。这种表达方式和表达手段在 N. Chomsky 转换生成语法的短语规则中得以体现。如以下产生式规则：

$S \rightarrow O_B S$

$S \rightarrow O_M S$

$S \rightarrow VN_{им}$

$O_B \rightarrow P_{вин} N_{вин}$

$O_M \rightarrow P_{тв} C_{тв}$

$N_{вин} \rightarrow П_{вин} C_{вин}$

$C_{им} \rightarrow$ шум, спор...

$C_{вин} \rightarrow$ время, дни...

$C_{тв} \rightarrow$ окном, кулисами...

$V \rightarrow$ раздался, шел...

$H \rightarrow$ очень, неоправданно...

$N_{им} \rightarrow A_{им} C_{им}$

$A_{им} \rightarrow HП_{им}$

$P_{вин} \rightarrow$ в...

$P_{тв} \rightarrow$ за...

$П_{им} \rightarrow$ громкий, бурный...

$П_{вин} \rightarrow$ это...

（其中，S——句子，$O_в$——时间状语，$O_м$——地点状语，$N_{вин}$——第一格名词词组，$N_{им}$——第四格名词词组，$A_{им}$——第一格形容词词组，$P_{вин}$——支配第四格的前置词，$P_{тв}$——支配第五格的前置词，$П_{им}$——第一格形容词，$П_{вин}$——第四格形容词，$C_{им}$——第一格名词，$C_{вин}$——第四格名词，$C_{тв}$——第五格名词，V——动词人称形式，H——副词。）

以上这套规则由 S 出发依照操作顺序可以生成一串语符链，最后可生成俄语句子：В это время за окном раздался очень громкий шум。

框架表示法是美国人工智能专家 M. L. Minsky 提出的一种知识表示方法，亦称为框架理论（frame theory）。这是一种基于认知过程的模型。人们对事物的认识往往是一种类似框架的结构存储在大脑中。世界上的万事万物以及它们的状态、属性、变化和相互关系往往有一种内在的联系。当面临一个新事物时，这种联系就要和头脑中某一个框架进行匹配，如果匹配成功，就得到了对该事物的认识，如果匹配不成功，再新取一个与新事物相近的框架，或者修改、补充之前匹配的不太成功的框架形成新的认识，即以新的框架存储在头脑中。可见，框架提供了一种可能的知识结构，人们面临新情境时能从过去的知识经验中进行预测，引起有关事物的注意、回忆和推理。语义框架实际上表示的是事物或概念相关的数据结构，表达了人对客观世界有关事物和事件之间的关系。由框架名和一组槽（slot）构成。框架名位于最顶层，用于指称某个概念、对象或事件；其下层的槽由槽名和槽值两部分组成。槽值可以是逻辑的、数字的，也可以是一个子框架。如果我们把一个词相关的语言知识看作槽，把词看作框架名，则一个词可视为一个框架。框架表示法在 C. J. Fillmore 的格语法中得以体现。例如，格语法中，每一条动词词条下用缩写字母标出该动词可以插入的格的框架，这种标记称为框架特征（frame feature）。框架特征置于方括号内。例如，动词плакать（哭），бегать（跑）可以带有一个表示施事的 NP，如 Он плачет（他哭），Я бегаю（我跑）。因而它们可以插入［——A］的框架。这样，在词库中就标明它们的框架特征是［——A］。记作（方框前面的符号"+"表示该动词具有方框内的格特征。方框内的横线表示可以插入该动词的位置）：

a. плакать：+［——A］

b. бегать：+［——A］

当一个动词可以出现在几种不同的格框架中时，词库中就必须在其中区分出必选格特征和可选格特征。例如动词 открыть（打开）可以出现在以下三种格的环境中：

    a. ［——O+A］，如 Он открыл дверь。（他打开了门）

    b. ［——O+I］，如 Открыло дверь ветром。（风把门吹开了）

    c. ［——O+A+I］，如 Он открыл дверь ключом。（他用钥匙开了门）

语义网络表示法最早由 R. Quillian（R. 奎廉）作为记忆联想网络于 1968 年提出。经过 R. Simmons（R. 西蒙斯）和 G. Hendrix（G. 亨德里克斯）等学者的改进，比较成功地用于人工智能中的知识表示和计算机对语言的理解。这里所谓的语义是指符号表达式同它所描述的对象（含义）之间的关系。人类知识一般可分两种基本形态：一是事实性的知识；二是这些事实之间的联系，即能够从一些事实找到另一些事实的信息。语义网络很好地表达了事实和事实之间的联系，其基本特点就是由节点和连接点的弧组成，其中节点表示物体、概念和态势，而弧则表示它们之间的联系。如图 2 所示：

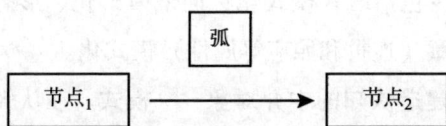

图 2

图中节点表示概念，弧是有方向的、有标记的。在三元组中，弧由节点$_1$指向节点$_2$，节点$_1$为主，节点$_2$为辅，弧的方向体现了主次，弧上的标记表示节点$_1$的属性或节点$_1$与节点$_2$之间的关系。

图 2 中节点与节点之间的关系是多种多样的，主要有隶属关系（即弧 = ISA，如马和动物的关系）；整体与部分关系（即弧 = PART-OF，如手和身体的关系）；同一关系（即弧 = IS，如莫斯科和俄罗斯首都的关系）等。

语义网络的推理则是以网络结构的匹配为基础。先根据待求的问题，构造一个网络片断，然后搜索语义网络知识库。在匹配过程中，只有当片断中的节点能使匹配完全成功时，它们的值才能被约束。语义推理也在匹配的过程中进行，当需要在一对概念之间进行推理时，则要寻找代表这两个概念的节点之间的联系，即从这两个节点开始，然后利用启发式知识，激活与之相连的部分节点，之后又依次激活同它们相联结的全体节点，从而在每一个初始的概念周围形成一个扩充的激活区，推理沿网络传播。当某一个概念同时从两个方向上被激活时，也就找到了一种期望联系，这种联想式知识推理过程使语义网络可以具有一定的创造性。

此外还有矩阵表示法、树形图表示法、公式表示法等，因大家比较熟悉，此不赘言。

五 结语

以上概述的几种知识表示法各有特色，有的适合表示这类语言模式，有的适于表征另一种语言模式。但是从设计目的、操作原理、与算法连接的可行性等各个方面来看，它们都为我们计算语言学中的语言模式化研究提供了实践基础，起到启迪、参考作用，但都不能照搬照用。语言是非常复杂的，就模式化的不同侧面而言，至少包括语音模式化、词汇模式化、形态模式化、句法模式化、语义模式化、篇章（连贯和照应等属性）模式化。

模式化的结果是建造认知的中介对象——模式。在认知语言事实的过程中模式具有一系列的功能：替代本体、信息功能、认知功能、形式化功能、算法功能、实证列举功能。所以模式化不论作为方法还是手段，不论作为过程还是结果都具有重要的意义，只有在此基础上才能实现语言学的对象物——文本的分析，揭示和模拟语言的各种功能，才能使运用数学机制和计算机技术研究语言得以实现。

参考文献

Герд А. С., *Структурная и прикладная лингвистика*, Санкт-Петербург: С. - Петербургский университет, 1998.

Герд А. С., *Прикладное языкознание*, Санкт-Петербург: С. -Петербургский университет, 1996.

Григорьев Н. В., "Восходящий алгоритм построения дерева зависимостей для системы ЭТАП3", *Труды Международного семинара Диалог' 1999 по компьютерной лингвистике и ее предложениям. Том 2*, Таруса，1999.

Золотова Г. А. ，*Синтаксический словарь*，Москва：Наука，1988.

Кириченко С. В. ，"О технологии информационного моделирования" // *Информационные модели в лингвистике*，Омск：Ом. гос. пед. ун-т，2001.

Максименко О. И. ，*Формальные методы в современной прикладной лингвистике*，Москва：Народный учитель，МГОУ，2002.

Марчук Ю. Н. ，*Проблемы машинного перевода*，Москва：Наука，1983.

Марчук Ю. Н. ，*Основы компьютерной лингвистики*，Москва：Народный учитель，2000.

Мельчук И. А. ，*Опыт теории лингвистических моделей «смысл ⇔ текст»*，Москва：Языки русской культуры，1974.

Пиотровский Р. Г. ，*Лингвистический автомат и его речемыслительное обоснование*，Минск：Мин. гос. лингвист. ун-т，1999.

Ярцева В. Н. （Гл. ред. ），*Лингвистический энциклопедический словарь*，Москва：Большая Российская энциклопедия，2002.

冯志伟：《自然语言的计算机处理》，上海外语教育出版社，1996。

傅兴尚：《现代俄语事格语法》，军事谊文出版社，1999。

傅承德：《自然语言理解的方法与策略》，河南人民出版社，2000。

侯敏：《计算语言学与汉语自动分析》，北京广播学院出版社，1999。

石纯一、黄昌宁、王家廞：《人工智能原理》，清华大学出版社，1993。

赵铁军等：《机器翻译原理》，哈尔滨工业大学出版社，2000。

原文发表于《俄语语言文学研究》2004 年第 1 期

句法对比研究的平台

李　勤[*]

摘　要： 对不同语言的句法进行对比研究时应建立一个平台，而句子的语义结构就是一个很好的出发平台。本文以汉语、英语和俄语为例，采取称名学研究方法对这三种在形式结构和世界映像认知方面存在较大差别的语言进行对比。从句子语义结构出发对不同语言的句子进行研究应该采取句法、语义、逻辑交叉的方法。本文以指涉理论和逻辑-句法理论为基础，对比分析三种语言中的指涉类型，在把词的语义特点和命题位进行排列组合后，在五种常见的逻辑关系基础上对三种语言中的句子逻辑—语义类型进行初步对比。

关键词： 句子对比研究　称名学研究方法　指涉理论逻辑-语义类型

一　引言

随着国内对俄语语言研究的不断深入发展，对俄语和汉语进行对比研究愈加显得重要。对不同语言进行对比研究的重要性主要体现在两个方面。一方面，俄罗斯的语言学研究在世界上占据着重要的位置，在某些领域甚至还处于世界领先的地位。通过俄语和汉语以及同其他语言的对比研究可以引荐俄罗斯的先进学术思想，促进我国语言学研究和汉语及其他语言研究的发展。另一方面，

---

* 李勤，上海外国语大学俄罗斯东欧中亚学院教授、博士生导师。

随着外语教学以及对外汉语教学的发展，语言对比研究越来越显现其实用价值，相关的学术成果能在语言教学中起到很好的助益作用。

最近几年，我国学者已经开始对俄语和汉语进行比较系统的研究。这方面最突出的成果就是张会森教授主编的《俄汉语对比研究》（张会森，2004）。在这部著作中，作者在语法、词汇、语义、修辞等各个层面对俄语和汉语进行了对比分析，尤其是作者还尝试了俄语和汉语的句法结构对比研究，这是十分难能可贵的。如果说句子是整个语法和语言体系的中心的话，那么可以说，句法的对比研究就是语言对比研究的一个中心。应该说，虽然学者们已经进行了有益的尝试，但目前我们对俄语和汉语的句法对比研究还很不成体系，也没有全面铺开。这样，就有必要对俄语和汉语的句法体系对比研究实施重点突破。

句法对比研究可以有不同的出发平台。若以形式结构作为出发平台，对比研究就可能不成体系，这是不同语言在句法结构方面的差别所致。如俄语的单部句在汉语中就没有对应的句型。可以说，建立在句法结构上的对比平台是不完整的。若以语义结构作为出发平台，不同语言的句法对比就能形成较为完整的体系，这是不同语言在语义深层结构方面的共性所致。例如，在看见一个男孩读书这样的情景并进行表达时，操不同语言的人所要表达的意思是相同的，不同的只是表达形式的差别。这样，以共性作为出发平台是比以个性作为出发平台更行之有效的研究方法。这两者之间的差别同时还表现在消极语法和积极语法之间的差别以及不同的研究方法之间的差别。以共性作为出发平台属于积极语法，对外语教学和研究具有更重要的意义。

鉴于我国本科俄语教学多已实行俄英双语教学以及俄语学生英语能力不断提高的现状，我们认为有必要把俄语、汉语和英语的句子加以综合对比，使学生能更好地了解不同语言在句法表达层面的共性和个性，从而更好地掌握在形式结构方面有重大差别的不同语言。同时，这样的研究对我国的汉语和英语研究也能起到一定的映鉴作用。本文拟借鉴俄罗斯语言学家在句子语义研究方面的新理论和新成果，采用称名学研究方法对汉语、英语和俄语的句子语义进行对比分析。

二　句子称名学研究方法的理论依据

语言符号有一个最基本和最概括的关系，即形式和意义之间的关系。形式和意义的划分来自索绪尔的理论。他认为，语言是一个符号体系，而符号具有两面性。语言符号就像一张纸，一面是声音（形式），另一面是意义（Ф. де Соссюр，2012：20）。形式或表达，意义或内容，这是语言符号的两个层面，从这两个层面入手进行研究是语言研究最根本的途径。或者是从形式到意义，或者是从意义到形式，几乎所有的语言研究都可以归结为这两种方法。前一种方法可以称之为"语义学研究方法"（семасиологический подход），后一种方法则可称之为"称名学研究方法"（ономасиологический подход）（李勤，2002：7）。以语义共性作为出发平台属于后一种研究方法。

20世纪60年代中期，受乔姆斯基结构主义句法学的影响，俄罗斯语言学界开始了对句子结构模式的研究。经过众多学者的共同努力，俄语句子结构模式的研究取得了突破性进展并反映在具有极高学术权威的苏联科学院1970年和1980年《俄语语法》中。"句子结构模式的研究采取的是语义学研究方法，即从形式到意义的研究途径。"（《Русская грамматика》，Т. I，1980：9）整个句子结构模式的体系是建立在述谓性理论的基础上的。俄罗斯学者认为，每一个句子都有述谓基础（предикативная основа），这是句子的最低述谓限度，亦即语法上能够成立并且实现同现实联系的最小的句子。这种最小的句子实际上就是由句子主要成分（主语和谓语以及单部句的主要成分）构成的。由此抽象出来的句法结构就是句子的结构模式。当然，每一种语言都可构建句子结构模式体系。以我们分析的三种语言为例，具有泛语言共性的名词主语+动词谓语的句法结构在汉语里可以归结为NV的模式（其中N表示名词，V表示动词），在英语里可以归结为NV_f的模式（其中f表示动词不定式），而在俄语里则可以归结为N_1V_f的模式（其中1表示名词的第一格）。同时，在句子结构模式的基础上，俄罗斯学者也开展了对句子语义的研究。

20世纪60年代中下期，语义学研究在俄罗斯得到了蓬勃开展。随着语义学研究由词汇向句子的渗透，一部分俄罗斯学者发现，句子结构模式理论存在一些弊端。他们认为，这个理论并不能完全反映句子的构造机制和语义本质。这主要表现在一些结构模式在经过词汇填充后在语义和信息上是不足的、不能成立的，尽管所生成的句子在语法上是成立的。这种现象在各种语言里都存在。我们还是以上面的NV模式进行比较：

（1）*房子坐落。— *The house is located. — *Дом находится.

（2）*孩子表现。— *The child behaves. — *Мальчик ведет себя.

（3）*她看上去。— *She seems. — *Она выглядит.

显然，这些句子必须加上表示处所和评价意义的词才能形成完整的语义并能够用来交际，例如汉语的句子只有加上"在海边""很好""很年轻"等词语才能表达完整的信息。于是，这一部分学者提出了句子的称名基础（номинативная основа）理论，即句子还具有最低称名限度，这是在语义和信息上相对完整的最小的句子。在此基础上，这些学者开始尝试建立新的句子结构模式体系，但是没有取得成功，因为在这样的句子结构模式中，不仅有主要成分，还有一些必要的次要成分，这些成分根据语义表达的需要加以组合后可使结构模式的数量达到几百个之多，从而使这种句子结构模式体系失去了理论研究和实际应用的价值。

然而，称名基础理论虽然没有在句子结构模式的研究中取得成功，却对句子的语义研究产生了非常积极的作用。以 Н. Д. Арутюнова 为代表的一部分语言学家据此提出了句子具有称名功能的观点，使传统的句子具有交际功能和复合句构造功能的观点得到了进一步的发展。Н. Д. Арутюнова 认为，句子与词和词组不同，是对事件、情景或事实的称名，而词和词组只是对事物、动作、特征等的称名，因此，句子是一种合成的称名，是相对于词和词组来说更完整和更复杂的符号。随着研究的进一步深入，Н. Д. Арутюнова 提出了对句子语义进行称名学分析的思路，认为应该从逻辑学、语义学和句法学等学科交叉的角度来加以研究。她的初步理论反映在其发表于 1976 年的代表作《句子及其意思》中（Н. Д. Арутюнова，1976）。经过俄罗斯学者的不懈努力，句子的称名学研究在不断地发展并逐步地形成了较为完整的体系，其中有代表性的成果已经开始进入俄罗斯高校的教材（О. А. Крылова и др.，1997）。

三　指涉理论和句子的逻辑-语义分析

对句子语义进行称名学研究可以有多个出发点，这源自对句子语义的不同理解。有的学者依靠逻辑学中判断的类型对句子语义进行研究，分出了性质品评句、关系句、存在句、分类句、等同句、赋名句等6种类型的句子（分别相当于限定判断、关系判断、存在判断、从属判断、等同判断和称名判断）

（В. А. Белошапкова，1981：485–486），还有的学者根据句子的类型意义分出多达 139 种的句子类型（М. В. Всеволодова，2000：234–267）。相比较而言，采用逻辑学、语义学和句法学交叉研究的方法不仅更有科学性和说服力，而且可以作为语言对比可靠的共性基础。

这里，首先要解决的问题是词（主要是普通名词）在句子中的语义表现。研究这个问题的理论可以称为"指涉理论"（теория референции）。指涉理论的主要依据是奥格登和理查兹 1923 年所提出的词的语义三角形，并在此基础上有所发展。当初，这两位学者提出的"指涉对象"（референт）是用来表示符号通过概念所指的事物并强调这种关系的间接性质（参见 H. Bussmann，2000：425）。在一段时间内，与指涉对象平行使用的术语还有"指称事物"（денотат）。后来，语言学家逐步对这两个术语加以区分，赋予指涉对象以新的内涵。如著名翻译学家和语言学家奈达认为，指涉意义是"用词语来指某一客观事实、某一思想时语言所获得的意义"（谭载喜，1984：46）。而俄罗斯语言学家的观点看起来更有道理。他们认为，指涉对象是发话者在说话时所指的对象（Ю. Н. Караулов，1998：410）。这样，指涉对象就不具有纯语言的性质，而具有发话者的因素和言语的性质。在现代逻辑学、哲学和语言学中，"指涉对象"这一术语的意思已经不同于奥格登和理查兹当年的设想。概括地说，指涉对象一方面以其指物联系的特点对立于符号的意思，即指称概念（сигнификат），另一方面以其同具体言语行为联系的特点对立于指称事物。鉴于以上理解，指涉对象就变得相当复杂了。其复杂性主要表现为：当词语进入言语使用后，在句位、词汇搭配、上下文、交际参与者的知识等诸多因素的作用下会有各种语义表现，即可能表现为语义三角形上的任何一个角，同时，它在指涉事物时还可能附带确定和不确定的意义。词语在句子中的不同语义表现可以概括为指涉类型。这是指涉理论所要研究的主要内容。汉语和俄语都是无冠词语言，而英语是有冠词语言，因此在指涉方面汉语和俄语具有一定的共性并有别于英语。Н. Д. Арутюнова 对俄语的指涉类型进行了深入的研究，我们在她研究的基础上，用以下五种比较有概括性的类型来对比三种语言。

（一）具体但不确定的指涉

名词指向事物中的个体（可以是单数，也可以是复数）。在指涉单个事物时，英语中有明确的表达手段（不定冠词），而在汉语中则要通过数词和量词来表达，在俄语中也要通过或潜在通过类冠词（数词 один）加以表达，这是这类指涉的典型特征。其典型用法是用在篇章（故事和叙述等）的起始句中。同时，根据同交际参与者的关系，不确定意义又可以分解为两种，一种是发话者知道但受话者不知道的指涉，另一种是双方都不确切知道的指涉（李勤，1998：93—98），试比较下面两组例句：

（4）昨天我碰到了个朋友。Yesterday I came across *a friend*. Вчера я встретил *одного приятеля*.

（5）有个学生找你。*A student* is looking for you. Тебя спрашивает *один студент*.

（二）具体而确定的指涉

名词确切指向具体的事物，在英语中靠定冠词表示，而在汉语和俄语中通常靠主题位和主语位表示。试比较：

（6）大熊猫坐在地上。*The panda* is sitting on the ground. *Панда* сидит на земле.

在上下文中，具体和确定的指涉意义是靠名词与前文的共同指涉形成的。如前文可以是：

（7）我看见一只大熊猫。I see a panda. Я вижу одну панду.

具体和确定的指涉意义是透明的，即不需通过指称概念的折射而直接指向事物。这时，名词的透明性可以用人称代词替换来得到验证，试比较：

（8）它坐在地上。*It* is sitting on the ground. *Она* сидит на земле.

在汉语和俄语中，名词的确定意义还可以通过加入指示代词来得到验证，试比较：

（9）这只大熊猫坐在地上。*Эта* панда сидит на земле.

（三）种类指涉

名词指向一类事物，例如：

（10）大熊猫正濒临灭绝。*Pandas（the panda）* are in the danger of extinction. *Панды* вымирают.

相比较而言，在表达种类指涉意义时，英语的形式手段是最明确的，俄语次之，汉语则根本没有。但即使如此，在三种语言中，种类指涉意义在很多情况下还是同所搭配的词的意义有关。试比较：

（11）大熊猫正在死去。*The panda* is dying. *Панда умирает.*

这些句子由于词汇意义不同而不具备种类指涉意义。

（四）述谓意义

名词一般在谓语位上，不指涉事物，只是通过指称概念意义对主语位上的名词进行性质和特征方面的品评。由于述谓意义是在句子内部实现的，也可以称为显性品评意义。试比较：

（12）李明是工程师。Tom is *an engineer.* Иван — *инженер.*

谓语位对名词的指称概念意义来说是典型的句位。如果名词在这个句位上不能体现指称概念意义，这个句子则没有意义。试比较：

（13）李明是人。Tom is *a human being.* Иван — *человек.*

这 3 个句子只可能在特定的语境和上下文中才有意义，因为其中的"人"的指称概念是对主语人物的人的属性的重复肯定，因而失去了性质和特征的品评意义，倒是在否定或对比的情况下这类句子才有意义，试比较汉语和俄语的句子：

（14）李明不是人。Иван — *не человек.*

但是，这时名词的指称概念意义已经发生变化，不再与人的属性有关，而是同人的基本道德品质（人性）有关。如果在谓语位上使用"人"这样的意义空泛的词，一般要加上表示品评的修饰语。试比较：

（15）李明是好人。Tom is *a good man.* Иван — *хороший человек.*

（五）自足使用

名词既不指向事物，也不指向概念，只是体现能指方面，例如：

（16）书是复数名词。"*Books*" is a plural form. *Книги* — *форма множественного числа.*

此外，我们认为，还应该关注通常被忽视的各类指示词语（如表示人称、空间、时间等意义的代词），因为它们在一定的情况下也会表明发话者的态度和评价，从而使指示意义转变成指称概念意义。这在三种语言中都可以观察到。例如：

（17）他有点那个。

（18）He is like *that*.

（19）Этот роман не *то*.

当然，指示词语的指称概念意义的实现要依靠一定的语境、上下文以及非言语手段。以上对指涉基本类型的分析表明，在具体实现的句子中词具有语义三角形中的某一个特征。这是指涉类型研究的价值所在，因为它可以帮助我们更深入地分析句子的语义。根据一些俄罗斯学者的观点，句子深层的语义内容是命题，这是句子最小的语义结构。而命题从逻辑学的角度来看，与判断一样是二元的，即由主项和谓项组成的。在指涉理论的基础上以命题的二元组合来研究句子的语义结构一方面可以摆脱句位对语义分析的束缚，因为词与句位之间的关系并不是很有规律的，同时，有些语言（如俄语）中有的句子只有一个句位，仅从这一个句位不能完整地分析句子的语义结构；另一方面，这样的研究能够反映一些语言共性的问题，能够为语言之间的对比提供一个平台。这样，词的三方面特征与命题的主项和谓项加以排列组合，在理论上可以形成九种搭配（见表1）。

表1

	主项	谓项
1	能指	能指
2	能指	指称概念
3	能指	指称事物
4	指称概念	指称概念
5	指称概念	指称事物
6	指称概念	能指
7	指称事物	指称事物
8	指称事物	指称概念
9	指称事物	能指

Н. Д. Арутюнова 称这九种搭配为句子的逻辑关系。当然，这只是在理论上可能存在的九种搭配。她认为，在俄语中只存在第1、4、7、8、9种逻辑关系。我们认为，九种逻辑关系在语言中都有存在和表现（见下述），只不过 Н. Д. Арутюнова 所说的五种类型更常见罢了。

四　句子的逻辑–语义类型

经过仔细的归纳与概括，Н. Д. Арутюнова 推出了俄语中存在的具有代表性的四种逻辑关系并称之为逻辑–句法类型，有的学者称之为逻辑类型（В. А. Белошапкова，1981：76）。我们认为，还是称为逻辑–语义类型较好。此外，有的学者提出了五种类型，增加了一种混合类型（Н. Д. Арутюнова，1976）。所谓逻辑–语义类型，是指代表最一般的语义的句子类型。这些类型根据词汇意义和句子结构的变化还可以细化为各种子类型。应该说，句子的逻辑语义类型具有泛语言的共性，但是在各种语言中的表现和构造是不尽相同的。下面，我们根据句子的逻辑–语义类型尝试对比三种语言。

（一）等同句

这类句子体现的是主项位和谓项位上词在语义方面的等同关系，即思维运动的出发点和终点是等同的，包括三种逻辑语义关系，即从能指到能指、从指称事物到指称事物及从指称概念到指称概念。根据等同关系在语言中的表现，又可以分出四种子类型。

1. 称名等同句

这里的等同关系是在同一个事物的两个不同的名称之间确立的：

（20）周树人就是鲁迅。

（21）Sputnik is Russian equivalent to the word "satellite".

（22）Флексия — это то же, что и окончание.

2. 指称事物等同句

指称事物等同句表达同一个事物不同的特征和属性之间的等同关系。

（23）最先发明火药的是中国人。

（24）The inventor of the theory of relativity is a scientist born in Germany.

（25）Первым в мире космонавтом был гражданин Советского Союза.

3. 指称概念等同句

指称概念等同句表达同一个事物的两个概念之间所具有的等同关系。

（26）水是氢氧化合物。

（27）A straight line is the shortest distance between two points.

（28）Working in these conditions is no easy job.

（29）Богровый — это то же самое，что темно-красный.

4. 赋名等同句

这里，句子所确立的是指称事物及其名称间的等同性。

（30）《雷雨》的作者是曹禺。

（31）Her name is Nancy.

（32）Основоположник метода социалистического реализма — Максим Горький.

（二）存在句

存在句表示事物、事件或现象在世界中的存在或不存在。由于存在的可以是事物，也可以是概念，因此存在句有两种思维运动方向：或是由指称事物向指称事物（通常是不确定意义）运动，或是由指称事物向指称概念运动。

三种语言中的存在句不仅在形式和结构方面存在较大的差别，而且在对客观世界的认知以及客观世界在语言中的映像方面也存在重要差别，这主要表现在对空间和属有关系的认识上：汉语和英语属于 have-language，而俄语则属于 be-language。也就是说，汉语和英语是通过主体和客体的关系来表达属有和存在的，而俄语是通过存在和空间来表达属有的。试比较：

（33）我有许多书。I *have* many books. У меня *есть* много книг.

虽然俄语也可以用类似于 have 的形式来表达属有意义，但这不是典型的惯常用法。也就是说，俄罗斯人的属有意识是通过对空间存在的认识来达成的。同时，汉语同英语相比，汉语则又表现出更强势的 have 属性，甚至在表达空间和时间的存在时也倾向于使用"有"这个词，尽管这个"有"是表示存在意义的。试比较：

（34）山顶有一座房子。*There is* a house on the top of the mountain. На вершине горы *есть* дом.

下面，我们对存在句按不同的语义加以分类。

1. 纯存在句

这类句子又可以分成空间存在句、时间存在句和类空间存在句。试比较：

（35）房间里在开会。

（36）每天都有新闻。

（37）贝多芬的音乐里有着特殊的美。

（38）The glass has water in it.

（39）There is going to be a meeting tonight.

（40）There sprang from the audience a cry of indignation.

（41）В этом парке есть дуб.

（42）Была зима 1998 года.

（43）В звуке его голоса была таинственная сила.

存在关系还可以表现在最简单的只由名词构成的称名句中，以汉语和俄语为例：

（44）春天。公园的一角。

（45）Зима. Мороз.

2. 属有句

属有的主体一般为人。属有关系在三种语言里的表达不尽相同，这在本文的开始部分已有论述。属有句主要表示拥有某物或支配某物，也可以表示体貌特征、穿戴或携带的物品以及人的某种关系及生活中的外部环境和事件等。试比较：

（46）吴英梳着两条长辫。

（47）她穿着大衣。

（48）吴英有很多朋友。

（49）He was wearing an old skullcap.

（50）Now he has a job.

（51）У него никогда нет денег.

（52）У него курчавые волосы.

（53）У деда был большой жизненный опыт.

（三）品评句

品评关系相当于狭义理解的述谓关系，因此也可以称为纯述谓关系。品评句中的思维运动十分单一，是从指称事物到指称概念。在汉语和英语里，品评句都是主谓结构，在俄语里，既可以是主谓结构，也可以是单部句结构。试比较：

（54）我睡不着。I don't sleep well. Я не могу заснуть／Мне не спится.

品评句与存在句一样，属于最积极的逻辑-语义类型，因为语言思维的逻辑首先要求确定事物、事件、现象的存在，然后才对其做出品评。原则上说，存在句要出现在品评句之前。然而现实中，某事物的存在可以受到语境的规定，为发话者和受话者双方所共知，因此往往不需要特别用存在句表达。在这种情况下，存在句是潜在的，也是可以被补充和复现出来的。以汉语为例：我儿子在读大学。我有儿子。他（我儿子）在读大学。品评句可以分成三种类型。

1. 关系句

关系句表达主体和与之联系的现实之间的关系，如在"他在读书"一句中，动词"读"表示的是主体（他）对客体（书）的关系，而在"飞机从上海飞往北京"一句中，动词"飞"表示的是主体（飞机）与目的地和出发城市（北京、上海）的关系。三种语言中，许多带及物动词或运动动词的句子都是关系句。试比较：

（55）I met Sally.

（56）The manager approached us full of apologies.

（57）Он работает над статьей.

（58）Они поехали на дачу.

2. 限定品评句

限定品评句又可以分出两种基本类型。

（1）特征品评句

这类句子主要品评主体某个恒常持久的特征。在三种语言中通常用主谓结构的句子表达。谓语位上可用表示特征（指称概念）的形容词和名词，也可以用表示能力的动词。试比较：

（59）我弟弟是医生。

（60）他很聪敏。

（61）孩子会走路了。

（62）They are efficient and warm-hearted.

（63） This is a poplar.

（64） Он не дурак.

（65） Дочка уже читает.

（2） 状态品评句

这类句子报道人物或环境的状态，通常也用主谓结构的句子表达。谓语位上多用不及物动词、形容词或相应结构，俄语中还可以用形容词短尾或无人称句。试比较：

（66） 他病了。

（67） 经理在忙。

（68） 天黑了。

（69） She is very worried.

（70） He is in high spirits.

（71） Он болен.

（72） Меня знобит.

3. 疏状品评句

这类句子可从空间、时间、数量以及原因、结果、目的、条件等各种逻辑制约关系进行品评。试比较：

（73） 书在桌子上。

（74） 会五点开。

（75） 人很多。

（76） 比赛因故取消了。

（77） It takes John five minutes to go to work.

（78） The book was left in his room.

（79） It weighs almost a ton.

（80） The old man was blind because of cataracts.

（81） Она вышла замуж вопреки воле родителей.

（82） Он приехал с целью объяснения.

从严格意义上来说，疏状品评关系（数量品评除外）一般都超出了句子最小的称名结构，在三种语言中往往还可以用复合句来表达。

（四）赋名句

这类句子的功能是赋予事物以名称，或者把事物与其名称相联系，因此思维的运动方向是由指称事物到能指。赋名句中被称名的成分是主项，赋予主项的称名是编码名称。主项表示指称事物，而编码名称则既不指涉指称事物，也不指涉指称概念，仅仅体现其能指方面。赋名句的语义类别比较单一。试比较：

（83）他叫王鹏。

（84）This day is generally called August Festival.

（85）Эта вершина называется Казбек.

（五）存在-等同句

这种句子属混合类型。存在-等同关系这类句子的语义比较复杂，具有综合的性质，即同时表达存在意义和等同意义，而且三种语言都用最简单的句子结构。试比较：

（86）火车！

（87）Fire！

（88）Гроза！

与以上四种逻辑-句法类型不同的是，这类句子具有鲜明的感情色彩，主要用于口语中。

五　结语

以上我们对汉、英、俄三种语言的句子语义进行了初步的对比，涉及的只是有代表性的句子。从理论上来讲，三种语言中的所有句子都可以纳入这五种逻辑-语义类型，但这需要做大量细致的工作，而一个很重要的前提是要在汉语和英语中整理出像俄语一样的句子结构模式（类型）体系，这样才能完整地体现称名学的研究目的。因此，系统和全面的对比还有待于进一步的研究。

参考文献

АН СССР, *Русская грамматика. Т. I* ，Москва：Наука，1980.

Арутюнова Н. Д. ，*Предложение и его смысл*，Москва：Наука，1976.

Белошапкова В. А. （Ред），*Современный русский язык*，Москва：Высшая школа，1981.

Всеволодова М. В. ，*Теория функционально-коммуникативного синтаксиса*，Москва：МГУ，2000.

Крылова О. А. ，Максимов Л. Ю. ，Ширяев Е. Н. ，*Современный русский язык. Теоретический курс*，Москва：Изд-во Рос. ун-та дружбы народов，1997.

Караулов Ю. Н. （Гл. ред. ），*Русский язык. Энциклопедия*，Москва：Большая Советская энциклопедия，1998.

Соссюр Ф. Де，*Курс общей лингвистики*，Москва：Книжный дом «ЛИБРОКОМ»，2012.

Bussmann H. ，*Routledge Dictionary of Language and Linguistics*，Beijing：FLTRP and Routledge，2000.

李勤：《俄语不确定/确定范畴：语言手段及其言语功能》，上海外语教育出版社，1998。

李勤：《俄语语言研究和基本方法》，载李勤《俄罗斯语言文化研究论文集（第一辑）》，上海外语教育出版社，2003。

谭载喜编译《奈达论翻译》，中国对外翻译出版公司，1984。

张会森：《俄汉语对比研究》，上海外语教育出版社，2004。

原文发表于《俄语语言文学研究》2005 年第 3 期

俄汉语评价功能语义对比说略

杨家胜*

摘 要: 本文从词汇、句子、篇章三个层面对俄汉语评价功能语义作了举隅式的对比研究。研究发现,一方面,在俄汉语各对应语言层次单位中,评价意义的分布有很大的相似性;另一方面,它们在句法-语义组合方面又表现出各自不同的特点。本文采用的功能主义研究路线对推进俄汉语对比研究亦具有示范意义。

关键词: 评价意义 俄汉对比 词汇 句子 篇章

汉外对比研究通常采用理性主义和经验主义两种路线。前者以经验为基础加以概况,后者从科学的假设出发进行推论。本文走的是不同于以上两种方法的新路,即遵循赵世开(1999)所提出的研究方法,以功能为主考察汉、俄语在表达评价观念时有哪些相同与不同。我们从词汇、句子、篇章三个层面对俄汉语评价手段作举隅式分析,以启发俄汉语评价语义对比研究的宏观思路。

一 俄汉语词义结构中评价义素的分布特征

用成分分析法(компонентный анализ)(И. М. Кобозева,2000:109 - 115)可从词义中分离出评价义素。词汇意义系统呈现描述意义和评价意义对立

---

* 杨家胜,哈尔滨师范大学斯拉夫语学院副教授、硕士生导师。

分布态势，且总体上表现为此消彼长关系，这明显反映在俄语的词义结构中①，汉语亦然。如下面三组形容词②：第一组为描述形容词，词义中仅包含描述义素；第二组为具体评价形容词，词义中既有描述义素，又有评价义素；第三组为一般评价形容词，词义中只有评价义素。

1）快、慢、长、短、高、矮、湿润、干燥、繁忙、紧急

2）美、丑、真、假、贵、贱、快乐、忧伤、亭亭玉立、国色天香

3）好、坏、善、恶

俄汉语里许多描述形容词可用作具体评价形容词，此时，形名短语中原具有实物意义的名词意义多向"非实物性"发生转变：铁锤→铁证（确凿的证据），冷饮→冷言冷语（含讥讽意思的话语），железная лопата（铁锹）→ железная дисциплина（铁的纪律），красный флаг（红旗）→ красная рыба（上品鱼）。这种词义衍生的机制是隐喻。

汉语名词的例子：

1）水、火、树、云、玻璃、咖啡、窗户、国家、地震

2）英雄、美人、懦夫、骗子、大兵、财迷、酒鬼、小姐

3）福音、噩耗、英勇、成功、失败、幸福、善事、恶行

第一组名词词义中包含描述语素，第二组词义中既包含描述义素，又包含评价语素，二者相互伴随，而第三组名词只包含评价义素。

汉语有很多评价性语素，如"小（鬼）、阿（妹）、（喜）儿、（赌）棍、（球）迷、老（师）"等，赋予派生词各种评价意义。俄语里这类语素也很多，它们附着于词干后，构成名词各种主观评价形式，如表小、表爱的-к, -ик, -ушк-、-юшк-等，表鄙的-ишк-、-ёнк-、-оньк-等，表大的-ищ-、-ин-等。说话人常用表大、表小名词表达自己的评价态度，而不一定指事物的实际大小。例如：

（1）Крыса, — пояснил я гостю, — крыса — *зверина*, не дает нам жизни.（«Огонёк»）（"这是防备老鼠"，我向客人解释说，"防老鼠，可恶的家伙，不让我们过好日子。"）

---

① 俄语词义结构中的评价、描述意义的分布情况参见杨家胜（2002：18-19）。

② 本文的汉语词类体系参照的是刘月华等（2001）。

（2）— А что，душечка，не приказать ли для дорогого гостя *самоварчик* поставить? — сказал он，потрепав жену по щеке. （Ф. Достоевский）（"怎么，亲爱的，还不叫人给我们尊贵的客人备茶?"他一边说，一边拍了拍妻子的脸蛋。）

例（1）用 зверина（巨大的野兽）意在表达说话人对老鼠的憎恶之情。例（2）用 самоварчик（小茶炊）表达对客人的尊敬。表人称谓更是如此，如 сестричка（姐/妹），хвастунишка（吹牛大王）。以上用法在俄语里很普遍，但在汉语中，表大、小的词语通常是对事物尺寸、强度特征的直接描写，可以完全不带评价义素。例如：

（3）一夜的大风直到天明方才收煞，接着又下起牛毛雨来，景象很是阴森。（茅盾）

（4）女人坐在小院当中，手指上缠绞着柔滑修长的苇眉子。（孙犁）

"大风、小院"中的"大、小"不同于"大傻瓜、小伙子"中的"大"和"小"，前者是描述语素（大上海，大世界，小辫子，小脸蛋），后者是评价语素。汉语中似乎有这样的规律，语素"大、小"与表物名词连用时多用于描述功能，评价功能不显著；而与表人名词连用时就有了鲜明评价功能。这与俄语的情况不同。俄语里的表大和表小语素无论与表物名词还是与表人名词连用都具有评价功能。汉语里带"大、小"语素的表物名词一旦进入语篇很容易成为整体"意境"（即情感评价）的构成要素。在确定语境中，含有"大、小"语素的词语与全句互相呼应，共同构筑评价语境。试想改变这类语素，就会发现，例（3′）中的"小风"与整体悲凉的情景不和谐，而例（4′）中的"大院"也大煞"皓月伊人"的美丽风景：

（3′）一夜的小风直到天明方才收煞，接着又下起牛毛雨来，景象很是阴森。（茅盾）

（4′）月亮升起来，院子里凉爽得很，干净得很，白天破好的苇眉子潮润润的，正好编席。女人坐在大院当中，手指上缠绞着柔滑修长的苇眉子。（孙犁）

动词的例子：

1）看、说、调、拍、学习、休息、工作、辩论、收集、表演

2）爱、恨、喜欢、珍惜、憎恶、处分、打击、抗议、欺骗、迁就

3）认为、以为、觉得、感觉

第一组动词词义包含的是描述义素。第二组动词词义包含的是评价义素。第三组动词即所谓的价值谓词，它们与第二组评价动词的主要区别是本身并不表示评价态度，主体的评价态度需要通过客体题元或从属命题的价值含义来判定（杨家胜，2002：19），例如：原来女厂长是个麻脸，小萼一向认为麻脸的人是最刁钻可恶的。（苏童）

评价意义与描述意义的对立在以上三种实词中体现得十分明显。

许多虚词，如语气副词、语气助词、叹词都具有评价功能。例如：

（5）三百个铜板才合一块钱！（陆文夫）

（6）这是一个多么安静美好的夜晚啊！

（7）我回忆起小黑牛坐在坡上歇气时，常常爱说的那一句话了，"那多好呀！……那样的山地！……还有那小牛！"（艾芜）

（8）哼！我一眼就看出来了，你是个不良少年。（莫言）

（9）天哪！中国老百姓真是世界上最好的老百姓。（王朔）

例（5）中的副词"才"表达了"我奶奶"两方面的评价态度，一方面嫌"三百个铜板"太少，另一方面表达了对"忤逆不孝、克扣老人"的"儿媳妇"的不满。例（6）和（7）中的语气助词"啊、呀"表达了说话人的赞叹之情，都是正面的、肯定的评价。例（8）中的叹词"哼"表达了说话人不信任、轻蔑的态度，是负面的、否定的评价；例（9）中的叹词"天哪"表达了说话人的激动心情，是正面的、肯定的评价。

与汉语语气副词一样，俄语语气词也可以表示正面评价［例（10）］或负面评价［例（11）］。例如：

（10）Муж опоздал *всего* на двадцать минут.（Маринина）（丈夫才迟到20分钟。）

（11）Я всю жизнь просидел в лаборатории и *даже* не был женат, а вы, наверное, уже три раза...（М. Булгаков）（我一辈子待在实验室里，婚都没结过，而您大概已经三次……）

与俄语中的评价语气词一样（详见杨家胜，2001：50-61），汉语中许多副词都是表达评价意义的重要手段，副词的评价功能实际上是一种元语功能，而连词的评价功能更多体现在依赖其构成的具有评价功能的句式中。

俄语里没有与现代汉语的语气助词相对应的词汇-语法类别，所以汉语语气助词的评价功能，在俄语中由交际语调、各种代词或情态语气词等①综合表达手段所取代。例如：

（12）*Замечательный фильм*！（好棒的电影啊！）

（13）*Как ты вошел-то*！...*я так испугалась*。（Ф. Достоевский）（你怎么就进来了啊！吓了我一跳。）

叹词在俄汉语中都有，其表达评价意义的功能也相同。试比较俄语的例子②：

（14）*Ох и красота*！真美呀！

（15）*Ах ты сумосброд*！你这个冒失鬼！

（16）*У! Какя образина*！呜！多丑的脸哪！

汉语的叹词句法独立，如例（8）、例（9），而俄语里的叹词可独立，如例（16），也可不独立，如例（14）、例（15）。

数词活用（即数词不再表数目）后，也可以具有评价功能（刘月华等，2001：127-128），如"再三（言其多）声明、三（言其少）言两语"。其他像"一、九、十、百、千、万"等也有类似用法。

由此可见，俄汉语实词（名词、动词、形容词）的词义结构中都包含评价义素，通过指称直接表明评价意义；而虚词则主要通过语法功能（副词、连词、语气词）和情感抒发功能（叹词）表达评价意义。虚词，尤其是叹词的评价功能，正好符合情感主义伦理学派③的观点，即"伦理或价值语言不过是主体情绪、情感或态度的表达"（舒国滢，2004）。

二 评价语句与评价语词的句法-语义特征

评价谓词是建构评价判断的核心，也是建构评价语句的基本手段。评价谓

---

① 包括代名词 кто，что；代副词 как，где，когда，куда，откуда，почему；代数词 сколько，столько，мало，много；情态语气词 а，ведь，вот，всего，же，ну，только，уж 等（«Русская грамматика»，Т. I，1980：115，728）。

② 选自«Русская грамматика»（1980）。

③ 代表人物为 Ch. Stevenson（斯蒂文森）、B. Russell（罗素）、M. Schlick（石里克）、A. Ayer（艾耶尔）等。

词即包含评价义素或具有评价功能的词汇单位。一个语句是不是评价语句，关键看句子中有无评价谓词。以评价谓词为核心的评价命题表达形式多样。我们发现，在汉语的评价句中，很难用一般评价语词直接评价某个对象。例如：

（17）他（她）好。

（18）点子好。

（19）花瓶好。

这样的语句需补足缺失的语境信息才能被接受。例如：

（20）他出身好，政治上一直受优待。（冯骥才）

（21）她比我好。

（22）沈冰：看你的作品都很轻松，但写的过程呢？

何庆魁：如果是点子好，这个作品来得并不难，如果点子不好写起来特别特别难。（央视国际）

（23）韩大爷饶有兴致地转着圈儿欣赏桌子上的花瓶，嘴里连连赞叹："这花瓶好，是古物，一看就是汉朝的。"

（24）他很好。

例（20）被补足的是评价对象的"出身"；例（21）是比较对象"我"；例（22）中的评价语句是表前提的条件分句；例（23）补充出指示词"这"；例（24）补充出了程度副词"很"。所以，汉语中由一般评价词构造的评价语句，或者出现在对比结构中［例（21）］，或者句中的评价对象是确定的［例（20）、例（23）］，或者评价语句的句法地位发生变化［例（22）］，或者附带表语气强度的词语［例（24）］。评价对象具体化、确定化是一种比较常见的评价结构。例如：

（25）他／人／好。

（26）她／穿得、长相、脾气、心眼、学问、涵养／好。

（27）这个／那个、你的、他的／点子好。

（28）这个／那个、窗台上的、墙角的、我的／花瓶好。

而在俄语中，既可以用一般评价语词直接说明评价对象：

（29）Он хороший.（他好。）

（30）Она хороша.（她好。）

（31）Идея хорошая.（点子好。）

（32）Ваза хороша.（花瓶好。）

又可以像汉语一样，使评价对象具体化：

（33）Он хорош（*хороший человек*）.（他是个好人。）

（34）Она хороша（*хорошая*）*характером*（*внешностью/душой*）.［她性格（长相/心灵）好。］

（35）Она *добрая*（*отзывчвая/образованная/тактичная*）.［她善良（有同情心/有教养/有分寸）。］

（36）Она *одета*（*выглядит/питается/живет*）хорошо.［她穿得（长得/吃得/住得）好。］

俄语中一般评价谓词和具体评价谓词在句法-语义上的差别在于，一般评价谓词和具体评价谓词的题元性质不同。一般价值评价的对象可以是命题（从言评价），也可以是各种事物（从物评价）；而具体价值评价的对象不能是命题，只能是事物（杨家胜，2001：39）。如可以说：

（37）Хорошо/плохо，что сейчас зима.［（很）好/不好，现在是冬天。］[1]

（38）Хорошо，когда зима.［（很）好，在冬天的时候。］

（39）То，что сейчас зима，хорошо.［现在是冬天，这（很）好。］

（40）Зима была хорошей/плохой.［过去的冬天（很）好/不好。］

但不能说：

（41）*Красиво，что сейчас зима.（美，现在是冬天。）

（42）*Безнравственно，что ты так поступил.（不道德，你这样做。）

此时表达具体评价意思只能说：

（43）Зима красивая.［冬天（很）美。］

（44）Так поступать безнравственно.（这样做不道德。）

我们使用 CCL 的语料[2]。在输入关键词"很好"以后，共得到 500 个例子，

---

① 这里的汉语译文增加了"很"字，没有这一副词对应的汉语句子就不规范。这也说明汉语里一般评价词不能作为态式词独立使用进行"从言评价"，必须借助副词"很"，而俄语不一定要借助 очень（很）这个词。这也是汉语与俄语的一个区别。

② 即北京大学中国语言学研究中心"CCL 语料库检索系统（网络版）"的现代汉语语料库。由此至本部分末尾，除特别标注外，汉语例句皆出自该语料库。

而对于例（39）"陈述（命题）+态式"这样的语序，有结构相同的语句。例如：

（45）有爱好，这很好。

（46）小舅妈听了以后，眼睛就会变成金黄色，应声说道：他爱我，这很好啊！

（47）好，年轻人能抓紧时间学习，这很好。

（48）啊，你主动来了，很好很好，你不来我也正要去请你呢。

在这些语句里，一般评价词"很好"前面的指示代词"这"可以省略。例如：

（45'）有爱好，很好。

也可以重叠，如例（48）。

俄语此类语句中的指示代词也可省略，评价对象不变：

（39'）Что сейчас зима, хорошо.（现在是冬天，很好。）

但表评价意义的 хорошо 需叠用时，常在前面加上复指代词：

（49）— Гм! Вот она какая восторженная, — проговорил старик, пораженный поступком дочери, — это ничего, впрочем, *это* хорошо, хорошо, благородный порыв!（Ф. Достоевский）（"嗯，看她有多激动"，老人说道，他被女儿的行为惊呆了，"不过，这没什么，这很好，很好，高尚的冲动！"）

这种叠用式更多表示"答应"或"允诺"，不表评价，并与 ну 连用。如：

（50）— Да? Я слушаю. Как потеряли? Но я не могу сейчас приехать — у меня гости. Неужели это так срочно? *Ну* хорошо, хорошо, приеду... Черт бы вас побрал.（Клюева）（"喂，请讲。怎么丢的？但我现在不能去，我有客人。真这么急吗？那好吧，好吧，我去……见鬼。"）

汉语里与例（40）同构的例子很多：

（51）今天天气很好。

（52）祥子不肯上去挤，地上就很好。（老舍）

（53）地点很好，在福煦路。

（54）庞家肉案子生意很好，因为一条东大街上只有这一家肉案子。

汉语里也有与例（37）、例（38）相同语序的例子，即"态式+陈述（命题）"格式。例如：

（55）儿子不和他们打拉拢，很好；能和他们瞎混，也好。（老舍）

（56）"既然如此，你辞了很好……"（钱钟书）

（57）"今天，我们大家在这里，开这个会——很好……"（王朔）

一般评价词在前时，其后不是评价的对象，而是对评价词语信息的补充，这是因为一般评价谓词具有信息不足性（Н. Д. Арутюнова，1988：92）。例如：

（58）很好，很好，确实是年轻有为。

（59）很好，要趁热打铁。

（60）这很好，你是对的，你就这么继续进行下去吧。

与俄语一样，汉语中具体评价谓词通常也不能带命题性题元。例如：

（61）＊美，这里的景色。

（62）＊透明，党的工作。

（63）＊困难，高技术融资。

（64）＊危险，夸大个人作用。

而要说：

（61′）这里的景色美。

（62′）党的工作透明。

（63′）高技术融资困难。

（64′）夸大个人作用危险。

可见，例（61′）到例（64′）是正确的，因为原来的命题题元变成了事物题元。相应地，原来的从言评价结构也变成了从物评价结构。类似的还有"快乐、忧伤、平庸、丑、容易、善良、幼稚、亲密、冷淡、疲劳、认真"等词语。

但汉语里也有一些为数不多的具体评价谓词，可以支配从属命题题元。例如：

（65）不道德，他赚学生的钱。

（66）有趣，什么都不一样。

三　俄汉语评价句式

从句法层面看，俄汉语里都有许多表达评价语义的句子结构模式，或评价句型。这些评价句型与基本评价模式（从物评价）不同，不是评价谓词充当述位，而是通过特定的句子结构模式来表达评价意义。句子结构模式的框架性评价功能影响了其结构要素，从而导致后者发生向评价意义的偏移。

（一）俄语评价句式

苏联科学院 1980 年《俄语语法》归纳的 64 个简单句句子结构模式中，我们发现有 19 个具有评价功能。其中，非疑问单句大多数是熟语性的［模式（3）～（12）］，少数是自由性的［模式（1）～（2）］；疑问单句中有 7 个模式可以表示评价意义。现摘录如下[①]：（1）Inf—N_1；（2）Inf-Adv-o（N_2...）；（3）N_1 как N_1；（4）N_1 не в N_4；（5）Вот N_1 так N_1；（6）Ай да N_1；（7）Ах（ох，эх）$Pron_1 N_1$；（8）Ох（ах）уж этот N_1；（9）Всем $Npl._3 N_1$；（10）Чем не N_1；（11）Что за N_1；（12）Что N_2；（13）Что+N_2（Adj_2）；（14）Что из（с）этого（того）；（15）Что + N_1；（16）Pron + ли + （не）；（17）Что（к чему，чего）+inf；（18）Adv（pron）+не+inf；（19）Почему бы не（отчего бы не）+inf（«Русская грамматика»，Т. Ⅱ，1980：217-394）。

这里所列举的评价句子结构模式是指模式本身的语义结构就表示评价意义，而该结构中某一要素是否具有评价意义不是我们关心的内容。结构要素的语义特征与模式整体的语义特征无直接关系。比如，当模式 N_1—$Adj_{1полн}$［Ребенок послушный（孩子是听话的）］的述体是评价语词时，该句子是评价句，但整个句子结构模式的语义是"主体及其述语性特征（属性或性质）之间的关系"（«Русская грамматика»，Т.Ⅱ，1980：289），不一定是评价性的，这是因为该句子的谓语部分还可以是表示非评价意义（领属关系、时空关系等）的词语，如 Книги детские（书是给孩子看的）；Газета — вчерашняя（报纸是昨天的）。模式 N_1—Adv-o［Ложь — это не простительно（谎言是不可原谅的）］也是如此。

当整个句子模式的语义结构是评价性的时，不论其结构要素语义是否具有评价性质，都不影响句式整体的评价功能，而且还能导致该模式中语言单位的中性意义向评价意义产生偏移。如评价句式（4）N_1 не в N_4：Праздник не в праздник，后一个 праздник 的意义原本无评价意义，但由于句子模式语义的作

---

① 以下符号系统出自«Русская грамматика»（1980）。

用，该词词义已经向"像样的节日、热闹的节日"等正面评价意义发生偏移。其他如句式（3）、（5）、（9）、（10）都具有这一特点。这类句式中，中性词通常向积极意义端发生偏移［如模式（3）、（5）、（9）、（10）的俄语例句］，也有向消极意义端偏移的［如模式（8）、（11）］。一些常用的口语句式也有词义偏移现象。在这些句式中，消极意义词保持不变，如 Куда/где＋N₃：—— Воры могли бы украсть у вас деньги！—— Куда ворам, я бы изловил их！（"小偷儿会把您钱偷去的！" "小偷儿算个啥？我都能把他们捉住！"）积极义词和中性义词向消极意义端发生偏移，如 Вот тебе/те（вам）и N₁：Вот тебе и дружба（这就是你跟他的友谊啊！）；Тоже（мне）＋N₁：Тоже мужчина！（还男子汉呢！）张家骅对这一类语言现象产生的心理机制进行了深入的分析（张家骅等，2003：108-123）。同样的情况也发生在汉语里（见"汉语评价句式"一节）。

复合句中亦有一类评价复句，其句子模式为：M①，что… 例如：

（67）*Молодцы, что сделали такой сайт.*

（68）*В твоих интересах, чтобы этого не случилось!*

（二）汉语评价句式

汉语中也有许多专门表评价意义的句子模式，例如：

1. "比"字句

（1）比……：你不明白，你的处境总比我好。（巴金）

（2）比……还（更）……：也想不到这样一个结实的身体，藏着一颗比鸡胆还小的小胆。（李健吾）

2. "仅"字句

表大量：仅……就+（数量词）：今年滑雪人数仅北京就可能达到四十万左右。

表小量：（1）仅+（数量词），就……：网上相识仅三月就定终身，"闪电结婚"难长久。

（2）仅+（数量词），就+（数量词）：先头部队仅用三天就完成三百公里长途急行军。

---

① 即态式词 модус，包括 N₁，A₁кратк.，Praed 或其他词组合形式等成分。该模式实际上是从言评价模式。

3. "还"字句

还……：小车还过不去呢，就别提大车了。

4. "连"字句

连……：是呀，当了这个差，处处不自由，连酒也不敢喝了！（刘震云）

与俄语类似，汉语评价句式里的中性词词义也多发生向积极义的偏移。邹韶华归纳了11种导致中性词词义偏移的句式，把中性词的语义偏移分为褒贬义、大小义、多少义三种情况（邹韶华，2001：3-17）。其中，与评价意义相关的是前两者。

第一类，向褒/贬义偏移。句式核心词为名词，少见于动词、代词：

（1）有/没（有）+N：看来部长还是有水平的，没水平怎么会当部长？（刘震云）

（2）是/不是+N：看来张、王的立场倒是对的，早就看出老袁不是东西。（刘震云）

（3）像/不像+N：见运生已像个人物。（杨震来）

（4）够/不够+N：唐家璇赞唐英年够条件做财爷。（凤凰网）

（5）来/不来+N：小琳对救人英雄"感激万分"，这下男青年更来精神了，一直将小琳送到家。（南方网）

（6）干（混）出/不干（混）出+N：他发誓一定要干出个样子来，令大家刮目相看。（王建设）

（7）算/不算+N："不行！你今天必须请！男子汉大丈夫说话得算话呀！"（韩梦泽）

（8）成/不成+N：政策利好不敌需求低迷，小金属股难成气候。

第二类，向大/小义偏移。句式核心词是名词，少见于动词、数量词。"大小、多少、高低、强弱"等本身只是表量的义素，不是评价义素；但进入其他词义结构后就常常变成评价义素。如"这瓜（真）够个"中的"个"指瓜的个头，尺寸，表"大量"，进而可以表评价：大个的瓜常被认为是好瓜。其他句式亦如此。故语义在"大小、多少、高低、强弱"等方面偏移的句式也是评价句式。俄语的例子如：У него температура/давление［他有体温/血压（体温高/高血压）］。

（1）有/没（有）+N：他既有水平，又有能力。

（2）够/不够+N：这瓜（真）够个！

（3） V 出／V 不出+N：李长春会见中国体育代表团，勉励运动员赛出风格。（搜狐网）

（4） 算／不算+N：只要能把敌人挤走，流血牺牲不算个事！（马烽）

（5） 出+N：闻小勇对苏如的话不置可否，他笑着说："你出得起价我就来"。（曾曦）

第三类："比"字句。与上面的"比"字句不同，这类句式中的词义要发生偏移。下面是邹韶华（2001：208-216）的例子：

（1） 比$_v$+N（或 V 或 Adj）：比干劲儿；比吃，比穿；比勤快。

（不） 比$_{prep}$①……（+E［评价项］）：生活比过去强多了。

（2） X 比 Y 有 N：这条鱼比那条鱼有味儿。

无论俄语还是汉语，其评价句式里的中性词词义多向正面义、积极义、褒义方向发生偏移，只有少数情况向负面义、消极义、贬义方向发生偏移。

四　俄汉语篇的评价信息

语篇（текст）是靠意义联系组成的符号单位序列，是大于句子的语言单位。语篇传递的是比命题更大的意义单位——信息。当语篇包含了说话人的评价态度时，实际上是通过语篇的形式结构和意义结构构筑了一种说话人意识中的文化模式，即一些与信念、价值有关的知识框架。我们通过对语篇评价意义的分析，可以达到对文化模式的认知（李战子，2004：4），这是词义及句义中所包含的简单评价意义所没有的功能。J. P. Gee 把文化模式分为三种，其中一种就是评价模式②，就是"我们有意识或无意识地用来判定我们自己或他人的模式"（J. P. Gee，2000：68）。J. R. Martin 等人将评价分为情感（affect）、判定（judgement）和鉴别（appreciation）三个系统。情感指性情和情绪上的反应；判定指一系列由制度确定的规范对人类行为的肯定和否定评价；鉴别是评价产品和过程的系统，包含了处于美学这个大范畴下的价值，以及"社会评价"这一非美学范畴，包括诸如 significant, harmful 等意义（转引自李战子，2004：4；

---

① prep 表介词。

② J. P. Gee 提出的另两种文化模式是"信念模式"和"互动模式"。

张美芳，2002：16）。

研究语篇的评价意义在于，通过揭示其中所蕴含的文化模式，明确这种文化模式所代表的个体（包括作者）或社会群体的思想态度。

美国传教士 A. H. Smith 在 100 多年前（1894 年）出版的《中国人的性格》一书中写道：

"中国人下决心把不好的消息传给他人时的举止非常有趣。在那种情况下，有时事情已不是什么秘密了，甚至可以公开直截了当地说了，但传消息的人还是完全有可能采取一种拐弯抹角、不着边际的方式说一件不能说，万万不能说的事。只见他心神不安地看看四周有没有人偷听，然后压低声音神秘地窃窃耳语；他伸出三个手指头，作为手势，不明不白地暗示那个没说出来的人就是他家的老三。他先含含糊糊地说了一番，然后指出事情的重要性；正当说到来劲的时候，他突然停住，不进一步说出事情发生的原因，然后意味深长地点点头，很可能是说："现在，你可明白了，不是吗？"在这个全过程中，可怜且不开窍的外国人除了不明白还是不明白。传消息给你的人说到这种程度，如果你还是一无所知，那也并不奇怪，他会明确地说，总有一天你会发觉他是对的！"（亚瑟·亨·史密斯，1998）

史密斯认为中国人性格"拐弯抹角、过分含蓄"，被辜鸿铭批为"不了解真正的中国人"。下面则是当代俄罗斯人对中国人的认识：

Манеры и табу：

Знаки, которые указывают на то, что китаец хочет завершить встречу：

— Предлагает больше чаю.

— Резюмирует то, что было сказано.

— Благодарит за присутствие.

— Поднимается.

Подарки：

— Перед тем, как принять подарок, следует три раза его отклонить.

— Подарки не открываются перед дарителем.

Скромность：

— Китайцы часто занимаются самоунижением: например, «только простая еда», «только попробую начать рисовать» (художник).

— Если кто-то сказал им комплимент, стандартный ответ будет «Бу хао» (нехорошо).

— Они также критикуют всех членов своей семьи.

— Они редко упоминают должность и квалификацию.

— Считают хорошей манерой уйти на задний план при фотографировании.

— Когда высказывают мнение, они говорят: «мое незрелое мнение...».

Скромность у китайцев — это традиция вековой давности. Целый ряд лингвистических почетных и самых неодобрительных выражений используется уже более, чем 2000 лет...

这是俄国某商业公司职员的公关课。他们认为，中国人在各种交际场合中表现出来的特点是由来已久的"委婉、谦逊"传统。同样是"含蓄"的文化模式，一个给人的感觉是"做作、过分"，另一个却是"委婉、谦逊"，这显然是两种迥异的评价态度。从语言学角度考察篇章的形式构造与其反映的文化模式之间的关系则是一个值得深究的课题了。

五 结语

俄汉语评价功能语义对比是个大课题，其中诸多问题很难在此一一赘述。汉语是汉藏语系的代表，而俄语又是印欧语系斯拉夫语族的代表，通过两种语言的对比，可以让我们了解汉语与其他不同体系语言的区别与关系，"把汉语置于世界语言变异的范围内来考察，在普遍适用的语言变异模式上找出体现汉语特点的变异参数"（沈家煊，2000：18），这样，我们的研究或许能为汉语研究的现代化做出更有价值的贡献。

参考文献

АН СССР, *Русская грамматика*, Москва: Наука, 1980.

Арутюнова Н. Д., *Типы языковых значений: Оценка. Событие. Факт*, Москва: Наука, 1988.

Кобозева И. М. , *Лингвистическая семантика*, Москва：Эдиториал УРСС, 2000.

Gee J. P. , *An Introduction to Discourse Analysis：Theory and Method*, Beijing：FLTRP and Routledge, 2000.

Thompson G. , *Introducing Functional Grammar*, London：（Ed2 ward）Arnold, 1996.

华劭：《华劭论文选》，黑龙江人民出版社，1991。

李战子：《评价与文化模式》，《山东外语教学》2004 年第 2 期。

刘月华、潘文娱、故桦：《实用现代汉语语法（增订本）》，商务印书馆，2001。

沈家煊：《〈语言类型学与普遍用法特征〉导读》，*Typology and Universals*, Croft W. , 外语教学与研究出版社，剑桥大学出版社（England 1990），2000。

舒国滢：《走出"明希豪森困境"——罗伯特·阿列克西著〈法律论证理论〉译序》，http：//www. nwupl. edu. cn，2004（04. 08. 2011）。

〔美〕亚瑟·亨·史密斯：《中国人的性格》，乐爱国、张华玉译，学苑出版社，1998。

杨家胜：《现代俄语中的评价范畴》，黑龙江大学硕士学位论文，2001。

杨家胜：《从语言学角度看评价意义》，《外语学刊》2002 年第 3 期。

张家骅等：《俄罗斯当代语义学》，商务印书馆，2003。

张美芳：《语言的评价意义与译者的价值取向》，《外语与外语教学》2002 年第 7 期。

赵世开：《汉英对比语法论集》，上海外语教育出版社，1999。

邹韶华：《语用频率效应研究》，商务印书馆，2001。

原文发表于《俄罗斯语言文学与文化研究》2012 年第 1 期

基于词汇函数的俄汉虚义动词对比

关月月[*]

摘　要： 俄汉虚义动词在研究方法、划分标准、界定范围等方面都有很大的不同。这种差异源自俄汉虚义动词研究的目的不同。汉语虚义动词的研究在于揭示虚义动词具有的一系列语义、句法、语用等特征，而俄语虚义动词的研究在于揭示两个词汇在组合层面具有的熟语性搭配关系，从而为构建词汇函数服务。汉语虚义动词的研究也可以从词汇函数的角度进行，其目的在于总结出汉语不同词汇函数类型的虚义动词，实现俄汉虚义动词的对应。

关键词： 虚义动词　词汇函数　俄汉对比

一　引言

一般而言，虚义动词指"本身词义削弱或几乎消失，主要起或基本上只起句法或修辞作用的动词，……该结构的语义主要由其中的动词宾语来承担"（袁杰、夏允贻，1984：31；周刚，1987：11）。刁晏斌认为，"虚义"并不是没有词汇意义，而是指某种不指称具体动作行为的抽象概念意义。因此，虚义动词也可以看成是"类义"动词（刁晏斌，2004a：8）。Ю. Д. Апресян 也认为虚义动词有一定的词汇意义，这一意义是其支配动名词意义中的属概念意义

---

* 关月月，曲阜师范大学外国语学院副教授、硕士生导师。

（Ю. Д. Апресян，2006：100）。虚义动词有广义和狭义之分。广义虚义动词指符合上述定义的所有动词，而狭义虚义动词则主要指能搭配另外一个动词形成动宾结构的动词（有人把这样的动词称为名动词，可参考沈家煊，2012：3）。无论是在俄语中还是在汉语中，虚义动词都是一个重要的动词类别，它们是构建书面语篇的重要表达手段。并且虚义动词的使用在很大程度上具有民族性，是外语学习者容易引起母语负迁移的词类，因此，对不同语言的虚义动词进行对比研究有着重要的意义。本文拟从词汇函数角度对俄汉虚义动词进行对比，一方面有益于俄语学习者以及汉语学习者的语言学习，另一方面有利于实现基于词汇函数的机器翻译。

二　词汇函数

词汇函数是俄罗斯学者 И. А. Мельчук 为实现"意思⇔文本"的双向转换而从语言中抽象出来的、表达词语之间抽象关系的函数。词汇函数"指一组词汇语义单位与另一组词汇语义单位之间的特定抽象语义关系"（И. А. Мельчук，1997：113；Е. В. Падучева，1975：554；张家骅，2002：1）。词汇函数的表达式为：$Y = f(X)$。其中，X 是关键词，在词汇函数中一般用 C_0 表示。f 是函数式，表示各种各样的抽象关系。Y 是取值，是具有一定抽象函数关系的关键词的值。例如，Magn 这个词汇函数表示的是"极端性特征"，因此，当关键词取一定的值时，会获得另外一个词（或一些词）。如"风"为关键词时，"风"的极端特征在汉语中表示为"狂"，组合成的词语就是"狂风"。因为语言的极端性特征有时未必会体现为一个词，因此，取值也可能会多于一个。极端性特征既可能是肯定的正面特征，也可能是否定的负面特征。这在词汇函数中会用上角标或者下角标标注出来。词汇函数既可能是同一个词类之间的抽象语义关系，如俄语中表示完成体的词汇函数 Perf 只是用来表示完成体动词；也可能是不同词类之间的抽象语义关系，如 Magn 就是一个跨词类的词汇函数，它既可以表示名词的极端性特征，也可以表示动词、形容词等的极端性特征。因此，词汇函数完全从语义层面概括词与词之间的抽象语义关系。"词汇的函数关系区分为聚合关系和组合关系。"（张家骅，2002：1）前者称为词汇参量（лексический параметр），后者称为词汇代替（лексическая замена）（Ю. Д. Апресян，1974：

43）。聚合层面的词汇函数如同义词汇函数 Syn、反义词汇函数 Anti 等，考察的是词汇之间的聚合关系。组合词汇函数如极端性特征 Magn、良好特征 Bon 等，考察的是词汇之间的组合关系。本文拟使用的虚义动词函数属于组合层面的词汇函数，它考察的是关键词 C_0 和虚义动词之间的制约搭配关系。组合词汇函数针对的对象主要是熟语性搭配关系。熟语性搭配组合呈现的意义和熟语意义一样，不能简单看成是其组成成分（词）的意义的简单加和（关于熟语意义问题，可参阅林春泽，1998：53；朱风云、张辉，2007：8），而是约定俗成的意义，理据性不强。因此，有必要以词汇函数的形式把这些熟语性搭配关系找出来，从而实现不同语言之间的语码转换。所以，词汇函数"可以解决两种根本不同但又彼此关联的问题：1）把自然语言中众多的固定搭配归为数十个语义句法上有共同属性的词汇函数的问题；2）总结一套对所有语言都适用的句子转换规则的问题"（Ю. Д. Апресян，2008：4-5）。成语语义不是由其组成成分（词）的意义的简单加和。

三　俄汉虚义动词对比

（一）虚义动词的界定标准对比

在国内汉语学界，虚义动词的范围界定目前常使用的标准是：（1）从意义层面，动词的词汇意义基本消失（或者表达"类义"）；（2）从句法上，虚义动词要支配另外一个动词；（3）去掉虚义动词后，句子的基本意义不发生变化。但这些标准未能使虚义动词的界定变得容易。在哪些动词属于虚义动词、哪些动词不属于虚义动词方面，不同学者还是具有不同的看法（刁晏斌，2004a：9-16），如很多学者不把"搞、干"看成是虚义动词，而刁晏斌（2004a：14）则认为，"搞、干"应当属于虚义动词，因为"搞、干"和"做、从事"具有相同或相似的类义，和"进行"的用法也大致相同，而且在很多例子里，"搞、干"构成的动宾结构和"进行"构成的动宾结构可以替换。同样，"致以、装作、有"等在很多学者的著作中看作虚义动词，却被刁晏斌剔出虚义动词的行列（刁晏斌，2004a：10-12）。上述现象出现的原因在于，有些学者比较倾向于意义标准，有些学者比较倾向于形式标准。如果仅从虚义动词的定义入手，把所有词汇意义消失或弱化、只保留语法功能的动词都称为虚义动词，无疑会使虚义动词的范围扩大，而如果从组合、聚合层面对虚义动词加以限定，无疑会缩小虚义动词的范围。

俄罗斯对于虚义动词的研究是附属于词汇函数研究的。在俄语中，表达虚义动词的函数有三个：Oper，Func，Labor。它们与自变项抽象名词（名动词）C_0 搭配。抽象名词（名动词）C_0 表示动作情景，拥有相应的一组语义配价位。虚义动词函数不表示具体词汇意义，相当于虚义动词，用来在深层句法结构中将 C_0 与虚义动词函数的深层句法题元位连接起来，其功能主要是变换 C_0 的语义配价位与虚义动词函数深层句法题元位之间的对应关系。从这三个虚义动词词汇函数中，我们可以概括出俄语虚义动词判定的标准：（1）动词的词汇意义基本消失，它主要起语法上的连接作用；（2）虚义动词支配表达情景本身的动名词（即关键词）；（3）含有虚义动词的句子和关键词的动词形式表达的句子具有同义关系（表示相同的情景）。从表面上看，俄汉虚义动词的判定标准大致相同，实际上，第三条标准有着很大的不同。汉语坚持的标准比较严格，它指去掉虚义动词，句子的意义基本不发生变化（句式也保持不变），如"他在进行研究"="他在研究"。而俄语只是以同义转换为前提，只要关键词本身表达一个情景，无论情景参项属于主动形式、被动形式，都不影响虚义动词的选择。因此，有些俄语虚义动词在汉语中不被看成是虚义动词。例如：

（1）А теперь *подвергаюсь* наказанию суда.（而我现在遭到了法院的惩罚。）

例（1）的动词 подвергаюсь 是虚义动词，因为关键词 наказание（惩罚）指向一个情景，省略的主语 я 只是其中一个参项。这种情况属于词汇函数 $Oper_2$ 描写。但在汉语中，"我遭到了惩罚"这句话的动词"遭到"虚义动词的身份有争议。有些学者认为"遭到"是虚义动词，有些学者认为它不是虚义动词，理由是句子去掉"遭到"后意思会发生变化（刁晏斌，2004a：10）。

（二）虚义动词的范围对比

汉语虚义动词中有很重要的一类，称为"做"义类虚义动词（刁晏斌，2004a：20-22）。"做"义类指的是"从事"某一类活动、参与某一类活动，如"干事业、搞体育"等。俄语中具有"从事"意义的动词 заниматься 不是虚义动词。尽管俄罗斯学者 Ю. Д. Апресян 在研究虚义动词函数 Oper 时曾指出，

делать（做）是"动作类"动词用作虚义动词的典型代表（Ю. Д. Апресян，2006：100），但这是就其派生意义而言的。

俄语词汇函数中涉及的虚义动词比汉语中认定的虚义动词要多。根据俄语词汇函数定义得到的虚义动词中，只有极少数的一类在汉语中也被看成是虚义动词。这种情况主要体现在词汇函数 $Oper_1$ 中。词汇函数 $Oper_1$ 取值获得的虚义动词连接的是俄语的某一情景参项和作为直接补语（相当于汉语中的宾语）的情景本身（Ю. Д. Апресян，1974：45）。而 $Oper_1$ 指虚义动词连接的作为主语的情景参项是施事，即动作的发出者，如例（2）：

（2）Его военная команда *вела* исследования по всему пути.（他的军队对整条路都进行了研究。）

例（2）中的虚义动词是 вести。它连接的主语是作为施事的 военная команда，直接补语（相当于汉语的宾语位）是称名该句子情景的动名词 исследование。因此，例（2）属于词汇函数 $Oper_1$。这种情况下，汉语同样有被认可的虚义动词结构，如例（3）：

（3）他把地图上所有的陆块都进行了比较研究，结果发现它们的海岸线都能较好地吻合在一起。

而包括 $Oper_2$ 在内的其他几个词汇函数获得的虚义动词，在汉语中基本被排除在了虚义动词的范围之外。例如，词汇函数 $Func_0$ 指情景本身用作主语、虚义动词用作谓语，没有宾语的情况（Ю. Д. Апресян，1974：46）。这种句式属于倒装的存在句式。例如：

（4）*Идёт* дождь.（下雨了。）

例（4）的动词 идти 本来属于运动动词范畴，但在该例句中意义虚化，它只表示 дождь 这一现象的存在。它更多的是作为语法上的谓语，承载语法信息，而不是承载词汇信息。因此，И. А. Мельчук 把这种句式归为词汇函数 $Func_0$。国内汉语学界从不把"下雨了"中的"下"作为虚义动词。俄语词汇函数 $Labor_{12}$ 表示：作为施事的情景参项（第一个）用作主语、作为受事的情景参项（第二个）用作直接补语和情景本身用作间接补语。由这个词汇函数赋值获得的俄语虚义动词往往具有"使役"义素。例如：

（5）Не стоит *подвергать* критике решение КС, это его полномочия.（不要对宪法法院的决议加以批评，这是它的权利。）

汉语中表达这一概念使用的是"使……受到、对……加以"等结构，并没有与之完全对应的动词，因此也不存在是不是虚义动词的问题。当然，有些学者划定的虚义动词范围比俄语词汇函数对应的范围要大得多。例如，尹世超把"遭受、遭到、接受"等列入虚义动词（尹世超，1980：17-20），这些虚义动词正好对应着词汇函数 $Oper_2$：句子主语是受事，句子宾语是表示情景本身的动词。

由此可见，从词汇函数角度确定的俄语虚义动词的范围比汉语中虚义动词的范围要广得多。这是由词汇函数的性质以及确定虚义动词的标准不同导致的。

（三）虚义动词支配的词汇对比

汉语中很多文献认为，汉语虚义动词一般只能带动词宾语。周刚（1987：12)、陈永莉（2006：94）、刘云峰（2005：353-356）则认为，有不少虚义动词（如"给予、给以"）可以支配名词宾语，或者单宾语，或者双宾语。例如：

(6) a. 在这次抗灾抢险斗争中，有83位同学光荣牺牲，对牺牲的同学已妥为安葬，根据国务院有关规定，确定给予烈士称号。

b. 但使他困惑不解的是，他之无私并不能给予他幸福，他与周围的人依然格格不入。

实际上，不是所有可用作虚义动词的动词都只是虚义动词。在这点上，刁晏斌明确指出，"虚义动词是就某一义项而言的"（刁晏斌，2004a：9）。所以，上面两个例子中"给予"所搭配的名词性宾语实际上表明，这时的动词不是用于虚义动词，而是用于实义动词。因为此时的动词明显具有"使……拥有"这一意义成分。虚义动词为什么应当搭配动词性宾语有其内在的理据。虚义动词的意义之"虚"是受其支配的动词性宾语影响的。由于动词性宾语指向了一个完整的情景，使得虚义动词失去了具体的情景指向，因而失去了具体的词汇意义。所以虚义动词只是在行使语法功能。这就是为什么在汉语虚义动词结构句式里很多时候可以去掉虚义动词而使句子意义保持不变。基于同样的理由，俄语的虚义动词也一般支配动名词。其实，从内容层面而言，虚义动词支配的内容应当是一个事件，而不是一个事物。所以，只要是指称这个事件的词汇，就可以成为虚义动词的宾语。只不过，表达事件的词汇一般是动词（俄语中还有称名事件的动名词），所以汉语的虚义动词应当以动词为其宾语。俄语由于虚义动词一般不和动词进行搭配，才搭配动词的名词形式。如果一个名词指向一个事件时，汉语的虚义动词也是可以和它搭配的。例如，汉语虚义动词"进行"可以和名词"手术"进行搭配。但是在这里，"手术"指向的不是一个物体，而是一个事件，因此，"手术"可以成为虚义动词"进行"的宾语。

但因为俄汉对虚义动词划分的范围并不相同，从而在其支配的宾语成分上也有较大的差异。按照刁晏斌的观点，"做节目"的"做"也是虚义动词（刁晏斌，2004a：13）。在我们看来，这里的"做"不应看成虚义动词，因为"节目"并不指向一个事件。刁晏斌是从"类义"的角度确定"做"的虚义动词身份的。在俄语句法中，虚义动词在语义内容上支配的事件不一定是用作句子的直接补语或者间接补语，而可能是主语。这一类现象表现在词汇函数 Func₁ 中。例如：

（7）И это влияние *происходило* оттого, что Симонсон полюбил Маслову.（这一影响源自西蒙松爱上了马斯洛娃。）

而在词汇函数 $Func_0$ 中，虚义动词在语义层面也没有支配的事件内容，它只具有抽象的"存在"意义，说明某一现象的存在，如上文例（4）的 Идёт дождь。

（四）俄汉虚义动词次范畴对比

汉语虚义动词一般分为两种类型：DVa 和 DVb 类（周刚，1987：11；陈永莉，2003：93）。刁晏斌给这两类进行了概括，称为"处置"义类和"做"义类动词（刁晏斌，2004a：20-22）。这两类虚义动词的分类标准可以从语义层面、语法形式层面等角度进行。从语义上，"处置"义类虚义动词具有"短时完成、非持续、无过程的时间和要求受事的空间特征"，而"做"义类虚义动词具有"非短时完成、可持续、有过程的时间特征。在空间特征上，……有时要求受事，有时不要求受事"（周刚，1987：11）。与此相应，"处置"义类虚义动词不能和表示过程持续的体助词"着、在、正在"等连用，也不和动态助词"了、过"连用，而"做"义类虚义动词则可以和表持续的体助词和动态助词连用（周刚，1987：11）。此外，这两类虚义动词的扩展程度也不一样。

俄语中没有专门针对虚义动词的分类。Ю. Д. Апресян 曾经以词汇函数 Oper 为例，总结了来自不同动词类别的虚义动词：来自动作动词中的虚义动词（如 брать，давать，делать，подавать）、活动动词中的虚义动词（如 вести）、状态动词中的虚义动词（如 испытывать，питать）等（Ю. Д. Апресян，2006：100-105）。俄语表达虚义动词的词汇函数有三个：Oper，Func，Labor。每一个又可能划分为几个小类。其中，词汇函数 Oper$_i$ 取值获得的虚义动词连接的是作为主语的某一情景参项和作为直接补语（相当于汉语中的宾语）的情景本身。词汇函数 Func$_i$ 取值获得的虚义动词连接的是作为主语的情景本身和作为补语的某一情景参项。词汇函数 Labor$_{ij}$ 取值获得的虚义动词连接的是作为主语的第 i 个情景参项、作为主要补语的第 j 个情景参项和作为次要补语的情景本身（Ю. Д. Апресян，1974：45-46。这三类词汇函数的划分依据的是表达情景的词汇、表达情景参项的词汇在表层句法结构中的位置分布，换句话说，依据的是不同的配位方式。

另外，俄汉虚义动词在研究角度、目的上也有诸多不同之处。国内汉语学界对汉语虚义动词的研究，主要侧重于虚义动词的界定、范围、概括语义、次范畴等方面，关注的是汉语虚义动词具有的一系列替代、句法、指称、语用等功能（刁晏斌，2004b：33-38），其目的在于深化我们对汉语虚义动词的认识。而俄语虚义动词的研究是附属于词汇函数研究的，其目的不在于研究虚义动词的语义句法特征，而是要确定某一关键词在某一词汇函数的情况下使用哪个虚义动词。这种研究的目的是"意思⇔文本"的双向转换服务。

四　俄汉虚义动词词汇函数的对应

本文认为，虚义动词毕竟不同于"类义"动词。"类义"动词只是提供了一个抽象的语义框架，其支配的动词宾语的作用是使该语义框架具体化。虚义动词恰恰相反，提供语义框架的不是虚义动词，而是虚义动词支配的动名词。虚义动词只是为了从语法上保证句子的正确性而存在的。虽然 Ю. Д. Апресян 也认同虚义动词有一定的词汇意义的观点（Ю. Д. Апресян，2006：100），但他认为虚义动词的意义应当是其关键词具有的属概念意义。这保障了虚义动词和其关键词语义上的一致性，并且也保障了虚义动词去掉后，关键词变为相应动词形式而使句子意义保持不变。从词汇函数的角度看待虚义动词，所得出的结论和汉语虚义动词有很大的出入。但是本文的目的并不在于说明汉语传统上对虚义动词的研究和从词汇函数角度对虚义动词的研究谁更合理，而在于如何能使俄汉虚义动词词汇函数实现对接。毕竟，对于俄汉翻译而言，从词汇函数角度寻找适合的虚义动词（或者说动词）更具有实践意义。词汇函数描写的是词和词之间的熟语性制约关系。这种制约关系恰恰是外语学习者的制约因素。因此，从词汇函数角度研究俄汉谓词单位的对应是有益的事情。限于篇幅，本文主要对 Oper 词汇函数中常用的俄汉虚义动词进行对应研究。

（一）词汇函数 Oper₁

词汇函数 $Oper_1$ 指的是关键词用作直接补语（宾语位），而情景的施事参项用作主语的情况。Ю. Д. Апресян 区分了不同动词类别中词汇函数 $Oper_1$ 使用的不同虚义动词，如动作类动词、活动类动词、过程类动词等（Ю. Д. Апресян，2006：100-102）。本文囿于篇幅，只对俄汉动作类虚义动词进行对比。下面，词汇函数中使用的关键词在俄汉语中是对应的词汇——它们在某个意义上是等同的。但获得的词汇函数却未必是等同的。常见俄汉虚义动词对应关系的例子如下：

Давать，подавать＝$Oper_1$（совет＝建议）＝提供、给予、给

Давать＝$Oper_1$（консультация＝协商）＝进行

Давать＝$Oper_1$（объяснение＝解释）＝给出、做出

Давать＝$Oper_1$（гарантия＝保障）＝提供

Наложить，брать＝$Oper_1$（штраф＝罚金）＝处以

Бросать＝$Oper_1$（вызов＝挑战）＝发出

Вносить＝$Oper_1$（предложение＝建议）＝提出

Делать＝$Oper_1$（шаг＝进展）＝取得

Делать＝$Oper_1$（выбор＝选择）＝做出

Делать＝$Oper_1$（движение＝运动）＝做

Делать＝$Oper_1$（ошибка＝错）＝搞、弄

Делать＝$Oper_1$（вывод＝总结）＝做

Делать＝$Oper_1$（попытка＝尝试）＝做

Делать＝$Oper_1$（усилие＝努力）＝做

Делать＝$Oper_1$（доклад＝报告）＝做

Делать＝$Oper_1$（заявление＝声明、申请）＝发表（声明）、提出（申请）

Делать＝Oper₁（предупреждение＝警告）＝提出

Наводить＝Oper₁（критика＝批评）＝予以、进行、给予

Наносить＝Oper₁（удар＝打击）＝予以、给予

Оказывать＝Oper₁（влияние＝影响）＝施加

Оказывать＝Oper₁（помощь＝帮助）＝提供、给予、予以

Оказывать＝Oper₁（поддержка＝支持）＝提供、给予、予以

Оказывать＝Oper₁（покровительство＝保护）＝提供、予以

Оказывать＝Oper₁（противодействие＝抵抗）＝进行

Оказывать＝Oper₁（давление＝压力）＝施加

Отдавать＝Oper₁（приказ＝命令）＝发布

Предпринимать＝Oper₁（действия＝行动）＝采取

Предпринимать＝Oper₁（исследование＝研究）＝进行

Предъявлять＝Oper₁（требование＝要求）＝提出

Принимать＝Oper₁（решение＝决定）＝做（出）

Приносить＝Oper₁（благодарность＝感谢）＝表示

Проводить＝Oper₁（сравнение＝对比）＝进行、做

Производить＝Oper₁（обстрел＝射击）＝进行

Совершать＝Oper₁（посадка＝降落）＝完成

从上述 Oper₁ 的词汇函数中可以看出俄汉虚义动词使用的如下特征：（1）俄语虚义动词和汉语虚义动词没有规律性的对应关系；（2）在动作类动词中，俄语虚义动词主要使用了 делать，оказывать，而汉语虚义动词主要使用了"做、进行、提供、给予、予以"；（3）当关键词表示心智行为时，俄语虚义动词和汉语虚义动词的对应性较好，俄语用 делать，汉语用"做"；（4）俄语的 оказывать 和汉语的"提供、给予、予以、施加"的对应关系较好，当关键词具有正面特征时，汉语往往用"提供、给予、予以"；（5）当关键词为负面特征时，汉语往往用"施加"。

此外，俄语有些虚义动词结构在汉语中没有相应的虚义动词对应，汉语只是用相应的关键词表达，如 приносить извинение（道歉），приносить клятву（宣誓），читать наставление（教导），давать клятву（发誓），давать согласие（同意），давать обещание（承诺）等。

（二）词汇函数 Oper₂

词汇函数 Oper₂指的是关键词用作直接补语（宾语位），而情景参项中的受事用作句子主语的情况。相对于词汇函数 Oper₁，Oper₂表达的虚义动词在俄语中并不是特别多。这类虚义动词主要有：подвергаться，испытывать，находиться/быть，получать 等（Ю. Д. Апресян，2006：105）。俄汉词汇函数 Oper₂对应如下：

Подвергаться = Oper₂（агрессия = 侵略）= 遭到

Подвергаться = Oper₂（арест = 逮捕）= 遭到

Подвергаться = Oper₂（атака = 进攻）= 遭到

Подвергаться = Oper₂（влияние = 影响）= 受到

Подвергаться = Oper₂（исследование = 研究）= 得以、得到

Подвергаться = Oper₂（контроль = 控制）= 得到、受到

Подвергаться = Oper₂（критика = 批评）= 遭到、受到

Подвергаться = Oper₂（наказание = 惩罚）= 受到

Подвергаться = Oper₂（осмеяние = 嘲笑）= 遭到

Подвергаться = Oper₂（операция = 手术）= 接受

Подвергаться = Oper₂（штраф = 处罚）= 遭到

Подвергаться = Oper₂（эксплуатация = 剥削）= 遭到

Испытывать = Oper₂（влияние = 影响）= 受到

Испытывать = Oper₂（воздействие = 影响）= 受到

Испытывать = Oper₂（давление = 压力）= 受到

Находиться/быть = Oper₂（влияние = 影响）= 受到

Находиться/быть = Oper₂（воздействие = 影响）= 受到

Находиться/быть = Oper₂（защита = 保护）= 受到

Находиться/быть = Oper₂（наблюдение = 观察）= 接受

Находиться/быть = Oper₂（руководство = 领导）= 接受

Получать = Oper₂（совет = 建议）= 获得、接受

Получать = Oper₂（поддержка = 支持）= 获得

Получать＝Oper₂（помощь＝帮助）＝获得

经过对比，俄汉 Oper₂ 词汇函数对应有如下特点：（1）俄语中常使用的虚义动词是 подвергаться，испытывать，находиться/быть，получать，而汉语中常用的虚义动词是"遭到、遭受、得到、接受、获得"，它们有比较一致的对应关系；（2）俄汉语虚义动词的使用跟关键词的使用有很大关系。Ю. Д. Апресян 指出，подвергаться 可以和大多数具有"侵略性"义素的动作类名词和活动类名词搭配；находиться/быть（под чем-н.）一般作为"静态"名词的词汇函数（Ю. Д. Апресян，2006：105）。汉语虚义动词的表现是：当关键词表达的是"不好"的事情时，汉语虚义动词常用"遭到、遭受"；当关键词表达的是中性的或者"好"的事情时，汉语虚义动词常用"受到、接受、获得"等；（3）有些俄语虚义动词结构不能译成汉语的虚义动词结构，而要使用其他相应的实义动词表达（испытывать давление＝感受到压力）。

在某些特殊的情景中，俄汉虚义动词的对应表现出更大的差异。如在 интервью（采访）这一情景中，"记者"是行为的主体，被采访的人是行为对象，所以汉语针对关键词"采访"的词汇函数是：Oper₁（采访）＝进行；Oper₂（采访）＝接受。而在俄语中相应的词汇函数则是：Oper₁（интервью）＝брать；Oper₂（интервью）＝давать（Ю. Д. Апресян，2006：106）。从字面意思看，брать интервью 的意思是"（记者）获得了采访（权利、资格）"，而 давать интервью 的意思是"（被采访的人）给予（记者）采访的（权利、资格）"。所以，针对 интервью 这一情景，俄汉虚义动词的对应情况是：брать＝进行，давать＝接受。

当然，俄汉虚义动词的具体对应关系还有许多，囿于篇幅，本文只以常用的 Oper 词汇函数体现的俄汉虚义动词进行了对应。基于词汇函数的俄汉虚义动词的对比研究还应当引起更多的重视。

五　结语

俄汉虚义动词在界定的标准、范围以及次范畴的划分上都有很大的差别。国内汉语学界对虚义动词的认定往往从语义和形式两种标准上进行，而俄罗斯对虚义动词的界定是从词汇函数的角度——从语义关系上进行的。作为指向情景的词语在汉语中往往是动词形式（跟汉语的特点有关系），并且是虚义动词支配的宾语成分。而在俄语中，指向情景的词语不仅可以用作虚义动词的直接补语（宾语位），还可以用作间接补语，甚至是主语。由此，俄汉虚义动词的范围有着很大的不同。为了实现俄汉虚义动词结构的对应关系，我们需要借助词汇函数理论，因为该理论反映的就是某一语言词汇内部各词汇间具有的熟语性抽象语义关系。虚义动词与其支配的关键词之间正是具有熟语性制约关系。因此，本文在词汇函数理论基础上总结了 Oper 词汇函数中部分俄汉语对等关键词要求的俄汉虚义动词，把原来看似不相干的俄汉虚义动词对接起来。这无论是对于外语学习者，还是对于将来以词汇函数为基础的电子词典编纂以及双语语料库的构建等都有实际的应用价值。

参考文献

Апресян Ю. Д. , *Лексическая семантика*, Москва: Наука, 1974.

Апресян Ю. Д. , *Языковая картина мира и системная лексикография*, Москва: Языки славянских культур, 2006.

Апресян Ю. Д. , "О семантической мотивированности лексических функций-коллокатов", *Вопросы языкознания*, 2008（5）. — С. 4–5.

Мельчук И. А. , *Опыт теории лингвистических моделей «смысл ⇔ текст»*, Москва: Наука, 1974.

Мельчук И. А. , *Курс общей морфологии. Том I*, Москва-Вена: Языки русской культуры, 1997.

Падучева Е. В. , "Некоторые проблемы моделирования соответствия между текстом и смыслом в языке", *Серия литературы и языка*, 1975（6）. — С. 554.

陈永莉：《形式动词的范围、次类及特征》，《晋阳学刊》2003 年第 3 期。

陈永莉：《形式动词后带宾语的多角度研究》，《安徽教育学院学报》2006 年第 2 期。

刁晏斌：《虚义动词论》，南开大学博士学位论文，2004a。

刁晏斌：《试论现代汉语形式动词的功能》，《宁夏大学学报（人文社会科学版）》2004b 年第 3 期。

林春泽：《熟语构词方法分析》，《外语学刊》1998 年第 4 期。

刘云峰：《形式动词及其宾语》，《西南民族大学学报（人文社科版）》2005 年第 5 期。

沈家煊：《"名动词"的反思：问题和对策》，《世界汉语教学》2012 年第 1 期。

尹世超:《谈"进行"类动词谓语句》,《哈尔滨师专学报》1980年第1期。

袁杰、夏允贻:《虚义动词纵横谈》,《语言研究》1984年第2期。

张家骅:《"词汇函数"的理论和应用》,《外语学刊》2002年第4期。

周刚:《形式动词的次分类》,《汉语学习》1987年第1期。

朱凤云、张辉:《熟语语义的加工模式与其影响因素》,《外语研究》2007年第4期。

原文发表于《俄罗斯语言文学与文化研究》2019年第3期

俄罗斯语言类型学研究概述

王 翠*

摘　要： 俄罗斯语言类型学研究的发展历程可以分为俄国时期、苏联时期和俄罗斯联邦时期。每个阶段的研究基础、目标和方法等各不相同。俄国时期主要探索对语言的思维共性认识，苏联时期则由关注词结构转向句子结构，以此进行分类，大量研究多种语法范畴，与历史语言学结合比较紧密，俄罗斯联邦时期则将语言类型学研究与语义学和认知语言学等多种理论相结合，多角度分析世界上的多种语言现象。这种发展与语言学整体的发展趋势基本一致。

关键词： 语言类型学　俄罗斯　概述

一　引言

　　语言类型学可以分为传统语言类型学与当代语言类型学。传统语言类型学的研究目的主要是根据形态给语言分类，因此又被称为古典类型学或形态类型学。与传统语言类型学不同，当代语言类型学的研究方法、研究目的、研究内容等都发生了很大变化，研究方法更加多样和精密，具有相对完整的研究范式，语言材料的收集、选取、语言现象的描述与解释、归纳和比较都具有独特的要求与特点。该阶段的研究不再仅局限于语言的分类，而是探寻人类语言的共性，

＊ 王翠，陕西师范大学外国语学院副教授、硕士生导师。

并从功能、形式或其他角度给予解释。自 18 世纪下半叶喀山学派有关语言类型的研究，再到以彼得堡和莫斯科学者为代表的语言类型学研究，俄罗斯关于语学类型学的研究经历了从对语法的哲学思考，到对具体语言的经验分析再到对语言的田野考查和实证研究相结合，其研究成果丰硕，研究理论和方法发生了一系列的变化。目前语言类型学不仅是俄罗斯语言学界重要的研究领域，有完备的理论体系，而且也是俄高校语言类教学中普遍且重要的一门课程。俄罗斯语言类型学领域的研究学者和研究成果也因此在国际语言类型学领域占有重要的地位。以下将对此进行概述。

二 俄国时期的语言类型学研究

18 世纪末 19 世纪初俄国的语言研究中开始酝酿语言类型学的思想。学者们已经意识到了解大量不同语言相似性的重要性。19 世纪上半叶的语言研究者们并没有对语言直接进行分类，但已呈现出语言分类的萌芽思想。以 И. С. Рижский（1806）、Л. Г. Якоб（1812）、И. Орнатовский（1810）为代表的学者们深受普遍唯理语法的影响，认为人类的思维是相通的，只是不同的语言有不同的语言体现和语法规则。语言研究需要关注表达语言内容的词汇和词汇本身的变化及构成方式和方法。И. С. Рижский 基于不同语言中词汇的派生方法总结了屈折语和黏着语的部分特点。19 世纪下半叶语言学家们对语言的研究从对语法的哲学思考转向了具体语言中词的研究，例如，对词的结构、构形与构词的研究，对比研究了俄语与高加索语言、闪语的结构和形式方面的特点。以莫斯科学派 Ф. Ф. Фортунатов（1956）为代表的学者在语言研究中已涉及具体的语言类型问题，他们将语言分为屈折语、黏着语、屈折黏着语（Ф. Ф. Фортунатов 在词的形态结构及其与形态部分关系为标准的基础上增加了洪堡特的分类，将闪语归为特殊词类——屈折黏着语）、根语言、综合语等种类，也有学者对语言分类不断进行修正和对比研究不同语言的分类特征。

И. А. Бодуэн де Куртене（1963）及其追随者对类型的理解并不仅局限于形态层面，语言的分类思想除了包括语言结构，还包括语言思维分析、语言的共时和历时特点，因为语言的形态是语言的整体结构和组织。他们对以往的语言结构分类提出重要的修正意见，认为在确定语言的特征时，要关注语言的形态、结构和形态成分的搭配等方面。

俄国学者们的语言研究思索呈现出按照词和整体结构对语言进行分类的萌芽思想。有的学者已经开始从语法规则、构词和思维结构等角度分析语言之间的共性。这种语言共性主要与思维相关。他们在强调共时研究的同时，也思考从历时角度研究语言类型的可能性与必要性，强调形式要与内容相结合，突出量化方法的重要意义。

三　苏联时期的语言类型学研究

苏联时期的语言类型学研究在其发展过程中与语言学其他的分支相结合，延伸出多个不同的研究方向，其中主要沿着语义—句法（контенсивно-синтаксическая линия）和语法范畴（грамматическая категория）的路线发展，代表学者有 И. И. Мещанинов、С. Д. Кацнельсон、А. А. Холодович 等。他们在这一领域获得了极大的成功，尤其是在句法类型以及句子内部结构和历史进化研究方面。И. И. Мещанинов（1940，1967）通过研究主体和述谓之间的关系，以从高加索到古亚细亚的多种语言为材料，最终提出语言的三种类型：（1）主动结构语言（楚科奇语），这种语言的句法结构特点是主体和客体都没有形式要求，它们从属于一个主要词汇，另一个主要特点是这种类型的语言中动词不区分为及物动词和不及物动词。（2）作格结构语言（高加索语言、巴斯克语言），这种语言的特点是动词谓语与主语具有双重句法联系，即动词不仅与主语保持一致，而且还支配主语。如果动词是及物动词，主语是作格形式；如果动词是不及物动词，主语为绝对格。俄语中接近作格结构的句子为 Его ударило током，句中的行为主体不是称名格的形式，而是工具格形式。（3）称名结构语言，其主要特征是主体用主格表达，无论动词谓语是及物动词或是不及物动词。И. И. Мещанинов 对语言分类的研究特点是，并不是使用独立的单词，而是使用表达两种成分关系的词的组合形式（主体—述谓，说明语—定语，及物动词—客体）（И. И. Мещанинов，1967：22-24）。

Е. Д. Поливанов（1968，1991）在苏联早期的历时和共时类型学研究方面发挥了重要的作用。20 世纪下半叶则开始广泛研究语义和形式类型学的问题，语言的类型被视作是个别结构特征的总和，是由蕴涵关系联结的语义和语法特性有等级的综合体，这要求在每种类型中区分出蕴涵其他特性的、最主要和最普遍的特性。这段时期的代表学者有 Б. А. Успенский（1962）、В. Ярцева（1936）、В. М. Солнцев（1978，1995）、Ю. В. Рождественский（1969）、В. С. Храковский（1983，1986）、С. Е. Яхонтов（1957）、А. Е. Кибрик（1992，1998，2003）等。另外，从历时角度或结合历史语言学的语言类型学研究也得到了极大发展，代表学者有 В. М. Иллич-Свитыч（1963，1971 - 1984）、Т. В. Гамкрелидзе（1984，1989）、М. М. Гухман（1940，1973，1980）、Б. А. Серебренников（1986）等。学者们的语言研究范围扩大到亚洲、非洲和大洋洲的语言。至 20 世纪 60～70 年代则形成了功能（或社会）语言类型学。以 Г. А. Климов（1983）为代表学者。

涉及俄语语法范畴、有关俄语的语言类型学研究成果数量庞大，主要是关于俄语语法、词汇和语言对比等，如 В. С. Храковский《命令的语义和类型，俄语命令》（«Семантика и типология императива. Русский императив»，1986）分析了俄语中命令表达的语义和类型。А. А. Холодович 和 В. С. Храковский 主编的系列类型学研究论文集，都是围绕俄语动词范畴展开的研究。В. Д. Аракин《英语和俄语的类型比较》（«Сравнительная типология английского и русского языков»，1989）从类型学视角对比了俄语和英语的同异，В. Г. Гак《法语和俄语的类型比较》（«Сравнительная типология французского и русского языков»，1976）对比了俄语和法语的同异等。此外还有大量的语言类型学研究的论文集，如《语言学新动态》（«Новое в лингвистике»，1960，1963，1970）多辑都刊登了英语类型学研究论文的俄语译文。

苏联时期的语言类型学研究有其独特的发展道路，语言类型观点发生了一系列的转变。苏联学者驳斥了语言类型与语言发展阶段相关联的观点，借鉴了正在蓬勃发展的西方类型学研究理论，以语义-句法和类型范畴为主要研究线索，详细说明和解释传统形态分类标准，阐清这些标准之间的相互关系。研究者们多以结构类型为基础，借助具体语言的显性类型特点研究语言的普遍语法。他们以语言的某种结构特点为基础进行语言分类。在动词核心理论思想的指导下，彼得堡语言类型学流派的研究成果主要围绕与句子形态和句法相关的动词语法范畴进行了大规模的语言类型研究。

四 俄罗斯联邦时期的语言类型学研究

苏联解体后，部分语言研究者们依然继承其优良传统继续开展对多种语法范畴的研究工作。В. А. Плунгян（2011：290-309）在《斯拉夫语中体的类型学方面（该主题的一些补充）》（«Типологические аспекты славянской аспектологии — некоторые дополнения к теме»）中从类型学角度考察斯拉夫语中体的普遍特征和个体特征。通过斯拉夫语中体范畴的类型属性及语言表达，可以看出斯拉夫语体系统并不如通常认为的那样典型，却是呈现为语义基础上的二元对立、表达瞬间而不是时间有界性的完成体、具有附加分类功能的完成体前缀系统。

П. М. Аркадьев 的专著《带前缀完成体的区域类型学（以欧洲和高加索语言为材料）》（«Ареальная типология префиксального перфектива — на материале языков Европы и Кавказа»，2015）是第一部关于带前缀的完成体的类型学著作。将体的研究对象扩展到非斯拉夫语言。该书在共时层面讨论了斯拉夫语、波罗的诸语言、依地语、德语、匈牙利语、奥塞梯语和南高加索语（格鲁吉亚语、斯万语、米格列尔语和拉兹语）动词前缀的形态特征和意义，带前缀动词的语义和功能，动词的体系统。通过对所获取的经验材料进行定量分析，利用 NeighborNet 图表，分别制作出与斯拉夫语和南高加索语特征相似语言的分类图表（П. М. Аркадьев，2015：197），从而区分出斯拉夫语式和高加索语式两种带前缀的完成体系统。为从历时角度考察印欧语、南高加索语和乌拉尔语中含前缀的完成体动词及语言之间的接触，专门收集了吉卜赛语、斯拉夫语、波罗的诸语言、巴尔干内卢语、芬兰-乌戈尔语的部分成语材料。通过观察中欧、东欧和高加索语言中带前缀的完成体系统的地区分布，基于经验研究，得出语言起源、普遍类型和语言接触之间的相互影响关系。

А. В. Циммерлинг 的《类型学角度下的斯拉夫词序系统》（«Системы порядка слов славянских языков в типологическом аспекте»，2013）与以往单纯从语法或交际角度研究词序不同，不仅考虑语法，也结合交际特点研究句子的词序，其中包括生成理论、句子的主题和述题等。该书全面分析了核心成分和从属成分，句法成分的组成、结构和移动机制，所涉及的语言基本涵盖了所有斯拉夫语（保加利亚语、塞尔维亚语、捷克语、斯洛伐克语、斯洛文尼亚语、上索布语、古俄语、古捷克语），此外，还有世界上 100 多种语言，他对附着词的位置进行了专门研究。作者将名词词组的线性排列和附着词链的次序视为语法中的局部规则，将句子本身的线性排列视为全局规则。带有附着词的词序系统普遍类型在本书中起着重要作用，共分为五种类型：（1）W 系统语言或符合瓦克纳格尔规则的语言；（2）W+系统语言或符合扩展的瓦克纳格尔规则的语言；（3）W∗系统语言；（4）V 系统语言；（5）C 系统语言。详细介绍和描述了一些重要的概念：等级规则（调节附着词链中的词序）、妨碍规则（规定附着词离开标准位置的移动）、初始成分规则（规定成分的组成及附着词的渗透性）等（А. В. Циммерлинг，2013：71-81）。

А. В. Архипов 在《伴随结构类型》（«Типология комитативных конструкций»，2005）中以 80 多种语言材料为基础，研究了伴随结构的形式与内容。伴随结构是多个情景参与者的形态和句法编码表达方式，有不同的结构等级和交际等级，涉及多个参与者与结构等级等概念，依据标记和句子成分的句法功能限制等参数，对伴随结构进行分类（А. В. Архипов，2005）。

总之，俄罗斯联邦时期的语言类型学研究与苏联时期的语言类型学研究相比，发生了很大变化。此时的研究不再是对语言结构或现象的描述和多语言的形式对比，而是在跨语言的普遍特征和普遍概念背景下，结合语义、结构、认知等理论分析斯拉夫语，尤其是俄语中的语言类型特征。研究视角独特而新颖，令人耳目一新。

与此同时，俄罗斯联邦时期语言类型学研究者们不断开拓和发展语言类型学这一研究领域。为纪念彼得堡类型学流派成立 50 周年而出版的类型学论文集《圣彼得堡语言类型学流派 50 年》（«50 лет Санкт-Петербургской типологической школе»，2011），每年出版的青年学者语法和类型学大会论文集等。学者们不再仅局限于用俄语写作，在国际知名的语言学刊物上也开始出现俄罗斯学者们用英语写作的语言类型学研究论文或者专著，如 Olga Potanina、Andrey Filchenko 发表于 *Procedia-Social and Behavioral Sciences* 的《鄂毕-叶尼塞语言中的领属理论和类型》（*A Theory and Typology of Possession in Ob-Yenissei Languages*，2015）分析了鄂毕-叶尼塞语言中的领属类型和理论；В. А. Плунгян 的《现代语言类型学》（*Modern Linguistic Typology*）（2011）讨论了语言类型学在当前的发展等。

目前随着语言类型学的快速发展，有关俄语和俄罗斯国内多种语言的类型学研究也呈现出新的特点，在某些方面（例如，词汇类型学）俄罗斯的语言类型学研究赶超西方，学者们不但利用新的手段和方法研究俄语本身的类型特点，而且还开始更多地关注国内和国外多民族语言，并对其进行类型学研究。以E. B. Рахилина（2007）为代表的学者结合词汇学与类型学分析和研究词汇的多种语义。这些都引起了世界语言类型学研究者们的关注。研究方法方面也提出创新，例如，Valery Dmitrievich Solovyev 和 A. E. Кибрик 的《计算机技术如何辅助语言类型学?》（*How can computer technologies help linguistic typology?*）（2015）提出用计算机技术帮助语言类型学研究等。

A. E. Кибрик（1992，2001，2003）强调语言类型学研究不应仅局限于对语言的分类，还要对语言的类型进行解释，通过对高加索地区、图瓦、勘察加的语言进行多次田野考察，以所考察的语言材料为基础，在进行语料分析和语言理论研究中，他借鉴了美国语言学家 W. L. Chafe、Talmy Givón、Joan Bybee 等的理论，将传统的语言类型学研究理论与功能语言学、认知语言学相结合，尤其语言的常项与变量研究非常杰出。提出了相关类型模式和亲属语内部的类型等概念，强调语言与思维的联系，建立语言的认知结构等观点。以 A. E. Кибрик 为代表，还有其他众多学者都结合最新的语言学理论，或者从新的研究视角入手开展语言类型学的相关课题研究，如研究语序、区域类型学和反身等方面，这些学者有 B. A. Плунгян（2011）、A. E. Кибрик（1999，2001，2002）、П. M. Аркадьев（2015）等。其中 A. Л. Зеленецкий（2004）、Н. Ф. Алиева（1998）、C. П. Анохина（2006）等进行了多语种的类型学对比研究。此外，苏联解体后的学者们还对民族语言词汇语义类型研究十分感兴趣，代表学者有Н. И. Толстой（1997~1999），用语义微观和词汇-语义重现的方法讨论分析斯拉夫词汇类型的可能性，针对核心和外围语义分析斯拉夫语及各方言中的词汇。俄罗斯学者用英文写作并发表的有关俄语语法范畴等相关领域的类型学研究成果数量也日益增多。

五　结语

我国国内有关俄罗斯语言类型学研究历史、现状或主要涉及俄语的类型学研究较少。目前根据我们所掌握的材料,国外只有少量研究涉及俄罗斯语言类型学的部分历史,西方有的学者也开始针对俄语进行语言类型学研究。例如,(1)有关俄罗斯语言类型学历史的研究,如在《语言类型学研究方法》(*Approaches to Language Typology*, 2008)中有 Vladimir P. Nedjalkov 和 Viktor P. Litvinov 合著的《圣彼得堡/列宁格勒的语言类型学流派》(*The St. Petersburg/ Leningrad Typology Group*)一文。该文介绍了圣彼得堡/列宁格勒流派。Song Jae Jung 在《语言类型学》中的第七章《欧洲语言类型学研究方法》(*European Approaches to Linguistic Typology*)(2008)则详细介绍了列宁格勒语言类型学流派的成立、研究方法、特点和主要的研究内容,并与以格林伯格为代表的西方研究进行了对比。(2)针对或涉及俄语的语言类型学研究,如波兰学者 Łukasz Grabowski 在《跨越语言类型的前沿:弗拉基米尔·纳博科夫的英俄版"洛丽塔"的词汇差异和翻译模式》(*Crossing the Frontiers of Linguistic Typology*:*Lexical Differences and Translation Patterns in English and Russian Lolita by Vladimir Nabokov*, 2011)中以小说《洛丽塔》中的词汇建构语料库,从类型学角度解释英俄词汇对比中的差异。美国学者 Gregory D. S. Anderson 的《西伯利亚语言区的类型学》(*Towards a Typology of the Siberian Linguistic Area*, 2006)考察了西伯利亚语言区域的语言类型等。

俄罗斯关于语言类型学的研究历史悠久,经历了传统语言类型学到当代语言类型学研究两个阶段。俄国时期主要探索语言的分类和语言思维共性问题,至苏联时期主要按照语义和语法结构两个途径发展相应的研究,俄罗斯联邦时期则创新研究理论和研究方法,深化传统的研究对象,并创新性地发展了词汇类型学研究。目前我国全面系统地研究俄罗斯语言类型学的成果较少,多集中于语法范畴或结构,西方相关研究也极少关注俄罗斯语言类型学研究状况。但是作为世界语言类型学研究重要的组成部分之一,俄罗斯学者关于语言类型学的研究数量众多,成果斐然、引人注目,值得我们系统研究和学习。

参考文献

Аркадьев П. М. , *Ареальная типология префиксального перфектива* (на материале *языков Европы и Кавказа*）, Москва: Языки славянской культуры, 2015.

Архипов А. В., *Типология комитативных конструкций*, Москва: МГУ им. М. В. Ломоносова, Филологический факультет, 2005.

Алиева Н. Ф., *Типологические аспекты индонезийской грамматики. Аналитизм и синтетизм. Посессивность*, Москва: Новое тысячелетие, 1998.

Анохина С. П., Кострова О. А., *Сравнительная типология немецкого и русского языков*, Самара: Издательство СамГПУ, 2006.

Солнцев В. М., Солнцева Н. В., *Теоретическая грамматика современного китайского языка*, Москва: Военный институт, 1978.

Солнцев В. М., *Введение в теорию изолирующих языков*, Москва: Восточная литература РАН, 1995.

Фортунатов Ф. Ф., *Избранные труды. Т. 1*, Москва: Министерства просвещения РСФСР, 1956.

Кибрик А. Е., *Очерки по общим и прикладным вопросам языкознания*, Москва: УРСС, 1992.

Кибрик А. Е., Когнитивно ориентированная типология, *Вестник РГНФ*, 1998 (3). —С. 156–160.

Кибрик А. Е., *Константы и переменные языка*, СПб: Алетейя, 2003.

Климов Г. А., *Принципы контенсивной типологии*, Москва: Наука, 1983.

Кибрик А. Е. (ред. -сост.), *Элементы цахурского языка в типологическом освещении*, Москва: Наследие, 1999.

Кибрик А. Е., Полевая лингвистика // Интернет-Энциклопедия 《Кругосвет》. Сайт www. krugosvet. ru. 2001.

Кибрик А. Е. (ред.), *Программы и учебный план отделения теоретической и прикладной лингвистики*, Москва: Издательство Московского университета, 2002.

Бодуэн де Куртене А. И., *Избранные труды по общему языкознанию. Т. 2*, Москва: Изд-во Академии наук СССР, 1963.

Мещанинов И. И., *Эргативная конструкция в языках различных типов*, Ленинград: Наука, 1967.

Иллич-Свитыч В. М., *Именная акцентуация в балтийском и славянском*, Москва: Издательство АН СССР, 1963.

Иллич-Свитыч В. М., *Опыт сравнения ностратических языков (семитохамитский, картвельский, индоевропейский, уральский, дравидийский, алтайский). Введение. Сравнительный словарь, в 3 томах*, Москва: Наука, 1971—1984.

Орнатовский И., *Новейшее начертание правил российской грамматики, на началах всеобщей основанных*, Харьков: Университетская типография, 1810.

Рижский И. С., *Введение в круг словесности*, Харьков: Университетская типография, 1806.

Рождественский Ю. В. , *Типология слова*, Москва: высшая школа, 1969.

Рахилина Е. В. , *Глаголы плавания в русском языке*, Москва: Индрик, 2007.

Якоб Л. Г. , Начертание всеобщей грамматики для гимназий Российской империи (1812) // *Хрестоматия по истории русского языкознания*, сост. Ф. М. Березин, Москва: Высшая школа, 1973.

Ярцева В. , *Развитие сложноподчинённого предложения в английском языке*, Ленинград, 1936.

Яхонтов С. Е. , *Категория глагола в китайском языке*, Ленинград: Издательство ленинградского университета, 1957.

Толстой Н. И. , *Избранные труды. Т. 1—3*, Москва: Языки русской культуры, 1997—1999.

Плунгян В. А. , "Типологические аспекты славянской аспектологии (некоторые дополнения к теме)", *Scando-Slavica*, 2011 (2) . — C. 290–309.

Циммерлинг А. В. , *Системы порядка слов славянских языков в типологическом аспекте*, Москва: Языки славянских культур, 2013.

Поливанов Е. Д. , *Статьи по общему языкознанию*, Москва: Наука, 1968.

Поливанов Е. Д. , *Избранные работы. Труды по восточному и общему языкознанию*, Москва: Наука, 1991.

Храковский В. С. , *Категории глагола и структура предложения. Конструкции с предикатными актантами*, Ленинград: Наука, 1983.

Храковский В. С. , Володин А. П. , *Семантика и типология императива. Русский императив*, Ленинград: Наука, 1986.

Успенский Б. А. , О семиотике искусства // *Симпозиум по структурному изучению знаковых систем. Тезисы докладов*, Москва: Издательство Академии наук СССР, 1962.

原文发表于《俄罗斯语言文学与文化研究》2019 年第 4 期

类型学视野下的情态范畴层级阐释

谢 昆*

摘　要： 本文分析欧美学界、俄语学界以及汉语学界知名学者关于情态范畴的层级界定，在对比分析以上学界关于情态范畴不同界定的基础上，阐述不同情态层级系统的异同，并提出本文的情态层级系统。

关键词： 真势情态　认识情态　道义情态　评价情态

一　情态范畴层级系统综述

"情态"作为功能语法范畴，是真势情态、认识情态、道义情态等语义范畴与其相应的各语言层次表达相结合的系统，语言表达核心是句法式，包括情态谓词、情态副词、语气词、感叹词、特定句法结构以及语调、重音等手段。俄、汉及欧美语言学界的诸多学者都尝试对情态系统及其内部层级分类进行构建，但或多或少都有零散、片面、不成系统的缺点。由于情态描写的视角及分类角度的不同，语言学家得出的情态类型的数目、名称各异。本文在不同学界情态范畴层级系统对比、分析基础之上（欧美学界、俄语学界和汉语学界分别以F. R. Palmer、Е. И. Беляева 和吕叔湘所建构的情态系统为例），构拟本文的情态系统（见表1）。

---

* 谢昆，西安外国语大学俄语学院副教授、硕士生导师。

表 1

F. R. Palmer		Е. И. Беляева		吕叔湘			
propositional modality 命题情态	epistemic 认识情态	предикативная модальность 述谓情态	реальность 现实性	语意	正与反		肯定
							不定
	evidential 传信情态		потенциальность 潜在性				否定
					虚与实		实说
			ирреальность 非现实性			虚说	可能
							必要
event modality 事件情态	deontic 道义情态	эпистемическая модальность 认识情态	вероятность 可能	语气	与认识有关		
	dynamic 动力情态		достоверность 确信		与行动有关		
					与感情有关		
moods 语气	realis 现实范畴	модальность волеизъявления 意志情态	императив 命令	语势	轻重		
	irrealis 非现实范畴		оптатив 希求		缓急		

　　F. R. Palmer 所构建的情态内部层级系统由语气（moods）和从属子情态系统（modal system）构成，语气与从属子情态系统作为下位概念共同从属于上位情态范畴。下位子情态系统包括命题情态（propositional modality）和事件情态（event modality）。命题情态又可细化为认识情态（epistemic）、传信情态（evidential），前者包括推测（speculative）、推断（deductive）和假设（assumptive）；后者包括直接感觉（sensory）和间接报道（reported）。事件情态可以区别为道义情态（deontic）和动力情态（dynamic），道义情态内部划分为允许（permissive）、义务（obligative）和承诺（commissive）；动力情态则体现为意愿（volitive）和能力（ablitive）。语气主要包括现实范畴（realis）和非现实范畴（irrealis）（F. R. Palmer，2001：122）。

　　Е. И. Беляева 的情态范畴层级系统由三种情态类型构成：述谓情态（предикативная модальность）、认识情态（эпистемическая модальность）和意志情态（модальность волеизъявления）。述谓情态内部区分为现实性（реальность）、非现实性（ирреальность）以及介于现实与非现实之间的潜在性（потенциальность），其中潜在范畴又包括可能（возможность）和必然（необходимость）。Е. И. Беляева 把述谓情态界定为主体及述谓特征之间所具有的评价性联系，该类型情态既可以用句法式进行表达，例如：Не было ни одной ошибки（一个错误都没有），也可以用含有情态谓词的动词性合成谓语表达主体所具有的潜在性质、能力，抑或是表达受制于外部客观条件的必然或者可能，例如：Он мог переплыть реку за час（他能在一小时内游到对岸）；Он не может при людях со мной разговаривать（当着其他人的面他不会和我聊天）。

认识情态在 Е. И. Беляева 的情态范畴层级系统里体现为言语主体对被传达的语句主词及其特征之间联系程度的主观认识。按照认识程度的不同，区分为可能（вероятность）和确信（достоверность）。例如：Мне подумалось, что, может быть, в это время он закрывает глаза（我想，此时他也许正闭着眼睛）/Ты должен хорошо говорить по-английски, Ты ведь все детство прожил с родителями в Англии（你英语应该说得很好，要知道你的童年是和父母在英国度过的）。意志情态主要表达言语主体的主观意志，包括命令（императив）和希求（оптатив）。前者在俄语中通常用动词命令式形式进行表达：Закройте дверь（请关门）；后者主要表现言语主体的祝愿、请求：Не могли бы вы передать мне соль?（您能把盐递给我吗?）（Е. И. Беляева，1988：12-15）。

吕叔湘先生虽然没有明确针对情态范畴构建相应的层级系统，但是他所诠释的语气系统却对后继汉语学者的情态范畴层级构建具有启发、铺垫作用。吕先生将语气系统区分为广义语气系统和狭义语气系统。广义语气系统包括语意和语势。所谓语意，指正和反、定和不定、虚和实的区别。所谓语势，指说话的轻或重、缓或急。狭义的语气体现为认识、行动和感情及与其各自相关的范畴（吕叔湘，2004：258）。

上述三位学者关于情态范畴层级建构的直接或间接表达既有相同之处，又存在区别。他们的相同之处主要体现为在 F. R. Palmer，Е. И. Беляева 和吕叔湘的情态范畴层级系统中都包含三种主要情态类型，即真势情态（алетическая модальность）、道义情态（деонтическая модальность）和认识情态（эпистемическая модальность）。真势情态在上述各位学者的情态范畴系统中各自表现为语气系统中的现实语气（俄语主要通过句法现实式表达）；述谓情态中的现实性及潜在性；语意系统中肯定与否定、实说与虚说，以及介于肯定与否定、实说与虚说之间的可能与必要。认识情态、道义情态在 F. R. Palmer 和 Е. И. Беляева 的情态范畴系统中有明确的表述，在吕叔湘先生的语气系统中主要体现为与认识有关的范畴及与行动有关的范畴。不同之处表现为在 F. R. Palmer 的情态范畴系统中存在动力情态和传信情态。

二 本文所构建的情态层级系统

真势情态又叫客观情态（объективная модальность）、本体情态（онто-логическая модальность）。该情态类型主要表达真与假，以及介于真、假之间的必然、可能等过渡情态意义，具有可证性。它的实现取决于外部客观条件及真势情态命题主体所具有的内部能力、性质。认识情态表达言语主体对命题为真的可能性与必然性的判断，既包括言语主体毫无根据的主观推测，也包括言语主体以相关证据为基础的推论。道义情态表达言语主体对事件实现的可能性与必然性所持的态度（彭利贞，2007：44）。道义情态区别于认识情态和真势情态，表达"行域"，关注的焦点在于受话人是否执行说话人的请求、命令，认识情态、真势情态表达"知域"，与命题的真值具有密切联系；道义情态主要和将来时间层面相关联，认识情态、真势情态可以与过去、现在、将来不同时间层面发生联系；道义情态所表达的命题受社会规范、道德准则的约束，具有非此即彼的性质，真势情态和认识情态表现为前者以外部客观条件和内部能力、性质为衡量标准，后者以言语主体的主观视角为判断依据。

从上述关于真势情态、道义情态以及认识情态的界定可以看出，其各自内部按照情态表达强度的差异均可以区分为"可能"与"必然"。

（1）真势可能：Я мог посещать экспедицию только в выходные дни（我只有在休息日才能去勘察队）；真势必然：Судья должен быть честен и беспристрастен（法官应该是诚实的、公正的）。上述事例真势可能表达了外部客观条件对命题主体行为的影响，只有具备了"休息日"这样的外部条件，命题主体才有可能进行"拜访"。真势必然表明受制于内心道德约束，命题主体所具有的必然选择。

（2）道义可能：В деревне смело можно курить и при дамах（在农村完全可以当着女士的面吸烟）；道义必然：Ты должен соблюдать время（你应该遵守时间）。上述表达道义可能意义的命题表明受话人按照社会礼俗的约定既可以做出"吸烟"的决定，也可以选择"不吸烟"，道义可能行为的可否之间为析取关系，行为的执行不具有强制性。道义必然体现为受话人根据计划约定应该做出唯一选择，通常情况下，不允许出现违背道德准则、社会规约的相悖行为。

含有生命主体的真势必然区别于道义必然，真势必然的命题主体通常为以表达概念意义为主的类名词，而不是以表达指物意义为主的具体名词，且主体前往往可以添加评价意义的性质形容词 настоящий（真正的）、хороший（好的）、опытный（有经验的）。例如：Настоящий джентльмен，если бы проиграл，не должен волноваться（真正的绅士，即便是输了，也不会焦躁）；真势必然命题具有泛时性特征，该类型命题体现为共识性的道德准则、规范约束。道义必然命题通常表现为将来时，是具体语境下的即时情景状态。类似的真势必然意义事例如：Солдат должен быть храбрым（士兵应当勇敢）；Вор должен сидеть в тюрьме（小偷应该坐牢）。

（3）认识可能：Эффект может быть получен через 10-20 лет（经过10～20年才可能收到效果）；认识必然：Думаю，что она должна танцевать：у неё прекрасное чувство ритма（我想，她应该会跳舞：她有很好的节奏感）。"认识可能"表明言语主体对命题的推测完全出于自身的主观意念；"认识必然"表达言语主体在相关经验、证据的基础上做出的主观推断。

真势情态和道义情态按内部/外部特征还可以区别为：内部/外部真势可能；内部/外部真势必然；外部道义可能/外部道义必然。内部特征突出主体自身的资质、能力和操守在命题情态意义实现中的重要作用；外部特征强调命题情态意义的实现取决于主体之外的环境、社会规约和自然法则等外部条件。

（1）内部真势可能：Ребёнок может достаточно хорошо управлять своими чувствами（孩子能够较好地控制自己的情感）；外部真势可能：К сожалению，из-за финансовых проблем не могу вызвать на сборы приезжих игроков（遗憾的是，由于财政问题我无法召集前来的运动员）；内部真势必然：Христианин должен верить в Бога（基督徒应该是信奉上帝的）；外部真势必然：Для увеличения прочности рамки нужно скрепить блоки между собой с помощью деревянных шпилек（为了改进框架的牢固度，需要在组件之间固定一些木楔子）；上述事例外部真势情态强调外部客观条件，如"资金、楔子"对于实现"召集运动员"和"加固框架"具有重要意义。内部真势情态突出主体具备的内在能力、信仰在真势情态表达中的重要作用。

（2）外部道义可能：Зрители могут принести на концерт подарки и сувениры（观众可以带着礼物和纪念品去音乐会）；外部道义必然：Адвокат обязан сообщить страховщику известные адвокату обстоятельства（律师必须把他所知道的情况通知承保人）。道义情态只表达道义命题主体受制于外部道德规则、社会规约做出的道义选择。上述事例中外部道义可能强调道义主体在礼俗约定下做出的析取性选择——既可以选择带着礼物和纪念品去音乐会，也可以选择不带；外部道义必然揭示了道义主体在社会责任的驱使下做出的唯一性选择——律师出于职业道德有责任通知承保人相关情况。

关于真势情态与道义情态之间的关系，不同学者持有不同的观点。Т. В. Булыгина 和 А. Д. Шмелев（1991：14-15）认为道义情态和真势情态作为并列的下位情态类型从属于上位本体情态（онтологическая модальность）。本体情态在本文中与客观情态、真势情态具有相同内涵。欧美学界，如 J. Coates 把除认识情态以外情态类型归并为根情态（root modality），根情态主要体现为许可、义务、能力和愿望（J. Coates, 1983：22），即本文所界定的道义情态和内部真势情态，但与本文的不同之处在于，"根情态"没有将外部真势情态表达的客观外界条件对命题主体选择的制约性包括在内。上述学者将真势情态与道义情态共同置于本体情态下的理据在于两者的实现均受制于外部客观条件，前者与环境、条件相关，后者受到道德规范、社会准则的影响。内部真势情态虽然与主体内在的能力、秉性相关，但仍具有客观性。

还有一部分学者，如 И. М. Кобозева 和 Н. И. Лауфер（1991），J. Lyons（1977），N. Rescher（1968）认为真势情态和道义情态作为各自独立的情态类型并不从属于任何上位情态范畴。本文认为真势情态和道义情态虽然都具有客观性特点，但是彼此之间仍存在区别（上文所述），应作为各自独立情态类型进行处理。

不同学界的不同学者基本对认识情态在情态范畴系统中的地位予以肯定。认识情态表达言语主体对于命题为真的可能性和必然性的判断。按照言语主体对于命题确信程度的不同区分为"认识可能"和"认识必然"。但有的学者并不主张把认识情态内部区分为"认识可能"与"认识必然"，И. Б. Шатуновский 认为认识情态只存在认识可能一种情形，不存在认识必然，认识必然属于客观情态。因为认识可能表达言语主体在毫不知情的情况下做出的析取性选择（P 或者非 P），而不可能做出必然的唯一性选择（И. Б. Шатуновский，1996：175）。但我们认为 И. Б. Шатуновский 从逻辑学视角对认识情态分析所得出的结论与"认识必然"和"认识可能"的区分并不矛盾。认识必然表达了言语主体对于命题的实现具有较高确信度，仍可以带有言语主体的主观标记。

本文着重分析的情态类型如表 2 所示。

表 2

真势情态 алетическая модальность		道义情态 деонтическая модальность	认识情态 эпистемическая модальность
真 истинность			
真势可能 алетическая возможность		道义可能 деонтическая возможность	认识可能 эпистемическая возможность
外部可能 внешняя возможность	内部可能 внутренняя возможность		
真势必然 алетическая необходимость		道义必然 деонтическая необходимость	认识必然 эпистемическая необходимость
外部必然 внешняя необходимость	内部必然 внутренняя необходимость		
假 ложность			

除了本文着重分析的三种情态类型——真势情态、道义情态、认识情态之外，还存在其他一些情态类型。

（1）评价情态（оценочная модальность）表达了言语主体对于命题内容积极或消极的立场、观点和态度。苏联科学院 «Русская грамматика»（1980）认为，主观情态意义最基本的类型是评价描写意义（оценочно-характеризующие значения）和纯评价意义（собственно оценочные значения）。评价描写既表示说话人对报道内容的态度，又包括基于事实、事件及其性质、特征、时间延伸特点所做的描写，或者基于它们与其他事实、事件的相互关系所做的描述（«Русская грамматика»，Т. Ⅱ，1980：217）。评价情态并不是完全独立的情态类型，而是与其他情态类型交融在一起共同表达评价意义。例如：Вот это дождь как дождь！（这样的雨才叫雨啊！）该例句表达真势评价意义，一方面对

"下雨"这一客观事件做出描写，另一方面表达言语主体认为"雨势很大"这样的主观评价。纯评价意义完全属于主观评价意义，体现为包括性质评价"好/坏"、数量评价"多/少"等不同评价意义类型。例如：Хорошо что сейчас бабушка у нас гостит（奶奶在我们家做客这很好）。

（2）假设情态（модальность предположительности）表达言语主体在相应常识的基础上对命题做出的推论。Он должен был слышать этот разговор, В квартире такие тонкие стенки!（他应该听到了这次谈话，房间的墙壁太薄了!）

（3）意向情态（иллокутивная модальность）主要表达言语行为主体的主观意图，通常用言语意向动词表达。Заклинаю вас, верните мне деньги, иначе не жить мне（恳求您把钱还给我，否则我会活不下去）。

（4）社会情态（социальные категории модальности）表达说话人与受话人因具有的不同社会关系而采用的官方、尊敬、狎昵等不同交际态度。

情态范畴作为功能语义范畴，不仅具有多种意义类型，其表达手段也丰富多样。句法层面可以采用句法式（陈述式、祈使式、假定式等）进行表达，例如：Отдохнуть бы!（能休息下就好了!）

词汇层面可以选择具有情态意义的情态谓词：

（1）真势情态：мочь/смочь（能）、уметь/суметь（能），短语быть способным（有能力）、быть в силах（有能力）；汉语通常选择"能、会、可以"表达真势情态。

（2）认识情态：мочь/смочь（能）也常用来表达认识情态，表达认识情态的语词还有：述谓副词можно（可以），动词短语иметь возможность（有可能）；汉语如"一定、可能、能、会"等。

（3）道义情态：述谓形容词должен（应该）、обязан（该）、нужен（需要）、необходим（必要），述谓副词нужно（需要）、надо（应该）、необходимо（必要）；汉语道义情态的表达通常选择"须、要、应该、可以"等。

上述情态谓词并不为某一固定情态类型所有，同一情态谓词往往可以表达不同类型的情态，如мочь/смочь（能）既可以表达真势情态，也可以传达认识情态；汉语情态谓词"应该"既有认识情态意义，也能够表现道义情态意义。

俄语表达评价情态的述谓语词通常为стоит（值得），汉语通常选择"配、值"。

此外还可以采用不同的语调手段对情态进行形象表达。

本文在真势情态、道义情态、认识情态和评价情态类型层级划分基础上，兼顾其他情态类型，以情态谓词作为重点描写对象，对情态范畴展开研究。

参考文献

АН СССР, *Русская грамматика. Т. II*, Москва: Наука, 1980.

Булыгина Т. В., Шмелев А. Д., "Концепт долга в поле долженствования" // *Логический анализ языка. Культурные концепты*, Москва: Наука, 1991.

Беляева Е. И., *Модальность и прагматические аспекты директивных речевых актов в современном английском языке*, Автореферат дис. докт. филол. наук, Москва, 1988.

Кобозева И. М., Лауфер Н. И., "Семантика модальных предикатов долженствования" // *Логический анализ языка. Культурные концепты*, Москва: Наука, 1991.

Шатуновский И. Б., *Семантика предложения и нереферентные слова. Значение. Коммуникативная перспектива. Прагматика*, Москва: Языки русской культуры, 1996.

Coates J., *The Semantics of the Modal Auxiliaries*, London: Croom Helm, 1983.

Lyons J., *Semantics*, Cambridge: Cambridge University press, 1977.

Palmer F. R., *Mood and Modality* (second edition), Cambridge: Cambridge University Press, 2001.

Rescher N., *Topics in Philosophical Logic*, Dortrecht: Reidel, 1968.

吕叔湘：《吕叔湘文集（第一卷）》，商务印书馆，2004。

彭利贞：《现代汉语情态研究》，中国社会科学出版社，2007。

原文发表于《俄罗斯语言文学与文化研究》2016 年第 1 期

对语言符号象似性的探索

王铭玉*

摘　要： 象似性（iconicity）是近年来认知语言学中的一个热门课题。它指的是语言结构与人的经验结构或概念结构之间的自然联系。有关语言符号象似性的研究是对索绪尔开创的结构主义语言学中任意性原则的一种反说。及时了解国内外学者的研究状况、确定象似性概念及其性质、分析象似性的哲学基础、把握象似性的分类及在语言中的体现、透视象似性及语音意义、探索汉语语言文化的象似性问题对我们进一步研究语言符号的本质、揭示概念与认知之间的关系有着重要的价值。

关键词： 语言符号　象似性　本质特征　哲学基础　分类体现　语音意义　语言文化

一　象似性概念

（一）术语的来源

象似性（iconicity，иконичность）这一术语的来源与被誉为"现代符号学之父"的 C. S. Piece 有着密切的关系。众所周知，C. S. Piece 符号理论的主要内容是两个相互交叉的"三员组合"，而其中的一个三元组合讨论的是符号的分类

---

* 王铭玉，天津外国语大学原副校长、教授、博士生导师。

问题。C. S. Piece 理论的哲学基础是他的三个"普遍范畴",即第一项(性质)、第二项(对象)和第三项(关系)(王铭玉,2004:116)。他将这三个范畴应用于符号媒介与指称对象之间的关系的具体分析,进而得出这样三种符号的类型:象似符(icon)、索引符(index)、象征符(symbol)。象似符通过写实或模仿来表征其对象,它与所指对象之间联系靠的是各自性质上的某种相似性。照片、图像、雕塑、电影形象、施工草图、方程式和各种图形就是该类符号的典型例子。而索引符与指称对象之间的关系不是模拟的,而是与其构成因果或者时空上的连接关系。属于这类符号的有路标、箭头、指针、专有名词、指示代词等。而象征符则是"通过某种法规指称其客体,这种法规通常是一般观念的联想,致使该象征被解释为指称那个客体"(转引自丁尔苏,1994:11)。它与指称对象之间的联系完全是约定俗成的:自然语言和各种标记系统基本上都是该类符号的代表。C. S. Piece 还将象似符按其复杂程度分成三个小类:影象(image),该符号与其对象单纯是属性上的相似,如照片;拟象(diagram),此类符号的组成部分与对象各部分之间相似,如地图;喻象(metaphor),这类符号与对象之间存在一般的类似关系,即通过此物与彼物的平行性来反映所指物特征的符号,例如,句子"这个人是一头狮子"就是一个隐喻符号。隐喻符代表着最高、最抽象的相似性。在对象似符做出一般性界定的基础上,皮尔斯指出:"在每个语言的句法里,借助约定俗成的规则,都具有合乎逻辑的象似性。"(沈家煊,1993:2)目前国内外学者对该问题的研究可以表明,对象似符进行研究的发端归于 C. S. Piece 是有道理的,我们也同意这种看法。

C. S. Piece 的符号三分法,表明了能指和所指之间的三种联系方法,这种"三元符号模式"较之索绪尔的"二元符号模式"(即能指与所指之间的任意性关系)有着极大的伸缩性、解释性和全面性,为我们分析当代社会生活中的各类符号提供了一种非常有效的分析手段(王铭玉,2004:122-125)。C. S. Piece 率先对非语言符号进行了系统的阐述。遗憾的是在以索绪尔思想为主导的结构主义的语言学界对此并没有给予足够的重视。语言学中的"能指与所指关系任意性"的思想一直占据着统治地位,而能指与所指之间的"理据性、相似性、可论证性"则被忽略和轻视。

可喜的是,最近十几年间兴起的功能主义学派带来了语言观的变化,语言不再被视为自足的纯形式系统,需要寻求在形式背后的语义和功能动因;当代语言类型学和共性研究的成果，需要人们从一个全新的角度对在毫无亲缘关系的众多语言里一再出现的某些相似的形式—意义匹配关系做出合理的解释；而最近产生的认知语言学中的"语言结构直接映照概念结构"这个基本主张需要在语言中找到强有力的证据。在这些因素的作用下，语言中的"象似性"研究成为当今语言学研究中的一个热点，而 C. S. Piece 的符号学理论也越来越受到人们的重视。

（二）术语的理解及翻译

要想对 iconicity 这一术语作出准确的理解，我们还得再一次求助于皮尔斯的符号学理论。他对象似符的分析还包括这样的思想：（1）界定象似符的所谓"相似性"并不是客观的、基于逻辑的，而是一个"心理事实"，即感知中的相似性；（2）从某个角度而言，象似符和索引符可视为象征符的次类，这是因为任何符号都是规约的结果，即按 C. S. Piece 的说法，任何符号和所指对象之间都必须有一个解释者；（3）象似符与索引符之间的界限也不是绝对的，往往只是一种程度上的差别。"纯象似符"在现实中是不存在的。从这个意义上来讲，所有的象似符都是不完全的。他的这种思想是想反映符号在"自然性"方面三种不同的程度，从最自然的象似符号，到自然性稍低的索引符，到相对缺乏自然性的象征符。这样，符号能指与所指的关系就完全体现在由这三种符号组成的象似—规约关系连续统中。我们可以这样认为，象似符是基于隐喻的模式建构的，索引符则是基于换喻的模式构成的，而象征符则靠约定来实现。象似性可以理解为符号的能指与所指之间自然存在的被符号解释者所感知到的一种相似性，而且这种相似性有程度上的差别。

由于象似符是我们研究的重点，这里需要给予特别的强调。象似符既然是一种符号，它就绝对不是真实的事物本身，而是一种概括了该事物的功能特征的模式。换言之，象似性作用不是存在于符号和所指对象的物理性质中间，而是依存于"相同的"知觉结构或关系系统之间。这样，即使象似符的形状与对象不同也可起象似性意指作用（如图表和隐喻）；而象似性程度最高的图画（或图像），在它与被表达物之间，其象似性也不是一种简单机械的重复，实际亦为一种"转换过程"。所以，针对上升到符号学层次上的象似符，U. Eco 特指出以下三个作为必备的前提：（1）应按文化性质惯约法为对象定义，即按某些公认特征予以识别，如用四足和黑白条纹表示斑马；（2）按文化性惯约简化对象的必要特征，如斑马例中，只用条纹图形而无须四足和黑白色即可表示对象；（3）按惯约可在对象特征与图形符号之间规定可知觉的相互符合的生产方式，如按透视法画一花瓶时先得有一透视法则（王铭玉，1994：4）。

通过上文的论述我们对这三类符号的特征有了一个比较明确的认识，现在就考虑如何将其翻译的问题。如上所述，能指与所指之间有一定的相似性，我们在对其进行翻译时，应尽量找到一个能够反映所指内容的能指形式。而传统的翻译显然没有顾及这一点，将这三种符号分别翻译为：图像（象似符，图像符，图式，象符，类象符）、指示（标志，标记，引得符）和象征（抽象符，象征符，语符，代码符）。对此，王寅、张敏等研究者都曾撰文论及（王寅，1999c：49；张敏，1997：148），他们的探讨都是非常有益的。我们倾向于下列翻译方法：（1）将每个术语后面加一个"符"字，表示为一种符号，同时也有一种对称美的感觉。其实这种做法，在其他语言中也有体现，比如在俄语中，就将 знак 分为 иконический знак（знак-икон），нидексный знак（знак-нидекс），символический знак（знак-символ）。（2）由于三种符号的成因分别取决于相似关系、因果关系和约定关系，因此，可以将 icon 译为"象似符"，既和"相似关系"吻合，又和"象似性"（iconicity）概念保持一致；将 index 译为"索引符"，因为"索引"二字能凸显能指与所指的因果关系；将 symbol 译为"象征符"，这是考虑到"象征"概念可以体现出"约定性"的本质特征。对于 icon 下面的三个小类，我们结合王寅的观点，将其分别翻译为：影像符、拟象符、喻象符，以保持分类模式的对应性——既可以体现出它们属于象似符的范畴，同时，"影""拟""喻"这三个区别成分的选择，表明其相似度的差异。"象似性"则是表明象似符与其所指之间的可论证的相似关系。它与"可解释性、理据性"可以理解为同义词。对它的翻译也有多种："象似性、临摹性、类象性、具象性、动因"等，我们取"象似性"这种翻译形式，这与我们前文对符号各种类型的理解和翻译有着一脉相承的联系。

（三）术语的定义

关于"象似性"的定义，目前还没有一个统一的认识。我们认为，国内几位学者的观点可以给界定此概念带来一些有益的启示。

沈家煊先生在《句法的象似性问题》中对该术语做了如下描述："语言的象似性是相对于任意性而言的，它是指语言符号的能指和所指之间有一种自然的联系，两者的结合是可以论证的，是有理有据的。语言结构的象似性就是概念结构直接映照人的概念结构，而不仅仅是一般的体现概念结构。"（沈家煊，1993：3）严辰松教授在《功能主义语言学说略》中是这样描述的："语言结构从某种程度上反映了人们所经验的世界结构。"（严辰松，1997：21）张敏先生在《从类型学和认知语法的角度看汉语重叠现象》中这样说道："语言符号及其结构和它们所代表的概念内容/外在现实及其结构之间存在的某种相似性"。在《认知语言学与汉语名词短语》专著中，他又进一步做了描述："简单地说，语言的象似性指的是感知到的现实的形式与语言成分及结构之间的相似性。换言之，它是指语言的形式和内容（或者说，语言符号的能指和所指）之间的联系有着非任意性、有理据、可论证的一面。"（张敏，1998：139）王寅教授给"象似性"下了这样一个定义："符号在音、形或结构上与其所指之间映照相似的现象"（王寅，1999c：49）。可以说，这个定义将"象似性"理解为不仅体现在语言单位本身（音、形），而且还表现在语言单位的相互关系（结构）中，这与 Haiman 的成分象似和关系象似观点一致，但显然前者更为朴素、易懂。

以上这些学者的观点都是结合国外学者的研究成果和自己的理解而得出的，它们从不同角度反映了"象似性"概念的内涵。我们在学习理解的同时，认为尚可做以下三点补充：（1）"象似性"是一种抽象性质，所以把它视为"现象"似有不妥，而理解为"特征"较为严密；（2）语言的"象似性"不仅体现在静态的语言系统的单位和关系中，而且还映现在其具体的动态（使用）过程中；（3）与基于英美分析哲学的结构主义语言学不同，整个认知语言学的哲学基础是体验哲学，认为认知具有体验性，是受身体和经验约束的，所以，在"象似性"的定义中，将它的"体验性、感知性"加以强调是很有必要的。

这样一来，我们也尝试性地给"象似性"下一个定义：映照在语言符号系统单位和关系之间以及语言功能过程中的、被人感知的、相应所指对象或关系的自然相似性特征。

二 象似性的哲学基础

象似性问题的实质归根结底是能指与所指（广义性的理解应包括所表意义、

客观现实、经验结构、概念框架等）之间的关系问题：两者之间是否可以论证？是否存在因果理据？我们认为，这不仅仅是一个语言学问题，更重要的是一个哲学的问题，它构成了象似性的生存基础和存在价值。

（一）传统哲学

柏拉图模式（Platonic Paradigm）是与亚里士多德—索绪尔模式（Aristotelian-Saussurean Paradigm）相对立的思想观点。柏拉图模式的核心思想是：如果我们想用语言表达现实的话，语言就必须在某种程度上与现实互相相似，语言符号和语言行为的许多方面在本质上打上了自然限制的烙印。语言哲学家 W. von Humboldt 认为，"语言是民族的最大特征"，"民族的语言即民族的精神，民族的精神即民族的语言"（胡明扬，1988：57）。这实际上就是"语言结构与人的概念结构相互映照"思想的体现。的确如此，语言处在人与世界之间，人必须通过语言并使用语言来认识世界。同时，每个民族都不可避免地会把某种独特的主观意识带入自己的语言，从而在语言中形成一种特殊的"世界观"。与柏拉图和洪堡特的思想相吻合，哲学家 L. Wittgenstein 也提出了语言与现实同构的观点。这一观点最典型的体现就是"语言图像说"。虽然 L. Wittgenstein 的后期理论对此有所纠正，但他并没有完全彻底否认这一说法，而是承认它在一定的范围和意义上是有效的。而 C. S. Piece 在 19 世纪末提出的符号三分法（象似符、索引符、象征符）更是直接从哲学上印证了象似性学说。

（二）认知哲学

真正使"象似性"学说赢得应有承认的是认知哲学。所谓认知，是指人们感知、认识世界，获得知识，解决问题等一系列认识过程中的心理活动，广义的认知包括视觉、听觉、动觉、记忆、注意、心智、思维、推理等。认知哲学和语言学的交叉形成了认知语言学，后者自 20 世纪 70 年代正式进入语言学领域以来，对传统语言理论提出了一系列批判，认为语言是对现实世界经过人类认知加工而形成的。这样，就存在两次反映过程：（1）人的感觉、概念和全部科学认识都是客观存在的现实的反映，其中，现实是主导，它经常影响着人们的认知思维；（2）语言不是直接反映客观世界，而是有人对客观世界的认知介于其间，即在认知与语言之间还有一次反映过程，其中，认知是主导，它先于语言，决定语言，是语言的基础。基于两次反映过程，认知语言学勾勒出了一个理论链条，即现实→认知→语言。根据这一链条可以做出如下推断：认知要反映现实，两者之间应该是大致相同或相似的；语言要表达概念，它要与认知保持映照的关系。换言之，人类在对现实世界感知体验和认知加工的基础上形成了人们的概念结构，语言作为思维工具，必然在许多方面、在一定程度上与人们的经验结构、概念结构、形式所表达的意义之间存在对应性相似关系。唯此，语言才得以最终完成反映世界的任务。

（三）体验哲学

"象似性"的存在价值与非客观主义体验哲学的作用是分不开的。非客观主义体验哲学是相对于客观主义哲学而言的。它首先反对"自治论"，反对"心智与身体分离的二元论"，坚持认为，人类通过身体与世界的互动来与世界相连，使得认知、心智、知识成为可能的只能是我们的体验和想象力；人类因自身的生理构造使用特殊的方法来感知世间万物，理解其间的各种关系，并由此体验而固定下来。所以，"语言自治，独立于外部世界看来是不能再被接受了……应解释外部世界是如何输入到（import into）语言中的"（R. Simone，1994：4）。同时，体验哲学反对"纯内指论"。纯内指论包括索绪尔的结构内指论和N. Chomsky 的心智内指论，两者的共同之处都是将语言与外部世界割断，仅从内部研究语言。体验哲学认为，仅在语言内部寻求各种解释，虽然具有重要价值，但同时也留下了很多难以解释的现象：语言如果与外部世界相"剥离"，何以形成今天的语言，何以表明"语言是一种社会现象"，以何为接口来达到表述现实世界的目的等。所以，仅从内部研究语言就不能算是完整的、可靠的理论，意义的基础是客观现实和人类的认知，语言作为三个环节中的一环，必然要和认知与现实发生直接或间接的联系，必然要在一定程度上带上认知与现实的烙印。再则，非客观主义的体验哲学反对"非隐喻观"。据 G. Lakoff & M. Johnson（1999）统计，英语中有 70%以上的表达来源于隐喻，因此隐喻遍及我们生活的各个方面，是我们赖以生存的东西。J. Derrida（1982）说得更直接：哪里有文字，哪里就有隐喻。而所有隐喻都是有动因的，例如 attraction，electricity，magnetism 等词能用在 love 隐喻中绝不是任意的，它们起因于"物理力"这个始源域中词意义和一般概念隐喻：Love is a physical force。显然，动因就是理据性，而动因主要通过隐喻或换喻引申而来。所以，承认隐喻的认知作用就是承认象似性的存在价值。

通过以上的分析，我们可以得出一个结论：意义是基于体验的心理现象，是人类通过自身与世界互动的结果，与形式不可分离，两者间在许多时候具有诸多可论证的关系（王寅，2002：4-7）。总之，自治论、纯内指论和非隐喻观三种哲学观点是任意说的理论基础，也是认知主义、非客观主义体验哲学的批判对象。正是在它们的交锋中，奠定了象似性的哲学基础；正是随着认知理论的不断发展，使得象似性学说方兴未艾。

三　象似性研究概况

（一）象似性研究的历史分期

语言象似性问题并不是认知语言学首先提出来的，对它的关注最早可追溯到古希腊时期的唯名论和唯实论以及随后的本质论与约定论、自然论与习惯论之争，它一直受到哲学家、符号学家和语言学家的关注。该问题的实质就是在语言与现实、形式与意义之间是否存在理据性，即语言的能指与所指之间是象似的还是任意的。可以说，这两种对立观点一直贯穿着整个语言符号研究的历史。根据对该问题研究的态度，王寅教授将"象似性"的研究历史分为三个阶段：（1）两论相持时期（古希腊时期至 19 世纪末，两论相持）；（2）索绪尔时期（20 世纪初至 60 年代，任意说暂占上风）；（3）后索绪尔时期（20 世纪 60 年代以来，象似说得到承认，并且渐占上风）（王寅，2001：327）。

我们基本上同意王教授的三阶段说，但对第二、第三阶段的命名谈谈自己的看法。

在这里需要说明的是，索绪尔本人在"任意性"问题上是相当谨慎的。他在《普通语言学教程》中用了整整一页的篇幅对任意性的概念加了一个重要的注释，即"符号可能是相对地可以论证的"，他认为可以区分绝对任意性和相对任意性：一个没有动因，或者说不可论证的符号是绝对任意的，比如法语的 vingt；而一个有动因的符号是相对任意的，比如法语的 dixneuf。他还进一步指出，限制着任意性的可论证性包含在要素之间相互的句段关系及要素与要素聚合成类的联想关系里（索绪尔，1980：181-184）。他的这种看法至少在表面上与后来的认知功能语法学家的句法象似性观念是类似的。可惜的是，索绪尔似乎仅仅把可论证性看作语言组织的有序性，未能更深一层次地剖析这种相对任意性的实质和来源，但可以说他也意识到"象似性"的存在。而他以后的结构语言学家未能发展相对任意性的观念，却把绝对任意性向前推动了一大步。乔姆斯基的天赋性假说实际上则把语言结构的任意性推到了极点。所以，将"索绪尔时期"改为"形式主义时期"，可以避免我们对索绪尔的误解。而对"象似性"问题重新进行关注，与功能主义的全面崛起有着重要的关系，我们因此倾向于将"后索绪尔时期"改为"功能主义时期"。尽管一般公认的语言研究中的功能主义源于20世纪初的布拉格学派的语言学思想，尤其是 Mathesius 的有关语言的功能观，然而功能主义真正成为一种思潮并与形式主义开始形成抗衡则是在20世纪70年代（龚放，2000：2）。这与王教授所划分的第三阶段没有多大的出入，而且，从对"象似性"问题进行研究的学者群来看，大都属于功能学派，如 Givón 等。这样一来，我们也尝试性地把对"象似性"问题的研究史分为三个时期：（1）两论相持时期（古希腊时期至19世纪末，两论相持）；（2）形式主义时期（20世纪初至60年代，任意说占上风）；（3）功能主义时期（20世纪60年代以来，象似说开始得到承认，研究渐成气候）。

（二）"象似性"研究呈现的特点

语言符号的"象似性"在最近几十年来受到众多语言学家的关注，但需要指出的是，在语言学界"任意性"说占统治地位时期，符号学家就观察到符号的能指与所指之间的象似关系，并将这种思想逐渐向语言学渗透。由此可以看出符号学对语言学研究的指导作用。当前，语言学领域中的象似性研究呈现以下几个特点。

1. 研究的学者越来越多，趋向世界化

（1）国外语言学界

在国外语言学界，从20世纪60年代以来，Jakobson、Greenberg、Cooper & Ross、Bolinger、Chafe、Dixon、Haiman、Slobin、Lakoff、Langacker、Givón、Wizerbicka、Taylor、Simone、Engler、Dressler 等都对该问题进行了研究。我们择其要者简述一二。

雅可布逊在其论文《探索语言的奥妙》中对语言的任意性提出了有力的挑战，并着重指明语言结构组合关系上的一种象似性：复句中两个分句的排列顺序映照它们表达的两个事件实际发生的先后顺序（R. Jakobson，1966）。格林伯格主要进行语言的共性研究，他提出，在人类语言中，若其他一切条件都相同，那么子句在叙述中的顺序一定和他们所描述的事件的次序相同。没有一个已知语言在讲一件事情时是以倒叙为常的（张敏，1998：143）。Cooper & Ross 最早明确提出"句法象似性"的概念并采用这一术语，此后这方面的研究迅速发展起来（张敏，1998：145）。Bolinger 提出，"一个形式对应于一个意义"是语言中最自然的象似性原则之一，并从象似性的角度对他研究多年的句调形式做出了更明确的解释（张敏，1998：145）。Lakoff、Langacker 和其他学者建立了认知语法，主要从认知角度探讨和分析语法规则的成因，他们认为：认知和语义是一种语言形式形成其句法结构的内在动因，语法是语义的建构和象征体系。Haiman 出版了《自然句法》和《句法象似性》两本专著，他将语言的相似性研究带入了一个新时期，使他成为当代语言符号象似性研究最具有影响的学者。Givón 对句法象似性的研究也较为全面，他提出了与句法中非任意性编码方式有关的一系列问题，包括同构原则、象似性编码的生物基础和认知基础等。

（2）汉语语言学界

在汉语语言学界，对象似性的研究已经起步，这方面的带头人是戴浩一。他提出的汉语里一条重要的象似原则——时间顺序原则，业已为国内学者所熟知。他还比较全面地分析了汉语语法里几种主要的象似性动因，并从范畴化、空间关系等多个角度探讨了汉语句法的象似性质。谢信一基于汉语句法里的证据提出了"汉语是一种图画语言"的观点，他还从象似原则出发讨论了汉语里独特的时间观念及其意象，并从相似原则和抽象原则相互竞争这一总的观点出发解释了汉语完成体标记"了"的位置。而张敏先生则对句法象似性做了全面概述，并着重用距离动因来分析汉语中的名词短语。

（3）国内外语界

在国内外语界，对该问题的研究也逐渐由介绍借鉴走上了实际探讨、分析的路子。1988 年许国璋先生将 iconicity 翻译为"象似性"后，沈家煊、林书武、胡壮麟、严辰松、杜文礼、王寅、文旭等学者对该问题进行了介绍或研究。特别需要提及的是王寅教授，不仅有十几篇论文发表，而且出版了一本专著《论语言符号象似性——对索绪尔任意说的挑战与补充》。他在对国外有关理论的最新研究成果引介的同时，还发表了自己的观点。他还运用象似性理论进行对比研究，并将象似性与文体学结合起来，将象似性看作一种重要的辞格，为语言学研究增添了一项新的内容（王寅，2001：333）。

2. 研究的内容不断拓展、深入

到目前为止，在世界范围内已经针对象似性问题召开了三次国际性专题讨论会。第一次是 1983 年 6 月在美国的斯坦福大学召开的"句法象似性"专题大会，从不同侧面论述了语言句法中普遍存在的象似性现象；第二次是 1992 年 10 月在意大利的罗马大学召开的"语言中的象似性"专题大会，分别从语言学史、符号理论、语言学理论等角度研究了象似性理论；第三次是 1997 年 3 月在瑞士的苏黎世召开的"语言与文学中的象似性"专题大会，语言学家和文学家第一次共同对象似性问题进行了跨学科研究，分别从语言和文学两个角度对象似性理论进行了有益的探讨。

除此之外，1992 年 8 月在加拿大北克拉瓦勒大学召开的第 15 届语言学家国际会议上，对"隐喻与象似性"问题设专组进行讨论，相关论文在 1994 年 7 月的《语用学杂志》第 22 卷第 1 期发表。论文作者从皮尔斯符号理论的观点出发研究隐喻和象似性，研究词汇（包括词素和语法的辅助成分）的象似性，研究隐喻与类比、与普遍语法的关系，把象似性研究向前推进了一大步。

象似性研究从最初的现象描述发展到理论建构，研究范围从句法拓展到整个语言符号系统，已经走上了跨学科、多角度研究的大道。

四　象似性的分类及在语言中的体现

对语言符号而言，"象似性"既是一个"共性"问题，也是一个"个性"问题，它在不同的语言以及同一语言的不同层次都会有不同程度的体现。

就目前国内学者的研究来看，沈家煊总结出了句法中"距离象似原则、顺序象似原则、数量象似原则"等三条关系象似原则；严辰松则介绍了"疏离、对称、不可预料性、思维的顺序"等四种"临摹"现象；王寅的总结可谓全面，一共总结出了七种象似性：标记象似性、话题象似性、滤减象似性、句式象似性、距离象似性、顺序象似性、数量象似性；张敏介绍了"复杂性、独立性、距离、次序、对称、重叠、范畴化"等象似性动因。虽然他们的用词各不相同，但他们所讨论的对象都是 iconicity。从他们对象似性的分类以及例证来看，象似现象之间有层次关系，或者互为因果，或者互为交叉。这也足以看出象似性问题的复杂性以及人们在认识上的差异。在这里我们借鉴国内外学者的成果，结合自己的理解，对象似性做分类尝试。

我们对象似性的分类依据的是 C. S. Piece 对象似符的三分法。前文已经提到，象似符可以分为三种：影像符、拟象符、喻象符。那么，其相应的象似性则为：影像象似性、拟象象似性和喻象象似性。下文我们结合语言的实例加以说明。

（一）影像象似性

我们所理解的影像象似性是指语言符号的声音或外形与其所指之间有着自然的联系性。它主要体现在拟声词和象形文字上。

以拟声词为例。任何语言里都有一定数量的拟声词或象声词，比如，布谷鸟的叫声汉语为 bu-gu，英语为 cuckoo，俄语为 ку-ку，法语为 coucou，西班牙语为 cuco，意大利语为 cuculo，德语为 kuckuck，罗马尼亚语为 cucu，匈牙利语为 kakuk，日语为 kakko；猫的叫声汉语为 miao，英语为 miaou，俄语为 мяу，德语为 miau，土耳其语为 miyavlak，哈萨克语为 meyalaw，柯尔克孜语为 meyoloo。这样的例子还有很多，拿俄语和汉语来说有：му- му—哞哞（牛的叫声），га-га— 嘎嘎（鹅的叫声），кря- кря— 嘎嘎（鸭的叫声），буль- буль— 哗哗（水的冲击声），кукареку— 喔喔（公鸡的叫声），тук- тук— 咚咚（敲门声），тик-тик— 滴答（钟表声），ха- ха— 哈哈（大声笑），хи- хи— 嘿嘿（小声笑）。这些词的语音形式就是对自然声音的模仿，有着很高的影像象似性。

（二）拟象象似性

这类象似性是广大认知功能语法学家研究的重点。Haiman 认为，人类自然语言里的象似符主要是影像和图样，尤其是后者。这里的图样就是我们理解的拟象符。他将拟象象似性分为 3 种类型：同构（isomorphism）、自同构（automorphism）和动因（motivation）。

1. 同构

同构是指拟象符的能指和所指之间的对应，即拟象中的每一个点和它的代表物结构中的每一个点相对应，而不管这些点在特性上有什么区别。这种同构其实就是关系象似（relational diagram），或是沈家煊先生所说的成分象似［即句法成分和经验结构的成分（大大小小的概念）相对应］。该类象似性在语言中的体现就是"一个形式对应于一个意义"，"形式相同表示意义相同，形式不同则意义不同"。如 crow，crunch，cry，crack，crackle，crash，creak，croak（都有响、叫的意思）。再如，flap，flare，flee，flick，flicker，fling，flip，flitter，flow，flow，flutter，fly；the，this，that，they，their，thee，thou，thy，then，there，thus，than though；what，why，when，where，which，whether 等。这几组词都能归入"形式相近，意义相近"的例子中。

这条象似原则不仅适用于词汇层面，在句法中也同样适用。比如，跨语言调查表明，条件从句和是非问句在结构上经常相似。例如英语中条件从句和（间接）是非问句都能用 if 打头，都能用主语和动词颠倒位置的词序，这是因为在意义和功能上条件从句和是非问句都充当言谈话题。而"形式不同，则意义不同"的例子在语言中比比皆是，我们在此不赘述了。

2. 自同构

Haiman 认为，一一对应的关系存在于能指和所指的结构之间为"同构"，若存在于同一个系统的两个或多个部分之间则为"自同构"。格林伯格就发现，大量语言里的同一组指代词可用于时间、空间和言谈中的指称，其中存在严整的对应关系，如同一形式可指第一人称，也可代表与说话人的密切关系，还可以指示较近的未来时间。他认为，这是来自空间感知的结构以象似的方式从空间影射到实际时间及言谈时间的结果（张敏，1998：152）。

3. 动因

动因指的是拟象符的构成元素之间的关系和所指物的构成元素之间的关系相同。对语言中这一种象似特性的理解和命名，在功能语言学家中存在一些分歧，有时很难将其与"同构性"清楚地分开。动因的基本概念原本是由索绪尔提出的，海曼将其狭义地理解为关系和关系之间的平行性；吉翁等则将其理解为"同构性"的一种；平贺正子（Masako K. Hiriga）将其看作结构象似

（structural diagram）；沈家煊则把它总结为关系象似。我们在这里只是将这种分类方法做一介绍，并不去严格区分。

学者们在该方面的研究成果颇丰，主要表现在以下六个方面。

1. 线性象似性

也就是说句子或词语的顺序对应客观事物或人们认知的次序。大家常举的例子就是恺撒的名言 Veni, vidi, vivi（Пришел, увидел, победил），其中所表现的次序和事件发生的顺序是一致的。这就是一种典型的时间顺序象似。它不仅可以体现在句子的内部成分的顺序上，而且出现在复句等大的语言单位中。在大量的主从复合句里，表示原因的子句经常出现在表示结果或蕴含的子句的前面，这一语序安排也是符合自然和感知的时间顺序的，因为在概念领域里一般总是先有因后有果。

汉语中的语序就表现出明显的线性象似性。戴浩一先生提出了汉语中的"时间顺序原则"：两个句法单位的相对次序决定于它们所表示的概念领域里的状态的时间顺序。这条原则可以用汉语语序中的一些现象独立论证。当两个汉语句子由时间连接词（如"再、就、才"）连接起来，第一个句子中事件发生的时间总是在第二个句子之前。例如：我吃过饭，你再打电话给我；我们工作一结束，他就来；你给他钱，他才给你书。

这三个句子内部的先后顺序就完全符合时间顺序原则，一般情况下，它们内部成分的先后顺序不允许调换。

当然，这种体现在句子中的象似性，并不仅仅是由事物在时间上的排列顺序决定的，更重要的是与人们对其内部成素概念化的特征息息相关。这一点我们可以在一些固定化的并列短语中得到验证。比如在俄语中：здесь и там, туда и сюда, мы и они, люди и звери, человек и закон, юноши и девушки, дамы и господа, рабочие, крестьянин и интеллигенция。这些并列短语内部成素的顺序并不是随意的，而是与这些成素所指对象之间建于这样或那样原因基础上的层级关系有关。这些层级有的以指示性为主（前三例，这里言语行为的位点或参与者是中心），有的以人本性为主（中间三例，"人"为中心），有的以社会性为主（后三例，其中юноши и девушки 的顺序是取决于性别，男人为重；而 дамы и господа 之间的顺序也是依据性别，只不过是礼仪使然；рабочие, крестьянин и интеллигенция 其顺序完全是由意识形态决定的）。由此看来，这些并列短语成素之间的顺序是象似于它们所指对象之间被人们所认知的复杂多样的层级关系的。除此之外，线形象似性还与人们的思维定式和文化观念密切相关。

2. 距离象似性

指概念间的距离对应于语言成分之间的距离，即在功能、概念以及认知方面越靠得近的实体，在语码层次上（如时空上）就越靠得近。与此同时，如果出现的成分位置越接近，整合解释的意义就越强。比如：

（1）小张不认为他明天以前会离去。

（2）小张认为他明天以前不会离去。

（3）I taught Greek to Harry.

（4）I taught Harry Greek.

例（1）比例（2）的否定力弱，因为例（1）中的否定成分"不（会）"离动词"离去"较远；例（4）和例（3）相比，例（4）中 Greek 对 Harry 的影响力要大于例（3）。

距离象似不仅体现在句法结构中，在形态结构中也有体现。柏比（Bybee）发现，动词词干与屈折词缀之间的紧密关系倾向于反映屈折词缀所表达的概念距离。他认为，动词派生词缀与动词词干之间的概念距离层次为：配价（valence）<语态（voice）<体（aspect）<时（tense）<语气（mood）<数（number）<人称（person）<性（gender）。这条规律也反映在英语动词短语中：

（5）She was working at that time.

（6）She worked a lot at that time.

（7）She could swim when she was three.

（8）* She swim — could when she was three.

在例（5）中，体标记-ing 靠动词词干 work 最近，因为它是用作后缀，而时标记是助动词，故离动词较远；在例（6）中，由于没有体标记，所以时标记可以附加在动词词干上，这表明时标记与动词词干的联系还是比较紧密的；但例（7）中的情态（modality，通常认为属语气范畴）标记 could 并不能像时标记那样使用，它不能紧贴在动词词干上，所以例（8）句一般不成立。对于认知语言学家来讲，体标记与动词词干之间的临近关系反映了"持续"和"进行"这两个语法概念与动词行为范畴间的紧密关系；相比之下，时标记的概念与范畴 work 间的关系似乎不太紧密，但它们的关系比起情态概念与词汇概念 swim 之间的关系来说又要紧密些（参见文旭，2000：73）。

3. 数量象似性

语言单位的数量与所表示概念的数量和复杂程度成正比，与可预测度成反比。也就是说在语言交际中，量大的信息、说话人觉得重要的信息、对说话者较难预测的信息、想间接表述的信息，表达它们的句法成分就相应增多，句法结构也相对复杂。

语言中大量的重叠现象就是很好的例证。如 He ran and ran and ran and ran 与 He ran 相比，前者表示的动作量更大。莱考夫就指出，在相当多的语言里，当重叠出现在名词上，单数会变为复数或表集合概念；出现在动词上，表示动作的持续或完成；出现在形容词上，则表示性质状态的增强。

这种数量象似性还可以在词的形态结构中有所体现。也就是说所有的构词模式中都渗透着一种"加和性"，与某种能产性高的构词模式进行的形态切分与相应词位的语义切分相符合。如俄语中的 друг — недруг，быль — небыль，далеко — недалеко，воля — неволя 这一类模式就明显体现出这一特点。数量象似性还与说话人之间的社会距离有密切的关系。从俄语称呼语来看，若两人的关系越密切、亲近，那么其称呼语的长度就越短，数量就越少。比如，俄语称呼语 здравствуйте（您好）可以随关系的远近有这样一些变体：здравствуйте — здраствуйть — здрастуйть — драстуйть — драсьсьть — драсьть — зрсь 等，在这个连续体中，越靠近左边的，说话者之间的社会距离越大，数量就越大，反之亦然。

4. 对称象似性

对称的概念和对称的语言形式相对应。这条规则似乎与前文提到的线形象似性矛盾，因为语言形式上就是不对称的，我们不能同时说出两件事情。海曼指出，与我们的想象相反，尽管有线形特征的限制，概念上的对称关系其实就是人类语言中最容易，也是最经常以拟象象似方式表达的关系之一。这些概念上的对称性在语言中往往都用固定的模式来表达。例如：

（9）The more he eats, the fatter he gets.

这个例句就是通过"the+形容词的比较级"这种结构形式来表达其对称性。

5. 非对称象似性

严格来讲，前文提到的线形象似和距离象似就是非对称性的表现。这里的非对称象似性是指塔尔密（Talmy）所研究的存在于句子中反映两个认知—语义范畴"图像、背景"差别的非对称性（林书武，1995：41）。比如：

（10）自行车在屋子旁边。

（11）*屋子在自行车旁边。

在现实交际中，一般只说"自行车在屋子旁边"，不大可能说"屋子在自行车旁边"。因为"自行车"是可变成分，认知上是"图像"，话语分析属于"话题"；而"屋子"则是参照物，认知上叫作"背景"，话语分析属于"述题"。这样，就出现了表述上话题/述题跟认知上图像/背景这种不对称的拟象对应。

类似的例子还可举出一些，比如：

（12）Антон похож на его отца.

（13）*Отец Антона похож на Антона.

（14）他睡觉的时候做了一个梦。

（15）*他做梦的时候睡了一个觉。

同样，在言语交际中我们只会听到例（12）、例（14）这样的句子，很少能听到例（13）、例（15）之类的句子。原因在于：在句中，"Антон、梦"只能充当"图像、主题"，而不能是"背景、话题"。

6. 范畴象似性

若我们考察归入同一范畴的语言符号单位代表着哪些概念，一定会发现一个显而易见的趋势：属于同一形式范畴的语言单位在认知上也有象似之处。莱考夫就指出：语言学的范畴应当与我们的概念系统的其他范畴属于同一类型。有关语言范畴自然性的证据可以帮助我们对认知范畴从总体上进行一般性的理解。这种象似性的明显体现就是认知范畴上的"基本的/非基本的"这一非对称关系跟语言范畴"无标记的/标记的"这一非对称关系相对应。例如一般情况下，单数与复数——单数是基本的，表现形式是无标记的；复数是非基本的，表现形式是有标记的。当然也会有例外，比如，在俄语中，对 морковь，порох 来说，它们表示的是集合的、众多的意义，形式上没有标记，而要表达个体的概念，则需要有形态标记的词 морковка，порошина。从表面上来看是违背了象似性原则。但仔细分析，它们之间的这种对应，也恰恰说明了范畴象似性。因为对于表示类的集合名词来讲，集合性、众多性正是它的非标记意义，而个体性则是它的标记意义，因此需要一个有标记的形态与之对应。

除此之外，王寅教授还归纳出了标记象似性，认为标记性从无到有象似于认知的自然顺序，有标记特征象似于额外意义。我们认为这种象似性是范畴象似性的延伸，对此不再展开论述。

应该指出的是，以上列举的几种象似性，并不是孤立地存在于语言中，而是相互关联、相互作用的。在同一语言形式上，他们有时会共同作用，表现出一种合力，象似性鲜明；但有的时候，则表现出一种反作用力，出现互相竞争的态势，象似性就不怎么突出。对语言符号象似性应该结合多个方面的因素综合起来进行考察。

（三）喻象象似性

喻象符作为象似符的一种，也有其独特的一面，即它的指谓需要一个"第三者"来完成。但对这类独特的象似性目前还没有更深的研究，学者多把注意力放在拟象符的相似性上。平贺正子对喻象符的象似性曾经有过论述，我们不妨对其主要观点作一简介。她将这类象似性分为三种：语法隐喻（grammatical metaphors）、规约化隐喻（conventional metaphors）和诗歌隐喻（poetic metaphors）。

1. 语法隐喻

语法隐喻象似性涉及一个认知领域影射到一个语法领域。这种隐喻跟兰盖克关于"意象"的概念相同。"意象"是认知语法中极其重要的概念，一个词语的意义不仅仅是这个词语在人脑中形成的一个情景，而且是这一情景形成的具体方式，即意象。比如：

（16）Bill sent a walrus to Joyce.

（17）Bill sent Joyce a walrus.

这两句话从生成语法的角度来看是同义句，而认知语法则认为它们是对同一事件的不同的观察方式，即形成了两种不同的意象，这两个句子的语法隐喻象似性不同，意义有细微的差别。例（16）里的介词 to 专门用来象征海象转移的途径，从而使事件的这一方面凸显出来，例（17）的介词 to 不出现，而两个名词短语在动词后并置在一起，这象征着前者对后者的"领有"关系，因此例（17）凸显的是海象转移的结果——乔伊斯对海象的占有（沈家煊，1994：11-12）。

2. 规约化隐喻

这方面的例子比较多。比如：

（18）Life is a game.

在现实生活中，要理解的领域（即"人生"）的结构跟我们已经理解的领域（即"游戏"）的结构有固定的对应关系——人生就像游戏那样，有始有终；有一些规则，是人们必须遵守的；你或输或赢。下文的这些句子可以视为对此类象似性的具体解读：

（19）He is a real *loser* in life.

（20）He *won every game* of life to reach top.

（21）You must observe the *rules* in doing anything.

（22）He *struck out* in his last two business ventures.

3. 诗歌隐喻

象似性是诗歌语言的普遍现象。方丹尼艾（Fontanier）指出，诗歌关心象似性胜于真理。它致力于创造辞格，使语言富有色彩，将其转化为意境和场景，转化为一种活生生的、会说话的图画（转引自王寅，2001：339）。马致远有一首传世名作《秋思》：

（23）枯藤老树昏鸦，小桥流水人家，古道西风瘦马。夕阳西下，断肠人在天涯。

这首诗本身就是一幅鲜明的图画。通过这幅图画，我们可以体会出浪迹天涯游子的滋味，这也许就是诗歌隐喻的魅力。有些现代诗还采用编排形状象似于所描写事物的格式，比如：

I（a

le

af

fa

ll

s）

one

l

iness

乍看起来，这根本不像一首诗，而是一种文字游戏。这首诗只有四个单词，却分成五段，四个单词是 a leaf falls 和 loneliness；a leaf falls 放在括号里插在

loneliness 的中间。诗人在这里不是要故弄玄虚，而是以图示诗，想让读者去看诗。这四个单词拆散竖排，是要造成一片落叶渐渐落下的视觉形象（黄国文，1988：61）。这样，"寂寞飘零"这一抽象概念就被落叶的具体形象隐喻性地表现出来。

我们在这里按照 C. S. Piece 对象似符的三分法，列举了影像符、拟象符、喻象符所体现出来的不同的象似性。虽然这些象似性之间有着一定的区别，但将它们截然分开有时是非常困难的。因为有的象似度大一些，有的象似度小一些；有的体现在语言的静态结构中，有的则在语言的使用过程中显现出来。

五　象似性与语音意义

所谓语音意义是指由民族意识确定下来的一定的音和一定的意义之间的相似关系。语音意义实际是影像象似性的一种扩展，其确认过程是一个历史的过程，具有潜移默化的性质。

对语音意义问题的关注由来已久。俄罗斯语言学之父 M. B. Ломоносов 发现，"在俄语中，似乎经常重复字母 a 可以造成富丽堂皇、空旷、深远、高大的以及骤然恐惧的效果；增加字母 e，и，ь，ю 的使用次数可以有一种温柔爱抚之感，有一种凄怆、微小的实物感，通过字母 я 能显示出喜悦、欢乐、柔和与爱好；通过字母 o，y，ы 表现出的是能引起仇恨、嫉妒、惧怕和忧伤感觉的东西"。丹麦语言学家 O. Jespersen 用对比的方法也得出类似的结论：[i] 是比较轻快、细小、美丽、友善；[u] 则是比较稠厚、空洞、黑沉、忧郁、顿挫、苦涩。汉语中的语音意义主要渗透在形声字中，声近义必近。杨树达在《小学发微补》中对此现象广加论证，他认为："燕"声、"晏"声字多含"白"义；"曾"声字多含"重"义、"加"义、"高"义；"赤"声、"者"声、"朱"声字多含"赤"义；"邕、容、庸"声字多含"蔽塞"义；"重"声、"竹"声、"农"声字多含"厚"义；"取"声、"奏"声字多含"会聚"义（王铭玉，1994：15）。

从符号学的角度来看，语音意义是人们依据联想强加于音位符号之上的意义。音位本来是按语音的物理性质和生理性质划分出来的最小语音单位，它并不具有意义性质。但随着语言的发展，语言的使用者们在音位与意义之间产生了联想，从而对音位表现出了一种"理性强加"，即使用上的"意义倾向性"。

最终，在人们的意识中，音位与意义之间便建立起了必然的联系。所以，在语音意义形成过程中，人的"经验感觉"起到了关键作用。

如果具体分析，语音意义的形成原因可以归结为两种。一是音位的物理性质与生理性质。Л. П. Крысин 指出：а，о 发音的开放性、发音的浊音性固定地与"大的、多的、慢的、厚实的"特征相联系，而相反，发音的闭合性、清音性却与"小的、弱的、细的"特征相联系（Л. П. Крысин，1980：20）。显然，这里所谓"联系"是人们把音位的音高、音强、音长、发音器官的位置、工作状态等客观因素与现实事物的性质相联系的结果。二是偶然聚合的因素使音位具有意义的趋向。如果某一音位多次出现在某一类意义的词中，那么，这个意义就以概括的形式在反复出现的那一个音位上打上烙印。于是，该音位即使是单独出现，也会引起说话者产生一种潜意识的意义联想。比如，音位［р］和［р'］常常出现在具有"噪音"意义的词中：гром，грохот，греметь，взрыв，крик，скрежет，треск 等，所以，音位［р］和［р'］本身就在讲俄语的人的意识中与"噪音"的一般意义建立起了联系。为了能够透视语音意义现象，下文我们选取"拟声构词"作为研究的重点，尝试性地进行比较分析。

（一）元音的语音意义

［a］是央低元音。因为它的口腔开度比别的元音大，所以常常被用来模拟人的开怀无阻之声、动物响亮的叫声、自然界的铿锵之声。如 xa-xa，ya-ya，хра-хра；кра-кра，га-га，ква-ква，кря-кря，кудах-тах-тах；бац，звяк，шмяк 等。其他语言也常如此，比如人的大笑声 ha-ha，ga-ga（汉），ha-ha（英），wa-ha-ha（日），sak-sak，kyakkya（哈萨克）；物体发出的响亮声：pi-pa，hua-la（汉），clac［（法）耳光声］，klats-chen［（德）鼓掌声］等。

［i］［ɛ］分别是前高元音、前中元音。由于发这两个音时声带颤动，声道较窄，往往造成细噪音，所以它们常被用来表示细软声以及鸟虫的啼鸣声（或由此而来的鸟虫的名称）。如 сип（细哑声）、хи-хи（嘻笑声）、скрип（吱吱响声）、блеять（羊叫）、лепет（咿呀儿语）、плеск（汩汩声）、чик-чирик（小鸟啼鸣声）、писк（小鸟吱吱声）、чив-чив（金丝雀叫声）、щебет（啁啾声）、чибис（凤头麦鸟）、чиж（黄雀）、стриж（雨燕）、чечет（朱顶雀）等。这种

语音意义在其他语言里也具有普遍性，以［i］为例：汉语中小鸟叫声为 ji-ji, ji-zha, zhi-zhi；日语的蝉叫声为 min-min, 金钟鸟的叫声为 lin-lin, 虫的啾啾声为 chi-chi-chi；英语的小鸟叫为 chip, cheep, twitter, pipe, peep；德语的黄莺叫声 tirili, 燕子 tschilp；法语的鸟叫声 pipier 等。

［ɛ］音在俄语里还有另外一种描写功能，即模仿一些刺耳的尖叫声，如 скрежет（磨擦响声）、верещать（尖叫）、клекотать（猛禽尖叫声）、реготать（马的嘶叫）、стрекать（尖叫）、шелеп（鞭打的刺耳声）；［i］音用于此功能时不典型，常见的有 скрип（吱吱响声）、свист（呼啸声）、визг（尖叫声）。但在英语里情形相反，［i］音具有这种典型的功能，如 creak（门的吱呀声）、shriek（汽笛尖叫声）、screech（刹车声）、screak（尖锐刺耳的声音）、scream（尖叫声）、shrill（汽笛声）。

［ы］音是个央高元音，其他语言里一般没有这个音。在俄语中它常被用来描摹动物的叫声。如 выть（狼或狗叫）、мычать（牛哞哞叫）、курлы（鹤鸣声）、турлыкать（鸟咕咕叫）、цыкать（禽兽、昆虫的叫声）等。［u］［o］音在各种语言里都广泛使用，但其语音意义却有较大的差别。在俄语里，由于这两个音的成音部位较后，所以，它们的典型语音意义体现为描摹那些低沉不清晰的声音以及含含糊糊的低声絮语。以拟声动词为例：бурчать（嘟哝一声）、бучать（蜂嗡嗡叫）、гнусить（用鼻音说话或唱歌）、гудеть（发出拖长的低沉声音）、жужжать（发嗡嗡声）、журчать（发低语声）、зудеть（发单调的嗡嗡声）、шуршать（簌簌作响）、шушукать（发沙沙声）、булькать（发咕嘟声）、бормотать（喃喃）、квоктать（嘟嘟哝哝）、ботать（发咚咚响声）、роптать（发低沉声）、грохотать（轰隆作响）、клокотать（咕噜咕噜作响）。在汉语里，上述这类意义常用一个后元音加上鼻辅音［ŋ］来表示，如 teng-teng-teng、ceng-ceng-ceng、deng-deng-deng（沉重的脚步声），hong-long（轰隆），hong-hong（火旺声），dong-dong（响门声），pu-tong（扑通），weng-weng（嗡嗡）等。其他语言大都用鼻化元音来表示这种意义，英语：bump（重物相撞声），rumpus（喧嚷），thump（重击声），boom（隆隆声），rumble（轰鸣声），thunder（雷声），hum（嗡嗡），plump, slump（重物落地声）；法语：vrombir（昆虫嗡嗡声），boum（砰），gronder（雷声）；德语：summ（蜜蜂嗡嗡），bum-bum（雷声），plumps（扑通声）等。

（二）辅音的语音意义

在塞音里，噪辅音在发音时都是先关闭鼻腔通路，构成阻塞，然后在气流冲出时双唇突然打开，产生爆破的音响效果。与此相适应、配合，不少的拟声词都以塞辅音作为自己的尾音或首音。比如，俄语中许多拟声词以清塞辅音 [p]，[k] 以及擦音 [x] 作尾音，以增加"突然、短促"的音感。如 топ（跺了一下脚）、хруп（咔嚓一声破裂了）、шлеп（用手掌拍一下）；звяк（铿锵一响）、стук（咚咚敲一下）、бух（扑通一声倒下去）、грох（咕咚一声摔倒）等。英语、法语里这种现象也很普遍，如英语：clap（拍手声）、clip（猛击声）、crack（爆裂声）、slap（打耳光声）、snap（折断声）；法语：flip-flap（鞭打声）、crac（噼啪声）、claque（耳光声）。塞辅音 [b]，[p]，[d]，[t] 在拟声词词首出现的频率也较高，多用来模拟机械、物体等碰打击拍声。如俄语：бум-бум（炮声）、пиф-паф（射击声）、динь-динь（铃声）、тик-так（滴答声）；英语：bang（枪声）、boom（雷声）、puff（噗噗声）、ding-dong（钟声）；汉语：pa，beng，tu-tu，pi-li-pa-la 等。另外，后舌硬塞音 [k]，[g] 用作首音还可以模拟动物的叫声。如俄语：кря-кря（鸭的嘎嘎声）、кра-кра（乌鸦的呱呱声）、ква-ква（青蛙的咯咯声）、ку-ку（布谷鸟的咕咕声）；га-га（鹅的嘎嘎声）、гав-гав（狗的汪汪声）等；英语：cackle，cluck（母鸡叫声）、quack（鸭叫声）、gaggle（鹅叫声）；法语：glousser（母鸡叫）、croasser（乌鸦叫）；汉语：ga-ga，gua-gua（鸭叫声）、ge-ge-da（母鸡叫声）等。

在辅音中，擦音的成音特点是气流通过时造成强烈的磨擦效果，这与自然声响有许多吻合之处。所以，拟声词中擦音成素比比皆是。比如，俄语中的咝音和嘘音就常被用来模拟人和自然界中那种沙沙作响、嗡嗡嘤嘤以及其他由于磨擦而发出的声音。如 жужжать（作嘤嘤声）、журчать（低语）、сверчать（蟋蟀鸣）、свистать（小动物发吱吱声）、сикать（儿童撒尿）、сипеть（发咝咝声）、шаркать（发磨擦声）、шаршать（作响）、зудеть（发单调的嗡嗡声）等。其他语言类似现象也很多，如汉语：sha-sha（沙沙）、su-su（簌簌）、sa-sa（飒飒）、se-se（瑟瑟）、sou-sou（飕飕）；英语：rustle（沙沙作响）、whisper（风发飒飒声）、sough（风飕飕声）、swish（衣裙作响声）、susurration（沙沙响声）等。

［m］，［n］是两个鼻辅音，发音时都是由于气流通过鼻腔成音。这种发音特点使其语音意义常体现为模仿人或动物从鼻子里发出的声音以及杂乱喧哗声。如俄语：гнусить（用鼻音说话或唱歌）、мурлыкать（猫打呼噜）、сморкать（擤鼻涕）、шмыкать（用鼻子大声抽气）、мямлить（懒洋洋地说话）、гам（喧哗）、гомон（嘈杂）、шум（噪声）；汉语：nan-nan（喃喃）、nang-nang（嚷嚷）、nie-ru（嗫嚅）；英语：sneege（喷嚏声）、snuffle, snort, sniffle（抽鼻子、擤鼻涕声）；snivel（流鼻涕声）、snuff, sniff（闻、嗅）等。

前舌颤音［r］是俄语所特有的一个音。因为它是靠舌尖在气流作用下有节奏地开合颤动成音的，所以特殊的音响效果使其常被用于描摹恢宏的声响。如p-p-p（风号声）、тр-р-р（雷鸣声）、ура（欢呼声）、грохот（轰隆声）、трах（轰隆一声）、бурлить（汹涌声）、гаркать（高声喊叫）、ор（叫嚷）、рев（怒号）、регот（放声大笑）、рокот（轰鸣）等。

虽然在语言符号中，语音意义现象非语言研究的主要对象，不为大多数人所注意，甚至还不被人们所承认。但我们认为，它只要客观存在，就必然有其价值，不能视而不见。更重要的原因在于：一是因为这种现象与语言符号的象似性有着割不断的密切联系；二是因为"这种表义方法是基于个别字母或一类字母（即音和音组——作者注）所含的一定意义基础上的，毋庸置疑，它可能对原始的构词方法给予了相当大的影响。"（В. Ф. Гумбольдт，1984：93）

六　汉语语言文化的象似性

象似性概念对语言文化，尤其是对汉语语言文化具有非常重要的意义。因为象似性可以是知觉上的，也可以是联想关系上的，形象感知是决定性因素。而思维科学认为，西方人是以抽象的"音"为符号思维的基本样式，这也就形成了西方的注重抽象的思维素质。中国人的符号思维以形象为主体，因此使汉民族具有了形象的能力，由此生发的符号思维也具有了很大的创造力和想象力。所以，从象似性符号思想入手，来观察分析汉语语言文化的特色，会给符号学的研究开辟一个新天地，走出一条中西结合的正确道路。

实际上，象似性倾向在中国的原始文化里就曾占有重要的地位，图腾、偶像崇拜、某些礼仪、某些魔法等都是象似性的表现。而稍具系统的象似理论则可溯源到易经的象似主义、庄子的言意之辩以及儒家的正名之说，尤其是易经的象似主义可以说是象似符号思想的一次集中体现。

在易经系统里，指涉象似性的相关概念为"象"，它是易经中出现最多也是最重要的一个概念。何为"象"？简单说："象也者，像也"。用符号学理论来解释，即能指与所指之间的关系为相似关系。易经系统的流向可表示为：意或法→六十四卦（或卦象）→辞（卦辞，爻辞）→易传。解释起来就是：天下之现象，称为意或法，它们客观存在为先，并且固有"象"之倾向；然后圣人加以模拟形容而赋之以卦象；用符号系统观点来解释，即卦之设立给予我们的视觉有所规范，而以"象"的视觉来观察并拟象宇宙人事。这里，我们可以把卦象看作是一种语言的能指，而易卦之表义过程是卦辞和爻辞作为一级所指（或称一级元语言）来做初步解释；最后，再由易经传作为二级所指（或称二级元语言）进一步明晰。总之，易经系统里的每一"语言"符号（卦）皆以"近取诸身远取诸物"的触类旁通法涵摄一系列的概念或东西。我们以八卦为例（六十四卦实为八卦的进一步搭配衍生之结果），它的基本语言符号（卦）是用"—"代表阳，用"--"代表阴，而由它们组成的八种形式叫作八卦，每一卦形代表一定的事物：乾为天，坤为地，坎为水，离为火，震为雷，艮为山，巽为风，兑为沼泽。然后，以触类旁通之法，每一卦象引申为一系列的指称（即所指），如乾为天、为圜、为君、为父等。

在古老文明的影响下，中国语言文化的象似性倾向一直都很突出，它主要表现在汉字的构成以及文学的描写手法上。具体可分为：语音的象似性；汉字形体的象似性；诗歌艺术的象似性。

首先，让我们来看一下语音的象似性。象似性是个广义的概念，它不仅仅存在于视觉领域，声音、气味、味道等都可以具有象似的性质，拟声词就是一种声音象似现象。拟声词并不是人和物发出的声音本身，而是人本着交际原则，在语音允许的最大范围内对人或物之声的尽量模仿制作的结果。也就是说，拟声词以声音为基础，表示与声音相关的概念与现象。由于拟声词和自然原型之间的类似关系，两者的联系具有可论证性。汉语的拟声词非常丰富，从语音结构方式上来看可分：（1）A式：乒、乓、嘣、哇、咚、噜、哗、轰、哐、当、哧等；（2）AA式：嘻嘻、呕呕、吱吱、呜呜、啾啾、辚辚、淙淙、潺潺、喃喃等；（3）AB式：咯嘣、锒铛、轰隆、咕咚、扑通、呱唧、剌棱等；（4）AAB

式：叮叮当、提提嗒、咚咚呛、噼噼啪等；（5）ABB 式：蓬嚓嚓、哗啦啦、哧溜溜、咯噔噔、沙拉拉、咕咚咚等；（6）ABBB 式：扑愣愣愣、咕噜噜噜、轰隆隆隆等；（7）AABB 式：叽叽喳喳、吱吱呀呀等；（8）ABCB 式：唧啦喳啦、噼通扑通、嘟噜咕噜等；（9）A 里 BC 式：叽里呱啦、噼里啪啦、哗里咣啷等；（10）A 里 AC 式：呜里呜拉、哇里哇啦、呼里呼噜、呼里呼啦等；（11）ABCD 式：丁零当啷、乒零乓啷、叮零咚隆等。

接下来，让我们来看一下汉字形体的象似性。一部分汉字是按"仰则观象于天，俯则观象于地"的模仿方式形成了象形字，其能指本身就是一幅图画或一个符号，通过其形体即可推断其所指、了解其义。汉字产生于对写意性表达规则的模仿，这是汉语文字的特色之一，它反映了一种用人的动机性和可视、可感的方式建立汉民族与他的生存环境关系的符号化活动。汉字的写意性可用更准确的术语表述为"意象性"，这也正是西文把汉字称为 ideogram 的原因所在（ideo-—"意念"，-gram—"书写体"）。如从表达机制上来分析，"意象性"实际上包括"象"和"意"二元要素："象"可称为"取象"，"意"可称为"比类"。所谓"取象"，我们理解为是能指间距性的缩小，即尽量追求字形与字义之间意义的同一，以字形或能指的在场取代字义或所指的在场，消除两者之间的距离感；所谓"比类"则是能指间距性的扩大，它体现了字形与字义之间的分离和间距性扩大的倾向，使人们在两者的分离中窥见字形背后的字义，进而唤出所指的在场。象形字"鹿"和"羊"就代表了这两种方式，相对而言"鹿"的初形与初义相等，而"羊"字的初形是羊头，初义则是指代整个的羊，形义之间是不相等的。因此形义同构的"鹿"字是取象，以点代面的"羊"字是比类（孟华，2002）。

汉字形体象似性主要表现在象形、指事、会意三种造字现象之中。实际上，依班固之说，这三种造字之法分别被称为象形、象事、象意，其象似意味已溢于名称之表面。

关于象形，许慎说："画成其物，随体诘诎，日月是也。"这里所说的"物"是客观事物，"体"是客观事物的形体，"诘诎"是曲折。按照客观事物的形体曲曲折折地画出来的就是象形字。当然，象形字既然脱胎于图画，它就和图画有相同的地方，也有不同的地方。相同的地方是它追求形似，例如：⊙字大体上像太阳，让人能够因形及物；不同的地方是力求简单，用不着像画画一样，画出周围四射的光芒。这样的字可以举出许多，比如"象、牛、羊"，它们本身就是动物原型的大体象似，即使现在简化了，仍分别保持长尾巴、长鼻子、两只角等特征；又如，"目"：人眼也，"口"：人所以言食也，"廿"：二十并也，"合"：合口也，"右"：手口相助也，"引"：开弓也。

对于指事，许慎如是解释："视而可识，察而见意，上下是也。"视，是一般地看；察，是仔细观察。粗略地看可以识别这种字的形体构造，仔细观察就能够看出它的意义所在。这类字有的是纯指示性的符号，有的是在象形的基础上增加知识性的符号。它同象形字有联系，又有区别。指事字具有象形的意味，不少以象形字为基础。但是象形字是写实的，意义比较具体，指事字有象征性，意义比较抽象。如"本"：木下曰本，从木一在其下；"末"：木上曰末，从木一在其上。又如"上、下、刃、亦"等都为指事字。

比较而言，会意字的象似性要弱些，所以其主观色彩较浓。许慎说："比类合谊，以见指挥，武信是也。""比类"是并合两个或两个以上有关的形体（多为象形字），"合谊"是把它们的意义会合起来，"指挥"是所要指向的新的意义。用这种方法造出的字叫作会意字。会意字的共同特征是会合两个以上表示意义的形体构成新字。如"休"：息止也，从人依木；"男"：丈夫也，从田从力，言男用力于田也；"从"：相听也，从二人；"淼"：大水也，从三水。

谈形体的象似性还将涉及一个有趣的现象，即汉字形体内部结构的示意性（主要通过结构上的疏密、位置等象似指示来与一定的意义发生关系）。对比几组汉字，可以加深对此问题的理解。（1）与"量"相关的词：空—满，聚—分/化，欠—盈，个—群/众，木—林；（2）与"质"相关的词：白—黑，小—庞，干—湿；（3）与"方式"相关的词：肥—瘦/瘠，高—低/矬，横—竖/直，立—卧，辅—叠等。显然，这类现象具有一定的象似示意功能，虽然对其研究有待深入，需进一步客观化，但其特点及价值是不容置疑的。

最后我们再来探讨一下中国诗歌艺术的象似性问题。诗歌艺术是中华文明的一块瑰宝，尤其是赋、比、兴手法的运用，更使这门艺术区别于西方文明，形成了自己的特色与魅力。这里，我们以"兴"为例，把它与语言符号的象似性结合起来进行尝试性分析。

所谓"兴"，依刘勰之见，就是起情，是根据事物的微妙处借题发挥，比较含蓄委婉。而用宋人朱熹的话来说："兴"是先言他物，以引起所咏之词。比如，在《诗经·周南·桃夭》中，用"桃之夭夭，灼灼其华"起兴，以桃花盛开的景象，烘托出少女出嫁喜气洋洋的气氛，而鲜艳的桃花，又是一幅新娘年轻貌美的象征象似。

"兴"有两个基本部分构成：一是"事物"，或言"他物"；二是透过它们所挥发出的"意"或吟咏出的"情"。两者相谐就达到触景生情，或触物起情，因事起兴，引起所咏之辞的目的。如果从符号学角度出发（当然，这里已超越单个文字符号，而上升到了篇章符号的层次），前者构成符号的能指，是符号的物质载体；后者构成符号的所指，是所载之物，是一定社会信息的反映。在诗歌艺术中，语言并不直接诉诸人们的感受，而是诉诸人们的想象。所以在本质上，诗歌乃是一种想象的艺术，这就决定了它只能通过以外物定情志，以景物写情语的方式来塑造诗歌艺术形象；只有充分运用"兴缘物发""托物寄情"的兴，并与比赋结合起来，才能充分体现诗歌艺术的本质。换言之，在用"兴"进行诗歌创作时，语言符号的能指（他物）与所指（所咏之辞）之间必然存在一种知觉或联想上的类似性，两者的联系可被形象感知，具有一种象似性意义。

"兴"之所以能够体现一定的诗歌象似意义，其原因和根据是多方面的，归结起来，主要有以下几点。

第一，兴的目的是起情，而情实为人与人之间的关系，它不是抽象的、虚无的。相反，作为一种客观存在，它本身具有时间性和空间性，能被客观化。比如以最常见的感情——爱情和思念来说，从时间上看，它总是发生在一定的历史背景下，就我国古代而言，不是奴隶制社会就是封建社会；从空间上看，不是城隅、园中，就是花前、月下。所以，抒发爱情和思念自然要从主观到客观，由情及物：写爱情自然"月出皎兮，佼人僚兮！"（《诗经·陈风·月出》）；写思念自然是"有狐绥绥，在彼淇梁。心之忧矣，之子无裳。"（《诗经·卫风·有狐》）

第二，情以外物为媒介和体现，它能被物象化。比如，"彼泽之陂，有蒲与荷。有美一人，伤如之何？寤寐无为，涕泗滂沱"（《诗经·陈风·泽陂》）；"关关雎鸠，在河之洲，窈窕淑女，君子好逑"（《诗经·周南·关雎》）。在这两首诗中，情侣与物之间具有了形象上的内在联系：蒲、荷共生一泽诱发关于情意缠绵的想象；睢鸠雌雄和鸣烘托君子淑女之间爱情的喜悦。诗中诗人的内心情怀已经达到了某种程度的物化，主观感情与客观物象开始结合起来，通过客观物象所组成的象似画面我们可以体味到诗人隐微的深情。物化的例子在古典诗歌中比比皆是，信手可以拈来。比如一件寒衣寄予着父母对于游子的关切，一曲衷肠凝聚着挚友之间的深情，羁旅中的鸡鸣霜月益增其离情别绪，胡笳暮角在征人听来足以黯然神伤。

第三，物象之所以具有象似性，在于它与人们的生活有一定的相似之处或共同特征，这样的物象容易引起人们对于某些生活情景和感情的联想。例如，"君子于役，不知其期，曷至哉？鸡栖于埘，日之夕矣，羊牛下来。君子于役，如之何勿思！"（《诗经·王风·君子于役》）这里，"鸡栖于埘""羊牛下来"是黄昏特有的景象，很容易诱发产生亲人团聚、家室之思的联想，而以这些物象为兴来写对行役在外的丈夫的殷切思念，使诗歌象似和谐而完整。

第四，有些物象的象似作用并不在于它们与人们的生活相类似，而在于它们的某些自然属性与人类在长期的社会实践中形成的心理有一定的对应关系，也就是客观物象的形式或运动结构与人类主体的心理情感结构有一定的相似之处和对应关系，它们在人们头脑中形成了比较固定的联想。如鸳鸯之于情侣，鱼之于婚媾，虎之于勇猛，蛇之于狠毒，松之于坚贞，梅之于高洁；又如高山使人产生崇高感，流水使人产生动荡感，秋风使人感到萧瑟，严霜使人感到肃杀，以及红的热烈，蓝的静寂，黄的庄严，白的纯洁……这些物象本身都具有一定的性质感情色彩，援引它们入诗，其符号能指的象似性便会跃然于纸上。

七　对语言符号象似性问题研究的展望

语言学者曾有过预测，象似性问题将"不但成为语言学和认知论的中心概念，而且成为交际科学和认知科学领域中的中心概念"（转引自文旭，2000：71）。但不可否认的是，受形式语义语言学，特别是受索绪尔结构主义的影响，"任意性"在整个20世纪一直占主导地位，而象似说到现在为止仍未被学术界完全接受。这当然有语言学研究传统影响的原因，也有象似性这一问题自身的原因。我们认为对象似性问题的研究今后可能会呈现三大发展趋势。

(一) 加强象似原则与其他原则关系的研究

语言符号不仅受象似性原则的制约，而且受其他因素的支配，比如经济原则和抽象的句法规约等。这就使得语言符号又呈现出一定的任意性。一般认为它们之间是互相对立的、互相竞争的。但吉翁看来，象似性和任意性只有抽象程度上的差别。对于它们之间的关系显然没有一个一致的声音。要想象似性原则有更大的解释力、有更大的说服力，需要厘清它们之间的关系。

(二) 加强对象似性问题哲学基础的研究

季国清先生在《语言研究的后现代化迫在眉睫》中指出，索绪尔提出的"任意性"是西方在场形而上学的一种表现形式，是世界客观性这一信念制造的一种幻象（季国清，1999：11）。而"象似性"研究则显现出许许多多的语言结构现象归约着人们对世界的观察，语言不再是在场形而上学的掌中的玩物。然而，语言学家对此的反映，尤其是对其深层的哲学寓意还相当冷淡。由此可见，要想彻底摆脱"任意性"的束缚，必须加强决定"象似性"的不在场形而上学的研究。

(三) 拓宽象似性研究的视野

当前象似性研究主要集中在句子的句法层面，而对语篇以及句法以下的层面象似性研究还不够深入、系统。除此之外，象似性研究是认知语言学研究的一个重要内容，而认知语言学本身的理论框架、结构需进一步的完善。随着认知语言学这一学科体系的完善，必将会推动象似性问题的研究。与此同时，文化人类学、心理学以及生理学的研究成果也会帮助我们认识"象似性"。从跨学科角度来研究"象似性"是未来发展的一个趋势。

八 结语

以上对象似性问题进行了理论上的阐述和具体实例的分析。需要严肃指出的是，我们接受象似性并不意味着否定任意性，相反，任意性仍是语言符号的一个非常重要的性质。辩证地讲，语言符号既有任意性的一面，也有其象似性的一面，它们既有区别也有联系，既互相对立也互相补充；根本不承认象似性是片面的，但绝对象似论也是错误的，因为它抹杀了人类认知的差异性，忽视了语法的灵活性，否认了语义的多变性，从而也就否定了矛盾的对立统一性，滑入了"形而上学"的歧途。

参考文献

Горный Е. , *Что такое семиотика?*, Москва: Радуга, 1996.

Гумбольдт В. Ф. , *Избранные труды по языкознанию*, Москва: Прогресс, 1984.

Кочетков И. А. , *Житийная икона в ее отношении к тексту*, Автореферат дис. на соискание ученой степени кандидата искусствоведения, Москва: Изд-во Моск. ун-та, 1974.

Крысин Л. П. , *Жизнь слова*, Москва: Просвещение, 1980.

Соссюр Ф. де, *Курс общей лингвистики*, Москва: Соцэгиз, 1933.

Степанов Ю. С. （ред.）, *Семиотика*, Москва: Радуга, 1983.

Толстая С. М. （отв. ред.）. *Мир звучащий и молчащий: Семиотика звука и речи в традиционной культуре славян*, Москва: Индрик, 1999.

Успенский Б. А. , "Семиотика иконы" //ред. Успенский Б. А. , *Семиотика искусства*, Москва: Школа «Языки русской культуры», 1995.

Флоренский П. А. , *Иконостас*, Москва: Искусство, 1995.

Derrida J. , *Margins of philosophy*, Chicago: The University of Chicago press, 1982.

Haiman J. , "Iconic and Economic Motivation", *Language*, 1983, Vol. 59. P. 781–819.

Hiraga K. , "Diagrams and Metaphors: Iconic Aspects in Language", *Journal of Pragmatics*, 1995 （22）. P. 5–21.

Jakobson R. , "Quest for the Essence of Language", *Selected Writings II*, The Hague: Mouton, 1966/1971.

Lakoff G. & Johnson M. , *Philosophy in the Flesh*, New York: Basic Books, 1999.

Simone R. , *Iconicity in Language*, Amsterdam: John Benjamins, 1994.

丁尔苏：《论皮尔士的符号三分法》，《四川外语学院学报》1994 年第 3 期。

龚放：《论语言研究的功能主义思潮》，《外语学刊》2000 年第 3 期。

胡明扬主编《西方语言学名著选读》，中国人民大学出版社，1988。

黄国文：《语篇分析概要》，湖南教育出版社，1988。

季国清：《语言研究的后现代化迫在眉睫》，《外语学刊》1999 年第 1 期。

林书武：《〈隐喻与象似性〉简介》，《国外语言学》1995 年第 3 期。

孟华：《汉字"象"的表达方式》，第五届全国语言与符号学研讨会，2002。

沈家煊：《句法的象似性问题》，《外语教学与研究》1993 年第 1 期。

沈家煊：《R. W. Langacker 的"认知语法"》，《国外语言学》1994 年第 1 期。

〔瑞士〕费尔迪南·德·索绪尔：《普通语言学教程》，高名凯译，商务印书馆，1980。

王铭玉：《拟声词的音义关系》，载黑龙江大学俄语系学术委员会《俄语教学与研究论丛（第八辑）》，1990。

王铭玉：《符号学·语言·语言文化的肖像性》，《外语研究》1994 年第 4 期。

王铭玉：《对皮尔斯符号思想的语言学阐释》，《解放军外国语学院学报》1998b 年第 6 期。

王铭玉、李经伟主编《符号学研究》，军事谊文出版社，2002。

王铭玉、宋尧：《中国符号学研究 20 年》，《外国语》2003 年第 1 期。

王铭玉：《语言符号学》，高等教育出版社，2004。

王寅：《论语言符号象似性——对索绪尔任意说的挑战与补充》，新华出版社，1999a。

王寅：《滤减象似性与语言符号象似性》，《外语学刊》1999b 年第 2 期。

王寅：《Iconicity 的译名与定义》，《中国翻译》1999c 年第 2 期。

王寅：《语义理论与语言教学》，上海外语教育出版社，2001。

王寅：《象似说与任意说的哲学基础与辩证关系》，第五届全国语言与符号学研讨会，2002。

文旭：《论语言符号的距离拟象性》，《外语学刊》2000 年第 2 期。

严辰松：《功能主义语言学说略》，《解放军外国语学院学报》1997 年第 6 期。

张敏：《从类型学和认知语法的角度看汉语重叠现象》，《国外语言学》1997 年第 2 期。

张敏：《认知语言学与汉语名词短语》，中国社会科学出版社，1998。

原文发表于《俄语语言文学研究》2004 年第 4 期

语言符号的功能色彩

郝斌 于洋[*]

摘　要： 人类的言语交际过程中，语言不仅仅是消极地充当交际的工具，而且常常会反过来积极地干预这一交际过程。任何一种语言手段和语言单位，由于长时期使用于某一特定的语言场合均可能获得某种功能色彩。本文试图通过语言符号语义结构内外因素相互关系的研究，说明功能修辞意义实际上是对符号语义内外因素相互作用的结果。在这一相互作用中，语义结构中的"符号—符号使用者"关系起着最为重要的作用。

关键词： 符号语义　符号使用者　功能色彩

应该说明的是，本文中所采用的"功能语体色彩"这样一种表达法是考虑到这一术语已经在语言科学研究中得到了较为广泛的认可。就我们的研究而言，我们更倾向于将语言单位的功能语体色彩视为是一种意义。后者构成了该语言单位全部语义内容的一部分（参见郝斌，1987）。因此，在我们下文论述中，随着对这一概念不同方面的侧重，我们的思考将游移于"色彩"和"意义"之间而导致选择不同的术语。同样的情况也发生在"修辞色彩"和"修辞意义"等其他术语的使用中。

语言科学研究中一个通行的说法是认为语法和修辞的区别在于：符合常规的是语法，打破常规的为修辞。于是，如何界定"常规"就成为至关重要的问

---

* 郝斌，黑龙江大学俄语学院教授；于洋，哈尔滨工业大学外国语学院副教授、硕士生导师。

题。我们认为，所谓"常规"问题，亦即某一语言手段的使用是否符合"通常规范"问题，更多地涉及"语言符号的使用者"对语言符号语义各个方面的评价或关系问题。或者说，"符号使用者"对"符号"的特定使用是否认同。换句话说，如果我们将这一认同或非认同看作是语言符号意义自身在使用中的自然显现或非自然显现，那么语法和修辞的问题最终将归结于语言符号语义结构内外因素的全部吻合、部分吻合乃至于不吻合的问题。这样一来，我们的研究最终回到了语义学的领域，而不再游离于各个学科之间，从而避免了这一概念最终成为一个不同学科各取所需的工具而具有含糊不清、有时甚至是相互矛盾的内涵。

一　语言符号的功能色彩

随着对语言现象功能研究的深入，下列原则越来越引起研究者们普遍的认同：语言中的修辞手段可以归结为两种类型：（1）表情感-情态性手段，（2）功能修辞性手段。后者构成功能修辞学的研究对象。

在交际过程中，人类要借助语言手段表达思想。这时的语言一方面具有规范性，通过约定俗成的语义促成交际各方的彼此理解；另一方面，交际各方又通过强调特定的语义成分，借用特定的修辞手段表达其一定的情感-功能内容。

作为语言单位的意义基础，我们提出了关于语言单位的金字塔式语义结构模式。这一结构由四种语义要素和九种基本语义关系组成。其中四种语义要素分别是：符号的观念义、符号的对象义、符号使用者和符号的形式义。九种基本语义关系为：使用者分别对符号的观念义、符号的对象义、符号的形式义的认知关系（三种）和相应的情态伴随意义（三种），以及符号的形式义对符号的观念义、符号的对象义、符号使用者的表达关系（见图1）。

如果这一语言单位停留在词语的平面上，那么该平面的语言单位的语义结构可以表示如下：

S_1：词汇的客观使用者（个别或团体的）；

S_2：词汇语义中凝固的关于符号使用者的信息，即符号所反映的符号使用主体（S_1）的属性；

F_1：说出来或写出来的词语（个别或一般的）；

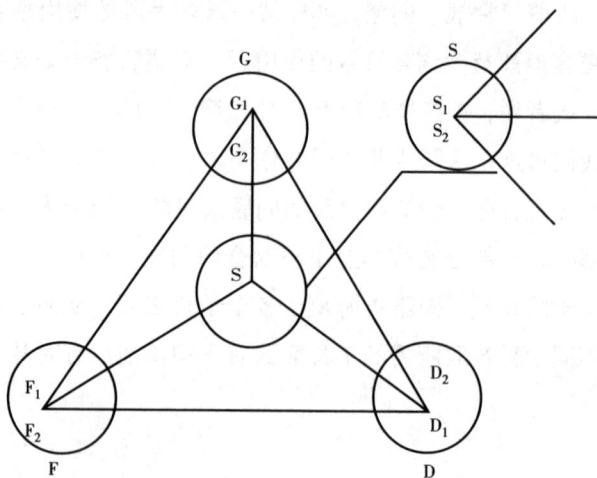

图 1

F$_2$：词语的形式结构（词形的心理表象）及其他形式方面的属性；

D$_1$：事物或对象（个别或一般的）；

D$_2$：符号所能唤起的关于 D$_1$ 的主观事物（或对象）的形象（或表象）；

G$_1$：客观事物（或对象）属性（个别或一般的）；

G$_2$：反映对象（或事物）内容的内涵意义及该对象（D$_1$）的其他概括性属性。

对于语言符号的语义来说，S$_1$、F$_1$、D$_1$、G$_1$ 构成其语言外因素，而 S$_2$、F$_2$、D$_2$、G$_2$ 则构成其语言内因素。

同语言的其他方面相比，语言单位的功能语体特征在很大程度上取决于语言外因素的作用。语言符号的语体属性，是在语言长期使用过程中形成的，是语言外因素对语言单位内容本身反作用的结果。但是，如果我们由此得到结论，认为语体意义的形成完全取决于语言外因素，则我们就大错特错了。这样一种观点明显有悖于下文这样一个语言事实。

语言在人类的言语交际过程中，不仅仅消极地充当着交际的工具，而且常常会反过来积极地干预这一交际过程。任何一种语言手段、任何一个语言单位，由于长时期使用于某一特定的语言场合，均可能获得某种功能色彩。但是，不能由此得出结论说这一语言手段（或单位）因此已经具有了某种功能语体的属性。为了具备这一属性，相应的语言手段必须经历"功能色彩意义化"的全过程，即从最初偶然被动地应用于某一特定的语境发展成为积极地参与构建类似语境的转变过程。缺少了这一过程，语言中所谓的功能语体手段的存在将是不可思议的。遗憾的是，并非所有的研究者均意识到这一点。一些研究者在描述语言手段的语体特点时，其侧重点是放在语言外因素上，认为脱离了具体的语言场合将无法回答有关语言和言语中修辞性变体的问题。于是，我们看到他们所列举的功能修辞手段也都是对应于某些固定交际场合的确定的语言手段。然而在具体的言语作品中，我们常常看到一种语体的词汇被用于另一种语体中。对于这样一种情况，我们又将如何解释呢？

具体言语中功能修辞手段的使用，取决于该手段语言外和语言内因素相互作用的结果。语言内的功能修辞手段，通过语言外的语境因素显示出它们的全部活力。我们在政论文中所发现的带有明显诗歌色彩的语言单位，或者被称之为具有哲学味道的文学作品，恰恰都证明了这样一种相互作用关系。

自从索绪尔在语言学中区分了语言和言语之后，全部语言学的研究均是沿着这两个方向进行的。根据维诺格拉托夫的观点，语体是统一的语言结构中一些由词形、词列和语言构造组成的分体系，而言语修辞学是"以语言修辞学为基础的"。"语言体系不仅产生于言语，不仅在一定的界限中约束言语的发展，同时也得益于言语，在言语的作用下逐渐成长壮大起来。"（В. В. Виноградов，1963：5，14）任何一个语言范畴离开了具体的言语实践都不可能存在，而任何一种言语实践反过来又同众多的语言范畴紧密相连，并且以后者为其存在、发展的基础。夸大语体对交际情景的依赖性将导致否认在语言手段中存在固定的表语体成分，认为语体仅仅存在于言语中，最终使我们丧失言语的语言学基础，进而得出语体具有非确定性和主观任意性的结论。

二　构成语体意义的语言内外因素

我们认为，语言单位的功能语体意义主要表现为语义结构中的符号使用者对符号的确定的评价性关系。符号使用者在长期使用符号的过程中，随着对符号意义日趋深入的认识，逐步形成了对符号的特定的评价关系，即倾向于在确定的交际场合固定地使用特定的语言符号的方式。久而久之，这些固定的使用方式逐渐发展成为相应语言符号使用中必不可少的伴随性特征，并作为一种语言外因素反过来作用于语言符号的内容，进而成为该符号语义的一部分。同符号语义内部的其他关系一样，符号使用者对符号的评价关系是在人们的言语行为中实现的，并最终在语言符号中被固定下来，因此也就赋予了该符号某种功能语体的"色彩"。

我们承认属于某一语体的语言符号确实常用于相应的交际场合。但是这种吻合不是仅仅由语言场合决定的，或者是由该符号的事理—逻辑意义决定的。符号一旦成为符号并具有了实体的属性，即成为一种独立存在的现实，则对这一符号来说最早出现亦是最基本的关系就是符号和它的符号使用者之间的关系（词语所具有的语体意义仅仅是语言发展到特定时期的产物）。随着人类认知过程的发展和符号使用者本身的分化（如符号使用者在社会分工方面以及在其他领域的进一步细分）这一关系逐渐被作为"符号使用者—符号"关系被最终记录在了符号语义中。"语体非一日形成。"（徐师曾，1962：75）

我们关于符号的功能语体意义主要地［如果不是在全部意义上，因为在符号语义结构中"符号使用者"始终处于与"符号"和"对象（概念）"的相互作用中］取决于符号语义结构中的符号使用者因素的观点，并不排除特定的言语场合和交际目的的作用和影响。二者构成了同一个问题的两个不同方面。实际上，进行着某种特定言语行为的人始终是处于特定的交际场合中，并且在不断地改变着自我，旨在适应该交际情景。例如，诗人的语言理所当然地要有别于音乐家的语言。这里的前提是我们所称之为"诗人的语言"或"音乐家的语言"的东西，不是这些人毕其一生经历而进行的言语活动的作品的总和，而仅仅指那些诗人或音乐家借以完成自己神圣使命而使用的言语片断的总和，那些从这样一些片断，即所谓的"个人语言"中抽象出来的具有普遍性的东西。这样一来，我们就有条件地将符号语义结构内部的符号使用者分为不同的变体。这样一种划分具有类型学意义，并且是以语言外的符号使用者的社会分工或社会差别为依据的。这多少类似于人们对家具的分类。我们从每件家具的形式和功能出发，对它们进行区分，而最终得到的仍然还是家具，而不是它们的形式或功能。同个人可以在社会中从事诸多方面活动相应，语义结构中的"符号使用者"因素亦表现出语体上的多功能性。"符号使用者"所具有的多功能性取决于人的社会活动的多样性。当这一多样性反映在语言符号中时，后者就相应地染上了多功能的色彩。这样一种情况构成了现实中语言单位功能语体交叉的语义学基础。

只有从符号语义内部的"符号使用者"的角度出发，我们才能够理解语言学中为什么会有如此纷繁复杂的功能的分类，解释为什么一种语体的语言单位可以在另一种语体中使用，以及不同语体的语言单位彼此间是如何相互影响的。为了说明这一点，我们只要看一下从其他学科转入语言学的术语就足够了。

我们已经谈到过"诗人的语言"有别于"音乐家的语言"，但是这一区别并不妨碍两种"语言"可以在同一个符号使用者——诗人兼音乐家身上被有机地统一起来。例如：

К отъезду музыканта-друга	在我的音乐家挚友离别之际，
Мой стих минорный тон берет,	忧伤的小调浸透了我的诗句；
И нашей старой дружбе фуга,	赋格曲的乐章袅袅升起，
Все развивается，растет…	赞美我们多年的友谊。
Мы увертюру жизни бурной	曾几何时你我唇齿相依，
Сыграли вместе до конца,	共同演奏了青春的序曲；
Грядущей славы марш бравурный,	勇往直前，期盼未来的荣誉
Нам рано волновал сердца.	很早就令我们激动不已。
В свои мы верили таланты,	我们曾笃信自己的天赋，
Делились массой чувств，идей…	共同分享过心底的秘密；
И был ты вроде доминанты	在我青春的曲曲和弦中，
В аккордах юности моей.	你一直是其中的主旋律。
Увы! та песня отзвучала,	呜呼，激动的一页已经翻过，
Иным я звукам отдался,	我现在面对的是另一些曲式；
Я детонировал немало	走调成为家常便饭，
И с диссонансами сжился.	我已然习惯于不和谐的旋律。
Давно без счастья и без дела	久已告别与生而来的天赋，
Дары небес я растерял,	百无聊赖，浮沉由世；
Мне жизнь，как гамма，надоела,	生活犹如音节一样让我烦恼
И близок，близок мой финал.	涅槃之乐章即将奏起。
Но ты，когда для жизни вечной	但在我下葬的那一时刻

Меня зароет под землей, —

Ты в нотах памяти сердечной

Не ставь бекара над мной.

（А. Апухтин, «П. Чайковскому»）

请为我保留最后的情谊；

但愿你心灵记忆的乐章中

不会给我打上还原的标记。

（А. 阿普赫金：《致柴可夫斯基》）

三 "符号使用者—符号"关系和功能修辞学

在描述语言的修辞手段时，陈望道先生区分出两类不同的修辞手段：积极修辞手段和消极修辞手段（陈望道，1979）。这一区分同样适用于功能修辞学的研究。如果说在科技语体中，术语的使用必须与该语体主题相吻合，那么在其他的语体中（例如文艺语体、政论语体等），术语则会因符号语义内外使用者因素的不吻合而获得了某种特殊的表现力。上文所引的诗歌的音乐术语就是一例，其中的音乐术语不仅揭示了符号使用者本人的身份，并且（通过音乐术语组成的语言）表达了一个音乐家对自己同行密友所具有的特殊的情感。

任何一个语言符号均以使用该符号的具体的人为其存在前提。离开了具体的符号使用者，符号也就丧失了其作为符号存在的价值，变成了某种有规律或无规律的涂鸦。"语言是一种社会现象，和人类社会有紧密的联系。所谓'社会'，就是指生活在一个共同的地域中、说同一种语言、有共同的风俗习惯和文化传统的人类共同体，即一般所说的部落、部族和民族。"（叶蜚声、徐通锵，1997：10）对于语言符号来说，其使用者是相应语言社会的每一个成员。"符号使用者"这一术语既可表示该语言社会的全体成员，又可以表示其部分成员乃至于个别成员。从这个意义上说，符号使用者是一个一般和个别的统一。从某一符号的具体使用角度出发，符号使用者则是具体使用该符号的人。这时使用者在数量上的多寡——是仅仅一个人或是某个团队，还是社会全体成员——则成为判别符号属性的条件之一。这时的符号使用者我们可以称之为"言语符号使用者"或"言语行为主体"。

"符号使用者"的另一个意义是语言层面上的符号使用者，即在符号本身固定下来的相应"使用者"的属性。符号及其使用者之间在语言发展过程中长期的相互作用关系，导致了使用者的某些属性最终被固定在符号上。索绪尔在谈到语言符号系统的特点时指出："在这些系统里，只有意义和音响形象的结合是

主要的；在这系统里，符号的两个部分都是心理的。"（索绪尔，1985：36）不
应该因此得出结论认为符号使用者的介入使得语言符号（区别于言语符号）原
本同质的属性遭到了破坏。符号语义内部的使用者因素，同样也应被视为是一
种心理的东西，是符号外言语符号使用者的某些属性经过社会的挑选而折射成
语言意义的结果。在论及认识的主客体关系时，俄罗斯哲学家科普宁认为，当
研究的目的是要认识主、客体之间相互作用关系时，可以看到在客体中主体的
某些社会属性表现得尤为明显，从而构成了主体对客体的理论把握形式（科普
宁，1982：5-109）。在符号和符号使用者的相互关系中，后者的属性之所以能
在前者中固定下来，是由语言作为社会交际手段所具有的交际功能决定的。

　　语言层面的符号使用者是言语符号使用者属性抽象固化的结果。可以认为，
前一个概念更多地属于历时性概念，而后一个概念则为共时性概念。这里重要
的一点是，作为言语符号使用者因素，要想在被固化于某一词语后成为其中的
语言符号使用者因素，并具有经常的、稳定的特点，就必须获得整个语言社会
的承认。历时性符号使用者和共时性符号使用者的关系在于前者是在后者的基
础上形成的，同时又对后者具有某种限定作用。И. А. Бодуэн де Куртенэ
（И. А. 博杜恩·德·库尔德内）十分精辟地指出，"语言机制，它在某一时期
的结构和组成是其全部前史的结果，是其整个先前发展过程的结果，并且反过
来将作用影响语言后来的发展"（В. А. Звегинцев，1960：241）。如果说共时性
符号使用者体现的是与符号使用者相关的各种现实性关系（其中当然也不无某
种程度的抽象过程），那么历时性符号使用者则表现为这些关系在语言中的折
射。两类关系最终在语言实践中得到统一。

　　词语的功能语体意义恰恰反映了符号使用者的两个方面的相互作用。例如，
在俄语研究中，许多修辞学家均指出下列词语的诗歌语体色彩：лира，муза，
мурава，десница 等。在语言的内部符号使用者和外部符号使用者结合的过程中
（这一结合表现为两个符号使用者的吻合或分离），这一特定的功能语体意义可
以通过不同的方式表现出来，例如在下列文本中的 десница 一词：

Как ястреб, богатырь летит

С поднятой грозной *десницей*

И в щеку тяжкой рукавицей

С размаху голову разит. （А. Пушкин，«Руслан и Людмила»）

… мы поблагодарим либералов: если они своей оппозицией расшатают союз самодержавия с некоторыми связями буржуазии и интеллигенции. Говорим "если", ибо своим кокетничаем с самодержавием, своим превознесением мирной культурной работы, своей войной против "тенденциозных" революционеров и т. д. либералы расшатают не столько самодержавие, сколько борьбу с самодержавием. Неуклонно и непримиримо разоблачая всякую половинчатость либералов, всякую попытку их заигрывать с правительством, мы тем самым и будем обессиливать эту предательскую сторону политической деятельности господ либеральных буржуа, мы тем самым будем парализовать их шуйцу и обеспечить наибольшие результаты их десницы. (В. Ленин)

古体词 десница 所具有的崇高色彩在第一个例中被保存下来，而在第二个例中却消失了。取而代之的是嘲讽意味的出现。

在功能修辞学中，一种最常见的分类法即所谓功能语体的分类。这一分类就其实质来说是对社会中的符号使用者的一种最广泛意义上的分类。在一些研究者看来，这样一种分类反映了语体的最深刻的特征，与之相适应的是每一个语体都有与其相适应的词汇和语法手段。

需要指出的是，"符号—符号使用者"关系并不能说明词语的全部功能语体色彩，后者实际上是词语内部的所有意义因素与相应的词语的全部外部意义因素共同作用的结果（郝斌，2003：224-243）。然而，对于语言单位的功能语体意义来说，"符号—符号使用者"关系却是最重要的因素。特定的符号使用者对不同语言符号在使用上的"偏爱"久而久之会使相应的语言符号染上该符号使用者的属性。另外，"符号—对象（概念）"的关系对于词的功能色彩来说也具有一定的作用。"微分、积分、导数"等词语常常被用于数学中，并不是因为数学家们对这些符号具有某种特殊的偏爱，而是因为这些符号表示着数学中的基本概念，离开了这些术语人们就无法从事数学活动。在语言中，为了表示某些词语的功能语体色彩，重要的不是这些词具有某种特殊的事理-逻辑意义（在这方面，可以说所有的词语在相互对比中都能显现出某种特殊性），而在于与这些词在语言中共存的还有一些功能上中性词语。正是后者衬托出前者的功能特点（例如，俄语中的下列对应词语：лик — лицо, очи — глаза, десница — правая рука 等）。至于谈到两类词在言语使用中的不同特点，则后者更多地由语言的约定俗成所决定，取决于众多符号使用者在长期使用语言的过程中对词语的选择。当这一最终选择关系被固定到了某一语言符号之后，我们就称这种明显显示出的符号使用者与符号之间的关系为词语的功能语体意义。不仅如此，考虑到词语的内容和形式的不可分割性，当我们谈到"符号"时，我们实际已经考虑到了它的内容——"符号的事理-逻辑意义"和"符号—符号使用者"之间的各种关系。正是从这样一种观点出发，我们将词的功能意义归结为"符号—符号使用者"的关系。

另外，语言的交际功能决定了词语在语言社会的广泛使用。因此，在语言中普遍存在的是一些在功能上中性的词语，或者是"可用于任何功能的"的词语。这也从另一方面为我们在意义结构内部区分出符号使用者提供了依据。

在功能修辞学中，研究者们所感兴趣的不仅是功能语体中语义单位语义运动的规律，还包括相应的修辞手段的特殊属性以及对它们的列举。这是由这门学科本身的任务决定的。当然，属于某一功能语体的典型代表的词语通常会包含有这些语体的基本特征。然而，我们之所以对它们进行研究，是为了弄清具有其他功能属性和功能中性的词语（后一类词语在语言中所占的绝对比重尽管不大，但是它们中的绝大多数均属于常用词汇）在特定的功能语体中的基本的语义运动及语义变化趋势。犹如在经济学研究中，人们探讨上衣和麻布并不是旨在弄清这些东西的本质，而是为了弄清它们作为被用于交换所生产的劳动产品的本质，借以揭示包含在商品中的劳动和价值的双重性。

既然在我们的研究中基本的注意力是放在功能性词语和功能中性词语的区别上，包括关注中性词语是如何在功能意义上被"同化"这样一个语言现象上，则我们以下的研究将主要沿着这一方向进行。

四　功能变体

我们现在来探讨一下某一语言单位的功能意义（或色彩）的改变是否会影响到该语言单位的全部语义结构？我们还是以词汇为例来进行说明。我们所面对的问题是：当某一个词语的语义结构被用于特定的功能语体时，该语言单位的语义是否会因此发生某种变化？

这一问题的提出是建立在下列语言事实基础之上：带有鲜明功能色彩的词

汇，在词汇体系中（尤其是在常用词中）只占有不大的比例。绝大多数常用词语属功能上中性词汇，即对任何语体来说均适用的多功能性词语。此外，在功能特征明显的词语和功能特征不明显的词语之间，并没有泾渭分明的界线。俄罗斯学者们对具有功能色彩的词语的语义特点进行了较为详细的研究，类似的研究结果我们可以在任何一部修辞学专著和教科书中看到。但是，一旦问题涉及中性词语向功能性词语过渡（这一过渡通过中性词语在功能语体中的使用得以实现）时其语义结构是否发生变化，则对此人们并没有予以应有的重视（至少这一问题本身并没有被研究者明确地提出来）。换句话说，语言中是否存在词汇单位的功能性的变体？毫无疑问，这一问题的研究将为词汇性功能手段开拓广阔的领域。

我们先来看一下词语的功能语体色彩及其对意义结构的影响。或者说，对于中性词语来说是否存在这样一些意义，它们只在特定的功能场合下出现，并且具有随机临时的属性。我们首先以词语的事理-逻辑意义在口语和书面语的对比中所表现出的不同特征作为我们研究的出发点。

在一部俄罗斯出版的词汇学著作中，我们通常会看到关于口语语体的下列几个方面属性：

（1）两个或更多的人直接交际的特点，亦即口语产生的必备条件；

（2）言语行为的无准备性，亦即无预先斟酌和推敲的语言手段；

（3）言语交际的自由性，亦即说话人间的非正式性关系；

（4）首先是口头语言实现的形式，其次也可能是文字的表达；

（5）主题的非限定性，亦即可探讨各种各样的题目——从纯日常生活内容到专门职业的主题（М. И. Фомина，1978：200）。

这里，第一点是口语产生的必备条件，第二点侧重的是言语形成的心理过程，第三点所谈的是说话人之间的关系。实际上，前三点更多地构成口语行为的情景条件，属于符号的外部因素。我们重点来看一下第四和第五点。

众所周知，人类的任何言语行为都离不开口头形式。尽管口头形式和书写形式同为语言表达的两个形式，然而在人类的言语实践中，前者的作用无疑要比后者大得多。这是因为：首先，口头形式是语言产生的本源形式，就起源来说它远远早于人类语言的书面形式。其次，人类从听说到读写进而掌握语言的特点也决定了口头形式就其在交际中的作用来说要远远重要于书写形式。最后，在任何的社会中，文盲只是一些不会读和写的人，而不是那些不会讲话和听不懂别人说话的人。俄语中 безграмотный 和汉语中"文盲"等词语的内部形式本身已经清楚地表明了这一点。口头符号和书写符号之间的关系是前者为后者的基础，后者是前者的书面表达形式。任何书面表达都要以口头形式为前提，而任何口头形式都可以归结为一定的语言形式。因此，上述研究中所提到的五个特征中的第四点看来并没有揭示口语的本质特征。

第五点乍看上去含有一定的道理：交际的双方可以天南海北地谈及任何题目，而对于写书的人来说最危险的莫过于跑题。但是，如果我们深入地思考一下，我们就会发现这里的一切并不像看上去那样一目了然。

首先产生的问题是如何理解"主题"？西方语言中的主题一词源于希腊语的thema，原义是表示作为基础的东西。根据苏联大百科全书的定义即"描写、描述、研究、讨论等的对象"。而根据《现代汉语词典》的定义，"主题"是"言语内容的中心"。在口语中，相互之间通过某一内容有机地联系在一起的最短片断就构成了特定的主题。那么，书面语中的情况如何呢？这里是否也存在某种主题？对于这一问题，答案是肯定的：不仅整部作品的情节是依据一定的构思围绕着一定的主题展开，而且作品中的每一章、每一节又有其特定的主题。从宏观的角度说，书面语中的每一种功能语体都构成独立的主题，其中又可区分出种、类等主题。从这点出发，可以认为对语体的功能分类也属于一种对主题的分类，即按内容的分类或者从内容到形式的分类。例如，俄语公文语体内部通常可以进行以下的分类：（1）决议；（2）指令；（3）命令；（4）布告；（5）告示；（6）备忘录（А. Н. Кожин，О. А. Крылова，В. В. Одинцов，1982：59）。

如果再考虑到我们的出发点是口语与书面语的对立的二分法，则可以说两种语体和它们的分语体在主题上的区别同语体间的对立一样，同样表现在质和量两个方面。

口语之所以给人们以"多主题"的印象，是因为这一言语行为总的来说时间短，因此导致对新旧话题之间区别和交替感觉敏感。而在各部书之间，在一部著作的章节和片断之间常常有比较长的时间间距，因此相应的言语行为更多地显现为独立的言语行为，产生被感觉为相互无甚联系的言语作品，从而更突出了有关"主题"的印象。然而，正是在那些我们感觉到不存在任何联系的地方，却可以找到这种联系。言语中主题的一个特别之处，首先在于这些主题属于同一语体，并在此基础上可以对它们的内容加以比较。而在书面语中，主题之间的联系同样是因为它们是同一语体范畴的主题。至于说到对时间间隔的感觉，并由此决定的主题之间的区别，则我们认为它仅仅是一种感觉，并且可能是一种错觉。

同主题不确定相关的是口语的突发性、预先无准备性特征。这里涉及有关言语生成过程的研究。人类目前尚不清楚其言语产生的机制，语言和思维之间的关系也未弄清。也就是说，人们目前并不清楚语言仅仅是表达思维的手段，还是构成思维的方式（克雷奇等，1981：217-218）。口语确实具有某种突发性。但是，在实际上交谈双方所感兴趣的并不是语言的形式，而是所表达的内容和某些情态，后者不仅取决于说话人的意愿，而且在很大程度上也取决于具体的语言环境。"语境或上下文之所以重要，不仅因为它的作用在于决定一个词在某种情境下所要表达的意义，而且在每种的词都发生的语义变化中，它是最有力的因素之一。"（帕默尔，1983：67）因此，相对确定的情景看来可以作为言语行为的某种准备阶段。如果是这样，是否还应该认为口语具有突发无准备的特点呢？

至于上述特征中的第一点和第三点，则我们看到，它们仅仅涉及某一言语中的具体使用者，即仅仅构成语言单位意义运动的外部条件。这里重要的是在这些外部因素的作用下，词语本身的意义结构会发生什么样的变化。如果我们通过我们的语义结构的三棱镜去观察口语，则我们会发现这里忽视了其中的事理—逻辑意义因素。

口语的一个重要特点之一就是情景性，这一点决定了口语中所使用的词语在语义结构的对象意义和概念意义上的相对确定性。"确信谈话对方能够看到所谈论的事物，从而理解说话人这一情况造成了口语的直接情景性。认为交谈对方预先就了解某一情景，使得说话人免去了许多解释。因此，也可以说口语具有间接的情景性。情景性的程度可以各不相同。"（О. Б. Сиротинина，1974：158）

在口语研究中，一个较公认的观点是：口语只限于日常生活中最常用的言语行为（А. Н. Кожин，О. А. Крылова，В. В. Одинцов，1982：259）。这样，我们就将我们的研究限定在了纯口语的范围内，而不去考虑书面语的影响。当然，要想完全排除书面语的影响是不可能的。这样做的前提是必须有一个从未有过文字存在的社会，那里人们的语言从未受到过书面语的影响。然而，这仅仅是纯研究的理想，这一理想对我们的研究来说并非至关重要。因为，我们之所以研究口语的特点是要将它和书面语相比较，而如果没有了书面语，研究口语也就失去了它的意义。例如，研究者们通常不会将讲演作为一种口语的形式。

如果对应于我们所提出的词汇语义结构（郝斌、展凡，1987：45-47），将词汇根据它们在事理—逻辑意义上的区别区分为表单一事物词汇（体现 F—D 关系）、表类事物词汇（体现 F—DG 关系）、表属性词汇（体现 F—GD 关系）和表抽象概念词汇（体现 F—G 关系）四类，那么，在将口语和书面语进行比较时，我们将发现一个简单的事实，即全部包括功能语体词语和中性词语在内的语言单位的语义结构在口语中都呈现出一个由概念向对象运动的倾向，或者说其语义存在一个从抽象内涵向具体运动的转化过程，即 G→GD→DG→D 的过程。

口语的这一特点早已为研究者们所指出。例如，西罗季尼娜在将口语与书面语的后缀进行比较后写道："一个典型的情况是书面语后缀-ение（-ание）在口语中位于通用后缀之后处于第二位。与此同时，带有后缀-ение（-ание）的名词常常被具体化了。"（О. Б. Сиротинина，1974）科仁娜也指出在口语中广泛使用日常词汇和具体性词汇，而抽象的书面语词汇和术语则不常使用。

反之，书面语词汇则具有相反的运动趋势，即 D→DG→GD→G 过程。需要指出的是，当我们谈到词义在某一语体中运动的趋势时，我们所考虑的这一运动总是在对立的语体背景下才能衬托出来。如果我们将口语语体和书面语语体都综合作为人类言语行为来考虑，那么总的来说，词语是呈现出从具体向抽象的运动属性。这也符合人类思维发展过程和人类对外部世界认识深化的过程。因此，词义结构的运动这里只能作为某种相对的概念来理解，作为在另一种语体背景下的语义运动来被认识。

参考文献

Виноградов В. В., *Стилистика Теория поэтической речи. Поэтика*，Москва：Изд-во Акад. наук СССР，1963.

Звегинцев В. А., *История языкознания 19 и 20 веков в очерках и извлечениях*（ч. 1），Москва：Просвещение，1960.

Кожин А. Н., Крылова О. А., Одинцов В. В., *Функциональные типы русской речи*，Москва：Высшая школа，1982.

Сиротинина О. Б., *Современная разговорная речь и ее особенность*，Москва：Просвещение，1974.

Фомина М. И., *Современный русский язык*，Москва：Высшая школа，1978.

陈望道：《修辞学发凡》，上海教育出版社，1979。

郝斌、展凡：《词义结构与词的翻译特点》，《中国俄语教学》1987年第3期。

郝斌：《词汇语义学——兼论翻译的词汇语义基础》，黑龙江人民出版社，2003。

〔苏〕巴·瓦·科普宁：《马克思主义认识论导论》，马迅章云译，求实出版社，1982。

〔美〕克雷奇等：《心理学纲要（上）》，周先庚等译，文化教育出版社，1981。

〔瑞士〕费尔迪南·德·索绪尔：《普通语言学教程》，高名凯译，商务印书馆，1985。

〔英〕L. R. 帕默尔：《语言学概论》，李荣等译，商务印书馆，1983。

徐师曾：《文体明辨序说》，人民文学出版社，1962。

叶蜚声、徐通锵：《语言学纲要》，北京大学出版社，1997。

原文发表于《俄语语言文学研究》2008年第1期

拓扑学和符号域的呈现

——语言文化研究的动态平衡

吕红周*

摘　要： 符号在深层意义上是人类文化的源代码，符号学便作为人类文化的元语言而发挥作用。语言、神话、艺术、宗教、科学都是人类文化的构成部分，而它们同时也是文化符号学的研究对象。本文以洛特曼的符号域概念作为分析的起点，拟对符号域的内涵、符号域科学范式、符号域理论与语言文化的关系作浅显探讨，认为语言文化研究应注重动态平衡。

关键词： 符号域　拓扑学　文化符号学

　　每一民族的文化都是作为一个特定的整体而存在的，文化的整体性和统一性已经被大家所认同。但是，文化背后隐含有众多的决定这种统一性和整体性的因素：民族语言、民族思维方式、民族的生活方式、民族的精神等，客观平等地对不同文化模式的研究和对比要求我们找到一个工具，而这个工具必须要克服以往的文化评价中的偏见，作为一个普适性的文化分析元语言，我们认为这个元语言就是符号学。符号学家李幼蒸（2007：11）认为，记号作为文化现象中的表达单元，正像作为语言和思想的表达单元一样，代表着人类精神构造和物质构造的基本元素。每当人的思想发生严重困扰和怀疑之时，往往就会返

---

* 吕红周，湖州师范学院外国语学院副教授。

回到这个基本点，以便重新开始运思。

20 世纪 60 年代以 Ю. М. Лотман 为领军人物的塔尔图—莫斯科符号学派把文学、艺术以及整个文化作为符号现象进行研究，在文化本质和共相的研究领域有自己独特的原创性的贡献。Ю. М. Лотман 从符号学的视角把文化看作是一个由各类文化语言和文化文本组成的有层级性、空间性和时间性的处于动态演变中的符号世界，而符号域作为文化符号学理论的核心角色领衔出场，因此，对符号域概念的解读将是理解 Ю. М. Лотман 文化符号学理论的关键，是对民族文化共相发掘和差异对比进行阐释的基础。我们很自然的将会追问一系列的问题：符号域究竟是什么？符号域有着怎样的内部结构？符号域的提出受到哪些相关学科的影响？符号域与文化的深层关系是什么？符号域理论给我们带来什么样的方法论原则？下文，我们尝试对这些问题进行简单的梳理，主要立足于拓扑学空间、时间、边界和不对称等基本概念和符号域的内部和外部关系，来阐释语言研究的动态平衡性。

一　符号域的内涵

Ю. М. Лотман 于 1984 年首次提出符号域范畴，被视为文化符号学的核心和基础。2000 年他出版了《思维世界》和《文化与爆炸》两部专著的合订本《符号域》，该书中还有他一些研究符号的论文，贯穿着他文化符号学研究的主要思想。Ю. М. Лотман 认为："任何语言都处于某种符号空间之中，语言只有与该空间相互作用才能发挥功能。该文化所固有的符号空间是一种不可分解的工作机制—符号的单位，我们把这一空间定义为符号域。"（Ю. М. Лотман，2000：251）符号域在 Ю. М. Лотман 看来是民族文化的载体，由文化中各类文化语言和文化文本组成的多层级符号系统，在该空间中各个符号系统得以产生、活动和发展，包括信息的传递和翻译，文化因此有符号性、系统性、整体性和动态发展性。从定义中我们可以看到，Ю. М. Лотман 特别强调把文化作为一个整体来观察，符号域理论是站在更高层面上，在文化研究的大背景中，运用符号学的方法论和视角，对不同民族文化动态发展的普适性规律进行探寻。符号域理论是作为不同民族文化平等交流的平台的元语言或工具语言而登上历史舞台的，符号域的概念因此就具有了工具性，这种工具性体现在对民族文化内部发展和变化规律的阐释。

文化符号学研究的方法论突破了传统文化研究的静态考察，把文化视为一个过程，而不单纯是一个产品。文化是符号，但同时又不是单个孤零零的符号杂乱无章地堆积在一起，它是一整套符号体系，是文本的集合。在 Ю. М. Лотман 的符号学思想中有一对重要概念，那就是第一模式化系统和第二模式化系统，"从符号和符号系统——自然语（按照洛特曼的观点，这是第一模式化系统）产生之日起，信息的浓缩和保存方式便取得了另一种性质，此后人类就产生了特有的信息积累方式，人类文化才如同语言符号系统一样建立起来。它不可避免地复现了自然语言的结构体系，是自然语言的衍生，是建立在该社会群体所接受的自然语言基础之上的第二模式化系统"（郑文东，2005：54）。我们可以看出，Ю. М. Лотман 的第一模式化系统指的是自然语言，而第二模式化系统（вторичная моделирующая система）是文化符号学研究的另一个重要概念，是指在自然语言基础上形成的各种符号系统，即"可以建立能在认识过程中再现事物的模式的系统"（杜桂枝，2002：4）。

文化语言和文化文本作为符号域的基本单位彼此之间互相交织，构成民族文化的信息网络，文本意义的阐释随着时间历时性的演变和与之关联的文本的变化、符号域内部结构的不确定性以及阐释者个人迥异的文化积淀而具有无限性和无终结性，从而表现在文化文本意义的动态性之中。

二　符号域科学范式与拓扑空间

追溯符号域这一概念的来源和具有的方法论特点，我们可以看到 Ю. М. Лотман 文化符号学研究对生物学、系统论、控制论、信息论、耗散结构理论、拓扑学等自然科学理论的借鉴和成功应用，显示出了这一享有世界学术声誉的符号学大家的宽广视野和渊博知识，同时带给我们启示：宏观研究和微观研究的综合是大趋势，人文科学和自然科学没有绝对的不可跨越的鸿沟，两者的互相融合与借鉴将对科学研究带来革命性的影响。

符号域这一概念是模仿 В. И. Вернадский 提出的生物圈的概念，符号域与生物圈有深层的共同性质，都有空间的概念和它们所包含的内部各个系统的存在、发展条件。符号域是民族文化的背景、文化环境和文化空间，是民族集体生活历史经验和精神以及思维方式的凝集之所，是民族文化存在的条件。然而应该指出，Ю. М. Лотман 的文化观是一个开放的动态系统，在和其他民族文化符号域的冲撞中不断地进行自身的调整，既遭到外来文化的侵蚀又侵入其他文化符号域，即不断地进行着不同文化间的交流。从这一点我们看到了 Ю. М. Лотман 虽然作为结构主义者，却实现了对传统结构主义的超越，因为结构主义对"结构"的理解是封闭和自足的系统。

Ю. М. Лотман 把符号域视为文化存在的空间，文化文本的信息在此空间中传递和翻译，构成了信息网。认知语言学认为，"语言不是外部现实客观的、镜像的反映，而是通过我们身体的感知和体验所形成的。我们大部分推理的最基本形式依赖于空间概念，我们的身体、大脑与外界环境互相作用，产生了互动关系，为我们范畴化的运作、概念的形成、推理提供了认知基础"（王寅，2005：16）。人类之初是从认识自身和空间开始认识世界的，身体部位名称作为人类思维的起点参与了日益复杂的主客观知识的建构，现在不同语言中的词汇依然有根据人身体空间结构而命名的词汇，比如，山脚、半山腰、头目、眼前等，而且根据自己和周围事物区分了上—下、左—右、自己—别人等。Ю. М. Лотман 符号空间的概念同时受到拓扑学的启发，他不仅引用了拓扑学的空间概念，还有边界、位移、区域等概念对符号域的空间结构进行了描述，提出文化的恒量文本模式，展示了文化符号在符号空间中的拓扑变形，而文化的统一不受到变形影响的特质正是拓扑学的根基所在。那拓扑学究竟是什么样的学科呢？

拓扑学的英文是 Topology，直译是地志学，也就是和研究地形、地貌相类似的有关学科。我国早期曾经翻译成"形势几何学、连续几何学、一对一的连续变换群下的几何学"，但是这几种译名都不大好理解，1956 年统一的《数学名词》把它确定为"拓扑学"，这是按音译过来的。它是一种只研究图形各部分位置的相对次序，而不考虑它们尺寸大小的新的几何学，叫作拓扑学。有时人们也称它是橡皮膜上的几何学。因为橡皮膜上的图形，随着橡皮膜的拉动其长度、曲直、面积等都将发生变化，但也有一些图形的性质保持不变，如点变化后仍然是点；线变化后依旧是线；相交的图形绝不因橡皮的拉伸和弯曲而变得不相交。拓扑学正是研究诸如此类使图形在橡皮膜上保持不变的性质，在这种几何中，扭曲和拉长，但不包括撕开或接合下称为拓扑变换，图形在拓扑变换下保持不变的性质，称为图形的拓扑性质。① 简单的理解，拓扑就是研究有形的物体在连续变换下，还能保持性质不变，变形后的图形和变形前的图形有相同的拓扑结构，称之为拓扑等价。"区域（如果通过一条完全位于区域内的道路，区域的每一个点能够和其他的每一个区域点相连通，那么称之为'连通'区域）、边界来自拓扑学的概念，从一个区域到另一个区域的运动被称为'位移'。"（郑文东，2007：58）Ю. М. Лотман 作为结构主义者，在对文化的研究中非常重视对文化的共相和恒量的研究，传统的文化描写理论因为文化描写语言没有和所在的社会文化语言彻底分离，对文化的解释不可避免地借用某些科学概念，而且不能站在整体的角度全面地研究文化，究其原因在于缺乏文化模式统一描写的元语言。基于这样的背景，Ю. М. Лотман 提出了自己的设想："我们尝试在空间模型的基础上，建立文化描写的元语言，其中包括拓扑结构——这是数学的一个分支，研究图形在同胚变形后的不变属性。我们的计划是：对图形和轨迹拓扑属性进行描写的工具，可以用作文化类型研究的元语言。"（Ю. М. Лотман，2000：465）Ю. М. Лотман 正是看到了拓扑学对解释文化表层各异的功能和空间中的深层同构作用，也就是文化文本中蕴含的恒量。

　　符号域按照拓扑学理论可分为中心区域和边缘区域，中心区域就是一个互相连通的区域，位于中心的各个符号系统可以阐释出各种内在或外部的联系；边缘区域就是远离中心区域，其划分依据是不可连通性。中心区域和边缘区域之间的界限就是边界。文化文本不是静止不动的，文本在符号域空间中的运动就是位移。众所周知，二战后以美国和苏联为首形成了资本主义和社会主义阵营的对立，而两个阵营就是两个符号域空间。近年来北欧东扩的事实日益加剧，而原来属于苏联阵营的国家加入北约这一行为就是一种位移现象。对于生活在象牙塔里的大学生来说，他们首先给自己划分了区域，自己的区域有具体的所指—校园，而根据二元划分理论，校外就是另一个符号空间域，学生一经走出学校的大门就是出现了位移的活动。对于边缘域和中心域的概念划分，我们可以从社会不同时期的主流文化和非主流文化看出其差别。中国封建社会历经数千年，而儒家文化一直作为封建统治者宣扬的三纲五常就是中国社会所接受的主流文化，而民主和自我则是边缘文化。随着时代的发展，各民族的文化交流

---

① 详细内容请参见 http://iask.sina.com.cn/b/6600578.html? from=related。

的深入，在我国城市到处充斥着源于国外的麦当劳、肯德基、IBM、HP、好莱坞经典大片、BENZ、BMW、TOYTA等，民族文化的地域区分已经被融合所侵蚀，在这种形式多样化的背后，研究文化共相和恒量也就显得重要。因此，我们看到符号域空间的概念主要是受到了拓扑学的影响，符号域作为文化动态研究的原语言工具性不可忽视。

三　符号域的历时动态性

时间和空间是一切事物存在的两大坐标，索绪尔根据时空二元性，把语言分为共时语言学和历时语言学，有了组合轴和聚合轴。空间具有广延性，时间具有连续性。在解释关于语言的地理差异形成的原因时，索绪尔认为是时间的因素在空间上投射的结果，因为一切变化的起因和结果都是在时间上体现出来的。"洛特曼运用拓扑学的原理，把拓扑空间、边界、位移等概念进一步演绎到文化中，把空间和时间这一带有普适性的规律作为符号域的重要坐标。在时间轴上有过去、现在、将来之分，在空间轴上有内部空间、外部空间之分，符号域的各个亚结构之间都存在边界。"（郑文东，2007：126）Ю. M. Лотман 符号域拓扑空间结构的提出为了站在更高的层面上对一切文化模式进行客观的描写，对文化文本恒量的研究就可以避免主观性和片面性，符号域履行文化描写的元语言工具功能。

Ю. M. Лотман 在文化符号学理论中引入时间概念，出于对语言文化动态考察的目的。人们常将时间比作历史的长河，而河中之水是滔滔不绝，后浪推前浪，哲学中也有"人不可能两次踏进同一条河流"之说。用时间来衡量文化，文化有历时继承性和动态变化的特点。在对符号域内基本单位——文化文本的时间性考察中，Ю. M. Лотман 提出了神话思维和历史思维两种认知模式。面对缺乏科学知识的初始人类，往往根据对自身的认识和对自然界的体验去解释周围发生的一切，进行简单的联想和推理。人正是在符号的帮助之下登顶了万物之灵的宝座，人一直致力于将符号的工具功能发挥至极致，"人的世界之根本意义在于它是一个符号化的世界。……宇宙形象就成了宇宙符号。在世界符号化的过程中，宇宙从自然进入了文化。符号化的世界不是一个物的世界而是一个意义的世界"（耿占春，1993：15）。符号的出现标示了人类世界中意义的诞生，因为人类正是把自己对世界的理解与体认记录在了符号之中，人类的符号化行为也就是对自己周围世界赋予意义的过程，符号是人类从动物的世界进入意义世界的桥梁。Ю. М. Лотман 的时空概念在文化中是互相联系的，文化文本中的事件的发生是按时间的顺序进行的，这就是文化动态发展过程。文化动态发展过程的连续性构成了人类的历史，人的本质体现在自己文化创造性活动之中。卡西尔的名言"人是符号的动物"已经被大家所熟知，人的确生活在符号的世界里，人与世界之间是符号化的网络，这个网络随着人对世界认识的深入，随着人与自然关系的多样化而变得越发复杂，人是通过符号来感受和改造世界的。一定意义上可以说，人类的历史就是人对世界符号化的历史，"脱离了符号，人就只能过一种情绪化的本能的生活，而无法过一种文化的生活"（陈根法、汪堂家，2004：19）。因为，"人一旦在物理关联之外与对象建立起符号关系，这种关系就不会再离开人，也一定不会局限在特殊的领域，而是要成为普遍适用的原理，向人类活动所涉及的一切领域扩展"（王铭玉，2004：5）。

四 结语

Ю. М. Лотман 对于文化符号域空间结构的分析可以使我们看到文化恒量，符号域时间特征则是文化文本在符号域空间中的动态发展轨迹，发现隐藏在文化背后的共相机制。不同语言基础之上是不同的符号系统，"符号学的任务是研究所有形式的二次模式系统的结构关系、组合机制，进而探讨对整个人类社会来说具有共性的二次模式系统的特点和规律"（杜桂枝，2002：4）。符号域思想是对符号学理论的应用，把文化视为一个多层级符号系统，在符号域的空间中各类文化文本交织成文化信息网。符号域作为研究不同文化恒量和共相的普适性元语言，对于民族平等交流和消除种族歧视提供了文化研究新的视角。文化符号学尊重不同民族文化的差异，不同文化之上都是一个相对完整的符号学系统，因此，"现代符号学是唯一能走出神秘的'文化自觉'困境的科学思维方式"（杜桂枝，2002：6），语言文化研究借助于符号域理论的空间和时间范畴要达到的目标应该是文化研究的动态平衡。

参考文献

Лотман Ю. М. , *Семиосфера* , Санкт-Петербург：Искусство，2000.

陈根法、汪堂家：《人生哲学》，复旦大学出版社，2004。

杜桂枝：《莫斯科—塔尔图符号学派》，《外语学刊》2002 年第 1 期。

耿占春：《隐喻》，东方出版社，1993。

李幼蒸：《理论符号学导论》（第 3 版），中国人民大学出版社，2007。

王铭玉：《语言符号学》，高等教育出版社，2004。

王寅：《认知语言学探索》，重庆出版社，2005。

郑文东：《符号域：民族文化的载体——洛特曼符号域概念的解读》，《中国俄语教学》2005 年第 4 期。

郑文东：《文化符号域理论研究》，武汉大学出版社，2007。

原文发表于《俄语语言文学研究》2010 年第 2 期

典籍外译转换机制

黄忠廉[*]

摘　要： 典籍用古语写成，外译时可能经过原语的古文今译和外语的今文古译的语内转换过程，古原语、现代原语、现代译语和古译语四要素与典籍外译的阶段可演绎出五大机制：原$_古$→译$_古$直接转换机制和原$_古$→译$_现$直接转换机制；原$_古$→原$_现$→译$_现$→译$_古$间接转换机制；原$_古$→原$_现$→译$_古$间接转换机制和原$_古$→原$_现$→译$_现$间接转换机制。五大机制随译者古今双语的掌握程度和原文的难度而单独或联合发挥作用。

关键词： 典籍　外译　转换　机制

一　引言

雅可布逊将翻译分为语内翻译、语际翻译和符际翻译（В. Н. Комиссаров，1999：50），这是标准混杂、划分欠严的结果，其实按符号分，有符内翻译和符际翻译两类，再按语言符号分，可得语内翻译和语际翻译两类。其划分不严，但观点可用于汉外互译，尤其是典籍翻译，因汉外互译都可能遇到古语问题，譬如《水浒传》外译，必遇"皇帝诏书"，《死魂灵》汉译，也有"沙皇政令"。

本文所议的典籍外译指用古文写成的汉籍译成外语，较现代文翻译可能多出两个有特色的语内转换过程，即汉语的古文今译和外语的今文古译，其古文

* 黄忠廉，广东外语外贸大学翻译学研究中心教授、博士生导师。

今译不同于汉语界，汉语界的古文今译（杨烈雄，1989）将古文转换成地道的现代汉语即可，前者则还需将今译转换成更近于译语思维特点的语表形式；外语的今文古译，指将译成现代译语的译文再次转换成古译语。这是一个完整的理论模式。整个过程符合全译的理解、转换和表达三阶段，整个过程在转换上因所译对象为典籍而独具特色，这一特色机制有待揭示。杨自俭认为汉语典籍英译过程"增加了一个语内翻译阶段，原文为古代或近代汉语，译文为现代英语，中间为现代汉语，无论理解还是表达都变得更加复杂"，是"重要理论问题，因此我们必须认真研究"（杨自俭，2005：62）。

二 典籍翻译转换机制

翻译，照理应该以古译古，以今译今，但典籍翻译并非共时行为，而是历时行为，一种错时转换。典籍翻译时间涉古今，空间跨中外，四者构成了四角关系，又演绎出多边关系。

典籍翻译转换机制呈梯形 ABCD（见图 1），上底 AD 较宽，表明从古原语译为古译语要费时费力，下底 BC 较窄，表明从现代原语译作现代译语要省时省力；AB 和 CD 两腰等长，表明原语语内转换与译语语内转换所费的时力大致相当。这都是理论上的预测。

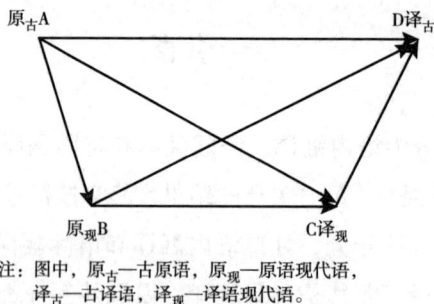

注：图中，原古—古原语，原现—原语现代语，
译古—古译语，译现—译语现代语。

图 1 典籍翻译转换机制

图 1 显示，AB，CD 均为语内翻译，AD，AC，BC，BD 是语际翻译。典籍翻译的结果有两种，一是译作古语，一是译作现代译语，以此观图 1，可得七种

转换机制：原$_古$→译$_古$转换机制、原$_现$→译$_古$转换机制、原$_古$→译$_现$转换机制，原$_古$→原$_现$→译$_现$→译$_古$转换机制、原$_现$→译$_现$→译$_古$转换机制、原$_古$→原$_现$→译$_现$转换机制、原$_古$→原$_现$→译$_古$转换机制。

三　典籍外译转换机制

典籍外译是典籍全译之一种，即典籍的外向型翻译，具言之，是汉译英、汉译俄、汉译日等。既然是从古原语译成外语，图 1 可导出图 2，可知：典籍外译转换机制是典籍外译过程中原语语内转换、语际转换和译语语内转换及其内在组合方式和相互联系。

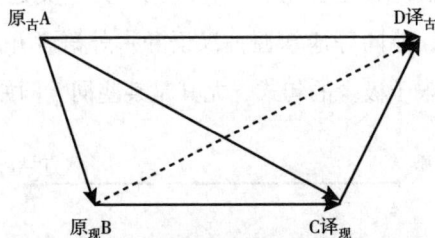

图 2　典籍外译转换机制

从语内转换的必要性来看，典籍外译转换机制可分为两大类，一是不需要或不大需要语内转换的直接转换机制，即原$_古$→译$_古$直接转换机制和原$_古$→译$_现$直接转换机制；二是需要两次语内转换与语际转换结合的间接转换机制，即原$_古$→原$_现$→译$_现$间接转换机制、原$_古$→原$_现$→译$_古$间接转换机制和原$_古$→原$_现$→译$_现$→译$_古$间接转换机制。

四　典籍外译直接转换机制

所谓直接转换机制，指古原语不经或少经语内转换直接转换为古译语或现代译语的过程。

（一）原$_古$→译$_古$直接转换机制

图 3 呈现了 AD 式原$_古$→译$_古$直接转换机制，展示了从古原语直接转换为古

译语的过程，即不经过 AB 的原语语内转换、BC 的现代原语到现代译语的语际转换和 CD 的译语语内转换。正因为译者掌握古语要难于现代语言，所以古原语转换为古译语所费的时间要长于现代原语转换为现代译语。许渊冲（2006）有一种超强的民族自豪感，以英国格雷厄姆译李商隐《无题》、威利译《诗经·关雎》、理雅各和威利译《论语》为例，认为典籍英译，中国有的译者远胜英美，可入世界一流。这种"有的"真算起来，也就是"个别"，原因就在于中国译者对现代外语的掌握有限，遑论古外语了。

AD 式典籍外译是高手之译。他谙熟古原语和古译语，双语的古词、古语、古语法储于脑中，语际转换时不假思索，或者稍做思量就瞬间完成。如许高手可分两类，一类是外国译者，母语为英语等，专业上主攻汉语，尤其是擅长古英语者，译起来比中国译者更直觉、更有理据。另一类是中国译者，母语为汉语，学业上专攻外语，能同等地掌握古汉语和古外语者并不多见，能迅速用古外语译古汉语者也只限于极少的句式，尤其是某些词。例如：

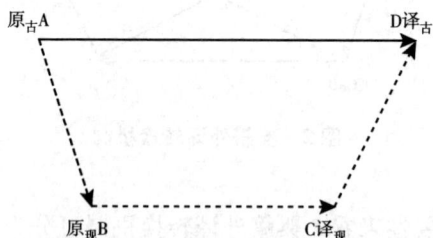

图 3　原_古→译_古直接转换机制

（1）孔盖兮翠旍，登九天兮抚彗星。（楚辞）

Midst feather flags and ' neath a peacock canopy,

You soar up to th' Dome of th' Sky th' comets to direct. （卓振英译）

译者可能不需要"孔雀毛车盖翠羽饰旌，登上九天抚摸着彗星"的古文今译过程，脑中能迅速捕捉到一些英语古词，如只用于诗歌和某些短语中的 midst 带有古色；"neath 即 beneath，属于古英语，也只用于诗歌；三个 th"即 the，省去 e，起到省略音节，形成节奏的作用。

（二）原_古→译_现直接转换机制

图 4 呈现了 AC 式原_古→译_现直接转换机制，展示了从古原语直接转换为现

代译语的过程，即不经过 AB 的原古→原现原语语内转换和 BC 的原现→译现语际转换的过程。语言输出总是难于输入，因此读古语和写古语分处两个语言层次，后者要远高于前者。与图 3 相比，从古原语到现代译语的转换（AC 线）所需要的时间要短于从古原语到古译语（AD 线），AC 线射向右下方呈省力走势。

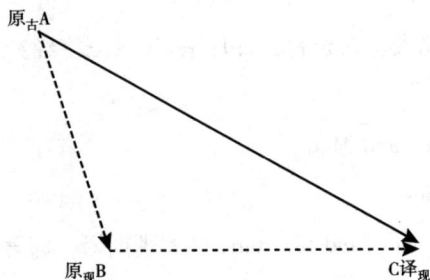

原古A

原现B　　　　　　　　　　　　　　C译现

图 4　原古→译现直接转换机制

AC 式典籍外译是常见之译，由 A 至 C 的直接历时转换原因有三：（1）就当下而言，任何译者的现代语言都强于古语，译者大脑里首先闪现的是现代语言；（2）只有极少数情况要译作古语，再现原作的古色；（3）古原文相对简易，便于直接转换成现代译语，这又分两种情况。

第一，原文内容比较浅显，译者无须经过复杂的原语分析，即可转换过去。例如：

（2）养不教，父之过。教不严，师之惰。（《三字经》）

To feed without teaching

Is the father's fault.

To teach without severity

Is the teacher's laziness. （翟理斯译，郭著章校订）

例（2）仅有古文的标记"之"，内容并不难，即使是对外国译者，也是比较简单的。而《三字经》首句"人之初，性本善。性相近，习相远"翟理斯译时可能略有些类似的汉语语内转换过程："人在初生的时候，其天性都是善良的。这种善良的天性彼此都很近似，只是后天的习染不同才使不同的人有很大不同。"可是翟氏并未按语内转换的译出，他好似打开了汉语的包袱，掠了一眼，又在英语中系上了："Men in the very beginning of their life/Are naturally

679

good. / Their natures are similar/And their habits become widely different. "恰似叶子南所说的"解包袱法"（叶子南，2003：74），真可谓，系包还需解包人。

第二，关系简洁，可以直接对过去。分两种情形，一是原文简洁，语法关系虽说略做转换，但也相当容易；二是语法关系齐全，本身就符合译语的语法结构。例如：

（3）天才者：天地人。三光者：日月星。（《三字经》）

The Three Forces

Are Heaven, Earth, and Man.

The Three Luminaries

Are the sun, the moon, and the stars. （翟理斯译，郭著章校订）

（4）老子终日浮水，儿子做了溺鬼；老子偷瓜盗果，儿子杀人放火。（《小儿语》）

Fathers swim all day long, and sons then get drowned. Fathers are thieves, sons will commit murder and arson in the end. （郭著章译）

关于例（3），译者只要知道了"才、光"之意，转换起来势如破竹，除了将原文的冒号转换成系词、体现判断关系外，其他意象都是一一对应了，几近对译！而例（4）非常浅白，根本不需要语内转换。

五　典籍外译间接转换机制

所谓间接转换机制，指古原语必经语内转换才可转换成古译语或现代译语的过程。

（一）原$_古$→原$_现$→译$_现$→译$_古$间接转换机制

图 5 呈现了 AB→BC→CD 式典籍外译间接转换机制，展示了古原语间接转换为古译语的过程，即经由 AB 的原语语内转换、BC 的语际转换和 CD 的译语语内转换。该机制辗转三次，一路奔波，一波三折，费时费力，正揭示了从古原语到古译语的重重困难。

原$_古$→原$_现$→译$_现$→译$_古$间接转换机制是艰难之译。译者无论中外，理解古原语都有一定难度，有必要进行原语语内历时转换，得古文今译之后，再将古文

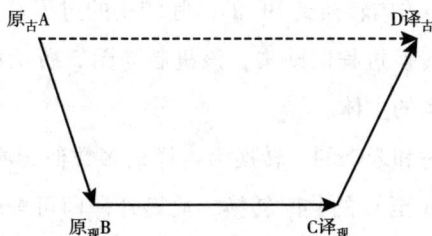

图 5 原_古→原_现→译_现→译_古间接转换机制

的今译向现代译语作共时转换，续上译语语内历时转换，即将现代译语换作古译语，至此典籍外译才算大功告成。例如：

（5）原文：亦余心之所善兮，

　　　　　虽九死其犹未悔。（《离骚》）

古文今译：修身洁行是我平生所好，

　　　　　即使九死也不后悔盘桓。（陈器之、李奕译）

今译改造：……（会有各种推断）

现代译语：But even if doomed to die nine deaths, to those which burst

　　　　　With beauty I shall cling without feeling distressed!（笔者推断）

古代译语：But e'en if doom'd to die nine deaths, to those which burst

　　　　　With beauty I shall cling without feeling distress'd!（卓振英译）

例（5）中两个推测阶段显示了这一间接过程。第一步古文今译是原语语内转换，属于理解阶段；第二步今译改造是语际转换的起始，但我们无法推断译者当时的改造，至少他没有照陈李之译转换，现代译语就是明证；第三步现代译语是语际转换的结束；第四步古代译语是译语语内转换，属于表达阶段。

该机制常为新手所用，或用于深奥典籍的外译；遇到高手或熟手，它可能简化为 AD 式直接转换机制，若是原语古文有难度，译者对古译语了解也不够，无法跨越，他必须通过原语语内转换求得理解，通过译语语内转换获得古译语，其间的思忖良久、反复修改、查阅考证等正是翻译真情之展露。

（二）原_古→原_现→译_现间接转换机制

图 6 呈现了 AB→BC 式间接转换机制，展示了从古原语间接转换为现代译

681

语的过程，即从 AB 的语内转换到 BC 的语际转换的过程。正因为从现代译语转为古译语的译语语内转换过程的缺失，该机制与图 5 所示相比简便多了，自然成了典籍外译间接转换的主体。

翻译多是针对当时和未来的，转换为古译语多数似无必要，因此 A 至 B 的历时转换之后，再由 B 至 C 的共时转换，典籍外译即可告竣。其实，典籍并非处处都是古词、古语、古语法，而外译时也只能略显原作的语体特色，不然，当代读者看不懂，译也枉然。游走于古今之间，正如演秦汉古装戏，既会偶尔用古词、古语、古句式，带点"之乎者也"，更注重用现代人听得懂的近代汉语，但更多的是现代汉语。

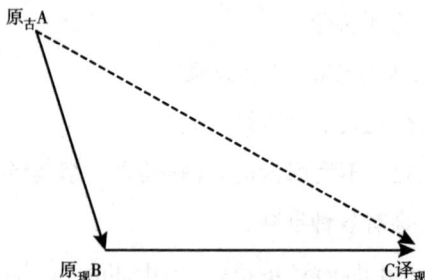

图 6 原古→原现→译现 间接转换机制

因此，与原古→原现→译现 间接转换机制相比，该转换机制难完成从古原语到现代原语的转换，其间接性正源于此，表现为语际全译的增译、减译、转译、换译、分译和合译，具体如下。

第一，增译与减译。增与减，指增大和缩小原作信息形式，力求信息量不变，即形式增减，意义力求不变（黄忠廉，2008：89）。古文省略的背景太多，于今过简，于外更是过简，外译必须增补。例（6）中，"知"古时同"智"，"智者"指智慧之人；"省"音 xǐng，"省者"指明理之人。郭著章（2004：148）理解为"如果有知识的人减少一半，那么明白事理的人就一个也没有了"，略有出入。原文寓有智者惠众育众之意，即智者少，则民众愚。

（6）知者减半，省者全无。（《增广贤文》）

If the knowledgeable people are decreased to their half, there is no one left who can know clearly the truth and reality. （郭著章译）

相反的情况是，有些文化信息外译时实在无法译出，要么加注，要么删除，这就需要译者周折一番；汉籍外译减形不减意的情况不多，而加注和直接删减内容的不少，后者近似变译中的摘译了，暂且不论。例如：

（7）时来风送滕王阁，运去雷轰荐福碑。（《增广贤文》）

When you are lucky, even the wind helps you; when you are not lucky, even an unexpected thing may suddenly destroy your hope. （郭著章译）

这是因用典而减译的例子。前一句用典：唐朝诗人王勃时来运转，受神助一帆风顺赶到南昌滕王阁，盛宴之上即兴写下名篇《滕王阁序》，名扬四海。后一句用典：宋朝范仲淹做官鄱阳湖时，有书生献诗诉说贫寒受饥；书生一手好书法，范劝其临荐福寺碑文以谋生。天不作美，该寺当夜遭雷击，书生的希望化为泡影。郭氏古文今译是："运气好时就像好风送王勃到滕王阁那样可以一举成名，运气不好时就如雷轰荐福寺的石碑一样，到手的好事也化为乌有。"如果照今译再转换为英语，英语读者还是不会明白"好风送王勃到滕王阁"和"雷轰荐福寺的石碑"的内涵，所以郭氏干脆舍去了。

第二，转译与换译。转与换，指转移和调换原作信息形式，力求信息量不变，即形式转换，意义力求不变（黄忠廉，2008：90）。转是单向的，而换是双向的。例如：

（8）一家养女百家求，一马不行百马忧。（《增广贤文》）

A girl or woman brought up in a family may have suitors from one hundred families, that one horse refuses to walk may worry one hundred horses. （郭著章译）

"女"与"一家"是施受关系，既可形成主动结构，也可形成被动结构；而"一马"与"不行"是施事与行为的关系，不存在受事。为了英文的结构对应，译者将"女"移到"一家养"之前，选择了"一家所养的女儿"这一结构。不过，译文中的 woman 处理不当，有译者（郭著章，2004：151）的今译为证："一家养了女儿一百家都想来求婚，一匹马不走了百匹马都跟着发愁。"例中"女"移到"一家养"之前是"女"的转译；两者的换位，将原文的主动关系变为被动关系，则是两者的换译。

第三，分译与合译。分与合，指分离和融合原作信息形式，力求信息量不变，即形式分合，意义力求不变（黄忠廉，2008：92）。分合与否，有时要考虑原文的形式特点，更多是顾及译语的表达要求。例如：

（9）在家由父，出嫁从夫。（《增广贤文》）

Obey your father before you are married；after the marriage，obey your husband.（郭著章译）

译者的今译为"在家里听从父亲，出嫁后服从丈夫"，与原文结构相对应。而英译却作了结构的改变，即将原文中作状语的短语"在家"升为小句 before you are married，如此处理本无可厚非，但在英译结构上与下一句的 after the marriage 未能对应，也就没能传达原文的形式美感。再如：

（10）少小不努力，老大徒伤悲。（《增广贤文》）

Laziness in youth spells regret in old age.（郭著章译）

译者将"少小不努力"转换为"少时的不努力/懒惰"，将"老大徒伤悲"转换为"暮年的悔恨"，分别对应为英语 laziness in youth 和 regret in old age；而将原文两句之间的因果关系"招致"凸显出来，仅一个 spell 就连起了两者，相当简练。

（三）原$_古$→原$_现$→译$_古$间接转换机制

AB→BD 式间接转换机制（见图7）展示了从古原语间接转换为现代译语的过程，即从 AB 的语内转换到 BD 的语际转换的过程。

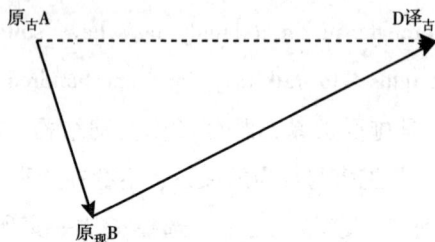

原$_古$A ⤑ D译$_古$

原$_现$B

图7 原$_古$→原$_现$→译$_古$间接转换机制

能操纵这一机制的译者理解古原语比较困难，在查问得知其现代同义之后，可以迅速转换为古译语，因为他对反映这一意义的古译语比较熟悉，其程度可能超过现代译语。常与某一古语打交道的译者，有时可能首选古语，脑子里首先闪现的是古语。

六　结语

从典籍外译的过程看，它遵循全译的原语语内转换—语际转换—译语语内转换三步骤，其特色正在语内转换：原语理解阶段多半要经古文今译的过程，译语表达阶段可能需要今文古译的过程。

从典籍外译的结果看，可能译作古译语，也可能译作现代译语，古原语、现代原语、现代译语和古译语四要素与典籍外译的阶段可演绎出两大类，即直接转换机制和间接转换机制。下分五种：（1）原_古→译_古直接转换机制，用得较少，更适于外国译者；（2）原_古→译_现直接转换机制，用得较多，更适于中国译者；（3）原_古→原_现→译_古间接转换机制，适用于对古译语比较熟悉的译者；（4）原_古→原_现→译_现间接转换机制，适用于古原语比较复杂的典籍；（5）原_古→原_现→译_现→译_古间接转换机制，适用于古代原语较难、古译语掌握不够的译者。因译者对古今中外语言掌握的程度不同，五大机制所起的作用也不同，或单项运作，或双项、三项，甚至是四项联合运作。

参考文献

Комиссаров В. Н. , *Общая теория перевода. Проблемы переводоведения в освещении зарубежных ученых*, Москва：ЧеРо，1999.

陈器之、李奕今译，卓振英英译：《楚辞》，湖南人民出版社，2006。

郭著章编译：《汉英对照蒙学精品（第三分册）》，武汉大学出版社，2004。

黄忠廉：《小句中枢全译说》，华中师范大学出版社，2008。

许渊冲：《典籍英译，中国可算世界一流》，《中国外语》2006年第5期。

杨烈雄：《文言翻译学》，中国经济出版社，1989。

杨自俭：《对比语篇学与汉语典籍英译》，《外语与外语教学》2005年第7期。

叶子南：《英汉翻译对话录》，北京大学出版社，2003。

原文发表于《俄罗斯语言文学与文化研究》2012年第3期

翻译学意义论

谢云才[*]

摘　要： 语言意义可谓历史最为悠久的哲学命题，也是翻译学的基本命题。译学角度的意义就其认识、表现和对策而言，应完全以翻译科学与翻译实践的需要为依据和依归。从语言哲学视角审视翻译学中的意义问题，可以让我们摆脱传统观念的桎梏，对翻译的实质、方法以及标准得以全新认识。

关键词： 意义　翻译　认识论　表现论　对策论

意义是语言哲学的核心问题，也是翻译学的核心问题，翻译的实质是语际间的意义对应转换。语言哲学中所谓指称论、观念论、语用论、符号论从各自角度研究意义的真值，并提出了各自的意义理论；溯本求源，借用语言哲学的理论手段，从翻译学的角度探讨意义与词语、意义与指称、意义与情境等问题，无疑具有新的方法论意义。

意义是语言中最复杂的现象，翻译涉及双语，因而更增加了意义的复杂性。人类语言中蕴涵的意义究竟是什么？意义究竟有些什么特征和功能？这里涉及意义的实质问题，同时也是翻译学意义理论的认识论基础，包括意义的认识论、意义的表现论和意义的对策论。

---

* 谢云才，辽宁大学外国语学院教授。

一 意义的认识论

所谓意义的认识论，即对意义认识规律的发掘与研究。语言的意义问题非常复杂，基本特征也见仁见智。从译学角度审视语言意义，实际上我们无法对意义作所谓定量与定性分析，无法为词语概念划分出某种"泾渭分明"的界线：意义不是自然科学规律，是人文现象，它与概念、语境、意向、文化背景、审美等诸多动态因素密切相关。有鉴于此，译学角度的语言意义应该具有下文三个特征。

（一）疏略性

所谓"言之有物"表示意义的质实性，言之无物当然毫无意义。然而，意义同时又是疏略的，并不具备精确入微的描写能力，因为人的思维虽然可以是"非线性的"，但语言必须是线性的，语言必然匮乏与思维同步的多维描写能力，所谓"语言有时无法表达"便是这种差异使然。俄语中有一句关于咖啡的广告词 С праздничным вкусом，若想译成汉语要费些脑筋。

（二）非确定性

非确定性是确定性的相对概念，这是意义特征相辅相成的两个方面。从译学来看，意义的确定性是可译性的依据，非确定性来自意义的模糊，则是可译性的限度。

意义的非确定性无处不在，这是由于不同语言对"世界图景"的描述在方式与角度上并非完全相同，如 чудеса в решете，光凭字面指称难以定夺其意义；同理，"愁肠寸断"要译得形神兼备，恐怕并非易事。

（三）游移性

意义具有疏略与非确定特征，必然导致其游移化效果，使得人类语言中的意义具有无限能动性。意义游移性使人类可以寓意寄情赋予词语意义，如此，人就完全成了语言的主宰，而并非相反。所谓"词无本义，义随人生"体现出语言的人文性，也符合语言现实：语言具有极强的语境适应性、意义承载功能和替换功能。Это не тоска, а молодая бабья *кровь заговорила*.（这不是愁闷，而是年轻妇女的春情流露。）[①] 指称处于游移之中，意义便置于悬疑状态，指称与意义处在"似花还似非花"之间，恰好证明意义的游移性。

统观译学中意义的上述三种基本特征，译学视角的所谓"意义"应该做如下表述：意义是意指（означение）过程的产物或结果，意指过程是语言运用中对指称的观念化，观念外化为语言时含蕴的就是意义。可见，意义是语言运用中观念化了的指称，意义高于指称。

二　意义的表现论

所谓意义的表现论，即对意义获得途径的发掘与研究。翻译过程的意义获得或把握是个异常复杂的问题，不应该将其视为"看图索骥"式的操作。实际上，翻译学对意义获得的理论描写正是译学意义理论认识论的核心，也是意义表现论的重要内容。它包括以下三个方面，即意义获得的三个途径：符号系统、指称系统、语境系统。显然，这三个系统的分布与构建是对上述意义定义的演绎论证。

（一）符号系统

就翻译而言，符号系统（семиотическая система）是意义获得的基本依据。译者只有通过对语言符号的操作——解码来获得意义，因此，语言符号不仅是依据，而且是意义获得的操作对象、手段和必经途径。翻译学意义理论的核心是剖析语言符号承载意义的机制以及这一机制发挥功能的特定方式。

1. 语言符号的无限性

语言符号具有指代［денотативное значение（所指意义）和коннотативное значение（内涵意义）］的功能。语言符号蕴涵意义是无限的，正如洪堡特所说："语言是有限手段的无限运用。"（刘宓庆，2001：351）词典中词义达十多项的词为数不少，特定语言符号可能指代无数个所指，真正指代的所指却只有一个，这种能指与所指关系必须在言语组合中才能体现出来。

---

① 文中部分译例引自王秉钦著《语言与翻译新论》一书，有些译文略作改动，特此致谢。

内涵意义更难把握，经常受变幻的时空条件制约。стройка века（世纪工程）字面义指"伟大的工程"，但内涵意义却是"劳民伤财的"大型基建项目，含贬义：

（1）Депутаты не позволят бездумно или по конъюнктурным соображениям зарывать деньги в "*стройки века*", пускать их на ненужный поворот рек.（代表们不允许不假思索或出于权宜之计将资金投入"世纪工程"，抛入无用的河湾。）

2. 语言符号的驳杂性

语言反映社会现实，语言又是民族文化的历史积淀，不同语言表达同一意义的方式手段必然驳杂多样。对翻译而言，最大的问题是辨析同一指称原文语言符号的异同表述；其次，不同原文语言符号的同一指称如何用译文语言符号来表达。请见译例：

（2）Она *весёлая* девушка как *праздник*.（她是个开朗姑娘，人见人爱。）

3. 语言符号的误导性

"语言符号具有指代功能，这种标记功能可以让人的感官获得某种提示。"（Н. К. Гарбовский，2004：87）因而有时可能成为"视觉迷雾"，使人产生错觉。这种误导性有两种情形：标记与意义不完全一致；标记与意义不一致。譬如：

（3）*Золото*, а не человек, лентяя и того приохотит к работе.（他真能干，连懒惰的人也被他发动起来，动手干活了。）

（4）Они знают, что хлеб есть *валюта валют*.（他们知道粮食是宝中之宝。）

（二）指称系统

相比语言符号，可以看出指称的本质特点：指称是实在的或质实的。指称总是与观念或实在相联，也可以说指称是意义的体现者。已如前述，意义高于指称，而且远比指称复杂。意义是一个多维的结构体，把握意义（及意向）就要分解这个结构体，析出它的多维意义。然而我们不能脱离指称或不顾指称，在"空中楼阁"中缘木求鱼。要分析意义结构，就要把握体现意义结构的指称系统。

1. 超指称意义

意义高于指称，意义的场界远比指称宽泛，但指称一旦进入语境框架，具备相对确定的意向价值（иллокутивная ценность），即会获得较确定的意义，因为此时的指称已被语境观念化了。例如：Я хочу пить воды。该句中的 вода 一般指代的东西即分子式为 H₂O 的透明、无色、无味的液体物质，但句中 вода 的指称对象显然不可能是 сточные воды, грязная вода, ядовитая вода, инфекционная вода 等，否则逻辑不通（"我"就不会"想喝"，这就是"意向"）。可见，句中 вода 的指称已是观念化了的指称，即"人可以饮用借以解渴的水"。语句意义是某种有意向参与的观念整合体，这正是句子与语句之间语义概念之别所在。

2. 内涵意义（伴随意义）

意义的延伸变化经常不受指称的限制，超越其指称场界。"海上生明月，千里共婵娟。""明月"和"婵娟"所指相同，含义不同。后者含有中华民族特有的"美好、团圆"等含义，前者仅指天体"月球"，即它的概念意义。同理，Душа России（俄罗斯之魂）中的 душа 与 душа и тело（灵魂与肉体）中的 душа 绝非同等含义。

言者表示态度、观感或价值观，从而使概念意义得以延伸、附加的意义，语义学称为内涵意义或伴随意义，与所指意义或外延意义对应。内涵意义体现人际言语交流中的感应、感召作用，说明意义具有人文性。任何人都无法穷尽某一个词的全部内涵意义，它的随机性与开放性使这个词的所指意义千变万化。

3. 情态意义

情态是一个涵盖面很广的词，包括情感也包括感情，还包括很多随机性的情绪变化，很多情感或感情都无法涵盖在简单的指称中，所谓"情动而辞发"讲的是情在字里、情在句间："落絮无声春堕泪，行云有影月含羞"，字里行间的情感完全是超指称的。

把握情态意义涉及审美，情态含蕴常常需要"显影"，汉语修辞称之为"烘托"。这时最佳烘托背景是上下文，执着于一词一句的指称毫无意义。例如：

（5）Я знал красавиц недоступных, *холодных, чистых, как зима.*（我见过一些高不可攀的姑娘，艳如桃李，冷若冰霜。）

4. 文化意义

社会文化可以赋予一个词、一个词组和句子完全超指称的意义。许多看似平常的词及其有关的指称，却蕴含着非常独特的社会文化意义。例如：

（6）Ну и *собака на слово-то!*（他可真能说！）

собака 在俄罗斯文化中可以指称"机智、伶俐"之人。

指称流变常常源于文化流变，文化流变导致意义演变，此时的文化解读对于掌握意义至关重要。

（三）语境系统

语言学家和哲学家都关注语境对意义（значение）的意义（значимость）。弗雷格认为"只有在语句的语境中才能找到词的意义"（涂纪亮，1996：379）；维特根斯坦和奎因也明确提出"意义即应用"（周昌忠，1992：234）、"意义取决于语境"（涂纪亮，1996：284）；奥斯汀的言语行为理论的重要依据就是语境。语境是某个词、某个句子甚至是某种言语行为得以实现的必不可少的时空条件。

语境对意义具有决定作用。词语的适境，即特定的意义适应于特定的语境，这是双语意义转换的基本要求。语境是意义从模糊、游移、不确定进入精确、清晰、确定的固定因素：微观语境决定指称意义，宏观语境决定超指称意义，微观语境与宏观语境都可以使词语意义情态化。

语境可以使意义意向化和情态化：意义源于人的感性经验，感性经验使人脑产生表象，表象产生观念，观念产生意义。词语所提供的不仅仅是指称意义，还提供了人脑中的意向，这时，言、景、意自然而然交织在了一起。

三　意义的对策论

所谓对策具有高屋建瓴的指导性，是意义转换的制衡策略。译者要把握意义必先把握指称，翻译中常见的错误做法是：（1）回避指称；（2）不求甚解，按字面定指称；（3）不揭示句子与句子间的逻辑关系，译成流散型语段（俗称流水句）。这里需要解决三个方面的问题：（1）意义的能动性；（2）意义的内在性；（3）意义的外在性。

（一）意义的能动性

意义的辩证观是既要看到其明确、限定的一面，又要看到它模糊、非确定的一面。应该清楚：几乎所有的词典、字典都只能记载每个词明确、限定的一面。这样就形成一种假象，似乎意义都是明确的、限定的。然而，语言事实往往并非如此。例如：

（7）Движения этих морщин составляли главную *игру* его физиономии. （这些皱纹的活动便是他脸上的主要表情。）

（8）Он прожил жизнь беспримерную по фантастическим переломам и счастливой *игре* случайностей. （他的一生离奇曲折，充满了机缘巧合，可以说绝无仅有。）

（二）意义的内在性

从译学角度审视意义的内在性，就是按具体行文的意向来整合语义，摆脱所谓"等值""等效"的陈规，善于"选择"与"调整"以求得意义的对应转换。机械地表层对应只能是作茧自缚，译者只有慧眼慧心，通晓因势（势，即作者的意向）制宜之术，才能用译文语言重塑原文的艺术画面，使语言交流达至跨文化、跨时空的终极目的。

"不拘一格"是顺势、通变的途径或手段，也是顺势、通变的成果与特征。这里的"格"指原文的形式格局。翻译之大忌是死抱住"信"的形式标准，不善于处理"离"与"即"的关系，不懂得"若即若离"的妙理。

（三）意义的外在性

形式与内容的关系是一个哲学范畴，也是事物存在的两个方面：没有形式的内容是并不存在的虚幻，没有内容的形式是毫无意义的涂鸦。内容是存在的基础，起主导作用；但如果没有形式，那么"内容"也就失去了存在的时空条件和依托。正如列宁所说："Форма существенна. Сущность формирована."（З. Д. Львовская，1985：89）一方面形式具有本体论的意义，另一方面形式又具有认识论的意义。从译学视角来看，形式分为"有意义的形式"和"无意义的形式"。无意义的形式形同虚设，有意义的形式是对常规的变异，蕴涵着某种意向，正是我们关注的中心。кровавые *волны*（腥风血雨），*волны* мыслей（千思万绪），*дождь* упреков（一片责难声），*поток* ругательств（无休止谩骂），这些都是修辞性超常规搭配，意象新颖脱俗，翻译时需要审词度句、不落窠臼，做到形义贴切、相得益彰。结构性变异更需注意，处理不当，结果便是形义剥离，形不逮义。试比较例（9）的两个译文：

（9）К молодым же принадлежали придворные мундиры, ∕ кое-где украшавшие толпу.

a. 在人群中有点显眼的、身穿宫廷制服的人，就属于年轻派。

b. 属于年轻派的是身穿宫廷制服的人，在人群中有点儿显眼。

比较一下，两个译文强调的重点不同，原文的述题显然是 придворные мундиры。译文 b 正确地传达出了原文的主题意义，做到了形义相符。句子的词序是体现主题的"有意义形式"，翻译时不可随意处理。

四　结语

借助语言哲学意义理论探讨翻译学中的意义问题，应该重视语言运用中的意义，重视人的因素。道理很简单：语言是人的交际工具，是思维（意义）传播的媒介，这个媒介如果不能承载意义，就是"非人文化"。语言最为本质的属性是人文性，表现为承载人的思维（意义）与情感，这是语言表意传情的基本功能。针对以意义对应转换为实质而且必须依仗人的知、情、志的翻译而言，所谓"同声相应，同义相求"自是显然。如果说语言哲学层面的意义理论是静态观的意义论，那么翻译视角的意义理论则是动态观的意义论。

参考文献

Львовская З. Д. , *Теоретические проблемы перевода*, Москва：Высшая школа，1985.

Гарбовский Н. К. , *Теория перевода*, Москва：Московский университет，2004.

刘宓庆：《翻译与语言哲学》，中国对外翻译出版公司，2001。

涂纪亮：《现代西方语言哲学比较研究》，中国社会科学出版社，1996。

周昌忠：《西方现代语言哲学》，上海人民出版社，1992。

原文发表于《俄语语言文学研究》2009 年第 1 期

文化术语释译为我性探析

信　娜[*]

摘　要： 文化术语是通过语音或文字来表达文化概念的约定性符号，是民族文化在语言词汇中直接或间接的反映。释译即解释性翻译，往往适用于所指概念专属某一民族的文化术语。每一种翻译都指向一定的受众，以译者的各种目的为指导，文化术语释译的目的正在于为译语文化受众提供源语文化信息，向世界传播源语文化，实现文化的交流与融合。文化术语释译的目的性充分论证了译者的"为我性"，即译者主观能动性发挥的方向性和目的性。在释译中华文化术语时，译者采用了详细释译、归化释译、显化释译等策略，以尽可能地如实传递中华文化术语的概念信息，实现翻译的目的。译者的"为我性"规定了"能动性"的方向，对我国文化术语的外译具有一定的启示意义。

关键词： 文化术语　为我性　释译

一　引言

翻译是语言间的转换，更是文化之间的交流，翻译可在一定程度上促进民族文化的发展与丰富。"当文化发现自身存在一些不足时，便诉诸翻译，以填补这些不足"（G. Toury，2001：14）。文化术语是民族思想基因，孕育于特

---

* 信娜，黑龙江大学俄罗斯语言文学与文化研究中心副研究员、硕士生导师。

定民族文化土壤，是人类文化交流、保持文化多样性的精髓与灵魂所在。文化术语的翻译是向世界传播民族文化、实现文化交流与融合的关键。不同于一般的文本类翻译，文化术语翻译过程中，语言形式转换受符号空间所限，概念意义再生受文化隔膜阻碍，译者只能通过自身对两种文化的理解、对比、分析和感悟，才能准确翻译文化术语，将文化术语内隐的意义外显。文化术语的释译过程恰是译者发挥主体性的过程。能动性、受动性、为我性是译者主体性的主要特征。为我性是主体性的核心，指的是主体在对象性实践活动中形成的使对象"为我服务或从主体出发的特性"。文化术语翻译的为我性实质上是以译者代表译入语文化需求为核心建立起来的翻译主客体关系，即译者按自己所意识到的译入语文化需求，决定其翻译选择和翻译策略，从而实现翻译目标，为我所用。我们以《华俄大词典》（«Большой китайско-русский словарь», И. М. Ошанин 主编，1983，以下简称《华俄》）中一些文化术语为例，详细分析文化术语释译过程中译者为我性的具体体现，以期对我国文化术语外译提供思路及借鉴。

二　详细释译为我所解

　　详细释译，是指译者在充分理解文化术语意义内涵的基础上，通过详细阐释的手段将原语术语的意义用译语再现。文化术语，特别是思想文化术语，"常常具有丰富的文化意象或独特的精神内涵，有些术语还带有丰富的、意义深远的联想"（陈海燕，2015：14）。文化术语意义的丰富性与多层性导致译者很难在译语找到绝对匹配的对应词或对应短语。为实现文化术语的译语传播，译者需将原文术语丰富的意义尽可能地说清楚，增加译文术语的透明度，让译语读者了解其文化内涵。在词典释译中，译者常用增补义项的方法，将文化术语的意义逐项列出，分别找出对应术语实现跨语传译。这一方法适用于意义浓缩、概念抽象的思想文化术语。此外，译者还可通过译例，帮助读者了解文化术语在不同语境中的具体所指，全面了解该术语的文化内涵。

（一）增补义项

　　义项是字典、词典中同一个条目内按意义分列的项目，义项的确定是词典编纂中最复杂的问题之一，受语言运用的实际情况、义项确定的标准、原则等因素的影响。语言的意义内容千差万别，可以从不同的角度，用不同的义项和不同的语言符号结合构成的义项来表述，从而出现了不同辞书对同一语言单位义项划分的差别。如文化术语"仁"，因其内容的丰富性，不同译者/编纂者会据其认知并考虑读者的接受能力来划分义项，进行释译，不同国家的译者，因其文化身份的个性化差异，同一文化术语的义项划分更是不同，详略各异。《汉俄大词典》中，"仁"的俄译为：гуманность（гуманный）；человечность（человечный）；человеколюбие（человеколюбивый）（顾柏林，2009：1712），译者列出了最常见的三种俄语译法。与之不同的是，《华俄大词典》（《Большой китайско-русский словарь》，以下简称《华俄》）中"仁"的义项共四类，分别为名词类、形容词/副词类、动词类及专有名词类义项，每一类义项包含几个义项。其中，将"仁"作文化术语解释的义项共四项，具体摘录如下：

（1）仁：сущ. ① филос. человеколюбие，гуманность；доброта，человечность；равно благожелательное отношение к людям：仁爱 гуманность и любовь；②сострадание，милосердие；благотворительность，филантропия：施仁 проявлять милосердие，благотворительствовать；③гуманист，человеколюбец；добрый человек，филантроп；человек с большой буквы：泛爱众而亲仁 любить всех людей и сближаться с лучшими，достойнейшими；④（вм. 人）человек（особенно о единомышленниках，товарищах）（И. М. Ошанин，1983，Т. 2：25）。

《华俄》将文化术语"仁"从四个角度展开释译，首先将其核心意义，即哲学上的"仁"放在第一、二位，列出俄国历史上出现的俄译版《论语》中"仁"的不同译法，如 человеколюбие，гуманность，человечность，милосердие 等，这些同义词表达了人性、人道、仁爱、仁慈的意思，此外，义项①②中，还将 доброта（善良）、равно благожелательное отношение к людям（平等友善待人）、сострадание（怜悯、同情）、благотворительность（行善）、филантропия（博爱）等意义纳入其中，目的在于让俄语读者将陌生的"仁"与其所熟知的 доброта（善良）等联系起来，更好地理解"仁"的内涵，虽然这一释译歪曲了"仁"的文化意义。义项③将"仁"释译为"具有仁的人"，即①②义项的表人名词表达，还指出，"仁"即大写的"人"。义项④将"仁"与"人"等同，特指志同道合者、同志。

对比中俄译者对"仁"的义项划分及释译，我们发现，与汉译者相比，俄译者会增补义项，更加细致地描述"仁"的意义内涵，目的是让俄读者全面了解"仁"的内涵。

（二）译例结合

作为词典的主要组成部分，例证蕴含了丰富的信息，可为词目的使用提供典型语境，对词目及其用法具有显著的阐释作用和准确释译的决定性作用。文化术语因其所对应的概念客体差异而具有特殊性，独特的文化基因需要语境辅助才能正确理解，中华思想文化术语的外译更是如此。因此，为实现文化术语的跨语传递，例证的语境提示性不可忽略。借助于例证，译者可为读者传递更多的文化信息，实现翻译目的。如 И. М. Ошанин 对"道"的第八和第九个释译：

（2）道：Сущ. ⑧ филос. Дао，истинный путь，высший принцип，совершенство 道通天地，有形外 Дао пронизывает небо и землю и является трансцендентальным 道生一，一生二 Дао родит Единое（хаос），Единое родит двух（небо и землю）；⑨ Даосизм，учение даосов；даосский монах，даос（И. М. Ошанин，1983，Т. 4：96）。

"道"是老子思想的核心，具有丰富的内涵。作为一种最高的道德理想，"道"的理解和翻译多种多样。为使俄语读者更好地理解"道"的内涵，译者在释译文化术语"道"时，结合例证，说明"道"的内涵。如"道生一，一生二"翻译为：Дао родит Единое（хаос），Единое родит двух（небо и землю）。在具体的语境中，俄语读者可了解文化术语"道"的哲学阐释："道"是宇宙万物的总根源，是独一无二的。

三　归化释译为我所有

归化翻译追求的是同一性，是一种自我认同，并在译入语文本中寻求与译入语文化相同的文化因素，即在异国文化中寻找同一个自我。翻译是一种"文化互渗"行为，文化术语的翻译更是将一种文化输入另一种文化中。在输入的过程中，考虑到读者的反应与接受，译者有时会迎合读者的认知认同，采用归化释译方法。

（一） 以我释异

涉及文化翻译，"归化""异化"无法逃避。是把原作者带入译入语文化，还是把译入语读者带入原语文化，翻译界一直争论不休。我们认为，"归化"是一种最省力的策略，一方面，译者无须去深究所译内容的文化内涵，用自己所熟知的、已有的符号去等值转译，即可完成翻译任务；另一方面，译语读者暂时无须追究该译文与原文的文化差距，可基于已有的认知去解读译语文化，暂时达成文化的和解。归化策略的使用正是译者顺应译语读者的认知习惯和文化意象，实现翻译目的的具体体现。

（3） 龙：дракон；影壁上画了一条~на каменном экране нарисован дракон（И. М. Ошанин，1983，Т. 4：363）。

"龙"的外译一直是翻译界、文化界讨论的热点。在中华文化中，"龙"展示着团结向上的民族精神，是国家的象征，译入语译者因携带相异的思维方式与文化烙印，会使用本族语中的 dragon，дракон 归化释译文化术语"龙"。在西方文化中，包括俄罗斯，dragon/дракон 一直是邪恶、凶狠的形象，与中华文化中的"龙"相距甚远。所以，很多学者认为这一归化译法造成了"龙"的文化义项的错位，形成了长期的"误译"，不利于中华文化的对外传播。但对于英语或俄语读者，dragon/дракон 却是其熟知的文化意象，容易理解。姚翠平等通过对外籍人士进行问卷调查，却得出结论："当中西方龙与 dragon 互换时，25 名被测试者能准确认知中国龙与西方龙情感意义的差异性并赋予两者相应的含义，不存在误解或错译现象，即 25 名被试者认为 dragon 为龙的合理翻译。"（姚翠平等，2018：58）这一调查因被试者范围较小，结论或许具有一定的局限性，但在一定程度上可说明：归化翻译是译者为实现翻译目的、为"我"所译的积极策略之一。

（二） 仿造释译

每一种语言或文化都很少是自足的，需向其他语言或文化借用某些元素，这样就产生了外来词。外来词的产生途径有多种，或通过描写概念产生，或"用本族语言的材料逐一翻译原词的语素，把原词的意义和内部构成形式都转植过来"（叶蜚声，1997：198-199），这一方式就是仿译。通过仿译表达新概念和新事物的历史由来已久，在各种语言中都普遍存在。因"仿译"具有"可还原性，体现了词的理据，便于学术和文化交流"（金其斌，2007：41），完全适用于文化术语的外译。如"五星红旗"的俄译：

（4）五星红旗：Пятизвёздный флаг（государственный флаг КНР）（И. М. Ошанин，1983，Т. 2：240）。

"五星红旗"是中华人民共和国国旗，是中国的象征，更是中华文化术语，跨语翻译时，译者可仿造"五星红旗"的表述法，将每一词素转换成译语，如俄语 Пятизвёздный флаг，其中 пяти-为"五"，звёздый 表达"星"，且 пятизвёздный 为形容词形式，修饰后面的 флаг（旗），从字面看，пятизвёздный флаг 并未将"红"的意义表达出来，但并不妨碍俄语读者的理解，因为 Пятизвёздный（五星）这一义素足以区分"五星红旗"与其他国家的国旗。

（三）等值替换

奈达主张"翻译是指首先从语义上，其次也在文体上用最切近、最自然的对等语在译语中再现源语信息"（Nida E. A. & Charles R. Taber，1969：12），具体体现为文体等值、社会文化等值、语言等值和形式等值等。文化术语指称民族文化概念，跨语翻译是一大难题。有时，译者可以在译语中寻求与原文文化术语在社会文化方面等值的术语替换，从而提高译文的可读性，让译语读者接受。

（5）春节：①Новогодний праздник；Новый год（по старому календарю）；②весенний сезон，весна（И. М. Ошанин，1983，Т. 2：577）。

文化术语"春节"指汉字文化圈传统上的农历新年，是中华民族最隆重的传统节日。根据这一意义，《华俄》译者将俄语中的 Новогодний праздник，Новый год（新年）与其对应，这一等值替换可利于俄语读者的理解与接受，但俄罗斯人的"新年"和中国的"春节"所指概念完全不同。虽然读者接受，但文化术语原有的意义不复存在。因此，译者在 Новый год 后加注 по старому календарю（根据旧历），从而更好地传达了"春节"的内涵意义，更利于俄语读者认识中国的"春节"。

四 显化释译为我所用

所谓显化（或明晰化），是指译语文本以更明显的形式表述原语文本的信息，是译者在翻译过程中将原文隐含的信息转化于译文中，使意思更明确，逻辑更清楚。人类语言具有隐含性，特别是文化术语，其意义更具隐含性与不言而喻性。在词典释译中，文化术语的显化处理主要包括其隐含意义以及语境意义的译语表达。

（一）隐义明示

文化术语是历史的沉淀、文化的精髓，其所表征的概念与范畴包罗万象。文化术语言简意丰、浓缩性很强，简单的语表形式背后是丰富的意义内涵。若想更好地实现文化术语翻译的目的，译者需将部分隐含的意义用译语再现，从而在一定程度上减轻译语读者的认知难度，使其更好地理解所译术语的文化内涵。将隐含的意义明示，译者常在译语表达过程中增添某些关键性、对理解具有提示作用的语义因子，而在文学作品中，译者常通过脚注或尾注的方式进行注释，将文化术语的言外之意传递给读者。

（6）人治：*Конф.* управление［страной］личным примером правителя；личность правителя как решающий фактор порядка в стране（И. М. Ошанин，1983，Т. 3：585）。

"人治"指的是先秦时期儒家的政治思想，主张君主依靠贤能来治理国家。"人治"是儒家学说倡导的一种治国理论，"儒家学说"对于"人治"的理解具有重要性。所以，在其俄译时，将隐含的语义因子"儒家学说"用俄语再现。此外，译文将"人"具体化为 личный пример правителя，即"个人统治者"，将隐含语义"国家"现于语表，并在另一译文中将"人"强化为 как решающий фактор порядка в стране，即"是国家秩序管理的关键因素"，这些隐含意义的透明化可让译语读者更好地理解"人治"的内涵。

（二）语境括注

"文化术语具有阐释的语境性"（魏向清，2018：68），汉语文化术语多源自传统典籍，其概念内涵在历史发展进程中不断厚重，最终呈现出意义的叠加与复杂。因此，在文化术语释译时，需具有语境预设性，即将文化术语所指概念的语境进行译语表达。通过语境注释，译语读者可了解文化术语的产生语境，掌握其概念发展历程。如"旗袍""科举"的释译：

（7）旗袍：ципао（маньчжурское женское платье обычного во времена дин. Цин покроя；позднее，в несколько изменённом виде — обычное в Китае женское платье，длинное，в талию，со стоячим воротником и широкой правой полой）（И. М. Ошанин，1983，Т. 4：648）。

"旗袍"属物质文化术语，其意义的复杂性远不及制度文化术语以及思想文化术语，但因属于中华民族特有，对应的概念客体为俄罗斯民族所缺失，为使俄语读者明晰"旗袍"的概念内涵，释译时需将其产生的语境一并阐释，注释其隐含的语境因素，即"满洲妇女日常穿服装，清朝服装样式，后发生改变"。同时将其概念特征揭示：中国女士服装，长式、收腰、立领、宽前襟，将"旗袍"形象细致描述，尽管俄罗斯人未曾穿过"旗袍"，但通过译文也可在脑海中想象其样子。可见，隐义的注释可使读者更容易掌握文化术语的概念所指及内涵。

（8）科举：кэцзюй，отбор путём экзаменов（старая，до 1905 г.，система государственных экзаменов в Китае для получения учёной степени и права поступления на должность）（И. М. Ошанин，1983，Т. 2：940）。

"科举"属制度文化术语，是产生于中国古代社会的一种选拔官吏的制度。科举制促进了贵族政治向官僚政治的转化，同时兼具教育、选官、考试、社会分层、文化传承等多种功能，对中国社会产生了深远的影响。如果不了解中国的历史，很难准确获取该术语的意义。因此，译者在"音译兼义"的基础上对该术语进行了括注，即"1905 年以前，中国国家考试制度，用以考取学位以及获得做官的权利"，对"科举"存在的时期、所指概念主要特征以及功能进行了补充，实现了文化术语意义的跨语种传递。

五　结语

主体的本质表现在其能动性、受动性、为我性的特征中，而这些特征构成了翻译主体译者的主体性。

目的论充分论证了译者主体性中的为我性这一方面。这一理论的准则就是目的解释手段。这种理论认为任何翻译行为都以译者的各种目的为指导。为了达到这些目的，译者会调动他各种能力，采用不同策略来解决翻译中的各种困难。文化术语文化异质性鲜明，翻译难度与实践意义成正比，具有更鲜明的目的性，即译者的"为我性"。文化术语的意义具有浓缩性，译者常通过增补义项、译例结合等途径将文化术语输入另一文化中。译者有时会迎合读者的认知认同，采用归化释译方法，包括以我释异、仿造释译、等值替换等方法。此外，译者还会使用隐义明示的方法，即将原语术语隐含的意义用译语再现或使用括注的方法将术语理解的语境表达出来。所有的翻译策略都很好地体现了文化术语释译的为我性。译者的"为我性"是发挥其"能动性"的方向和指南，可用其探讨我国文化术语的外译及中国文化走出去等问题。

参考文献

Ошанин И. М. , *Большой китайско-русский словарь*, Т. 1—4, Москва：Наука，1983.

Toury G. , *Descriptive Translation Studies and Beyond*, Shanghai：Shanghai foreign language education press，2001.

Nida E. A. & Charles R. Taber, *The Theory and Practice of Translation*, Leiden：E. J. Brill，1969.

陈海燕：《浅析中华思想文化术语翻译中的难点》，《中国翻译》2015 年第 5 期。

顾柏林主编：《汉俄大词典》，上海外语教育出版社，2009。

金其斌：《汉语外来词翻译中的仿译研究》，《中国科技术语》2007 年第 2 期。

魏向清：《从"中华思想文化术语"英译看文化术语翻译的实践理性及其有效性原则》，《外语研究》2018 年第 3 期。

姚翠平、汤红娟：《外宣翻译中文化意象错位调查及其对策研究——以两会期间"龙"的校译提案为例》，《乐山师范学院学报》2018 年第 5 期。

叶蜚声、徐通锵：《语言学纲要》，北京大学出版社，1997。

原文发表于《俄罗斯语言文学与文化研究》2020 年第 2 期

翻译语境作用研究：回顾与前瞻

关秀娟*

摘　要： 国内外学者对翻译语境作用研究涉及领域广泛，侧重点各异，研究范围包括语境因素对翻译的作用，语境对语词和文本翻译的作用，语境对翻译过程、翻译教学、机器翻译、翻译批评、翻译标准等翻译领域的作用，以及翻译语境的作用方式等。其中，翻译语境的作用方式研究不够深入，对翻译语境作用机制关注不足、描写不全、解释不深。当前，应对翻译语境作用进行系统研究，深入描写、解释并应用翻译语境作用机制。

关键词： 翻译语境　作用　作用机制

一　引言

国内外对翻译语境作用的研究最早可追溯到 20 世纪 20 年代 B. Malinowski 提出"情景语境"和"文化语境"对翻译的影响。此前人们的认识大多停留在句子以下的搭配和句法层面，是对"上下文"的无意识利用。B. Malinowski 的翻译语境思想也没有迅速得到译界重视，直到 20 世纪 60 年代，语境对翻译的作用才受到关注，开始进行各领域的研究，90 年代形成研究热点。当前，国内外学者对翻译语境作用的研究侧重点各异，但多集中于什么语境起作用、起什么作用、作用于什么等问题，对如何起作用，即翻译语境作用机制探索刚刚起

---

* 关秀娟，黑龙江大学俄语学院副院长、教授、博士生导师。

步。本文尝试梳理翻译语境作用研究成果，总结前人研究得失，展望未来发展前景。

二　翻译语境作用研究：多维视角

翻译语境作用研究角度广泛，涉及语境因素对翻译的作用、语境对语词和不同文本翻译的作用、语境对翻译过程的作用、翻译语境的作用方式，以及语境对翻译教学、机器翻译、翻译批评、翻译标准等其他翻译领域的作用。

（一）语境因素对翻译的作用研究

该视角实为翻译语境作用主体研究，侧重上下文语境、情景语境、文化语境、认知语境等单项语境因素在翻译中的作用，如上下文语境对词句理解和表达的影响，情景语境对译者传达原作的交际意义、译出理想译文的作用，文化语境对广告、文学、科技、习语、商标等翻译的作用，认知语境对于翻译策略选择的影响。余高峰（2011）强调，语言语境、情景语境和文化语境等语境因素对翻译具有重要影响。杨雪、谢建平（2011）讨论了情景语境主导型 ESP 语篇特点、翻译演化规律及翻译策略。阮玉慧（2009）分析了人物的社会地位与性格特征、民族文化心态及宗法社会文化等非语言语境对翻译的影响。王金娟（2006）认为，文化语境在翻译中是理解和表达的重要依据。陆荣荣（2005）提出，翻译时译者应充分考虑原作者与译文读者的认知语境差异，采用恰当的翻译策略，帮助译文读者理解原作。此外，有学者从宏观角度探讨翻译语境的作用，论述语境整体对翻译的影响，或语境因素对翻译的联合制约。Л. С. Бархударов 提出，在翻译过程中，不考虑狭义上下文、广义上下文和超语言情境各因素的相互作用，就不能理解言语产物，因而也就不能进行翻译（Л. С. Бархударов，1975：173）。

（二）语境对语词翻译的作用研究

此为翻译语境作用客体研究之一。语境对语词翻译的作用涉及语境对语词语义的判断和表达、对词义的生成和确立、对词义的提取和翻译、对选词等的影响。关秀娟强调语气词汉译时语境的特殊作用，指出"语境确定语气词的语用意义，而语用意义是汉译方法选择的依据"（关秀娟，2011a：85）。肖辉、王克明、胡美珠（2005）认为，只有借助不同语境、通过对记忆里不同图式的回忆，找出所提取的词汇表征之间的关系进行充分分析、理解，翻译才会变得更加完美。冯国华（2002）提出，词是语言中可以自由运用的最小单位，脱离具体语境，词义无定，受具体语境制约，词义有定，要准确把握词义，必须通观语境，有效落实，随便适会。王廷达（2000）认为，翻译实践中语义判别和具体表达时，语词的抉择必须依循原文所展示的语言环境，对受语言因素和非语言因素双重制约的原文语境还原程度是检验和订正语符移译时所选对象是否精当的客观标准。俄罗斯学者 И. В. Недялков（И. В. 涅加尔科夫）和 Е. М. Меркулова（Е. М. 梅尔库洛娃）分别论述了语境在近义词翻译中的作用、语境与多义性之间的关系。

（三）语境对不同文本翻译的作用研究

该角度也属翻译语境作用客体研究，主要探讨语境对科技、新闻、文学、影片、典籍、旅游、商务、政论、外交等不同文本翻译的作用，如语义取舍、翻译策略选择、翻译技巧运用、翻译过程把握等。据 А. В. Фёдоров 分析，翻译材料的语体类型决定翻译的多样性，报刊信息、专门科技文本、社会政治文献和演说词等不同语体类型的翻译各具特色（А. В. Фёдоров，1983：199-300）。鲁晓南、郑德荣（2006）提出，语言语境制约下的翻译过程有一定的语言规律可遵循，但在场景语境的牵制下必须辩证地遵守其规律，科技翻译的最终目的是技术交流，目的的实用性决定翻译要突出现实性。王志娟（2002）强调语域理论对政论语篇翻译的制约作用和再现政论语篇超正式体的特点，指出了解语域理论和翻译实践之间的制约和被制约关系的必要性。

（四）语境对翻译过程的作用研究

翻译语境作用客体研究还应包括翻译过程视角。翻译过程在语境的参与下进行，"语境在文本理解和文本翻译中具有重要作用"（E. A. Nida，2001：125），应准确把握语境。只有结合特定的语境来理解原文，借助语境选择适当的形式来表达，才能使译文更准确、流畅，富有神韵。通过动态构建原语语篇语境和目的语语篇语境来实现从原语语篇理解到译语语篇表达的生成转换过程。部分学者以理解和表达为视点，讨论了语境对宏观和微观翻译过程的作用。陈小慰（1994）论述了语境在语篇理解和翻译中的制约作用，认为语境不仅有助于确定理解原文语篇中字、词的意义及句与句、段与段之间的逻辑联系和语义联系，还能帮助译者在翻译中正确进行选择，并评判所用的字、词、句是否得体贴切，剔除译文中与原文语境不匹配、不协调的语句。P. Newmark 对翻译过程的论述采取"由下至上"的方法，把译者的翻译过程概括为：从词语上升到词组、搭配、分句、句子等更大的语法单位，最后再上升到整个文本以及作者的个人语言风格（P. Newmark，2001：142）。杨晓荣强调语境对翻译产出（表达）的制约作用，指出："控制译作产出的有译者从原作中发掘出来的原作者的、译者本人的和译者心目中的读者的共三重语境"（杨晓荣，2005：161）。

（五）翻译语境作用方式研究

翻译语境作用方式研究并不多见，翻译语境如何起作用的问题尚未受到学者的充分重视。G. Leech 认为，Bloomfild 等语言学家以一种低调的形式承认了语境机制，在此机制中上下文与意义间的关系较为间接，可表达为："意义最终产生于可见到的上下文"或"意义最终可以约化为可见到的上下文"（G. Leech，1990：64）。刘宓庆提出"语境调节机制"（contextualization，亦称"语境化"）概念，认为在翻译过程中理解和表达之间存在一个多因素起作用的综合调节过程，这个过程中的诸多因素都与语境有关。语境调节机制的功能在于保证目的语表现形式的可读性及可接受性。在实际的翻译操作中，"理解—语境化—表达"过程常常不是单向的一次性运动，而是双向的反复运动。译者应做到"译必适境"（刘宓庆，2003：370-372）。关秀娟（2011c）提出翻译语境平行、交叉和递进式作用机制观点，认为上下文语境、情景语境、文化语境分别组合，以平行、交叉和递进等方式影响原文理解、语际转换、译文表达。她还详细论述了全译上下文语境推进机制（关秀娟，2013b）。此外，还指出，语体作为情景语境因素，其重构过程应以语体特征为轴心来解构和建构，如科学语体翻译的逻辑性重构（关秀娟，2013a）、文学语体翻译的形象性重构（关秀娟，2013c）等。应该说，关秀娟以教育部课题"全译语境作用机制及其应用研究"为核心正在开展翻译语境作用机制研究，着力突出语境如何作用于翻译的视角。

（六）语境对其他翻译领域的作用研究

翻译语境的作用客体研究还涉及翻译教学、机器翻译、翻译批评、翻译标准等翻译领域。（1）语境影响翻译教学内容、教学方法、教学材料等翻译教学诸层面。关秀娟（2011b）提出，翻译教学应打破传统的以教师答案为标准的教学模式，充分重视和发挥语境在翻译教学中的作用，培养学生的翻译语境运用能力，强调提高上下文语境知识、构建情景语境空间、加强文化语境意识，使翻译教学语境化。庞萍（2002）探讨翻译情境对翻译教学的启示，旨在指导学生建立翻译情境意识，根据各种情境因素制定相应的翻译策略。（2）基于语境的人工智能和机器翻译的研究是个难题，学者们一直在探索。刘海军、黄河燕等（1998）基于全句翻译的智能英汉机器翻译系统 IMT/E-863 构造了一个语言环境 IMTENV，用来处理组合歧义、省略等语言现象，是机器翻译语境分析方面的重要尝试。G. Milram 认为，"建构语言和翻译模型的任务也就是形式化地给出上下文、语言环境和背景知识，使能被自动机所辨识"（G. 米兰，2003：9）。此外，有学者运用计算机辅助英语翻译理论探讨语境因素在机器翻译中的重要性；提出翻译软件中加入语境分析以提高机器翻译质量；利用上下文信息的统计机器翻译领域自适应模式，提出包含领域信息的翻译概率计算模型。（3）语境是翻译批评的一个参数，对翻译批评的客观性也有一定影响。胡德香（2004）描写了文化语境下文字校对式、价值判断式和理论印证式等主要翻译批评方式，指出这些批评模式拘泥于文本和语言而不注重翻译的外部作用和影响，缺乏系统的理论指导。陈吉荣（2007）提出，语境的静态性与动态性双重特征使得从语境角度介入文学翻译批评成为可能。李英垣（2010）将历史语境化、译者主体性和接受语境视作翻译批评标准的具体参数，既有利于充实翻译批评的理据，又是翻译批评标准建构的有效途径。（4）另有学者论及文化语境、认知语境、动态语境对翻译标准的影响。李特夫（2003）试图提出一种基于中国传统文化研究之上的译学标准研究方式，就传统文化对国内译学标准的影响进行了详析，并对蕴含于纷繁复杂具体标准中的"文化共性"进行了探究。

三 翻译语境作用研究：不足之处

翻译语境作用研究涉及领域广泛，包括作用主体、作用客体、作用方式等多维视角，为翻译语境研究和翻译研究做出了巨大贡献，但仍存在观察疏漏、描写片面、解释缺失等很多问题。

（一）观察疏漏

现有研究成果对于翻译语境作用的探讨只停留于表层的作用主体，即什么语境起作用，即上文"语境因素对翻译的作用研究"一节中的翻译语境因素；作用客体，即作用于什么，如上文"语境对语词翻译的作用研究"、"语境对不同文本翻译的作用研究"、"语境对翻译过程的作用研究"和"语境对其他翻译领域的作用研究"四节中的语词、各种文本、翻译过程，以及翻译教学、机器翻译、翻译批评、翻译标准等翻译领域。其中语境对翻译过程的作用关注尤为不足，如有论述，或注重原文理解，或注重译文表达，两者同时论述较少，如上文"语境对翻译过程的作用研究"一节，对于两者之间思维转换的研究更为罕见；很少涉及作用方式，即如何作用，如上述"翻译语境作用方式研究"一节中的翻译语境作用方式；几乎无人论及作用原因，即为何起作用。

（二）描写片面

研究只限上下文语境、情景语境、文化语境、认知语境中某个语境因素对翻译整体、某个翻译领域的作用，或某些语境因素对某一类文本的作用，综合研究不多见。描写不够全面，描写对象只是其一、其二，相互关系关注少。描写过于宏观、抽象，悬在空中，或过于微观、具体，停于平地，缺乏系统性。几乎无学者系统、深入研究翻译语境作用问题，翻译语境作用机制体系尚待建立。

（三）解释缺失

理论解释是规律描写科学性的重要依据。翻译语境作用原因，即翻译语境作用机制理据几乎无人提及。虽有个别文献借助相关理论论及语境对翻译的制约原因，却只解释了语境对某个翻译现象的制约根据，或某语境因素对个别翻译现象的影响原因，且数量极少，只言片语，深度不够，角度单一，翻译语境作用机制理据尚需论证。

四 翻译语境作用研究：前景展望

据翻译语境作用研究现状可见，研究视角多而杂，应进行系统化研究。其中，作用方式和作用原因研究还比较薄弱，而且两者是翻译语境作用研究中较难、较重要的问题，应该成为当下研究的重点。另外，研究成果的实践应用也值得关注。

（一）翻译语境作用研究系统化

应对现有的研究领域进行分类，系统化梳理，如翻译语境作用主体、客体、方式、结果等，进而深入研究。对应有的研究领域进行开发，使翻译语境作用研究形成体系，如翻译语境作用原因、时空等。把握现有和应有研究领域，进行轻重缓急划分，理性掌握研究趋势。

（二）翻译语境作用研究机制化

翻译语境如何起作用应成为研究的重点，应抽象出翻译语境作用机制。翻译语境作用机制是指语境对翻译过程产生影响的复杂运行系统，即语境对翻译的理解、转换与表达过程的作用规律。如上下文语境的上下推进机制、情景语境的情景重构机制、文化语境的文化对话机制等单项语境作用机制，在此基础上还可进行翻译语境综合作用机制研究，最终推向三语境因素作用机制结合的翻译语境作用机制系统研究。

（三）翻译语境作用机制认识深化

翻译语境作用机制的描写应上下拉通、细致入微。上下文语境、情景语境、文化语境三大语境因素的推进机制、重构机制和对话机制如何作用于微观翻译过程，这些规律的总结应深化到它们下属的亚类语境因素，又要升华到它们的上位概念翻译语境，微观与宏观的结合才能得到翻译语境运作的平行、递进、交叉、混合式等综合机制。

（四）翻译语境作用机制理论解释充分

翻译语境作用机制是通过现象总结的规律，其科学性需要理论解释。翻译语境涉及众多知识领域，应跨学科挖掘理论依据，揭开语境在翻译过程中制约作用的内在原因。翻译是语符转换过程、情景重构过程、跨文化交际过程，译者的思维控制全过程，翻译语境影响译者的翻译思维过程。解释语境作用机制离不开语境所关涉的功能语言学、文化学、语用学、跨文化交际学、认知语言学等诸多学科，借助多学科理论方能充分解释，解释充分。

（五）翻译语境作用研究成果的应用开发

翻译语境作用的研究成果应指导实践，用于翻译实践、翻译教学、翻译批评、机器翻译等领域。为翻译实践、译才培养、机译编程提供译学支撑，编出真正实用的外汉双向翻译实践教程，设计科学、合理的翻译实践课程，辅助开发高效的机译软件。将翻译语境作用研究成果运用于本科及 MTI 的口、笔译教学实践，让学生通过大量实践，从无意识到有意识，体会语境如何作用于翻译方法选择，在翻译过程中把握大、中、小语境的作用机制，从而增强语境意识和翻译能力。翻译语境作用研究成果应用于教材编写，通过定量统计、分析选择真实的语料，合理设计教材结构和内容。翻译语境作用研究成果可为机器翻译程序设计提供借鉴，提高机器翻译质量。翻译语境作用研究成果为翻译批评提供新视角，使其更客观。

五　结语

翻译语境作用研究暂局限于语境因素作用的作用主体研究，语境对语词和不同文本翻译，以及对翻译过程、翻译教学、机器翻译、翻译批评、翻译标准等领域作用的作用客体研究，对翻译语境作用方式研究涉及有限，至于作用原因研究更是寥寥无几。总体而言，翻译语境作用研究现象描写多、本质挖掘少，个别现象描写多、系统观察少。翻译语境作用机制少有人论及，体系待建，理据尚缺。译界应系统、深入研究现有的各种翻译语境作用问题，积极填补翻译语境作用机制研究空白，并运用多学科理论解释翻译语境作用机制的科学性。尝试将翻译语境作用研究成果应用于翻译实践相关领域。

参考文献

Бархударов Л. С. , *Язык и перевод（Вопросы общей и частной теории перевода）*, Москва：Международные отношения，1975.

Фёдоров А. В. , *Основы общей теории перевода（лингвистические проблемы）*, Москва：Высшая школа，1983.

Leech G. , *Semantics：The Study of Meaning*, 2nd edition, London：Penguin Books, 1990.

Newmark P. , *Approaches to translation*, Shanghai：Shanghai foreign language education press, 2001.

Nida E. A. , *Language and Culture：Contexts in Translating*, Shanghai：Shanghai Foreign Language Education Press, 2001.

陈吉荣：《论语境在文学翻译批评中的作用》，《北京第二外国语学院学报》2007 年第 8 期。

陈小慰：《语境在语篇理解和翻译中的制约作用》，《福建外语》1994 年第 Z2 期。

冯国华：《语境通观，随便适会——在具体语境中把握词义》，《中国翻译》2002 年第 1 期。

关秀娟：《俄语语气词汉译语用分析》，《外语研究》2011a 年第 2 期。

关秀娟：《翻译教学的语境化构想》，《哈尔滨学院学报》2011b 年第 4 期。

关秀娟：《翻译语境作用机制论》，《中国俄语教学》2011c 年第 3 期。

关秀娟：《科学翻译的逻辑性重构论》，《中国科技翻译》2013a 年第 3 期。

关秀娟：《全译上下文语境推进机制论》，《中国俄语教学》2013b 年第 4 期。

关秀娟：《文学翻译的形象性重构论》，《俄罗斯文艺》2013c 年第 1 期。

胡德香：《文化语境下的翻译批评：现状与反思》，《解放军外国语学院学报》2004 年第 6 期。

李特夫：《文化观念与翻译标准——中国传统文化语境中的译学标准研究》，《语言与翻译（汉文）》2003 年第 2 期。

李英垣：《翻译批评标准新探——以历史语境化、译者主体性和接受语境为基本参数》，《外国语言文学（季刊）》2010 年第 4 期。

刘海军、黄河燕等：《智能机器翻译系统中的语境处理》，《计算机研究与发展》1998 年第 4 期。

刘宓庆：《翻译教学：实务与理论》，中国对外翻译出版公司，2003。

陆荣荣：《从认知语境差异看文学作品中习语的翻译》，《安徽大学学报（哲学社会科学版）》2005 年第 2 期。

鲁晓南、郑德荣：《机床业双向翻译的语境制约因素及对策》，《中国科技翻译》2006 年第 3 期。

〔乌克兰〕G. 米兰：《翻译算法》，李锡胤译，黑龙江人民出版社，2003。

庞萍：《翻译教学中的翻译情境意识》，《中国英语教学》2002 年第 3 期。

阮玉慧：《论非语言语境对翻译的影响——〈红楼梦〉译文片段分析》，《安徽工业大学学报（社会科学版）》2009 年第 4 期。

王金娟：《文化语境与翻译》，《上海翻译》2006 年第 2 期。

王廷达：《语境制约与英汉翻译中语词语义的判断》，《太原教育学院学报》2000 年第 1 期。

王志娟：《政论语篇翻译中语域的正确转移》，《西南政法大学学报》2002 年第 6 期。

肖辉、王克明、胡美珠：《内部词汇模式与语境、认知、图式视阈下词的翻译》，《上海翻译》2005 年第 4 期。

杨晓荣：《翻译批评导论》，中国对外翻译出版公司，2005。

杨雪、谢建平：《情景语境视角下的 ESP 语篇翻译及策略研究》，《上海翻译》2011 年第 2 期。

余高峰：《语境因素对翻译的影响》，《上海翻译》2011 年第 2 期。

原文发表于《俄罗斯语言文学与文化研究》2015 年第 1 期

中国俄语教学的历史、现状与发展方略[*]

王铭玉　孟　霞[**]

摘　要： 中国俄语教学始于清朝康熙年间，先后经历了早期、新中国成立前、新中国成立后、改革开放后四个时期，至今已走过了近300年的历程。回顾历史，有成功的经验，也有失败的教训，盛衰的过去带来了许多有益的启示；分析现状，喜忧参半，成绩与问题并存，无论是优，无论是劣，都发人深思；展望未来，在担忧的同时，更是充满了信心，只要我们按照"完善一个规划、注重两个过程、抓紧三个教育、搞好四个建设、培养五种能力"的发展方略走下去，中国俄语教学一定会有一个光明、健康的明天。

关键词： 俄语教学　历史　现状　发展

一　中国俄语教学的历史回顾

（一）早期的中国俄语教学

中国俄语教学的历史可以追溯到清朝康熙年间。当时，康熙皇帝考虑到中俄之间交往增多，为了培养自己的俄语翻译人才，理藩院于1708年开设了俄罗

---

[*] 本文完成于2005年初，文中相关信息和数据统计日期均截至2005年初。

[**] 王铭玉，天津外国语大学原副校长、教授、博士生导师；孟霞，陕西师范大学教授、博士生导师。

斯文馆。这可以说是我国历史上的第一所俄语学校，距今已近300年的历史。创办初期，俄罗斯文馆在教学上主要依靠俄国人和定居在中国的俄国人。1862年京师同文馆开办，起初只有英语，后俄罗斯文馆合并至该馆，京师同文馆遂成为我国近代史上第一所由政府官办的、多语种的外语学校。1900年因八国联军侵入北京，同文馆被迫停办，1901年底并入京师大学堂。俄罗斯文馆存在了154年，同文馆办学也历经40年之久，它们为近代中国培养了大批外交翻译人才，是培养外交使领馆官员的摇篮，尤其是俄罗斯文馆培养了近代中国首批俄文外交翻译，在我国俄语教育史及外交史上占有极其重要的地位（闫洪波，1999：1-2；郝淑霞，2004：58）。

与京师同文馆同一时期，清政府还在上海（1863）、广州（1864）和湖北（1893）等地分别开设了广方言馆、广州同文馆和自强学堂。它们均开设有俄语，基本的做法仿照京师同文馆，为培养翻译人才而设。并入京师大学堂的京师同文馆于1903年改为大学堂的译学馆，后又独立出来。该馆在教学要求上已经高于先前的俄罗斯文馆和京师同文馆。它的教学以外国语文为主，同时要求通晓中国文义，并且开始重视母语在外语教学中的重要作用，培养的学生毕业后能阅读、翻译外文书籍，能承担口译及编写辞典的工作。这一办学思路为后来的外语教学工作提供了可贵的经验。特别是自1870年以后，我国对外交往频繁，到国外留学的人数急剧增多，加速了中国外语教学的进程，俄语教学同样从中受益。

（二）新中国成立前的俄语教学

俄国十月革命胜利后马克思主义在中国的传播以及孙中山先生提出"联俄、联共、扶助农工"三大政策的主张，进一步掀起了俄语教学的高潮。当时的国共两党都意识到要学习苏联的革命理论和经验，必须培养一批懂俄语的干部。早在1920年，中国的马克思主义者就在上海创办了外国语学社，开始俄语教学活动。1921年上海大学设立了俄语专修科。20世纪30年代末40年代初，共产党在延安相继开设了一批业余性质的俄文讲习班。1941年9月延安大学成立并设立俄语系。这个时期的俄语教材大部分是由教师选自俄文书报自编而成。会话教材针对性很强，主要是结合当时国内外形势和日常生活编写的。语法教材使用的是刘泽荣主编的《俄文文法》。那时抗日军政大学三分校也建立了俄文队，后改为军事学院俄文大队。1942年成为中央军委俄文学校。党中央看到外语人才培养的重要性，1944 年 4 月将军委俄文学校改为延安外国语学校。该学校的特点：一是培养目标明确；二是结合培养目标设置课程，确定课程内容；三是强调听说读写译实践训练；四是教学方法灵活，不拘泥于形式。以上这些办学经验为新中国创办新型外国语学校积累了宝贵的经验。随着国内政治形势的变化，俄语教学也有了发展：一是群众性的俄语教学蓬勃发展起来，二是专门的外语教学也有所发展。抗日战争胜利后，1945 年 8 月延安外国语学校师生兵分两路，一路到张家口办起了华北联合大学文艺学院外语系，后改为华北联大附属外国语专修学校；1948 年 12 月华北联大与北方大学合并为华北大学后，外专改为华北大学二部外文系；1949 年 1 月在此基础上办起了北京外国语学校，即北京外国语大学的前身。延安外校的另一路到达哈尔滨，于 1946 年 11 月建立了外国语专门学校；哈外专学制 2~4 年，以培养俄语翻译干部为目标，注重培养听说读写译的实践能力；当时在此执教的外教有 100 余人，采用直接法进行教学，中国教师 60 余人，主要讲解语法，进行辅导。据不完全统计，到 1949 年前夕我国共有 13 所学校开设有俄文系科。

（三）新中国成立后的俄语教学

一个国家的外语教育政策往往与该国的外交政策、经贸往来、科技发展有着密切的联系。新中国成立之初，由于我国在外交上和苏联结盟，经济建设上靠苏联援助，科学技术方面的资料也主要来自苏联，加之聘请了大批苏联专家，因而俄语成为当时最急需的语言。俄语教学也因此迅速发展。到 1951 年全国共有 36 所大学设立俄语系科，另有俄文专科学校 7 所。尽管当时出于政治和经济建设的需要，我国的外语教育出现了"一边倒"现象，而且对以后的外语教育产生了极大的负面影响，但是从另一方面讲，当时国家的语言政策在很大程度上推动了俄语教学的发展，俄语教学延伸到中小学，我国的俄语教学工作从此走上了正轨。到了 20 世纪 50 年代中期，由于俄语教学的迅速发展，开始出现了俄语人才过剩的问题。随后中苏关系恶化，俄语教学比例逐渐缩小，英语教学比重开始逐年增大。这时国家将 7 所俄专合并或改建为独立的外国语学院或综合大学的外语系，辐射全国的以外国语学院和几所综合大学为主的俄语教学体系仍得以保留。1966~1976 年受文化大革命的冲击，我国的外语教学基本中断。文革后期各高校陆续恢复招生，但俄语专业的招生规模急剧萎缩。自新中国成立到 1966 年，我国的俄语教育事业取得了跨越式发展的成就，主要体现在以下几个方面。

第一，国家的宏观指导发挥了作用。成立了全国俄文教学指导委员会（1951年），两次召开俄文教学会议（1951年、1953年），并颁布了第一部高等院校俄语教学大纲（1956年）。

第二，俄语人才培养基地初步形成。1956年北京俄语专科学校改为北京俄语学院，后于1959年9月并入北京外国语学院，成为该院的俄语系；1956年，上海俄语专科学校和哈尔滨外语专门学校也分别更名为上海外国语学院和哈尔滨外国语学院，后者1958年与另外两所学院合并成为黑龙江大学。这样，以北京外国语学院、上海外国语学院、黑龙江大学俄语系为中心辐射全国的高等学校专业俄语教学体系业已形成（闫洪波，1999：4）。

第三，出版了几种颇富影响力的俄语学术刊物，如北京外国语学院的《俄文教学》、上海外国语学院的《外语教学与翻译》和黑龙江大学的《俄语教学与研究》，为开展俄语教学和研究提供了园地。

第四，在苏联专家的协助下，制订了各类教学计划，编写出版了多种俄语教材和俄文词典。尤其值得一提的是，还正式出版了一系列俄语教学法教材和参考书，其中影响较大的有北京外国语学院苏联专家巴林诺娃主编的《俄语教学法》（1959年）和北京师范大学、东北师范大学俄语系俄语教学法教研组集体编写的《俄语教学法》（1958年）。

第五，为新中国的建设与发展，特别是第一个"五年计划"和第二个"五年计划"培养了大批急需的翻译人才。其中，大中学校俄语教师的作用也不能低估，正是这支教师队伍使我国的俄语教育在十年动乱后得以迅速地恢复和发展。

（四）改革开放后的中国俄语教学

1978年以后，我国的外语教育发展迅速，特别是英语教育发展更快。俄语教学在20世纪80年代中后期，随着中苏关系正常化，也有了一定程度的发展。进入90年代，虽然有苏联解体的不利影响，但随着我国对外开放的进一步扩大以及俄罗斯经济的不断恢复，我国与俄罗斯等独联体国家在能源、空间技术、文化艺术、教育旅游及民间交流、经济贸易等诸多领域的合作日益增多。20世纪80年代末期至90年代中期，以黑龙江为主、辐射许多省份的对俄边贸带动了俄语人才市场需求及培养，主要是旅游、翻译人员，学历、学位在大专、学士层次。办学单位主要依托各大专院校，也有民办培训学校，同时，由政府牵头、以大学为依托，与俄罗斯、乌克兰、白俄罗斯的院校联合培养了大批俄语实用型人才。对俄边贸带动了黑龙江省中学、大中专院校俄语教学的发展，保证了生源，扩大了规模。90 年代后期，高等学校实行扩招，我国俄语教学的规模也有了较大发展，一些原有的单科性院校在升格为综合性大学以后，也开始结合各自的专业倾向增设俄语专业。目前，全国开设专业俄语的高校约 65 所。根据 2004 年 4 月对 53 所高校俄语系或学院反馈的有关材料统计，现有学生 6415 人，其中本科生 5127 人，专科生 805 人，研究生 483 人（硕士生 412 人，博士生 58 人，在站博士后 13 人，研究生占学生总人数 7.5%）；现有教师 625 人，其中教授 95 人，副教授 221 人，讲师 251 人，助教 58 人，高职占教师总人数 49.44%。全国开设大学俄语的高校约 300 余所（2002 年参加全国高校俄语四级统测的学校 307 所，涵盖 25 个省市，考生总数为 23927 人），选修大学俄语的在校学生（含少量硕士和博士研究生）约 30000~35000 人，担任大学俄语教学的教师约 500~600 人（刘光准，2004）。

历史进入 21 世纪，在新时期的国际环境下，在英语作为通用语言依然在中国外语教学中占据主流地位的情况下，如何探索一条符合我国外交战略、适合我国政治经济发展、有利于我国外语教育健康前进的俄语教学之路，是我国广大俄语教学工作者所面临的重大课题。中俄两国关系的悠久历史以及当前国际形势决定中国俄语教学的重要性和必要性，近两年全国人大、政协会议以及黑龙江省两会期间，均有代表提案呼吁重视俄语教学，在中央提出振兴东北老工业基地之后，黑龙江省出台了有关"重视和保护大学、中学俄语教学"的征求意见稿，要求一定比例的中学必须开设俄语，并且有相应的优惠政策。2005 年初，黑龙江省、哈尔滨市配合振兴东北老工业基地，为实现与独联体国家经济、文化、科技的多边合作出台了一系列举措，如将大量培训俄语人才、举办哈市俄语大赛、赴俄罗斯俄语夏令营、建立中学俄语教学基地、建立大学俄语人才培训基地等。

在简要回顾了俄语教学的历史之后，我们认为，有必要对中国俄语教学的现状进行一次深入细致的分析，唯有总结经验教训，分析成功与不足，方能对中国俄语教学的未来做出前瞻性的思考，勾勒出中国俄语教学发展的蓝图来。

二 中国俄语教学的现状分析

(一) 取得的成绩

1. 学科建设有了长足的发展

改革开放以后，随着我国高等教育事业的发展，不少学校的俄语专业开始陆续招收攻读硕士和博士学位的研究生，这对提高我国俄语教育事业的整体水平是一个极大的促进。现在我国具有俄罗斯语言文学博士学位授予权的单位有：北京外国语大学、上海外国语大学、黑龙江大学、北京大学、北京师范大学和解放军外国语学院。在这几所学校的带动和影响下，我国的俄语教学和科研、俄语师资队伍水平在近十年的时间里有了很大幅度的提高。2000 年 9 月，在我国俄语人才培养的重要基地黑龙江大学，由教育部批准的俄语语言文学研究中心被纳入我国普通高校人文社会科学百所重点研究基地建设计划；2001 年 5 月，根据中俄两国教育部的商定，作为两国教育文化交流的一个重要项目，在北京外国语大学、上海外国语大学、黑龙江大学成立了三个俄语中心；2002 年 2 月，上海外国语大学和黑龙江大学的俄语学科被教育部列为全国重点学科，进一步带动了我国俄语教学和研究的发展。

2. 教学大纲得到了科学的规范

1980 年 11 月"全国高校教材编审委员会"成立，当时，作为教育部的代表机构，由它来负责教材编审，同时主持主要的外语教学工作。1987 年该委员会下属的外语专业教材编写委员会俄语编审组开始着手俄语专业基础阶段教学大纲的编写工作，于 1989 年完成并开始试行。1994 年第一届外语专业教学指导委员会俄语组开始俄语专业提高阶段教学大纲的编写工作，大纲初稿于 1998 年完成并试行。近年来，随着社会需求的变化以及俄语学科自身的发展使得无论是在人才的培养模式、课程设置、教学内容、教学要求等方面，还是在学生来源、教学安排上都发生了相当大的变化。为了适应这一新的情况，第二届外语专业教学指导委员会俄语组对俄语专业的教学大纲，特别是提高阶段的教学大纲进行了新的调整和修改，并由外语教学与研究出版社于 2003 年正式出版。该大纲确立了中国现代俄语教学的整体结构，依据教学目的、教学内容和教学要求对俄语课程的教学予以规范。它汲取我国多年来的俄语教学经验，研究成果和俄语语言、国情等方面已发生变化的实际，对基础阶段、提高阶段的俄语教学做出了比较科学合理的总体安排，体现了科学性、先进性、实用性和可操作性。因而，该大纲的修订对我国当前的俄语教学有着重要的指导作用。

3. 课程设置不断完善

为了使俄语教学适应社会需求和经济发展的需要，增强课程的实用性和提高学生的交际能力，近年来各院校以大纲为依托，在课程设置上都做了不同程度的完善和调整。比如旅游会话、科技俄语、外事外贸应用文等实用性课程走进课堂，俄罗斯概况、语言国情学、俄罗斯文化纵横、中国文化史（用俄语授课）等国情文化系列课登上讲台。从一方面讲，新增课型是为了顺应时代对人才的要求；但从另一方面看，我们教学中也面临着如下问题，即如何使传统课型和新课型做到最优的组合，使学生在课型增多、课时增加、知识结构完善的过程中，基本知识和基本技能也能相应地提高。这是我国俄语教学发展中出现的一个新课题。这一课题有待大家在教学实践中不断摸索总结，予以解决。

4. 信息技术和多媒体技术在俄语教学中得到了初步运用

随着互联网时代的到来和多媒体技术的蓬勃发展，我国的外语教学也进入了一个崭新的技术革命时代。比如，互联网可以使我们零距离地接触到国外最新的语言资料，以俄语专业的"报刊阅读课"为例，教师可以直接从网上下载报刊资料，而不再像过去，让学生阅读旧报纸旧新闻，这样，就大大提高了学生的阅读兴趣。凭借多种媒体相结合的互动式学习优势，多媒体教学作为一种辅助教学手段已经开始运用到我国外语专业教学中来。在我国的英语界，多媒体外语教学已成为一个热点研究的问题，而在我国的俄语教学中多媒体辅助教学才刚刚起步。目前，已正式出版的俄语多媒体课件有解放军外国语学院研制的《俄语与俄罗斯文化》《俄语视听广场》，北京外国语大学研制的《俄罗斯国情多媒体教程》以及首都师范大学研制的《俄语国情》。虽然，就出版数量和类型来看还很有限，但它们的出版业已表明，我国的俄语教学已经开始走出传统的教学模式，走上了与新时代的新事物和新思维相结合的道路。特别是 2002 年11 月在解放军外国语学院举行的"全国高校俄语专业首届多媒体辅助教学研讨会"对新技术在俄语教学中的运用起到了极大的推动作用。

5. 学术团体及相关刊物发挥重要作用

为把全国的俄语教育工作者团结在一起，1981 年，中国俄语教学研究会（КАПРЯЛ）正式成立。20 多年来，在研究会的关心支持领导下，我国的俄语界无论是在教材编写、语言理论的研究，还是在人才培养、国际交流等方面，都取得了可喜的成果。仅以学术会议为例，从 1990~2003 年的 14 年间，先后组织召开了 70 多次学术会议，其中含 10 多次国际会议。目前，第六届中国俄语教学研究会有会员单位 65 个，其中理事单位 39 个，常务理事单位 20 个，由 4 个活动区域组成（华北、华东、东北、华南西北）。同时，中国俄语教学研究会在国际俄罗斯语言文学教师协会（МАПРЯЛ）中也占有举足轻重的地位。这不仅因为中国的俄语阵营庞大，更因为我们俄语事业喜人的成绩而受到世界的关注。在去年 МАПРЯЛ 领导机构的改选中，首都师范大学的刘利民教授被推选为执委会的秘书长就充分体现了我们的影响。《中国俄语教学》曾是中国俄语教学研究会会刊、我国外语类核心期刊，它是中国唯一的纯俄语教学和语言研究的学术刊物，俄语语言研究和教学工作者的学术园地，联结内外和沟通上下的可靠桥梁。仅就 1994~2004 年这 11 年间，该杂志上所发表的有关俄语教学研究的论文就达 95 篇，内容涉及课程设置、教学方法、语言测试和教学改革等方方面面，这一点充分说明了我国俄语工作者长期以来对俄语教学研究工作的重视。另外，由北京外国语大学主办的以实践俄语为特点的普及性刊物《俄语学习》也因其形式多样、内容新颖受到了全国俄语教师、学生及俄语爱好者的欢迎。除此之外，我国许多高校还编辑有多种外语期刊和综合性学报，如《外语教学与研究》（北京外国语大学）、《外国语》（上海外国语大学）、《外语学刊》（黑龙江大学）、《现代外语》（广州外语外贸大学）、《俄罗斯文艺》（北京师范大学）、《解放军外国语学院学报》（解放军外国语学院）、《外语与外语教学》（大连外国语学院）、《外语教学》（西安外国语学院）、《外语研究》（解放军国际关系学院）等，它们也为包括俄语教学在内的我国外语教学提供着坚实的理论研究阵地。

6. 中俄联合办学初见成效

随着我国改革开放的深入发展，国际教育合作与交流呈不断扩大的趋势，中国正在融入教育国际化的潮流之中。教育国际化的主流是高等教育国际化，它除了互派学生学习、信息资源共享、课程的国际化、科研项目的携手攻关、跨国的地区性研究等通常项目外，各国间联合办学、建立海外分校构成了国际合作的主要内容。由于中俄两国的教育有着众多的相似性以及教育的互补性，近些年中俄联合办学日益受到两国政府和高校的重视。目前，我国已有50多所高等院校和科研机构与俄罗斯有关院校及对口单位建立了直接合作关系，进行学术及人才交流。中俄联合办学具有下列两个优势特点。

第一，层次多样，办学模式丰富。现有的办学层次主要有三种：一是本科层次，如大连外国语学院与远东大学、天津外国语学院与国立伏尔加格勒师范大学、黑龙江大学与远东大学、哈尔滨科技大学（现为哈尔滨理工大学）与国立远东科技大学、哈尔滨师范大学与哈巴罗夫斯克师范大学和国立普希金语言学院、兰州理工大学技术工程学院与国立南俄工业大学、牡丹江医学院与海参崴医科大学等；二是本硕连读层次，如大连外国语学院与国立赫尔岑师范大学、天津外国语学院与友好大学等；三是研究生层次，2002年5月，北京大学-莫斯科大学联合研究生院成立，黑龙江大学也被教育部批准与俄罗斯远东大学联办研究生院，为中俄两国高层次人才培养提供了平台。与层次培养相关，联合办学的模式也显得丰富多彩，先后出现了1+1模式（大连外国语学院所实行的1年国内、1年国外的研究生培养模式）、3+1和2+2模式（天津外国语学院和黑龙江大学实行的本科培养模式）、4+2和2+4模式（天津外国语学院的本硕连读培养模式）、2.5+2.5模式（哈尔滨科技大学实行的五年制本科培养模式）、3+2和1+5模式（兰州理工大学技术工程学院实行的本科培养模式）、3+3+1+1模式（齐齐哈尔大学实行的按学期交替学习的本科培养模式）等。

第二，专业面广，科目较为齐全。如东北农业大学与哈巴罗夫斯克国立技术大学共同开设有计算机科学与技术、土地资源管理、金融学、会计学、工商管理、农林经济管理等专业，与海参崴的远东国立渔业技术大学联合办学开设金融学、会计学、工商管理、农林经济管理、食品科学与工程等专业；河南大学与圣彼得堡国立大学联合办学，开设有信息与计算机科学专业；山东德州学院与海参崴国立经济大学、远东国立交通大学合作办学，开设有工商管理、国际商务（国际贸易）、旅游管理、金融管理专业；哈尔滨科技学院与远东国立理工大学（海参崴）联合办学，开设的专业有土建、计算机等；齐齐哈尔大学与后贝加尔车尔尼雪夫斯基国立人文师范大学共同开设有美术教育、音乐教育、化学工艺、计算机等专业。

与此同时，中俄合作办学也有一些问题不能忽视，比如在师资力量、教学质量、课程设置、考试测评、学费收入等问题上都有进一步探索和研究的余地。但中俄联合办学是大势所趋，只要我们坚持"以质量求生存，以特色求发展"的办学方针，坚持"俄语+专业+现代技能"的办学模式，一定会共同培养出越来越多的复合型、实用型、外向型俄语人才（赵秋野，2004；刘芳，2004）。

（二）存在的问题

20 世纪五六十年代，"一边倒"的政治形势曾使俄语发展成为我国学校获准讲授的绝对主要的外国语言。自 20 世纪 70 年代后期，英语开始升温，并逐渐取代了俄语，以其势不可挡的优势牢固地占据了第一外语的地位。俄语目前的实际情况怎样呢？刘道义和龚亚夫 2001 年曾撰文指出："我国目前小学、初中和高中在校学生人数分别为 1.3 亿、5700 多万和 1000 多万。学生开设的外语主要是英语、俄语和日语（俄语和日语主要集中在东北三省和内蒙古）。分别有 35 万和 12 万学生学习俄语和日语，其余中学学生全部学习英语。"（刘道义、龚亚夫，2001：36）也就是说，英语与俄语的比例目前为 198：1。近几年来，中学俄语教学更是大幅度滑坡。据刘光准教授 2004 年的调查，"目前，中学开设俄语课的有黑龙江、吉林、辽宁、内蒙古和山东等省区，以及长春外校、重庆外校、武汉外校、郑州外校、上海外校和济南外校（外校招收的俄语生极少）。全国大城市普通中学早已取消了俄语教学，开设俄语的中学主要分布在中小城市和县城。教师约 2000 人，大部分教师为大专学历，俄语和教学水平亟待提高。教学设备总体较差，绝大多数学校无语音室，一些学校连幻灯机和收录机都没有，更谈不上录像机和多媒体设施。除俄语教材和与其配套的教参外，几乎无任何图书和音像资料"（刘光准，2004）。黑龙江省是俄语学习的传统大省，其俄语生源量相当于其他省份的总和，但现在的状况同样也不尽如人意，根据黑龙江省中学俄语教学研究室的调查：哈尔滨市只有两所中学开设俄语课，其中一所中学在 2000 年送走最后 38 名毕业生后，也没再招生。另一所中学只有初二有俄语班；佳木斯市内已没有中学开设俄语课，该市下属的富锦市的部分乡镇中学有部分班级开设俄语课；齐齐哈尔市内有两所中学开设俄语课，下属的一个区有部分中学开设俄语课；牡丹江市没有中学开设俄语课；黑河、同江、抚远、饶河等口岸城市的中小学开设俄语课，但由于是边境城市，人口密度低，人员流动大，生源较少；绥化地区曾是俄语普及较好的地区，在 2000 年前曾大面积开设俄语课，而到 2001 年，只有庆安县所属部分乡镇开设俄语课，而且县领导决定从 2002 年起停开俄语课。这样估算下来，黑龙江省学习俄语的初中生约为 8 万人，高中生约为 6 万人，总计不到 15 万人。再加上其他省份如吉林、辽宁、湖南、山东等地的生源，俄语生人数不超过 20 万。生源短缺严重影响了各高校的俄语教学（王庆平，2004：124-125）。

俄语的大幅度滑坡和萎缩是一不争的事实，形成的原因是多方面的，其中，既有语言对象国自身的因素，又有我国教育宏观规划的原因；既有教师队伍及教学方法的因素，又有学生知识结构方面的原因。归结起来，它们是目前我国俄语教学的主要问题所在。

1. 语言对象国"威信度"的降低带来了很大的负面效应

学习者国家及个人对其所学语言的认同程度往往取决于语言对象国的政治、经济等因素。由于苏联解体，独联体国家出现的政治动荡、经济低迷，使俄语国家在世界上的影响力急剧下降，造成了俄语在学生心理上和社会认知度上大打折扣。这一切极大地影响着俄语学习者学习语言的动机和兴趣，并在很大程度上左右着俄语学习者的数量和对俄语的重视程度。形成鲜明对比的是，随着我国对外开放程度的加深，特别是加入 WTO、申奥成功的新形势以及我国同世界众多国家的政治、经济、文化、科技交流与合作的日渐频繁，致使学习英语以及其他语种（日语、德语、法语、西班牙语等）的人数逐年递增，使俄语衰退的迹象更加明显。

2. 我国当前外语教育政策的部分失衡直接影响了俄语教学的发展

如果说在 20 世纪 50 年代，语言规划方面的失误是因为夸大了俄语的重要性，把比例提到了不恰当的程度，使得英语教学水平大为下降，那么，在今天是否又有以英语代替一切外语的倾向？以中学为例，20 世纪 50 年代，中学外语教学中英语与俄语的比例大约为 1：9，1963 年为 1：3，到了 2001 年，英语与俄语的比例居然偏差为 198：1（胡文仲，2001：250）。另外，虽然教育部在 2001 年明确规定：未经批准，高等学校在招生中不得限制考生应试外语语种。

但有些高等学校在招生时还是对语种附加条件。更有甚者，一些大学俄语出现了拼凑成班、调配专业、劣时排课、教保欠缺等现象。所有这些逐渐使得学习者失去了学习俄语的兴趣和信心，所造成的直接后果便是生源数量的萎缩和俄语教学质量的下滑。

3. 师资能力和教学内容的滞后也为俄语颓势雪上加霜

目前，活跃在我国俄语教育战线上的多是改革开放后成长起来的一批中青年教师，他们整体素质尚好，尤其是学历层次普遍较高，这是当前我国俄语界的一大优势，但目前俄语教师所面临的问题同样不可忽视：一是与新中国成立后培养的一大批高质量的老教师相比，中青年教师在俄语基本功、经验、能力等方面还有所欠缺，特别是受社会环境的影响，热心投身于俄语教学和研究工作的教师还没形成气候；二是在培养复合型人才的前提下，应该思考如何打破自身所受的语言文学框框的限制，走出孤立的语言场景，教会学生适应信息时代的要求；三是许多院校的俄语教师依然患有我国教育工作者的通病——教学科研"两张皮"，即教学科研都承担，教学是为了完成工作量，科研是为了评职称，两者经常不是相辅相成，甚至有时是相互影响；四是与上述三个因素相关联，许多教师在教学法上下功夫不够，主要表现在教学理念落后，仍以自己为主体垄断课堂；对语言规律认识有偏差，把外语主要作为知识讲，忽视语言的交际功能；教学手段单一，仍固守于"一本书、一支粉笔、一块黑板"的传统教学方法。

与此同时，在教材和教学内容上，也存在陈旧老化、结构单一等问题，虽然我们的教材几经变化，但在教学内容上总体缺乏贴近俄语国家的生活气息，缺乏对外交流所需的新资料、新素材，实用性不强，造成了所教非所需、教学与社会需求相脱节的窘况。

4. 俄语专业学生素质结构与时代要求存有差距

经济全球化必将推动高等教育国际化，要求培养出适应经济全球化、信息全球化、有国际意识、有国际交往能力和国际竞争能力的人才（郑捷，2004：119）。以此培养目标来衡量，我们学生的素质结构有很大的不足（当然，主要原因并不在学生身上），集中体现在：重知识轻能力，尤其是创新能力和竞争能力较弱；受传统"语言中心"论的影响，普遍存在单纯学习语言、学习单一语言的思想倾向（外语院校尤为明显），与"具有扎实语言基础的复合型人才"培养模式相矛盾；教学过程被简单地理解为"传授知识—理解知识"的过程，往往忽视强化言语训练、传播文化背景知识等环节，结果使学生的语言交际能力和跨文化交际能力得不到充分的培养。

三 中国俄语教学的发展策略

（一）完善一个规划

外语教育规划是一个政府行为，涉及外语教育全局的工作，往往能起到"指挥棒"的作用。对于外语教育规划缺乏考虑或者规划不当，都会对外语教育产生负面影响。比如，20 世纪 50 年代初期和中期根据当时的政治经济需要大力发展俄语教育，仓促决定停办大部分师范院校的英语系，并且决定初中不设外语，高中以俄语取代英语，造成了俄语人才过剩、英语人才奇缺的局面。这一例子说明，制订外语教育规划必须将当前的政治经济利益与长期的教育事业的需要协调一致（胡文仲，2001：245-251）。

当今世界，英语已成为公认的国际语言，所以在语言规划中对于英语的这种特殊地位应该予以充分的考虑，但是即使如此，也还应该考虑语言的多样性、考虑到在今后一个很长时期内我国外语的实际需要。从发展角度来看，俄语果真能被英语取代吗？回答是否定的。虽然俄罗斯国力比以前有所下降，但从俄语在联合国的地位、使用的人数、所附着的文化背景，尤其是俄罗斯与中国特殊的地域关系来考究，任何大力削弱俄语地位的做法都是不明智和缺乏远见的。实际上，1979 年 3 月，教育部在关于加强外语教育的通知中就提出："当前主要的任务还是大力发展英语教育，但也要适当注意日、法、德、俄等其他通用语种的教育。"并且还特别提出俄语人才的培养不能断线，要采取少而精的原则。这里，关键在于如何"注意"、如何保证"不断线"、俄语人才培养每年保持在一个什么水平上才符合国家利益的问题。我们认为，历史的经验值得记取，国家应依据全面、均衡、科学的原则对俄语的发展从长计议，一要战略扶持，二要适量提升，三要重点地区重点发展。

（二）注重两个过程

传统教学非常重视"节点教育"，即一年级学完达到什么水平，二年级学完符合什么标准等，为此而设计的大学外语四六级考试、专业外语四八级考试正是这一教育的产物。我们认为，"节点教育"利弊兼存，而新时期的外语教学更应重视"过程教育"，即把握好学习和发展两个过程，解除对学生不必要的束缚。

所谓学习过程，主要体现于阶段学习的设计和内容方法的配置。我们的俄语教学历来分为基础阶段和提高阶段两部分。基础阶段的任务主要是培养学生的基本技能，这方面我们已有相当成熟的做法，关键在于提高阶段。传统教学中这一阶段基本上是基础阶段的翻版和重复，学生此时对精读、泛读课的部分厌倦情绪已能说明问题。我们建议，对于提高阶段这一重要学习过程应作以下几点改革：一是尝试"由意念到表达"的功能教学方式，一改过去的课文教学为主题教学、功能意念教学、题旨情景教学，提高学生的言语表达能力；二是适情加开三种类型的课程：经贸、科技以及其他专门用途俄语课程，笔译、口译、同声传译等交际俄语课程，俄罗斯国情、文化、社会等研究型课程；三是不仅要适当开放选修课，而且要逐步实现网络化（变成网络课程），为学生学习提供可视依据，增加学习途径，扩大知识视野；四是真正建立起弹性学习制，不分学期开放一些课程（如语法、词汇、修辞、俄苏文学史、俄罗斯国情文化等），供高年级学生在两年之内完成（最好能和网络课程结合起来），还学生一些自由学习空间。

所谓发展过程就是改变现行的评价方式，重发展过程，用平时成绩、用现实的成就感引导学生学习，而不是用某一次关键考试的成绩和过级率来衡量学生俄语学习的程度。毋庸置疑，考试往往能够激励考生及其教育者的进取心，测试成绩也能对教学水平有所反映，但我们必须要走出应试教育的误区，处理好几个关系，从发展角度来评价学生。具体而言，一是试卷考试与平时考评相结合。试卷考试对我们来说是轻车熟路，但一个学生是否具有认真的学习态度、科学的学习方法、严谨的学习作风、严密的思维逻辑以及良好的获取信息和举一反三推理判断的能力，这些都是软指标，唯有通过平时方能得以评估。二是全面训练与过级测试相结合。目前，专业俄语和大学俄语都有一年一度的分级统考，许多学校把此项考试视为评价教学质量高低的最重要标准，从而导致大搞题型教学、"题海战术"，其结果是忽视学生基本能力的培养和基础知识的传授，严重扰乱了正常的教学秩序和全面训练方针的贯彻。这一情况须引起有关部门及教育者的高度重视，当前的建议对策是：在参加统测的同时，做到原有教学计划不变，全面训练的原则不变，教学进度不变，提高学生综合素质和能力的主旨不变。总之，大学教育应淡化考试，注重过程；应消除应试，强调发展。

（三）抓紧三个教育

1. 动机教育

过去人们学习俄语，或是希望了解苏联科学技术发展的成果，或是为了从事与俄语相关的工作；而如今很多人学习外语是为了进入外企或出国谋生。心理学家称这类出于职业、功能需要的动机为"工具动机"，这种学习动机比较稳固。目前，俄语学生就是缺乏这种稳固的"工具动机"，学习的主动性和积极性相对较弱。我们建议，出于历史的使命感和责任感，全体俄语工作者应共同努力，经常不断地向学生进行动机教育，提高他们学习俄语的兴趣，要让他们知道："俄语具有西班牙语之华丽，法语之生动，德语之刚健，意大利语之柔和以及希腊语拉丁语之优美简洁而富于表现"（罗蒙诺索夫）；俄罗斯在许多尖端科学技术领域，其发展水平在世界上仍遥遥领先；中俄两国在能源领域、空间工业领域、武器装备领域、管理领域、文化交流和贸易领域诸多方面的合作前景广阔；目前世界上有 100 多个国家开设俄语课程，全世界的图书有 1/6 是用俄语出版的；俄罗斯的文化艺术享誉世界，金碧辉煌的古典建筑和风景如画的自然景色使人流连忘返（李文华，1999：123）。

2. 主体教育

伴随着教改的进程，有关教学主体的理念也在不断变化，从教师单主体思想发展到了教师—学生双主体思想，进而又有学者提出了教师—学生—环境三主体以及教师—学生—任务—环境四主体思想，而目前普遍为大家所接受的观点是："教师为主导，学生为主体"。适应这一新的教学理念，对学生进行"主体教育"以及在教学过程中落实"学生为主体"的教学思想就显得尤为关键。

我们认为，这项工作可以用"四个注重"加以概括：一是注重教师观念以及教学法的转变。俄语教学是一门实践课，教师应懂得语言能力不是单靠教师讲会的，而是学生主动实践的结果，所以要强调师生之间的交流，树立师生共同参与教学的思想。不同的课型应采取有针对性的教学方式和授课方法，把讲练结合、情景对话、启发式、讨论式等多种互动教学的方式分别带入教学过程之中，而且在给学生提供大量语言信息的同时，一定也为学生创造自习的机会，想方设法通过学生自身的努力实践提高俄语的能力和素质。二是注重学生自学能力的培养。由于长期受"应试教育"以及"保姆式教育"的影响，学生已经很适应"灌输""推拉"等被动学习方式，往往出现一旦进入"自由空间"就无所适从的情况，所以教师在教学过程中一定要有意识地培养学生的自学能力，让他们学会独立工作、独立思考，减少学生对教师的依赖性，激发学生强烈的求知欲和不断发展、完善自己的动力。三是注重学生科研能力的培养。从社会发展来看，本科教育愈来愈难满足将来工作之需要，大批毕业生或早或迟要走上继续深造之路，所以，我们应在一定程度上引导学生学会自我发现，传授科研的基本方法，为其以后的学习和工作奠定良好的基础。四是注重学生适应社会能力的培养。这种能力是学生主体精神的自然延伸，也是主体精神的理想归宿。学校虽说是社会的一部分，但高校毕竟是平静的港湾，它与复杂竞争的社会有着天壤之别，在学校通过主体教育，逐渐建立起学生学习的主动性和自信心，为学生走向社会助上一臂之力。

3. 素质教育

现代教育理论认为，知识、能力、素质体现了人才培养三个方面的要求。知识处于表层，是能力和素质的载体；能力处于里层，它可以被知识强化，又可以促进知识的获取；素质是把从外界获得的知识和能力内化于人的身心，升华成稳定的品质，属于内核，是教育的主旨所在。素质教育一般包括三项基本内容：一是政治品格，即理想信念、意识观念、时代精神、人格气质、道德情操；二是行为能力，即从事本职工作必备的专业意识、专业水平；三是思想方法，即思维方式、思维品质（逻辑性、全面性、辩证性、深刻性、敏锐性、批判性）。素质教育是全民教育的一个目标，对俄语教学同样至关重要。我们要加强对学生政治品格的熏陶，学外国语，做爱国人；强化对学生行为能力的培养，夯实专业基础，面对社会的挑战；注重对学生思想方法的引导，让思维融入知识传授过程之中，使学生不仅成为一个知识人，还要成为一个思想人，学会开拓创新。

（四）搞好四个建设

俄语教学与英语教学相比，虽然也有自己的一些优势，但总体来讲还是有些差距的。要想扭转目前的低落窘况，恢复应有的地位，提升自己的影响，尚需实实在在地在师资队伍、教学方法、课程体系、教学用材四个方面加大建设的力度。

教师是整个教学过程中的关键因素，其职业素养和思想境界是俄语教学能否生存下去的一个重要条件。针对俄语师资的现状，搞好队伍建设需要在"三强"上下功夫。一是"强心"。随着俄语教学的不景气，目前俄语教师的地位有所下降。对此，要加强思想疏导，使教师做到切实尊重自己的俄语职业，热爱俄语事业，树立"逆境奋发"之信念，要为俄语的生存与荣誉而战。二是"强脑"。受传统中国教育以及俄语教育的影响，大部分俄语教师还把传授知识作为自己的唯一要旨。对此，我们应真正转变观念，既要注重"传道授业解惑"，更要加强训练和指导学生如何才能"得道"，要懂得一个基本道理，即传授知识固然重要，但传授方法才是让学生终身受益的，正所谓："授人鱼不如授人渔"。三是"强身"。由于国家教育大形势的发展，俄语师资队伍在学历层次、知识结构等方面有了较大的改观，博士、硕士已占到了相当大的比例，但依然有问题存在（见上文）。对此，我们要首先内练基本功，努力提高自身的语言素养；放下学位头衔，不断扩大自己的知识面，打破单纯语言文学的局限性，打破学科壁垒，加强与其他学科的横向联系；处理好教学与科研的关系，以教学带科研、以科研促教学。

改革教学方法是一个"永恒的话题"，但真正的改革却步履艰难。我们认为，俄语教学目前已经到了非改不可的地步，改革可从三方面入手：一是教学模式的改革。教学活动是教师"教"与学生"学"的双向驱动过程，一切教学活动都应根据"教师为主导、学生为主体"这一理念来设计、来实施，要把互动式教学作为一种模式贯穿于教学的全过程中。二是教学方法的改革。外语教学历来是各种理论与方法的实验场，先后有语法翻译法、直接法、自学对比法、听说法、视听法、功能法、自觉实践法、认知法等相继登台，这些方法各有千秋。但根据我国的外语政策及俄语教学的现状，我们认为，"基础阶段教学以自觉实践法为统领，提高阶段以功能法为主导，全程教学以突出交际、听说读写译全面发展为主旨"应该是一条比较可行的教学方法之路。三是教学手段的改革。传统的教学手段只有讲台、黑板、课本、挂图等，虽然在20世纪50年代中后期，个别院校尝试把幻灯机、盘式录音机等用于现实教学，但真正使外语教学手段实现第一次革命的是20世纪70年代，即随着模拟信号技术的发展，录音机、幻灯、投影、电视、录像等声像手段应用到了外语教学上。当时，从事外语教学的院系都纷纷建起了语言实验室，开设了视听说课，有的还开办了校园外语调频广播或安装卫星地面接收装置转播国外电视节目等。从90年代开始，由于现代计算机和网络等信息技术的日新月异，又出现了许多新的外语教学手段，如多媒体课件、语料库、试题库、电子阅览室、多媒体语言实验室、视频点播、网上论坛、电子邮件、教学网站等。这些新技术手段由于具有以信息化和数字化为基本特征、更好地实现多种媒体手段协同教学、优化整合教学资源、实现教学活动的互动性、突出学习者主体地位等优势特点，从而使外语教学又出现了一个前所未有的发展契机，使外语教学手段又发生了一次革命。面对这次新的挑战，俄语教学决不能再失良机。一方面，外语院系应创造条件建设数字化的多媒体语言实验室、电子阅览室，开展校园网络教学、远程教学；另一方面，俄语教师应充分利用互联网的优势，获取最新的信息，运用微机制作各种类型的课件，建立数据库甚至个人网站，把计算机辅助教学手段最大限度、最为恰当地应用到俄语教学中，弥补传统俄语教学中的缺陷，极大地提高教学效率和教学质量。值得注意的是，以上"三种改革"与教学法研究的科学性密切相关，为此我们要加强俄语教师的教学法理论修养，有意识地在教学法研究中吸收诸如心理学、教育学、外语教学心理学、心理语言学、语言学、文化语言学等相应学科的最新研究成果，增加教学实验研究，对实验数据进行科学统计、分析，并提出较科学的教学法建议等。

课程体系是在一定的教育思想指导下为完成教学内容所制定的教学框架和模式，也是俄语教学的重点和难点。我们认为，新时期课程体系建设应该处理好三种关系。一是各门专业课程间的关系，即打破以往那种各自为政的框架模式，注重联系与整合，避免"有功同抢，有难互推"的痼疾。比如，同一题材的内容，精读课、泛读课、视听课、口语课要相互照应、相互渗透，从而达到强化学生知识、培养学生语言综合能力的目的。二是专业课与俄语专业公共课之间的关系。现有的许多公共课与专业课毫无关联，没有做到相互补充，使得学生在学习公共课时兴趣索然。究其原因，在于对所开课程开设论证不够，课程的实用性以及专业针对性不强，一些课程不是因学生而开设，而是因教师而开设，所以改革后的俄语专业公共课的设置应该与其专业有机地联系起来。三是基础课与应用课之间的关系，这是俄语教学目前面临的最紧迫问题。我们认为，要从21世纪对俄语人才的需求、21世纪俄语人才的培养目标和复合型人才的培养模式出发来考量二者的关系。传统的俄语专业课是为扎实学生的基础而设的，它们的作用是非常明显的。但当今社会对外语人才的素质提出了更高的要求，即还要具备较高的外语应用能力，掌握与专业相关的其他应用知识。为此，在课程体系建设上要力求时代感，在课程设置上要既体现针对性和实用性，又要体现丰富性和现实性。比如，可尝试开设经济贸易、科学技术、商务交际、国际关系、报刊广告、涉外法律等课程，拓展学生的知识面，为将来的工作奠定基础。

教材是教学活动进行的依据、教学内容的集中反映。针对我国俄语教学的实际，教材建设的迫切性日益突出。我们认为，解决这一问题需遵循以下几个原则。一是注意引进。此原则含有双层意思：第一，没必要每个学校都自编教材（从人力、物力、精力来看也不可能），国内院校之间可以取长补短，彼此引进；第二，采取从国外引进的方法，尽可能从对象国引进原版书。我们学的毕竟是外语，俄罗斯出版的教材语言地道，种类较多，覆盖面广，是我们选材的理想之地。二是加速更新。目前俄语教学的主干教材普遍存在更新速度较慢的问题，以最主要的精读教材为例，北京外国语大学的《东方大学俄语》、黑龙江大学的《俄语》、上海外国语大学的《教程》虽然都是1994年以后出版的，但如把编写过程考虑在内，也都有8~10年的时间了。随着苏联的解体，教材中的许多内容已经和新形势发展不相适应，学生难以从教材中了解到俄罗斯现代生活的信息，在不断涌现出的新词、新义、新说法面前，常常束手无策。所以，必须加快充实、修订、新编教材的步伐，与快速变化的时代合拍。三是尊重规律。这个规律就是社会进步、教育发展以及教学自身的规律。教材应注重学生的要求，以学生为主体，为互动式教学提供条件；教材不仅要着眼于知识的传授，而且要有助于学生的鉴赏能力、思维能力和创新能力的培养；教材应充分体现交际的思想，贯彻精讲多练、大量实践的原则。

（五）培养五种能力

学习的目的在于吸纳知识，进而转换成能力服务于社会。这里，无论是知识，还是能力，都和"基本功"概念密切相连。在外语教学界，对"基本功"内涵的理解大致有"三要素""五要素""七要素"三种说法。"三要素"指的是语音、语法、词汇三个方面的知识、"熟巧"和技能；"五要素"在此基础上增加了对修辞学和国情学的要求；"七要素"则指语言三要素（语音、语法、词汇）和言语四要素（听、说、读、写）的综合。实际上，上述几种说法都是将外语教学的内容、手段和目的合而为一的结果，在不同时期都对现实教学起到了很好的指导作用。但是随着时代的发展，尤其是新时期复合型人才培养模式的确定，外语人才基本功的训练必须赋予新的内涵，以新的理念来引导外语教学。对俄语专业而言，我们认为应着力培养学生的五种能力。一是熟练的俄语运用能力。俄语专业的主要方向就是俄语，学生的首要目标就是在俄语听、说、读、写、译五个方面具有娴熟的运用能力，它包括理解（听、读、俄译汉）和表达（说、写、汉译俄）两方面的能力。二是良好的英语交流能力。伴随着信息化、科技化和全球一体化的进程，英语成为国际化语言已是大势所趋。以往俄语专业只把英语当作二外学习，学生只能具备初步的阅读能力，听说写译能力很差，这与时代的发展是不相称的，所以应该大力加强英语教学，提高五会能力，为俄语学生将来的就业、工作、研究提供必要的交流条件。三是扎实的汉语表达能力。母语教学在高校是受到忽视的一门课程，很多学生在完成大学学业以后，汉语仍停留在高中的水平，这主要表现在汉语词汇贫乏、语法淡漠、语体不当、行文不畅。殊不知，外语专业的学生将来的主要工作是把汉语作为元语言来解读外语，实在难以想象，一个汉语功底薄弱的人能够出色地完成自己的使命。所以，提高俄语专业学生的汉语素质，培养他们扎实的汉语表达能力已经刻不容缓。四是较强的计算机操作能力。当今时代，计算机无所不在，可以说，人类已进入了一个"计算机垄断"的社会。作为与国际社会交往的主流人才，外语专业的学生更应提高对计算机前景的认识，要了解计算机的特点，懂得计算机的各种用途，知晓计算机的硬软件，精通网上冲浪，尤其要学会对计算机的无障碍操作，使其真正成为我们手中的一个利具。五是必要的跨文化交际能力。这里的文化是一个广义的概念，它既可以指人文科学和自然科学的跨接，又可以指中国文化和俄罗斯文化的相连。我们所处的这个时代是信息的时代，人文科学和自然科学在社会发展中起着举足轻重的作用。因此，21 世纪的俄语人才除了外语之外，还应具备基本的人文科学和自然科学的知识。这就是说，在专业上应是文理渗透的，"文"可以涉及政治、经济、外交、法律、历史、文艺、新闻等，"理"可以包括物理、化学、生理、数学、生物等，学生可以根据自己的实际情况和爱好以及将来要从事的工作，有计划、有目的地去选择学习，以适应社会对复合型人才的需求。与此同时，学俄语的学生是中俄两国文化交流的使者和桥梁，对两种文化的了解与掌握是十分必要的。一方面，具备足够的中国文化知识既是他们在学习过程中进行两国文化对比的需要，也是在未来国际化交流中弘扬中国民族文化，使中国文化走向世界的需要。另一方面，俄罗斯文化具有自己的传统，文化的涉入往往形成了语言的差异。近年来，文化与交际的研究、跨文化交际能力的培养已成为国内外外语教学的重要一环。所以俄语教学应充分结合民族文化来学习语言，通过对俄汉语中相同、相似或不同的文化内容的对比来进行语言学习，这样，不仅能够更好地认识和使用俄语，而且对于俄罗斯民族文化传统会有更深刻的了解（童丹，2000：74）。

五种能力是俄语学生基本功的综合体现，但对五种能力的培养不是同时推进的，而且着力度也是不尽相同的。其中，应以俄语的运用能力为主，以汉语表达能力为基础，以英语交流能力为辅，以计算机操作能力为保障，以跨文化交际能力为条件。

回顾中国俄语教学走过的道路，有成功和经验，也有教训和不足，这中间包含了几代俄语人的艰辛和劳动。在改革开放的 21 世纪，回首过去，放眼未来，只要我们把握正确的发展方向，中国的俄语教学一定是大有希望的。

参考文献

付克：《中国外语教育史》，上海外语教育出版社，1986。
郝淑霞：《京师同文馆的俄语教学》，《中国俄语教学》2004 年第 2 期。
胡文仲：《我国外语教育规划的得与失》，《外语教学与研究》2001 年第 4 期。

李玮：《综合大学俄语专业的发展方向》，《中国俄语教学》2004年第4期。

李文华：《摆脱困境坚持改革迎接新世纪的挑战——我国大学俄语教学现状、改革思路及前景展望》，《陕西师范大学学报（哲学社会科学版）》1999年第S1期。

梁冬雪：《对当前大学俄语教学改革的思考》，《黑龙江高教研究》2003年第2期。

刘道义、龚亚夫：《中国学校外语教育的发展》，载中国教育学会外语教学专业委员会编《世纪之交的回顾和展望：中国教育学会外语教学专业委员会成立二十周年纪念文集（1981~2001）》，人民教育出版社，2001。

刘芳：《中俄联合办学模式研究》（研究报告），2004年10月。

刘戈、崔卫：《关于多媒体外语教学及在俄语教学中应用的思考》，《中国俄语教学》2001年第2期。

刘光准：《关于中国俄语教学情况的调查报告》（研究报告），2004。

刘永红：《会当凌绝顶——论我国俄语人才素质培养的几个关系》，《中国俄语教学》2000年第4期。

史铁强：《关于俄语教学改革的思考》，《中国俄语教学》2004年第4期。

童丹、王利众：《论21世纪俄语专业的教学改革》，《黑龙江高教研究》2000年第4期。

王铭玉：《二十一世纪语言学的八大发展趋势（上、中、下）》，《解放军外国语学院学报》1999年第4~6期。

王铭玉：《创建素质教育体系，改善素质教育环节》，《南京政治学院学报》1999年第4期。

王铭玉：《外语教学论》，安徽人民出版社，1999。

王庆平：《黑龙江省大学俄语教学现状分析》，《哈尔滨商业大学学报（社会科学版）》2004年第1期。

闫宏波：《从历史回顾看中国俄语的特点》，《中国俄语教学》1999年第4期。

张家霖：《必须始终把提高教学质量放在首位》，《中国俄语教学》2001年第3期。

赵秋野：《国际化是高等教育发展的必然趋势——哈尔滨师范大学与俄联合办学总结》（研究报告），2004。

郑捷、赵剑波、高桂玲：《新形势下加强俄语教学改革的几点思考》，《黑龙江教育学院学报》2004年第2期。

原文发表于《俄语语言文学研究》2005年第3期

晚清俄语教育概观

郝淑霞[*]

摘 要： 晚清俄语教育始自京师同文馆。在同文馆的推动下，地方俄语教育在一些临近俄国的边疆地区发展起来。中国近代第一个学制颁布后，随着中国教育的发展，俄语教育也得到较快发展，一些大学堂、高等学堂、中学堂不同程度开设俄语课程，俄语的传播范围逐渐扩大。清末的留俄教育给学生提供了优越的俄语学习环境，推动了中国俄语教育的进一步发展。本文拟就这一时期俄语教育发展脉络做一综述，展现其发展历程和特点。

关键词： 晚清 俄语教育

一 同文馆及同文馆推动下的地方俄语教育

19 世纪下半叶兴起的洋务运动，提出了"中学为体，西学为用"的改革宗旨，以期达到"师夷之长技以制夷"的目的。洋务派在教育方面所采取的主要措施是建立新式学堂，兴办"西学"，作为向外国学习的一种途径。在洋务派实施的新式教育中，外语教育被提到了重要的地位。在中国近代史上最先创办的新式学堂大多是外国语文学校，培养外语人才。1862 年中国官方第一个以西方语言文字、西方近代科学知识为教育内容的教育机构——京师同文馆创立，它最初单纯为培养翻译人才的学校，而后逐步发展、扩大，成为具有多种学科、

---

* 郝淑霞，南开大学外国语学院副教授、硕士生导师。

综合性的高等学堂。同文馆 1902 年并入京师大学堂，历时近 40 年之久，为近代中国培养了大批外交翻译人才，是培养外交使领官员的摇篮。

1863 年馆内开办俄文馆，京师同文馆俄语教学比较重视翻译，侧重学用结合。俄文馆除按课程表肄习正课外，还采取多种多样的教学方式，不拘一格，组织安排学生参加一些各类语言实践活动，随使出洋，充当随团翻译，翻译报刊电函，旁听会晤，既在语言实践中提高自己的听、说、写、译能力，又直接或间接参加外交事务活动，熟悉了对外交涉。俄文馆培养了近代中国首批俄文外交翻译和教师，在我国俄语教育史及外交史上占有极其重要的地位。

继京师同文馆之后，1863 年、1864 年在最早开放的通商口岸上海、广州相继开办了同文馆性质的地方外语学校——上海广方言馆和广州同文馆。在课程设置方面，上海广方言馆并未开设俄语，广州同文馆到了光绪二十三年（1897）才开设俄文馆。

在同文馆的推动下，中俄交往频繁的西北和东北地区相继建立了一些俄文学堂，就近培养俄语人才。光绪十三年（1887）仿照京师同文馆，在新疆省城迪化（今乌鲁木齐）设立新疆俄文馆，挑选学生学习俄语。馆内设俄文教习和汉文教习各一人，分立课程。俄文教习先后由同文馆出身的桂荣和桂煜充任。该馆学生毕业后派往需求俄文翻译的伊犁、塔城、喀什噶尔等地供差，并且能很好地胜任工作，为中俄交往做出了很大的贡献。

东北地区 1887 年成立了珲春俄文书院，又名"珲春翻译俄文书院"。同文馆毕业的庆全和毛鸿遇先后任俄文教习，挑选八旗子弟 15 名入院学习俄文，专学翻译，以应需要。总理各国事务衙门对它的成立给予积极、肯定的评价："边疆办理交涉，必须两国言语文字融会贯通，方无窒碍，珲春添设俄文书院，因地制宜，诚为当务之急。"（朱有瓛，1983：305）光绪二十二年（1896）设立黑龙江俄文学堂，培养办理中俄交涉之人才，同文馆俄文翻译瑞安担任俄文教习。经过 3 年的学习，学生们取得了良好的成绩，具备了较高的俄文水平，3 年期满考试时，"学生均能熟谙俄语，应对无滞，出题翻译华文俄文，亦各清通"（孙子和，1977：484）。

在天津，我国近代著名的资产阶级思想启蒙家、教育家严复于 1896 年 7 月创办了俄文馆，兼任俄文馆总教习，出身同文馆的刘崇惠曾任俄文教习。严复对俄文馆教学认真负责，自俄文馆开办伊始，他就亲自拟定课程、聘请教师及管理一切教务。据《国闻报》记载，1898 年 5 月 26~27 日，他亲自主持俄文馆学生的季考（林开明，2005）。天津俄文馆开创了天津俄语教育先河。

在华中地区，基于湖北重要的战略地位和外贸商务需要，光绪十九年（1893）由洋务派代表人物张之洞在武昌设立自强学堂。自强学堂的创办是湖北教育近代化的重要标志之一。自强学堂在成立伊始就确定了很有远见的人才培养目标，指出学习外语的重要意义，"造就通材，所期远大，欲使学者皆能自读西书自研西法，则可深窥立法之本源，并可曲阐旁通之新义，既不必读辗转传翻之书，致得粗而遗精，亦不至墨守西师一人之说，免致所知之有限。将来学成以后，通殊方之学，察邻国之政，功用甚宏"（朱有瓛，1983：307）。

在课程设置方面，自强学堂并没有完全效仿京师同文馆，由学习外语进而兼学外语、格致等，而是根据社会发展和湖北的具体需要，进行了大胆的创新和有意义的试验。在开办时设方言（即各外国语言文字）①、格致、算学、商务 4 馆，每馆招收学生 20 人。张之洞指出学习泰西语言文字，为驭外之要领。甲午战争中方告败及《马关条约》的签订，使张之洞深深感到依靠办学培养人才、谋求自强的迫切性和重要性，提高了其对外语教育的更深层的认识。他亲自审定学堂章程。光绪二十二年（1896）自强学堂对课程陈旧框架进行了很大的改革，把算学移归两湖书院，格致、商务一律改课方言。方言各国不同，按其重要分立英文、法文、俄文、德文 4 门，每门学生以 30 名为额，各聘教习，分门授课。从此，自强学堂成为一所开设 4 国语言文字的专门学校，学制 5 年。张之洞特别重视俄语的学习，提出时局紧迫，俄、日文尤为切时之用，充分肯定了俄文的重要地位，这与俄国对汉口茶叶市场很感兴趣有一定的关系。1861 年汉口开埠后，俄国商人在汉口设立顺丰、新泰、阜昌等茶厂，开展茶叶贸易，垄断以汉口为中心的茶市，因此培养俄文人才尤为需要。在给时任总办蔡锡勇的札文中他解释道，"中俄近邻，俄文需用尤殷。本部堂讲求各国语言文字之意，在于培植志士，查他国之政，通殊方之学，以期共济时限，并非欲诸生徒供翻译之用"（朱有瓛，1983：307）。从中可见自强学堂并非单纯培养翻译人员。

---

① 所谓"方言"，并不是现代意义上的地方语言。清末将外国文视作国内的地方方言，把传授外语的学校称为"方言学堂"，体现出清政府仍然具有一种"夜郎自大"的心态。

自强学堂在教习的聘用方面，对俄文、德文采取了不同于英文、法文的方式，考虑到英文、法文各省传习较久，派华员为教习，而俄文、德文的学习普遍罕见，分派俄员、德员为教习，附以华员协同授课。"俄文原本希腊，与英法德之拉丁者不同，更为专门之学，自宜延访俄人之通华语者为教习，庶裨指授。"（朱有瓛，1983：310）学堂聘请了 3 位俄文洋教习，他们是波立沙、萨哈哪甫斯祁和喀凌呵（朱有瓛，1983：317）。光绪二十九年（1903）张之洞将自强学堂改为普通中学，这是湖北有普通中学的开始。

二 近代第一个新学制颁布后的俄语教育

甲午战争失败宣告洋务运动破产。为了挽救日益深重的民族危机，一批先进的知识分子发起了拯救国家和民族危亡的政治运动，他们主张全面向西方资本主义学习，学习西方办学模式，改革教育。京师大学堂（1898 年）的建立，标志着我国近代大学教育的正式开始。清政府于 1902 年、1903 年分别颁布了"壬寅学制"和"癸卯学制"，诞生了中国近代第一个学制。1905 年废除科举制度。这些教育改革措施对近代教育的发展，对包括外语教学在内的西学的推广无疑具有重大意义。同年清政府成立了学部，统辖全国教育行政事务。随着新学制的建立和新式教育影响的扩大，各级各类教育迅速发展起来，俄语教育在京师和地方的大学堂、高等学堂、方言学堂及中学堂都得到了相应的发展。

（一）大学堂俄文课的设置

在中国近代教育中，京师大学堂是由政府官办的第一所多系科的综合性大学。1898 年颁布的《奏拟京师大学堂章程》规定了多达 25 门的学生必修课和选修课，其中 10 门溥通学为必修课，英、法、俄、德、日本语言文学，每位学生自选一种，采用各国的原文教科书，与 10 门溥通学同时并习。

八国联军的入侵使学校停办两年，1902 年学校复学后，颁布的第二个建校章程《钦定京师大学堂章程》提出"同文馆归并之后，经费无著，变通办法，拟于预备、速成（包括仕学馆、师范馆）两科中设英、法、俄、德、日五国语言文字之专科，延聘外国教习讲授"，并详细列举出了大学 7 种分科，其中文学科下设外国语言文字（英、法、德、俄、日 5 种）。1904 年清政府颁布的新章程

《奏定大学堂章程》正式提出大学设置外国文学专业，属文学科大学，其中俄国文学门与所有其他文学门一样，每周总课时 24 学时，其中主课俄语俄文 9 学时，辅助课有俄国近世文学史、俄国史等 6 门，此外还有随意科目。据京师大学堂教职员名单记载，京师大学堂光绪二十七年教授俄文的教习有洋教习卜录达，副教习恒安；光绪二十九年至三十二年有魏雅廷、周宝臣、谦光。

京师大学堂设有译学馆。译学馆前身是创办于 1861 年的京师同文馆。光绪二十八年（1902）底京师同文馆并入大学堂，改为翻译科。1903 年为造就外交人才，清政府在京师大学堂附近设立译学馆，将原翻译科与之合并，是年 9 月开馆授课。宣统三年十月译学馆停办，历时 10 年。

《奏定译学馆章程》规定译学馆"以译外国之语文，并通中国之文义为宗旨，以办交涉教译学之员均足供用，并能编纂文典，自读西书为成效"，"译学为今日政事要需，入此学者皆以储备国家重要之用，自以修饬品行为先，以兼习普通学为助"。译学馆外国文分设英文、法文、俄文、德文、日文 5 科，每人认习 1 科，达到精通，不得兼习。无论所习为何国文，皆须学习人伦道德、中国文学、历史等 9 门普通学及交涉、理财、教育 3 门专门学。教授外国文先授以缀字、读法、译解、会话、文法、作文，两三年后兼授各国历史及文学大要。学习以 5 年为限。译学馆教员由中国教员和俄籍教员组成。在馆任教的中国教员有京师同文馆毕业的余大鹏、范绪良、郝树基、陈嘉驹，俄籍教员有伊凤阁（Алексей Иванович Иванов）、葛理格（蔡璐，1999：197）。

译学馆自开办起分年招考共计 5 次，称为甲、乙、丙、丁、戊级。光绪二十九年（1903）92 人考入甲级，光绪三十一年 120 人考入乙级，光绪三十一年（1905）73 人考入丙级，光绪三十二年（1906）300 人考入丁级，光绪三十三年（1907）50 人考入戊级（蔡璐，1999：195），共计 635 名学生。译学馆为了广育人才，特设附学一科，招收 12~20 岁的有志学习者自费入馆学习，遇有正额学生有缺时，可作充补。译学馆五级共毕业 350 名学生，光绪三十四年（1907）九月甲级毕业 41 人，宣统元年（1909）九月乙级毕业 69 人，宣统二年（1909）九月丙级毕业 40 人，宣统三年八月丁级毕业 139 人，宣统三年（1910）九月戊级毕业 61 人（蔡璐，1999：198），近十年间培养了相当数量的对外交涉人才、翻译人才。

译学馆除培养办理交涉人员、译员外，馆中设有文典处，进行词典的编写工作。文典的编写有严格的规定和要求。文典的印刷、出版为外语教学、办理对外交涉事务、翻译书籍文报及自学外语提供了内容丰富又实用的工具书。

译学馆在人才培养、教学要求、课程设置等方面较以前的同文馆有所不同，译学馆的办学成就突出，对此曾在译学馆讲授国文及西洋史的蔡元培先生作了简短评述。他在为纪念译学馆停办二十周年所编写的《京师译学馆校友录》一书的题词中写道："译学馆为偏重外国语之学校，其所以与同文馆、广方言馆等不同者，有两点：一兼习国文；一兼授其他学科；是也。有此两者，是以译学馆虽办理不久，同学亦为数不多，然而其中之高才生，或服务社会，卓著成绩；或更求深造，成为专门学者；或从事译著，有信、达、雅三长；使此短期之学校，在历史上可以不朽。"（李良佑、张日昇，1988：120）

除京师大学堂外，山西大学堂开设了俄文，北洋大学堂1906年开设了俄文班，俄文教习是俄籍学者来觉夫（Aely Ander Saptew）和德籍讲师赵克悌。俄文班的培养目标是俄文翻译人才，4年毕业，毕业学生14人（北洋大学—天津大学校史编辑室，1990：59）。

（二）高等学堂、中学堂俄文课的开设

光绪二十九年（1903）颁布的《奏定高等学堂章程》规定，高等学堂所修外国语有英语、德语、法语，教学内容皆为讲读、文法、翻译、作文。虽有此明确规定，但各地高等学堂出于各种原因并未完全遵照执行，所设外国语种分歧百出。有的高等学堂也开设俄语课程，如甘肃文高等学堂的外文就包括日、俄、英、法4种，俄文由阎澍恩教授（赵元贞、水梓、谈凤仪，1995：111）。鉴于此，宣统元年（1908）三月二十日学部咨大学堂通知各省统一高等学堂外国语课程。考虑到当时西北诸省俄事交涉日繁，学部对俄语课的设置做了相应规定，提出"预备入法政科大学研究中俄交涉及预备入文科大学之俄国文学门的，不妨于高等学堂中添习俄语，应将俄语一门也作为第一类的随意科"（朱有瓛，1987：584），充实了高等学堂章程对外国语的规定。中学堂外国语包括东语、英语或德语、法语、俄语，外国语的教学内容为读法、译解、会话、文法、作文、习字。

随着洋务活动的增加和新式教育影响的不断扩大，不少地方省份也纷纷设立方言类学堂，俄语教学也得到了相应的发展。在东北地区，为了培养自己的外语人才，满足吉林对外交往的客观需要，光绪三十二年（1906）在省城吉林

创办了吉林外国语学堂，专习英、法、俄、日、德 5 国语言文字，每科定额 30 名，学习语言文字之暇研究各国现行政要，历来交涉成案等，5 年毕业后给予出身。光绪三十四年（1908）正月奉天方言学堂成立，挑选中学程度较优者入堂学习英、日、俄 3 科。

东北地区除官办的俄文学校外，还有私塾性质的俄文学校。宣统三年三月十二日，吉林俄文学校毕业吴晋康获准在黑龙江省呼兰县城设立俄文学社。"查组织学社，原以研究学业本准自由设立。该生拟在呼兰设俄文学社，事属可行。"（黑龙江省档案馆，1988：472）这一学社的创立表明，清末俄语教育并非完全、单纯依靠官立学校，私塾性质学校的俄语教育补充、充实了中国的俄语教育，进一步推动了中国俄语教育的发展。

清政府新的学校教育制度的推广和实施也推动了华中地区方言类学堂乃至俄语教育的发展。湖北澎君方言学堂内分英、法、德、俄、东 5 国语言文字；江西方言学堂设英、法、俄、日 4 国语言文字。这些外国语学堂大都是地方官吏或开明绅士开办，规模不大，开办时间亦不长，所以它们对中国近代教育的发展影响微小（李良佑、张日昇，1988：39）。

在当时的中学堂中，颇具特色的开设俄语教学的是 1908 年创办的湖北汉口华俄商业中学堂。学校经费由俄国茶商拨给。其课程设置、教学内容、教学方式都独具特色，开设俄文、中文、英文、数学、历史、地理。除中文、英文两门课外，其余课程均用俄文授课。学生学习重点是中译俄。所用教材，取自武汉、上海两地的报纸。学生的译文交由教员、翻译整理校订，然后编辑成册，成为一种不定期刊物，定名为《扬子江流域》（周肇文，2002：794）。它一方面作为教学材料发给学生阅读参考，另一方面还送给汉口俄商，或寄给外埠和俄国的俄人，让俄人能及时、更多地了解中国当时的商业、经济情况。可以说，达到了一举两得的双重效果。该校原定办 4 年，因 1911 年武昌起义爆发，校内学生自行解散，学堂停办，实际创办只有 3 年。两次招生共百人，中途退学者有 1/3 多。以俄文就业者更是寥寥无几，因此在社会上并未造成很大的影响。

三　留学教育

留学教育是清末洋务派实施"新教育"的重要组成部分。晚清时期，虽然俄国科技水平和经济实力不及欧美发达资本主义国家，科学技术值得师法之处不多，但是中俄两国毕竟是近邻，彼此交往频繁不断，"加之彼得大帝又被洋务派和维新派一致尊为起衰振蔽的历史伟人，康有为甚至将自编的《俄罗斯大彼得变政记》一书呈光绪帝，希望后者以'大彼得之心为心法'"（蒋路，1997：263）。因此，清政府派留学生时并未忽视俄国，也向俄国派出了部分留学生。

中国近代史上官方正式派遣官办学校学生游历外国始于 1866 年斌春率同文馆学生 3 人随赫德（Robert Hart，英国人，1835－1911）出洋考察法、英、俄、德等国，而派学生正式出国留学则是 1872 年派幼童赴美国学习西方的科技与文化。这是中国近代教育的重大突破。它打击了当时的顽固守旧风气，打破了封建教育的封闭格局，开启了中国直接从西方国家学习先进知识的进程，促进了西学在中国的传播。

当时的俄国经历了彼得大帝励精图治的改革，由一个闭塞落后的国家挤入了欧洲强国行列。同其他欧洲国家一样，俄国吸引了清政府派团前去考察、游历、派学生留学。在相当长的时间内，派遣学生赴俄游历或游学的大权一直掌握在总理各国事务衙门手里。所派赴俄的学生以学习语言文字为主，学成回国后大多担任翻译和外交工作。清后期的留俄教育始于京师同文馆的俄文馆。俄文馆的塔克什讷、桂荣、庚善、福连曾随团出洋。尽管这种早期留学方式时间短，又不定期，但它对提高学生的俄语水平、培养优秀的翻译和外交人员有着重要的意义。随使的学生可以凭借在国内打下的俄语基础，利用在俄国的最佳语言环境，在语言实践中加强自己的听、说能力，同时还可通过见习翻译，学习对外交涉，提高自己的翻译水平。可以说，它是正式留俄教育的萌芽。此后又派学生随换届使臣一起出洋，并驻馆学习。俄文馆派出的首批寓居馆留学生 4 人：邵恒浚，桂芳，李鸿漠，陈嘉驹。清政府对驻馆学生规定了明确的学习任务和学习期限以及严格的奖惩办法，提供了优厚的物质鼓励，促使留俄学生潜心学问，努力学习俄语，增强俄语的表达、运用、交际能力。

随着俄国的教育制度的逐步完备、教育质量的提高，各种专门学校教授的科目与英、法、德等国相比无甚悬异，尤其是铁路学堂、矿物学堂教学质量更为出色，吸引了中国学生前去留学深造。光绪二十五年（1899）七月，清帝谕旨总理衙门妥议章程，派遣学生出国学习农、工、商、矿等实业。清朝中央各部和地方各省都纷纷向俄国派遣留学生，中国的留俄教育由专门学习俄文语言文字转而进入全面学习西学、西艺。

光绪二十六年（1900）总理衙门奏派京师同文馆学生张庆桐、傅仰贤、陈瀚和郝树基4人赴俄国留学，进入彼得堡铁路等学堂，学习铁路工程等专业。在中央除总理衙门外，学部和邮传部也向俄国派遣留学生。光绪二十九年（1903）十一月学部官费选派译学馆学生魏渤、柏山两人入彼得堡皇家大学堂学习法政专科，以备毕业回国后在京师大学堂任教。宣统元年（1909）三月上海学生李宝堂自费赴俄，入彼得堡铁路大学堂学习铁路专门科，后由邮传部提供学费。

光绪二十九年（1903）五月，湖北总督瑞方首开省级留俄先例，选派湖北方言学堂学生萧焕烈、夏维松、严式超、刘文彬4人赴俄入彼得堡皇家大学堂学习法政专科。继湖北之后，黑龙江、吉林也相继向俄国派遣留学生。光绪三十二年（1906）新疆向俄国派遣过幼童赴七河省中学留学，为期3年，并派大学生2名驻俄照料。这是新疆第一批赴俄留学生。后又加派大学生两名前往。为了解决师资不足问题，新疆玉山英学校曾派克里木等7名学生赴俄国喀山师范学校学习深造。江苏省虽没有直接派学生赴俄学习，但他们给自费赴俄的魏立功以官费待遇。

除中央和地方各省官费派遣学生留俄外，自费留学生也不远千里，赴俄学习深造。在俄自费留学生中，既有清朝权贵子弟，又有华侨子女。此外还有职官游学和贵胄赴俄学习。

清政府为了加强对留俄学生的管理，陆续制定和颁布了一系列留学教育的法规章程，使留学教育基本上有章可循、有法可依。还在宣统元年九月任命章祖申为留俄学生监督，负责留俄学生的考核、指导和监督工作。

与总理各国事务衙门单独派遣学生留俄相比，1899年以后的留俄教育呈现出一些新特征。官费和自费留学、中央各部和地方各省选派同时并存，留学形式多样化；留学成员范围扩大，留学生不仅限于学堂中的学生，还有官吏、贵胄等；留学专业大为扩展，不再限于语言文字，而是发展到了自然科学和社会科学的许多专业领域。总的来说，与留学英、法、德等国相比，留俄人数较少。据清政府驻欧洲各国留学生监督呈报，在1908~1910年前后，中国留欧学生以官费为主，总共约500人，其中留法学生140余人，留英官费生124人，留德学生77人，留俄学生23人（卫治国，1998：280）。

留俄教育的相当一段时期内,并没有对选派学生的俄文水平做出明确的规定,但在派遣学生时很大程度上考虑了学生的俄文程度,基本上挑选具有一定程度的俄文水平的学生官费赴俄,以便尽快克服语言障碍,达到以俄语为工具,进行专业课程的学习,获取专业所需信息。1906年学部对留学资格做了明确规定:"嗣后京外派遣留学生,无论官费私费皆应切实考验,性行纯谨,具有中学堂毕业程度,通习外国文字,能直入高等专门学堂者始予给咨。"(陈学恂、田正平,1991:29)这一规定基本上符合当时俄国各种学堂入学资格、入学考试科目要求。从章祖申的《留俄学生学务报告》中可知,当时俄国的农、工、商、矿务、工程等实业学堂基本上要求在中学堂毕业得有文凭者才能入学,入学时须考俄文。因此对留俄学生俄文水平提出了较高的要求,推动了俄语教学的发展。

四 19世纪末20世纪初沙俄在中国东北的奴化教育

甲午战争后,沙俄侵略者一步步地向中国东北扩张势力,强迫清政府签订了《中俄密约》《中俄旅大租地条约》《续订旅大租地条约》,在旅大地区不仅进行野蛮、残酷的政治压迫和经济掠夺,还进行文化侵略。

自1898年3月到1905年1月日俄战争沙俄军队战败退出旅大的七年间,沙俄为了殖民统治的需要,兴办学校。一类是为俄国人设立的学校,另一类学校则是为中国人设立的,称为俄清学校,其目的"在于为机关团体培养通晓俄语,并忠诚于俄国的低职中国职员","在金州设立俄清学校,是金州占领后,特别值得注意的事,因为该地原是关东州的政治中心,所以于该处设俄清学校最为重要,将以这种机构对中国青年传授俄国思想"(辽宁师范学院政史系历史教研室,1978:42)。沙俄在旅大境内相继开办了15所俄清学校。学习的科目主要是俄语,课时几乎占了一半,此外还有算数、初等地理历史,设有村长和支书、警察署员及翻译人员的业务实习,经过学校培训4年后,发给特别证书,并享有当村长、试用教师、翻译以及州内行政官衙里职员的优先权。

五 结语

从整体上看,晚清的俄语教育主要以培养近代对俄交涉的翻译、外交人员为目标，采取国内教育和留学国外教育相结合的形式进行俄文人才的培养。由于对俄文人才的需求不一，俄语教育发展呈明显的地区差异，主要集中在中俄交涉较多的东北、西北地区。长期与俄交往表明，要在对俄交涉中不受欺蒙，要了解俄国，进行中俄文化交流，必须进行俄语教育，培养我国自己的俄文人才。我国早期俄语学者邵筠农先生在《中等俄文典》序中强调指出学习俄文的重要性。他说："俄罗斯横亘中国边陲，犬牙相错，广袤逾二万里。自尼布楚条约以后，通商互市，订约修盟，二百余年，绵延罔替。夫以两国关系如此其钜，则所以审其国情，觇其政治，考其文化风习，接纳其士大夫，相與（与）输情款，谛交游，期无虞于隔阂者，舍取途于语言文字之学，无他道也。"（转引自张小曼，1995：357）

不可否认的是，与学习英、法、德、日语相比，当时学习俄语的人可谓是寥若晨星。当时中国俄语教育面临很多困难，造成困难的原因是多方面的；既有国情和社会背景等客观上的原因，也有俄语教学界本身即主观上的因素。清政府闭关自守的政策和腐败落后的观念是其中根本原因之一。鸦片战争失败后，虽然先进的中国人开始向西方国家寻求真理，但对俄国却缺乏兴趣，学习俄语自然就缺少动力。毛泽东在《论人民民主专政》一文中指出："要救国，只有维新，要维新，只有学外国。那时的外国只有西方资本主义国家是进步的，他们成功地建设了资产阶级的现代国家。日本人向西方学习有成效，中国人也想向日本人学。在那时的中国人看来，俄国是落后的，很少人想学俄国。"就俄语本身而言，俄语属斯拉夫语系，其语言体系、语言结构、文法等都有很多特别之处，中国人学习与母语完全不同体系的语言，是比较困难的。此外，缺乏合适的教材以及缺少高水平的师资也是制约当时俄语教学发展的因素。早期著名俄语学者邵筠农在《中等俄文典》评序中简洁指出了学习俄文的一些困难："考俄文出于古斯拉夫文，其文法之繁琐，远非英法德文之比；而英法德文，我国均已编译多书，俾学者得识门径，循序渐进，独俄文会诸阙如，以繁难之文字而乏良善之教材，然则学者望而却步，相率视为畏途者，亦何足怪！"（转引自张小曼，1995：357）晚清的俄语教育在困难中缓慢发展，并取得了一定的成效，在中俄政治、外交、文化教育等方面起到了不可替代的作用。

参考文献

北洋大学—天津大学校史编辑室：《北洋大学—天津大学校史（第一卷）》，天津大学出版社，1990。

蔡璐：《京师译学馆始末》，载《文史资料选辑（第40辑）》，中国文史出版社，1999。

陈学恂、田正平：《中国近代教育史资料汇编（留学教育）》，上海教育出版社，1991。

郝平：《北京大学创办史实考源》，北京大学出版社，1998。

黑龙江省档案馆：《俄文毕业生吴晋康呈请设立俄文学社准自由组织》，载《黑龙江省教育史资料选编》（上编），1988。

蒋路：《俄国文史漫笔》，上海外语教育出版社，1997。

李良佑、张日昇：《中国英语教育史》，上海外语教育出版社，1988。

辽宁师范学院政史系历史教研室：《沙俄侵占旅大的七年》，《辽宁师院学报》1978年第2期。

林开明：《严复与天津俄文馆》，《今晚报》2005年3月8日。

齐红深主编《东北地方教育史》，辽宁大学出版社，1992。

璩鑫圭、唐良炎：《中国近代教育史资料汇编（学制演变）》，上海教育出版社，1991。

舒新城：《中国近代教育史资料（中册）》，人民教育出版社，1985。

孙子和：《清代同文馆之研究》，台北嘉新水泥公司文化基金会出版，1977。

卫治国：《中外教育交流史》，湖南教育出版社，1998。

张小曼：《张西曼纪念文集》，中国文史出版社，1995。

赵元贞、水梓、谈凤仪：《清末甘肃文高等学堂的回忆》，载《中华文史资料文库文化教育（第17卷）》，中国文史出版社，1995。

周肇文：《汉口华俄商业中学堂》，载《文史资料存稿选编——教育》，中国文史出版社，2002。

朱有瓛：《中国近代学制史料（第一辑）（上册）》，华东师范大学出版社，1983。

朱有瓛：《中国近代学制史料（第二辑）（上册）》，华东师范大学出版社，1987。

原文发表于《俄语语言文学研究》2006年第3期